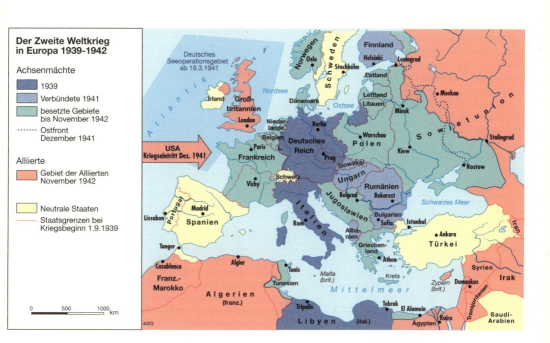
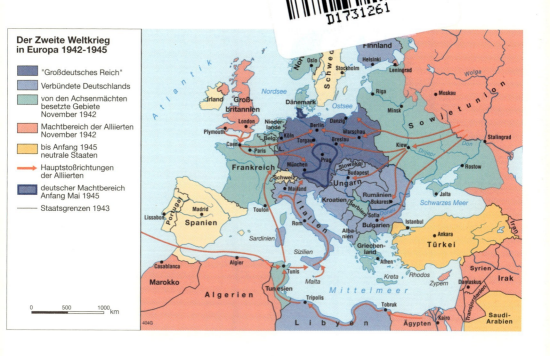

Salewski · Deutschland und der Zweite Weltkrieg

MICHAEL SALEWSKI

Deutschland und der Zweite Weltkrieg

FERDINAND SCHÖNINGH
PADERBORN · MÜNCHEN · WIEN · ZÜRICH

Mit 67, zum Teil bisher nicht veröffentlichten Abbildungen.

Hintere Vorsatzkarten:
Mit freundlicher Genehmigung des Militärgeschichtlichen Forschungsamtes, Potsdam.

Bibliografische Informationen Der Deutschen Bibliothek

Die Deutsche Bibliothek verzeichnet diese Publikation in der Deutschen Nationalbibliografie;
detaillierte bibliografische Daten sind im Internet über http://dnb.ddb.de abrufbar.

Umschlaggestaltung: Yvonne Junge-Illies, Berlin

Gedruckt auf umweltfreundlichem, chlorfrei gebleichtem
und alterungsbeständigem Papier ⊚ ISO 9706

© 2005 Ferdinand Schöningh, Paderborn
(Verlag Ferdinand Schöningh GmbH & Co. KG, Jühenplatz 1, D-33098 Paderborn)

Internet: www.schoeningh.de

Alle Rechte vorbehalten. Dieses Werk sowie einzelne Teile desselben sind urheberrechtlich geschützt. Jede Verwertung in anderen als den gesetzlich zugelassenen Fällen ist ohne vorherige schriftliche Zustimmung des Verlages nicht zulässig.

Printed in Germany. Herstellung: Ferdinand Schöningh, Paderborn

ISBN 3-506-71390-6

INHALTSVERZEICHNIS

Vorwort 7

1. Weltkrieg und Weltgeschichte: Eine Einführung 9

2. Ursachen 24

3. Forschung 38

4. Planung: »Kristall« und »Grün« 52

5. Am Vorabend 66

6. Kriegsmittel und Kriegsziele 79

7. Vom »Sitzkrieg« zum Angriff im Westen 94

8. »Weserübung« und die Anfänge des Seekrieges 107

9. Sieg im Westen 120

10. 1940: Sommer der Illusionen 133

11. Das englische Problem 145

12. Die Genese von »Barbarossa« 157

13. Krieg, Moral, Verbrechen 169

14. Frühjahr 1941 und der Beginn des Ostfeldzuges 181

15. Der Marsch auf Moskau 193

16. Kriegswende 1941 205

17. Pearl Harbor und der Atlantik: Grundzüge des Seekrieges 211

18. Die »Endlösung der Judenfrage« 227

19. Kriegsjahr 1942 237

20. Der Weg nach Stalingrad 251

21. Große Politik und strategische Entscheidungen 1943/44 262

22. Invasion als »Endsieg«? 274

23. Alliierte Deutschlandbilder 290

24. Widerstand 303

25. Kriegsalltag, vorwiegend 1944 315

26. Kriegsende 324

    Anmerkungen 338

    Quellen und Literatur 391

    Zeittafel 432

    Register 438

Karten:
Der Zweite Weltkrieg in Europa 1939-1942: vorderer Vorsatz oben

Der Zweite Weltkrieg in Europa 1942-1945: vorderer Vorsatz unten

Ostfront, 5. Dezember 1941 bis 31. März 1942: hinterer Vorsatz links

Ostfront, 18. November 1942: hinterer Vorsatz rechts

Bildteil: nach Seite 236

VORWORT

Zwei Generationen sind vergangen, seit der Zweite Weltkrieg einen Einschnitt in die Weltgeschichte vollzog, dessen Tiefe sich erst nachfolgenden Generationen ganz enthüllen wird. Aus diesem Grund kann es niemals zu viele Erzählungen aus dem letzten Krieg geben – dem letzten Weltkrieg. Alle speisen das kollektive Gedächtnis der Menschheit, von dem wir nicht wissen, wozu es einmal dienen, wozu es gut sein wird. Das gilt auch für die Deutungen des Zweiten Weltkriegs. Sie sind nie vergebens – vielleicht nicht, weil zu diesem Krieg noch viel Neues zu sagen und zu denken wäre, sondern weil das, was gesagt und gedacht wird, der Stoff ist, aus dem die Zukunft unsere Gegenwart als Vergangenheit konstruieren wird. Das wissen wir,[1] und darum spiegelt jeder Umgang mit dem Zweiten Weltkrieg immer uns selbst. Was wir können, werden die Zukünftigen auch, vielleicht wohl besser können: kritisch mit den Selbst – Bespiegelungen ihrer Ahnen umgehen, sie entziffern. Jedes Buch zur Geschichte des Zweiten Weltkriegs ist eine Chiffre, dieses auch.

Grundlage des Textes war eine Vorlesung an der Christian-Albrechts-Universität Kiel im Wintersemester 2001/02. Unter den Zuhörern waren viele meines Alters (Jahrgang 1938), viele waren älter. Sie haben den Zweiten Weltkrieg noch erlebt. Nicht in allen Punkten, aber doch im wesentlichen war »unsere« Generation sich darin einig: so ungefähr, wie hier dargestellt, ist es »eigentlich« gewesen. Jüngere mögen das ganz anders sehen, das ist ihr gutes Recht. Dieses Kolleg war »mein« Zweiter Weltkrieg – er mag sich zu allen anderen Geschichten des Zweiten Weltkrieges gesellen. Wo sein Ort ist, wird sich finden.

Eckernförde, im September 2004 *Michael Salewski*

1. WELTKRIEG UND WELTGESCHICHTE: EINE EINFÜHRUNG

Ganze Generationen sind durch den Zweiten Weltkrieg geprägt worden; dieser Krieg steht im Mittelpunkt nicht allein der allgemeinen Historie des 20. Jahrhunderts, sondern bewußt oder unbewußt auch in der jedes einzelnen Menschen, bis auf den heutigen Tag. Jeder, der jünger als 65 Jahre ist, hat diesen Krieg nicht mehr selbst erlebt, nicht bewußt jedenfalls; dennoch prägt der Krieg unvermindert auch die nachfolgenden Generationen, er schwingt bis heute nach, und noch heute gliedert sich das historische Denken aller über Fünfundsechzigjährigen in die Zeiten des Krieges und die der Nachkriegszeit. Kein historisches Ereignis ist gründlicher untersucht und beschrieben worden als dieses, dennoch bleibt es unbewältigt im kollektiven Gedächtnis der Nation, und seit einigen Jahren zeichnet sich ab, daß der Krieg immer fremdartiger, immer weniger begreifbar erscheint – obwohl oder gerade weil wir von ihm immer mehr zu wissen glauben.

Hatte es in der unmittelbaren Nachkriegszeit, bis in die Mitte der sechziger Jahre hinein, eine Tendenz gegeben, die diesen Krieg zu normalisieren trachtete, ihn einbezog in die Lebensentwürfe der Nachkriegsbevölkerung, die sich bemühte, die von ihr verursachten Trümmer zu beseitigen und einen Neubau des Gemeinwesens zu versuchen, was nicht möglich gewesen wäre, hätte man sich in existentieller Weise mit der braunen Vergangenheit jedes einzelnen und jeder einzelnen Institution auseinandergesetzt,[2] so wurde die Kluft zwischen diesem Krieg und der Gegenwart seit den späten sechziger Jahren immer größer, was am wenigsten mit der banalen Tatsache zu tun hatte, daß die Zeitspanne zwischen dem Jahr 1945 und den nachfolgenden Jahren automatisch immer weiter aufklaffte. Heute, mehr als ein halbes Jahrhundert später, steht der Zweite Weltkrieg den Nachgeborenen wie eine Sphinx vor Augen, und auch das hat am wenigsten mit der verflossenen Zeit zu tun. Wer immer heute behauptet, er könne das, was sich zwischen 1939 und 1945 vollzogen hat, begreifen, gar im Sinne eines harmonischen Historismus[3] »verstehen«, macht sich verdächtig, und man glaubt ihm nicht.

Das Nicht-verstehen-können gilt zuallererst für die unsäglichen Verbrechen, die in diesem Krieg begangen worden sind, es gilt aber auch für vieles andere. Jene Befindlichkeiten und Mentalitäten, die erforderlich waren, damit dieser Krieg in Gang gesetzt, genährt und geführt werden konnte, sind uns fremd geworden; es gibt keinen wirklichen Zugang zu ihnen, und so stehen die Historiker vor einem Phänomen, das aus einer viel ferneren Vergangenheit geläufig ist – oder wer würde sich anheischig machen, die Französische Revolution, den Dreißigjährigen, den Hundertjährigen Krieg, genauer: die Menschen zu verstehen, die diese Revolutionen und Kriege gemacht und erlitten haben?[4] Oder wer wollte behaupten, zu verstehen, wofür Namen wie Alexander, Alkibiades, Cäsar stehen? Das ganz andere, das Fremdartige bestimmt das Bild der Geschichte, und es ist ein Irrtum anzunehmen, man könne sich dieser Vergangenheit irgendwie anverwandeln, eintauchen in den Geist der Zeiten. Es kommt nicht von Ungefähr, daß gerade der Zweite Weltkrieg zu einem der beliebtesten virtuellen Sujets [5] geworden ist – aber der Hollywood-Film »Pearl Harbor«[6], um ein jüngeres Beispiel zu nehmen, so virtuell wie virtuos gemacht, hat mit dem Pearl Harbor des 7. Dezember 1941 nichts zu tun, er ist nicht einmal dessen Perversion. Neuerdings bemüht sich die Geschichtswissenschaft, der »Erinnerungskultur«[7] nachzuspüren; der Weg dorthin ist fruchtbar und faszinierend, das Ziel bleibt in unerreichbarer Ferne.

Solange der Zweite Weltkrieg Zeitgeschichte war, also von jenen beschrieben und interpretiert wurde, die ihn selbst ausschnittsweise erlebten, war die Behauptung wohlfeil, daß eben nur derjenige, der diesen Krieg durchgemacht, tatsächlich in der Lage sei zu erklären, was sich »eigentlich« – im Rankeschen Sinne – in diesen Jahren ereignet habe. Das war schon damals falsch, wie jeder Blick in die Wissenschaftsgeschichte des Zweiten Weltkrieges zeigt. Sind es doch gerade die Memoiren und Erinnerungen der großen »Macher« dieses Kriegs gewesen – von Churchill und de Gaulle bis zu Manstein und Dönitz – die oft die lebhafteste Opposition jener jüngeren Historiker hervorgerufen haben, die eben nicht dabeigewesen, während jene, die dabeigewesen waren, diesen Deutungen zumeist zugestimmt haben. Mansteins »Verlorene Siege«[8] – der Titel sagt schon alles – beispielsweise wurden zu einem Bestseller, die Erinnerungen von Speer[9] oder Dönitz[10] auch. Wer wissen wolle, wie es »wirklich war« – typisch, daß das berühmte Rankesche »eigentlich« durch das erkenntnistheoretisch leere »wirklich« ersetzt wurde – müsse derlei lesen, hieß es bei den meisten, die den Krieg mitgemacht hatten. In Wahrheit verstellten solche Memoiren den Blick auf das »Eigentliche«,[11] das hatte Folgen, jahrzehntelang.

Wollte man behaupten, daß eine Vergangenheit sich nur dann sachgemäß deuten ließe, wenn man Teil an derselben gehabt habe, so müßten die Historiker ihren Beruf an den Nagel hängen, denn der allergrößte Teil der

1. Weltkrieg und Weltgeschichte: Eine Einführung

Geschichte ist eben keine Zeitgeschichte. Ein aktuelles Beispiel mag dies illustrieren: Fast alle waren wenigsten via Fernsehen »dabei«, als am 9. November 1989 die Berliner Mauer fiel. Wer aber würde sich zutrauen, aus der Erinnerung, dem bloßen Dabeigewesensein heraus eine Geschichte des 9. November 1989, geschweige denn der Wiedervereinigung Deutschlands zu erzählen, die wissenschaftlicher Nachprüfung standhielte, eine Geschichte mit dem Anspruch, mehr zu sein als beliebige subjektive Erinnerung?

Ich behaupte also, der Zweite Weltkrieg ist ein uns fremdartiges Stück Geschichte. Ich behauptete auch, daß dieses Stück Geschichte unsere Gegenwart so prägt wie kein anderes. Daraus ergibt sich als logischer Schluß, daß die Prägekraft des Zweiten Weltkrieges der Gegenwart etwas von jener Verständnislosigkeit vermittelt, die eine bloß rationale Deutung auch der Gegenwart deswegen unmöglich macht. Die Momente des Nicht-Durchschaubaren, Nicht-Begreifbaren, des zutiefst Fremdartigen sind in unsere realen Lebens-und Geschichtsentwürfe verwebt. Tief in unserem Bewußtsein lauert dieser Krieg immer noch. Rationales und Irrationales, Tatsachen und Emotionen[12] bilden eine undurchdringliche Mélange. Mit ihr sind wir konfrontiert.

Nun ließe sich einwenden, daß alle Geschichte transzendental sei, also auch die Erfahrungen einer viel weiter entfernten Vergangenheit bis ins Heute hineinreichen, und in den Denkfiguren von den Prozessen der langen Dauer, von Geschichte als »symbolischem Gefüge« (Ernst Cassirer) wird dies erkenntnistheoretisch erfaßt. Das wird sofort einsichtig, erinnert man daran, daß die Symbole der Nationalsozialisten, vor allem das Hakenkreuz, bis heute verboten sind – was völlig überflüssig wäre, würden sie nicht von der Vergangenheit auf die Gegenwart unmittelbar »durchschlagen«. Auch das verbotene Buch des Autors Adolf Hitler: »Mein Kampf« wirkt wie eine verbotene Stadt in einer blühenden Demokratie. Der Zweite Weltkrieg ist schon deswegen noch immer nicht »historisiert«, auch wenn dies neuerdings immer lauter angemahnt wird, und es gibt eine mächtige geistesgeschichtliche Strömung in Deutschland, die sich überhaupt vehement gegen eine mögliche Historisierung dieses Stücks Geschichte wehrt, befürchtet sie doch, diesen Krieg und all das, wofür er steht, vor allem also den Holocaust, zu relativieren. Das bedeutet aber: Der Zweite Weltkrieg liegt wie ein Riegel vor der Geschichte, die ihm voranging. Er läßt die Lehren, besser: die Erfahrungen dieser älteren Geschichte nicht hindurchdringen, so daß sich die Auseinandersetzung mit der Vergangenheit auf diesen Krieg, seine unmittelbare Vorgeschichte – also die Zeit des sog. »Dritten Reiches« – und die Nachkriegszeit reduziert. Alles was dem voranging, ging auf diesen Krieg zu; die deutsche Nationalgeschichte seit Bismarck, ja seit Friedrich dem Großen und Luther wurde zur »Breiten Straße«[13] hin nach 1933 und 1939. Sieht man genauer zu, so wird dieser Befund allenthalben bestätigt – das reicht bis in die Lehrpläne der Schulen hinein, die den vergangenen siebzig Jahren, also der Zeit von etwa 1933 bis 1990, einen Stellenwert eingeräumt haben, der in gar keinem Verhältnis zur Chronologie steht. Noch wesentlich unproportionaler aber erscheinen die zwölf Jahres des nationalsozialistischen Deutschland – fast scheint es, als hätte es nicht zwölf, sondern tausend Jahre gewährt. Dabei basiert unsere historische Existenz auf einem Zeitsockel von einigen tausend Jahren. Oft erscheint dieser auf den der nationalsozialistischen »tausend Jahre« reduziert. Die »zwölf Jahre« Hitlers unterliegen einer ungeheuren historischen Zeiterweiterung.

Seit einigen Jahren ist deswegen in der Zunft der Historiker eine lebhafte Debatte im Gange, wie man der Einzigartigkeit des »Dritten Reiches« und des Zweiten Weltkrieges gerecht werden könnte[14], ohne all das, was letztlich in einer millenaren Betrachtung dorthin geführt hat, sträflich zu vernachlässigen. Eine Aufwertung der alten, der mittelalterlichen und der frühneuzeitlichen Geschichte erscheint vielen dringend, sie muß aus ihrem teleologischen Prokrustesbett befreit, der Zweite Weltkrieg muß durchdrungen werden von den Erfahrungen der vergangenen zweieinhalbtausend Jahre, nicht umgekehrt. Nur dann besteht eine Chance, diesen Krieg wieder zu verstehen – und zwar in dem Sinne, in dem auch ältere Epochen der Geschichte zu verstehen sind. Hier geht es um ein abstraktes, gleichsam verfremdetes Verstehen, das aber deswegen Gültigkeit beanspruchen kann, weil es auf anerkannten Prinzipien und Regeln wissenschaftlichen Denkens und Tuns beruht, also nachvollziehbar, nachprüfbar ist.

Soweit sind wir noch lange nicht, im Gegenteil. Gerade bei einer jüngeren, nicht nur Historikergeneration, hat sich die Illusion eingeschlichen, man müsse nur quantitativ an das Problem herangehen, dann würde man es schon verstehen. Daraus entstanden und entstehen immer noch Hekatomben von Büchern, Dokumentationen und Aufsätzen mit Titeln wie: Kiel, Gaarden, die Christian-Albrechts-Universität, die Philosophische Fakultät, das Historische Seminar, der Lehrstuhl für ... »im Nationalsozialismus« oder: »im Zweiten Weltkrieg« oder: »im Dritten Reich«, und was für Kiel und seine Umgebung gilt, gilt für alle deutschen Städte. »Meine kleine Stadt steht für tausend andere«, hat es Lawrence D. Stokes formuliert.[15] Inzwischen gibt es aber auch schon unzählige Dorfchroniken, Unternehmensgeschichten von den ganz großen bis zu den ganz kleinen, Schul-und Kirchengeschichten, Geschichten von Vereinen und Verbänden aller Art, die sich mit Nationalsozialismus und Zweitem Weltkrieg beschäftigen;[16] in vielen Schulklassen ist es geradezu Mode, auf NS-Spurensuche zu gehen (Opas Parteiabzeichen in Muttis Schmuckschatulle!), und es gibt niemanden, der es wagen würde, dagegen zu sein – die Gründe braucht man nicht zu erläutern.

Was ist damit gewonnen? Gewiß eine solide buchhalterische Bilanz der Zeit, wenn es handwerklich gut gemacht ist. Manche »Geschichtswerkstätten« geben sich hier redliche Mühe. Man weiß dann, wer sich wann und warum mit den Nationalsozialisten eingelassen oder ihnen widerstanden hat. Ich bestreite nicht, daß dies einen Wert sui generis darstellt.[17] Aber anzunehmen, daß aus dieser punktuellen und in summa flächendeckenden Chronistik und Annalistik irgendein Erkenntnis-Mehrwert zu erzielen sei, ist eitel, im Gegenteil: Indem die Zeit von 1933 bis 1945 en détail, gleichsam unter dem historischen Mikroskop untersucht wird, lassen sich anscheinend plausible Erklärungen für individuelles Verhalten gewinnen – eines sozialen Milieus, einer Kommune, eines Berufsstandes, was auch immer. Die bisherigen Erfahrungen lehren, daß es fast überall gleich abgelaufen ist: diese Arbeiten erzählen die immer gleiche Geschichte – eine unendliche »Deutschstunde« für ganz gewöhnliche Deutsche. Aber bildet ihre Gesamtheit die »eigentliche« Geschichte ab?

Mitnichten. Sowenig wie es der Tatenbericht des Augustus, eine mittelalterliche Chronik oder die Lorscher Annalen tun. Dieser gewagte Vergleich zeigt, daß solche Arbeiten nicht überflüssig sind. Aber es bedurfte eines Theodor Mommsen[18] oder eines Wilhelm von Giesebrecht[19], um aus diesen Quellen Geschichte zu machen – daß Geschichte immer und unvermeidlich »gemacht« ist, sei nur am Rande bemerkt; ich erinnere an die Denkfiguren von Dekonstruktion und Konstruktion der Vergangenheiten.

Wer aber wäre der Theodor Mommsen in der Geschichtsschreibung des Zweiten Weltkrieges? Wir sind weit davon entfernt, die Geschichte der Jahre 1933 bis 1945 so deuten und beschreiben zu können, wie dies Mommsen für die Römische Geschichte möglich war, denn diese Geschichte ist nicht allein gleichgültiges Objekt des Erkenntnisinteresses, sondern prägt uns subjektiv. Wir können nicht, wie es Ranke forderte, unser Sein »gleichsam auslöschen«, um unbefangen und anscheinend »objektiv« dieser Vergangenheit gegenüberzutreten. Wer immer mit dem Anspruch daherkommt, die Geschichte dieses Krieges sine ira et studio, gar »objektiv« beschreiben zu können, leugnet den dialektischen Zusammenhang zwischen Historiker und Historie, fühlt sich also als Demiurg. Demiurgen mögen alles Mögliche sein, ganz gewiß keine guten Historiker.

Auf die Wissenschaftsgeschichte des Zweiten Weltkrieges wird in anderen Zusammenhängen zurückzukommen sein; zunächst muß versucht werden, den Zweiten Weltkrieg so zu definieren, daß man sich wenigstens in groben Zügen einig ist, was gemeint ist, wird der Begriff »Zweiter Weltkrieg« verwendet.

Es läßt sich die These vertreten, daß der Zweite Weltkrieg »eigentlich« schon mit dem 30. Januar 1933 begonnen hat. Hitler ließ vom ersten Tag seiner Herrschaft an keinen Zweifel, daß dieser kommende Krieg keine Option, sondern eine unverrückbare Zukunft sei.[20] Er hat ihn von Anfang an bewußt vorbereitet, und zwar auf sämtlichen Feldern von Politik, Gesellschaft und Kultur. Aus »meinem Kampf« sollte »mein Krieg« werden. Insofern lassen sich die Jahre von 1933 bis 1939 als Phase des »kalten Krieges« definieren, die Jahre 1939 bis 1945 als die des »heißen«. Die Unterscheidung zwischen »kalten« und »heißen« Kriegen muß sich nicht nur auf die Jahre 1947 bis 1985 beziehen, sondern läßt sich auch auf die von 1933 bis 1939 anwenden. Jacques Bariéty hat auch die Jahre 1918 bis 1923 als »Kalten Krieg« bezeichnet.[21] Der Begriff mag anachronistisch sein, die Sache nicht.

Die Ausweitung des Begriffes »Zweiter Weltkrieg« schon auf die Jahre 1933 bis 1939 ist aber nur vom Blickpunkt der deutschen Geschichte aus vertretbar. Für Frankreich und England begann der Krieg tatsächlich erst am 3. September 1939, für Polen am 1. September. Die (virtuelle) Tschechoslowakei befand sich seit dem Einmarsch deutscher Truppen in Prag am 15. März 1939 de facto im Kriegszustand. Schon 1937 begann der Zweite Weltkrieg in Ostasien, für die USA aber erst mit dem japanischen Überfall auf Pearl Harbor. Allerdings zeigt sich gerade im Hinblick auf die Vereinigten Staaten ein dem deutschen analoges Phänomen: Zweifellos befanden diese sich schon seit dem Pacht-und Leih-Abkommen im März 1941, der Übernahme von Geleitschutzaufgaben im Atlantik, spätestens aber mit der Besetzung Islands in einer Art Kriegszustand; es ist charakteristisch, daß der Oberbefehlshaber der Kriegsmarine, Erich Raeder, die Kriegserklärung des Reiches an die USA mit der Begründung forderte, praktisch befänden sich die USA bereits im Krieg. Auch die Japaner haben das ganz ähnlich gesehen: die amerikanische Embargo-Politik war in ihren Augen schon Krieg.

Schließlich die Sowjetunion: Hier kommt es darauf an, wie die Stalinsche Politik seit dem deutsch-sowjetischen Pakt vom 23. August 1939 zu bewerten ist. Es gibt plausible Gründe für die Behauptung, daß auch die UdSSR sich seit diesem Tag, eindeutig aber mit dem 17. September 1939 im Kriegszustand befand – die bereits zu diesem Datum antizipierte Teilung Polens war ein Kriegsverbrechen, der Winterkrieg gegen Finnland auch, von Katyn ganz zu schweigen.

Kann man den Zweiten Weltkrieg, will man ihn chronologisch verorten, also zu sehr unterschiedlichen Zeitpunkten beginnen lassen, so scheint sein Ende in dieser Hinsicht eindeutig zu sein: Der Krieg gegen Deutschland endete mit den Kapitulationen in Reims und Karlshorst am 7./9. Mai 1945, der gegen Japan mit dem 15. August oder dem 2. September 1945 – sieht man die Dinge formal. Es gab auch, unmittelbar nach diesen Daten, die Hoffnung auf einen scharfen Schnitt zwischen Krieg und Frieden; erst im weiteren Verlauf der Jahre 1945 und 1946 stellte sich heraus, daß der Zweite Weltkrieg nachglomm, und vielen schien es, als gehe er verzuglos in den Kalten Krieg zwischen Ost und West über. Im Juni 1948 (Berliner Blockade) und im Juni 1950 (Koreakrieg) deuteten viele Zeitgenossen diese Krisen als das das Wiederauflodern eines Krieges, der schon in den dreißiger Jahren des 20. Jahrhunderts begonnen hatte.[22]

Das ist eine frag-würdige Deutung: Gewiß war der Kalte Krieg auch Folge des Zweiten Weltkrieges, aber eben nicht nur, denkt man an die ideologische Komponente des Kalten Krieges, in dem sich »Kommunismus« und »Kapitalismus«, »Unterdrückung« oder »Freiheit« anscheinend unversöhnlich gegenüberstanden. So bleibt es dabei: das Ende des Zweiten Weltkrieges wird mit den Monaten Mai bis September 1945 markiert.

Viel schwieriger als diese zeitliche Einordnung ist die Definition dessen, was »Zweiter Weltkrieg« überhaupt bedeutete.

Als der Krieg begann, gab sich der Reichspropagandaminister Joseph Goebbels einige Mühe um den Eindruck zu vermeiden, hier handele es sich gleichsam in Fortsetzung des Ersten um den Zweiten Weltkrieg. Der Erste war den meisten Deutschen noch in schrecklicher Erinnerung, denn sein Ende war gerade einmal 21 Jahre her – ein unglaublich kurzer Zeitraum im Verbund der Generationen.[23] Deswegen, so Hitler, solle der neue Krieg »Großdeutscher Freiheitskampf«[24] heißen und damit Erinnerungen an einen viel »schöneren« Krieg wecken: den Freiheits- und Befreiungskrieg von 1813, den »man« ja glorios gewonnen hatte. Als der Krieg nach dem Feldzug in Polen anscheinend versandete, atmeten viele Franzosen (und Deutsche!) auf und zogen den Krieg der Gegenwart ins Lächerliche – ebenfalls in Erinnerung an den Ersten Weltkrieg. Dieser Krieg sei nur ein Witz, eine »drôle de guerre«,[25] niemand brauchte wie 1813 »aufzustehen«, man durfte bequem »sitzenbleiben«. Dieses Wahrnehmungsmuster wird verständlich, erinnert man daran, daß es nach Ausbruch des Ersten Weltkrieges nur einen guten Monat gedauert hatte, bis es zur Schlacht von Tannenberg oder der Marneschlacht gekommen war. Beide galten als wahre Schicksalstage. Das waren die Schlachten in Polen keineswegs, selbst die an der Bzura besiegelte nur ein Schicksal: das Polens. Danach schien die große kriegerische Ruhe einzutreten, nur durch den kühnen, aber isolierten Raid der deutschen Flotte nach Dänemark und Norwegen unterbrochen. Die Wahrnehmung des Zweiten Weltkrieges sollte sich erst ab dem

10. Mai 1940, also dem Tag des deutschen Angriffes auf Frankreich, Belgien, die Niederlande, nun allerdings schlagartig ändern, und es dauerte nur ein paar Tage, bis sich der Begriff »Zweiter Weltkrieg« durchsetzte und sich nicht mehr unterdrücken ließ.

Gleichwohl wurde die deutsche Propaganda auch jetzt nicht müde zu behaupten, dieser Krieg habe mit dem Ersten Weltkrieg überhaupt nichts zu tun, es handele sich um einen klassischen Bewegungskrieg à la 1870, nicht einen Zweifronten-oder Stellungskrieg wie 1914-1918. Tatsächlich waren die meisten Deutschen nach dem 22. Juni 1940, also dem Waffenstillstand von Compiègne, der bewußt in Analogie und als Korrektur jenes vom 11. November 1918 inszeniert werden sollte, davon überzeugt, daß nunmehr der Frieden wirklich wiederkehren würde – gerade *deswegen* wurde Hitler in Berlin so frenetisch gefeiert. Nicht so sehr als »Größter Feldherr aller Zeiten« – das war eine Begriffsschöpfung von Wilhelm Keitel. Zu den stärksten Argumenten zählte in dieser Phase der Hinweis darauf, daß ganz anders als im Ersten Weltkrieg weder die USA noch Rußland gegen Deutschland standen – auch wenn das Rooseveltsche Amerika eine nur unfreundliche Neutralität übte – dafür Stalin eine freundliche, was nichts darüber aussagt, was er heimlich plante. Denn das wußten die Deutschen nicht, auch Hitler nicht.

Zum »eigentlichen« Zweiten Weltkrieg kam es in den Monaten vom 22. Juni 1941 bis zum 11. Dezember 1941. Von nun ab waren die Analogien auch für den schlichtesten Volksgenossen nicht mehr zu übersehen, und dementsprechend zog die Propaganda diesen Krieg nunmehr als eine verbesserte Neuauflage des Ersten Weltkrieges auf: Dieser sei nur dank des Versagens der obersten politischen Führung und des »Dolchstoßes« in den Rücken der kämpfenden Front verloren gegangen, nun aber garantierten die übermenschlich große Gestalt des »Führers« und die unerschütterliche »Volksgemeinschaft« des »Dritten Reichs« den glücklichen Ausgang des Zweiten Weltkrieges.

Man sieht: Schon die Zeitgenossen hatten ihre Schwierigkeiten mit der Definition des Krieges; es liegt auf der Hand, daß diese nach dem Ende desselben nicht geringer wurden.

Zum einen stellte sich die Frage, ob der Zweite Weltkrieg überhaupt ein einziger Krieg war. Wie bereits erwähnt, war der Krieg in Ostasien schon zwei Jahre vor dem in Europa entfesselt worden. In der Phase der deutschen Erfolge, auch gegen die Sowjetunion, wollte Hitler von einer gemeinsamen Kriegführung denn auch nichts wissen, der neue Dreimächtepakt kam erst zustande, nachdem sich die Dinge im Osten Europas nicht mehr so gut entwickelten wie in den ersten drei Wochen des »Barbarossa«-Feldzuges. Aber auch danach, also seit dem Januar 1942, führte Japan praktisch nur einen Parallelkrieg; es ist charakteristisch, daß weder die Japaner noch die Deutschen ihre strategischen Karten aufdeckten, sondern bloß miteinander pokerten. Außerdem stand Japan pikanterweise im deutschen Szenario des dem Zweiten Weltkrieg folgenden Krieges schon auf Seiten der Gegner des »Großgermanischen Reiches«.[26]

Auch in den USA gab es eine heftige Diskussion um die Frage, ob das Land nicht zwei voneinander unabhängige Kriege führen müsse; erst die Atlantikkonferenz im August 1941 machte das von den amerikanischen Stabschefs schon 1940 formulierte Prinzip des »Germany first« für die globale Kriegführung verbindlich.

Schließlich fragt es sich, ob man die atomare Phase des Zweiten Weltkrieges wirklich noch zu diesem zählen will – auch dies ist eine brisante Frage, die anläßlich der fünfzigsten Wiederkehr des Atombombenabwurfs auf Hiroshima und Nagasaki zu erbitterten Diskussionen, auch zwischen Japanern und Amerikanern, geführt hat.[27] Waren vielleicht die Tage vom 16. Juli 1945 – an diesem Tag explodierte die Versuchsbombe von Alamogordo – bis zum 2. September desselben Jahres doch das Präludium zum all-out-Atomkrieg, wie ihn die Science Fiction der Zeit mit Aldous Huxley[28] und Walter M. Miller[29] an der Spitze aufs Phantastischste ausmalte?

Heute, nach dem Ende des Kalten Krieges, erscheint eine solche Deutung als verfehlt; man sieht daran, wie stark das Definitionsproblem von der Perzeption der jeweils aktuellen politischen Lage abhängt.

Das gilt auch für jenen Nachklapp des Zweiten Weltkrieges, der mit den Namen Indochina und Dien Bien Phu, China und Mao Tse Tung verbunden ist. Den Fall der Dschungelfestung im Jahr 1954 verglichen die Franzosen mit Stalingrad – ein bemerkenswerter politischer Masochismus – die endgültige Machtübernahme durch Mao ließe sich auch als das Ende des Zweiten Weltkrieges in China deuten.

Die Entkolonialisierung nach 1945 vollzog sich nicht immer so blutig und dramatisch wie im Dschungel Indochinas, aber für viele der ehemaligen Kolonialvölker endete der Zweite Weltkrieg tatsächlich erst mit ihrer Entlassung in die Freiheit – was beispielsweise für Indien gilt, vielleicht sogar für Vietnam. Ganz besonders aber für die politische Welt des Nahen und Mittleren Ostens: Die blutige Gründung des Staates Israel im Jahr 1948 war unmittelbare Folge des Zweiten Weltkrieges, seiner machtpolitischen Verwerfungen von Afghanistan bis nach Ägypten und nicht nur des Holocaust.

Wir sind bisher ganz naiv davon ausgegangen, daß der Zweite Weltkrieg Zweiter Weltkrieg heißt, weil in dieser Zeit eben Krieg geführt, d.h. geschossen und gestorben, vertrieben und gemordet wurde. Man kann die Dinge aber auch von einer anderen Warte aus betrachten, dann relativiert sich der Begriff »Krieg«.

Die Auseinandersetzung war global. Sie umfaßte buchstäblich die ganze Erde, und es hätte ja nicht viel gefehlt, so hätte man das Wort »Weltkrieg« fast im Wells'schen Sinne begreifen können: Noch schaffte die A 4-Rakete, im Volksmund »V 2« genannt, es nicht, über den Atlantik zu fliegen, aber man war nahe daran; eine »V 10«, die Amerika hätte erreichen können, war auf den Reißbrettern Dornbergers und von Brauns schon skizziert. Wäre diese Rakete zum Einsatz gekommen, so hätte das Szenario des Zweiten Weltkriegs schon jenem entsprochen, das man sich in den sechziger und siebziger Jahren des 20. Jahrhunderts manchmal zynisch-genußvoll ausmalte – etwa in der Science Fiction. Die Welt, wie sie nach 1945 sich entwickeln sollte, ist das unmittelbare Erbe dieser Jahre in ihrer Totalität gewesen, auch jenseits alles bloß Kriegerischen, Militärischen, und nicht allein das von Raketen, Bomben und Kanonen. Damit ist schon angedeutet, daß die klassische Trennung zwischen Krieg und Nichtkrieg für diese Epoche der Weltgeschichte nicht mehr gilt. Auch dort, wo nicht mehr geschossen oder noch nicht geschossen wurde, herrschte nämlich Krieg: etwa in den von Deutschland besetzten Gebieten. Überall gab es das, was man im Ersten Weltkrieg die »Heimatfront« genannt hatte. In ungleich höherem Maße als in den Jahren 1914 bis 1918 war die Gesamtheit der Staatsbürger, gleichgültig ob in Uniform oder Zivil, Kriegsteilnehmer, hinunter bis zum kleinsten »Pimpf«, den der Blockwart aufforderte, Bombensplitter und Schachtelhalm zu sammeln, denn die seien kriegswichtig. Oder man denke an die jugoslawischen oder russischen Partisanen, kriegsrechtlich gesehen durchaus »Kombattanten«, und die einst so saubere Unterscheidung zwischen Kombattanten und Nichtkombattanten, Errungenschaft des neuzeitlichen Europa, begann sich zu verflüchtigen, was zur Barbarisierung der Kriegführung entschieden beitrug.

Das gleiche galt für den Bereich der Wirtschaft: Vielleicht abgesehen von den USA, die aus dem Vollen schöpfen konnten, waren die wirtschaftlichen Verhältnisse und Beziehungen einzig und allein durch den Krieg bestimmt. Es gab im Fortgang des Krieges immer weniger zivile Nischen, und wo es sie gab, spiegelten sie meist nur das bürokratische Unvermögen der kriegführenden Staaten, sie zu beseitigen. Erst neuerdings wird den Amerikanern bewußt, daß große Firmen über ihre europäischen »Töchter« Hitlers Kriegsanstrengungen unterstützten, obwohl die USA gegen Deutschland Krieg führten,[30] und in der Schweiz wurde noch jüngst eine erbitterte Debatte um die »kriegerische« Rolle der Eidgenossen im Zweiten Weltkrieg geführt.[31]

Auch die Kultur stand zum großen Teil im Dienst des Krieges: Marlene Dietrich, Glenn Miller, hunderte von »Fronttheatern« empfanden sich als »Kombattanten«; Goebbels Presse- und Film-Politik war ein bewußt

1. Weltkrieg und Weltgeschichte: Eine Einführung

inszeniertes Stück psychologischer Kriegführung, Franz Liszts »Prélude Nr.3« wurde zum musikalischen Auftakt der Siegesmeldungen im Reichsrundfunk. Mit Musik von Richard Wagner wurden KZ-Opfer traktiert – man kann die Diskussion um Daniel Barenboims Absicht, Wagner in Israel aufzuführen, verstehen. Alles trachteten die Kriegführenden in den Dienst des Krieges zu stellen, keineswegs nur in Deutschland – man erinnere sich an Namen wie Thomas Mann, Antoine de St. Exupéry oder Greta Garbo, Elly Ney.

All dies illustriert, was als Umschreibung des »totalen Krieges« gilt. Aber es stimmt nur bedingt, vor allem muß man die theoretische Konzeption des »totalen Krieges« von seiner realen trennen.

Theoretisch war der Zweite Weltkrieg tatsächlich ein »totaler Krieg«,[32] der vielleicht erste der europäischen Geschichte – dies ist ein weites Feld. Man braucht nur an Hitlers »Verordnung zum Vierjahresplan« aus dem Jahr 1936 zu erinnern, daß die deutsche Wirtschaft »in vier Jahren kriegsfertig« zu sein habe, an die durchgängige Militarisierung von Staat und Gesellschaft nach 1933, um dies zu belegen.

Das gilt nicht nur für Deutschland. Auch in England, der Sowjetunion, ansatzweise sogar in den USA kam es zur Totalisierung des Krieges, von Japan ganz zu schweigen. Alle Anstrengungen der Nation waren einzig auf das Gewinnen des Krieges gerichtet, selbst wenn dabei Wertvorstellungen und Ideale wenn nicht verraten, so doch in ihrem Stellenwert herabgestuft werden mußten. Gewiß blieben die USA und Großbritannien Demokratien, um es an einem spektakulären Beispiel zu erläutern, aber das War Cabinet in London, das Oval Office in Washington fügten sich den demokratischen Prinzipien nur unwillig, und die Männer an der Spitze, also Churchill und Roosevelt, schlüpften zeit-und teilweise durchaus in die Rolle von Diktatoren – nicht im Hitlerschen, wohl aber im altrömischen Sinn.

Solche Mutationen gab es logischerweise in der deutschen Diktatur nicht, gerade deswegen konnte sich hier die Idee des »totalen Kriegs« in der Praxis nicht so entfalten wie in den angelsächsischen Ländern und in der Sowjetunion. Die eigentümliche Mélange aus Krieg und Frieden, die für die gesamte, also auch die »Friedens«epoche des »Dritten Reiches« typisch ist, führte automatisch dazu, daß hier Anspruch und Wirklichkeit des »totalen Krieges« niemals in Übereinstimmung zu bringen waren. Die Folie des Friedens, vor der sich der totale Krieg entfalten konnte, existierte in Deutschland schon seit 1933 nicht mehr. Selbst in der Phase des »tiefen Krieges« war es mit dessen Totalisierung im Deutschen Reich nicht weit her, was allerdings nicht dem Willen, sondern bloß dem strukturell bedingten Unvermögen des herrschenden politischen Systems, vor allem auch seiner atavistischen Ideologie geschuldet war. Insofern verlief der Zweite Weltkrieg für die Deutschen wenigstens zeit- und streckenweise eher nach dem Muster des Ersten, die Deutschen führten einen unmodernen Krieg, im Gegensatz zu ihren Gegnern, die ihn zunehmend kybernetisch begriffen.

Man kann also festhalten: Obwohl der Krieg alle Lebensbereiche der Deutschen unmittelbar betraf, gelang es nicht, die daraus sich eigentlich ergebenden Schlußfolgerungen und Synergieeffekte zu ziehen und zu erzielen. Nur ein paar Schlaglichter: Noch 1944 beklagten die Österreicher einen Touristenansturm auf ihre Berge und Seen, dem die Hotellerie nicht mehr gewachsen war, und das Berliner Café Kranzler war voll von »müßiggängerischen Damen«, auch wenn die Kuchenstücke vielleicht etwas kleiner ausfielen. Die geheimen SD-Berichte sind zu solchen Phänomenen eine ebenso erhellende wie entlarvende Quelle.[33]

In eklatantem Gegensatz zu solchen Beobachtungen, die einen vermuten lassen könnten, auch der Zweite Weltkrieg sei im Grunde nur einer der üblichen Hegemonialkämpfe gewesen und lasse sich sehr wohl in die bekannte Kette der Weltkriege – also vom Hundertjährigen, über den Dreißigjährigen Krieg, den Spanischen Erbfolgekrieg, den Siebenjährigen Krieg, die Kriege Napoleons, schließlich den Ersten Weltkrieg – einordnen, steht die Erkenntnis, daß es sich beim Zweiten Weltkrieg in seinem Kern um eine ideologische, also eine weltanschauliche Auseinandersetzung gehandelt hat. Nimmt man dies als gegeben, so bleiben nur noch die Religionskriege des 16. und 17. Jahrhunderts als Vergleichsmaßstab, doch auch der taugt nicht, denn wer wollte heute behaupten, damals hätten die »guten« Katholiken oder Protestanten gegen die »bösen« Katholiken oder Protestanten gekämpft? Was den Zweiten Weltkrieg angeht, sieht es völlig anders aus, und das macht die wirkliche Eigenart dieses Krieges aus, stellt ihn außerhalb aller möglichen historischen Vergleiche: Es ist der Kampf, nein, nicht des Guten, wohl aber ein Kampf gegen das Böse, und zwar das metaphysisch absolute Böse.

Dabei ist zu differenzieren: Man täte sowohl Japan wie auch Italien, Rumänien, Ungarn Unrecht, wollte man sie in einem Atemzug mit Deutschland nennen, auch wenn das, was beispielsweise Japaner und Italiener anrichteten, durch nichts zu entschuldigen ist. Aber es war, Gott sei's geklagt, nicht ungewöhnlich, nur eine weitere blutige Spur in der Geschichte. Da nun aber das Kernstück des Zweiten Weltkrieges im Kampf der Anti-Hitler-Koalition gegen Deutschland bestand, läßt sich behaupten: Der Zweite Weltkrieg war die schließlich erfolgreiche Rettung der menschlichen Geschichte vor deren völliger moralischer Vernichtung. Zu dieser wäre es gekommen, wenn Hitler gesiegt hätte. Das ist keine Vermutung, sondern läßt sich beweisen, denn was die Nationalsozialisten zu tun gedachten, wenn der Krieg siegreich beendet war, haben sie nicht nur theoretisch erörtert, sondern schon zu verwirklichen begonnen: mit Völkermorden jenseits dessen an den Juden, mit einer Umzüchtung der menschlichen »Rasse«. Es ist leicht sich vorzustellen, wie sie mit jenen Möglichkeiten umgegangen wären, die heute unter Begriffen wie Gentechnik, Embryonenforschung, pränatale Implantationsdiagnostik, Hirnforschung zu so leidenschaftlichen Diskussionen führen. Der Blick auf ein siegreiches nazistisches »Großgermanien« ist ein Blick in Huxleys »Brave New World« und die Dante'sche Hölle zugleich.[34]

Genau dies macht die eingangs angesprochene »Historisierung« des Zweiten Weltkrieges unmöglich. Auf der einen Seite ist sie notwendig, und dieser Krieg muß endlich seine moralische Riegelfunktion verlieren, Hitler darf nicht mehr wichtiger als Luther oder Karl der Große im kollektiven Gedächtnis sein. Auf der anderen verwehrt dieser absolute und absolut monströse, widergeschichtliche Aspekt dieses Krieges seine historische Einordnung. Er ist, ob man das will oder nicht, ein Symbol, ein Menetekel, losgelöst aus seinen historischen und zeitlichen Bezügen. Wie läßt sich aus diesem Dilemma herauskommen?

Wer die Kriegserinnerungen etwa von Churchill, de Gaulle oder Dwight D. Eisenhower liest, in welch letzteren das Wort »Kreuzzug« vorkommt, gerät ins Grübeln: Hier wird eine glorreiche Geschichtsepoche geschildert, und seitdem ist der Strom der den Krieg verherrlichenden Erinnerungen und Darstellungen aus der Feder jener, die ihn damals gewonnen haben, nicht mehr abgerissen. Demgegenüber sind sämtliche Darstellungen aus deutscher Feder, die sich mit dem Krieg beschäftigen, auf Moll gestimmt, gehören zur Gattung der Tragödie; der Titel des Buches von Hermann Foertsch wurde zum Programm: »Schuld und Verhängnis«.[35] Finden sich demgegenüber im deutschen Raum Darstellungen, die mit dem Phänomen des Zweiten Weltkrieges irgendwie positiv umgehen, so sind sie rechtsradikaler Provenienz oder werden doch so stigmatisiert. Umgekehrt gilt als unverbesserlich, wer an der Widerstandsgeschichte – etwa jener zur Geschichte der »Weißen Rose« oder zum 20. Juli 1944 – auch nur die geringste Kritik anbringt. Um es auf die einfachste Formel zu bringen: Der Krieg war schlecht, der Widerstand gut. Dementsprechend ist es unmöglich, den Zweiten Weltkrieg so zu behandeln, wie dies mit nahezu allen anderen Epochen der Geschichte möglich ist: sine ira et studio, und daran wird auch der Versuch zur »Historisierung« des Krieges nichts ändern, denn er relativiert »Schuld und Verhängnis« keineswegs.

Genau damit freilich verstößt der Historiker gegen eine der Grundregeln der historischen Wissenschaften. Daß er es tut, hängt mit dem eingangs umschriebenen transzendentalen, symbolischen Charakter des Kriegs zusammen; zusammen auch mit der Unmöglichkeit, sich aus den moralischen Fesseln zu befreien, die uns dieser Krieg angelegt hat – völlig zu Recht, wie ich meine: nicht aber als Historiker.

Das Dilemma, in dem sich jeder befindet, der mit diesem Krieg wissenschaftlich oder auch ihn studierend umzugehen hat, ist beträchtlich. Auf der einen Seite ist es erforderlich und angemessen, auch dieses Stück Geschichte mit jenen Kategorien zu bewerten, die allgemein für das Historische gültig sind. Andererseits kann es ein vermeintlich objektives Urteil und eine objektive Betrachtung der Scheußlichkeiten, die dieser Krieg generiert hat, nicht geben. Man braucht das nicht näher zu erläutern. Auschwitz läßt sich eben nicht wie irgendein anderers historisches Phänomen behandeln, auch das bedarf keiner näheren Begründung.

Aus diesem Dilemma ergibt sich ein weiteres: Wenn es denn richtig ist, daß der Krieg, den Deutschland entfesselt hat, auf die Seite des inhuman Bösen gehört, wären alle Ereignisse in diesem Krieg, die zur Zerstörung dieses inhuman Bösen führten, positiv zu werten. Konkret: Der Historiker müßte Hitlers Entschluß, die Truppen vor Dünkirchen anzuhalten, als gut preisen – denn das stärkte den britischen Widerstandswillen. Er müßte die verfehlte Planung für den Feldzug »Barbarossa« loben, denn er ermöglichte das sowjetische Widerstehen. Er müßte Raeder preisen, weil er der Dönitzschen Forderung nach dem Bau einer großen U-Bootflotte widerstand, denn damit blieb die atlantische Verbindung zwischen Amerika und England bestehen – und so weiter; jedermann könnte eine Menge weiterer Beispiele anführen. Und natürlich wäre die Bombardierung Dresdens »gut«, rottete sie doch ein paar tausend von jenen Menschen aus, die einst Hitler an die Macht und seinen Krieg geführt hatten. Wenn man nun umgekehrt bei einer Analyse der militärischen Lage Hitler dafür tadelt, daß er die Panzerverbände vor Dünkirchen angehalten, den »Barbarossa«-Feldzug dilettantisch geplant habe, Raeder dafür, daß er die Notwendigkeiten des Seekrieges verkannt, Churchill mit Dresden ein Verbrechen begangen habe, dann gerät man rasch in den Verdacht, auf Seiten der Verbrecher von damals zu stehen, also zu bedauern, daß das Verbrechen nicht perfekt organisiert und professionell ausgeführt worden ist.

Ich brauche nun nicht mehr zu erläutern, wie sich dieses Problem in den Urteilen und Deutungen zum Zweiten Weltkrieg auf Seiten der Siegermächte ausnimmt: genau spiegelbildlich. Sehr schön kann man das an dem Wort »Kreuzzug« demonstrieren: Die Goebbelssche Propaganda sprach vom Rußlandfeldzug als dem »Kreuzzug« der Germanen gegen die Bolschewisten und wir sehen das kritisch – wie natürlich auch die »echten«, die historischen Kreuzzüge; Eisenhower sah seine Mission ebenfalls

1. Weltkrieg und Weltgeschichte: Eine Einführung

als »Kreuzzug«[36] an und wurde nicht zuletzt deswegen Präsident der Vereinigten Staaten – ein Kreuzritter sui generis. Abgesehen davon, daß weder Goebbels noch Eisenhower wußten, was die »Kreuzzüge« eigentlich gewesen waren, unterstreicht dieses Beispiel nachdrücklich das eben skizzierte Wertedilemma.

Was also wäre zu tun? Vielleicht kommt man nicht umhin, vor der Betrachtung jedes Ereignisses des Zweiten Weltkrieges eine Art captatio benevolentiae des geneigten Lesers zu versuchen – etwa in dem Sinne: Ich bin froh, daß alle diese Fehler seitens der Wehrmacht und Hitlers begangen worden sind, denn anders wäre das Regime des Verbrechens noch weiter vorangeschritten, am Ende hätten gar wir die Hiroshimabombe vom 6. August 1945 auf den Kopf bekommen (Achtung! War es denn besser, daß es »nur« die Japaner waren?!). Wie man dieses Wertedilemma, das die Forschung ad absurdum führen könnte, im einzelnen erläutert und zu erklären sucht, muß jeder selbst wissen; wichtig ist es, daß man sich seiner bewußt ist. Ist dies der Fall, so muß es erlaubt sein, gleichsam im Binnenbereich der Geschichte dann doch Werturteile zu fällen, in denen eben vom Hitlerschen Dilettantismus, dem Versagen der Rüstungsindustrie, den falschen strategischen Entscheidungen die Rede sein kann, vielleicht sogar von Alternativen, die zu »besseren« Resultaten geführt hätten. Daß man auch hier an eine unüberwindbare Grenze gelangt, liegt auf der Hand: Wer dürfte es wagen, im nachhinein Alternativen zu entwickeln, die den Mord an den Juden effizienter gestaltet hätten? Davon abgesehen muß es aber binnenlogisch erlaubt sein, Urteile abzugeben, in denen etwa vom Dilettantismus Stauffenbergs die Rede ist und vom »Versagen« Hitlers bei Dünkirchen.

Die Beispiele mögen genügen um deutlich zu machen: Das Studium des Zweiten Weltkrieges gehört zu den anspruchsvollsten und herausforderndsten Aufgaben des Neuzeithistorikers. Nicht nur, daß man die skizzierte »Totalität« des Krieges zu begreifen lernen muß, sondern wir müssen auch jene erkenntnistheoretischen und, sagen wir es ruhig: philosophischen Probleme und Bedingungen, die wir nur ganz unzureichend haben andeuten können, jedesmal mitbedenken, und zwar sehr ernsthaft. Jeder naive Umgang mit diesem Krieg, wie wir ihn beispielsweise in der Heftchenliteratur, im Film, vor allem auch im Fernsehen finden, verböte sich an sich von selbst, und wir sollten nicht müde werden darauf hinzuweisen, daß die Produkte dieser Medienindustrie im Sinne des hier Erörterten antiaufklärerisch und damit gefährlich sind. Wenn Geschichte Geistesgeschichte ist, so ist es die Geschichte des Zweiten Weltkrieges in besonderem Maße, gerade auch dann, wenn im Kriegsgetümmel alles Geistige anscheinend zugrunde ging.

2. URSACHEN

Will man die Ursachen des Ersten Weltkrieges erläutern und begreifen, kommt man kaum umhin, die Jahrzehnte von 1870 bis 1914 insgesamt in den Blick zu nehmen, denn dieser Krieg stand am Ende einer langen, oft komplizierten historischen Entwicklung, und viele Historiker meinen, er sei sogar die logische Konsequenz aus derselben gewesen.³⁷ Im Gegensatz dazu scheint es, als ließen sich die Ursachen des Zweiten Weltkrieges ganz kurz abmachen, und es gibt Deutungen, die diese mit jenen zum Ersten zusammenziehen: Was Ursache des Ersten, sei auch Ursache des Zweiten Weltkrieges gewesen; beide zusammen ließen sich als zweiter »Dreißigjähriger Krieg« deuten.³⁸

Demgegenüber war und ist die Auffassung vertreten worden, daß der Zweite Weltkrieg im Grunde nur auf eine Ursache zurückzuführen sei: Adolf Hitler. Er habe den Zweiten Weltkrieg geplant und programmgemäß »entfesselt«.³⁹ Die kriminelle Energie Hitlers allein sei es gewesen, die diesen Krieg bewußt und gewollt zustandegebracht habe. In einem zweiten erklärenden Zugriff wird dann zumeist auf die Rahmen- und Randbedingungen verwiesen, die es ihm zu handeln erlaubten, wobei hier allerdings regelmäßig ein Problem auftaucht: Wie sind diese Rand- und Rahmenbedingungen zu gewichten, wie wäre etwa, in Prozentzahlen ausgedrückt, der Anteil von strukturellen Vorbedingungen und der von subjektiven Energien jeweils zu beziffern? Hieraus entsteht die Frage, ob es einen Zweiten Weltkrieg vielleicht auch dann gegeben hätte, wenn Hitler, sagen wir am 9. November 1923, zu Tode gekommen wäre?

Solche Fragen sind seriöserweise nicht zu beantworten, auch wenn es Versuche dazu in der Alternativgeschichtsschreibung schon gegeben hat.⁴⁰ Dahinter steckt die bekannte Frage nach dem Verhältnis zwischen Struktur und Persönlichkeit in der Geschichte, sie hat von Anfang an die Hitler-Biographik geprägt – von Heiden und Bullock bis Kershaw und Burleigh.⁴¹

Sieht man genauer zu, verschiebt sich das Hitlerbild weiter: Was eigentlich gehörte zu den Strukturen, also den Rahmen-und Randbedingungen, die es dem »Führer« zu handeln erlaubten? Nur der genuin innen-und außenpolitische Bereich? Oder auch der von Wirtschaft und Militär? Und welchen Anteil besaßen Religion, Kultur, Geschichte an der Formierung dieses destruktiven Geistes? Um es zu verdeutlichen: Niemand wird bestreiten, daß »irgendwie« – wie, darüber läßt sich trefflich streiten – der Versailler Vertrag mit zu den Rahmenbedingungen des Hitlerschen Handelns zählte; niemand wird leugnen, daß Inflation, Deflation und Weltwirtschaftskrise, also wirtschaftliche Faktoren, dazugehörten. Das Verhalten der Kirchen in der Zeit der Weimarer Republik und in den ersten Jahren des NS-Regimes: inwieweit gehörte es zu den Hitler fördernden, inwieweit zu den ihn hemmenden Faktoren? Oder die Kultur, nehmen wir die Literatur: Wo wären Ernst Jünger oder Stefan Zweig, Thomas Mann oder Erich Maria Remarque im Tableau der Rahmenbedingungen zu suchen? Da gab es Herolde des Krieges und solche, die ihn verdammten. Haben sich beide gegenseitig »aufgehoben«, oder wurde das geistige Klima, in dem Adolf Hitler gedeihen konnte, dadurch weiter vergiftet? Und so ließe sich nun ein historisches Feld nach dem anderen abschreiten, und schließlich müßte dann so etwas wie eine Hierarchisierung erfolgen. An der Spitze ständen dann vermutlich die politischen und militärischen Milieus, am Ende vielleicht die religiösen.

Wir bewegen uns mit solchen Überlegungen jedoch nur im Dunstkreis der deutschen Geschichte. Will man nicht postulieren, daß Hitler und die Entfesselung des Krieges von allen internationalen Bedingungen losgelöst zu deuten seien – was kein ernstzunehmender Historiker tun würde, denn die Geschichte Deutschlands vollzog sich nicht im historisch luftleeren Raum – so stellt sich nun die weiterführende Frage nach dem Anteil der strukturellen Bedingungen jenseits der deutschen Grenzen – also in Europa, aber auch in der Welt. Hier wäre an die verschiedenen Milieus zu denken – also die politischen, militärischen, wirtschaftlichen, kulturellen usw. Ein Hinweis auf den »schwarzen Donnerstag (oder Freitag)« von 1929 in New York oder den Spanischen Bürgerkrieg und Franco möge genügen.

Die eingangs so einfach zu beantwortende Frage nach den Ursachen des Zweiten Weltkrieges ist so einfach also nicht, und das bestätigt sich, wendet man sich der Kehrseite der Münze zu, auf der das Antlitz von Adolf Hitler prangt. Es geht also um den Anteil der Persönlichkeit, des Individuums.

Auf das Psychogramm[42] dieses Mannes vor 1933 soll hier nicht verwiesen werden. Aber es kann kein Zweifel daran bestehen, daß die Figur des Adolf Hitler das lebhafte Interesse jedes Historikers gewinnen muß, der ihm tatsächlich die Entfesselung eines Krieges, gar eines Weltkrieges »zutraut«. Welcher Normalsterbliche wäre dazu wohl in der Lage? Weitergefragt: wer überhaupt hätte vor Adolf Hitler es fertiggebracht, einen Weltkrieg auszulösen – nur kraft seiner Persönlichkeit, seines von ihm bestimmten Umfeldes, seines Charismas? Man führe nicht Friedrich den Großen oder Napoleon an: Ersterer war ein König von Geburt und von dieser an der »roi connétable«, dessen »Wiege von Waffen umgeben«[43] war, kein gescheiterter Kunstmaler aus einer eher niedrigen gesellschaftlichen Schicht;[44] letzterer war, wie er selbst es gesehen hat, nur ein Dienstmann des Mars: Krieg war schon, als Napoleon an die Macht kam.

Rührt die Faszination, die Hitler bis heute ausstrahlt, nicht eben auch aus dieser einzigartigen destruktiven Fähigkeit, über die dieser Mann offensichtlich verfügte? Könnte es sein, daß dieser größte aller Zerstörer dann eben doch irgendwie mit den »Großen« der Geschichte zusammengehört? Oder philosophisch gefragt: kann es einen dialektischen Zusammenhang zwischen dem Bösen und dem Guten geben?[45]

Es liegt auf der Hand, wie gefährlich solche Gedankengänge sind, wie nahe solche Reflexionen an einen Abgrund geraten, wie rasch man sich plötzlich im Lager des Rechtsradikalismus wiederfinden kann.[46]

Wollen wir wirklich wissen, was die Historie im Innersten zusammenhält, so müssen wir über das rein strukturelle Räsonnieren, dessen Legitimität und Erfordernis unbestritten sind, hinausgelangen und uns erneut mit der Person des Adolf Hitler beschäftigen. Daß es so viele und auch so viele gute Hitlerbiographien gibt, kommt nicht von ungefähr: Wäre dieser Mann ein Austauschbarer gewesen, die Zunft hätte längst ihr Interesse an ihm verloren. Das Gegenteil ist der Fall.

Die Frage nach den Ursachen des Zweiten Weltkrieges stellt sich weit weniger naiv, als eingangs angenommen, vor allem aber läßt sie sich erkenntnistheoretisch nicht in eine Linie mit der Frage nach den Ursachen des Ersten Weltkrieges bringen. In diesem Fall würde eine Parallelität suggeriert, die es in Wahrheit nicht gegeben hat – denn wo ließe sich im Umkreis der Ursachenforschung zum Ersten Weltkrieg eine Figur wie Adolf Hitler finden? Wie verfehlt eine entsprechende Analogie wäre, ergibt sich aus einer historischen Analyse der ebenso krampfhaften wie vergeblichen Bemühungen der Siegermächte von 1918, in Wilhelm II. den Hauptverursacher des Krieges zu sehen, die bête noire seiner Zeit – ein schon damals lächerliches Unterfangen. Oder war Bethmann Hollweg diese bête noire? Man muß das nicht weiter erläutern. Hitler hat sich bekanntlich gerne in eine Reihe mit Luther, Friedrich den Großen[47] und Bismarck stellen lassen – er paßt noch ebensowenig in eine von Bethmann, Wilhelm II. und Hindenburg.

Beginnen wir den strukturellen Überblick mit den genuin politischen Faktoren und nehmen als Schlagwort den Versailler Vertrag[48] auf. Dieser war besser als sein Ruf, gleichwohl läßt er sich zu Recht zu den Ursachen des Zweiten Weltkrieges zählen. Aber wesentlich nicht seiner realen, inhaltlichen Bestimmungen, sondern des Geistes und Ungeistes wegen, der das Vertragswerk bestimmte.[49] Der Vertrag war, als Hitler an die Macht kam, schon in wesentlichen Teilen zu deutschen Gunsten revidiert, und Hitler hat mit seiner Politik bis ins Frühjahr 1939 hinein auch den Rest revidiert. Es blieb nur noch ein kleines Problem – so drückte er es selbst aus: die polnische Frage, genauer: die Frage nach dem sogenannten »Polnischen Korridor« und der Zukunft von Danzig. Die wurde dann tatsächlich zum Anlaß des Krieges. Hitler hätte auch andere Anlässe finden können.

Wenn der materielle Inhalt des Vertrages jedoch bis zum Frühjahr 1939 bereits obsolet war, kann nur der geistige kriegsverursachend gewesen sein – hier wäre an die Wirkung des Vertrages im Selbstverständnis der Nation nach 1919 zu erinnern. Vor allem der Artikel 231 und jene Paragraphen, welche die Auslieferungsfrage von Kriegsverbrechern[50] betrafen, wirkten wie ein schleichendes Gift, das den so mühselig in Gang gesetzten internationalen Friedensprozeß in-und außerhalb des Völkerbundes nach und nach zerfraß und zerstörte. Diese Paragraphen auch waren es, die Wasser auf die Mühlen des deutschen Rechtsradikalismus lenkten.[51] Nachdem sie diesen Zweck erfüllt hatten, brauchte man darüber nicht mehr zu reden – es ist auffallend, daß der Versailler Vertrag in der späteren NS-Propaganda, also der ab 1938, keine entscheidende Rolle mehr gespielt hat.[52] Sicherlich war hier und da noch die Rede von der notwendigen Revision des Vertrages, um die es gehe, aber das war sekundär. Der Zweite Weltkrieg wurde im Selbstverständnis der Deutschen nicht als Revisionskrieg begriffen – Hitler wollte das auch gar nicht, denn das hätte letztlich seinen eigentlichen Kriegszielprogrammen widersprochen. In diesen ging es um die Lebensraumgewinnung jenseits der Grenzen von 1914, um die Dominanz der »germanischen Rasse« in Europa, ja der Welt und um die »Ausrottung des Judentums« – das waren keine Ziele, die den Deutschen im Versailler Vertrag verboten worden waren. Selbst Clemenceau und Foch wären nicht auf die Idee verfallen, den Deutschen solche Fernziele zu verbauen – via Friedensvertrag. Sie waren im bürgerlichen und christlichen Selbstverständnis gar nicht vorstellbar.

Im genuin politischen Ursachenbündel gebührt dem Versailler Vertrag dennoch der erste Platz, denn er diente Hitler über lange Jahre als vorzügliches Vehikel für den Transport seiner eigenen Ideen, Weltanschauung, Planung. Aber es gab auch andere Katalysatoren im Prozeß, der zum Krieg führte, etwa die fortwirkende Denkfigur von der deutsch-französischen »Erbfeindschaft«.[53] Das Jahr des französischen Ruhreinfalls 1923 war nicht vergessen, und mit dem Schlageter-Mythos verstand es die NS-

Propaganda geschickt, die Masse des Volkes tagtäglich daran zu erinnern. Albert Leo Schlageter war von der französischen Besatzungsmacht nach Besatzungsrecht 1923 als Saboteur hingerichtet worden und galt für die Nationalsozialisten, anfänglich sogar für die Kommunisten, als Märtyrer. Auch Horst Wessel, der »Kämpfer gegen Rot-Front und Reaktion«, gehörte in das von den Nationalsozialisten gepflegte Denkkonstrukt von den deutschen Freiheitshelden und Kämpfern gegen die Unterdrückung des deutschen Volkes durch die ehemaligen Siegermächte via »Versailler Diktat«; später wurde das »Horst-Wessel-Lied« praktisch zur zweiten Nationalhymne. Das »perfide Albion« aus dem Ersten Weltkrieg hatte ebenfalls noch nicht ganz ausgedient, und den Kampf gegen den Bolschewismus als Aufgabe schon der Weimarer Republik darf man nicht vergessen. Auch hier findet sich ein lehrreiches Beispiel für das Konstrukt von Ursachen und Anlässen: Der deutsch-sowjetische Nichtangriffspakt vom 23. August 1939 war in der Tat eine unmittelbare Vorbedingung zum Krieg, aber die Ursachen lagen in dem langfristig konzipierten Verhältnis des »Dritten Reiches« zum bolschewistischen System: Obwohl Stalin zeitweiliger Komplize Hitlers war, hatte sich an dessen Lebensraumkonzept, das unvermeidlich mit der Zerstörung der Sowjetunion verknüpft war, nichts geändert, wie umgekehrt Polen wenigstens 1939 nicht überfallen worden wäre, hätte sich dieses Land in die ihm von Hitler zugedachte Rolle des Satellitenstaates gefügt und den deutschen Forderungen entsprochen.

Manche Historiker zählen zu den Ursachen auch die Beziehungen, die Hitler zu Mussolini[54] und zum faschistischen Italien aufbaute. Aber der Stellenwert Italiens war ungeachtet der persönlichen Zuneigung, ja Freundschaft zwischen den beiden Diktatoren in Hitlers Augen eher gering. Gleichgültig, wie sich Mussolini verhielt: Er hätte Hitler, zumal nach der Münchner Konferenz vom September/Oktober 1938, weder bremsen noch in seinem Kriegsentschluß bestärken können. Die italienische Komponente in der Politik des Reiches fällt als Kriegsursache wesentlich aus, und das gilt gleichermaßen von Spanien.[55] Daß auch die südosteuropäische Staatenwelt keine entscheidenden Einflüsse ausüben konnte, war schon in der Weimarer Politik angelegt; die Hitlers bis hin zu den Wiener Schiedssprüchen baute darauf auf. Hitler brauchte keinen Krieg, um die deutsche Dominanz auf dem Balkan und in Südosteuropa zu etablieren, es gab sie schon.

Das militärische Ursachenbündel: Zweifellos hat die Durchmilitarisierung der Gesellschaft, die schon in der Weimarer Zeit eingesetzt hatte, erheblichen Anteil an der Mobilisierung zum Krieg.[56] Es war entscheidend, daß es beiden Regimen – also dem Weimarer und dem Hitlers – gelang, die nach 1918 weit verbreitete Kriegsmüdigkeit der Bevölkerung zu überwinden, und zwar nicht im Sinne eines fröhlichen Hurra-Patriotismus, wie man ihn zeit- und stellenweise (keineswegs durchgängig!) vor 1914 finden kann, sondern in dem einer dumpfen dira necessitas, schicksalhaft und letztlich unvermeidbar. Die latente Militanz der Republik zählt zu den wichtigen Ursachen des Krieges und färbt das Bild der ersten deutschen Demokratie dunkel. Es war nicht gelungen, ja es sollte nicht gelingen, die deutsche Gesellschaft als eine des Friedens zu definieren, ganz im Gegenteil. Der »Frieden« von 1919 galt als Diktat, nicht als Frieden, der Versailler Vertrag hatte in den Augen der Deutschen den Un-Frieden, nicht den Frieden geradezu »gestiftet«. Diesen Unfrieden durch einen »gerechten Krieg« irgendwann einmal zu beenden, zählte im nationalen Selbstverständnis des bürgerlichen, aber auch des rechtsradikalen Deutschland zu den Zielvisionen der zukünftigen deutschen Geschichte. Auch hier mag ein Hinweis auf Hindenburg, Schleicher, Groener, Brüning und die zahlreichen Wehrverbände genügen. Man kann zu den Herolden eines »gerechten« Krieges schon Stresemann zählen; zumindest war er kein Friedensapostel um jeden Preis. Hitler brauchte deswegen 1933 nicht mit einer pazifistisch gesonnenen Gesellschaft zu kalkulieren, die Konditionierung zu militärischer Gewalt war in nahezu allen Milieus bereits vorhanden.[57] Erst das ließ seinen ehrgeizigen Plan von 1936 – Wehrmacht und Wirtschaft müßten in vier Jahren kriegsfertig sein – als realistisch erscheinen. Der Loyalitätswettlauf zwischen Reichswehr und Wehrmacht[58] einerseits, SA und SS andererseits,[59] schlug in die nämliche Kerbe. Nachdem der hohen Generalität mit Ludwig Beck, dann Franz Halder an der Spitze diese fatalen Zusammenhänge langsam klar wurden, versuchte sie mit der »Septemberverschwörung« von 1938 gegenzusteuern, aber es war zu spät. Es war wie beim Phänomen des Versailler Vertrages: Die Rolle rückwärts führte zu keinem Effekt mehr. Als Fazit ergibt sich, daß Reichswehr und Wehrmacht zu den wichtigen Kriegsursachen zählen – wenn auch seit Mai 1938 contre cœur der Wehrmacht selbst.

Kommen wir zum dritten, dem wirtschaftlichen Feld. Hier fallen insbesondere zwei Faktoren auf: die Inflation von 1923 und die Weltwirtschaftskrise[60] der frühen dreißiger Jahre. Es ist ganz unbestritten, daß beide Ereignisse einen mächtigen Anschub für den Radikalismus bedeuteten – allerdings nicht nur für den von rechts. Auch die Kommunisten haben von diesen beiden Wirtschaftskrisen profitiert. Im nachhinein wurde es deutlich: Gerade die Herausbildung der beiden extremen Pole war es, welche die Mitte, also die demokratisch und friedlich gesonnenen Gesellschaftsschichten und Parteien, vernichtete. Und deswegen ist es richtig, wie dies in Deutschland zuerst Karl Dietrich Bracher[61] getan hat, vom Kommunismus und vom Nationalsozialismus zusammen als Totalitarismus zu sprechen. Dieser gehörte unzweifelhaft zu den wichtigsten Kriegsursachen, wobei die Kommunisten die nützlichen Idioten abgaben, und dies um so mehr, als sie nicht in der Bekämpfung der Nationalsozialisten, sondern der Sozialdemokratie ihre Hauptaufgabe sahen. Inwieweit die Partei Thälmanns[62] ihrerseits auf einen neuen Krieg der kapitalistischen Staaten untereinander setzte, ist nicht ganz klar, in der marxistischen Ideologie war es zweifellos angelegt. Vor allem die Enttäuschungen von 1918 ff. hatten die ursprüngliche Hoffnung, die Oktoberrevolution werde als Initialzündung für den Siegeszug des Kommunismus in ganz Europa wirken, zuschanden werden lassen; also war es logisch, den ursprünglichen Entwicklungsprozeß zu forcieren. Allerdings entsprach dieser Theorie die offizielle sowjetische Deutschlandpolitik nicht, denn das Reich bildete in der kritischen Phase der Stalinschen Herrschaft den einzigen ernsthaften ökonomischen Rettungsanker, anders formuliert: Noch brauchte Stalin Deutschland – wie lange, das war eine in den frühen dreißiger Jahren nicht zu beantwortende Frage.

Der Aufstieg der radikalen Parteien wird immer unmittelbar auf diese beiden Wirtschaftskrisen zurückgeführt, ich denke, man muß differenzieren und genauer hinsehen: 1923, mit der Inflation, wurde der bürgerliche Wurzelboden in Deutschland wenn nicht schon komplett zerstört, so doch unheilbar mit dem radikalen Virus kontaminiert. Aber man kann nicht sagen, daß die Inflation unmittelbar zum Aufstieg Hitlers geführt hätte, eher im Gegenteil, man denke an das klägliche Scheitern seines Putsches oder an die Reichstagswahlen von 1924 und 1928: Aus ihnen gingen die demokratischen Parteien gestärkt hervor, 1928 übernahm sogar wieder ein Kanzler aus den Reihen der SPD das Zepter des Reiches.

Es war aber nur eine demokratische Scheinblüte – wie die vermeintlich »goldenen« fünf Jahre der Republik insgesamt. In Wirklichkeit hatte die Inflation von 1923 die politischen Abwehrkräfte des Bürgertums schon schwer erschüttert – jede neue Infektion mußte zu katastrophalen Krisen führen. Und die kamen mit der Weltwirtschaftskrise von 1929 bis 1933. Jetzt erst zeigten sich die Folgen von 1923 ganz: Hatte es nach 1923 noch einen Rest von Resistenz gegeben, so brachen nun die Dämme, und der Radikalismus konnte triumphieren. Man muß also die wirtschaftlichen Faktoren im Kriegsursachenbündel im Zusammenhang der beiden Krisen von 1923 und 1929-1933 sehen, nur dann wird das Geflecht der Ursachen verständlich. In diesem Zusammenhang gewinnt übrigens Heinrich Brüning sein tragisches Gesicht,[63] denn seine Politik der Austerity nützte Hitler – in doppelter Weise: Zum einen trieb sie ihm die Deklassierten, die

Arbeitslosen, die Elenden, die um ihre Zukunft gebrachten Jugendlichen zu, zum anderen konnte er die schließlichen, nach 1933 eintretenden ökonomischen Erfolge der Brüningschen Politik dann auf sich verbuchen, was ihm die Davongekommenen, die wieder Arbeitenden, die neue Hoffnung schöpfende Jugend zutrieb.

Lassen sich für die drei Felder – also das politische, das militärische, das wirtschaftliche – verhältnismäßig leicht jene Faktoren ausmachen, die man zu den Kriegsursachen zählen kann, so ist dies auf den weiteren schwieriger, weil das Ursachen-Folgen-Schema hier nicht mehr unmittelbar greift. Allerdings wäre es töricht zu behaupten, daß Kultur im weitesten Rahmen, also Literatur, Kunst, Wissenschaft, Bildung, Religion und Kirchen keinerlei Einfluß auf die Kriegsursachen gehabt hätten. Daß ihre Vertreter selbst – mit Ausnahme der EKD, man denke an das Stuttgarter Schuldbekenntnis – es nach 1945 unentwegt behaupteten, ist menschlich verständlich, aber historisch falsch.

Schulen und Universitäten waren durch und durch bürgerlich geprägt; verschiedene Reformansätze, für die Namen wie Kerschensteiner[64] oder Karsen[65] stehen, schlugen nicht durch und das, was Rudolf Steiner[66] propagiert hatte, leitete, wenn wohl auch ungewollt, eher Wasser auf die braunen Mühlen.[67] Sehr viele Lehrer aber auch Lehrerinnen waren durch den Ersten Weltkrieg Gezeichnete, wie man zahlreichen Memoiren der Zeitgenossen entnehmen kann, und viele waren stolz auf das, was sie im Krieg geleistet hatten. Zwar gab es die Jugendbewegung,[68] die an jene aus der Zeit vor 1914 anzuknüpfen suchte, aber sie war kein echtes Gegengewicht zu jenem militanten Geist, der in den Schulen gezüchtet wurde. Die verblüffenden Erfolge der »Hitlerjugend« gingen nicht zuletzt darauf zurück. Mit dem zehnten Lebensjahr »Pimpf« werden und einen Dolch am Gürtel tragen zu dürfen: darum kreisten die Sehnsüchte vieler Jungen wie heute um ein Handy.

Schwerwiegender waren die Lehrpläne. Die deutschen Schulgeschichtsbücher waren vom Revisionssyndrom[69] förmlich durchtränkt. Der Erste Weltkrieg galt in ihnen als dem Reich aufgezwungen, Deutschland als vor 1914 »eingekreist«. Schon 1648, so stand es in den Manualen für die Schüler, hätten fremde Mächte das Reich zur Ohnmacht verdammt, ihm die Luft zum Atmen und das Wasser zum Leben streitig gemacht. Demgegenüber erschienen Luther, Friedrich der Große und Bismarck als die wahren Heldengestalten, man weiß, wie sich Hitler »bescheiden« an der vierten Stelle in diese illustre Phalanx einreihen ließ.[70] Daß an der Revolution von 1848 und noch weniger an der von 1918 kein gutes Haar gelassen wurde, verstand sich von selbst. Stellt man in Rechnung, daß die NSDAP eine Jugendbewegung im eigentlichen Sinne des Wortes war[71] – die meisten Mitglieder waren unter dreißig – läßt sich vorstellen, wie die Prozesse beschaffen waren, die es Hitler leicht machten, sein Personal für den Krieg zu rekrutieren.

Schlimmer stand es an den Universitäten, genauer: den philosophischen und juristischen Fakultäten. An letzteren gab es rühmliche Ausnahmen – ich erinnere an Karl Radbruch in Kiel –, charakteristischer aber war Carl Schmitt,[72] und das Leipziger Reichsgericht, das man in den Dunstkreis des juristischen Milieus einordnen kann, trug immer wieder dazu bei, den Revanchismus zu fördern, die Demokratie zu schwächen. Es war keine neutrale dritte Gewalt. Niemals wäre Hitlers Legalitätstaktik aufgegangen, wenn ihm das juristische Denken nicht entgegengekommen wäre. Natürlich hat das alles nicht unmittelbar mit den Kriegsursachen zu tun; erinnert man jedoch an das Denkkonstrukt vom »gesunden Volksempfinden« und die Etablierung des Volksgerichtshofes, so wird nicht zu leugnen sein, daß die Justiz, nicht zuletzt durch die »Nürnberger Gesetze« von 1935 und deren Ausführungsverordnungen sittlich korrumpiert, zu den kriegsbegünstigenden Faktoren zählte. Keine Wissenschaft sollte sich nach 1945 schwerer tun als diese, die eigene Vergangenheit aufzuarbeiten,[73] noch lange geisterte das »Dritte Reich« als »Rechtsstaat« durchs Bewußtsein großer Teile der Bevölkerung.

Subtiler ging es in den philosophischen Fakultäten zu, ein weites Feld, das man zu beackern gerade erst begonnen hat.[74] Das Problem läßt sich etwa so umschreiben: Nach dem Ersten Weltkrieg schien es, als habe das Deutschtum im Osten einen herben Rückschlag erlitten; der Verlust von Posen und Westpreußen, das »Vorrücken« der »Slawen« bis an die Tore Danzigs erschien jenen, die von ihren traditionellen historischen Auffassungen her im »Drang nach Osten« ein Lebensgesetz der »germanischen Rasse« gesehen hatten, als düsteres Menetekel. Worauf es in ihren Augen ankam, war die Stärkung der im Osten verbliebenen deutschen Bevölkerungsteile, die eine Art Platzhalterfunktion gewinnen sollten. Die Vehemenz, mit der beispielsweise auch Stresemann im Völkerbund auf den Minderheitenschutz bei den Volksdeutschen, vor allem im Osten pochte, nährte sich nicht zum geringsten aus diesen Vorstellungen. Es lag auf der Hand, daß gerade die Historiker der deutschen Geschichte sich aufgerufen fühlten nachzuweisen, daß die deutsche Besiedlung des Ostens seit Jahrhunderten im Gange war, einen Prozeß der langen, gleichsam historisch natürlichen Dauer darstellte. In diesem Zusammenhang entstanden die Ostwissenschaften[75] als politisches Programm. Da sich die Geschichte Ostmitteleuropas nicht mehr als eine Geschichte der Staaten, der Diplomatie darstellen ließ, wenn das Ziel in einer Stärkung des Deutschtums lag, war es zwingend, auf gesellschaftliche und ökonomische Deutungsmuster zurückzugreifen, und es ist nicht verwunderlich, daß auch rassenpolitische Gesichtspunkte eine Rolle spielten. Immer noch war Gustav Freytags Roman »Soll und Haben« en vogue und prägte ganze Generationen von Deutschen. In diesem Roman, für den Historiker des 19. und 20. Jahrhunderts eine wichtige Quelle, wurde sehr geschickt und emotional zugleich dargestellt, wie sich die anscheinend »höhere« »germanische Rasse« im Osten, also in Polen, gegen unendliche Widerstände und jüdische Machenschaften durchsetzen sollte – eben weil sie tüchtiger, fleißiger, ehrgeiziger, leidenschaftlicher usw. war als die slawische oder jüdische.[76]

Nicht so platt, sondern im Panzer der Gelehrsamkeit einherschreitend, bestätigten führende Historiker solche Befunde; Werner Conze und Theodor Schieder werden in diesem Zusammenhang zumeist genannt und sind deswegen heute ins Kreuzfeuer einer geradezu vernichtenden Kritik geraten. So wenig man das billigen kann, was beispielsweise Schieder als Quintessenz seiner Forschungen der Reichsleitung empfahl – flächengreifende Umsiedlungen zugunsten einer Stärkung des deutschen Elementes in den besetzten Gebieten – so sehr muß man doch auch die Traumata von 1919 und der Folgejahre, besonders im Osten berücksichtigen, die solche Perversionen erzeugten. Selbst Hans Rothfels, der jüdische Historiker an der Universität Königsberg, war davon nicht frei. Verhängnisvoll allerdings wurde es, als die Nationalsozialisten auf solche abstrakten wissenschaftlichen Denk-und Aktionsmuster brutal zugriffen, um sie in ihre konkreten menschenverachtenden und verbrecherischen Lebensraumkonzeptionen zu integrieren. Insofern muß man die Geschichtswissenschaft, und zwar gerade jene, die moderne Methoden entwickelte und Geschichte als Gesellschaftsgeschichte begriff, durchaus auch zu den Ursachen des Zweiten Weltkrieges zählen. Oder hätte es einen »Generalplan Ost« geben können, wenn diejenigen, die ihn zu erfüllen suchten, der Meinung gewesen wären, er sei verbrecherisch und nicht historisch notwendig, ableitbar aus den »Lehren der Geschichte«? Man wird also auch als Schüler etwa von Hermann Aubin, Hans Rothfels, Werner Conze, Hermann Heimpel, Karl Dietrich Erdmann, Walther Hubatsch, Reinhard Wittram oder Theodor Schieder nicht umhin kommen, sehr ernste Fragen an seine Doktorväter zu stellen, (was wir wohl allesamt nicht getan haben, als wir deren Assistenten waren.) Nimmt man alle diese Phänomene zusammen, so ist festzustellen: Als der Krieg vor der Tür stand, fehlte die notwendige wissenschaftliche Resistenz – etwa in Form einer Deutung der europäischen Geschichte, wie sie heute für uns selbstverständlich ist. Die Geschichtswissenschaft aber hat keinen Ludwig Beck hervorgebracht; kein Historiker ist meines Wissens hingerichtet worden, weil er den nationalsozialistischen Geschichtsklitterungen Widerstand geleistet hätte.

Das Beispiel von Theodor Schieder[77] ist gut geeignet, will man generell die Frage beantworten, inwieweit Bildung und Wissenschaft in Deutschland zu den Kriegsursachen zählten. Sicherlich nicht direkt, aber indem es die Nationalsozialisten glänzend verstanden, die Geisteswissenschaften im allgemeinen, die historischen Wissenschaften im Besonderen am Portepée zu fassen, in den Dienst einer scheinbar säkularen Entwicklung zu nehmen, trugen diese doch dazu bei, daß Hitlers Vorhaben in die Wirklichkeit umgesetzt werden konnten. Vor allem die »Grenzlanduniversitäten« Königsberg,[78] Breslau und Kiel mit ihren »Stoßtruppfakultäten«, wie man das nannte, spielten eine unrühmliche Rolle. Aber im ganzen Reich hatte sich der Nationalsozialistische Deutsche Studentenbund schon 1928 durchgesetzt[79]. Hitler wurde in den Universitäten schon zu einem Zeitpunkt verehrt und bewundert, zu dem es auf den Straßen noch zu Schlachten zwischen Anhängern und Gegnern der braunen Bataillone kam. Ein großer Teil der akademischen Jugend glaubte Hitler zu verstehen, sie folgte ihm, als er sie rief.

Kehren wir zum Ausgangspunkt zurück, zur Persönlichkeit Hitlers.

Ich bin weit entfernt davon, Hitler zu verstehen. Man kann immer nur einzelne Züge seines Wesens und Denkens zu verstehen suchen, eine Gesamtdeutung dieses Phänomens steht aus, und ich vermute, es wird sie niemals geben. Jeder Mensch, der auch nur entfernt in den Bahnen des Kategorischen Imperativs denkt, ist schlechterdings nicht in der Lage, jene Emphatie zu entwickeln, die notwendig wäre, wollte man Hitler »verstehen«. Ich bin sicher, selbst einem Ranke wäre das nicht gelungen. Ist Hitler das historische Alien?

Natürlich nicht, diese »Lösung« wäre zu einfach, man könnte ihn dann leicht zu den »Dämonen der Macht« gesellen und wäre ihn, erkenntnistheoretisch gesehen, bequem »los«.[80] Seine Biographie wurde oft als causa prima seiner Entwicklung und seiner kriminellen Energie gesehen, eher zu Unrecht. Was wir seit Maser, Joachim Fest, Brigitte Hamann, Ian Kershaw und vielen anderen wissen, deutet eben nicht auf eine ganz ungewöhnliche Biographie, eine außergewöhnliche Sozialisation. Hitlers Karriere vor 1918 war mittelmäßig, nichts besonderes, man könnte sagen: Hitlers gab es viele – bis 1918.[81] Seine Biographie nach 1918 allerdings paßte nicht mehr in die üblichen Schemata, denn schon in den frühen zwanziger Jahren entwickelte dieser alles andere als gutaussehende und gesellschaftlich gewandte Mann Eigenschaften, die Menschen aus den unterschiedlichsten Milieus faszinierten. Er verfügte über eine außergewöhnliche integrative Kraft und verstand es von Anbeginn alle, die ihr nicht erlagen, zu stigmatisieren, so daß sie fortan, wenn sie opponierten, sich in ständigem Rechtfertigungszwang wiederfanden – das war schon bei den

Gebrüdern Strasser und bei Röhm so und sollte bis zu den Verschwörern des 20. Juli 1944 durchschlagen.

Hitler hat seine Persönlichkeit immer als eine öffentliche und sich selbst als Politikum begriffen und dementsprechend eingesetzt. In diesem Punkt folgte er uralten monarchischen Mustern, die erst im Verlauf des 19. Jahrhunderts »unmodern« geworden waren. Das »Private« besaß für ihn einen ähnlichen Stellenwert, wie er beispielsweise für einen mittelalterlichen Kaiser, aber auch noch einen Ludwig XIV. gegolten hatte. Es hatte nichts mit der bürgerlichen, schon gar nicht der kleinbürgerlichen Privatsphäre zu tun, selbst wenn das für den einen oder anderen Kammerdiener des »Führers« so aussehen mochte. Mit »seinem« Volk, genauer: »seiner« Rasse hielt er eine Art von Heiliger Hochzeit – sehr eindrucksvoll beispielsweise auf den Nürnberger Reichsparteitagen inszeniert. Deswegen sollten alle Frauen ihn als unerreichbaren Weißen Ritter sehen – wie beispielsweise Winifred Wagner[82] oder Leni Riefenstahl. Der messianische Zug seines Charakters wurde von ihm im Verlauf der Jahre immer weiter entwickelt, und das trug dazu bei, in Hitler eben nicht einen x-beliebigen Politiker oder auch Staatsmann zu sehen, sondern den von der »Vorsehung«, wie er sich auszudrücken pflegte, gesandten Erlöser der »germanischen Rasse«. Daß er dabei Teilidentitäten realer historischer Figuren übernahm, steht dem nicht entgegen, sondern diente nur dazu, den messianischen Charakter auch Menschen vertraut zu machen, die ansonsten nicht metaphysisch oder religiös veranlagt waren und keine Wagneroper kannten. Das bekannte Wort von Dönitz, »wir alle« seien »kleine Würstchen« im Angesicht des Führers, ist dafür typisch. Übrigens hat damals, 1943, diesem Diktum des Oberbefehlshabers der Kriegsmarine niemand widersprochen, obwohl in der Seekriegsleitung ein offenes Wort geschätzt wurde und einige Persönlichkeiten sich bei anderen Gelegenheiten keineswegs gescheut haben, Dönitz zu widersprechen.

Aus alledem gewann Hitler vor allem eines: Macht. Und zwar keine von irgendwelchen Parlamenten oder Volksversammlungen delegierte und auf Zeit verliehene Macht, sondern eine transzendentale, gleichsam vom Himmel gefallene, seinem Selbstverständnis nach eine göttliche Macht – der Vergleich mit Parsifal liegt nahe. Diese Macht war gerade deswegen unangreifbar, und wer sie angriff, beging ein Sakrileg. Man wird an den Prozeß der Vergöttlichung römischer Kaiser erinnert.

Was ist Macht? Macht ist gut, sagten Hegel und Ranke. Macht an sich ist böse, sagte Jacob Burckhardt, Macht ist weder gut noch böse, so formulierte es Friedrich Meinecke. Nach 1945 war, wie man sich leicht denken kann, Burckhardt en vogue. Zur Zeit Hitlers eher Hegel und Ranke. Tatsächlich ist die Vorstellung von der Möglichkeit des Machtmißbrauches in der Weimarer Zeit und in der des frühen »Dritten Reiches« völlig unterentwickelt, man findet kaum Reflexionen dazu – auch wenn es sie gelegentlich im literarischen Rahmen gegeben haben mag.[83] Wenn Hitler über eine Macht von ganz einzigartiger Qualität verfügte, die Gesellschaft im Phänomen der Macht aber etwas eher Gutes sah, nicht zuletzt weil der Verlust des Ersten Weltkrieges die Deutschen zur »Ohnmacht« verdammt zu haben schien, so mußte die Umsetzung der Macht in den Krieg verführerisch wirken, wie eindrucksvoller ließ sich abstrakte »Macht« konkretisieren! Die Aufmärsche und Truppenparaden, und wie sie Hitler abnahm, symbolisierten diese Inkarnation von Macht, ein Blick in die zeitgenössischen Wochenschauen und die Filme Leni Riefenstahls genügt. Vielleicht nähert man sich über diese Gedanken der Eingangsfrage, wieso es einem einzelnen Menschen möglich war, einen Weltkrieg zu entfesseln.

Versuchen wir Bilanz zu ziehen: So wichtig alle schon erörterten Kriegsursachen auch gewesen sein mögen – weder eine einzelne noch ihre Summe hätten unweigerlich zum Krieg führen müssen. Dies um so weniger, als kein einziger großer Staat in Europa 1938 und 1939 einen großen Krieg wollte – auch die Sowjetunion nicht. Das waren nicht bloße Vermutungen, sondern Tatsachen, in nahezu jedem Botschafterbericht der Zeit zu lesen. Als sich England im Mai 1938 entschloß, die Ten-Year-Rule[84] auszusetzen, da tat es dieses im Bewußtsein von den drohenden und zunehmend unkalkulierbarer werdenden Gefahren, seufzend und nicht leichtsinnig. Die Ten-Year-Rule besagte: In den nächsten zehn Jahren ist ein Krieg definitiv auszuschließen. Es war ja gerade, wie das Hoßbachprotokoll es zeigte, die vermeintliche Friedenssehnsucht der anderen, ihre Unwilligkeit, sich auf den großen Krieg vorzubereiten, die Hitlers Kriegsentschluß vorantrieben. Auch hier ist ein Vergleich mit dem Ersten Weltkrieg lehrreich: Damals wollten alle großen Staaten mehr oder weniger den Krieg – vielleicht nicht gerade den, den sie dann ab 1. August 1914 haben sollten, aber doch Krieg, denn Krieg galt immer auch als Chance und Bewährung. 1938/39 war in der zivilisierten Welt der Krieg perhorresziert. Nicht allein durch den Kriegsächtungspakt von 1928, sondern aus tiefster Seele der jeweiligen Bevölkerungen heraus, was auch für die Mehrheit der Deutschen galt. Deswegen war es eigentlich um so schwieriger, einen Weltkrieg bewußt anzuzetteln – da war kein Pulverfaß, in das man nur eine Lunte zu stecken brauchte, wie das der alte Moltke formuliert hatte, sondern das Friedensgebäude Europas mußte auf raffinierte und brutale Weise angezündet werden – vielleicht wie der Reichstag? Die »Leistung« Hitlers, dies geschafft zu haben, bleibt auch in Kenntnis aller Faktoren, die wir behandelt haben, ganz erstaunlich und letztlich unerklärlich. Dazu bedurfte es in der Tat eines ganz einzigartigen bösartigen Charismas.

Da sich dieses rationaler Beurteilung und Kritik weitgehend entzog, war es so schwierig, Hitler in den Arm zu fallen. Um so respektabler, um dies doch auch anzufügen, erscheint das Verhalten jener, die es dennoch wagten – gleichgültig ob mit oder ohne Erfolgsaussichten.

3. FORSCHUNG

Nicht der Mangel, die Fülle ist das Problem, vor dem jeder steht, der sich wissenschaftlich mit dem Zweiten Weltkrieg beschäftigen will. Die überproportionale Bedeutung, die dieser Krieg im Selbstverständnis vor allem der Deutschen gewonnen hat und immer weiter gewinnt, schlägt sich in einer alle normale Maßstäbe sprengenden wissenschaftlichen Produktion zur Geschichte dieses Krieges nieder. Selbst eine repräsentative Auswahl der bisher erschienenen Literatur zur Geschichte des Krieges ist kaum möglich oder würde, wollte man sie vornehmen und -stellen, ebenfalls einen überproportionalen Platz in Anspruch nehmen.[85]

Aus diesem Grund bleiben nur zwei Möglichkeiten: Zum einen kann man beschreiben, wie die Wege beschaffen sind, auf denen die Erkenntnis fortschreitet, und woher sie kommt, zum anderen bleibt es jedem einzelnen überlassen, sich von wo auch immer an das Gebirge von Büchern und Editionen, von Archiven und Museen[86], von Forschungsstätten und Gesellschaften zur Geschichte des Zweiten Weltkrieges heran-und durchzuarbeiten. Mit anderen Worten: Es gibt keinen akademischen Königsweg zum Studium des Krieges, keinen archimedischen Punkt, von dem aus dieser Weltkrieg gleichsam wissenschaftlich aus den Angeln zu heben wäre. Was bereits bei einer Betrachtung des Ersten Weltkrieges zu erkennen ist, enthüllt sich hier ganz: die Totalität des Krieges und seine transzendentale Wucht machen alle üblichen Erkenntnismethoden zuschanden.

Es bleibt also ein höchst subjektiver Zugriff: Wer sich mit der politischen Geschichte des Krieges beschäftigt, vernachlässigt in aller Regel die militärische, wie umgekehrt; wer sich mit der Soziologie des Krieges befaßt, den interessieren die geistesgeschichtlichen und ökonomischen Zusammenhänge meist wenig, wer sich mit der Heeresgeschichte herumschlägt, wendet keinen Blick auf die See oder sieht in die Luft usw. Die Ausdifferenzierung der Forschungsinteressen gehört zu den besonderen Phänomen in der Erforschung dieser Zeit. Am eindringlichsten läßt es sich bei der wissenschaftlichen Bewältigung des Holocaust erkennen: Hier gibt es ganze Forschergenerationen und -institutionen,[87] die nur dies und nichts anderes betreiben – seit fünfzig Jahren und mehr. Und sie werden nie an ein Ende kommen können.

Geht man davon aus, daß auch dieses Stück Geschichte nur aus den Quellen heraus wissenschaftlich bearbeitet werden kann, stellt sich die Frage nach den Quellen zuerst. Ich will nun nicht auf die Banalität heraus, daß es Archive, Bibliotheken und Museen gibt, in denen man Quellen zur Geschichte dieses Krieges finden kann, sondern hier geht es eher um den Charakter der Quellen und ihren Stellenwert, und zwar im chronologischen Ablauf der Forschungsgeschichte.

Am Anfang standen, zumindest in dem besetzten und entmündigten Deutschland, aber keine amtlichen schriftlichen Quellen, wenigstens auf den obersten Ebenen von Regierung, Verwaltung und Militär, sondern nur Mithandelnde, Zeitzeugen und persönliche Erinnerungen zur Verfügung. Der Krieg selbst hatte, als er 1945 endete, sehr viel Quellenmaterial vernichtet, so das komplette Heeresarchiv, ebenso ein Opfer der Luftangriffe wie das des OKL, also der Luftwaffe. Die NS-Bonzen und Verbrecher hatten sich, als das Ende näherrückte, redliche Mühe gegeben, so gründlich wie möglich die Spuren ihrer Untaten zu verwischen und zu vernichten, aber Clio sei Dank ist ihnen dies nur unvollkommen gelungen – die Archive der NSDAP, von SD und Gestapo sind, wenn nicht vollständig, so doch in großen Teilen erhalten geblieben,[88] desgleichen, wenn auch nur bruchstückhaft, die ausgesprochen aufschlußreichen Lagebesprechungen Hitlers im Führerhauptquartier[89] und die dortigen vom Stenographen des Auswärtigen Amtes Heinrich Heim aufgezeichneten Monologe.[90] Die wahrscheinlich umfangreichste Quellensammlung verdanken wir Joseph Goebbels; dessen Tagebücher und Diktate[91] stellen ein wahrhaftes Gebirge des Wissens, der Lüge, vor allem aber der Propaganda dar. Den kompletten Wehrmachtsbericht[92] gibt es ebenso wie die riesige Menge der »Meldungen aus dem Reich«.[93]

Aber nicht die Kriegsverluste und die bewußten Zerstörungen behinderten die Erforschung des Krieges, sondern das Ergebnis des Krieges selbst, genauer: die alliierten Siegermächte. Voran Amerikaner und Engländer, aber auch die Sowjets bemühten sich, des deutschen Aktenmaterials vor allem des Auswärtigen Amts, der Zentralbehörden und der Wehrmacht mit den Wehrmachtteilen in ihren Gewahrsam zu bekommen, und dies mit Erfolg. Ganze Archive wanderten in die USA bzw. nach London und Moskau, darunter die Bestände des Auswärtigen Amtes und der Seekriegsleitung. Das amtliche Aktenmaterial galt als legitime Kriegsbeute, und die Deutschen durften sich darüber nicht beschweren: Exakt ebenso hatten sie es 1940 in Frankreich gehalten, und damals war eine kleine Gruppe von Historikern nach Paris beordert worden, um die Akten der französischen Republik zu beschlagnahmen und auszuwerten. 1945 mußten sich diese Wissensträger verpflichten, nichts über ihre Erkenntnisse zu publizieren. Max Braubach, der Bonner Biograph des Prinzen Eugen (des Mannes, nicht des Schiffs!), gehörte zu diesen Geheimnisträgern, und er hat sich an diese Verpflichtung bis zu seinem Lebensende gehalten.[94]

Man kann sagen: Zwischen 1945 und 1955 war es der deutschen Geschichtsforschung praktisch unmöglich, auf der Grundlage des primären Aktenmaterials an die Erforschung dieses Krieges, ja auch an die des »Dritten Reiches« insgesamt zu gehen, denn es fehlte die notwendige Akteneinsicht. Manches wurde in den Zentralarchiven der Siegerländer verfilmt, auf Microfiches gebracht: Die konnte man später kaufen, und mancher Doktorand ist dabei arm geworden. Zwischen West und Ost entwickelte sich sogar ein Tauschhandel: Da die DDR und die Sowjetunion für deutsche Akten in amerikanischem und britischem Gewahrsam keinen müden Dollar ausgeben wollten, konnten die Gelehrten do-ut-des-Geschäfte mit Mikrofilmrollen machen, eine seltsame Arabeske des »Kalten Krieges«. Ein wirklicher Ersatz für die »beweiskräftigen Originale« im Sinne Meisners war das nicht.

Über diese verfügten naturgemäß die Sieger. Deswegen stammten die ersten substantiellen Analysen zur Geschichte des Zweiten Weltkrieges aus der Feder westalliierter Autoren, großer Helden wie Churchill[95], de Gaulle[96], Eisenhower, Truman,[97] und deutscher Emigranten, unter ihnen Hans Rothfels; 1948 erschien schon auf deutsch sein ursprünglich in Englisch verfaßtes erstes wissenschaftlichen Ansprüchen genügendes Buch zur Geschichte des deutschen Widerstandes im »Dritten Reich«.[98]

Man braucht nun nicht mehr eigens zu erläutern, daß der Zweite Weltkrieg auf diese Weise aus der Sicht der Sieger betrachtet wurde – was anderes wäre zu erwarten gewesen? Um so respektabler ist es, daß die besten Produkte[99] dieser alliierten Bemühungen sich bemühten, Propaganda und nachklappenden Haß zu vermeiden, um möglichst objektiv darzustellen, wie es »eigentlich gewesen« war. Es kann keine Rede davon sein, daß die Hybris der Sieger die deutsche Geschichte verzerrt und verbogen hätte. Natürlich gab es Ausnahmen, die gibt es immer.

Das gilt auch für jenes gigantische Unternehmen, das unter dem Schlagwort: Nürnberger Prozeß[100] läuft. Die Siegermächte des Zweiten Weltkrieges waren schon während des Krieges übereingekommen, nach dem Krieg die Verantwortlichen für diesen Krieg und seine Verbrechen zur Verantwortung zu ziehen. Die Deutschen hatten mit ihrer alles anderen als kooperativen Haltung im Zusammenhang mit der juristischen Bewältigung des Ersten Weltkrieges selbst die Chance vergeben, diesen Prozeß in eigener Regie und Verantwortung zu führen. Da nun aber die drei Siegermächte entschlossen waren, diesmal eine wirklich gründliche Untersuchung vorzunehmen, sie darüber hinaus im Rahmen der Entnazifizierungs- und Reeducationpolitik wissen mußten, wann wer wie und warum in dem braunen Netz sich verfangen hatte, lag es auf der Hand, möglichst viel Quellenmaterial sicherzustellen, aufzubereiten und auch zu veröffentlichen. Denn es genügte nicht einfach zu behaupten, daß die Deutschen den Angriffskrieg angezettelt und den Holocaust begangen hätten, dazu bedurfte es handfester, quellengestützter Beweise.

Auch mit Hilfe von Emigranten – prominent der amerikanische Chefankläger Robert Kempner[101] – gelang es den Siegermächten, relevantes Quellenmaterial zur Genese des Krieges und seiner Verbrechen zusammenzustellen. Dies zwar nicht in erster Linie aus wertfreiem wissenschaftlichem Interesse, aber auch das juristische konnte nur befriedigt werden, wenn das Material Handlungsabläufe logisch nachvollziehen ließ. Deswegen läuft die Kritik an den Nürnberger Materialien, die gerne darauf verweist, hier handele es sich nicht um Quellen, die nach geschichtswissenschaftlichen Gesichtspunkten zusammengestellt worden seien, sondern einzig um solche der Anklage bzw. der Verteidigung, weitgehend ins Leere, auch wenn, was eine Selbstverständlichkeit ist, die Nürnberger Materialien auch unter diesen Gesichtspunkten zu bewerten sind.

Es kam den Richtern von Nürnberg in erster Linie darauf an, die Verbrechen des Krieges aufzudecken. Deswegen nehmen die Materialien zur Geschichte des Holocaust einen prominenten Platz ein. Weil dies so war, konnte unmittelbar nach Nürnberg in Deutschland die wenn zumeist auch nur versteckte und kaum laut geäußerte Meinung[102] vertreten werden, dieses düsterste Kapitel sei aufgebauscht und überbewertet worden, und dieser Verdacht trug zweifellos dazu bei, es anfänglich eher totzuschweigen. Erst nachdem der Forschung alle Quellen wieder unbeschränkt verfügbar waren, stellte sich in einem langwierigen und schmerzlichen Forschungsprozeß[103] heraus, daß eher das Gegenteil der Fall war. Um es drastisch deutlich zu machen: Viele von denen, die in Nürnberg und in den 12 Nachfolgeprozessen mit einem blauen Auge davonkamen, hätten ihren Kopf wohl in die Schlinge des Scharfrichters legen müssen, hätte man 1946 das gewußt, was wir heute wissen. Die quälend lange Nachgeschichte von Nürnberg mit den Kriegsverbrecherprozessen, die bis in die jüngste Vergangenheit hinein immer noch geführt werden mußten, häufig auf Grund des Beweismaterials, das die Ludwigsburger Zentralstelle zur Erfassung der nationalsozialistischen Verbrechen[104] zur Verfügung stellte, unterstreicht das sehr eindringlich.

Nicht alles, aber doch das wichtigste Material der Anklage wie der Verteidigung im ersten großen Nürnberger Prozeß gegen die Hauptkriegsverbrecher ist in der sogenannten »Blauen Reihe« publiziert worden und war schon zeitgenössisch, also unmittelbar nach Prozeßende, der deutschen

Öffentlichkeit bequem verfügbar – eine imponierende Editionsleistung, die man heute, fünfzig Jahre später, nicht beckmesserisch bekritteln sollte. Waren anfänglich die Dokumentenbände von höchstem Interesse, so gewinnen inzwischen die Protokollbände immer mehr an Gewicht. Die Dokumente findet man größtenteils auch anderswo, doch die Aussagen der Angeklagten, die Kreuzverhöre, die Plädoyers von Anklage und Verteidigung bilden eine ganz einzigartige Quelle zum Geist der Zeit, und im Zuge des Aufblühens der Geistes-und Mentalitätsgeschichte sind diese Quellen immer wertvoller geworden.

Die Bewältigung des Zweiten Weltkrieges vollzog sich in den Jahren von 1945 bis etwa 1955 wesentlich in Form von Memoiren und Erinnerungsbüchern unterschiedlichster Provenienz. Daß die Hauptschuldigen in der Regel keine Gelegenheit erhielten, ihre Sicht der Dinge zu präsentieren,[105] liegt auf der Hand; um so wichtiger und auch stilprägender wurden die Memoirenwerke der dramatis personae aus der zweiten Reihe, vor allem dann, wenn sie, aus welchen Gründen auch immer, nachweisen konnten oder es doch tun zu können glaubten, nicht oder nur sehr am Rande in die NS-Verbrechen verstrickt gewesen zu sein. Typisch dafür waren beispielsweise die Erinnerungen Franz von Papens, die 1952 auf das lebhafteste Interesse der Historiker stießen. Daß ausgerechnet der übelste Steigbügelhalter Hitlers »Der Wahrheit eine Gasse«[106] bahnen wollte – so der Titel seiner Apologie – läßt schon etwas von jenem Dilemma erkennen, vor das sich die Geschichtswissenschaft im ersten Jahrzehnt nach dem Zusammenbruch gestellt sah. Noch lebten viele der Protagonisten von 1933, aber die meisten hüteten sich, allzu präzise und selbstkritisch die selbst gestaltete Zeit zu beschreiben. Auch manche prominenten Opfer des Nationalsozialismus, soweit sie überlebt hatten, hielten sich bewußt zurück – wie etwa Brüning, der zwar hier und da einen Aufsatz verfaßte und in Deutschland einen Vortrag hielt[107], aber keineswegs entscheidend zur Aufklärung beitrug.

Nur wenige Diplomaten und Politiker überhaupt meldeten sich zu Wort – es war typisch, daß der Chefdolmetscher des Auswärtigen Amtes Paul Schmidt als »Statist auf diplomatischer Bühne« – so der Titel seines Buches[108] – Kronzeuge für die dramatischen Ereignisse rund um München und Prag wurde. Diplomaten wie Geyr von Schweppenburg,[109] Blücher,[110] Abetz[111] oder Herwarth[112] trugen das ihre bei, aber viel war aus diesen Erinnerungen nicht zu holen, oft waren sie über Gebühr schön gefärbt – wie beispielsweise die von Otto Abetz – kein Wunder angesichts der Hitlerschen Diplomatie, die im Grunde keine war. Der Antikominternpakt, um ein groteskes Beispiel zu erwähnen, wurde von den Mannen um Ribbentrop vereinbart, und der deutsche Botschafter in Tokio, Herbert von Dirksen, hatte davon keine Ahnung.[113] Hinzu kam, daß natürlich niemand – typisch waren Warlimont, Raeder und Dönitz – sich selbst belasten wollte, was um so einfacher war, als die Gegenkontrolle durch die Akten des Auswärtigen Amtes oder des Heeres- und Marinearchivs aus den schon genannten Gründen damals nicht möglich war. Inzwischen wird man diese Memoiren immer nur parallel zu den ADAP, also den Akten zur deutschen Auswärtigen Politik und den inzwischen veröffentlichten Quelleneditionen zur Militärgeschichte[114] sowie den Kriegstagebüchern – etwa der Seekriegsleitung[115] – lesen dürfen.

Die hohen Militärs befanden sich in einer höchst eigentümlichen Lage: Auf der einen Seite schienen sie wenigstens auf den ersten Blick die Hauptverantwortlichen für die Grausamkeiten des Krieges zu sein, auf der anderen konnten sie sich nicht zu Unrecht auf den Standpunkt zurückziehen, daß sie gerade nicht für den Krieg und seine Führung verantwortlich waren; Halder beispielsweise stand da wie ein reiner Held, und alle Fehler hatte Hitler gemacht. Tatsächlich hatte es der Diktator ja geschafft, den politischen Einfluß der Militärs fast bis auf Null zurückzuschrauben. Daß er dennoch existierte, sollte erst Jahrzehnte später ins Bewußtsein dringen und löste dann um so schmerzlichere Bewältigungsprozesse aus.[116] Auch an die Hamburger Ausstellung »Verbrechen der Wehrmacht«[117] wäre zu erinnern und an die durch sie ausgelösten Reaktionen.

Nachdem Keitel und Jodl als Zeugen ausfielen – beide wurden in Nürnberg zum Tode verurteilt und hingerichtet[118] – war ihr Untergebener, der Stellvertretende Chef des Wehrmachtführungsstabes, der General Walter Warlimont, plötzlich an die erste Stelle der Zeugenriege gelangt, und er wußte diese Position glänzend zu nutzen. Unter dem Titel »Im Hauptquartier der deutschen Wehrmacht« erschienen 1962 seine geradezu stilbildenden Erinnerungen.[119] Sie gestatteten einen tiefen Einblick in die inneren Strukturen nicht allein des Oberkommandos der Wehrmacht, sondern auch der Hitlerschen militärischen Führung, und im Jahr darauf publizierte Walther Hubatsch »Hitlers Weisungen für die Kriegführung«[120] – gleichsam, um es mediävistisch auszudrücken, die Königsurkunden der Kriegführung. Das dazugehörige Aktenmaterial wurde etwa zeitgleich ebenfalls präsentiert, und zwar in Form einer Veröffentlichung des Kriegstagebuches des Wehrmachtführungsstabes.[121] Federführend war Percy Ernst Schramm, der Göttinger Mediävist, der sich als solcher einen Namen gemacht hatte; sein Buch über die Herrschaftszeichen[122] ist noch heute Standard. An dieser Stelle muß ein besonderes Stückchen der Forschungsgeschichte erzählt werden, es erhellt die Zusammenhänge und die Probleme der Forschungstektonik:

P. E. Schramm war als Reserveoffizier Rittmeister und wurde mit diesem Dienstgrad zum Wehrmachtführungsstab kommandiert, um dessen Kriegstagebuch zu führen. Das tat er in souveräner Weise, aber eben auch als Mediävist, und er tat noch mehr: Davon überzeugt, daß der Historiker in der Lage sein müsse, aus der Fülle der tagtäglich auf ihn einstürmenden Quellen das Wesentliche sofort herauszupräparieren, gleichsam »mit spitzen Fingern«, um Ranke zu zitieren, legte er dieses Kriegstagebuch wie eine Chronik an, wobei er sich keineswegs als Buchhalter verstand, sondern als Historiker, der, wie es wiederum Ranke formuliert hatte, »einer großen Epoche anwohnte« und diese sofort zu interpretieren versuchte.[123] Dennoch waren er und Helmut Greiner[124] als »Einzelkämpfer« mit dieser Aufgabe überfordert, und so forderte Schramm einen zusätzlichen Mitarbeiter an – einen tüchtigen Assistenten am Historischen Seminar der Universität Göttingen, der gerade von Siegfried Kähler promoviert worden war. Auf diese Weise geriet ab 1943 Walther Hubatsch in den Wehrmachtführungsstab.

Nach 1945 kümmerten sich Schramm und Hubatsch um die wissenschaftliche Aufbereitung des von ihnen und einigen anderen während des Krieges erarbeiteten Materials; mit Andreas Hillgruber und Hans-Adolf Jacobsen gewannen sie erstklassige jüngere Weltkrieg II-Forscher zur Mitarbeit, und so entstanden die prachtvollen Bände[125] des KTB OKW, die nach wie vor die zentrale Quelle zur (rein!) militärischen Geschichte des Zweiten Weltkrieges aus deutscher Sicht darstellen. Schramm hat darüber hinaus nach Halder[126] als einer der ersten deutschen Historiker eine Deutung Hitlers versucht – und zwar Hitlers als militärischem Führer –[127] und diese sollte lange stilbildend wirken. Ob sie immer richtig war, steht auf einem anderen Blatt.

Doch die Geschichte ist noch nicht zu Ende. Während Hillgruber und Jacobsen auf Grund der Erfahrungen mit dem KTB OKW und dem KTB Halder[128], einer weiteren zentralen Quelle, die Halder noch selbst autorisiert hat, den Grundstein ihrer späteren Berühmtheit legten, bemühte sich Walther Hubatsch um die Fortführung der Tradition des Kriegstagebuchschreibens in der Bundeswehr. »Shiplover«[129] und Marine-Enthusiast sondergleichen, wechselte er die Teilstreitkraft und trat auf Empfehlung Friedrich Ruges, des ersten Inspekteurs der Bundesmarine, und Konteradmiral Gerhard Wagners, des letzten Chefs der 1. Seekriegsleitung und engen Vertrauten von Karl Dönitz auch nach dessen Entlassung aus Spandau, als Marineoffizier der Reserve in den Dienst des Flottenkommandos in Glücksburg. Dort entwickelte er zusammen mit Jürgen Rohwer, einem ehemaligen Marineoffizier, der später zum bekanntesten deutschen Marinehistoriker werden sollte, im Auftrag des ersten Befehlshabers der (bundesdeutschen) Flotte, Konteradmiral Rolf Johannesson, die Einrichtung der »Historisch-Taktischen Tagungen der Flotte« und die Grundzüge einer modernen Kriegstagebuchführung für die Bundeswehr.[130] Und er tat dann genau das, was auch Schramm getan hatte: Er bat seinen Assistenten, ebenfalls Reserveoffizier der Marine, um Mitarbeit, und da dieser sich intensiv mit der Geschichte der Seekriegsleitung im Zweiten Weltkrieg beschäftigt hatte, folgte er dem Ruf und trat nach dem Ausscheiden von Hubatsch aus Altersgründen in dessen Fußstapfen. Man könnte lange über die Phänomene von Kontinuität und Bruch in der deutschen Militärgeschichte nachsinnen...

Das schon erwähnte KTB Halder bildete die wichtigste Quelle zur Geschichte des Generalstabs des Heeres 1938–1942, und Halder verstand es hervorragend, den Eindruck zu erwecken, als seien alle strategischen Fehler Hitler allein anzulasten.[131] Daran hatten die Generalstäbler vor allem im Hinblick auf die kritischen Entscheidungen zu den Operationen »Barbarossa« 1941, »Blau« 1942, zu Stalingrad und Kursk 1942/3, zur Krim, zu Kurland, zur Invasionsabwehr 1944, zu den Ardennen 1945, schließlich zur Ostkatastrophe vom Juni/Juli 1944 und Januar 1945 alles Interesse. Erst sehr viel später wurden Zweifel an dieser Verteilung der Verantwortung wach, und das glänzende Image, das Persönlichkeiten wie Halder,[132] Manstein, Guderian[133], Kesselring[134], Raeder, Dönitz und noch so manche andere sich vermittelst ihrer Memoiren oder vermeintlich »objektiver« Dokumentationen zuzulegen verstanden hatten, wurde erst lange nach dem Tod dieser Helden demontiert – von einer jüngeren Historikergeneration. Die ältere ist sehr unkritisch mit diesen teilweise auch literarisch anspruchsvollen Selbstdarstellungen umgegangen, man lese nur die entsprechenden Rezensionen der Zeit, eine erhellende Lektüre.

Sie auch enthüllen das forschungspolitische Dilemma der fünfziger und auch noch der frühen sechziger Jahre: Sehr viele der führenden Historiker in Westdeutschland waren es schon in der Zeit des »Dritten Reiches« gewesen; die einen hatten sich mehr, die anderen weniger mit dem Regime eingelassen, kaum jemand war am Widerstand beteiligt, man mußte also erklären, warum man mitgemacht, warum man nicht früher widerstanden hatte. Es war für die Historikerzunft daher ein großes Glück, daß deren Nestor, Friedrich Meinecke, schon 1946 jene Standarderklärungen formulierte, die die »Deutsche Katastrophe« zwar nicht entschuldigten, doch verständlich machten, und implizit auch und gerade das Verhalten der deutschen Geschichtswissenschaft. Diese war also befangen, und das führte dazu, daß man an den deutschen Universitäten zu jener Zeit, als ich studierte, über den Holocaust und die Verbrechen von SS, SD, Einsatzgruppen, Gestapo und auch Wehrmacht[135] nahezu nichts erfuhr. Und da es den

Lehrern in den Schulen ebenso ergangen war wie der Masse der Historiker, war auch keine kritische Neugier bei der jüngeren Generation geweckt worden, also jener, die den Krieg nicht mehr bewußt handelnd miterlebt hatte – was dieser Generation von der nächstfolgenden, der sogenannten »achtundsechziger« bitter vorgeworfen wurde, eher zu Unrecht. Hinzu kam das flächendeckende Schweigen der Kriegsgeneration[136] – unterbrochen eben durch die Rechtfertigungsliteratur und das Selbstmitleid, für das Borcherts »Draußen vor der Tür« stehen mag.

Im Zuge der Wiedergewinnung der Teilsouveränität der Bundesrepublik seit 1955 gelangten die deutschen Akten wieder nach Deutschland, und eigentlich nun erst konnte die Forschung mit der Aufarbeitung des Zweiten Weltkrieges ernsthaft beginnen. Zwar hatten die Besatzungsmächte schon in den frühen fünfziger Jahren damit angefangen, deutsches Aktenmaterial aus dem Auswärtigen Amt zu publizieren – bezeichnenderweise in Englisch,[137] die deutsche Version folgte erst später – aber zum einen wurden lediglich die Jahre 1936 bis 1939 abgedeckt, zum anderen handelte es sich um eine nicht immer optimale Auswahl. Es waren ausschließlich amerikanische, englische und französische Historiker,[138] die diese Aufgabe übernommen hatten, erst später durften auch deutsche Historiker an diesem Editionsunternehmen mitwirken. Doch nachdem in einem sich über zehn Jahre hinziehenden Prozeß die Rückführung der Akten einigermaßen abgeschlossen war, eröffneten sich viele neue Forschungsfelder. Mit der Gründung des Bundesarchivs in Koblenz und seiner Dependance in Freiburg i.Br., dem Militärarchiv, standen leistungsfähige Institutionen bereit, auch das Auswärtige Amt bemühte sich zumindest, seine rückgeführten Bestände der allgemeinen wissenschaftlichen Öffentlichkeit zugänglich zu machen.

Leicht war dies nicht, denn der Krieg und seine Folgen hatten die Tektonik der Aktenmassen teilweise bis zur Unkenntlichkeit verworfen, so daß es einer jahrzehntelangen mühseligen Aufbereitungs-und Archivierungsarbeit bedurfte, um das Material so zur Verfügung stellen zu können, daß es für die Forschung verwendbar wurde. Übrigens ist dieser Prozeß immer noch nicht abgeschlossen, und es steht zu befürchten, daß das auch so bleiben wird. Der Umgang mit dem Gedächtnis der Nation, den sich unser Land leistet, stinkt zum Himmel – was man wörtlich nehmen kann, wenn man sich einmal in die primitiven Magazine etwa des Militärarchivs Freiburg i.Br.verfügt hat.

In dem Jahrzehnt zwischen etwa 1960 und 1970 entstanden auf Grund der nunmehr verfügbaren Akten maßgebende Standardwerke zur Geschichte des Zweiten Weltkrieges. Die bereits genannten Jacobsen[139] und Hillgruber[140] legten Arbeiten zur NS-Außenpolitik und zu Hitlers Politik vor, welche die nachfolgende Forschung wesentlich beeinflußten. Jacobsen auch entwarf eine Gesamtkonzeption des Krieges, die erheblichen Einfluß auf das Forschungsprogramm des MGFA ausübte.

Dieses 1958 in Freiburg i. Br. gegründete Militärgeschichtliche Forschungsamt[141] entwickelte sich erst nach und nach und in einem schwierigen Lernprozeß zu der entscheidenden deutschen Forschungsinstitution zur Geschichte des Zweiten Weltkrieges.[142] Anders als in den meisten der Siegerstaaten, vor allem natürlich in den USA, der UdSSR, Großbritannien war es nicht zu einer »amtlichen« Kriegsgeschichtsschreibung gekommen, was sich im nachhinein als großer wissenschaftlicher Vorteil herausstellen sollte. Auch das MGFA machte sich nicht anheischig, eine »amtliche« Geschichte des Zweiten Weltkrieges vorzulegen, auch wenn die dort tätigen Historiker vom Bundesminister der Verteidigung und dem Innenministerium bezahlt wurden. Immerhin kam es zu einer großen Ungleichgewichtigkeit: Nachdem Churchill mit seiner vielbändigen und bewundernswerten Geschichte des Zweiten Weltkrieges wie auch de Gaulle mit seinen »Mémoires de guerre« die Richtung gewiesen, hatten die Generalstäbler in alter Tradition mit riesigen Reihenwerken zur Geschichte des Krieges begonnen, denen die Deutschen, anders als nach 1918, auch nicht annähernd etwas Vergleichbares entgegenzusetzen hatten.[143] Dies aus zwei anscheinend ganz verschiedenen Gründen: Zum einen gab es jene Institution, die für die amtliche Kriegsgeschichtsschreibung bisher verantwortlich gewesen war, in Deutschland nicht mehr: den Generalstab, zum anderen war alles Militärische perhorresziert, und je detaillierter sich ein Forscher mit Operationsgeschichte oder gar der Geschichte der Taktik beschäftigte, desto eher geriet er in Verdacht, »Militarist« zu sein – also ließ man es.[144] Demgegenüber schwelgten vor allem die Amerikaner in operativen Darstellungen und absorbierten in ihren entsprechenden militärgeschichtlichen Institutionen nahezu alle Kräfte für diese Aufgaben. Das wiederum führte zu einem Theoriedefizit, d.h.. während die Alliierten an den Traditionen der offiziellen Kriegsgeschichtsschreibung im Geiste des alten Moltke festhielten, gingen die deutschen Historiker daran, Krieg und Kriegsgeschichte ganz anders als bislang üblich zu deuten.

Die Folge war, daß vor allem das MGFA, aber auch die mit diesem eng zusammenarbeitenden zivilen Historiker an den Universitäten neue Zugänge nun nicht mehr zur Kriegs-, sondern zur Militärgeschichte[145] eröffneten und dies auch in zahlreichen theoretischen Arbeiten der wissenschaftlichen Öffentlichkeit präsentierten. Auf diese Weise wurde Westdeutschland in der Militärgeschichte führend, was um so merkwürdiger ist, als zur gleichen Zeit jeder Historiker, der sich mit Militärgeschichte beschäftigte, in großen Teilen der Gesellschaft und Wissenschaft als politisch unkorrekt, ewig gestrig, gar rechtsradikal eingestuft und geradezu ostrakisiert wurde – wir befanden uns mitten in der »Achtundsechziger-Bewegung«. Sie hat beispielsweise Andreas Hillgruber traumatisch geprägt. Das hatte zur Folge, daß im Gegensatz zu allen andern westlichen und auch östlichen Ländern es in Westdeutschland keinen einzigen Lehrstuhl für Militärgeschichte, geschweige denn Luftfahrt- oder Schiffahrtsgeschichte gab; ein Skandal, der fast bis heute anhielt. Lediglich in Potsdam existiert seit ein paar Jahren ein Lehrstuhl für Militärgeschichte, und an der Universität Münster gibt es eine C-3 Stelle für Militärgeschichte. C'est tout und ein Armutszeugnis.[146]

Neben dem MGFA war es vor allem das Institut für Zeitgeschichte in München[147], das sich seit seiner Gründung im Jahr 1952 mit der Geschichte des »Dritten Reiches« und des Zweiten Weltkrieges schwerpunktmäßig beschäftigte. Es war ein Glück, daß mit Hans Rothfels als Hauptherausgeber der »Vierteljahrshefte für Zeitgeschichte«, dem Periodikum des Instituts, und mit Hans Krausnick als Direktor zwei Persönlichkeiten sich der Zeitgeschichte annahmen, deren Blickweite über alles Militärische hinausging, dieses jedoch nicht, wie in den sechziger und siebziger Jahren üblich, als wissenschaftlich degoutant abqualifizierten. Rothfels' Definition der Zeitgeschichte, die er mit dem Jahr 1917 beginnen sah, sollte fortan auch den Blick auf den Zweiten Weltkrieg schärfen: nämlich als ideologischer Auseinandersetzung, als europäischen Bürgerkriegs, als Krise der Moderne. Der Krieg wurde als genuines Phänomen des Nationalsozialismus begriffen, und nachdem ein englischer Historiker, Allan Bullock, die erste umfassende Hitlerbiographie vorgelegt hatte, entstanden nach und nach jene Diskurse, die wir bereits kennengelernt haben. Vor allem rückte das Phänomen des Holocaust nun immer stärker in den Mittelpunkt, wobei vor allem die Arbeiten von Raul Hilberg[148] stilbildend wirken. Hier zum ersten Mal war es gelungen, dieses Stück Geschichte in den Kontext der deutschen und der europäischen Geschichte einzubinden. Auch Eugen Kogon[149] und Helmut Krausnick[150] haben neben vielen anderen zu diesem Prozeß beigetragen, und als im Rahmen einer mehrbändigen Dokumentation die Geschichte vom »Dritten Reich und den Juden« von Poliakov und Wulf[151] weit über die akademische Öffentlichkeit hinaus die Gesellschaft ebenso erschütterte wie der Eichmannprozeß und die Reflexionen von Hannah Arendt[152], war eine Lawine losgetreten, die bis heute nicht zum Stillstand gekommen ist und immer mehr wissenschaftliche und kulturelle Bereiche erfaßt – die Diskussion um das Holocaust-Denkmal in Berlin wäre nicht denkbar ohne die vielfältigen wissenschaftlichen Bemühungen um die Erforschung des Judenmordes. Mit Götz Aly[153], Ulrich Herbert[154], Wolfgang Sofsky[155], Wolfgang Benz[156] – neben vielen anderen – blüht (wenn man das so sagen darf) die Holocaustforschung gerade in Deutschland, auch wenn hier und da genau daran Zweifel lautgeworden sind.[157] Das Zentrum für Antisemitismusforschung an der Technischen Universität Berlin, das Institut für Zeitgeschichte in München leisten vorzügliche wissenschaftliche Arbeit gerade auch auf diesem Feld. Viele andere Einrichtungen müßten auch erwähnt werden; das Moses-Mendelssohn-Zentrum in Potsdam[158] beweist, daß auch die heute wieder bestehende jüdische Forscherelite sich an den Diskursen um den Holocaust mit Ernst und wissenschaftlichem Erfolg beteiligt.

Seit 1979 begann das MGFA mit der Veröffentlichung seines Reihenwerkes: »Das Deutsche Reich und der Zweite Weltkrieg«.[159] Während die ersten Bände durchaus noch defizitär waren, wurden in den nachfolgenden die wissenschaftlichen Standards ständig angehoben, und die letzten Bände bieten wohl das, was man heutzutage unter einer anspruchsvollen Darstellung der Geschichte des Zweiten Weltkrieges verstehen sollte. Man kann nur hoffen, daß das Amt das Reihenwerk bald abschließt – es hat (zu) lang gedauert, doch das hat vielfältige Gründe, zu denen die latente grundsätzlich wissenschaftskritische Einstellung von Politik und Gesellschaft, zumindest was die Geisteswissenschaften betrifft, zweifellos beiträgt. Wir spüren keinen Rücken-, sondern immer nur Gegenwind, und auf Dauer wird der eine oder andere es leid, dauernd gegen den Wind ankreuzen zu müssen.[160]

Wo steht die Forschung heute und was sind ihre zukünftigen Aufgaben? Zweifellos sind alle großen Fragen des Zweiten Weltkrieges von der Wissenschaft schon behandelt worden, das gilt auch für die eigentlichen kriegerischen Ereignisse und die Geschichte der Wehrmachtteile.[161] Auch die meisten Institutionen des »Dritten Reiches« sind befriedigend aufgearbeitet worden; wir können heute ein sehr dichtes Geflecht erkennen und wissen viel besser als noch vor zwanzig Jahren, wie beispielsweise Wehrmacht, SS, SD, Gestapo, die verschiedenen Beauftragten und Bevollmächtigten – etwa der Organisation Todt, des Reichsministeriums Speer, der Parteikanzlei unter Bormann, des Führerhauptquartiers usw. zusammen- oder eben gegeneinander wirkten. Jene Auffassung vom universalen und totalen Charakter des Krieges, die wir bereits kennengelernt haben, ist Folge solcher Erkenntnisse.

Daß der Krieg auch Sozialgeschichte im urtümlichsten Sinne ist, ist heute unbestritten, und von daher greifen die Methoden der Sozialgeschichte, der Alltags-und Mikrohistorie in die Deutungsstrukturen des Krieges ein. Den Krieg auch als ein kulturelles und mentalitätsgeschichtliches Ereignis[162] zu begreifen, ist zur Zeit groß in Mode, und ganz neu, aber sehr vielversprechend ist die Verortung des Krieges in die Gender- und Geschlechterforschung – ich denke an Arbeiten von Karen Hagemann[163] oder Ute Planert,[164] von vielen jüngeren Historikerinnen. Zur Zeit ist es geradezu verblüffend festzustellen, in wie raschem Prozeß sich Historikerinnen, Soziologinnen, Literaturwissenschaftlerinnen über diesen Krieg »hermachen«; dieser typisch weibliche Zugriff (das zu sagen sei mir als Mann erlaubt, auch wenn ich den Protest der feministischen Historikerinnen schon höre) ist etwas Neues und stößt bei so manchem alten Barden der Militärgeschichtsschreibung auf ungläubiges Staunen. Den Krieg als Ausdruck der condition humaine und der condition sexuelle zu begreifen ist kreativ und reizvoll – aber wir müssen uns davor hüten, auf diese Weise wieder anscheinend probate Erklärungs-und damit Entschuldigungsmuster zu generieren. Wenn es eben »ganz gewöhnliche Männer« waren, die die Juden ermordeten, um den Titel des aufsehenerregenden Buches von Oliver Browning[165] zu zitieren, so keimt der Verdacht, hier würde anthropologisch argumentiert, und damit beginnt die Frage nach der persönlichen Verantwortlichkeit erneut zu verschwimmen.

Diese Gefahr sehe ich auch aus einer ganz anderen Richtung kommen, das Stichwort Jedwabne mag genügen. Das ist jenes polnische Dorf, in dem die Einwohner an die tausend Juden in eine Kirche getrieben und bei lebendigem Leib verbrannt haben sollen – was man bis zu den jüngsten Enthüllungen immer allein den Deutschen in die Schuhe geschoben hatte.[166] Katyn könnte man dazu nehmen, denn waren die Russen besser? Neuerdings gibt es sogar in Dänemark heftigen Streit in der Frage ob, wie und warum viel zu intensiv es eine Zusammenarbeit der dänischen Wirtschaft und Bevölkerung in der Zeit der Besetzung mit dem nationalsozialistischen Deutschland gegeben hat.[167] Schon die schmerzliche Erforschung der französischen Kollaboration, die auch erst im Gefolge der französischen Achtundsechziger-Bewegung zögernd genug in Gang gekommen ist, verweist auf das Problem: Es war anscheinend doch nicht so, wie es in den fünfziger Jahren Churchill, de Gaulle, Stalin und Truman in ihren Memoiren haben weismachen wollen: daß die Bösen die Deutschen und Japaner, die Guten die Alliierten waren. Je deutlicher die Forschung nun aber aufzeigen kann, daß es auch in den Ländern der Antihitlerkoalition sowie unter den besetzten und neutralen düstere Kapitel der Kollaboration bis hin zur Mithilfe am Holocaust gegegeben hat, die dringend der Aufhellung bedürfen, wächst die Gefahr, im Zeichen der schon erwähnten Historisierung die Monstrositäten des Krieges, insoweit sie auf das deutsche Schuldkonto gehen, erneut zu relativieren. Wie man dem begegnen kann, ohne in hohles moralisches Pathos zu verfallen, wird des Schweißes der Historiker noch bedürfen.

Je länger der Zweite Weltkrieg zurückliegt, desto fremder erscheint er uns – darauf wurde schon hingewiesen. Es muß also Anliegen der Forschung sein, diese Verfremdungseffekte zum einen bewußt zu machen, zum anderen neue Zugänge zu einem Verständnis dieses Krieges auf einer anderen, ich will nicht sagen: notwendig höheren Ebene zu erreichen. Dies ist um so zwingender, als dieser Krieg nicht nur wie ein Riegel vor dem Rest der deutschen Geschichte liegt, sondern offensichtlich der letzte Weltkrieg der Geschichte gewesen ist. Seitdem herrscht in Europa Frieden, länger als jemals in der Geschichte. Das führt automatisch zu der Frage, wieso der schlimmste aller Kriege nicht den nächsten Krieg, sondern einen vielleicht wirklich ewigen Frieden im Sinne Kants gestiftet hat. Diese Frage wird aber nur dann befriedigend zu beantworten sein, wenn man die Geschichte des gesamten seitdem verstrichenen Zeitraumes miteinbezieht. Dazu gehört vor allem die Geschichte des Kalten Krieges, denn dieser war der virtuelle Dritte Weltkrieg.

Sehr wichtig wird es auch sein, noch genauer als bisher herauszuarbeiten, worin eigentlich die Faszination des Zweiten Weltkrieges bestanden hat. Für mehr als einen Mann waren die Jahre von 1939 bis 1945 die schönsten und spannendsten seines Lebens, da darf man sich nichts vormachen, und die Heftchenliteratur zum Zweiten Weltkrieg, die es bis heute gibt, beschwört solche schönen Erinnerungen. Das war lange ein Tabu; spätestens seit Buchheims Roman »Das Boot«[168] ist es infragegestellt. Die Erforschung dieses Phänomens ist deswegen so wichtig, weil die Disposition zum Krieg auch von emotionalen Faktoren abhängig war. Wie diese im einzelnen aussahen, wie sie instrumentalisiert wurden, wie sie sich – vielleicht – ohne äußeres Zutun selbständig machten, all das wissen wir noch nicht, aber es ist wichtig, will man den Krieg nicht nur in die Geschichte, die ihm vorausging, sondern auch in die, die ihm folgte, einordnen.

Daß man beim Studium des Krieges gleichsam automatisch viel zu Frage des Friedens lernen kann, versteht sich von selbst; Kriegs-und Friedensforschung sind nur die beiden Seiten einer Medaille. Bei alledem sehe ich die Gefahr, daß der Krieg selbst ästhetisiert und transzendiert, damit vielleicht seiner entsetzlichen »Eigentlichkeit« entkleidet wird.[169] Nur wenn der Forschung dieses Dilemma bewußt ist, ihr immer vor Augen steht, wird man dieser Gefahr entrinnen können. Ein enges interdisziplinäres Zusammenwirken, wie es schon erkennbar ist, kann zu neuen Erkenntnissen führen. Sicher ist, daß die Geschichte dieses Krieges für jeden, der an Geschichte überhaupt interessiert ist, aufwühlend und, hoffentlich, belehrend bleibt.

4. PLANUNG: »KRISTALL« UND »GRÜN«

Der »Krieg gegen die Juden«, wie die Nationalsozialisten das gerne nannten,[170] hatte nicht erst am 9. November 1938, mit der »Reichskristallnacht« begonnen, doch von dieser Nacht an konnte jeder Volksgenosse wenigstens ahnen, daß er schon entfesselt worden war – von der SA, aber auch all jenen braven Bürgern, die schon immer im Judentum das Unglück Deutschlands gesehen hatten. Viele waren darunter, die sogar wußten, wer dies zuerst behauptet hatte: Heinrich von Treitschke. »Die Juden sind unser Unglück«: Seit 1927 fand sich sein verhängnisvoller Satz auf der Titelseite jeder Ausgabe des »Stürmers«.[171]

Natürlich gab es keinen »Krieg gegen die Juden«, enthält der Begriff »Krieg« doch immer die Vorstellung, daß es zwei Kriegsparteien gäbe. Daß die Nationalsozialisten das gerne so sahen, ist verständlich; unverständlich wäre es, wollten wir dies aufnehmen, gar als bare Münze ausgeben. Es gab keinen Krieg gegen die Juden, gar nach Kriegsregeln. Die Juden sollten physisch vernichtet werden – das war alles, das war die »Endlösung«. Sie wurde dem Volk als Erlösung präsentiert.[172]

Noch am 27. September 1938 konnte Hitler nicht sicher sein, ob »sein« Volk ihm willig in den Krieg folgen würde. An diesem Tag ignorierten die Berliner demonstrativ eine Truppenparade vor der Reichskanzlei – keine der üblichen Ovationen, und William L. Shirer, der vielleicht scharfsinnigste amerikanische Journalist in der Reichshauptstadt, war zutiefst berührt. Dies, so vertraute er seinem Tagebuch[173] an, sei die eindrucksvollste Friedensdemonstration gewesen, die er je erlebt habe.

Es mag sein, daß dieser erkennbare Unwille der Bevölkerung, Hitler in einen Krieg zu folgen, vorerst wesentlich dazu beigetragen hat, daß der Diktator vor diesem Schritt dann doch auf dem Höhepunkt der Sudetenkrise, einen Tag vor der Münchner Konferenz, zurückschreckte – und das wäre, sollte es sich so verhalten haben, eine traurige Ironie der Geschichte gewesen. Denn es war ja gerade der Angriffsbefehl, den die Widerständler um Halder Schwarz auf Weiß brauchten, um ihren Staatsstreich legitimieren zu können. Die militärische »Septemberverschwörung«[174] baute auf der Überlegung auf, Hitlers Kriegslust vor der deutschen Öffentlichkeit durch die Präsentation des Angriffsbefehls auf die Tschechoslowakei

4. Planung: »Kristall« und »Grün«

beweisen zu können. Dies, so hofften Beck und Halder, würde die Volksgenossen davon überzeugen, daß Hitler verbrecherisch handelte und deswegen abgesetzt werden müsse. Niemand weiß, ob diese Kalkulation aufgegangen wäre. Umgekehrt: Hätten die Deutschen jene Vorgänge, die zu Godesberg und München führten, mit Begeisterung begleitet, so wäre Hitler sicherlich mutiger gewesen, hätte den Angriffsbefehl erteilt – und wäre verhaftet worden. Und dann? Hätten die von Hitler begeisterten Deutschen, SA und SS das toleriert? Oder wären Halder, Beck und die anderen nicht als schwärzeste Hochverräter gelyncht worden? Es lassen sich in dieser kontrafaktischen Konstruktion die Umrisse einer Tragödie geradezu klassischen Zuschnitts erkennen.

Will man mit München den Zweiten Weltkrieg beginnen lassen, kann man sich auf Hitlers Weisung zur »Erledigung der Resttschechei«[175] vom 21. Oktober berufen, denn anzunehmen, daß in diesem Fall die Westmächte immer noch stillhalten würden, war zunächst unwahrscheinlich. Wenn dieses gänzlich Unwahrscheinliche am 15. März 1939 doch eintreten sollte, so mochte das Hitler gerade recht kommen, aber es hat ihn nicht beeindruckt, denn er war schon nach München davon überzeugt, daß der Krieg gegen England und Frankreich unvermeidlich sei. Provozierte ihn nicht der Einmarsch nach Prag, dann eben sein Angriff auf Polen – der Anlaß war ihm im Grunde gleichgültig.

Keineswegs gleichgültig war ihm die innenpolitische, besser: die sozialpsychologische Lage, denn daß er den Krieg nur dann mit Aussicht auf Erfolg führen konnte, wenn die Nation willig mitmachte, lag auf der Hand. Eine unsichere »Heimatfront« konnte er sich nicht erlauben, das Beispiel aus der Schlußphase des Ersten Weltkrieges, als diese Heimatfront zusammengebrochen war,[176] hatte Hitler traumatisch geprägt. Die Furcht vor dem Krieg, die im September 1938 so deutlich aufgesprungen war, bereitete ihm Kopfzerbrechen; es kam nun darauf an, das Volk für den Krieg zu konditionieren – nicht für einen Krieg in vager Ferne, sondern für einen Krieg innerhalb des nächsten Jahres.

Hitler hat schon sehr frühzeitig den 1. September 1939 als wünschbaren Kriegsbeginn angepeilt, aber auch noch die Jahre 1940 bis 1942 wären für ihn akzeptabel gewesen. Der 1. September war der früheste, aber in seinen Augen nicht der schlechteste Termin. Geht man davon aus, daß er ihn nach dem 1. Oktober 1938 ins Auge gefaßt hat, so stellt sich die Frage, wie er und diejenigen, die bei dem geplanten Kriegsverbrechen mitmachen sollten, die noch verbleibende Zeit genutzt haben – politisch, rüstungspolitisch, ökonomisch, weltanschaulich, gesellschaftspolitisch.

Was die Außenpolitik[177] in diesen elf Monaten[178] angeht, war sie einzig und allein darauf gerichtet, einen plausiblen Kriegsgrund zu konstruieren, denn daß dies notwendig war, hatten die Ereignisse des September 1938 ihm ad oculos demonstriert. Ernsthafter auch als bisher bemühte sich Hitler um Mussolini, hatte München doch gezeigt, daß der »Duce« nicht sonderlich kapitelfest war – schließlich hatte er sich in den von England vorgeschlagenen Kompromiß gefügt und sich nicht demonstrativ auf Seiten Hitlers gestellt. Daß diesem mit dem Stalinpakt dann noch viel mehr gelingen sollte, war am 1. Oktober 1938, als die deutschen Truppen ins Sudetenland einrückten noch nicht absehbar, auch wenn das Verhalten Englands und Frankreichs der Sowjetunion gegenüber den Boden für die sowjetisch-nationalsozialistische Verschwörung gegen Polen bereitet hatte.

Das markanteste Ereignis dieser Monate war zweifellos der Judenpogrom vom 9. November 1938, dessen Genese und Verlauf man nicht eigens zu schildern braucht – das gehört zum Allgemeinwissen nicht allein der Akademiker.[179] Mindestens 91 Juden wurden ermordet, überall brannten die Synagogen, 7000 jüdische Geschäfte wurden zerstört, 30 000 Juden verhaftet, den Juden wurde ein »Sühneopfer« von einer Milliarde Reichsmark auferlegt. Auch der Anlaß ist bekannt: das Attentat des jungen Juden Herschel Grynszpan auf ein deutsches Botschaftsmitglied in Paris, den Legationsrat vom Rath. Die Forschung hat minutiös nachgewiesen, wie dieses Attentat von Hitler und Goebbels geschickt als Auslöser genutzt, wie die SA im gesamten Reich via Telefon mobilisiert wurde, wie überall nicht nur SA-Horden, sondern auch brave, biedere Bürger der reichsdeutschen und der österreichischen Bevölkerung entschlossen die Jagd auf die Juden mitmachten, wie zufrieden Hitler und Goebbels reagierten, wie leicht es dem Diktator fiel, die wenigen Proteste, vor allem aus dem Lager der Wehrmacht, abzuschmettern, und wie niederschmetternd die Erkenntnis ist, daß der größte gemeinsame politische Nenner der »großdeutschen« Nation im mörderischen Antisemitismus bestand.[180]

Die »Reichskristallnacht«, die man auch weiterhin so nennen sollte, wobei die Anführungszeichen allerdings nicht vergessen werden dürfen, denn das Wort ist erhellend und entlarvend zugleich – ähnlich wie das vom »dritten« oder vom »tausendjährigen« Reich – kann als Beginn des Krieges ebenso wie der Einmarschbefehl in die Tschechoslowakei vom 21. Oktober 1938 gewertet werden; die zeitliche Koinzidenz war nicht zufällig, denn der Zweite Weltkrieg war von Anbeginn als Rasse-und Vernichtungskrieg konzipiert[181] und ist nicht erst dazu geworden. In diesem Zusammenhang wäre an die dementsprechende Ankündigung Hitlers vom 30. Januar 1939 im Reichstag zu erinnern. Er konnte sie nur wagen, weil mit dem Befehl für den »Fall Grün«, also der Weisung zur »Erledigung der Resttschechei«, und mit der »Reichskristallnacht«, schon die beiden wesentlichen Elemente dem kommenden Krieg implantiert waren.

Das ist keine nachträgliche Erkenntnis. Ließen jene Vorgänge, die zu München geführt hatten, das Konstrukt der Appeasementpolitik[182] schon arg ins Wanken geraten, so wurde dieses in den folgenden sechs Monaten endgültig zerstört, und dieser Zerstörungsprozeß begann unmittelbar nach dem 9. November 1938. Die internationalen Reaktionen nämlich auf das, was im »Großdeutschen Reich« den Juden angetan wurde, gehörten nicht mehr in die diplomatisch üblichen Kategorien amtlicher »Irritationen« oder führten zu einer bloßen vorübergehenden Eintrübung der Beziehungen zwischen Deutschland und den Westmächten, sondern zu einer qualitativen Wende – vor allem auch in den USA.

Am 14. November 1938 telegraphierte der deutsche Botschafter in Washington, Hans Heinrich Dieckhoff, an das Auswärtige Amt, in Amerika tobe »ein Orkan«,[183] das amerikanische Volk und seine Führung hätten in großer Einmütigkeit eine radikale Kehrtwendung gegen das Reich vollzogen. Er rechnete sogar mit dem Abbruch der diplomatischen Beziehungen (tatsächlich wurde der amerikanische Botschafter aus Berlin abberufen) und ließ keinen Zweifel daran, daß für die USA die Appeasementpolitik Deutschland gegenüber erledigt sei[184] – ebenso wie in England. Zum ersten Mal einte sich die amerikanische Nation in ihrer Abscheu vor dem nationalsozialistischen Deutschland, und Hitler mußte seit dem 10. November 1938 wissen, daß ein Krieg gegen England aller Voraussicht nach einen Krieg auch gegen Amerika bedeuten würde. Damit aber, man entsinne sich des Hoßbachprotokolls, lag sein Fahrplan zur Weltherrschaft schon in Trümmern, sollte doch die finale Auseinandersetzung mit den USA und Japan erst nach erfolgreichem Abschluß des europäischen und des Lebensraumkrieges gegen die Sowjetunion erfolgen. Der politische Realitätsverlust bei Hitler wird deutlich, denn er änderte auch jetzt an seinen Plänen kein Jota, obwohl die Geschäftsgrundlage für diese sich fundamental verändert hatte.

Hitler wußte das durchaus – doch seine Schlußfolgerungen sahen anders aus, als rational zu erwarten. Wenn sich die Aussichten seines Reiches auf die Weltherrschaft durch das Verhalten der angelsächsischen Mächte tatsächlich wesentlich verschlechtern sollten, so waren daran, in seinen Augen, einzig und allein die Juden schuld – natürlich besonders die amerikanischen, aber auch die deutschen – nur weil es sie gab. Der Mechanismus ist offensichtlich: Jeder Schlag gegen die Juden verschlechterte die Beziehungen des Reiches zu den übrigen Nationen, und weil daran die Juden schuld waren, mußte man um so rücksichtsloser gegen sie vorgehen: Es war logisch, daß das zum Holocaust führte, denn nur wenn es keine Juden mehr gab, konnte dieser Automatismus durchbrochen werden. Ein »judenfreies«[185] Deutsches Reich hätte kein Judenproblem mehr gehabt und damit auch nicht mehr anecken können. Eine perverse Logik, gewiß, aber eine Logik. Tatsächlich ist die »Reichskristallnacht« auf diese Weise zum Auftakt nicht des militanten Antisemitismus, den es längst gab, sondern des Judenmordes geworden.

Die Frage lautet: haben das die Deutschen gewußt? Konnten sie es wissen? Eine Frage, die immer wieder auftauchen wird, auch in diesem Buch.[186] Ich meine ja, denn die angelsächsischen, vor allem auch die amerikanischen Reaktionen blieben nicht unbemerkt, im Gegenteil: Die Propaganda des Goebbelsschen Ministeriums suchte sie für ihre kriegstreibenden Zwecke zu nutzen. Wer nach dem 10. November 1938 nach England oder Amerika fuhr, erlebte diesen mentalen Umschwung hautnah, darüber wurde auch berichtet. Solange das NS-Regime an seiner antijüdischen Politik festhielt, war mit einem Meinungsumschwung zugunsten Deutschlands nicht zu rechnen, sondern mit dem Gegenteil. Die nach dem Ersten Weltkrieg in Amerika sehr hoch gezogene Hemmschwelle zum Krieg wurde durch die Verbrechen des 9./10. November 1938 ein entscheidendes Stück gesenkt, das hatte Auswirkungen.

Vor allem aber gehorchte die Politik nach dem 10. November 1938 nicht mehr allein traditionellen Mustern, sondern wurde wesentlich durch moralische und unmoralische Kategorien bestimmt. Nur deswegen auch sollte es in Frankreich und England gelingen, die tiefe Friedenssehnsucht der Bevölkerung zugunsten einer erneuten Kriegsbereitschaft zu überwinden. Es ging eben nicht darum, für Danzig zu sterben, in diesem Punkt hatte Hitler vollkommen recht. Höchstwahrscheinlich hätten selbst jene Provokationen, die schließlich zum deutschen Überfall auf Polen führen sollten, nicht ausgereicht, um die beiden Westmächte Deutschland den Krieg erklären zu lassen – die peinliche Überraschung des 3. September 1939, als sie es doch taten, wird so erklärlich: Da Hitler wie auch Göring, Goebbels, Ribbentrop, Himmler, Heß jenseits aller Wertkategorien dachten und lebten, entging ihnen das Eigentliche. Sie übertrugen ihre Art des Denkens auf ihre Gegenspieler. Hätten diese tatsächlich ebenso wie sie gedacht, hätten sie Deutschland den Krieg nicht erklärt. Wenn sie es taten, so eben aus Gründen, die für Hitler und seine Leute nicht nachvollziehbar waren – eben deswegen die Überraschung.

Zu den vielen unbeantworteten Fragen gehört die nach dem Stellenwert der »Reichskristallnacht« in der Kriegsbereitschaft der Deutschen. Für Goebbels war die Sache klar: Das Volk hatte in dieser Schreckensnacht sich bewährt, es war kriegsbereit. Ein so fundamentaler Umschwung innerhalb eines guten Monats? Denn noch am 27. September hatte das ja ganz anders ausgesehen, und nie klang das Wort »Frieden« den Deutschen süßer in den Ohren als nach dem 1. Oktober 1938.

Eine handfeste Erklärung für dieses Phänomen gibt es nicht. Daß es existierte, ist besonders gut an der Wehrmacht abzulesen: Die gleichen Männer, die noch am 27. September 1938 entschlossen gewesen waren, Hitler zu verhaften, stellten sich nach München und nach der »Reichskristallnacht« willig in den Dienst des geplanten Verbrechens gegen den Frieden, an ihrer Spitze der neue Generalstabschef Franz Halder; sein bisheriger Chef Ludwig Berk war immerhin, wenn auch schweigend, zurückgetreten. Auch die Widerstandszelle im Auswärtigen Amt um die Gebrüder Kordt und von Weizsäcker sackte in sich zusammen,[187] und es sollte ein gutes Jahr dauern, bis es wenigstens wieder rudimentär zur Bildung neuer Widerstandszellen kam – diesmal angesichts des drohenden Westfeldzuges, also aus einer völlig neuen Motivlage heraus. Längeres Nachdenken über diesen erstaunlichen Umschwung von der Friedenssehnsucht zur Kriegsbereitschaft im November 1938 führt auch nur zu Spekulationen, dennoch enthalten sie ein Stück Plausibilität.

Zuerst: Wie kam es, daß binnen Stundenfrist reichsweit die Synagogen brennen, die jüdischen Geschäftshäuser erstürmt und geplündert werden konnten? Auf die Funktion des Telefons, die Frustrationen der SA-Verbände nach dem sog. Röhmputsch, die aufgeheizte Stimmung im Umfeld des den Nationalsozialisten »heiligen« 9. Novembers – man gedachte traditionellerweise an diesem Tage der »Blutzeugen der Bewegung« vom 9. November 1923 – läßt sich hinweisen, aber dies reicht zur Deutung des Phänomens nicht aus. Die plausibelste Erklärung findet sich, geht man von einer sozio-psychologischen Stimmungslage aus, die bis zum Zerreißen angespannt war. Angespannt hatte sie die Sudetenkrise. Das Unheil des kommenden Krieges hatte in den Tagen vom 15. bis zum 30. September wie ein Gespenst vor den Fenstern der Deutschen gestanden, und es war nur der »Genialität« und dem »Friedenswillen« des »Führers« zu verdanken gewesen, daß es nicht aufs Schrecklichste lebendig geworden und über die Deutschen gekommen war.[188]

Zum zweiten: Die Nürnberger Gesetze von 1935 und deren Folgebestimmungen hatten das Leben und Wirken der deutschen Juden entscheidend eingeengt – aber es gab sie immer noch, und wir wissen aus zahlreichen jüdischen Erinnerungen, wie sich die Juden darum bemühten, auch unter den veränderten und erschwerten Bedingungen so etwas wie zivilisierte Existenz und Würde zu bewahren, und da es noch nicht zu einer flächendeckenden Enteignung der jüdischen Vermögen gekommen war, blieb der finanzielle Einfluß der Juden, wenn nun auch nur verdeckt, bestehen. Das aber bedeutete eine Stärkung jener unterschwellig längst vorhandenen Ängste in der deutschen Bevölkerung, die Juden würden nach dem Muster der »Protokolle der Weisen von Zion«[189] immer noch und jetzt erst recht im Hintergrund die Fäden ziehen und die Arier zu vernichten suchen. Tatsächlich wuchs der Antisemitismus in diesen drei Jahren ständig an, Marcel Reich-Ranicki hat das in seinen Lebenserinnerungen[190] gut beschrieben; die staatlichen Diskriminierungen hatten also keinen beschwichtigenden Einfluß, ganz im Gegenteil. Die Auswanderungszahlen von Juden stiegen dementsprechend an, und daß die Nürnberger Gesetze noch nicht das letzte Wort des staatlich administrierten Antisemitismus waren, spürten viele Juden – wenn letztlich auch viel zu wenige.

Diese beiden Motivbündel lassen sich gut kombinieren: Kriegsfurcht und Judenfurcht trafen aufeinander und potenzierten sich. Es kam zu einem psychopolitischen Kurzschluß: Die Juden sind an dem drohenden Krieg schuld, sie sind die fünfte Kolonne des Feindes, der an den Grenzen des Reiches lauert – wie 1914. Aber man hat keine Beweise: noch nicht.

Und nun die auslösende Tat des Herschel Grynszpan! Daß es ein Jude wagte, einen hohen Amtsträger des Reiches anzugreifen, mußte wie die Fackel im Pulverfaß wirken. Das wurde von den Medien, also dem Reichsrundfunk, nicht etwa relativiert, sondern verschärft, vergröbert, aggressiver eingefärbt. Wie vielen Menschen Erinnerungen an den 28. Juni 1914 kamen, also an den Tag des Attentates von Sarajewo, wissen wir nicht, aber man kann sich die Assoziationen leicht vorstellen. Und so kam nun alles zusammen: Die latente Furcht vor dem Krieg, vor den Juden, die Untat als Signal für den Mechanismus Krieg – Juden, der nun in Gang zu kommen drohte.

Sieht man die Dinge so, wird verständlich, warum so viele Bürger die Judenpogrome geradezu erleichtert mitmachten oder nicht dagegen protestierten; verständlich wird vor allem aber auch der »geniale« Einfall von Göring, »den« Juden – also dem jüdischen Kollektiv, sagen wir: der »jüdischen Verschwörung« à la »Protokolle der Weisen von Zion« – eine »Sühnezahlung« in Höhe von 1 Milliarde Reichsmark aufzuerlegen. Wäre es nicht korrekt gewesen, den Juden eine Entschädigung für die erlittenen Verluste in etwa gleicher Höhe von staatswegen anzuweisen? Nein, die »Sühne« bezog sich auf den Verdacht, daß es sich um ein kollektives jüdisches Komplott gehandelt habe und stellte gleichzeitig die »Buße« für den dank der »Genialität« des »Führers« gescheiterten Versuch dar, ganz Europa in einen zweiten Weltkrieg zu hetzen.[191] Und noch ein Mechanismus wurde deutlich: Diese Milliarde war auch als Schadensausgleich gedacht: für das viele »Kristall«, das in der Nacht vom 9. zum 10. November zerstört worden war, was bekanntlich im Reichswirtschafts- und Finanzministerium zu großen Klagen geführt hatte. Verständlich aber sind diese Klagen nur dann, wenn man unterstellt, daß diejenigen, die klagten, das jüdische Eigentum schon als das ihre ansahen.

4. Planung: »Kristall« und »Grün«

Das Grynszpanattentat führte also zu der vermeintlich logischen Konsequenz, daß die deutschen »Arier« sich entschlossener, sprich: kriegerischer als bisher gegen alle »Machenschaften der Juden« wehren mußten, und die harschen Reaktionen in der amerikanischen und britischen Öffentlichkeit auf die Vorgänge in Deutschland wurden von Goebbels als Beweis dafür gewertet, daß in den Zentralen dieser Länder Juden die eigentliche Macht ausübten. Das heißt: die trieben zum Krieg, und da das Ziel der Juden die Vernichtung der »arischen Rasse« sei, müßten die Deutschen nun ihrerseits einen Vernichtungskrieg gegen die Juden in Kauf nehmen: Man sieht, wo Hitlers Reichstagsrede vom 30. Januar 1939 zu verorten ist.

Der Krieg, der den Deutschen am 1. bzw. 3. September 1939 »aufgezwungen«[192] wurde, war in dieser Lesart folglich kein Revisions-, kein Revanchekrieg – etwa für den verlorenen Ersten Weltkrieg – sondern ein Krieg um das Überleben der arischen Rasse – für die Zukunft der Kinder und Enkel. Dem konnte, dem durfte sich niemand entziehen. Genau so kam es, und das alles erklärt den abrupten Umschlag von der Friedenssehnsucht zur Kriegsbereitschaft.

Vor diesem Hintergrund wird verständlich, warum Hitler so problemlos die Einverleibung der Tschechei und die Auslösung des Krieges gegen Polen gelang. Genauso einsichtig wird das Verhalten von Neville Chamberlain: Da dieser nicht in den Hitlerschen Kategorien zu denken vermochte, konnte er zurecht davon ausgehen, daß München den »Frieden für unsere Zeit« gestiftet hatte.

Aus eben diesem Grund fielen unmittelbar nach München bei Hitler die letzten Hemmungen, und dies um so drastischer, als er München als persönliche Niederlage ansah: Er hatte durch bloße Diplomatie eine Art Trostpreis, nämlich die sudetendeutschen Gebiete gewonnen, aber den Hauptpreis hatten ihm die »perfiden« Engländer vor allem entwunden. Krieg wurde seitdem für ihn auch zu einer Ehrensache. Hitler wollte kein Friedens-, sondern ein Kriegsfürst sein, damit entsprach er im übrigen uralten Mustern aus der deutschen Geschichte: Von den Kriegsfürsten war auch beim Schmalkadischen und beim Dreißigjährigen Krieg die Rede gewesen, und auch damals war es diesen Herren darauf angekommen, den Krieg wirklich und wahrhaftig zu entfesseln, denn Krieg war gut und Frieden schlecht. Was er am 5. November 1937 nur den Oberbefehlshabern der Wehrmacht und dem Außenminister bekanntgegeben hatte, verkündete Hitler nunmehr offen vor zahlreichen Würdenträgern: Ziel seiner Politik sei die Erringung der »Herrschaft in Europa«, die »Weltvorherrschaft für Jahrhunderte« und die Schaffung des größten Imperiums, »das die Erde je gesehen hat.«[193]

So dachten die Deutschen mehrheitlich 1939 nicht, wohl auch nicht die meisten Parteigenossen. Selbst in der engsten Umgebung Hitlers machten sich in diesen Monaten Zweifel breit, am dramatischsten gab ihnen der Finanzier der deutschen Aufrüstung Ausdruck: Mit dem Rücktritt des Reichsbankpräsidenten Hjalmar Schacht[194] war ein deutliches Signal gesetzt – nicht allein für die unsolide Kriegsfinanzierung, die auf den Grund der Trickkiste – Stichwort: Mefowechsel[195] – gekommen war, sondern für die Weigerung Schachts, dem erkennbaren Kriegskurs seines »Führers« weiter zu folgen. Insoweit darf man Schachts Memoiren trauen, auch wenn diese, wie nahezu alle aller Beteiligten, apologetisch angelegt waren.

Das lenkt den Blick in die Ökonomie und Rüstungspolitik[196] des Reiches. Sie war, mit einem Wort, desolat. Der erzwungene »Anschluß« Österreichs am 12./13. März 1938 hatte nur kurzzeitig Entlastung gebracht, die immer stärker forcierte Rüstung sprengte inzwischen trotz Mefo-Wechseln die Reichsfinanzen, es gab keine Devisenreserven mehr, das Autarkiekonzept griff nicht, schon weil die hohen Investitionskosten nicht aufgebracht werden konnten, der Arbeitermangel verschärfte sich zusehends, und die Unzufriedenheit der sich ausgebeutet fühlenden Arbeiter gerade in den Rüstungsbetrieben wuchs. »Kraft durch Freude?«[197] In den Betrieben spotteten viele darüber. Von allen Seiten wurde Hitler signalisiert, daß es so nicht mehr weitergehen konnte: Entweder die ehrgeizigen Rüstungsprogramme mußten zurückgeführt werden, oder die Basis der Rüstung war entscheidend zu verbreitern. Dazu gab es aber nur den Weg, den Hitler am 5. November 1937 in der Reichskanzlei aufgezeigt hatte.

Das heißt: der »unabänderliche Entschluß«, die Tschechoslowakei zu zerschlagen, das Münchner Abkommen damit zu zerreißen, war in Hitlers Augen nicht nur eine Frage der Ehre, sondern auch der ökonomischen und rüstungspolitischen Zwangslage. In einer solchen aber befand sich auch die Wehrmachtführung: Da sie die Aufrüstungspläne Hitlers befürwortete, denn sie wären ihrem Selbstverständnis nach längerfristig auch dann notwendig gewesen, wenn ein unmittelbarer Krieg nicht gedroht hätte – galt doch immer noch das ehrwürdig-alte Prinzip, daß eine Großmacht es nur sei, wenn sie sich gegen die vereinigten Anstrengungen der übrigen Großmächte in ihrem Bestand zu behaupten verstünde, notfalls also auch militärisch –, mußte sie nolens volens den schon seit langem angepeilten Ausweg akzeptieren: die Gewinnung der ökonomischen, militärischen und rüstungstechnischen Ressourcen der Tschechoslowakei.[198] Auch deswegen gab es seitens des Generalstabes keinen Widerstand gegen »Fall Grün«; die Risikobereitschaft der Generäle nahm in dem Maße zu, in dem die Sorgen vor einem Rüstungszusammenbruch[199] wuchsen.

Im Februar/März 1939 schürzte sich der Knoten, und am 15. März 1939 rollten deutsche Panzerverbände durch Böhmen und besetzten Prag. Anders als vor Jahresfrist in Österreich, gab es keinerlei Jubel unter der über-

4. Planung: »Kristall« und »Grün«

wiegend tschechischen Bevölkerung; auch der deutschen in den schon annektierten sudetendeutschen Gebieten war es mulmig zumute.[200] Nicht wenige hielten den Atem an: War das der casus belli, würden nunmehr England und Frankreich Deutschland den Krieg erklären? Hitler war entschlossen, das Risiko einzugehen, tatsächlich war es ihm ziemlich gleichgültig, ob der Krieg nun über der Tschechen- oder der Polensache kommen würde, denn man darf nicht unberücksichtigt lassen, daß die Aktion »Grün« ja parallel zum »Fall Weiß« (Angriffsplanung gegen Polen) lief. Nicht das letztere war Folge des ersteren, beide Aktionen wurden gleichzeitig vorangetrieben; daß Prag zuerst »dran war« ergab sich eher zufällig, war für Hitler dennoch ein Glück, denn die Hemmschwelle zum Krieg wurde durch Prag bei den Westmächten nicht überschritten, was im Falle Polen der Fall sein würde – und das ist keine ex-post-Deutung.

Daß sie es nicht ist, machen die Überlegungen in London[201] und Paris deutlich, die im Zusammenhang mit Prag angestellt wurden. Um sie zu verstehen, muß man wenigstens knapp das Szenario beschreiben, in dem Hitler handelte.

Die Münchner Lösung war nicht zuletzt deswegen zustande gekommen, weil der Beauftragte der britischen Regierung, Lord Runciman[202], in seinem Bericht die Forderungen der Sudetendeutschen unter Henlein als großenteils berechtigt eingestuft und gleichzeitig zu verstehen gegeben hatte, daß das Prager Regime ein windiges und fragwürdiges sei. Es unterdrückte ja nicht nur die deutsche Minderheit, sondern auch den slowakischen Volksteil. Die ČSR sei ein Kunststaat. Erfolg in Prag hatte Runciman übrigens nicht, seine Mission scheiterte, sehr zum Mißvergnügen des Foreign Office, das seitdem auf Prag nicht gut zu sprechen war.

Und die ČSR begann unmittelbar nach München sichtbar zu zerfallen: Am 5. Oktober 1938 trat Eduard Benes[203] zurück und emigrierte in die USA, tags darauf proklamierte die Slowakei[204] unter Jozef Tiso ihre Autonomie, am 8. Oktober folgte ihr darin die Karpatho-Ukraine. Mit Emil Hácha wurde am 30. November ein neuer Staatspräsident gewählt, der ganz anders als Benes wenig Rückgrat bewies, ängstlich war und es Hitler leicht machte. Das Schurkenstück wurde zwischen diesem und dem Slowakenführer Tiso abgesprochen. Die »Verhandlungen« mit Hácha am 15. März, wenn man sie denn so nennen kann, bezeichneten wohl den Tiefpunkt europäischer diplomatischer Gepflogenheiten – unverhohlen drohte Hitler mit physischer Gewalt gegen den verschüchterten Hácha, und dieser unterschrieb wie in einem schlechten Patenfilm schließlich die Übernahme seines Landes als »Protektorat Böhmen und Mähren« durch das Deutsche Reich. Daß sich die Slowakei ihre Judasdienste belohnen ließ, verstand sich; wohin es mit der europäischen Solidarität gekommen war, machte die Leichenfledderei von Polen und Ungarn deutlich: alle Staaten hielten still, als der slowakische Betrüger betrogen wurde; Polen und Ungarn übten sich in der Rolle der Aasgeier, so als schwebten nicht auch sie in höchster Gefahr, als wäre es nicht darauf angekommen, die territoriale Unversehrtheit als arcanum des europäischen Völkerrechtes lauthals zu propagieren.

Warum haben die Westmächte sich dieses perfide Spiel gefallen lassen? Die Antwort ist einfach: Die Tschechen wagten es nicht sich zu wehren – obwohl sie es rein militärisch gesehen durchaus gekonnt hätten, selbst nachdem sie ihre Grenzbefestigungen durch »München« verloren hatten. Wenn die ČSR zerfiel, so war das eine innere Angelegenheit dieses Völkerkonglomerates; wenn Ungarn und Polen ihre »Anständigkeiten« aus dem Handel erhielten: Warum um alles in der Welt hätten englische und französische Soldaten dafür ihre Knochen riskieren sollen? Es war eben so: Alle an diesem Handel Beteiligten hatten sich aufs schäbigste diskreditiert; die Existenz eines Staates zu garantieren, der seine Existenz so offensichtlich nicht wert war – wie hätte man das der englischen und französischen Öffentlichkeit plausibel machen können?

Was ergibt sich daraus? Der »Fall Grün«[205] gehört nicht in die Kette der Kriegsanlässe, er spielte auf einer anderen Ebene, es ist also nicht richtig, in den Ereignissen des 15./16. März 1939 eine folgerichtige Stufe in einem Prozeß zu sehen, in dem einer Gewalttat Hitlers die nächste folgte, bis es schließlich zu viel wurde. Der ČSR weinte im März 1939 niemand eine Träne nach. Hätte die tschechische Armee gekämpft, wie es die polnische tun sollte – es ist gut möglich, daß alles anders und der Zweite Weltkrieg schon im März 1939 gekommen wäre. Aber die Armee, notabene eine der stärksten und bestausgerüsteten Europas, ließ sich widerstandslos entwaffnen. Dieses Trauma sollte die ČSR, dann die ČSSR bis zum Ende ihrer Existenz nicht mehr loswerden, es spukt noch heute.

War das Schicksal der Tschechoslowakei auch keinen europäischen Krieg wert, so bezeichnete der 15. März 1939 doch jenen Zeitpunkt, an dem England und mit ihm Frankreich die bisher verfolgte Politik des Appeasement abbrachen, ja in aller Öffentlichkeit, man denke an Chamberlains Birminghamer Rede vom 17. März 1939, als beendet erklärten. Die schon seit Anfang 1938 in die Wege geleitete Wiederaufrüstung[206] wurde nunmehr mit erster Priorität weitergetrieben, und es konnte jetzt keinerlei Zweifel mehr daran geben, daß jeder weitere Gewaltstreich Hitlers Krieg bedeutete. Dies auch schon deswegen, weil nach dem Ende der Tschechei es in Europa mit Ausnahme der Sowjetunion keinen Staat mehr gab, dessen Existenz zu opfern aus welchen Gründen auch immer noch als berechtigt hätte angesehen werden können. Die schlechten waren in Hitlers Kröpfchen – Österreich, die Tschechei, als kleine Nachspeise auch noch das Memelgebiet[207], das nach dem Ersten Weltkrieg widerrechtlich an Litauen gefallen und von diesem am 23. März wiedererstattet wurde – in friedlicher Absprache. Litauen hoffte, auf diese Weise der deutschen Bestie Zucker zu geben – denn daß auch die baltischen Staaten insgesamt ins Visier der deutschen (und der sowjetischen, notabene) Expansionspolitik geraten waren, entging niemandem. Nur weil das Verhältnis zwischen Deutschland und der Sowjetunion so angespannt war, konnte man sich im Baltikum einigermaßen sicher fühlen – zu Unrecht, wie sich nur allzubald herausstellen sollte.

Unmittelbar nach Prag setzte sich im Foreign Office und in Washington endgültig die Überzeugung durch, daß man es bei Hitler nicht mit einem »normalen« Staatsmann, sondern mit einem Verbrecher zu tun habe, der aus welchen Gründen auch immer in dem Gewalt- und Zwangsgebilde Deutsches Reich frei herumlaufen und Unheil anrichten konnte, ohne daß die Einwohner dieses Gebildes es vermocht hätten, diesem Wahnsinnigen Einhalt zu gebieten. Damals zuerst kamen jene Stereotypen von dem Dämon, dem Besessenen, dem Teppichbeißer[208] Hitler auf, welche noch lange nachklingen sollten, und in den Außenämtern und Staatskanzleien der übrigen Staaten war nun jedermann davon überzeugt, daß man mit diesem Mann nicht verhandeln konnte, er nur die Sprache der Gewalt verstünde. Auf diese Gewalt mit Gegengewalt zu antworten: Nur noch darum ging es, das bestimmte die Monate vom 15. März bis zum 1. September 1939. Hitler hatte etwas von einem Terroristen an sich – seit März war mit ihm nicht mehr zu reden, und niemand glaubte ihm mehr – eine in der Geschichte Europas wohl einmalige Konstellation.

In der deutschen Bevölkerung wurde der Coup von Prag mit keinerlei Begeisterung aufgenommen, ganz im Gegenteil. Hatte die nationalsozialistische Propaganda bisher immer noch mit dem Anstrich des Legitimen behaupten können, Hitler wolle nur die versprengten Deutschen »heim ins Reich« holen und das Unrecht von 1919 gut machen, so griff diese Erklärung nun nicht mehr, denn daß in Prag mehrheitlich Tschechen und kaum noch Deutsche lebten, wußte jeder. Es war eben eine Grenze überschritten. Das Regime spürte dies und zog deswegen nun die Zügel an – vorbei war es mit der bisher geübten Praxis Zuckerbrot und Peitsche, fortan regierte die Peitsche, der Terror[209] wurde massiver; wer sich gegen das Regime aussprach, riskierte nun viel mehr als noch vor Jahresfrist. Wenn sich daraus nicht eine innenpolitische Krise des Systems ergab, so war dies wesentlich Folge des Fortgangs der Außenpolitik, die ja schon seit geraumer Zeit bewußt in der Propaganda von den innen- und sozialpolitischen Unzuträglichkeiten ablenken sollte und diese Aufgabe bisher recht gut erfüllt hatte.

Es war schon davon die Rede, daß die Aktion gegen Prag parallel mit der gegen Polen geplanten vorbereitet wurde. Es war klug, das Interesse der deutschen Öffentlichkeit unmittelbar nach Prag von Prag fort- und Warschau zuzuwenden, denn auch Hitler wußte um die tiefverwurzelte Polenfeindschaft[210] in breitesten Schichten der Bevölkerung. Wenn die Deutschen eines einte, dann die Überzeugung, daß Polen ein Feind sei, der deutsches Land geraubt hatte und deswegen zur Rechenschaft gezogen werden mußte. Das hatte schon in der Weimarer Zeit gegolten, es galt ungeachtet des deutsch-polnischen Nichtangriffspaktes von 1934 auch jetzt noch. Und es wurde Zeit, den Deutschen den bloß katalysatorischen Charakter gerade dieses Vertrages vor Augen zu führen. Die Polensache war, das wußte Hitler, ein wertvoller Joker, der es ihm erlaubte, innenpolitisch die Zügel anzuziehen und die Kriegsbereitschaft des Volkes gleichzeitig weiter zu steigern. Die alten Ressentiments gegen die »Polacken« konnten nun gleichsam in politische Münze verwandelt werden, mit der das Regime hausieren ging: Es bot den Menschen an, ihre latenten Aggressionsgefühle[211] gegen Polen auszuleben.

Das ist eine ebenso garstige Deutung wie jene der »Reichskristallnacht«, aber es hilft ja nun nichts: In der Geschichte spielten die niedrigen Instinkte und die »Canaille« im friderizianischen Sinn schon immer eine wichtige Rolle, und die Deutschen waren in diesem Punkt nicht anders oder besser als viele andere Nationen; es wäre unfein, analoge Beispiele zu bringen. Ich erwähne dies auch nur, um erneut zu unterstreichen, daß die Hitlerzeit nur verstehen kann, wer auch solche massenpsychologischen Erwägungen mit einbezieht.

Die Polen machten es Hitler leicht. Auch in Polen gab es eine latente Aggressionsbereitschaft gegenüber Deutschland. Das hatten die Ereignisse im Zusammenhang mit den Abstimmungen in Oberschlesien bewiesen, es zeigte sich in der polnischen Politik Danzig gegenüber, die deutschen Minderheiten hatten es in Polen schwer, nicht alle Klagen waren unberechtigt. Nach der erfolgreichen Abwehr der bolschewistischen Expansionsgelüste (1920) wuchs in Polen auch das machtpolitische und militärische Selbstbewußtsein, und das hatte schon in den Jahren der Weimarer Republik immer wieder zu irritierenden markigen Sprüchen geführt, die sich von deutscher Seite propagandistisch leicht ausschlachten ließen. Zwar hat die Forschung überzeugend dargetan, daß es zu keinem Zeitpunkt eine wirkliche polnische Kriegsbereitschaft gegen Deutschland gegeben hat, aber das autoritäre Pilsudski-Regime[212] und dann das von Józef Beck taten auch nichts, um polnische Ressentiments und törichte antideutsche Propagandasprüche zu unterbinden. Die tief in der polnischen Geschichte verwurzelte Idee von der dritten Macht zwischen Rußland und Deutschland, gar der Vormacht in Osteuropa, einem Reich »von Meer zu Meer«, wobei Ostsee und Schwarzes Meer gemeint waren – all das hatte das deutsch-polnische ebenso wie das polnisch-russische Verhältnis schwer belastet. Das polnische Bündnis mit Frankreich war dann wie das Tüpfelchen auf dem i: Konnte es sein, daß Polen mit Frankreich gemeinsame Sache machen und Deutschland umklammern wollte? Es kommt gar nicht darauf an, ob in solchen Konstruktionen ein Körnchen Wahrheit steckte – tatsächlich verhielt es sich nicht so – entscheidend war, daß auf diese Weise das Verhältnis zwischen den beiden Völkern nachhaltig vergiftet wurde.[213]

Das wußte Hitler, er wußte es zu nutzen, er konnte sicher sein, ganz anders als im Fall Prag im Fall Warschau nahezu sämtliche Gesellschaftsschichten in Deutschland hinter sich zu haben, auch und ganz besonders die Wehrmacht, weswegen sich die Widerständler gerade in den entscheidenden Wochen vor »Fall Weiß« nicht zu rühren wagten – sie wären als blanke Vaterlandsverräter angeprangert worden, von den eigenen Kameraden.

Diese Gegebenheiten ließen Hitler die Reaktionen der USA und Englands auf seinen Prager Gewaltstreich ungerührt hinnehmen. Er wußte: Wenn es gegen Polen ging, würden sich die Deutschen dadurch nicht einschüchtern lassen – exakt so sollte es kommen. Natürlich erhoffte sich das Foreign Office mit seiner Garantieerklärung vom 31. März 1939 für Polen eine abschreckende Wirkung, vor allem nachdem sich auch Frankreich dem anschloß, aber diese Hoffnung sollte trügen – Hitler war von seiner Beute nicht mehr abzulenken. Auch die bombastische Botschaft Roosevelts vom 14. April, in der weitere Garantieerklärungen für alle möglichen und einige unmögliche Staaten wie den Irak, Ägypten oder Syrien abgegeben wurden, waren in Hitlers Augen nur Bluff, durchsichtiges Ablenkungsmanöver, nicht ernst zu nehmen. Er war ja rhetorisch ebenso begabt wie der amerikanische Präsident und drehte Roosevelts gravitätisches Pathos in blanke Ironie um – wer das verglich, sagte: Eins zu Null für Hitler.

»Ziel erkannt, Kraft gespannt«: Das Lebensmotto des Großadmirals Alfred von Tirpitz traf in dieser Lage auch auf Hitler zu, und so setzte sich der Zug zum Krieg am 21. März 1939 endgültig und nicht mehr aufzuhalten in Bewegung. An diesem Tag machte Hitlerdeutschland Polen ein »großzügiges« Angebot: Es solle Danzig zurückgeben und eine exterritoriale Auto-und Eisenbahn durch den Korridor zugestehen. Dann sei das Reich bereit, die deutsch-polnischen Grenzen zu garantieren. Langfristig natürlich. Konnte Polen dieses Angebot ablehnen?

5. AM VORABEND

Verfolgt man die diplomatischen Schritte Hitlers, die schließlich zum Überfall auf Polen führten, so kann man ihnen eine gewisse Raffinesse nicht absprechen. Wie auf dem Feld des spezifisch Militärisch-Strategischen, verfügte Hitler auch auf dem der Diplomatie über intuitive Fähigkeiten, was sich auch während des Krieges zeigen sollte, als es ihm immer wieder gelang, in persönlichen Gesprächen seine Gesprächspartner förmlich »einzuwickeln«.[214]

Polen hatte sich nach dem Abschluß des deutsch-polnischen Nichtangriffsvertrages vom 26. Januar 1934 geschmeichelt, anders behandelt zu werden als die übrigen kleineren Staaten Ostmitteleuropas; es mag sein, daß es zwischen Pilsudski und Hitler auch so etwas wie eine ideologische Komplizenschaft gegeben hat – ein eigentümliches Phänomen, das auch für Antonescu in Rumänien, Horthy in Ungarn, Metaxas in Griechenland, Franco, Mussolini, teilweise für Mannerheim in Finnland gilt.[215] Der Siegeszug der autoritären Staatsform in den zwanziger und dreißiger Jahren hat das diplomatisch-politische Umfeld, das Hitler wahrnahm und nach Amtsantritt zu bearbeiten hatte, wesentlich geprägt, und es ist wahrscheinlich, daß die Mentalitäten aller dieser kleinen Diktatoren von dem großen Diktator besser eingeschätzt werden konnten als von den demokratisch gewählten, in demokratischen Prinzipien erzogenen Staatsmännern des Westens.[216] Eine Art Seelenverwandtschaft zwischen Hitler und Stalin hat nicht nur Allan Bullock behauptet; die Freundschaft zwischen Hitler und Mussolini ist bezeugt, und daß Franco und Hitler selbst dann respektvoll miteinander umgingen, wenn ihre politischen Ziele offensichtlich divergierten, paßt ins nämliche Bild. Daß Pétain für Hitler immer auch der Held aus dem Ersten Weltkrieg blieb, erleichterte diesem vieles.

Der Abschluß des Hitler-Stalin-Paktes war gewiß auch Folge einer gewissen Affinität zwischen den beiden Diktatoren. Im Gegensatz dazu weist die Geschichte sowohl der deutsch-englischen wie der deutsch-französischen und deutsch-amerikanischen Beziehungen aus, daß Hitler zu den Präsidenten und Außenministern dieser Länder keinerlei emphatische Verbindung aufzubauen verstand, im Gegenteil: Daladier, Chamberlain, Henderson, Churchill, der ganz besonders[217], Vansittart, Roosevelt, Hopkins – wen immer man auch nehmen mag: Sie waren Hitler auch persönlich unsympathisch, und er verachtete sie. Das zog sich bis in den Krieg hinein; während Hitler beispielsweise vor den Leistungen der polnischen Armee und Generalität, obwohl diese doch fragwürdig waren, immer einen gewissen Respekt hegte, in Stalin gar den genialen Strategen vermutete – natürlich erst nach Stalingrad –, hat er das, was die westlichen Protagonisten, Roosevelt eingeschlossen, militärisch leisteten, immer nur mit Häme, Spott und Verachtung quittiert – und dies noch 1944 im Vor- und Umfeld der Invasion vom 6. Juni.

Um es pointiert zu formulieren: Hitler konnte mit dem polnischen Problem unbefangener umgehen als die Masse der Deutschen, vor allem der konservativen, und er hätte Polen als Satellitenstaat des Deutschen Reiches gewiß nicht schlechter behandelt als beispielsweise Dänemark – wenn denn die Polen wie die Dänen die ihnen zugedachte Rolle akzeptiert hätten. Daß sie es nicht taten, obwohl Hitler subjektiv davon überzeugt war, ihnen wirklich großzügige Angebote zu unterbreiten, hat diese Sympathie erst in den Haß des verschmähten Liebhabers umschlagen lassen. Gewiß hat bei alledem auch eine Rolle gespielt, daß die Polen ihrem Selbstverständnis nach genuine Europäer, zentraleuropäisch orientiert waren. Das Moment des Slawischen existierte zwar, war aber in der Phase der guten deutsch-polnischen Beziehungen zwischen 1934 und 1938 von keiner ausschlaggebenden Bedeutung. Man könnte sich sogar vorstellen, daß Hitler nach dem Göringschen On-Dit: »Wer Jude ist, bestimme ich«[218], den slawischen Charakter der polnischen Nation irgendwie »übersehen« hätte. Tatsächlich lehrt jeder Blick auf die politische Landkarte, daß die Lebensraumgewinnung im Osten sehr viel großzügiger und effektiver sich hätte gestalten lassen, wäre das polnische Vorfeld bereits in diesen Lebensraum integriert gewesen. Hatten die Polen mit der Eroberung einst weißrussischer Gebiete nach 1918 nicht schon den ersten Schritt getan? Wie im 17. Jahrhundert Schweden und Polen gemeinsam gen Moskau gezogen waren, so hätten es auch Polen und Deutsche im 20. tun können; undenkbar war dies nicht, an offenen Rechnungen zwischen Polen und Rußland hat es quer durch die Geschichte nie gefehlt. Diese kontrafaktischen Überlegungen sind wichtig, denn sie erklären zu einem guten Teil die Frustrationen, welche die vermeintliche polnische Intransigenz im Frühjahr und Sommer 1939 bei Hitler auslöste.

Frustrierend empfand Polen allerdings auch das, was sich im Umfeld von München getan hatte, denn entgegen der polnischen Erwartungen dachte Hitler gar nicht daran, Polen ein größeres Stück aus dem tschechischen Kuchen zu offerieren, die Preisgabe von Teschen war nur eine Art Trostpreis und befriedigte den polnischen Ehrgeiz keineswegs. In Warschau hatte man sich auf dem Höhepunkt der Krise der Illusion hingegeben, Hitler werde des polnischen Beistandes bedürfen und man werde infolgedessen auf einer gleichberechtigten Basis miteinander umgehen können. Was Ribbentrop dann aber dem polnischen Botschafter Lipski am 24. Oktober 1938 vorschlug, war das genaue Gegenteil, und mit der ablehnenden Antwort vom 19. November 1938 verflüchtigten sich die Illusionen der Polen.

Es ist bemerkenswert, wie rasch sie sich von ihnen freimachten. Verfolgt man in den Akten zur deutschen auswärtigen Politik (ADAP) die deutsch-polnischen Verhandlungen, die nun immer rascher als solche nicht mehr bezeichnet werden konnten, bis es am 21. März 1939 zu einem kaum noch kaschierten Ultimatum kam, so wird deutlich, daß dieses Land die Menetekel an der Wand inzwischen zu lesen verstanden hatte. Ob die englische Garantieerklärung zu diesem Umschwung beigetragen hat, wie man in Berlin vermutete, ist schwer zu entscheiden. Gewiß, die Aussicht auf englische und französische Hilfe, sollte es hart auf hart kommen, konnte beruhigend wirken, aber auch Warschau wußte, daß weder London noch Paris ohne weiteres in der Lage waren, Hitler in den Arm zu fallen, sollte dieser das Korridorproblem gewaltsam lösen wollen. Das hätte in der Tat wie 1914 in der Sache Belgien den Weltkrieg bedeutet, und die in der französischen Presse zweifelnd gestellt Frage: »Mourir pour Dantzig?« war ein deutlicher Hinweis: Sollte sich Hitler wirklich auf Danzig beschränken – wäre dann nicht die Analogie zum Rheinlandeinmarsch von 1936 gegeben gewesen? Oder zu Memel? Und hatte Litauen nicht friedlich-schiedlich das Memelproblem gelöst und seine staatliche Existenz damit angeblich gesichert?

Es bedurfte durchaus des Mutes und der Entschlossenheit, sich Hitler zu widersetzen, und genau damit hatte dieser nicht gerechnet. Hitlers Gedanken lassen sich unschwer erraten: Wie kam Józef Beck überhaupt dazu, sich anders zu verhalten als Schuschnigg, Benes, Tiso, Hácha und Tubelis, der litauische Ministerpräsident? Der eigentliche Scharfmacher in dieser angespannten Lage war Ribbentrop[219], den man überhaupt neben Hitler als den übelsten Kriegstreiber einstufen muß, denn die rasche Verschlechterung auch des deutsch-englischen Verhältnisses ging eher auf seine und nicht die Rechnung Hitlers oder gar des Auswärtigen Amtes und dessen Botschafters Herbert von Dirksen in London zurück. Dieser »Sektverkäufer«[220], wie seine zahlreichen auch schon zeitgenössischen Gegner ihn immer abqualifizierten, lechzte förmlich nach dem Krieg, ihm konnte er gar nicht rasch genug kommen, im Frühjahr 1939 mußte Hitler Ribbentrop sogar bremsen: Man solle die »polnische Frage« nunmehr auch militärisch bearbeiten, wies Hitler den Oberbefehlshaber des Heeres von Brauchitsch an, doch sei mit einer unmittelbaren Auseinandersetzung nicht zu rechnen. Immer noch hoffte Hitler auf ein Einlenken Polens, während Ribbentrop das nicht nur nicht hoffte, sondern alles tat, damit es zu einer einvernehmlichen Lösung nicht kam.

Die englische Garantieerklärung ließ Hitler und Ribbentrop wieder zusammenrücken und an einem Strang ziehen, denn mit ihr lag auch das deutsch-englische Verhältnis endgültig in Trümmern, und fortan war keine Zeit mehr zu verlieren. Mit Hitlers Weisung an die Wehrmacht vom 3. April 1939 fielen die Würfel, war der Fahrplan abgeschlossen, und der Kriegszug sollte sich exakt ab 1. September 1939, wie es in der Weisung hieß, in Bewegung setzen können.

Die Militärplanung lief unter der Bezeichnung »Fall Weiß« und wurde als Teil II der »Weisung für die einheitliche Kriegsvorbereitung der Wehrmacht für 1939/40« angehängt.[221] Die hier geplante Terminierung bedeutete jedoch immer noch nicht, daß eine andere, eine »friedliche« Lösung fortan ausgeschlossen blieb; hatte sich Hitler im Falle »Resttschechei« rasch und konsequent entschieden, so ist in der Polensache immer wieder ein Zögern, ein vorsichtiges, laues Abtasten eventueller Alternativmöglichkeiten zu erkennen. Das weist darauf hin, daß Hitler zum einen unsicher, es ihm zum anderen klar war, daß sein nächster Coup den großen Krieg bringen würde. Man sieht auch, nimmt man alle Quellen in der Zeit zwischen dem 4. April und dem 23. August 1939 zusammen, wie sich der Diktator gleichsam selbst Mut zu machen suchte; wie er das, was er in der Hoßbachbesprechung und in der Denkschrift zum Vierjahresplan umrissen hatte, zu präzisieren und mit dem aktuellen Stand der politischen Verhältnisse im Europa des Frühjahrs und Sommers 1939 in Kongruenz zu setzen suchte.

Am spektakulärsten war das der Fall im Zusammenhang mit der Kündigung des deutsch-polnischen Nichtangriffsvertrages und des deutsch-englischen Flottenabkommens vom 18. Juni 1935.[222] Hitler erklärte beide Verträge in einer Reichstagsrede vom 28. April 1939 als erloschen, wobei die Garantieerklärung als Grund genannt wurde. Es ist plausibel, in diesem Datum jenes zu sehen, an dem Hitler sich entschlossen hatte, sein eigentliches Ziel nunmehr in Angriff zu nehmen, und zwar ohne Rücksicht auf die Folgen. Ob er schon zu diesem Zeitpunkt davon überzeugt war, daß England und Frankreich in einem Konflikt mit Polen wirklich militärisch gegen das Reich vorgehen würden, ist nicht sicher, aber die Kündigung gerade jenes Vertrages, der als Eckpfeiler, als Fundament der ganzen kommenden Weltpolitik der »germanischen Rasse« interpretiert worden war[223], deutet doch darauf hin, daß Hitler endgültig von der Feindschaft Englands ausging. Schon seine Entscheidung zum Bau der sog. »Z-Plan-

Flotte« im Oktober 1938 hatte in diese Richtung gewiesen, denn der Bau dieser Flotte war nur unter Verletzung des Abkommens vom 18. Juni 1935 möglich.[224] Man kann es mit Hitlers Augen so sehen: England hatte nahezu vier Jahre Zeit gehabt, sich der Freundschaft des Deutschen Reiches zu versichern, das Angebot einer Aufteilung der Welt zu akzeptieren – es hatte das ausgeschlagen und nun mit der Garantieerklärung zu verstehen gegeben, daß es unter keinen Umständen gewillt war, mit Hitler gemeinsame Sache zu machen: »Und willst du nicht mein Bruder sein, so schlag ich dir den Schädel ein.«

Und der Knoten schürzte sich sichtbar. Ähnlich wie in der Julikrise von 1914, könnte man auch jetzt das Schicksal, die Nemesis, irgendwelche höheren oder finsteren Mächte bemühen, um die Ausgangslage für den Zweiten Weltkrieg zu charakterisieren, und es gab, vor allem unmittelbar nach 1945 viele, vorab die dramatis personae selbst, die solche Deutungen favorisierten. Aber sie waren durchsichtig, und nichts wäre verfehlter, als die Monate der Kriegsreife von 1914 mit denen von 1939 gleichzusetzen.[225] Anders als im Juli 1914 wollte seit dem Mai 1939 nur einer den Krieg: Hitler. Wenn mit den Garantieerklärungen, der Wiedereinführung der Wehrpflicht in England, der Verlängerung der Dienstzeit in Frankreich, den nun forcierten sowjetisch-englisch-französischen Verhandlungen in Moskau der Eindruck des Verhängnisvollen entstand – und genauso von der Goebbelsschen Propaganda dann nach dem 3. September 1939 gedeutet wurde – so verkennt dies, daß alle Gegenmaßnahmen Englands, Frankreichs, Amerikas und auch der Sowjetunion, von Polen ganz zu schweigen, zu diesem Zeitpunkt einzig und allein dem Ziel dienten, Hitler einzudämmen,[226] ihn auf den Pfad der Vernunft zurückzubringen. Schmerzhaft hatten die Staatsmänner lernen müssen, daß Hitler rationalen oder sittlichen Argumenten gegenüber unzugänglich, seine Politik nicht nur latent und potentiell, sondern aktuell und real aggressiv war. Dynamik war schon immer die Maxime des nationalsozialistischen Handelns gewesen, und diese Dynamik funktionierte nur, wenn sie niemand wie einen Kinderkreisel stoppte, anders gewendet: Es steht zu vermuten, daß die Partei und die Paladine, Hitler selbst in ein tiefes Loch gefallen wären, hätte es nun noch eine echte Kehrtwende, ein Zurück zur politischen Zivilisation und zur zivilisierten Politik gegeben. Dieser Zug war längst abgefahren, die Bestie war schon los und sie mußte Bestie bleiben – nichts hatte Hitler nach München mehr irritiert als das Empfinden, von »den anderen« als eine Art von Papiertiger entlarvt worden zu sein. Man kann das auch am Beispiel Mussolini[227] demonstrieren: Als es soweit war, am 1. bzw. 3. September 1939, kniff, so sah es nicht nur Hitler, dieser nämlich den Schwanz ein und machte trotz »Stahlpakts«[228] nicht mit: Seitdem war es mit dem bis dahin unangefochtenen Prestige des Duce in Deutschland, aber auch in Italien vorbei, und als dieser das unerträglich fand und deswegen als Trittbrettfahrer im Juni 1940 in den Krieg gegen das schon geschlagene Frankreich eingriff, wirkte das nur noch peinlich und lächerlich.

Hitler entwickelte ein feines Gespür dafür, daß der Stil seiner Politik, an den er die Deutschen nunmehr sechs Jahre lang gewöhnt hatte, einen Stilbruch nicht vertrug: Der Diktator fürchtete, in diesem Fall wie der Kaiser ohne Kleider dazustehen – und das wäre vermutlich tatsächlich der Fall gewesen, wenn er jetzt das getan hätte, was Vernunft und Verantwortung an sich geboten: nachzugeben. Man muß vermuten, daß die Mehrheit der Deutschen das nicht als das Nachgeben des Klügeren, sondern als Zukreuzekriechen, als schlimmen Rückfall in die vermeintliche Würdelosigkeit[229] der Weimarer Politik gewertet hätte. Man kann nicht sechs Jahre lang Haß predigen, das Recht des Stärkeren propagieren, die Mentalität einer Herrenrasse züchten, um dann, wenn die Luft bleihaltig zu werden drohte zu kneifen.

Das ist und war alles atavistisch, pubertär, irrational, unterstreicht aber nur den Grundcharakter des militanten Nationalsozialismus. Anders hätte er sich nicht halten können. Und nur in diesem Sinn kann man von diesen Wochen und Monaten als schicksalhaften sprechen.

Das Volk würde mitmachen, davon war Hitler aus den schon erörterten Gründen seit dem 10. November 1938 überzeugt. Aber wie stand es mit der Wehrmacht? Zwar war es den Widerständlern gelungen, ihre Pläne aus dem September 1938 geheimzuhalten, aber Hitler war viel zu gerissen, verfügte über eine viel zu feine Witterung für Gefahren, als daß er die Anti-Krieg-Stimmung, die immer auch eine latente Anti-Hitler-Stimmung war, seit dem Einmarsch in Österreich nicht gespürt hätte. Dafür typisch war sein Bemühen, die Solidarität zwischen den Kommandierenden Generälen und den jüngeren Offizieren der zweiten Führungsebene zu torpedieren – was ihm annähernd gelang. In diesem Zusammenhang ist an das spektakuläre Treffen Hitlers mit den jüngeren Generalstabsoffizieren auf dem Flugplatz Barth am 13. Juni 1938 zu erinnern: Es diente der Einschwörung der »Jungen« auf Hitler und den Nationalsozialismus, und allein daß diese Zusammenkunft stattfand und von Brauchitsch nicht konterkariert werden konnte, zeigte, daß Hitler auf dem richtigen Weg war.

In diesem Zusammenhang ist an ein analoges Phänomen in der Sowjetunion zu erinnern: Hier hatte Stalin 1937/38 buchstäblich kurzen Prozeß gemacht und die Führungselite der Roten Armee hinrichten lassen.[230] Ihre Nachfolger waren gehorsam: aus Furcht und in der nicht unberechtigten Hoffnung auf rasche Karriere. Die ergab sich zwangsläufig, wenn die Führungsriege liquidiert war.

Einen solchen radikalen Schnitt hat Hitler nicht, ja nie gewagt, und binnenlogisch gesehen tat er damit das Richtige: Die Rote Armee war gerade in den kritischen Jahren 1938 bis 1941 weitgehend gelähmt, und wenn Stalin einen Angriff auf Westeuropa plante, so hätte er ihn vor 1942 – frühestens! – nicht wagen können. Wieder war es Hitler, der das richtig vorausgesehen hatte, wenn er am 5. November 1937 in der Hoßbachbesprechung das Jahr 1943 als deutschen terminus ante quem des Angriffs genannt hatte.

Der inzwischen zurückgetretene Generalstabschef Ludwig Beck hatte sich seinerzeit zunächst geweigert, den »Fall Otto«, also den Überfall auf Österreich zu planen, sich dann allerdings unter dem Eindruck der politischen Entwicklung umstimmen lassen.[231] Gegen den »Fall Grün«, also die »Erledigung der Resttschechei« erhob sich kein Widerspruch; der Generalstab war, durch das Scheitern der Septemberverschwörung und den grandiosen Erfolg Hitlers in München gelähmt, zu keinem Widerstand mehr fähig. Nun, im April 1939, ging es um »Fall Weiß«.[232] Den arbeitete der Generalstab nicht unter Furcht oder widerwillig, sondern freudig aus, denn wenn es gegen Polen ging, stand er ganz auf der Seite Hitlers – ein bemerkenswerter Befund.

Polen hatte seit jeher, d.h. seit der Existenz der Reichswehr, als vornehmster potentieller Feind gegolten, und Seeckt hätte, im Gegensatz zu Stresemann, schon Mitte der zwanziger Jahre am liebsten gemeinsame Sache mit Rußland gemacht, um Polen erneut zu teilen und von der Landkarte verschwinden zu lassen.[233] Wenn Hitler nun »nur« die Rückgabe Danzigs und eine exterritoriale Auto-und Eisenbahn durch den Korridor forderte, dafür sogar die restlichen Grenzen Polens zu garantieren versprach, so mußte dies in den Augen der Wehrmacht als ganz exorbitantes Angebot erscheinen, und nichts fürchteten die Generäle mehr, als daß Polen es annehmen könnte. Wer die militärischen Akten kennt, der spürt förmlich die Erleichterung, als sich die Polen »stur« stellten, denn nun konnte der »Fall Weiß« unbeschwert weiter vervollständigt werden. Es ist schon komisch zu beobachten, daß die nämlichen Persönlichkeiten, die vor Jahresfrist nichts mehr gefürchtet hatten als einen großen Krieg im Falle eines Außerkontrollegeratens der Sudetenkrise, nun diese Gefahr anscheinend ungerührt in Kauf nahmen. Deswegen ist der Schluß erlaubt, daß sie diesen Zusammenhang gar nicht sahen, sondern den »Fall Weiß« ganz anders interpretierten, als dies im nachhinein zwingend zu sein scheint.

Der Widerstand gegen Hitlers Kriegspolitik war in der Ära Beck wesentlich aus der Furcht vor dem dann unvermeidlichen Zweifrontenkrieg entstanden. Der, so hatte Beck gemeint, würde das »finis Germaniae« bedeuten. Demgegenüber erschien den Generalstäblern eine isolierte Aktion gegen Polen wenn nicht unbedenklich, so doch denkbar – falls es Hitler gelang, England und Frankreich daran zu hindern, in den Konflikt einzugreifen. Welche Argumente mochte es nun geben, genau dies als wahrscheinlich anzunehmen, wenn zur gleichen Zeit die Signale aus Paris, London und Washington so eindeutig klangen, wie man das mit der Garantieerklärung für Polen nur annehmen konnte?

Das erste Argument lautet: Die deutschen Forderungen an Polen sind billig und gerecht, für Danzig zu sterben sei auch in den Augen der Westmächte absurd. Das zweite Argument lieferte der Abschluß des »Stahlpaktes« am 22. Mai: Hitler schien ein Bündnis mit Italien durch Dick und Dünn gelungen. Sollte Frankreich zugunsten Polens eingreifen, mußte es mit italienischem Widerstand rechnen. Frankreich aber wäre das Hemd seiner Grenze zu Italien näher als der Rock der deutsch-polnischen Grenze. Drittes Argument: aus diesem Grund würde auch England den Dingen ihren Lauf lassen, also zur Münchenpolitik zurücklenken.

Hitler wußte, daß diese drei Argumente allein nicht ausreichend waren. Er brauchte ein viertes, und damit spiele ich schon auf das vielleicht entscheidende und einschneidenste Ereignis an: den Hitler-Stalin-Pakt,[234] der die Furcht vor einem Zweifrontenkrieg in militärischen Augen endgültig zu bannen schien. Man wird also die Politik, die zu diesem Pakt hinführte, sehr stark unter dem Gesichtspunkt der Verführung der Wehrmacht hin zum Polenkrieg zu sehen haben; er ist in erster Linie als innermilitärisches Argument zu verstehen.

Das ergibt sich schon aus der Analyse von Hitlers Ansprache vom 23. Mai 1939[235] vor den Spitzen der Wehrmacht. Dieses Datum muß man sich ebenso merken wie das des 5. November 1937 oder des 22. August 1939. Zusammen mit der Denkschrift zum Vierjahresplan (1936) haben wir es hier mit den vier vielleicht wichtigsten »Schlüsseldokumenten« zur Geschichte des Nationalsozialismus zu tun.

Hitler leitete seine Ausführungen mit den bekannten Lebensraumthesen ein und stellte fest, daß die außenpolitische Entwicklung von 1933 bis 1939 planmäßig auf dieses Ziel ausgerichtet gewesen sei. Alle Erfolge, die ohne Blutvergießen zu erzielen waren, seien erreicht, die grundsätzliche Lage des Deutschen Volkes habe sich dadurch aber nicht verbessert, die Raumfrage sei nach wie vor ungelöst. Die Nation stehe nur vor der Wahl, den Durchbruch gewaltsam zu erzwingen oder aber unterzugehen. Die weitere Expansion sei also lebensnotwendig, sie könne nicht mehr mit friedlichen Mitteln erfolgen, es werde Krieg geben.

Die Zukunft des Reiches werde durch die Führung und den Ausgang des Krieges bestimmt, und zwar durch die Gewinnung eines großen Siedlungsraumes im Osten. Im Rahmen dieser Konzeption sei Danzig nicht das Objekt, um das es gehe, und auch Polen sei von untergeordneter Bedeutung, müsse jedoch zerschlagen werden (bei erster passender Gelegenheit), da es immer auf Seiten der Gegner Deutschland treten werde und als Bollwerk gegen den Bolschewismus ungeeignet sei.

Polen müsse isoliert werden; sollten die Westmächte wider Erwarten in den deutsch-polnischen Konflikt eingreifen, »so müßten sie durch kurze vernichtende Schläge besiegt werden. Dabei werde es zwar zu einen Kampf auf 'Leben und Tod' kommen, aber dieser liege in der Natur der Sache, und Deutschland könne ihm mit Gelassenheit entgegensehen, da es stärker sei als die westlichen Demokratien.« Im Kriegsfall wäre Holland zu überrennen, man müsse Basen für den Luft-und Seekrieg gegen England schaffen, sich dann auf diesen konzentrieren, dann flössen die deutschen Anstrengungen auch nicht mehr in das »Danaidenfaß[236] der Schlachten des Heeres«.

Hitler entwarf zum ersten Mal ein nahezu vollständiges Szenario eines zweiten Weltkrieges; bemerkenswert ist, daß er dem Heer dabei nur Hilfsfunktionen beimaß. Das war nicht nur kleinliche Rache an den »alten Schustern«, an einer Heeresführung, der er – im übrigen ja zurecht – nicht über den Weg traute, sondern auch Folge jener ihm wahrscheinlich über Rudolf Heß von Karl Haushofer[237] eingeflüsterten geostrategischen Sicht der Weltgeschichte, nach der Weltreiche eben Seereiche seien, die Behauptung solcher Weltreiche im Sinne von Mahan und Douhet also wesentlich See-und Luftstreitkräften anvertraut bleiben müsse. Was Wunder, daß Raeder innerlich frohlockte und sich keinerlei weitere Gedanken ob der Realität oder der Illusion solcher Gedanken machte. Er war mit der erneut von Hitler abgegeben Versicherung zufrieden, der Krieg gegen England sei nicht vor 1943/45 zu erwarten – Zeit genug, um das ehrgeizige Flottenbauprogramm weitgehend zu realisieren.

Vielen Historikern ist die Unlogik in Hitlers Argumentation aufgefallen: Auf der einen Seite sprach er von kurzen, vernichtenden Schlägen, auf der anderen davon, daß man sich auf 10 bis 15 Jahre Krieg einzustellen habe. Tatsächlich wirkte das ganze Szenario wie ein Palimpsest: kurz-,mittel- und langfristige Tableaus überlagerten und durchdrangen sich. Hitler scheint es darauf angekommen zu sein, für jeden Zuhörer (mit Ausnahme der des Heeres) das anzubieten, was ihm behagte. Was die Marine anging, war sie aus besagten Gründen zufrieden, desgleichen die Luftwaffe. Und das Heer wurde damit beruhigt, über der Polensache werde es aller Voraussicht nach eben nicht zum Krieg mit England und Frankreich kommen. Im Übrigen mußte das Heer beweisen, daß es in Zukunft überhaupt noch benötigt würde – schließlich stand die Waffen-SS bereit, man kennt das Muster.

Denkt man an die Reaktionen von Ludwig Beck auf das Hoßbachprotokoll, so wird deutlich, daß und warum es einen solchen Beck nicht mehr gab, ganz im Gegenteil: Wilhelm Keitel[238] witterte nach dieser Ansprache seine Chance, dem Generalstab des Heeres endlich die Richtlinienkompetenz zugunsten des Wehrmachtführungsstabes abjagen zu können, was nur möglich war, wenn er sich voll und ganz hinter Hitler stellte. Halder hingegen mußte alles tun, um das miserable Image des Heeres zu verbessern – die erste Bewährungschance lieferte der geplante »Fall Weiß«. Es greift also zu kurz, wertet man das Dokument vom 23. Mai 1939 nur als Ausdruck Hitlerscher Inkonsequenz; es ist richtiger zu deuten, sieht man in ihm den Versuch Hitlers, es allen recht zu machen, vor allem aber sich selbst. Insoweit war es ein geschickter Schachzug, wie es auch die nachfolgende Zeit ausweisen sollte.

Die Anstrengungen des Heeres waren von nun an voll auf den »Fall Weiß« ausgerichtet, die einzelnen Phasen der militärischen Kriegsvorbereitung braucht man nicht zu schildern. Viel wichtiger ist eine Betrachtung jenes Ereignisses, das von den meisten Historikern als eigentlicher Auslöser des Krieges gewertet wird: des Hitler-Stalin-Pakts.[239]

Die politische und diplomatische Vorgeschichte ist rasch erzählt: Nachdem es in langwierigen Verhandlungen den englischen und französischen Diplomaten gelungen war, in der Frage einer sowjetischen Garantie für Polen zu einer lauen Zusage Molotows zu gelangen, kam es am Ende doch nicht zu einem verbindlichen Abschluß, was nicht zuletzt an der Furcht der Polen vor einem sowjetischen Durchmarschrecht lag. Daraufhin signalisierten die deutschen Diplomaten in Moskau, es gäbe eine Chance, mit Stalin handelseinig zu werden. In gewisser Weise hatte die westliche Diplomatie den Boden bereitet, man mußte nicht gleichsam wieder bei Null anfangen. Überhaupt hatten die westlichen Vertreter ihre Verhandlungen nur widerwillig geführt; vieles spricht dafür, daß man in London letztendlich diesen Teufelspakt mit Stalin doch nicht wollte. Anders wäre auch nicht zu erklären, wie nonchalant man sich hier schließlich mit dem Scheitern der Verhandlungen abgefunden hat – übrigens zum Entsetzen der Widerstandszelle im Auswärtigen Amt um von Weizsäcker und die Gebrüder Kordt. Wahrscheinlich spielte die Gesichtswahrung Polen gegenüber eine große Rolle, und nachdem dieses Land seinerseits durch die Verweigerung des Durchmarschrechtes sich in britischen Augen eine Blöße gegeben hatte, konnte man sich glimpflich aus der Affäre ziehen.

Tatsächlich war es um die Quadratur des Kreises gegangen: Ziel der Verhandlungen war es gewesen, die polnische Garantie durch das Mitwirken der Sowjetunion gleichsam mit Zähnen zu bewehren, doch die Sowjets wollten nur mitwirken, wenn sie die ihnen von den Polen 1920 abgejagten ostpolnischen Gebiete wiederbekamen, also selbst Polen verstümmelten. Es war also a priori aussichtslos. Keinen Gedanken verschwendete man in den Kapitalen der Westmächte daran, mit der Sowjetunion unabhängig von dem polnischen Problem längerfristig einen Partner im Falle eines allgemeinen Krieges gegen Deutschland zu gewinnen. Die Sowjetunion war eine terroristische Diktatur, außerdem war sie schwach, man konnte mit ihr keine gemeinsame Sache machen, vor allem wenn es um Werte wie Demokratie und Freiheit ging.

Und so kam es, wie es kommen mußte. Weder Ribbentrop, der ob des erreichten Abschlusses am 23. August 1939 stolz wie ein Pfau war, noch Hitler hatten irgendeinen Grund, sich als geniale Außenpolitiker oder Diplomaten aufzuplustern, denn der Preis, den sie Stalin entrichteten, wäre für die Westmächte inakzeptabel gewesen. Anders gesagt: Hätten London und Paris auch nur die Hälfte von dem Stalin zugestanden, was Deutschland ihm bieten sollte – sie hätten ihren Vertrag goldgerahmt mit nach Hause nehmen können. Deswegen sollte man auch nicht von einem »Versagen« der westlichen Diplomatie sprechen. Es gibt im Zusammenleben der Völker Momente, in denen moralische Grundsätze schwerer wiegen als machiavellistische Tricks; die britischen und französischen Diplomaten konnten am Morgen danach noch in den Spiegel sehen, die am Paktabschluß beteiligten deutschen mit Ribbentrop an der Spitze nicht.

Der Inhalt des Vertrages kann als bekannt vorausgesetzt werden, desgleichen das geheime Zusatzprotokoll. In ihm war die eigentliche Brisanz enthalten, denn es skizzierte den Fahrplan nicht allein der vierten Teilung Polens, sondern der Aufteilung ganz Ostmitteleuropas, einschließlich einer Auslieferung der baltischen Staaten an die Sowjetunion.

Das führt natürlich zu der Frage, ob und falls ja wieso Hitler nur drei Monate nach seiner Ansprache vom 23. Mai 1939 das genaue Gegenteil von dem tat, was er damals angekündigt hatte, denn unter den Kautelen des Hitler-Stalin-Paktes war an eine Eroberung von »Lebensraum für die germanische Rasse« nicht nur nicht zu denken, längerfristig öffnete der Vertrag der slawischen den Weg nach Westen und an die Ostsee, wahrscheinlich nach ganz Skandinavien.

Dementsprechend schwierig war es, diesen Pakt den braven Nationalsozialisten verständlich zu machen – sie waren schockiert, und es gibt zahlreiche amüsante Berichte, aus denen hervorgeht, in welche Bredouille das Ribbentropsche »Meisterwerk« die Parteigenossen stürzte.[240] Denen schien es, als sei Hitler von allen guten Geistern verlassen, als sei alles nicht mehr wahr, was er seit 1918 gepredigt hatte. Goebbels' Propagandakünste wurden nie stärker herausgefordert als damals, aber es gelang bis zum 22. Juni 1941 nie, die Zweifel an der Räson des Vertrages den

Parteigenossen ganz auszutreiben. Um so größer war die Erleichterung am Morgen des 22. Juni 1941 – bei den linientreuen Parteigenossen, notabene – denn deren Welt war mit dem Angriff auf die Sowjetunion wieder in Ordnung. Unter diesem Gesichtspunkt könnte man über die Reichstagsrede Hitlers von diesem Tag fast schmunzeln, wäre sie nicht so zynisch und verbrecherisch. Hitler tat nämlich so, als habe auch er die ganze Zeit schwer an dieser verkehrten Welt getragen. Irgendwie mag das ja auch stimmen. In der Situation des August 1939 freilich war der Abschluß dieses Vertrages eine Lösung, die fast an das Ei des Kolumbus erinnert: Der Zweifrontenkrieg schien endgültig gebannt, damit den Militärs das wichtigste Argument gegen den Krieg aus der Hand gewunden, England und Frankreich riskierten ihre Existenz, sollten sie wirklich zu Polen stehen, deswegen eben würden sie still halten, und Hitler konnte seinen kurzen, schnellen Schlag gegen Polen führen.

Aber selbst wenn England und Frankreich in den Krieg eintraten, stellte der Vertrag sicher, daß eine »Einkreisung« des Reiches wie 1914 nicht möglich war. Schon am 5. November 1937 und nun am 23. Mai 1939 hatte Hitler jedoch deutlich gemacht, daß seine politischen Ziele auf kurz-, mittel- und langfristiger Ebene gesehen und verfolgt werden müßten. Den Eingeweihten war klar, daß der Pakt mit Stalin nur temporären und katalysatorischen Charakter besaß. Daß ihn Hitler keinen Moment einzuhalten gedachte, machte ihm die Zugeständnisse im geheimen Zusatzprotokoll so leicht. Wie wenig er a priori gewillt war, diesen zu entsprechen, erfuhr Stalin dann in der zweiten Jahreshälfte 1940; Höhepunkt sollte der verunglückte Molotow-Besuch vom November sein, der Hitlers Entschluß zum »Barbarossa«-Feldzug wenn nicht auslöste, so doch bekräftigte.

Eine historische Betrachtung des Hitler-Stalin-Paktes kann damit aber nicht ihr Bewenden haben, wir sind gehalten, diesen schlimmsten aller diplomatischen Verträge, den das Deutsche Reich je geschlossen hat, nicht nur in der engen chronologischen Perspektive des Jahres 1939 zu betrachten, sondern sub specie der ganzen deutschen, russischen und polnischen Geschichte. Wie berechtigt das ist, ergibt sich aus dem Telegramm Hitlers an Stalin, in dem von den »Jahrhunderten der Vergangenheit für beide Seiten« die Rede war.

Der Vertrag vom 23. August 1939 war ein Folgevertrag, er folgte den Verträgen aus den Jahren 1815, 1795, 1793 und 1772.[241] Gemeint sind jene Abmachungen zwischen Rußland, dem Habsburgischen Reich und Preußen, die das Königreich Polen zwischen 1772 und 1795 vollständig als politische Einheit vernichteten, und die Wiener Kongreßakte von 1815, in der Alexander I. die Ergebnisse dieser Verträge von der internationalen Staatengemeinschaft absegnen ließ. Deswegen nannte man die russische Provinz »Kongreßpolen«.[242] Die Denkfigur, die Ribbentrop in seinen Gesprächen mit Molotow bemühte, bezog sich auf die anscheinende historische Erfahrung, daß das Gleichgewicht Europas und dessen Frieden immer dann gewahrt oder wiederhergestellt worden waren, wenn Polen aufgeteilt wurde. Das stimmte zwar bei genauerem Zusehen auch nicht,[243] vor allem nicht für das Jahr 1793, aber diese angebliche Lehre aus der Geschichte hatte sich im Verlauf des 19. Jahrhunderts in den Köpfen der europäischen Diplomaten festgesetzt, und deswegen war niemand den Polen zu Hilfe gekommen, als sie sich zu befreien gesucht hatten: 1830, 1847 und 1863. Die polnischen Aufstände hatten zu einem engen Zusammenwirken zwischen Preußen und Rußland geführt, und die Historiker der deutschen Reichseinigung wurden nicht müde darauf hinzuweisen, daß die Alvenslebensche Konvention von 1863 eine fundamentale Bedingung für das Einigungswerk gewesen sei. Der Aufstieg Preußens zur europäischen Großmacht wäre nicht möglich gewesen, wenn Preußen nicht mit den Provinzen Posen und Westpreußen die breite Landverbindung nach Ostpreußen gelungen wäre, und die machtpolitische Schwäche der Weimarer Republik wurde darauf zurückgeführt, daß die Wiedererstehung Polens und die Abtrennung der beiden preußischen Provinzen sowie Danzigs vom Deutschen Reich den Großmachtstatus Deutschlands ruiniert hätten. So gesehen konnte die vierte Teilung Polens auch von jenen positiv gewertet werden, die ansonsten von der NS-Weltanschauung und Politik nichts oder wenig hielten. Es schien, als habe Hitler in die Bahnen zurückgelenkt, in denen einst der Aufstieg Preußen-Deutschlands zu jener halbhegemonialen Stellung möglich geworden war, die dann die unfähigen Enkel Bismarcks leichtfertig verspielt hatten. Aber nun war Hitler da, und er bewies, wie man es machen mußte. Nirgendwo, soweit ich sehe, ist in Deutschland Protest gegen die Vernichtung Polens und seiner »lebendigen Kräfte«, wie es Hitler vor der Wehrmacht formulierte, laut geworden; bis in die Kreise des Widerstandes hinein sah man das als notwendig und unvermeidlich an.

Beenden wir diese schlimmen Betrachtungen mit einer kurzen Reflexion über die ausgleichende Gerechtigkeit der Geschichte: Polen ist 1945 staatlich wiedererstanden, die polnische Nation hat sich nach 1985 vom sowjetischen Joch befreien können, Polen ist heute ein angesehener mittelgroßer europäischer Staat, Mitglied der NATO und der EU. All das hat Polen zu einem erheblichen Teil auf Kosten jenes Landes erreicht, das in der unheiligen Tradition eines machtversessenen Machiavellismus sich erdreistete, das Lebensrecht einigen 40 Millionen Polen zu bestreiten. Hoffen wir, daß Russen, Deutsche und Polen wirklich aus der Geschichte gelernt haben, und zwar für immer.

6. KRIEGSMITTEL UND KRIEGSZIELE

Mit dem fingierten polnischen Überfall auf den Sender Gleiwitz[244] und der Beschießung der Westerplatte[245] durch ein altes Linienschiff, das den Namen »Schleswig-Holstein« trug, begann nach landläufiger Auffassung der Zweite Weltkrieg, und am Morgen des 1. September 1939 erklärte Hitler vor dem eilig zusammengerufenen Reichstag, ab »5.45 Uhr« werde »zurückgeschossen«.[246]

Beide Aussagen waren falsch: Der deutsche Überfall hatte schon um 4.45 begonnen, und »zurückgeschossen« wurde auch nicht, denn das Gleiwitzer Schurkenstück war vom deutschen Geheimdienst inszeniert worden. Wenn schon ganz am Anfang eine Lüge stand, so war nicht zu erwarten, daß es in Zukunft ehrlicher zugehen würde; tatsächlich hat es Goebbels meisterhaft verstanden, die deutsche Medienlandschaft, eine ziemlich eintönige Wüste, mit gezielten Falschmeldungen fast nach Belieben zu manipulieren.[247] Das Ministerium für Volksaufklärung und Propaganda[248] gewann eine kaum zu überschätzende Bedeutung; den Armen einer Krake gleich griff die Propaganda in sämtliche Lebensbereiche der Bevölkerung,[249] über diese hinaus in die eroberten und besetzten Gebiete, selbstverständlich wurde die Welt mit deutscher Propaganda überschüttet. Hitler und Goebbels wußten noch aus dem Ersten Weltkrieg, welcher politische Stellenwert einer geschickt inszenierten Propaganda zukam.[250] In den Propagandakompanien der Wehrmacht saßen durchaus nicht nur Laien und Dilettanten, sondern oft hochsensible Journalisten, Schriftsteller, Künstler, Photographen, deren Produkte noch lange nach dem Krieg völlig unabhängig von ihrer Entstehung geschätzt wurden – das bekannteste Beispiel dürfte Lothar-Günther Buchheims Roman »Das Boot« darstellen, dessen »Urfassung« unter dem Titel »Jäger im Weltmeer« literarisch bereits so hervorragend war, daß das Buch nahezu unverändert noch Jahrzehnte nach dem Zweiten Weltkrieg (neu) erscheinen konnte.[251] Dennoch war ein Großteil dieser Propaganda gefälscht; meist durch die Kunst des Weglassens, oft durch die des Übertreibens. Und wie im Ersten, gab es auch im Zweiten Weltkrieg keine eigenen Toten[252] – höchstens ein paar auserwählte gefallene »Helden«.

Die Fälschungen waren in der Regel nicht so plump, daß es die Volksgenossen sofort gemerkt hätten, und weil sie es aus leicht einsichtigen

Gründen auch nicht sein konnten, entwickelten die sensibleren unter den Zeitgenossen im Verlauf des Kriegs eine geradezu traumwandlerische Sicherheit in der Kunstfertigkeit, hinter den Schleiern der Lüge die Wahrheit zu erkennen – bald machte sich der Volks (Flüster)witz[253] über das Dilemma der betrogenen Betrüger lustig, wenn zum hundertsten Mal beispielsweise Malta mit »gutem beobachtetem Erfolg« bombardiert oder eine »Frontbegradigung« im Osten als großer Erfolg verkauft werden sollte. Im Netz der Lüge zu leben und die Wahrheit doch zu erahnen: Das galt nicht nur auf dem genuin militärischen Feld, es galt in ungleich gewichtigerer Weise auch auf dem der mörderischen Verbrechen des Regimes. Es galt für das Verbrechen der Zwangssterilisation, der Euthanasie, des Judenmords, der Vernichtung sowjetischer Kriegsgefangener.

Zu den großen Lügen des Anfangs zählte auch die von der unbesiegbaren, aufs modernste ausgerüsteten, auf den Tag genau topfit sich präsentierenden Wehrmacht[254] des Großdeutschen Reiches. Es dürfte kein einziges ernstzunehmendes Memoirenwerk geben, in dem nach dem Krieg nicht mit großem Lamento die völlige Unzulänglichkeit des militärischen Apparates, der militärischen Rüstung, der Kriegswirtschaft usw. beklagt worden wäre.[255] Müßte ein Begriff für alle diese Klagen und die Bemühungen, sie abzustellen, gefunden werden, so böte sich das Wort »Improvisation« an. (Bei der Marine: »Mit Bordmitteln«). Tatsächlich war das Deutsche Reich meilenweit davon entfernt »kriegsfertig« zu sein, und wenn dieser Umstand nicht binnen kürzester Zeit zum militärischen Zusammenbruch führte, so nur deswegen, weil die europäischen Kontrahenten noch weniger »kriegsfertig« waren und die »Kriegsfertigkeit« des Reiches bei weitem überschätzten. Was bereits im Zusammenhang mit der diplomatischen Vorgeschichte des Krieges zu beobachten war, findet sich auch jetzt: Die europäischen Nationen hatten diesen Krieg nicht gewollt, und einige hatten sich beharrlich bis in den Sommer 1938 hinein geweigert, ihn auch nur als bloß denkbar anzusehen. Die englische Ten-Year-Rule fiel tatsächlich erst nach dem Mai 1938 – zuverlässiger Indikator für eine Mentalität, die an den Krieg am liebsten gar nicht (mehr) denken wollte.

Dennoch ist im Land der Blinden der Einäugige König. Einzig Deutschland hatte seit 1933 bewußt und gewollt den kommenden Krieg auf seiner Rechnung und daraus die materiellen, ökonomischen, personellen, wissenschaftlichen Konsequenzen zu ziehen versucht.[256] Die große Lücke der fast fünfzehnjährigen Rüstungs-und Entwicklungspause im Gefolge des Versailler Vertrages war in einer beispiellosen Hetz-und Aufholjagd seit 1934/35 zu Kriegsbeginn nur zum Teil geschlossen – ganz ähnlich, wie es nach der Aufstellung der Bundeswehr im Jahre 1955 über zehn Jahre dauern sollte, bis die durch die Latenzperiode von 1945 bis

6. Kriegsmittel und Kriegsziele

1955 generierten Unzulänglichkeiten einigermaßen überwunden waren. Die große Krise der Bundeswehr[257] in den späten fünfziger Jahren war wesentlich Spätfolge des Potsdamer Abkommens, das Deutschland jegliche militärische Betätigung verboten hatte. Viele Unzulänglichkeiten der Wehrmacht waren Folge des Teils V des Versailler Vertrages und der unterbrochenen Kontinuität, vor allem auch auf dem Personalsektor.

Hitler hatte sich seit 1933 bemüht, diese Defizite so rasch wie möglich abzubauen, und 1936 in seiner Denkschrift zum Vierjahresplan den Zeitrahmen abgesteckt: Innerhalb von vier Jahren sollte die Wehrmacht kriegsfertig sein. Da Hitler, wie es das Hoßbachprotokoll unmißverständlich ausweist, unter Krieg bereits den Weltkrieg begriff, griffe zu kurz, wer behaupten wollte, die Wehrmacht sei 1939 und 1940 tatsächlich »kriegsfertig« gewesen – wie es die Niederlagen Polens, Belgiens, Norwegens und Frankreichs ausweisen. Das war bekanntlich nicht der Krieg, der Hitler vor Augen stand, und tatsächlich sollte er sich unmittelbar nach dem Frankreichfeldzug darum bemühen, nun endlich ernsthaft den »eigentlichen« Krieg vorzubereiten.

Noch während des Einmarsches in Österreich, also im März 1938, hatte die Wehrmacht ein geradezu desolates Bild geboten. Die Panzer konnten zwar schießen – was sie zum Glück nicht brauchten – sie aber selbständig, gar längere Strecken, fahren zu lassen, schien zu riskant. Man transportierte sie lieber auf der Eisenbahn, und potemkinschen Attrappen gleich rollten sie dann just for fun an den jubelnden Österreichern vorüber, während sich Beck und Guderian[258] die Haare rauften. Anläßlich des 50. Geburtstages Hitlers veranstaltete die Wehrmacht eine spektakuläre Luftparade, und die Botschafter auf der Ehrentribüne in Berlin verrenkten sich stundenlang den Hals, als Luftgeschwader um Luftgeschwader über sie hinwegdonnerte. In Wirklichkeit flogen die Maschinen einen großen Kreis um Berlin und kamen immer wieder – das war die Wahrheit der Göringschen Luftwaffe.

Wo man auch hinsah: Improvisation, Fortentwicklung prinzipiell veralteter Kriegsmittel, unzureichende Logistik, katastrophale Vorratswirtschaft. Mit dem K 98 k zog die deutsche Infanterie in den Krieg. Das »98« stand für das Jahr 1898. Das »k« für kurz. Gewiß, man hatte das Gewehr verbessert, es hatte einen Lauf von nur noch 600 mm (man betrachte unter diesem Aspekt die Infanteriebilder aus dem Ersten Weltkrieg, wo dieser Karabiner als wahrer Schießprügel erscheint), das Gewehr wog 3,9 kg, es verfügte über ein 5-Schußmagazin, Kaliber 7,9 mm, die V0 betrug 755 m/sec., man konnte also ein bißchen früher schießen als der Gegner – aber viel langsamer.[259] Es dauerte lange, bis wenigstens mit der MP 40 und dem MG 42 erstklassige Infanteriewaffen zur Verfügung standen. Aber nicht sie, sondern das Maschinengewehr 08/15 aus dem Ersten Weltkrieg blieb nicht ohne Grund im kollektiven Gedächtnis der Nation haften.

Bei den Panzern sah es besser aus, aber dank der verlorenen 15 Jahre waren sie noch nicht so weit entwickelt, wie es technisch möglich gewesen wäre. Auch in Zukunft gelang es niemals, dem T 34 der Sowjetunion etwas wirklich Gleichwertiges rechtzeitig entgegenzustellen, abgesehen davon, daß Russen und Amerikaner ihre Modelle viel schneller und kostengünstiger zu fertigen verstanden. Die Produktion eines deutschen Panzers erforderte dreimal mehr Eisen als die eines russischen. Gewiß waren »Panther«, »Tiger« und Co. gute deutsche Militärtechnologie, aber eben nicht so auf die potentiellen Einsatzräume hin optimiert, wie dies beim T 34 der Fall war. Es gab peinliche Situationen, in denen der berühmte überschwere »Königstiger« ganz still in sumpfigem Gelände versank, oft ohne einen einzigen Schuß lösen zu können, während die leichteren gegnerischen Panzer problemlos mit den Bodenverhältnissen fertigwurden.[260] Es tröstete wenig, daß die handwerkliche Qualität der Panzer kaum Wünsche übrig ließ. Lediglich die 8,8cm-Flugabwehrkanone sollte ab 1943 sich eher per Zufall als äußerst effektive Panzerabwehrwaffe heraustellen. Nicht die Idee der Massenfertigung weniger, dafür optimierter Modelle lag der deutschen »Rüstungsphilosophie« zu Grunde, sondern die des ständigen Herumexperimentierens, was zu einer Unzahl verschiedener Modelle führte, die sehr oft kaum oder gar nicht untereinander kompatibel waren. Auch im Heereswaffenamt saßen eher Tüftler und Technikfreaks denn knallharte Rüstungsmanager und Refa-Spezialisten.

All das war ärgerlich, teils selbstverschuldet, teils Folge der gebrochenen eigenen Militärgeschichte. Immerhin aber gibt es auch geradezu schicksalhafte Verschränkungen zwischen unzulänglicher Technik und militärischer Katastrophe – am bekanntesten dürfte das Beispiel des berühmten VII C-U-Bootes sein, das ab Herbst 1943 um so mehr wie die Keule eines Neandertalers wirkte, als mit den Modellen XXI und XXIII der »Elektro-Boote« sowie den Prototypen des »Walter-Bootes« längst die nächste, ja übernächste U-Bootgeneration theoretisch zur Verfügung stand – wenn es denn nur möglich gewesen wäre, die Theorien und Blaupausen in echte Unterwasserfahrzeuge zu verwandeln.[261] Die Alliierten begegneten der veraltenden deutschen Technik mit High Tech - Rüstung auf allen Ebenen. Schon während »Weserübung« 1940 erwies sich der hochgepriesene Torpedo G7a als technische Mißgeburt, die unzähligen britischen Matrosen das Leben rettete, weil das gute Stück einfach nicht explodieren wollte, und das Geheimnis der magnetischen Grundminen warf man unbedachterweise den Engländern förmlich vor dieFüße. Der xB-Dienst der Marine war sich sicher, der beste Verschlüsselungsdienst der Welt zu sein und hatte von Bletchley Park und »Ultra« keine Ahnung; es sei unmöglich die deutschen Codes zu knacken, versicherte Dönitz noch, als die Briten die deutschen Funksprüche fast schon in Real-Time mitlesen konnten.[262]

Wenn es Kennzeichen eines »modernen« Staates ist, gerade auf dem Feld der Verteidigung an der Spitze des wissenschaftlichen und technologischen Fortschritts zu marschieren, so war das Deutsche Reich eher unmodern, und daran ändern einige technische und wissenschaftliche Spitzenleistungen à la Me 262 nichts, zumal diese vom Regime, was durchaus als systemimmanent gedeutet werden kann, nicht oder nur unzureichend forciert wurden – das berühmteste Beispiel liefert die Geschichte der deutschen Atombombe: Obwohl zu Kriegsbeginn den Schätzungen der Atomwissenschaftler zufolge der deutsche Vorsprung in der Entwicklung etwa zwei Jahre betrug, war das Regime völlig außerstande, jene materiellen und personellen Kapazitäten bereitzustellen, die zur Entwicklung einer einsatzfähigen Bombe notwendig gewesen wären.[263]

Lange Zeit wurde die Auffassung vertreten, es habe in Deutschland am Geld und an allen möglichen Ressourcen für ein dem von »Manhattan« vergleichbares Programm gefehlt, inzwischen ist diese Legende entzaubert: Für das strategisch eher unwichtige A4-Programm (»V2«) erhielten die Wissenschaftler zwei Milliarden Reichsmark, also etwa 25% der Summen, die für das »Manhattan«-Projekt ausgegeben wurden.[264] Da das »A 4«-Programm aber zweifellos nicht in der ersten Priorität stand, ist es nicht unlogisch zu vermuten, daß die Finanzierung eines deutschen »Manhattan« möglich gewesen wäre, und dies um so eher, als mit Hilfe des »Sonderstufensystems« Gelder und Ressourcen aller Art auf das eine oder andere Großprojekt konzentriert werden konnten.[265] Ein Befehl Hitlers hätte genügt. Nichts spricht gegen die Behauptung, daß die deutsche Atombombe durchaus mach- und finanzierbar gewesen wäre – wenn man im Dunstkreis Hitlers begriffen hätte, was die Atombombe eigentlich bedeutete. Sie war aber auf »jüdischen«, sprich Einsteinschen physikalischen Erkenntnissen aufgebaut, und bekanntlich wurde die Einsteinsche Physik im »Dritten Reich« als »jüdisch« abgelehnt; die radikalen NS-Propagandisten wollten sie durch die »Deutsche Physik« des Kieler Nobelpreisträgers Philipp Lenard ersetzt sehen. Es erübrigt sich, die geistesgeschichtlichen und materiellen Folgen einer derartigen ideologischen Verblendung näher zu erläutern. Das Reich des Adolf Hitler war ein durch und durch atavistisches Gebilde. »Mittelalterlich« sollte man mit Rücksicht auf Thomas von Aquin oder Nikolaus von Kues lieber nicht sagen.

In den einschlägigen Standardwerken zur Geschichte des Zweiten Weltkrieges finden sich erschöpfende tabellarische Übersichten, in denen die

Daten zur Wehrmacht, zur Rüstungsindustrie, zur Wehrwirtschaft in wünschenswerter Ausführlichkeit bereitgestellt werden, und es wäre ebenso verwirrend wie ermüdend, dies hier zu referieren, zumal man die Dinge dynamisch und chronologisch darstellen müßte, um einen wirklich aussagekräftigen Eindruck zu vermitteln. Die ständigen Umgruppierungen wirken verwirrend, die noch im vollen Aufbau befindlichen Einheiten veränderten fast täglich ihre Stärken und Strukturen, Regiment war nicht gleich Regiment, die Divisionstärken schwankten beträchtlich, und in der Schlußphase des Krieges ähnelte die eine oder andere Division eher einem potemkinschen Dorf. Von einer drückenden Überlegenheit der Wehrmacht konnte keine Rede sein. Deutschland verfügte nur zu Kriegsbeginn über eine marginale Überlegenheit Frankreich gegenüber; nimmt man die Rüstungs- und Personaldaten der Alliierten von 1939 – also wesentlich Polens, Frankreichs, Belgiens, Großbritanniens zusammen – so gab es auch nicht auf einem einzigen Feld eine deutsche materielle Überlegenheit – und zwar von Anfang an nicht.

Das gilt auch und insbesondere für die High-Tech-Waffensysteme der Zeit, also Flugzeuge, Panzer, U-Boote. Von den 1939 aufmarschierenden 60 Ostdivisionen waren nur 7 Panzerdivisionen, 8 waren, meist unzulänglich, motorisiert. Das heißt: Wie eh und je und wie zu Beginn des Ersten Weltkrieges trugen die Infanteriedivisionen die Hauptlast des Kampfes; der Zweite Weltkrieg beginnt als Krieg der Marschierer und der Pferde – und so sollte es im wesentlichen bleiben. Im Vergleich dazu ist kein einziger amerikanischer Soldat in Europa während des Krieges auf seine Füße angewiesen gewesen. Was die U-Boote anging, im Deutschen Reich während des Krieges aufs schamloseste mythisiert, so verfügte Deutschland bei Kriegsbeginn über ganze 27 einsatzfähige Atlantikboote. Auf diese aber kam es an, und zwar von Anfang an. Nimmt man als Besatzungsgröße die Zahl 50 pro Boot, wird der Satz verständlich, daß 1000 junge deutsche Männer gegen das Britische Weltreich zur See kämpften. Was ist dagegen David gegen Goliath!

Sah die Lage auf dem Feld der genuinen Kriegswaffen zu Kriegsbeginn ziemlich trostlos aus, so läßt sich das, was der General Thomas mit dem Begriff »Tiefenrüstung« umschrieben hat, nur als Katastrophe a priori werten. Das Deutsche Reich war 1939 viel weniger als 1914 kriegsfertig, versteht man darunter die Fähigkeit, einen Krieg nicht nur anzuzetteln, sondern über einen längeren Zeitraum hinweg wenigstens insofern erfolgreich zu führen, daß man den Angriffsbemühungen der Gegner widerstehen kann – so wie dies während des Ersten Weltkrieges nahezu vier Jahre lang der Fall gewesen war. Heute nennt man das »Nachhaltigkeit«.

Die wichtigsten festen Rohstoffe[266] waren für ein Jahr gesichert, die Vorräte an Kautschuk, unentbehrlich bei der Motorisierung der Wehrmacht, reichten für zwei Monate, Magnesium war für 4, Kupfer für 7 Monate bevorratet. Daß man überhaupt keinen Krieg führen konnte, wenn die Treibstoffversorgung nicht sichergestellt war, hatte zu mannigfachen Anstrengungen geführt, unter denen die Kohlehydrierung am bemerkenswertesten sein sollte. Aber auch der Krauch-Plan hatte nichts daran ändern können, daß zu Kriegsbeginn der Mobilisationsbedarf an KFZ-Benzin lediglich zu 55 %, der an Flugbenzin zu 22%, an Dieselkraftstoff zu 20% und Heizöl – unentbehrlich für die Marine – zu 19 % gedeckt war. Zwar gab es ein paar Lagerbestände, doch sie reichten für höchstens zwei bis drei Monate – was danach kam, war unklar, wenigstens bis zu den wirtschaftlichen Abkommen mit der Sowjetunion, auf deren Erdöl die Wehrmacht dringend angewiesen war.[267]

Es hatte in den Jahren vor dem Krieg genügend Warner und Mahner gegeben, die auf alle diese Unzulänglichkeiten hingewiesen hatten, sie waren von Hitler mit der entwaffnenden Behauptung zum Schweigen verdammt worden, daß das, was fehle, durch die Wehrmacht eben erobert werden müsse: Hier tauchte das ökonomische Blitzkriegskonzept, wie es Alan Milward[268] beschrieben hat, ständig wieder auf, und man erkennt auch den fatalen Zusammenhang zwischen Rüstung, Kriegsvorbereitung und Widerstand: Wollten die Soldaten ihrem »Job« gerecht werden, so mußten sie in der Tat den Gedanken verführerisch finden, mit Hilfe des 1939 vorhandenen Potentials jene Potentiale blitzartig zu erobern, die sicherstellen sollten, daß der Krieg dann auf unabsehbare Zeit genährt werden konnte. Aber wenn man sich weigerte, diesen Überfallkrieg zu beginnen und Hitler ihn dennoch lostrat? Hätte ein Soldat sehenden Auges Deutschland in den Untergang treiben lassen können? General Thomas kann geradezu als Prototyp des zwischen Pflicht und Ethos hin- und hergerissenen Widerständlers gelten. Ähnliches gilt für Beck und Halder.

Das Großdeutsche Reich verfügte zweifellos im September 1939 über das größte potentiel de paix[269] des Kontinents, nimmt man die dem Reich verbündete Sowjetunion aus. Zählt man sie ebenso hinzu wie Italien und Spanien, die dem Reich in freundschaftlicher Neutralität verbunden waren; berücksichtigt man die moralische Hemmungslosigkeit, mit der sowohl Schweden wie die Schweiz bereit waren, alles was fehlte – so vor allem Waffen-Erz und Know How – dem »Dritten Reich« zur Verfügung zu stellen; nimmt man die Ressourcen des Balkan als einer nahezu vollständig von Deutschland abhängigen Wirtschaftszone hinzu, so läßt sich behaupten, daß der deutsche formelle und informelle Machtbereich ökonomisch stärker war als der seiner Gegner auf dem europäischen Kontinent. Die USA aber waren gerade erst dabei, sich vom Schock der Weltwirtschaftskrise zu erholen, und der »New Deal« begann erst langsam seine Wirkungen zu entfalten; rein militärisch gesehen waren die Vereinigten Staten 1939 praktisch bedeutungslos. Berücksichtigt man von hier ausgehend den Umstand, daß die Außenpolitik des »Dritten Reiches« mit Ausnahme der Sowjetunion mit allen genannten Ländern schon seit langer Zeit freundschaftlich oder doch zumindest einträglich verlief, so wird das Unvermögen des Regimes, diese ihm zur Verfügung stehenden Chancen und Ressourcen zu nutzen, also das potentiel de paix in ein potentiel de guerre umzuwandeln, eindringlich vor Augen gestellt. Was dann mitten im Krieg, nämlich in der Ära Speer, annähernd gelingen sollte: die Verdrei- bis Verfünffachung der Rüstung, hätte wohl auch schon in den Jahren 1936 bis 1939 erfolgen können – alle Voraussetzungen waren prinzipiell gegeben. Es waren Roosevelt und Stalin, die 1941 den Beweis dafür liefern sollten, in wie kurzer Zeit ein gigantisches Rüstungsprogramm aufgelegt und umgesetzt werden konnte, und dies, was die Sowjetunion betrifft, mitten im Krieg, nach geradezu verheerenden Niederlagen, dem Verlust wertvollster Territorien. Die rabiate – und erfolgreiche! – Verlagerung nahezu der gesamten russischen Schwerindustrie hinter den Ural, in atemberaubend kurzer Zeit und unter gigantischen Opfern bewerkstelligt, ließ ahnen, wessen auch eine Diktatur »an sich« fähig war – wenn sie denn keinerlei Rücksicht auf »das Volk« zu nehmen brauchte. Eben das sollte Hitler nie möglich sein; noch 1941 betrug der Anteil von Rüstungsgütern an der Industrieproduktion lediglich 16 %! Wieder zeigt sich: das Bild von dem total »durchmilitarisierten« Deutschland stimmt nicht, es gilt bloß für den (Un)Geist, nicht die Materie. Die Diktatur Hitlers versagte auf ihrem ureigensten Feld, der Angriffskriegführung. Sie war nicht in der Lage, mit den Herausforderungen einer modernen Kriegsvorbereitung materiell fertigzuwerden – sehr zum Wohl der Weltgeschichte.[270]

Eigentlich ist die Frage, welche Kriegsziele Hitler 1939 verfolgte, überflüssig, sie beantwortet sich in Kenntnis der nationalsozialistischen Weltanschauung von selbst: Zuerst die Herrschaft in Europa, dann die in der Welt. Die Umgestaltung Europas in einen großgermanischen Rasseraum, die Ausmerzung aller »minderwertigen« Rassen, die »Entjudung« zuerst Europas, dann der Welt. Endziel war das braune Paradies auf Erden mindestens auf »tausend Jahre«. Speers »Ruinenwerttheorie«[271] läßt an diesen Zielsetzungen keinerlei Zweifel, Hitler selbst hat sie in seinen Monologen im Führerhauptquartier, in seinen Tischgesprächen wieder und immer wieder beschworen, und man kann nicht daran deuteln, daß das alles für Hitler nicht Wunschtraum, sondern zukünftige Wirklichkeit war.

Die Kriegsziele, die der Diktator am 1. September 1939 dem deutschen Volk vorstellte, bildeten dazu den denkbar schärfsten Kontrast, und es versteht sich von selbst, daß von den eigentlichen nicht mit einem Wort die Rede war. Das führt zur Frage, wie dem durchschnittlichen Volksgenossen am Morgen des 2., vor allem aber des 4. Septembers 1939, als die Kriegserklärungen Frankreichs und Englands jedermann bekannt waren, die Räson des Krieges und seine Ziele erklärt wurden – und wie er selbst sie sah.

»Seit 5.45 wird jetzt zurückgeschossen«, erklärte Hitler in seiner Reichstagsrede vom 1. September. »Polen hat den Kampf gegen die freie Stadt Danzig entfesselt«, rief er den Abgeordneten – wenn man sie denn so nennen will – emphatisch zu. Frauen und Kinder der deutschen Minderheit seien von den Polen »in der tierischsten, sadistischsten Weise gequält und schließlich getötet« worden. Also: ein ehrloser, krimineller Gegner, nicht satisfaktionsfähig, hat deutsche Frauen und Kinder mörderisch überfallen. Tatsächlich war es nach Kriegsbeginn zu schlimmen polnischen Ausschreitungen gegen die deutsche Minderheit in Polen gekommen, der »Blutsonntag von Bromberg« erlangte traurige Berühmtheit und sollte das deutsch-polnische Verhältnis noch jahrzehntelang nach dem Krieg zusätzlich belasten.[272] Die Konsequenz:

Hitler: »Eines aber weiß ich: daß es keine Großmacht von Ehre gibt, die auf die Dauer solchen Zuständen zusehen würde!«

Hier ist jedes Wort von Bedeutung: Nur Großmächte verfügen über eine Ehre – Polen also nicht; »auf Dauer« suggeriert die unendliche Gutmütigkeit des deutschen Volkes und Gemüts. Man muß »den deutschen Michel« schon lange reizen und quälen, bis er sich seufzend entschließt, dem ein Ende zu machen. Mit welchem Ziel? Hitler äußerte sich eindeutig:

»Unsere Ziele: Ich bin entschlossen: 1. Die Frage Danzig, 2. die Frage des Korridors zu lösen, und 3. dafür zu sorgen, daß im Verhältnis Deutschlands zu Polen eine Wendung eintritt, die ein friedliches Zusammenleben sicherstellt.

Ich bin dabei entschlossen, so lange zu kämpfen, bis entweder die derzeitige polnische Regierung dazu geneigt ist, diese Änderung herzustellen, oder bis eine andere polnische Regierung dazu bereit ist.

Ich will von den deutschen Grenzen das Element der Unsicherheit, die Atmosphäre ewiger bürgerkriegsähnlicher Zustände entfernen. Ich will dafür sorgen, daß im Osten der Friede an der Grenze kein anderer ist, als wir ihn an unseren anderen Grenzen kennen.« Die »Sicherheit des Reiches« sei das einzige Kriegsziel, und er werde dieses unter Schonung der Zivilbevölkerung erreichen. Also: eine beispielhafte humanitäre Kriegführung – solange der und die Gegner sich ebenso verhielten. Falls nicht:

»Wer mit Gift kämpft, wird mit Giftgas bekämpft. Wer sich selbst von den Regeln einer humanen Kriegsführung entfernt, kann von uns nichts anderes erwarten, als daß wir den gleichen Schritt tun.«

Vom Rathaus kommend ist man klüger, und so läßt sich leicht einsehen, daß Hitler mit solchen Formulierungen jeglicher humanen Kriegführung schon eine Absage erteilt hatte, denn so wie man den Polen den Überfall auf den Sender Gleiwitz in die Schuhe schieben konnte, war es ein leichtes, sie der inhumanen Kriegführung zu bezichtigen – um dann um so inhumaner zu reagieren. Freilich wird man mit einem Urteil vorsichtig sein müssen, und es wäre unrealistisch anzunehmen, daß ein Aufschrei der Empörung ob solcher Auge-um-Auge, Zahn-um-Zahn-Bemerkungen durch die Lande gegangen wäre: Nur wer Hitler wirklich kannte, wird diese Ankündigung richtig verstanden haben. Daß dazu die hohen Militärs zählten, ist anzunehmen – und um so deprimierender die Feststellung, daß, soweit bekannt, kein einziger General gegen diese Vergeltungsstrategie Hitlers offiziell Bedenken geltend gemacht hat.

Ist Hitlers Reichstagsrede der Schlüssel zum Selbstverständnis der Nation am 1. September 1939, so ergibt sich daraus, daß es keine Kriegsziele im traditionellen Sinne gab. Der von Hitler entfesselte Krieg wurde als ein reines Verteidigungsmanöver hingestellt, eng begrenzt und mit dem Ziel der Wiederherstellung des status quo ante – mit der kleinen Ausnahme von Danzig und dem Korridor. Daß diese Ziele hypertroph gewesen wären, hätte am 1. September niemand zu behaupten gewagt – immer unter der Prämisse, daß Polen Deutschland angegriffen hatte. Die einheitlich gelenkte Presse übernahm diese Deutung, und Goebbels lief wieder einmal zu propagandistischer Hochform auf, als er in zahlreichen Kommentaren Hitlers Rede ausdeutete. Man kann sich leicht die Stimmung vorstellen, die all dies in der Bevölkerung auslöste, die »Meldungen aus dem Reich« sprechen eine deutliche Sprache.

Die Paladine des Dritten Reiches mit Hermann Göring an der Spitze wiegten sich zwischen dem 1. September und dem Vormittag des 3. September in der Illusion, Frankreich und England würden ihren Garantiepflichten am Ende doch nicht genügen; ähnlich wie am 1. Oktober 1938, werde alles auf eine zweite Münchner Konferenz hinauslaufen. In einer verqueren Logik schien auch das Verhalten Mussolinis dafür zu sprechen, schließlich hatte der Duce zu den Teilnehmern von München gehört. Hitler hingegen hat sich keine Illusionen gemacht, ihm war schon vor dem 1. September 1939 klar, daß England und in seinem Gefolge Frankreich diesmal ihm den Krieg erklären würden. Er hatte daraus in seiner bekannten Berchtesgadener Rede vor der hohen Generalität am 22. August 1939[273] gar kein Hehl gemacht. Er wertete diese Entwicklung auch nicht als »Panne« der Diplomatie oder als unangenehme Überraschung, sondern als logische Konsequenz seines eigenen Handelns. Daß in der amtlichen Antwort des Auswärtigen Amtes auf das Londoner Ultimatum die ganze Geschichte vom Versailler Unrecht aufgewärmt wurde, war bloße Rhetorik. Psychologisch enthüllend war allerdings der letzte Satz, denn er suggerierte, daß England Deutschland den Drang zur Weltherrschaft unterstellte:

»Das deutsche Volk und seine Regierung haben nicht wie Großbritannien die Absicht, die Welt zu beherrschen, aber sie sind entschlossen, ihre eigene Freiheit, ihre Unabhängigkeit und vor allem ihr Leben zu verteidigen.«[274]

Dies war der Tenor, der Hitler und Gobbels fortan vom »großdeutschen Freiheitskampf« reden und schreiben ließ. Die Erinnerung an 1813, nicht an 1914 war dabei maßgeblich, denn »1813« hatte »man« 1814/15 gewonnen, »1914« 1918/19 verloren, und diese Assoziation wollte man möglichst vermeiden.

Gleichwohl war auch nach dem 3. September in der offiziellen Politik keine Rede von irgendwelchen Kriegszielen, und anders als unmittelbar nach Beginn des Ersten Weltkrieges hielten sich auch die führenden Intellektuellen bemerkenswert zurück – nichts da von »Aufrufen an die Kulturwelt« oder wilden Eroberungsplänen.[275] All das brauchte das Regime ja auch nicht, denn anders als 1914 mußte es auf »das Volk« oder den Reichstag keinerlei Rücksicht nehmen, was sich schon wenige Tage nach Kriegsbeginn zeigte, als die angeblich so »humane« Kriegführung in Polen ins glatte Gegenteil umschlug und in den zuständigen Behörden schon die Pläne für die Aufteilung Polens und die Einverleibung großer Teile des Landes in das Großdeutsche Reich nicht geschmiedet, sondern vervollständigt wurden.[276] Rücksicht hingegen mußte man zunächst noch auf die Sowjetunion nehmen, denn diese hatte sich ja ebenfalls ein ordentliches Stück aus dem polnischen Kuchen ausbedungen. Die scham-und rücksichtslose Zerstörung Polens hätte aber an sich gar nicht verschleiert zu werden brauchen: Gerade die konservativen Eliten des deutschen Volkes dachten in die gleiche Richtung – das war ein unseliges Erbe aus dem Ersten Weltkrieg, der friderizianischen und nachfriderizianischen und auch der Weimarer Zeit.

Zu der Nichtformulierung von irgendwelchen Kriegszielen Frankreich und England gegenüber paßte die Strategie der »drôle de guerre«, sie schien die friedlichen Absichten des Hitlerregimes zu unterstreichen, und wenn die Royal Airforce schon am 4. September einen ersten Luftangriff auf Wilhelmshaven flog,[277] so war dies Wasser auf die propagandistischen Mühlen von Joseph Goebbels: Nicht Deutschland, England war der Angreifer. Um so peinlicher, um dies auch gleich abzuhandeln, war den Deutschen der »Athenia«-Zwischenfall am 3. September: ein übereifriger U-Bootkommandant hatte das englische Passagierschiff torpediert, was fatal an den »Lusitania«fall aus dem Ersten Weltkrieg erinnerte und beim Chef der Seekriegsleitung geradezu Panik auslöste – ein sicheres Zeichen dafür, daß auch Raeder immer noch hoffte, die englische Sache irgendwie glimpflich beenden zu können.[278]

Ganz ähnlich formulierte es die »Weisung Nr. 1 für die Kriegführung«, die das Datum des 31. August 1939 trägt. Auf den Quellenwert der Hitlerschen »Weisungen für die Kriegführung« wurde schon hingewiesen. Man darf davon ausgehen, daß in ihnen nichts von Propaganda enthalten war, denn sie waren zum einen streng geheim, zum anderen nur für den allerengsten Führungskreis bestimmt. In ihnen spiegelten sich die Traditionen des deutschen Generalstabsdenkens seit den Zeiten Moltkes d.Ä. Zu diesen zählte die Überzeugung, daß die militärische Effizienz des Soldaten auf jeder Befehlsebene um so höher war, je weniger sie an bloß auftragstaktische Gegebenheiten gebunden blieb. Tatsächlich hatte sich die deutsche militärische Führung in den Einigungskriegen als außerordentlich professionell und kreativ erwiesen, und fortan gehörte es zum Stolz vor allem der Generalstabsoffiziere, nach »Weisung«, nicht nach striktem »Befehl« handeln zu können und zu dürfen. Hitler, der Weltkriegsgefreite, hatte sich in der Reichstagsrede vom 1. September 1939 als »ersten Soldaten« des Reiches bezeichnet, den Soldatenrock angelegt und sich mit Aplomb wie einst ein roi connétable zu den Truppen verfügt: Fortan regierte er das Reich – mit kurzen aber auch längeren Unterbrechungen – von seinen zahlreichen »Führerhauptquartieren«[279] aus. Selbst sein Refugium auf dem Obersalzberg begann er zu einem Führerhauptquartier auszubauen. Daß diese Führung durch »Weisung« bald nur noch auf dem Papier stehen sollte – am Ende befahl Hitler bis in die einzelne Division, ja das einzelne Regiment hinein und führte das Generalstabsprinzip ad absurdum – sollte sich vor allem seit der Krise vor Moskau im Winter 1941 zeigen.

In der »Weisung Nr.1« hieß es im Hinblick auf England und Frankreich:

»Im Westen kommt es darauf an, die Verantwortung für die Eröffnung von Feindseligkeiten eindeutig England und Frankreich zu überlassen. Geringfügigen Grenzverletzungen ist zunächst rein örtlich entgegenzutreten. Die uns von Holland, Belgien, Luxemburg und der Schweiz zugesicherte Neutralität ist peinlich zu achten. Die deutsche Westgrenze ist zu Lande an keiner Stelle ohne meine ausdrückliche Genehmigung zu überschreiten.«[280]

Es stellt sich die Frage, warum Hitler so strikt jeden Zwischenfall mit den Gegnern, die ihm doch den Krieg erklärt hatten, verhindern wollte. Sicherlich spielten propagandistische Gründe eine Rolle, aber es kann sein, daß ihm auch das Beispiel des Ersten Weltkrieges vor Augen stand, genauer: die in seinen Augen verfehlte Strategie des Schlieffenplans.[281] Im Vorfeld des Ersten Weltkrieges war lange um die Frage gerungen worden, ob der Aufmarsch mit Schwerpunkt nach Osten oder nach Westen erfolgen sollte. Moltke d.Ä. hatte den Osten favorisiert, Schlieffen und Moltke d.J. den Westen. Später stellte sich die Frage, ob der Aufmarsch II, also der Ostaufmarsch, nicht doch angemessener gewesen wäre.[282] Wenn Hitler, in diesem Punkt mit der Wehrmachtführung und dem Generalstab des Heeres einig, den Angriff auf Polen mit allen modernen Kriegsmitteln und mit der Masse von immerhin insgesamt 62 Divisionen in zwei Heeresgruppen unter Brauchitsch befahl, während im Westen nur 33 eher behelfsmäßig und altmodisch ausgerüstete Divisionen standen, und darüber hinaus mit Rußland als Gegner nicht zu rechnen war, so ist das nur bei der Annahme verständlich, daß Hitler den Krieg gegen die ja nicht unbeachtliche polnische Armee tatsächlich blitzartig führen und binnen kürzester Frist gewinnen wollte – immer in der Hoffnung, England und Frankreich zu entmutigen und die Tür für ein weiteres München offenzuhalten. Daß derselbe Mann auf der ideologischen zweiten Ebene den Krieg gegen die »Haßgegner« England und Frankreich mehr als nur billigend in Kauf nahm, sondern zweifellos im September 1939 auch wollte, unterstreicht erneut das eigentümliche Denken Hitlers auf verschiedenen Ebenen, wie es schon seine Ansprache vom 23. Mai 1939 hatte erkennen lassen.

Ob die Massierung der deutschen militärischen Kräfte im Osten schon zu diesem Zeitpunkt auch unter dem Gesichtspunkt einer Abschreckungsstrategie Stalin gegenüber oder gar im Hinblick auf einen deutschen Angriff auf die Sowjetunion gesehen werden kann, bedürfte einer genaueren Untersuchung, manches spricht dafür, denn natürlich hatte Hitler mit dem Stalinpakt seine Lebensraumpläne nicht ad acta gelegt. Berücksichtigt man ferner den Umstand, daß England und Frankreich seit dem Scheitern ihrer Verhandlungen mit Stalin auf diesen äußerst schlecht zu sprechen waren – die Formulierungen in den entsprechenden diplomatischen Berichten lassen an Eindeutigkeit nichts zu wünschen übrig – so könnte es sogar sein, daß Hitler immer noch von der Illusion ausging, als Mandatar Europas, also mit stillschweigender Billigung der Westmächte sein Lebensraumkonzept im Osten verwirklichen zu können. Man darf nicht vergessen, daß die Rote Armee zu diesem Zeitpunkt von allen Experten als bloßer Papiertiger eingestuft wurde. Auch Hitlers Verhalten den beiden Westmächten gegenüber unmittelbar nach dem Abschluß des Polenfeldzuges weist in die gleiche Richtung: Das Friedensangebot war so betrachtet sicherlich mehr als Propaganda.

Wie ein Krieg gegebenenfalls gegen Polen[283] zu führen sei, hatte schon die Reichswehr beschäftigt, und der Chef der Heeresleitung, der Generaloberst Hans von Seeckt, der eigentliche Sieger von Tarnow-Gorlice (1915), dafür bereits die Grundlagen geschaffen – auch wenn es keiner besondern strategischen Genialität bedurfte, um den Plan zu entwerfen: Ein Blick auf die Karte[284] macht deutlich, daß ein Zangenangriff von Ostpreußen und Schlesien her sich geradezu anbot. Um so unbegreiflicher wirkt es, daß die polnische Armeeführung zum einen alle Grenzen zu verteidigen suchte, was die Stärke der operativ verfügbaren Verbände über Gebühr schwächte, zum anderen nach dem Scheitern dieser Grenzverteidigung die Masse des polnischen Heeres um Warschau konzentrierte, sich also gleichsam freiwillig in jenen Kessel begab, der in der »Schlacht an der Bzura«[285] vernichtet wurde und das Schicksal Polens schon besiegelte. Daß die Polen hochgemut, teilweise fröhlich in den Krieg zogen, haben später viele Beobachter bestätigt; mit fliegenden Lanzenfähnchen gegen deutsche Panzer anzureiten und in Gedanken schon durch das Brandenburger Tor zu galoppieren – manchmal führen Tollkühnheit, Romantik und Nostalgie schnurstracks in den Tod. Oder Verzweiflung: Der Soldatentod des Freiherrn von Fritsch war wahrscheinlich Selbstmord, der Schlußstrich unter einer Tragödie, die Hitler völlig unberührt ließ. Das Heer schwieg zum Tod seines ehemaligen Chefs wie seinerzeit zu seiner Entehrung.[286]

Am 27. September kapitulierte das eingeschlossene Warschau, vier Tage darauf ergaben sich die tapferen Verteidiger auf der Halbinsel Hela. Wer sich in den Geist der Zeit hineinversetzen will, sei auf Günter Grass verwiesen; seine Schilderung des Kampfes um die polnische Post in Danzig ist große Literatur und leidenschaftlich-nüchterne Kriegsbeschreibung in einem.

Schon am 17. September waren sowjetische Truppen in Ostpolen eingerückt, so wie dies die geheimen Artikel des Ribbentrop-Molotow-Paktes antizipiert hatten. Den deutschen Truppen war beim Rückzug aus den bereits von ihnen eroberten Gebieten alles andere als wohl, der einfache Landser hat das ebensowenig begriffen wie später der einfache GI, der 1945 Thüringen und Sachsen zugunsten der Roten Armee wieder räumen mußte.

Über das Verhalten der Roten Armee in den besetzten polnischen Gebieten ist schon viel geschrieben worden; die Ermordung der polnischen Offiziere in Katyn[287] hat irgendwie auch mit jenen Erwägungen zu tun, die im Zusammenhang mit dem deutsch-polnischen Nichtangriffspakt aus dem Jahr 1934 entstanden waren. War es immer noch denkbar, daß Deutschland mit Polen zusammen gegen die Sowjetunion antrat? Nach dem Polenfeldzug war es jedenfalls nicht mehr denkbar; die entsetzlichen Verbrechen der deutschen Besatzungsmacht, nicht nur den Einsatzgruppen von SD, SS und Polizei, sondern eben auch der Wehrmacht geschuldet, zerstörten jede denkbare Brücke zwischen den beiden Völkern. Sechs Millionen polnische Bürger sind im Zweiten Weltkrieg umgebracht worden, die allermeisten von den deutschen Besatzern.[288] – Stalin konnte beruhigt sein; nie würden Deutsche und Polen gemeinsame Sache gegen ihn machen. Das sollte auch nach 1945 gelten.

Die deutsch-sowjetischen Verträge und Geheimabkommen vom 28. September 1939 setzten die Politik des 23. August 1939 konsequent fort;[289] tatsächlich kam es Stalin darauf an, die Gunst der Stunde zu nutzen, um sein geographisches Vorfeld weit nach Westen zu schieben und dabei gleich all jene Verluste wettzumachen, die die Oktoberrevolution und deren Folgen zwischen 1917 und 1920 gekostet hatten. Daß mit diesen Verträgen die Hitlersche These, nach der er angetreten sei, die kleinen Staaten und die in ihnen lebenden deutschen Minderheiten zu schützen, ad absurdum geführt wurde, verstand sich von selbst; vor allem die Auslieferung der baltischen Staaten stellte ein perfides Schurkenstück dar, denn nirgendwo hatte man Deutschland mehr vertraut als dort – die Rückgabe Memels war ein Zeichen dafür gewesen. Noch größer waren die Enttäuschungen in Finnland, das in Deutschland zu diesem Zeitpunkt fast so etwas wie eine Stifternation gesehen hatte. Ob es zu einem selbständigen freien Finnland 1918 ohne deutsche Mithilfe überhaupt gekommen wäre, ist in der Tat fraglich – daß dasselbe Deutschland das kleine Land nun Stalin auslieferte, ließ die Finnen zunächst sprachlos zurück. Viele Deutsche, auch in der Wehrmacht, plagte das schlechte Gewissen, aber es half nun nichts: Hitler hatte den Teufelspakt mit Stalin geschlossen, und dieser beharrte auf seinem Fetzen Papier. Er war wahrhaftig mit Blut unterzeichnet.

7. VOM »SITZKRIEG« ZUM ANGRIFF IM WESTEN

Während alle Augen gebannt nach Osten starrten, tat sich im Westen anfangs nahezu nichts, hier herrschte anscheinend Frieden, und das war für die Deutschen im Rheinland ein wahres Glück, denn das Deutsche Reich schützte sie und den mythischen Rhein mitnichten. Wirklich einsatzfähig waren im Westen nur acht Divisionen; die 25 Landwehrdivisionen weder von ihrer personellen noch materiellen Ausstattung her in der Lage, einem massiven feindlichen Angriff zu trotzen, geschweige denn selbst eine weitgreifende Offensive im Westen zu starten, und dies schon des eklatanten Munitionsmangels wegen: Ganze drei Tage hätte, nach den Maßstäben des Ersten Weltkrieges, im Falle eines französischen Angriffs die Munition gereicht. Den 8 bzw. 33 deutschen Divisionen lagen allein 102 französische gegenüber, deren Aufmarsch während des Polenfeldzuges in aller Ruhe erfolgen konnte, von der Luftwaffe kaum gestört, denn die war voll im Osten eingesetzt. So schien es nur die Frage kurzer Zeit zu sein, bis dem ganzen Spuk im Westen ein rasches und für die Deutschen gewiß schmerzliches Ende bereitet sein würde.[290] Und hätte die polnische militärische Führung sich nur ein wenig geschickter verhalten; hätte sie es verstanden, die Masse der deutschen Verbände in einen so langwierigen Rückzugskampf zu verwickeln, wie es dem deutschen Heer seit Stalingrad gelingen sollte, anstatt sich in zwei Kesseln buchstäblich zusammentreiben zu lassen – was angesichts von 40 polnischen gegenüber 62 deutschen Divisionen selbst unter Berücksichtigung der massiven deutschen Luftüberlegenheit schon erstaunlich war – so hätte Hitler nicht die mindeste Chance besessen, durch eine rasche Verschiebung der Kräfte von Osten nach Westen dem Unheil zu wehren.

Er hat das selbst gewußt, wie anders wären jene dramatischen Auseinandersetzungen mit General Adam zu verstehen,[291] der Hitler unmißverständlich darauf aufmerksam gemacht hatte, daß die Westfront mit den vorhandenen Kräften nicht zu halten sei – und der Westwall,[292] in hektischen Bemühungen seit dem Sommer 1938 aus dem Boden gestampft, war weder fertig noch sonderlich effektiv, nur punktuell überhaupt geeignet, ein Pivot der Verteidigung zu bilden. Daß die französische Armee über mehr Panzer verfügte als die deutsche, sei nur am Rand bemerkt – aber die

Aufteilung und damit Verzettelung der Panzer auf die Infanteriedivisionen, sowie der weitgehende Verzicht auf die Bildung selbständiger Panzerdivisionen sollte den Deutschen eine Überlegenheit bescheren, die rein numerisch betrachtet, überhaupt nicht gegeben war und die sie selbst überraschte. Vergeblich hatte der französische Panzergeneral Charles de Gaulle[293] Gamelin beschworen, das deutsche Beispiel der Bildung selbständiger Panzerverbände nachzuahmen. Der französische Generalstab konnte sich dazu nicht durchringen. In der Tat stellt sich die Frage, wieso der Zweite Weltkrieg nach sechs Wochen nicht mit einem fulminanten alliierten Sieg zu Ende gegangen ist. Man braucht sich nur vorzustellen, daß die französischen und britischen Verbände massiv das Ruhrgebiet angegriffen hätten! Um so unbegreiflicher ist es, daß der deutsche Generalstab, der Ende August ja nicht ahnen konnte, wie die gegnerische Strategie aussehen würde, dieses Va-banque-Spiel überhaupt mitgemacht hat. Erinnert man sich an die Auseinandersetzungen zwischen Oberost und der 1. OHL im Jahr 1914, so fragt sich, wo die Verantwortung des OKH für das Wohl des Volkes 1939 geblieben ist. Schlieffen hatte wenigstens kein Hehl daraus gemacht, daß notfalls Ostpreußen zu »sakrifizieren« sei; hätte Halder nicht unmißverständlich darauf hinweisen müssen, daß nunmehr dem Ruhrgebiet das gleiche Schicksal drohte – nur mit unabsehbaren, genauer: sehr wohl absehbaren Folgen?

Hier drängt sich die Frage auf, ob vielleicht Hitler wußte, was die Generäle nicht wußten; ob der Diktator die Gedankengänge Gamelins[294] zumindest geahnt hat, und falls dies der Fall gewesen sein sollte: Warum blieb den professionellen Generälen diese Erkenntnis verschlossen? Oder hatten die Deutschen – hier also Generalstab und Hitler zugleich – nur (unverdientes) Glück?

Gamelin und die Oberbefehlshaber der französischen Armee waren ganz noch von den Erfahrungen des Ersten Weltkrieges geprägt, militärisch großgeworden in der felsenfesten Überzeugung, daß die Verteidigung dem Angriff überlegen sei und nun mehr denn je, denn die Verteidigungswaffen waren besser und zahlreicher geworden, wohingegen die Angriffswaffen der die Hauptlast der Offensive tragenden Infanterie und Artillerie – auf den K 98 k wurde schon hingewiesen und auch das MG 34 war alles andere als modern – wesentlich auf dem Entwicklungsstand von 1918 verharrten. Was die Luftwaffe anging, war man in Frankreich immer noch durch die Douhetschen Ideen[295] fasziniert und verkannte die operative, taktische, nicht zuletzt psychologische Bedeutung vor allem der deutschen Sturzkampfflugzeuge. Damit verstand die militärische Führung Frankreichs gar nicht umzugehen; die Sirenen der Stukas haben Soldaten und Zivilisten gelähmt und schockiert. Man wird beiläufig an den ersten

Zusammenstoß der römischen Legionäre mit den Kriegselefanten Hannibals erinnert.

Aus der Überlegung heraus, daß die Verteidigung dem Angriff immer noch überlegen sei, zudem zutiefst davon überzeugt, daß Hitler, wenn er denn erst einmal Krieg führte, wie einst Schlieffen und Moltke d.J. selbstverständlich angreifen würde, sah die französische strategische Planung eine kraftvolle Verteidigung, angelehnt an die Maginotlinie[296] vor. Diese trug den Namen ihres Initiators, des seinerzeitigen französischen Kriegsministers André Maginot und war letztlich ein Produkt des Verdun-Traumas, ein Betonzitat von Douaumont und Fort Vaux. So eng befangen in den traumatischen historischen Erinnerungen waren die Franzosen, daß sie sich nicht vorstellen konnten, die Deutschen würden 1939 den Krieg anders anfangen als 1914. Der französische Generalstab antizipierte also eine Neuauflage des Schlieffenplanes, und darauf hatte man sich eingerichtet. Daß hochbewegliche moderne Panzerverbände ganz anders operieren konnten als Armeen zu Moltkes Zeiten, war dann eine schmerzliche Überraschung.

Die französische Forschung hat in einem langwierigen Prozeß deutlich gemacht, daß die »drôle de guerre«[297] von 1939/40 aber nicht allein Folge wenn auch verfehlter nüchterner strategischer Planung war. Tatsächlich wagte es die französische Regierung nicht, das Volk so zum Krieg aufzurufen wie 1914, und schon bevor etwas »passierte«, griffen Resignation und Ängstlichkeit in der Bevölkerung um sich – was Hitler übrigens sehr fein gewittert hat, im Gegensatz zum Generalstab, der in diesem Punkt so traditionell dachte wie der französische in militaribus. Auch die innere Verfassung der französischen Armee war einigermaßen desolat, die Befehlsstruktur verwirrend, und obwohl man reichlich Zeit gehabt hatte, war es zu keiner substantiellen gemeinsamen Kriegsplanung zwischen Frankreich und England gekommen – vielleicht eine Fernwirkung des Rheinlandeinmarsches, denn damals hatten sich die Franzosen von den Engländern im Stich gelassen gefühlt und Belgien hatte seine Militärkonvention mit Frankreich aufgekündigt. Die nur zögernd anlaufende Verschiffung des eher kleinen englischen Expeditionskorps trug zur militärischen Fröhlichkeit auch nicht bei. Unter Abwägung aller Gesichtspunkte hielt es die französische Führung für zweckmäßig, außer ein wenig Plänkelei zunächst gar nichts zu tun, sondern die Zeit der Ruhe im Westen zur eigenen weiteren Verstärkung auszunutzen.[298] Die fatalistische Erkenntnis, daß Polen sowieso verloren war, nachdem die Sowjetunion in das Kampfgeschehen eingegriffen und große Teile des Landes besetzt hatte, bestärkte diese Auffassung.

Und Hitler konnte triumphieren: Schon am 22. August hatte er auf dem Obersalzberg geprahlt, England und Frankreich würden für Polen letztlich doch nicht die Kastanien aus dem Feuer holen; nun schien es, als habe der »Führer« allen Unkenrufen des Generalstabes zum Trotz doch wieder Recht behalten. Erinnert man sich daran, daß es das ceterum censeo sowohl Becks wie auch Halders gewesen war, einen Zweifrontenkrieg zu vermeiden, so konnte der Diktator nun ad oculos der staunenden Generalität den Beweis liefern, daß er de facto keinen Zweifrontenkrieg führte: In aller Ruhe ließen sich die Militäraktionen im Osten abschließen, Polen konnte dann der Zivilverwaltung unterstellt werden – die Armee war wieder frei und nun schon kriegserfahren und militärisch selbstbewußter denn je. Da man mit der Sowjetunion verbündet war, brauchte auch in Zukunft nicht mit einem Zweifrontenkrieg gerechnet zu werden: Was Ludendorff und Hindenburg 1918 nach unendlichen Schwierigkeiten gelungen, aber zu spät gelungen war, hatte Hitler schon ganz am Anfang erreicht. Der Ostgegner war geschlagen, das Feldheer stand nahezu unversehrt zum massiven Angriff im Westen bereit.

Das Zögern Englands und Frankreichs, den Ultimaten vom 3. September 1939 nun militärische Taten folgen zu lassen, hatte aber auch noch einen zweiten negativen Nebeneffekt: Es nahm der Widerstandsgruppe um Halder und das OKH die Hauptbegründung für einen zweiten geplanten Militärputsch gegen Hitler.[299] Hitlers militärischer Triumph machte nun viele Offiziere in ihrer Haltung ihm und dem Regime gegenüber schwankend. Hinzu kam, daß auch die Masse der deutschen Bevölkerung, nachdem sie bei Kriegsbeginn alles andere als in große Begeisterung ausgebrochen war, nun schon anfing, von Sieg und Frieden zu träumen. Die schon bislang nicht geringe Akzeptanz des Regimes schnellte nach dem Polenfeldzug deutlich nach oben. Eine geschickte Propaganda forcierte das weiter, und Brauchitsch hatte wohl ganz recht, wenn er davon sprach, vor allem die jüngeren Offiziere fielen dank der Erfolge in Polen immer mehr der NS-Ideologie anheim.

Nachdem der Krieg nun schon sechs Wochen gedauert hatte und nach der Zerschlagung Polens immer noch nichts Spektakuläres geschah, begann das Volk zu glauben, daß es doch keine Wiederholung des Ersten Weltkrieges geben, der Krieg wie einst der Hundertjährige langsam versickern würde, sollten England und Frankreich nicht von sich aus um einen formellen Friedensschluß bitten. Die SD-Spitzel Heydrichs berichteten, die Bevölkerung rechne über kurz oder lang mit einem zweiten München, das diesem seltsamen Sitzkrieg ein vernünftiges Ende setzen werde. Vielleicht hat Hitler selbst vorübergehend in solchen Kategorien gedacht – zumindest legte er der Dahlerus-Göring-Initiative,[300] in der es um geheime Sondierungen mit England ging, keine Steine in den Weg. Die Industrie fing schon an, auf Friedensproduktion umzuschalten – allein daß sie es konnte, wirft ein bezeichnendes Licht auf die NS-Wirtschaftspolitik – die Rüstungen wurden nicht weiter forciert, die vorhandenen Rüstungskapazitäten nicht weiter ausgebaut – ein erstaunliches Faktum, denn Hitler hatte kein Jota von seinen Weltherrschaftsplänen aufgegeben. Aber Hitler war auch ein fauler Mensch, und wenn ihm niemand berichtete, was draußen im Land und in der Industrie geschah, so ließ er es eben schleifen. In den späteren Jahren zog er sich häufig auf den Berghof zurück und delektierte sich in seinem Gebirge mit platten Revuefilmen, in denen Marika Rökk eine prominente Rolle spielte. Seine eigentlichen politischen Interessen bewegten sich in diesen Wochen trügerischer halkyonischer Stille in eine ganz andere Richtung. Hitler war völlig unfähig, in Netzwerken zu denken: er stürzte sich, allerdings mit Vehemenz, immer nur auf ein Problem und war nicht in der Lage, die oft komplexen wechselseitigen Bedingungsfaktoren und zwangsläufigen Folgen seiner Entschlüsse und Befehle angemessen zu berücksichtigen. Nicht umsonst gehörte das Wort »fanatisch« zu seinem Lieblingsvokabular. Das sollte im Verlauf des Krieges zu immer grotesqueren Fehlurteilen führen.

Doch das friedliche Bild des Oktober, November, Dezember 1939, Januar und Februar 1940 trog. »Als Führer des deutschen Volkes«, so drückte sich Hitler nach der Kapitulation der letzten polnischen Heeresverbände[301] in seiner so genannten Friedensrede vom 6. Oktober 1939[302] aus, »und als Kanzler des Reiches kann ich in diesem Augenblick nur dem Herrgott danken, daß er uns in dem ersten schweren Kampf um unser Recht so wunderbar gesegnet hat, und ihn bitten, daß er uns und alle anderen den richtigen Weg finden läßt, auf daß nicht nur dem deutschen Volk, sondern ganz Europa ein neues Glück des Friedens zuteil wird.«

Bernd Martin[303] hat gezeigt, daß diese Friedensschalmeien in Frankreich und England nicht ganz ohne Eindruck geblieben sind, aber nicht zuletzt unter dem Eindruck des ständig wachsenden Einflusses des Oppositionspolitikers und Rivalen Chamberlains, Winston Churchills, hat es der Premier nicht gewagt, Hitler auch nur ein kleines Stück entgegenzukommen; auf Verhandlungen, so ließ er wissen, könne man sich höchstens nach Wiederherstellung des status quo ante einlassen. Nachdem die vermeintliche Appeasementpolitik Chamberlains so spektakulär gescheitert war, konnte dieser sich nur dann noch eine politische Zukunft ausrechnen, wenn er nun den hardliner gab – die Kamarilla um Churchill streute dennoch, er sei ein Weichling.

Die Ablehnung der Hitlerschen Friedensoffensive hat den Diktator geradezu beleidigt und in seiner Überzeugung bestärkt, daß man den ungetreuen Vettern jenseits des Kanals nun erst recht eine Lehre erteilen müsse. Selbstverständlich war in der ganzen pathetischen Rede auch nicht das

7. Vom »Sitzkrieg« zum Angriff im Westen

geringste ernsthafte Angebot enthalten: Alles was seine Armee erreicht und gewonnen hatte, sollte in einem kommenden Frieden praktisch bewahrt werden. Schon deswegen wird das angebliche »Angebot« vom 6. Oktober als Propaganda einzustufen sein.

Nicht der Frieden, der Krieg war das Element Hitlers, und Abwarten des Diktators Sache nie. Die Aktionsmuster waren in Friedens-und Kriegszeiten gleich, immer ging es höchst dynamisch und dramatisch zu, gleichgültig auf welchem Feld von Politik oder Krieg. Ob dahinter ein anderes Trauma stand, muß offenbleiben – die lapidare Meldung aus dem Kaiserlichen Hauptquartier: »Im Westen nichts Neues« hat auf die Generationen der beiden Weltkriege tiefen Eindruck gemacht. Weil zwischen 1914 und 1918 nichts militärisch Entscheidendes geschehen war, und dennoch Hekatomben von Soldaten einen elenden Tod starben, konnte die Vorstellung Raum gewinnen, daß ein Ende mit Schrecken einem Schrecken ohne Ende vorzuziehen sei. Fast immer, wenn militärisch wieder etwas »los war«, meldeten die Spitzel Erleichterung und freudige Erwartung aus der Bevölkerung, das galt sogar noch für den Beginn der Invasion und die Ardennenoffensive im Winter 1944/45.

Hitler hielt deswegen schon unmittelbar nach dem Ende des Polenkrieges und der Zurückweisung seines »Friedensangebotes« durch England den Moment für gekommen, um nunmehr im Westen anzugreifen.[304] Warlimont und Greiner haben das dramatische Ringen um den Angriffsbefehl unmittelbar miterlebt.[305] Die Diskussion zwischen Hitler und dem Generalstab des Heeres um die Frage, ob und falls ja im Westen angegriffen werden müsse, beleuchtet nicht nur schlagartig Hitler als militärischen Führer, sondern spiegelt eindrucksvoll jenes Problem, mit dem Beck 1938 gerungen hatte: Wie weit reichen in Frieden und Krieg jeweils die Verantwortlichkeiten von Politikern und Militärs? Müssen sich ein Oberbefehlshaber des Heeres, ein Chef des Oberkommandos der Wehrmacht den Befehlen des Obersten Befehlshabers auch dann beugen, wenn diese schnurstracks ins allgemeine Verderben führen? Gibt es eine Grenze der Gehorsamspflicht? Verletzte Hitler nicht selbst den auf ihn geschworenen Eid, wenn er nun ein unerhörtes Hasardspiel inszenierte? Und daß der Westangriff eben dies sein würde: davon waren Brauchitsch, Halder und mit ihnen die gesamte höhere Generalität zutiefst überzeugt. Noch mehr als dem einfachen Volksgenossen steckte diesen Herren der Erste Weltkrieg in den Knochen, ein Gespenst erhob sich am Westwall. »Wahnsinn«, so drückte sich Brauchitsch aus, sei ein Angriff im Westen – aber das warf er nicht Hitler an den Kopf, sondern flüsterte es seinen Kameraden zu. Die nickten mit dem Kopf – und gehorchten Hitlers Weisungen. Die Waffen-SS verfügte zu diesem Zeitpunkt über kaum mehr als 100 000 Mann, das Feldheer über 2,7 Millionen. Was eigentlich hätte Hitler tun können, wenn sich die Wehrmacht ihm verweigert hätte? Aber eine »Rebellion der Generäle« gab es nicht.

Hitler selbst wußte um die Brisanz seiner Forderung und die Gefährdung seiner Person, in diesem Punkt wird man an Nero erinnert, der ebenfalls eine feine Witterung für Gefahren besaß und fast allen Komplotten entrann – bis auf das letzte. Dem sollte Hitler am 20. Juli 1944 aber auch entrinnen. Wie schon in der kritischen Phase des Sommers 1938 versammelte er deswegen erneut die militärische Führungsspitze um sich und setzte, nun im Glanz des Siegers, des erfolgreichen Propheten, seine am 22. August 1939 begonnene Ansprache gleichsam fort. Das Dokument dieser Rede vom 23. November 1939[306] gehört zur Kategorie der bereits klassifizierten »Schlüsseldokumente«. Vorausgegangen war Hitlers Weisung zur Kriegführung im Westen vom 9. Oktober.[307] Erinnert man daran, daß Chamberlains Antwort auf Hitlers »Friedensangebot« erst am 12. Oktober vorlag, so zeigt sich deutlich, wie wenig Hitler selbst sich von seinem Friedensschritt versprach – ja man gewinnt bei der Lektüre dieses Dokumentes den Eindruck, jedes Entgegenkommen des britischen Premiers wäre Hitler nur lästig gewesen.

Hitler begann, wie üblich, mit der »Parteierzählung« und einem Rückblick auf seine eigene Biographie, kam auf seinen Entschluß zu sprechen, Politiker zu werden, wobei er sicher sein durfte, daß jedermann den entsprechenden Absatz aus »Mein Kampf« im Kopf hatte, denn der war inzwischen sprichwörtlich geworden und ist noch heute nahezu jedermann bekannt. Er erweckte geschickt den Eindruck, er habe ein schon seit 1919 festliegendes politisches Programm[308] Schritt für Schritt verwirklicht.

Tatsächlich war es für Hitler nicht schwierig, die Entwicklung vor allem nach 1933 als in sich logisch und konsequent darzustellen. Wenn aber alle bisherigen Ereignisse den strengen Gesetzen einer individuellen Logik, einer, wie er sich ausdrückte, unersetzbaren Führernatur entsprungen waren – wäre dann nicht jeder Versuch, ihn, Hitler, nun von der weiteren Vollendung dieses säkularen Lebenswerkes abzubringen, mit dem Odium einer historischen Verantwortungslosigkeit sondergleichen behaftet gewesen? Wer sich als Prophet, als Halbgott stilisierte und von der Masse des Volkes vergöttert wurde, verdammte seine Gegner dazu, ein Sakrileg zu begehen, wenn sie ihm widerstanden – und dieser Mechanismus war Hitler voll bewußt. Man muß diese Zusammenhänge bei der Beurteilung des Widerstandes im »Dritten Reich« jedesmal mitberücksichtigen. Ob Hitler widerstanden werden oder ob man ihm folgen müsse: das blieb in den Jahren seiner großen innen-und-außenpolitischen, nun auch militärischen Erfolge, eine schwere Gewissensfrage, über das Problem des einmal geleisteten Eides hinausgehend. Schon am 23. Mai und am 22. August 1939 hatte Hitler mit dem Argument seiner charismatischen Unfehlbarkeit operiert, an die er selbst zuerst glaubte; und wie sicher er sich seiner selbst war, ergibt sich aus der verblüffenden Offenheit, mit der er erneut seine eigentlichen Ziele umschrieb:

Der Vertrag mit der Sowjetunion sei nicht für die Ewigkeit gedacht, in ein bis zwei Jahren könnten die Verhältnisse im Osten sich völlig gewandelt haben, das Endziel bestehe nach wie vor in der Gewinnung östlichen Lebensraumes. Im Moment sei die Sowjetunion außer Gefecht, das könne sich ändern, und gerade deswegen müßte die Gefahr aus dem Westen nunmehr beseitigt werden.

So bedingte eines das andere: Polen hatte blitzartig zerschlagen werden müssen, um Rückenfreiheit für den Westen zu gewinnen, der Westen sollte blitzartig angegriffen und geschlagen werden, um Rückenfreiheit für den Osten, d.h. gegen Rußland zu bekommen. Hitlers Pläne waren ganz klar: Wurde der Westen jetzt besiegt, wäre die Folge davon nicht, wie der eine oder andere Zuhörer wohl heimlich hoffte, der allgemeine Friede, sondern die Inszenierung des Rasse-und Vernichtungskrieges im Osten mit dem Ziel der Lebensraumgewinnung und der »Endlösung der Judenfrage«. Daß nach erfolgreichem Abschluß des Rasse- und Raumkonzepts der Endkampf um die Weltherrschaft folgen mußte, und zwar zwingend, lag in der Binnenlogik der Hitlerschen Argumentation. Selten hat Hitler die Grundprinzipien seiner Weltanschauung deutlicher werden lassen als am 23. November 1939.

Während die Gedanken des einen oder andern Zuhörers in diese finstere Zukunft abschweifen mochten, wandte sich der Diktator wieder den näherliegenden Problemen zu:

»Zum ersten Mal seit 67 Jahren«, verkündete er triumphierend, »muß festgestellt werden, daß wir keinen Zweifrontenkrieg zu führen haben. Es ist das eingetreten, was man sich seit 1870 gewünscht hat und tatsächlich für unmöglich hielt. Zum erstenmal in der Geschichte haben wir nur gegen eine Front zu kämpfen, die andere ist z.Zt. frei. Aber niemand kann wissen, wie lange es so bleibt.«

Hatte die Warnung vor dem Zweifrontenkrieg zum Repertoire des Generalstabes seit den Zeiten Ludwig Becks gehört,[309] so nahm Hitler diesen Warnungen damit den Wind aus den Segeln und stürzte seine Zweifler in einen wahren Gewissenskonflikt: Opponierten sie weiterhin gegen die gewaltsame Lösung im Westen, beschworen sie gerade das herauf, was sie am meisten fürchteten: den Zweifrontenkrieg.

Hitlers Argumentation zielte anschließend auf die Professionalität der Militärs: Wovor eigentlich fürchte sich der Generalstab? Habe der Polenfeldzug nicht die unwiderstehliche Macht des deutschen Heeres erwiesen? Und was stehe diesem siegreichen Heer im Westen eigentlich gegenüber? England habe seit 1914 die konsequente Modernisierung und Wiederaufrüstung seiner Wehrmacht versäumt, erst seit 1937 gehe es hier langsam wieder aufwärts. Die dadurch möglichen militärischen Verstärkungen aber könnten frühestens in zwei Jahren wirksam werden – wieder ein Hinweis auf das notwendige hic et nunc. Und Frankreich?

»In der Nachkriegszeit verschlampte die französische Armee«, behauptete Hitler. Frankreich sei weder personell noch materiell der deutschen Armee gewachsen. Der Angriff im Westen berge praktisch kein Risiko. Demgegenüber würde die Situation für Deutschland schwieriger, sollten die Westmächte ihrerseits zum Angriff übergehen. Sein Hinweis auf die exponierte Lage des Ruhrgebietes unterstrich diese Gefährdung. Ob ein aufrechter Soldat ein solches Risiko tragen könne? Letzteres sagte er nicht, aber er suggerierte es und impfte den Generälen ein weiteres Stück schlechten Gewissens ein. Es war geschickt von Hitler, das Problem Ruhrgebiet, das dem Generalstab eigentlich schon am 1. September 1939 auf den Nägeln hätte brennen müssen, nun von sich aus zu instrumentalisieren, denn natürlich war er am 22. August mit keinem Wort auf die Gefährdung dieses kriegentscheidenden Industriegebietes eingegangen. Ob denn niemand daran gedacht habe, fragte ich Jahrzehnte später den Generaladmiral Hermann Boehm, der nicht nur dabeigewesen, sondern die wichtigste Aufzeichnung der Obersalzberganspreche Hitlers gefertigt hatte. Boehm war überrascht: nein, versicherte er, natürlich nicht.

Dann kam Hitler zum Schluß:

»1. Entschluß ist unabänderlich. 2. Nur Aussicht auf Erfolg, wenn ganze Wehrmacht geschlossen ist...Ich will den Feind vernichten. Hinter mir steht das deutsche Volk, dessen Moral nur schlechter werden kann. Nur wer mit dem Schicksal kämpft, kann eine günstige Vorsehung haben...Wenn wir den Kampf erfolgreich bestehen –, und wir werden ihn bestehen – wird unsere Zeit eingehen in die Geschichte unseres Volkes.« Mit diesem Halbsatz wenigstens sollte er recht behalten.

Nach dieser Ansprache, diesem Appell, diesem Befehl war der Spielraum des Generalstabs nur noch gering. Gehorsam wurden die Operationspläne unter dem Stichwort »Fall Gelb« ausgearbeitet. Wenn der Angriffstermin dennoch 29 mal verschoben werden sollte, so lag dies nicht an inneren Zweifeln Hitlers, sondern an allerlei Pannen (Mechelen)[310] und Mißverständnissen, vor allem aber an der Wetterlage in dieser Jahreszeit. Eine längere stabile Wetterlage galt als unabdingbare Voraussetzung für den erfolgreichen Einsatz des schärfsten Angriffsinstrumentes der deutschen Wehrmacht: der Luftwaffe.[311] Ich weiß nicht, ob irgendein Militärhistoriker sich einmal systematisch und gründlich die Wetterkarten und Wetterprognosen vom 23. November 1939 bis zum 10. Mai 1940 angesehen hat – nur dann ließe sich definitiv entscheiden, ob das Wetter wirklich der Sündenbock war, oder nur von den Generälen vorgeschoben wurde, um den Angriff hinauszuschieben. Die Geschichte steckt ja voller Ironien: Weil das OKH nolens volens so viel Zeit hatte, konnte es die Operationspläne gegen Belgien, Luxemburg, die Niederlande und Frankreich vervollständigen und verfeinern, und jene Diskussion, die bis zum heutigen Tag die Gemüter der Militärhistoriker bewegt, ob es sich denn nun bei »Fall Gelb« um einen Blitzkrieg gehandelt habe oder nicht,[312] ob es nun Hitler, Rundstedt oder Manstein waren, die den »Sichelschnittplan« als ihr geistiges Produkt reklamieren konnten, fand schon zeitgenössisch statt – klar, daß man 1940 Hitler die Palme reichte.

Während man in Berlin auf gutes oder schlechtes Wetter hoffte, je nachdem –, ballten sich am politisch-strategischen Himmel über Europa neue Wolken zusammen, und plötzlich rückte nicht der Westen, sondern eine ganz andere Region in den Brennpunkt des Interesses, dann des Krieges: zuerst Finnland,[313] dann ganz Skandinavien.

Was Finnland betrifft, lagen die Zusammenhänge auf der Hand: In den Abkommen zwischen Ribbentrop und Molotow war der Sowjetunion das Baltikum als Einflußzone, genauer: als wohlfeile Beute seitens Deutschlands zugesprochen worden; es war schon viel, daß die dort lebenden Deutschen wenigstens in das Reich aussiedeln durften. Stalin gab sich keinerlei Mühe, seine Eroberungsabsichten zu verschleiern, und das galt auch und insbesondere für Finnland. Anders als Estland, Lettland und Litauen aber rechnete sich Finnland durchaus eine Chance aus, sich gegen Rußland wehren zu können. Das hing zum einen mit dem desolaten Zustand der Roten Armee zusammen, zum anderen mit der Hoffnung Finnlands, Deutschland werde die Sowjetunion vielleicht doch davon abhalten, das kleine Land einfach zu annektieren. Als daher die Sowjetunion nach dem baltischen Muster die finnische Regierung aufforderte, ihr militärische Stützpunkte, vor allem in Hanko, einzuräumen, weigerte sich diese, und daraufhin kündigte die UdSSR den seit 1932 existierenden Nichtangriffspakt und begann drei Tage später am 30. November, mit dem Angriff auf das Land.[314] Trotz des geschwächten Zustandes der Roten Armee glaubte Stalin ähnlich wie Hitler in Polen ein rasches fait accompli schaffen zu können, doch zur peinlichen Überraschung des Diktators leisteten die Finnen, vor allem auf der Karelischen Landenge, nicht nur erbitterten Widerstand, sondern brachten der Roten Armee empfindliche Verluste bei. Die Welt sah zu, staunte, bewunderte auch den finnischen Mut – und tat nichts. Der Völkerbund, es gab ihn formell ja immer noch, verurteilte zwar das russische Vorgehen und rief die Nationen zur Hilfe für Finnland auf, doch wen interessierte das!

Einige schon, vor allem in England schwappte Empörung hoch, schien es doch, als hätten sich Hitler und Stalin nun auch militärisch miteinander verbündet. Drohte die Aufteilung des gesamten ostmitteleuropäischen Raumes unter den beiden Diktatoren?[315] Man muß daran erinnern, daß England nach dem Ersten Weltkrieg die neu entstandenen ostmitteleuropäischen Staaten als eine Art von cordon sanitaire dem kommunistischen Rußland gegenüber unterstützt und der britische Außenminister Lord Curzon 1920 jener Linie den Namen gegeben hatte, die als Ostgrenze Polens und damit als äußerste Westgrenze des sowjetischen Machtbereiches gelten sollte.

Tatsächlich war durch Hitlers Angriff auf Polen das prekäre Gleichgewicht zwischen Ost und West schon arg ins Wanken geraten; die Komplizenschaft zwischen Stalin und Hitler zerstörte das System ganz. Nimmt man Bolschewismus und Nationalsozialismus zusammen, vielleicht auch den italienischen Faschismus und den spanischen Franquismus hinzu, so ergab sich von London und Paris aus gesehen ein wahrhaft finsteres Bild der europäischen Landkarte. Beide Länder konnten sich inzwischen als Inseln der Demokratie in einem Ozean des Totalitarismus fühlen; eines Totalitarismus, der aus seiner latenten in seine virulente Aggressionsphase übergegangen war.

Daß man dem nicht tatenlos zusehen durfte, verstand sich eigentlich von selbst, dennoch konnte sich die Regierung Chamberlain zu keiner kraftvollen Aktion aufraffen, das heißt Finnland militärisch beispringen. Man hatte das ja auch im Fall Polen nicht getan – und das konnte immerhin seine englische Garantieerklärung vorweisen –, wie wäre nun Finnland zu gewähren, was Polen verweigert worden war?

Hier enthüllt sich die verworrene, undurchdachte, zwischen Prinzipien und Opportunismus hin-und herschwankende britische Außenpolitik; es fiel ihrem schärfsten Kritiker nicht schwer, sie anzuprangern. Winston Churchill war es, der energisch englische Hilfe für Finnland forderte, und je länger die Finnen dem roten Ansturm wehrten, desto mehr Gewicht gewannen seine Forderungen, auch in der öffentlichen Meinung. Wie absurd die Lage war, ergab sich aus dem »Sitzkrieg« im Westen: Konnte es sein, daß die Briten vor allem mit ihrer Flotte, aber auch einem weiteren Expeditionskorps sich über Nordskandinavien nach Finnland hin orientierten, während man dem Hauptfeind im Herzen des Kontinents nichts entgegensetzte?

Oder gerade dadurch doch? Denn nun ist ein eigentümlicher Verknüpfungsprozeß zu beobachten: Auf den ersten Blick schienen die beiden

Kriegsschauplätze – also die Westfront und die sowjetisch-finnische Front – gar nichts miteinander zu tun zu haben; wer den Finnen aber ernsthaft, d.h. mit Bodentruppen zu Hilfe eilen wollte, konnte angesichts der Kriegslage, in der das Reich die Ostseezugänge beherrschte, nur einen Weg wählen: den über das Nordmeer. Aber was war das für ein Weg! Und mitten im Winter! Und wo wären die britischen amphibischen Kräfte gewesen, die nennenswerte Truppenkontingente – wo eigentlich? – hätten anlanden können? Nüchternes strategisches Denken mußte von selbst darauf verfallen: Sinnvoll war eine Hilfsaktion für Finnland nur, wenn Nordnorwegen und Nordschweden miteinbezogen wurden. So manchen Strategen in der Admiralty mögen die Augen geleuchtet haben, als ihnen klar wurde, was das für den Hauptgegner, für Deutschland bedeutete: nichts weniger als das Abschneiden des Reiches von seiner wichtigsten Kriegsressource, dem schwedischen Erz. Dieses wurde in Kiruna und Gällivare gewonnen und in der Winterzeit über Narvik, im Sommer über Lulea verschifft, bisher völlig problemlos; Norwegen und Schweden waren neutral, letzteres rieb sich die Hände ob der guten Geschäfte; die Norweger, weniger deutschfreundlich gesonnen, hüteten sich, den Deutschen Schwierigkeiten zu bereiten – warum hätte man sie herausfordern sollen? Mit eben diesen Argumenten hatte es die Seekriegsleitung im Rahmen der Kriegsplanung im Frühjahr 1939 abgelehnt, an eine eventuelle Besetzung Norwegens zu denken. Das hätte nur Nachteile gebracht; Raeder empfahl, große Erzvorräte in Südschweden anzulegen, an die man auch im Kriegsfall bequem herankam.

In der Militärgeschichte, das wußte schon der alte Moltke, ist nichts leichter als zwei und zwei zusammenzuzählen – die Geographie, in diesem Fall auch die Wirtschaftsgeographie war für niemanden ein Geheimnis, die Erzverschiffungswege ebensowenig, und wenn England nun der Aufforderung des Völkerbundes nachkam und nicht kleckernd, sondern klotzend über Nordskandinavien den tapferen Finnen zu Hilfe eilte, konnte es sein, daß in einer Art von Dominoeffekt auch Deutschland zusammenbrach. Hier nämlich gab es keinen nennenswerten Ersatz für das schwedische Erz; was Spanien liefern konnte, war minimal, der deutsche Raseneisenstein gab auch nicht viel her, in Lothringen war zwar Erz zu schürfen, aber erstens zu wenig, und zweitens mußte man es erst einmal erobern. Krupp konnte seinen Laden zumachen, wenn das schwedische Erz ausblieb, denn dieses allein taugte zur Erschmelzung des Krupp – Stahls, dieser wiederum war der wichtigste Rohstoff für die gesamte schwere Rüstung.

Ich habe diese Gedankengänge bewußt vereinfacht dargestellt, um deutlich zu machen, wie leicht es den beiden Regierungen – sowohl der englischen wie der deutschen – jeweils fallen mußte, irgendwelche militärischen Aktionen im skandinavischen Raum zu erklären und zu rechtfertigen. Es ist bezeichnend, daß in dieser ganzen Argumentationskette die Wörter Völkerrecht oder Neutralitätsbruch nicht auftauchten – weder diesseits noch jenseits des Kanals. Heute begreifen wir in Kenntnis der Vorgänge, die zum Irak-Krieg von 2003 führten, besser als früher, warum auch Demokratien in extremer Lage Angriffskriege führen können.

Und dennoch war das, was dann am 9. April 1940 beginnen sollte, ein blanker Völkerrechts- und Neutralitätsbruch, ein eindeutiges Kriegsverbrechen, für das einer der Hauptverantwortlichen, der Oberbefehlshaber der Kriegsmarine Erich Raeder in Nürnberg zur Verantwortung gezogen werden sollte.

8. »WESERÜBUNG« UND DIE ANFÄNGE DES SEEKRIEGES

Eine Übung an der Weser? Da fragt sich der Historiker, was die Erfinder von militärischen Deck-und Tarnnamen sich dabei eigentlich gedacht haben – manchmal fällt die Entschlüsselung nicht schwer, so wie im berühmtesten Beispiel, in dem der mittelalterliche Kaiser Friedrich I. »Barbarossa« mißbraucht wurde; in anderen Fällen hat man sich an Farben gehalten: »Weiß« stand für den Angriff auf Polen; »Rot«, dann »Gelb« für den auf Frankreich. »Blau« war England, »Grün« der ČSR zugedacht. Die Besetzung Österreichs lief unter »Otto«, was gewiß nichts mit dem Hause Habsburg zu tun hatte. Oft wurden Tiernamen verwendet: Hinter »Greif« oder »Sperber« verbargen sich U-Bootrudel, der »Seelöwe« sollte gen England springen. Der Adler spielte ebenfalls eine prominente und vornehme Rolle – man denke an »Adlertag«, den dann scheiternden Versuch der Göringschen Luftwaffe, England aus der Luft zu zerschlagen, und ein Hauptquartier des »Führers« nannte sich »Adlerhorst«. »Heroische« Decknamen waren beliebt; erstaunlich, daß das Geschehen des Zwanzigsten Juli 1944 unter »Walküre« lief. Auch die Alliierten waren höchst erfinderisch, man denke an »Overlord«, »Paperclip« oder »D-Day«, wobei das »D« zweifellos auch an Doomesday erinnern sollte.[316] Auf dem Höhepunkt des Kalten Krieges gab es »Strong Express«, »Botany Bay« oder »Northern Wedding«. Hier findet die Psychohistorie ein reiches Betätigungsfeld – wenn sie es denn suchen würde.

Also »Weserübung«. Eine »Rheinübung« sollte es bekanntlich auch geben – damit ist jener Einsatz der gesamten deutschen Schlachtflotte im Atlantik gemeint, von dem mit »Bismarck« und »Prinz Eugen« im Mai 1941 dann nur ein kläglicher Rest bleiben sollte. Da der Rhein bedeutender als die Weser ist, läßt sich vermuten, daß die »Rheinübung« die an der Weser doch noch übertreffen sollte.

Noch heute kennt jeder Däne und jeder Norweger das Wort »Weserübung«, es ist zu einem nationalen Trauma geworden, das bis heute fortwirkt. Ich konnte dies selbst erleben, als im Jahr 1990 des fünfzigsten Jahrestages des ersten alliierten Sieges im Zweiten Weltkrieg gedacht wurde: der Rückeroberung Narviks nach dem deutschen Überfall auf Norwegen.

Man gedachte dieses Ereignisses mit einer imponierenden Flottendemonstration der NATO, die der alte König Olaf V., stundenlang im kühlen Wetter ausharrend, straff und ungebeugt abnahm. Deutsche Einheiten nahmen nicht teil, es wurde auch kein Kranz an den Gräbern deutscher Soldaten in Narvik niedergelegt.

»Weserübung« gehört im Rahmen einer Geschichte des Zweiten Weltkrieges anscheinend direkt und im übertragenen Sinn zur Peripherie des Geschehens, doch das trifft die historische Wahrheit nur halb.[317] Tatsächlich kommt es nicht von ungefähr, daß sich dieser Kampagne die Historiker aller daran beteiligten Länder mit besonderer Vehemenz angenommen haben.[318] Noch bis zum Ende des Kalten Krieges spielte »Weserübung« eine eigentümliche geographisch auf den Kopf gestellte Rolle im Kontext jener strategischen Überlegungen, die davon ausgingen, daß die sowjetische Nordmeerflotte im Kriegsfall eine »umgekehrte« Weserübung veranstalten – also von Murmansk über Narvik in die Norwegensee und die Nordsee vorstoßen könnte.

Hitler hat sich vor Kriegsbeginn niemals mit dem Problem einer möglichen Besetzung Dänemarks und Norwegens beschäftigt, obwohl es solche Überlegungen schon vor dem Ersten Weltkrieg gegeben hatte.[319] Das war wesentlich ideologisch begründet, sahen die Nationalsozialisten in Skandinavien doch a priori nicht eine gegnerische, geschweige denn feindliche Macht, sondern das, was man in Analogie zu den Romantikern des 19. Jahrhunderts auf Mitteleuropa bezogen einen »Sehnsuchtsraum« nennen könnte.[320] Auch das war nicht auf dem braunen Mist gewachsen, sondern die Wurzeln dieses Denkens reichten weit ins 19. Jahrhundert zurück; die berühmten »Nordlandfahrten«[321] Kaiser Wilhelms II. waren ein letztes Relikt jener deutschen Skandinavienbegeisterung, die von den Skandinaviern nie erwidert worden ist. Um so enger hatten sich deswegen die deutschen Beziehungen zu Finnland gestaltet, denn die Finnen empfanden Deutschland gegenüber Dankbarkeit, und deswegen standen Himmler, Rosenberg und Konsorten auch nicht an, in den Finnen einfach auch Skandinavier, genauer: Germanen zu sehen. Frank-Lothar Kroll hat gezeigt,[322] wie unverfroren die nationalsozialistischen Rassenideologen die geschichtliche Wahrheit verfälschten, wenn sie ihnen nicht ins Konzept paßte.

Norwegen und Island waren für diese jene beiden Erdflecken, in denen sich das germanische Blut anscheinend am reinsten erhalten hatte; von dort stammte das germanische Sagengut; die Edda war für viele Nationalsozialisten so eine Art Ersatzbibel. Zwar behauptete Himmler tapfer, daß »eigentlich« doch die Deutschen die Ur-Germanen seien und suchte dies durch abstruse wissenschaftliche »Beweise« zu untermauern, wobei der eine oder andere Ur-und Frühgeschichtler sich allzu gerne als wissenschaftliche Kapazität ins Schlepptau dieser Pseudowissenschaft des »Ahnenerbes«[323] nehmen ließ, aber nie wurden die fanatischsten Nationalsozialisten ein gewisses Gefühl der Minderwertigkeit im Hinblick auf Norwegen los. Daß vor allem der weibliche Bevölkerungsteil in Norwegen und, nach dessen Einverleibung, natürlich auch Schwedens, zur »Aufnordung« der deutschen Rasse herangezogen werden sollte, war in Himmlers Vorstellungswelt schon beschlossene Sache.[324] Auch solche Ideen stammten im übrigen schon aus dem Anfang des 20. Jahrhunderts.[325]

Auf vier Ebenen läßt sich das Phänomen »Weserübung« verfolgen – übrigens nicht nur dieses. Es gibt eine Reihe von Ereignissen aus der Geschichte des Zweiten Weltkrieges, die in ähnlicher Weise analysiert werden sollten – bisher hat sich die Weltkriegsforschung mit diesem auch erkenntnistheoretischen Modell noch kaum abgegeben. Um es an dem anderen prominenten Beispiel deutlich zu machen: Der Überfall auf die Sowjetunion besaß erstens eine weltanschauliche, also ideologische Komponente, zweitens eine politische, drittens eine strategische und viertens eine operative. Jede einzelne generierte ein bestimmtes Aktion/Reaktionsmuster. Diese konnten unvermittelt »polykratisch« nebeneinander existieren und produzierten damit aus der Gesamtschau gesehen sehr häufig Paradoxien und Chaos. Genauso war es im Fall Norwegen. Anders als im Fall Rußland spielte eine fünfte Ebene kaum eine Rolle: die ökonomische. Genauer: Ziel war nicht die »Ausbeutung« der fremden Ökonomien, sondern deren Erhaltung, was vor allem für das skandinavische Erz und dessen Verschiffung galt.

Die Seekriegsleitung war auch nach Kriegsbeginn davon überzeugt, daß eine garantierte Neutralität Dänemarks und Norwegens jeder anderen Option vorzuziehen sei, aber die Ereignisse in und um Finnland ließen ein ruhiges Abwarten und strategische Zückhaltung praktisch nicht zu. Man brauchte im OKW und bei der Seekriegsleitung nur eins und eins zusammenzuzählen, um die Gefährdung zu erkennen, die im Falle eines alliierten, vor allem englischen Eingreifens in den finnisch-sowjetischen Krieg für die Gesamtstrategie des Deutschen Reiches eintreten würde. Von daher stellte sich automatisch die Frage, wie dieser zu begegnen sei, und in diesem Zusammenhang – aber auch jetzt erst – entsann sich die Seekriegsleitung jener Thesen und Vorstellungen, die der Admiral Wolfgang Wegener 1926 nicht nur entwickelt, sondern in einem Buch dargelegt hatte. Unter dem Titel: »Die Seestrategie des Weltkrieges«[326] hatte er die These vertreten, im Ersten Weltkrieg hätte man – wie ja tatsächlich bis 1905 geplant, was Wegener damals aber ironischerweise nicht wußte – vorsorglich Südnorwegen bis Trondheim hin besetzen müssen, um eine bessere strategische Ausgangslage für den Seekrieg gegen England zu gewinnen. Wegener war ob seiner unorthodoxen Ansichten seinerzeit von Raeder gerügt worden, doch in der brisanten Lage nach dem Überfall der Sowjetunion auf Finnland mußten diese Ideen wie von selbst wieder hochkommen. Sehr rasch wurde deutlich, daß es gegebenenfalls nicht ausreichen würde, Südnorwegen zu besetzen; die Besetzung von ganz Norwegen und, strategisch zwingend, dann auch Dänemarks, wurde erforderlich, um dem möglichen englischen Zugriff auf Skandinavien paroli bieten zu können.

Berlin wußte nicht, wie lange Finnland der UdSSR widerstehen, wie lange das Startfenster für eine strategische Aktion Englands in Skandinavien also offen sein würde. Es gehörte – und gehört – zu den professionellen Selbstverständlichkeiten jeder militärischen Führung, sich auf den jeweils schlimmsten Fall einzustellen, und deswegen kann man die nun anlaufende strategische Norwegenplanung nicht schon als Beweis für den geplanten deutschen Überfall nehmen. Federführend waren das Oberkommando der Wehrmacht und die Seekriegsleitung. Das OKH hielt sich ostentativ zurück und gab sich gar keine Mühe, seine Prärogative dem OKW gegenüber zu behaupten, verständlich angesichts des jederzeit drohenden Falles »Gelb«. Die Generalstäbler fürchteten nichts mehr als eine Verzettelung der immer knappen Kräfte – genau aus diesem Grund hatten Schlieffen und seine Nachfolger die Besetzung von Dänemark, Norwegen und der Niederlande vor dem Ersten Weltkrieg abgelehnt. Damals waren als notwendige Kräfte zwei Armeekorps veranschlagt worden – die waren im Dispositiv des Schlieffenplanes aber nicht verfügbar.

Dieses Handicap bestand nicht mehr, wurde »Weserübung« in Form eines blitzartigen Überfalles noch vor Beginn des Falls »Gelb« inszeniert. Das eigentliche Problem war maritimer Natur, denn eine blitzartige Besetzung Dänemarks und Norwegens war nur mit Hilfe der Flotte möglich, und deren numerische Stärke war verzweifelt klein. Sollte zudem der deutsche Angriff die Royal Navy auf den Plan rufen, womit zu rechnen war, drohte die Gefahr, daß das ganze Unternehmen in einem Desaster endete. Man kann sich unschwer ausrechnen, daß die Strategen und Operateure in der Seekriegsleitung von solchen Aussichten alles andere als begeistert waren.[327]

Also keine »Weserübung«? Als klar wurde, daß Hitler den Angriff im Westen wollte, mußte mit einer unabsehbaren Dauer des Krieges gerechnet werden. Kein Mensch wagte zu diesem Zeitpunkt – also unmittelbar nach dem Polenfeldzug – zu hoffen, daß es so kommen würde, wie es dann tatsächlich der Fall sein sollte. Der Generalstab ging vielmehr von einer Neuauflage des Geschehens an der Westfront zwischen 1914 und 1918 aus, und das bedeutete: Das Reich mußte sich auf einen langwierigen

Materialkrieg einstellen. Um diesen überhaupt führen zu können, bedurfte es des schwedischen Erzes. Die angelegten Vorräte reichten nicht, und deswegen blieb das Reich auf die Erzzufuhr über See angewiesen. Es war unwahrscheinlich, daß England und Frankreich diese Zufuhren nicht zu blockieren versuchen würden. Das konnte wie im Ersten Weltkrieg versucht werden, der Gegner konnte aber auch die Erzminen gleichsam »verstopfen«, indem er Narvik eroberte und den Abtransport des Erzes damit unterband – der Kreis der Betrachtung schloß sich.

All dies war durch den finnischen Winterkrieg virulent geworden, und es blieb daher nichts übrig, sich mit dem Fall »Weserübung« zu beschäftigen. Dabei spielten auch spezifische politische Gründe eine Rolle, für die der Name Quisling steht.

Vidkun Quisling,[328] 1945 als Verräter von den Norwegern hingerichtet, war der Führer der Nasjonal Samling, einer nazistischen Partei in Norwegen, und galt als Verfechter einer engen deutsch-skandinavischen Zusammenarbeit. Allerdings hat er nie Norwegens politische Selbständigkeit aufgeben wollen – das haben ihm die Nationalsozialisten nur untergeschoben, und je länger je mehr packte Quisling Verzweiflung, als er erkennen mußte, daß sich Hitler keinen Deut um die nationalen Belange der Norweger scherte. Aber er verstand es nicht, sich aus der Verstrickung zu befreien. Quisling war nicht nur ein Verräter, sondern auch auf seine Weise eine tragische Figur – wie so mancher Anhänger Hitlers in Europa, von Andrej Wlassow[329] bis Léon Degrelle[330] und Marcel Déat[331]. Zwar war sein tatsächlicher politischer Einfluß in Norwegen gering, doch das wollte die Wilhelmstraße nicht wahrhaben, kein Wunder angesichts der schon geschilderten ideologischen Verblendung, die es auch im Auswärtigen Amt gab.

Als Quisling am 12. Dezember 1939 mit Hitler zusammentraf, von Erich Raeder, dem Oberbefehlshaber der Marine, in vorausgegangenen Gesprächen wohlinstruiert,[332] glaubte Quisling zusagen zu können, daß das norwegische Volk in seiner überwiegenden Mehrheit einem deutschen Einmarsch zum Schutze Norwegens vor einer anglo-französischen Besetzung nicht ohne Wohlwollen zusehen, auf alle Fälle jedoch keinen Widerstand leisten werde. Das traf in Berlin und bei Hitler auf wohlwollenden Glauben und schien die Risiken einer Besetzung Norwegens zu minimieren. Jetzt erst begannen die ersten konkreten militärischen Vorbereitungen, die vom OKW, das hier zum ersten Mal als militärischer Generalstab in Erscheinung trat, den Generalstab des Heeres damit in die zweite Reihe drückte, in die Wege geleitet wurden.

Die Zuspitzung des russisch-finnischen Krieges zu Ungunsten der Finnen im Februar 1940 löste in der Seekriegsleitung nun Alarm aus;[333] es schien, als stünde die alliierte Entlastungsoffensive über Skandinavien kurz bevor;[334] sollte Chamberlain immer noch zögern, so mußte jede Hilfe für Finnland zu spät kommen. Raeder befahl am 4. März 1940 einen allgemeinen Stop der bisherigen Seekriegführung, da alle verfügbaren Kräfte für die nun unmittelbar eventuell notwendig werdende Norwegenaktion zusammengehalten werden mußten.

Da änderte der überraschende Abschluß des russisch-finnischen Krieges mit dem Frieden von Moskau am 12. März 1940 die internationale Situation anscheinend mit einem Schlag. Finnland mußte den Forderungen Stalins nachgeben, doch war es Paasikivi,[335] dem neuen, später oft als »moskauhörig« beschimpften finnischen Ministerpräsidenten gelungen, die Selbständigkeit Finnlands zu behaupten – eine wesentliche Voraussetzung für jene Entwicklungen, an deren Ende 1941 die deutsch-finnische »Waffenbrüderschaft« stehen sollte. Der bisher zu erwartende Vorwand der Alliierten für eine militärische Intervention in Norwegen war fortgefallen. Sollte England nun immer noch Norwegen besetzen, so konnte es sich auf keinerlei völkerrechtliche Grundsätze berufen, und es war mehr als fraglich, ob sich Norwegen einen solchen Akt würde gefallen lassen. Es ist typisch, daß man in der Wilhelmstraße und in der Seekriegsleitung am Tirpitzufer aber keinen Gedanken daran verschwendete und England wie selbstverständlich den Willen zu einem massiven Völkerrechtsbruch unterstellte, wenn dieser nur den ureigensten Interessen des Vereinigten Königreiches dienen würde. Klar war aber auch, daß seit dem 12. März 1940 auch nicht annäherungsweise ein terminus ante quem einer solchen englischen Operation feststand. Immerhin war mit dem 12. März die akute Gefährdung Norwegens zunächst einmal abgewendet; es stellte sich nunmehr die Frage, ob die schon angelaufenen eigenen Maßnahmen wieder abgeblasen werden sollten.

Für Heer und Luftwaffe war das nicht entscheidend, für die Kriegsmarine von existentieller Bedeutung. Die deutsche Flotte war so klein, so weitläufig disloziert und so organisiert, daß sie entweder nur Gewehr bei Fuß für die Operation »Weserübung« stehen oder aber den Handelskrieg gegen England führen konnte. Beiden Aufgaben zugleich war sie nicht gewachsen.

Von dieser Erkenntnis ausgehend hat Raeder am 26. März 1940 Hitler endgültig dazu bewogen, das Unternehmen »Weserübung« ungeachtet der inzwischen als entspannt anzusehenden strategischen und politischen Lage durchzuführen.[336] Raeder selbst hat während des Krieges zu wiederholten Malen nicht ohne Stolz darauf hingewiesen, daß letztlich er es gewesen sei, der diese Entscheidung herbeigeführt habe, und die Aktenlage gibt dem ObdM Recht: Der Überfall auf Norwegen und Dänemark wäre nicht erfolgt, wenn sich Raeder für ihn nicht so vehement eingesetzt hätte. Sowohl Hitler als auch die übrigen Wehrmachtteile waren nach dem 12. März 1940 erleichtert, daß die akute Gefährdung Skandinaviens nun nicht mehr bestand, und um so mehr, als mit der fortschreitenden Jahreszeit der Zeitpunkt des grundsätzlich feststehenden Angriffes im Westen näherrückte. Es liegt auf der Hand, daß in Teufels Küche geraten wäre, wer gleichzeitig im Westen und im Norden angriff.

Warum stimmte Hitler Raeder zu? Die Antwort ergibt sich aus den denkbaren Alternativen: Ein erfolgreicher blitzartiger Überfall war nur während der dunklen Jahreszeit möglich. Die ging Anfang April zu Ende. Danach wäre es sehr viel schwieriger gewesen, das Überraschungsmoment aufrechtzuerhalten. Man hätte wieder bis zum Herbst warten müssen – in der Zeitperspektive Hitlers eine kleine Ewigkeit. Entscheidend war das stärkste Argument Raeders am 26. März: Auch nach dem Moskauer Frieden gäbe es keine Garantie dafür, daß England Norwegen nicht seinerseits besetzen würde, um Deutschland von der Erzzufuhr abzuschneiden und in einem Aufwaschen die Auslaufwege der deutschen Flotte zu blockieren. Der »Altmark«fall galt als böses Omen: Britische Seestreitkräfte hatten am 16. Februar das deutsche Handelsschiff »Altmark« innerhalb der norwegischen Hoheitsgewässer aufgebracht und britische Seeleute, Gefangene aus dem deutschen Handelsstörkrieg im Südatlantik, befreit. Die Kriegsmarine mußte also nolens volens auch nach dem 12. März in ständiger Bereitschaft für den Fall der Fälle liegen und wäre damit auf unabsehbare Zeit praktisch gelähmt worden. Und dies auch und gerade im Falle des Angriffs im Westen. Was das strategisch, aber auch psychologisch bedeutet hätte, liegt auf der Hand – noch immer nagten die Selbstzweifel wegen ihres Verhaltens im Ersten Weltkrieg an der Kriegsmarine. Nun stand gar zu befürchten, daß Heer und Luftwaffe einen grandiosen Sieg im Westen errangen, an dem sie keinen Anteil haben würde – also so wie 1870/71 – oder, schlimmer noch, daß sich Heer und Luftwaffe im Westen verbluteten, ohne daß die Marine ihnen zu Hilfe eilen konnte.

Wenn Hitler dem Entschluß zu »Weserübung« zustimmte, so auch aus der Hoffnung heraus, daß es sich um eine weitere Blitzaktion handeln würde – eine riskante Annahme, aber wieder sollte er Glück haben. Der Verlauf der Kampagne in Norwegen zeigte aber, daß an der Katastrophe nicht viel fehlte; schließlich wurde die Krise um Narvik nur gemeistert, weil die Alliierten nach dem deutschen Angriff auf Frankreich das schon wiedergewonnene Narvik zugunsten einer Stärkung der Westfront räumten. Lange läßt sich auch darüber spekulieren, was denn geschehen wäre, hätten sich nicht nur die Norweger, sondern auch die Dänen beherzt zur Wehr gesetzt. In den Operationsplänen aus der Zeit vor 1914 hatte man deutscherseits immerhin den Ansatz von zwei ganzen Armeekorps für notwendig gehalten, um Dänemark, vor allem die damals sehr gut ausgebaute Festung Amager bei Kopenhagen, zu erobern.

Als Fazit bleibt festzuhalten, daß der deutsche Überfall, der am 9. April begann, keine Präventivmaßnahme war, so wie dies nach dem Krieg manche Bücher weismachen wollten, sondern blanke Aggression. Ein Präventivschlag wäre, vielleicht, bis zum 12. März zu vertreten gewesen, danach nicht mehr. Auch das Argument, längerfristig sei der Marine doch nichts anderes übriggeblieben, sticht bei genauerem Zusehen nicht: In den Akten findet sich ein Alternativplan, aus dem eindeutig hervorgeht, daß die Wehrmacht sehr wohl auf einen englischen Norwegenangriff hätte reagieren können – auch unter den eben geschilderten Bedingungen, die deswegen zu relativieren sind. Raeder[337] ist also vom Internationalen Militärtribunal in Nürnberg zu Recht als Vorbereiter eines Angriffskrieges verurteilt worden. Das historische Urteil wird jedoch auch die Zwangslage zu berücksichtigen haben, in der er sich subjektiv zu befinden glaubte.

Norwegen sollte sich während des Kriegs mehr und mehr zu einem lästigen Ballast der deutschen Kriegführung[338] entwickeln; zwar war die Erzzufuhr seitdem sichergestellt, und es hat trotz immer wieder vom Secret Service erfolgreich gestreuter Gerüchte niemals eine ernsthafte Absicht seitens der Alliierten bestanden, eine Invasion in Skandinavien zu versuchen, doch alle Hoffnungen, vor allem auch die der Ideologen, trogen. Die Norweger haben den nazistischen Umarmungsversuchen ebenso widerstanden wie sie den dann folgenden Zwangs-und Terrormaßnahmen Widerstand geleistet haben, es wurde nichts mit dem germanischen Schulterschluß.[339] Die Wunden, welche die Operation »Weserübung« dem deutsch-norwegischen, auch dem deutsch-dänischen Verhältnis[340] geschlagen hat, sind jahrzehntelang nicht verheilt, ihre Nachwirkungen sind noch heute spür-und sichtbar, wie die Umrisse des schweren Kreuzers »Blücher«, der wie die »Graf Spee« zum Stolz der deutschen Flotte gehört hatte. Der frühzeitige und überraschende Untergang beider Schiffe ist nicht ohne symbolische Bedeutung, und wenn Hitler mit Kriegsbeginn befahl, die »Deutschland« umzutaufen, damit nicht etwa ein deutsches Schiff namens »Deutschland« versenkt werde, zeigte sich schon etwas von der Rolle symbolischen Denkens und Handelns auch im Zweiten Weltkrieg. »Graf Spee« soll gehoben und in Montevideo zum Museum verwandelt werden, die »Blücher« rostet im Oslofjord weiter vor sich hin.

Über eine gewisse symbolische Größe, so sahen es viele Seeoffiziere mit Raeder an der Spitze, war der deutsche Flottenbau bis zum Beginn des Zweiten Weltkrieges anscheinend nicht hinausgekommen, vor allem wenn man die Istzahlen mit den Sollzahlen des Z-Planes[341] verglich. Was an

Schiffen und Booten im September 1939 vorhanden war, sei so gering, heißt es in der berühmten Aufzeichnung Raeders vom 3. September 1939,[342] daß die Flotte nur »anständig sterben« könne um damit die Grundlage für einen Neuaufbau nach dem Krieg zu legen. Dies ist ein erstaunliches Dokument und scheint quer und gegen den Strich der allgemeinen deutschen Militärgeschichte geschrieben zu sein – doch ganz so war es nicht.

Wie erinnerlich, war die Wehrmacht 1939 alles andere als »kriegsfertig«, doch nirgendwo klafften Anspruch und Wirklichkeit krasser auseinander als auf dem maritimen Sektor. Das hatte vielerlei Gründe; der nach dem Krieg an erster Stelle genannte, Hitler sei die See »unheimlich« gewesen, wie es sein Marineadjutant nach dem Krieg plastisch formulierte,[343] der Diktator habe die See nicht verstanden – so wie dies Tirpitz in Bezug auf den Ersten Weltkrieg dem deutschen Volk attestiert hatte – trifft am wenigsten zu. Ganz im Gegenteil: Je tiefer man sich in das Problemfeld »Hitler und die Marine« begibt, desto deutlicher wird, daß Hitler und nicht die Spezialistenriege im OKM die eigentlich wegweisenden und weiterführenden Ideen gehabt hat. Sie gingen auf eine ganz simple Tatsache zurück: Wenn Hitler wirklich die Weltherrschaft wollte, bedurfte es als Voraussetzung dazu der Weltseeherrschaft. Seine Bewunderung sowohl des antiken Römischen wie des Britischen Weltreiches gründete sich auf deren maritimer Überlegenheit, und Hitler war auch Anhänger der Thesen Mahans, nach denen Weltmächte eo ipso Seemächte sein mußten.[344] Das hatte schon Wilhelm II. begeistert. Hitler war aber auch Anhänger der geopolitischen Vorstellungen Halford Mackinders und Karl Haushofers, und das bedeutete, daß der Griff nach der Weltmacht nur dann Erfolg versprach, wenn zuvor das von Mackinder definierte »Herzland« erobert und gesichert war, in diesem Fall also der europäische Kontinent und sein östlicher »Lebensraum«. Erst danach konnte das »Großgermanische Reich« mit Aussicht auf Erfolg die verbliebenen großen Seemächte – also Großbritannien, die USA und Japan – herausfordern. Da der Flottenbau, wie es schon der Z-Plan von 1938 gezeigt hatte, zu seiner Realisierung eines mindestens zehnjährigen Zeitraums bedurfte, war es binnenlogisch korrekt, zunächst alle Ressourcen in Heer und Luftwaffe zu stecken, immer in der Hoffnung, daß Heer und Luftwaffe dann die für den Flottenbau erforderlichen Ressourcen, über die man vor Kriegsbeginn noch nicht verfügte, erobert haben würden – und die für eine Seemacht unabdingbaren Basen. Wolfgang Wegener hatte die Formel entwickelt, daß Seemacht immer das Produkt aus Flotte und Basis sei.[345] Ging ein Faktor, wie in Deutschland vor Beginn des Zweiten Weltkrieges, eher gegen Null, konnte auch das Produkt nur gegen Null gehen – die Flotte mochte dann so groß sein wie sie wollte. Wegeners Sohn Edward hat es nach dem Krieg einmal auf das hübsche Beispiel gebracht: Man stelle sich vor, die Rote Flotte sei komplett im Kaspischen Meer disloziert. Dann wäre die sowjetische Seemacht Null gewesen.

Bis die materiellen Ressourcen und auch die Basen zur Verfügung standen, mußte die Marine warten, und Hitler hatte Raeder mehrfach versichert, mit einem Krieg gegen England sei in den nächsten Jahren nicht zu rechnen. Das hatte den Chef der Seekriegsleitung wider besseren Wissens beruhigt, und so war es in den Jahren von 1935 bis 1939 nur zu einem sehr mäßigen Flottenausbau gekommen. Vor allem wurde der U-Bootbau nicht so forciert, wie es angesichts der englischen Herausforderung angemessen gewesen wäre, auch das hatte seine spezifischen Gründe, blieb Raeder doch davon überzeugt, daß eine »echte« Seemacht aus vielen und schönen »dicken« Schiffen, die man auf See auch sehen konnte, bestünde und nicht aus unscheinbaren U-Booten, gar unter Wasser. Außerdem hatten die Engländer das Gerücht in die Welt gesetzt, man habe mit dem sog. »Asdic«, einem Sonargerät, ein totsicheres Abwehrmittel gegen U-Boote entwickelt – und das waren viele Seeoffiziere, auch solche aus der U-Bootwaffe, zu glauben bereit. (Dönitz übrigens nicht.)

Das ist nun ein wenig ins Ironische gezogen; der harte Kern bestand in der Überzeugung der Marineführung, daß der Kampf um die Seeherrschaft eben nicht mit U-Booten, sondern nur mit atlantik- und pazifikfähigen Überwasserstreitkräften zu gewinnen sei.[346] Deswegen auch war, wenn auch halbherzig, was wieder mit dem Basisproblem zusammenhing, mit dem Flugzeugträgerbau begonnen worden, der dann so kläglich scheitern sollte. Auf den Fall des Weltseekrieges sich vorzubereiten, war Raeders ganzes Bestreben gewesen. Als er am 3. September 1939 mit der britischen Kriegserklärung vor den Scherben seiner Träume und Illusionen stand, war es zu spät – eben dies veranlaßte ihn zu der resignierenden Notiz vom selben Tag.

Wenn es nun nicht schlagartig zu einer Konzentration des Flottenbaues auf die U-Bootwaffe kam, wie es der Führer der U-Boote Karl Dönitz vehement forderte – er glaubte mit 300 Booten England in die Knie zwingen zu können, was allerdings eine abenteuerliche Annahme war –, so ging dies u.a. auf Raeders Hoffnung zurück, dieser am 1. September entfesselte Krieg werde von kurzer Dauer sein, »irgendwie« werde es Hitler gelingen, mit England zu einem Kompromiß zu gelangen. Erst im Verlauf der kommenden Monate setzte sich die ernüchternde Erkenntnis durch, daß England an einen Kompromiß ebensowenig dachte wie Hitler selbst, und seitdem galt es, eine Seestrategie für den gegenwärtigen und nicht einen imaginären zukünftigen Krieg zu entwickeln. Handelskrieg mit den

8. »Weserübung« und die Anfänge des Seekrieges

wenigen vorhandenen Überwasserstreitkräften und U-Booten stand in der ersten Priorität, der Schutz der eigenen Seegebiete von Ost-und Nordsee zählte dazu, und natürlich die Sicherung der Erzzufuhr, doch die Kriegsmarine konnte, wie es die Seekriegsleitung selbst und selbstkritisch sah, dem großen Gegner immer nur Nadelstiche zufügen – solange sich an der unglücklichen geostrategischen Lage, die Deutschland vom Atlantik abschnürte, nichts änderte.

Wie aussichtslos es war, England weltweit paroli zu bieten, erwies das Schicksal des Panzerschiffes »Graf Spee«, das nicht von ungefähr an das seines Namensgebers erinnerte: Auch das Spee'sche Ostasiengeschwader hatte sich 1914 trotz des Sieges bei Coronel in einer ausweglosen Lage befunden; daß es Kapitän z. S. Langsdorff anders als seinerzeit Graf Spee gelang, seine Besatzung vollständig zu retten – er selbst nahm sich nach erfolgreicher Durchführung dieses Unternehmens das Leben – gehört zu den wenigen hellen Momenten in der Geschichte des Zweiten Weltkrieges. Hitler reagierte auf die mutige Tat von Langsdorff, die Selbstversenkung des schwerbeschädigten Schiffes am 17. Dezember 1939 vor Montevideo, mit Verachtung, Hohn und Spott, Raeder und die Seekriegsleitung fühlten sich peinlich berührt, das warf ein bezeichnendes Schlaglicht auf die Inhumanität der Kriegführung von Anfang an.

Das Schicksal der »Graf Spee« war aber auch Menetekel in einer ganz andern Beziehung: Deutschland verfügte über keinerlei Möglichkeiten, die trotz aller Autarkiebestrebungen immer noch zwingend erforderlichen Überseeeinfuhren sicherzustellen, wenn Großbritannien die Weltmeere beherrschte. Man hat versucht, mit Blockadebrechern wenigstens die wichtigsten Mangelrohstoffe, so Gummi und NE-Metalle, hereinzubekommen – aber das funktionierte nur am Anfang und reichte nie aus, um dem Mangel wirklich zu wehren. Auch auf diesem Feld erwies sich der ganze Dilettantismus der deutschen Kriegsvorbereitung – als ob man vor 1939 nicht hätte hochrechnen können, was man brauchte, und ob es nicht möglich gewesen wäre, entsprechende Vorräte anzulegen. Aber es fehlten die Devisen, und der Autarkiewahn trug dazu bei, die geringen finanziellen Ressourcen an deutschen Raseneisenstein zu verschwenden. In der Phase des deutsch-sowjetischen Nichtangriffspaktes hat man dann sogar versucht, eine Seeverbindung nach Japan und Ostasien über den nördlichen Seeweg einzurichten – ein abenteuerliches Unternehmen, das nicht zuletzt an dem merkwürdigen Umstand scheitern sollte, daß gerade die Winter von 1939 bis 1943 zu den kältesten des Jahrhunderts zählten – die Folgen für den Feldzug »Barbarossa« werden uns noch zu beschäftigen haben.

Wenn die ungünstige wehrgeographische Lage des Reiches nicht zu einer schnellen Katastrophe führte, so war dies wiederum nur auf den Hitler-Stalin-Pakt einerseits, den Erfolg des Frankreichfeldzuges andererseits zurückzuführen. Dabei ist zu berücksichtigen, daß Raeder ebensowenig wie irgendein anderer Militärexperte auch nur im Traum damit gerechnet hat, binnen eines knappen Monats nach Beginn des Westangriffes über die Basen und Ressourcen nahezu des ganzen europäischen Kontinentes verfügen zu können. Auch Raeder war gegen den Westfeldzug, in diesem Punkt durchaus mit dem Generalstab des Heeres einig.

Noch heute steht der Historiker einigermaßen fassungslos vor der Inkompetenz und Nonchalance, mit der man diesen Krieg begonnen hatte, obwohl eigentlich alle materiellen Voraussetzungen dafür fehlten – völlig unabhängig von seinen moralischen Dimensionen. Der Zustand der Marine war insofern gesehen nicht atypisch – wie ganz anders hatte doch die Hochseeflotte im Juli 1914 ausgesehen! Und auch die hatte ja nicht ausgereicht, um die »Endlösung der englischen Frage«, wie sich Raeder einmal – vielleicht bezeichnenderweise – ausdrückte, herbeizuführen. In den Akten der Seekriegsleitung findet man denn auch in den ersten Kriegsmonaten nichts Substantielles zum Problem, wie man England nun eigentlich schlagen wollte, sieht man von der schon angedeuteten Dönitz'schen U-bootdenkschrift ab, die von der Seekriegsleitung aber praktisch nicht zur Kenntnis genommen wurde, was Dönitz noch nach dem Krieg, wie er mir versicherte, außerordentlich erbittert hat.

Die erste große Bewährungsprobe für die Marine brachte das Unternehmen »Weserübung«, nach Raeders Auffassung das kühnste Seekriegsunternehmen aller Zeiten. Seitdem war der seit 1918 existierende Minderwertigkeitskomplex in der Kriegsmarine wesentlich überwunden, man wurde selbstbewußter, was dann sehr rasch, nach dem Juni 1940, gelegentlich in blanke Hybris umschlagen sollte. Nach dem 9. April 1940 sah sich die Marine mit der betrüblichen Tatsache konfrontiert, daß sie nahezu die Hälfte ihrer Überwasserflotte verloren hatte, so daß das Produkt aus Flotte und Basis auch dann nicht wesentlich höher zu werden versprach, wenn der Faktor Basis nun um einige Potenzen größer wurde – nach dem Frankreichfeldzug. An einen langfristig angelegten atlantischen Handelskrieg war unmittelbar nach »Weserübung« überhaupt nicht mehr zu denken, praktisch hatte sich die Marine aus dem Krieg verabschiedet – eine groteske Situation. So war es auch nicht verwunderlich, daß die Wehrmachtführung den russischen Wünschen nach maritimem Kriegsmaterial nachzukommen suchte: der schwere Kreuzer »Lützow« wurde nach Leningrad ausgeliefert, und die russischen Seeoffiziere bemühten sich, bei der deutschen Marine know how zu sammeln und auf Übungs-U-Booten in der Ostsee mitzufahren. Die Seekriegsleitung hatte alle Mühe, wenigstens letzteres Ansinnen zurückzuweisen.[347]

Der Verlauf der Monate November bis Mai 1940 zeigt, daß die deutsche Militärstrategie jeder Konsistenz und Rationalität entbehrte. In Nichts waren sich die Verantwortlichen einig, und viele Militärs hofften immer noch, sich irgendwie durchwursteln zu können. Viele trug der »Glaube an den Führer«: Hitler werde für einen leidlichen Ausweg aus dem kriegerischen Abenteuer sorgen. Tatsächlich war es Hitler und er allein, der auch in dieser Phase über klare Vorstellungen verfügte und mit eiserner Konsequenz seine Soldaten an die Westfront trieb. Am 10. Mai 1940 war es endlich soweit, der Angriff auf die Niederlande, Belgien, Luxemburg und Frankreich begann.

9. SIEG IM WESTEN

Natürlich wäre es ein leichtes gewesen, ganz Skandinavien, also Schweden eingeschlossen, mit Hilfe der deutschen Wehrmacht zu erobern und dem »Großgermanischen Reich« einzuverleiben, und man fragt sich in Kenntnis der Hitlerschen Weltanschauung, warum die Vorstellung von der Gründung eines germanischen Nord- und Zentralreiches in den Überlegungen zwischen April und dem 10. Mai 1940 praktisch keine Rolle gespielt hat. Die Hitler enttäuschende Haltung der Norweger und ihres Königshauses mag dazu beigetragen haben, und daß die Schweden, obwohl sie weiterhin brav ihr Erz ablieferten,[348] nicht freudig auf die deutsche Seite überliefen, mag auch nicht ins ideologische Konzept gepaßt haben.

In Wahrheit war all dies für Hitler keine Alternative, keine Option, denn sein machtpolitisches Interesse fluchtete keineswegs mit dem ideologischen. Frank-Lothar Kroll hat zurecht darauf hingewiesen, daß Hitler viel eher nach Westen und Süden hin orientiert war – die Lebensraumthese widerspricht dem nicht, sondern bestätigt diesen Befund, galt dieser Lebensraum doch zuallererst als Ergänzungsraum – so wie in den Vorstellungen der deutschen Imperialisten vor dem Ersten Weltkrieg Mittelafrika. Hitler wollte nicht Herr aller Reußen sein, sondern eher Erbe von Augustus und Karl dem Großen. Er wollte auch mehr sein als Luther, Friedrich der Große und Bismarck – ich erinnere an diese Reihung, die die NS-Propaganda den Deutschen einhämmerte. Hitler als vierte Figur in dieser Reihe: Das darf nicht als Bescheidenheitsgeste verstanden werden, sondern war ganz umgekehrt als Apotheose gemeint, als letzte Synthese der Weltgeschichte.

Weder die angespannte strategische Lage der Marine, auch von Teilen des Heeres im Gefolge des Unternehmens »Weserübung«, noch die eben angedeuteten alternativen Programme machten Hitler auch nur einen Moment irre: In der ganzen Zeit trieb er die Angriffsplanung für den Westen und den Generalstab des Heeres weiter, und nicht das OKH, sondern das OKW hatte sich mit dem Norden zu beschäftigen. Das Heer konnte sich also mit seinen Führungsstäben voll auf den seit dem 23. November 1939 als unabänderlich feststehenden Entschluß Hitlers konzentrieren, so bald wie möglich im Westen anzugreifen.

Aber wie? In den vergangenen Jahren hat es eine lebhafte Debatte unter Militärhistorikern gegeben, ausgelöst durch die These Karl-Heinz Friesers, der 1990 behauptete, es habe die Idee des Blitzkrieges nie gegeben,[349] und auch der Westfeldzug sei nicht als Blitzkrieg zu werten. Damit widersprach Frieser Alan Milward,[350] der die Idee des Blitzkrieges von der militärischen sogar auf die ökonomische Ebene verlagert hatte. Tatsächlich kann Frieser nachweisen, daß die *Idee* eines besonderen »Blitzkrieges« in der grundsätzlichen Planung des OKH keine Rolle spielte – weil sie latent seit dem Schlieffenplan immer schon in den Köpfen der Generalstäbler spukte.[351]

Im Grunde ist dies unerheblich, denn an den harten Fakten ändert sich ja nichts: Innerhalb von sechs Wochen wurde Frankreich vollständig geschlagen, und daß dies von den Zeitgenossen gerade im Vergleich zum Ersten Weltkrieg als »blitzartig« empfunden wurde, läßt sich kaum leugnen. Wie tief dieses Ereignis vor allem auch die Engländer beeindruckt hat, konnte man noch vor nicht allzulanger Zeit ihren Boulevardzeitungen entnehmen, in denen das Spiel der deutschen Fußballnationalmannschaft mit »The Blitz« umschrieben wurde.[352] In dem Abschlußbericht des OKW zur Kampagne in Frankreich wurde denn auch genüßlich verglichen – nämlich die deutsche Kriegführung im Westen zwischen 1914 und 1918 mit der eben zuendegegangenen. Die Kontraste konnten größer nicht sein, und das galt insbesondere für die Verlustzahlen, die als »unglaublich gering« galten. Bis zum Abschluß des Waffenstillstandsvertrages waren 27 074 Soldaten gefallen, 18 384 vermißt, 11 1034 verwundet. Die Gesamtverluste betrugen 156 492 Mann. »Demgegenüber«, so hieß es in dem Dokument, »betrugen unsere Verluste im Weltkrieg: im Jahre 1914: 638 000 Mann, darunter 85 000 Gefallene.«[353]

Wer das las oder hörte – die Dokumente wurden veröffentlicht – wußte, daß diese Verlustzahlen »lächerlich« gering waren im Vergleich zu jenen, die beispielsweise die Schlachten von Verdun oder an der Somme gekostet hatten. Schon die Verluste im Polenfeldzug waren äußerst niedrig gewesen; nun schien es, als habe Hitler eine militärische Strategie und Operationsführung entwickelt, die auf die größtmögliche Schonung des »Menschenmaterials« hinauslief. Tatsächlich wurde die Propaganda nicht müde, die geballte Kriegstechnik der Deutschen als entscheidende Siegesvoraussetzung in den Mittelpunkt zu stellen – vor allem also Panzer und Flugzeuge – auch dies war eine groteske Lüge, die jedoch bis in den tiefen Herbst 1941 aufrechterhalten werden konnte und zum Mythos von der hochbeweglichen, vollmotorisierten, gepanzerten deutschen Armee beigetragen hat. Später, als erkennbar wurde, daß die amerikanische Operationsführung nach Möglichkeit versuchte, Menschen zu »sparen« und den

Krieg durch eine drückende Materialüberlegenheit zu gewinnen, wurde Goebbels nicht müde, das zu verspotten und »die Yankees« der Feigheit zu zeihen, einer unmännlichen »Scheu vor Blutverlusten«.

Wie war es zu dem fulminanten Sieg gekommen? In den Standardwerken zur Geschichte von »Fall Gelb« sind die Entscheidungsprozesse erschöpfend dargestellt worden – aber die ältere Literatur ging von Mansteins Memoiren aus, und dieser auch war es, der mit seinen »Verlorenen Siegen« das Bild des Westfeldzuges im kollektiven Gedächtnis der Deutschen maßgebend geprägt hat. Die flott geschriebenen Erinnerungen waren in den fünfziger Jahren das wohl meistverkaufte Erinnerungsbuch aus der Zeit des Zweiten Weltkrieges,[354] und es hat lange Jahre gedauert, bis Andreas Hillgruber erste vorsichtige Korrekturen an dem von Manstein gezeichneten Bild anbringen konnte.[355] Auf Manstein auch geht es wesentlich zurück, daß sich die Legende von der »sauberen« Wehrmacht im Osten so lange halten konnte. Daß er persönlich vielleicht moralisch einwandfrei handelte, steht dem nicht entgegen.

Am Anfang stand das historische Menetekel: die Katastrophe des Schlieffenplans und der Marneschlacht von 1914. Viele der maßgebenden Experten hatten das am eigenen Leib seinerzeit erfahren – damals in untergeordneten Positionen. Nun trugen sie selbst die Verantwortung. Die Scheu Halders und des Generalstabes, den Angriff auf Frankreich ernsthaft, geschweige denn freudig zu planen, geht auf diese historische Hypothek zurück und keineswegs, wie sie nach dem Krieg weismachen wollten, auf irgendwelche moralischen Skrupel. Revanche für die Marne und Verdun, Rache vor allem aber für die »Schmach« von Compiègne und Versailles: Das hatten alle Soldaten mit der militärischen Muttermilch eingesogen, und das war ein starker Antriebsmotor. Es gab also auf der einen Seite starke hemmende Kräfte, auf der anderen vorwärtsdrängende; dieser innere Widerspruch konnte sich, wie bei Halder oder Manstein, in der Brust eines einzelnen Menschen auftun.

Daß auch Soldaten aus der Geschichte lernen können, ja müssen, ist eine Binsenweisheit, doch selten dürften die geistesgeschichtlichen Strukturen dieses Lernprozesses klarer in Erscheinung getreten sein als bei der Planung von Fall »Gelb«. Groener, der Nachfolger Ludendorffs 1918, war es gewesen, der nach dem Ersten Weltkrieg die Nachfolger Schlieffens bezichtigt hatte, dessen genialen Plan verwässert und damit dessen »Geheimnis des Sieges« verloren zu haben. Es lag also nahe, nunmehr einen »modernisierten« Schlieffenplan zu implementieren, und in genau diese Richtung tendierten die ersten Überlegungen im Generalstab. Das schien auch deswegen aussichtsreich, weil eines der größten Handicaps aus der Schlieffenzeit nun nicht mehr zu existieren schien: Mit den neuen selbständig operativ eingesetzten Panzerverbänden hätten sich die gewaltigen Marschleistungen des rechten Flügels bewerkstelligen lassen.

Auch die Generalstäbler um Gamelin dachten in eine ähnliche Richtung, wenn sie die Masse der Armee deswegen eben an ihrem linken Flügel konzentrieren wollten, um eine Überflügelung, wie im Konzept des Schlieffenplanes vorgezeichnet, zu verhindern.[356] Daß die Deutschen ebensowenig wie 1914 Hemmungen haben würden, die belgische Neutralität oder, was angesichts der neuen technischen Möglichkeiten logisch war, nun auch die niederländische zu verletzen, davon konnte man ausgehen, hier war also mit keiner Überraschung zu rechnen. Der französische Generalstab glaubte aber die Konzentration der Kräfte im Nordwesten auch deswegen vertreten zu können, weil der größte Schwachpunkt des französischen Kriegsplanes von 1914 überwunden zu sein schien: War es seinerzeit nicht möglich gewesen, die gesamte Ostgrenze zu entblößen, hatte die Armee sich also über viele hundert Kilometer im Grenzschutz entfalten und damit verzetteln müssen, so genügten nunmehr verhältnismäßig geringe Kräfte (17 Divisionen), und zwar dank der Maginotlinie, die mit geringem personellem Aufwand effektiv zu verteidigen war. Die Fachleute nahmen nicht an, daß man diese Befestigungswerke durch frontales Anrennen überwinden konnte – das war eine Lehre aus Verdun gewesen.

All das wußten die Deutschen auch, und so wird eine Art von historischem Nullsummenspiel erkennbar, nach dem Verfahren: ich habe aus der Geschichte gelernt, du hast aus der Geschichte gelernt, wenn wir beide die entsprechenden Konsequenzen ziehen, wird der Schlieffenplan wieder nicht funktionieren.

An diesem Punkt kam ein neues Moment ins Spiel, und immer noch streiten sich die Gelehrten darum, wer dessen eigentlicher Urheber war: Hitler oder Manstein.[357] Vieles spricht dafür, daß es zuerst Hitler und nicht Manstein war, doch zweifellos hat letzterer, wenn denn Hitler der Ideengeber war, daraus erst etwas militärisch und strategisch Handhabbares gemacht – dazu wäre Hitler professionell unfähig gewesen. »Zur Operationsführung stellte er (Hitler) nunmehr die Frage, ob der Hauptangriff nicht besser südlich von Lüttich zu führen sei, um später durch Einschwenken nach Nordwesten den in Belgien versammelten Gegner abzuschneiden. Seine Idee demonstrierte er sogleich auf einer Karte: Abdrehen der eigenen Kräfte westlich von Namur auf die Küste hin.«[358]

Das war tatsächlich, wenn auch in rudimentärer Form, die Genese des sogenannten »Sichelschnittplanes«, der die Franzosen völlig überraschen und aus ihrem Konzept bringen sollte.[359] Man hatte sich im Stab Gamelins nicht vorstellen können, daß es möglich war, mit massierten Panzerverbänden durch das als unwegsam geltende Gelände der Ardennen zu brechen – warum, bleibt unerfindlich, denn das hätte sich während der jährlichen Manöver ausprobieren lassen. Es ist schwer vorstellbar, daß das Frankreich verbündete Belgien ein solches Experiment abgelehnt hätte, selbst nachdem die formelle Militärkonvention mit Frankreich von Belgien aufgekündigt worden war. Aber selbst wenn Belgien solche Übungen verweigert hätte: die Ardennen waren weder Urwald noch unbekannt – die professionelle Auswertung der militärischen Topographie hätte genügend brauchbare Aufschlüsse liefern können. In Wirklichkeit wird hier ein Realitätsverlust sichtbar, der auch für die französische Außenpolitik seit 1936 festzustellen ist.[360] »Le béton, a-t-il trahi?« hieß der Titel eines Vortrages von Pierre Rocolle[361] in der Commission Internationale d'histoire militaire, der sich mit der Frage beschäftigte, ob es nicht gerade das »Maginot-Denken« gewesen ist, das die französischen Generalstäbler für das, was auf der Hand lag, blind gemacht hat.

Der deutsche Angriff begann am 10. Mai 1940 mit dem Handstreich auf das belgische Fort Eben Emael, der Besetzung der Maasübergänge und Luftlandungen in Holland: Am 14. Mai wurde Rotterdam aus der Luft zerstört, einen Tag später kapitulierten die Niederlande, drei Tage danach Belgien. Beide Staaten hatten keinerlei Chance und mußten feststellen, daß weder von Frankreich noch von England wirksame Hilfe zu erwarten war.

Auch hier bleibt dem Betrachter nur Kopfschütteln: War es denn wirklich überraschend, daß die Deutschen den Feldzug im Westen mit einem Überraschungsangriff auf Belgien, die Niederlande und Luxemburg starteten? Und daß sie dazu jene Kriegsmittel verwandten, über die zu räsonnieren in England vor dem Krieg geradezu schick gewesen war: die angeblich riesigen Luft-und Luftlandekapazitäten der Deutschen? Aber nichts war geschehen, nichts vorbereitet. Wer mit Luftangriffen rechnet, kann nicht erst dann eine Luftabwehr aufbauen, wenn die Luftangriffe schon begonnen haben.[362] Nach dem 11. September 2001 hat dies eine makabre Aktualität gewonnen.

Hier gilt es nicht, den weiteren Verlauf des Westfeldzuges im Detail zu schildern, sondern es kommt darauf an, die militärischen Ereignisse in das große Ganze einzuordnen, und dazu gehört auch und ganz wesentlich die Geistesgeschichte. Militärische Auseinandersetzungen im 20. und vermutlich auch im 21. Jahrhundert sind immer sehr stark von mentalen Faktoren bestimmt worden, man darf sich durch das beeindruckende un-geistige Waffen- und Industriepotential, das in modernen Kriegen zum Einsatz kommt, nicht täuschen lassen. Die weltanschauliche Auseinandersetzung stand im Vordergrund, und verweist man auf den Faktor Ökonomie, so wäre zu bedenken, daß dieser in beiden Weltkriegen keinen Eigenwert beanspruchte, sondern in den Dienst der jeweiligen Machtpolitik, der Ideologie-oder Gegenideologie gestellt wurde.

Wie sehr Hitler bemüht war, den Angriff im Westen den Deutschen als unvermeidbar, als schicksalhaft darzustellen, spiegelte sich in seinem Tagesbefehl vom 10. Mai 1940,[363] der gar nicht so sehr auf die Soldaten, als vielmehr die Bevölkerung insgesamt berechnet war. Da war die Rede vom »entscheidensten Kampf(es) für die Zukunft der deutschen Nation« und davon, daß Frankreich in den beiden letzten Jahrhunderten Deutschland 31 mal den Krieg erklärt habe – wie er auf diese absurde Zahl gekommen sein mag und wer sie ihm angedient hat, wissen wir nicht. Wichtig war der Hinweis, diese Angriffe Frankreichs seien immer völlig unabhängig vom jeweiligen politischen Regime in Deutschland erfolgt – damit sollte all jenen Kritikern der Wind aus den Segeln genommen werden, die einen Zusammenhang zwischen der NS-Herrschaft und dem Krieg sahen. Der Aufruf schloß mit den Worten: »Der heute beginnende Kampf entscheidet das Schicksal der Deutschen Nation für die nächsten tausend Jahre.«

Auch das ist leicht erklärlich, korreliert es doch mit der Metapher vom NS-Staat als eines »tausendjährigen Reiches«. Wer genau hinsah, konnte dieser Formulierung aber auch die Absicht entnehmen, diesmal endgültig mit Frankreich Schluß zu machen – zielte das nicht auf einen Vernichtungskrieg? So wie ihn Hitler dann im Jahr darauf im Osten inszenieren sollte? Gegen eine solche Vermutung sprechen sowohl die NS-Weltanschauung, die in den Franzosen ja keine »minderwertige« Rasse sah als auch die tatsächliche deutsche Frankreichpolitik nach dem 22. Juni 1940.[364] Man wird jedoch auch die Alternative berücksichtigen müssen, die sich ergeben hätte, wenn der Feldzug wider alles Erwarten nicht binnen sechs Wochen so glorreich zuendegegangen wäre. Ich bin mir nicht sicher, ob die Vernichtungsvisionen nicht auch im Westen gegriffen hätten, wäre die Wehrmacht in den Schützengräben wie einst die kaiserliche Armee steckengeblieben und verblutet.

Der Sichelschnittplan funktionierte perfekt, 1800 deutsche Panzer brachen zur unendlichen Verblüffung der Franzosen durch die Ardennen; die Maginotlinie spielte nicht die geringste Rolle und sollte dann von hinten aufgerollt werden, was ziemlich einfach war, denn an diesen Fall hatten die Erbauer der Festungswerke nicht gedacht,[365] und schon am 19. Mai 1940 erreichte die Panzergruppe von Kleist die Somme-Mündung und drehte, wie geplant, nun nach Norden ab. Am 24. Mai kam es zum großen Haltbefehl Hitlers am La Bassée-Kanal vor Dünkirchen, und damit war eine erste Zäsur erreicht, von der an nicht mehr alles ganz nach Plan lief.

Die die Weltöffentlichkeit ungemein beeindruckenden deutschen Anfangserfolge wurden zeitgenössisch vom Ausland mit der gewaltigen militärischen Überlegenheit der Wehrmacht erklärt, doch davon konnte noch immer nicht die Rede sein, ein Blick auf die Kräfteverhältnisse[366] macht das deutlich. Am 10. Mai 1940 verfügte Deutschland über 141 Divisionen, Frankreich, Belgien, die Niederlande und England zusammen über 144. Insgesamt 13 974 alliierten standen bloß 7378 deutsche Geschütze gegenüber. Die Gegner verfügten über 3383 Panzer, das Reich über 2445. Überlegen war Deutschland im Bereich der Luftwaffe, aber nicht dramatisch. Hier lautete das Kräfteverhältnis 3099 gegnerische zu 5446 deutschen Flugzeugen, von denen allerdings nur 4020 einsatzbereit waren. Die Anzahl der Bomber lag allerdings dreimal höher, so daß der Eindruck, vor allem die Sturzkampfbomber hätten die Schlacht entschieden, nicht ganz falsch war.

Diese Zahlenverhältnisse werfen erneut die Frage nach der militärischen Räson auf, vor allem wenn man davon ausgeht, daß immer noch das Prinzip galt, daß der Angreifer »eigentlich« dreifach überlegen sein mußte. Verständlich wird auch, warum der Generalstab so zögernd war, so viele Einwände vorbrachte. Unverständlich bleibt demgegenüber, warum er sich Hitler gegenüber nicht durchsetzen konnte – man kann es nur wiederholen: Wer eigentlich hätte den deutschen Generalstab und das OKW daran hindern wollen, sich Hitlers Plänen definitiv zu verweigern? Ist dies eine unmögliche Denkfigur?

Nicht alles lief nach Plan, so wenigstens sah es Generaloberst von Kleist, der mit Befremden den Hitlerschen Halt-Befehl bei Dünkirchen[367] zur Kenntnis nahm. Er war davon überzeugt, daß die Einkesselung des englischen Expeditionskorps, aber auch erheblicher französischer Kräfte nur der Beginn einer Eroberung des Kessels sein durfte. Hitler hingegen wurde zu diesem Zeitpunkt von der Furcht geplagt, daß die deutsche Armee in dem wenig panzertauglichen Gelände zu lange mit der Aufräumung dieses Kessels beschäftigt sein, Weygand, der den unglückseligen Gamelin am 20. Mai 1940 ersetzt hatte, also Zeit gewinnen würde, um die Reste der französischen Feldarmee neu zu formieren, womit in Hitlers Augen die Gefahr eines Kampfes mit verkehrter Front heraufbeschworen wurde – ob die Marneschlacht in ihm spukte, wissen wir nicht. Angesichts der reinen Zahlenverhältnisse – von Kleist standen ja immerhin mehr als 300 000 Mann gegenüber – ist die Furcht Hitlers nur allzu gut zu verstehen.[368] Später sollte Stalingrad beweisen, wie langwierig und verlustreich es war, einen entschlossen verteidigten Kessel zu liquidieren. Die nach dem Krieg auch in der Literatur geäußerte Vermutung, Hitlers Halt von Dünkirchen sei als politisches Signal an England zu werten, ist inzwischen überzeugend widerlegt. Erst im nachhinein stellte sich diese Entscheidung des Obersten Befehlshabers als verfehlt heraus – wenn überhaupt, ich habe, wie gesagt meine Zweifel. In der Lage des 24. Mai ließ sie sich durchaus begründen, denn zu diesem Zeitpunkt konnte niemand absehen, daß sich die französische Armee bereits in voller Auflösung befand. Rein zahlenmäßig gesehen verfügte Weygand immer noch über 66 Divisionen, doch davon waren 17 in der Maginotlinie gebunden und 22 galten als Heeresreserve.

Für England war Dünkirchen so etwas wie ein Wunder. 224 585 Briten, 112 546 Franzosen wurden auf teils abenteuerliche Weise aus Dünkirchen evakuiert, allerdings ohne ihre Ausrüstung, die den Deutschen in die Hände fiel. Man hat viel darüber spekuliert, was diese Rettungsaktion für den Verlauf des Krieges bedeutete: personell im Grunde nichts, denn es mangelte den Engländern zu diesem Zeitpunkt nicht an Soldaten und Rekruten, sondern an deren Ausrüstung. Aber die moralische Bedeutung der Aktion steht ganz außer Frage, hier zum ersten Mal konnte sich der neue Kriegspremier Churchill profilieren, und er selbst hat diese Chance rücksichtslos und konsequent genutzt. Das Psychogramm dieses Mannes ist von seinem Privatsekretär John Colville in den sog. Downing Street-Tagebüchern[369] sehr subtil und äußerst spannend zu lesen dargestellt worden. Daß Chamberlain mit dem Beginn des deutschen Angriffes im Westen politisch am Ende war, verstand sich fast von selbst, der Wechsel zum hardliner Churchill kam nicht unerwartet. Wenn sich Chamberlain bis dahin irgendwie politisch hatte über Wasser halten können, so wesentlich nur deswegen, weil es in der britischen Öffentlichkeit einen schlechten Eindruck gemacht hätte, wenn man mit Kriegsbeginn den Premier ausgetauscht hätte.

Am 5. Juni begann die zweite Phase des Feldzuges, die als »Schlacht um Frankreich« in die Geschichtsbücher eingegangen ist.[370] Dem koordinierten Angriff der Heeresgruppe B, der Luftflotte 2 und der Heeresgruppe A hatte Weygand außer dem nach ihm genannten Plan nichts wirklich Substantielles mehr entgegenzusetzen, die Front wurde weit aufgerissen, und durch diese Lücken brachen die Panzergruppen von Kleist und Guderian bis in die Bretagne und zur Schweizer Grenze durch. Binnen weniger Tage fiel nun auch die Maginotlinie, am 14. Juni wurde Paris kampflos besetzt, ganz Frankreich befand sich in heilloser Verwirrung, es kam zu einer nahezu kompletten Auflösung aller militärischen und zivilen Strukturen, selten dürfte aber auch die Moral eines Volkes blitzartiger und vollständiger in sich zusammengefallen sein als in den Tagen zwischen dem 5. und dem 16. Juni 1940.

An diesem Tag bildete der Marschall Pétain,[371] eine mythische Figur vom Zuschnitt Hindenburgs, dem die Rettung von Verdun zugeschrieben wurde, nach dem Rücktritt Reynauds ein neues Kabinett, nicht etwa um den Widerstand, wie es Churchill gebieterisch forderte, neu zu organisieren, sondern um die Waffenstillstandsverhandlungen mit dem Deutschen Reich einzuleiten. Mit wachsendem Entsetzen hatte man in London der Dekomposition Frankreichs zugesehen, ohne in das Geschehen nennenswert eingreifen zu können. Als sich der Zusammenbruch Frankreichs schon abzeichnete, unterbreitete Churchill Frankreich das berühmte Angebot, beide Staaten sollten sich zu einer Union zusammenschließen. Dahinter mögen auch Reminiszenzen an das Angevinische Reich des Mittelalters gestanden haben; konkret ging es Churchill darum, auf diese Weise mit einem Schlag die französischen Kolonien, die Flotte Frankreichs[372] und alle Ressourcen in die Hand zu bekommen, die trotz des Zusammenbruches des Mutterlandes immer noch vorhanden waren und im Falle eines Friedensschlusses zwischen Frankreich und Deutschland in die Hand des letzteren zu fallen drohten. Aber Reynaud lehnte ab, zumal hektische diplomatische Verhandlungen mit England zu keiner substantiellen britischen oder auch amerikanischen Hilfszusage führten, und fortan ging es England nur noch darum, eine Auslieferung der französischen Flotte an Deutschland unter allen Umständen zu verhindern. Es nutzte den Franzosen gar nichts, daß sie versicherten, die Flotte werde, komme was da wolle, niemals in deutsche Hände fallen, eher würden die Schiffe sich selbst versenken – Churchill traute den Franzosen sowenig wie den Deutschen, die im Waffenstillstandsvertrag dann ja auf die Auslieferung der Flotte verzichten sollten.

Was folgte, hat das französisch-englische Verhältnis jahrzehntelang traumatisch geprägt; vor allem die Vernichtung des französischen Flottengeschwaders in Mers-el-Kébir[373] am 3. Juli durch britische Schiffe hat Wunden geschlagen, die wenigstens in der französischen Marine nie verheilt sind. Tatsächlich gab es in den kritischen Juni- und Julitagen in England viele, die in der Ausschaltung der französischen Flotte die einzige Möglichkeit sahen, die finale Niederlage zu verhindern, und an der Spitze dieser worst-case-Politiker stand Churchill. Das französische Kabinett, aber auch der Generalstab machten kein Hehl daraus, daß sie England schon verloren glaubten – vielleicht würde sich das Inselreich noch drei Monate wehren können, aber sein Ende galt als sicher. Im nachhinein läßt sich dieser Pessimismus leicht erklären, denn er bot ein probates Erklärungsmuster für das eigene Versagen: Deutschland sei eben eine unüberwindliche, furchtbare militärische Macht – die Briten würden schon sehen. Ganz im Gegensatz dazu fand am 18. Juni, notabene dem Tag von Waterloo, also unmittelbar nachdem Pétain die weiße Flagge gehißt hatte, Charles de Gaulle zu seiner historischen Bestimmung, indem er von England aus ein provisorisches Nationalkomitee ausrief, dessen Führer er wurde.

Was aus dem Chaos dieser Tage bleibt für die Geschichte von Belang? Das Unglück Frankreichs ist immer wieder erzählt worden; tausend Versuche hat es gegeben, das kaum Erklärbare doch zu erklären. Praktisch vom Moment des Waffenstillstandes an wurde ein neuer Mythos gestrickt: der von der verborgenen und allgegenwärtigen Résistance; Namen und Orte wie Jean Moulin, Vercors[374] oder Oradour[375] stehen dafür.[376] Von der kritiklosen Glorifizierung des Maquis, wie man sie unmittelbar nach 1945 fand, ist heute nichts mehr geblieben, aber der Mythos der Résistance lebt fort, und denkt man an das Schicksal unzähliger Franzosen, die dem Wüten von SS und Polizei[377] in den Jahren der Besatzung anheimfielen, so wird ihm noch immer mit Respekt zu begegnen sein.[378]

Was nun waren die wirklichen Gründe für den Zusammenbruch Frankreichs? Nimmt man alles in allem, so wird eine überaus seltene und unglückliche Verkettung von Ursachen dingfest zu machen sein. Am makabersten bleibt die Feststellung, daß Hitler mit seinen Prophezeiungen wesentlich recht behalten hatte: Die Moral des einen oder anderen poilu, um es diskret zu formulieren, ließ durchaus zu wünschen übrig, nicht zuletzt Folge einer von Anfang an demoralisierten, ja unfähigen militärischen Führung mit Gamelin und Weygand an der Spitze. Staats-und Armeeführung gelang es in den kritischen Tagen und Wochen nicht, auch nur *eine* unorthodoxe, der Lage wirklich angemessene Entscheidung zu treffen, gefangen in den Mythen von Sedan und Verdun, außerstande, flexibel auf die deutschen Überraschungen zu reagieren. Typisch dafür war das Schicksal de Gaulles: der Panzergeneral hatte schon lange vor dem Krieg vor der Verzettelung der französischen Panzer bei den Infanteriedivisionen gewarnt und auf das deutsche Experiment verwiesen, für das der Name Guderian stand, doch er hatte kein Gehör gefunden. Im Mai 1940 war es zu einer Umgruppierung natürlich zu spät, über schwächliche Anfänge war man nicht hinausgekommen. Der Kommandeur der 4. französischen Panzerdivision profilierte sich in den Tagen des Schreckens als jener Bohrdsche »letzte Mann«, der die Flagge des sinkenden Schiffes hochhält und wurde so fast von selbst zum Symbol des Widerstandes.

Am Ende der Kampagne in Frankreich ging es besonders symbolisch zu, die Szene ist unzähligemal erzählt und auch verfilmt worden – und sie hat entscheidend zur endgültigen Begeisterung der deutschen Bevölkerung beigetragen: Wie Hitler den berühmten Eisenbahnwaggon, in dem am 11. November 1918 der Waffenstillstandsvertrag mit Deutschland unterzeichnet worden war, herbeizuschaffen befahl, dieser an den nämlichen Ort, in das Wäldchen bei Compiègne gefahren wurde; wie am 21. Juni in Hitlers Beisein die Vertreter der deutschen und der französischen Waffenstillstandsdelegation mit den Generälen Huntziger auf französischer, Keitel auf deutscher Seite an der Spitze den Waggon betraten, einander grüßten, wobei Huntziger in haltloses Schluchzen ausbrach und von Keitel getröstet werden mußte – will man Geschichte als symbolisches Gefüge verstehen, dann findet man hier ein Kronzeugnis allererster Güte. Auch Hitlers heimlicher Besuch in Paris und im Pantheon eine Woche später hat den symbolischen Regeln entsprochen; daß er sich in diesem Moment so fühlte wie er glaubte, daß sich Napoleon gefühlt haben mochte, als er am Grab Friedrichs des Großen stand, darf man getrost annehmen.

Die Geschichte des deutsch-französischen Waffenstillstandes[379] gehört zu den interessantesten und spekulativsten Kapiteln in der Geschichte des Zweiten Weltkrieges. Natürlich wurden die Waffenstillstandsbedingungen schon von den Zeitgenossen mit denen verglichen, die Frankreich am 11. November 1918 durchgesetzt hatte. In manchen Punkten erschienen sie als härter, in manchen aber auch als milder. Zwar sorgten die einzelnen Bestimmungen dafür, daß Frankreich an eine Wiederaufnahme des Krieges ebensowenig denken konnte wie seinerzeit Deutschland, aber das Reich verzichtete auf eine vollkommene Besetzung Frankreichs und erkannte die unter Pétain gebildete Regierung, die sich dann in Vichy niederließ, an.

Der kritischste Punkt im Rahmen der Demobilmachungsforderungen betraf die Flotte. Wortwörtlich hieß es im Vertrag: »Die deutsche Regierung erklärt der französischen Regierung feierlich, daß sie nicht beabsichtigt, die französische Kriegsflotte, die sich in den unter deutscher Kontrolle stehenden Häfen befindet, im Kriege für ihre Zwecke zu verwenden«. Das eben sollte Churchill nicht glauben. Nahezu sämtliche übrigen Bestimmungen gehorchten üblichen Mustern – etwa was die Kriegsgefangenen oder die Besatzungskosten betraf. Bemerkenswert war, daß mit keinem Wort auf irgendwelche Reparationsforderungen eingegangen wurde. Eine Waffenstillstandskommission, die in Wiesbaden residierte,[380] sollte in engem Zusammenwirken mit einer französischen Waffenstillstandkommission alle offenen Fragen regeln.

Alles in allem gehorchte dieser Vertrag dem gültigen Völker- und Kriegsvölkerrecht, er war kein eigentlicher Unrechtsvertrag, und tatsächlich wurde die deutsche Propaganda nicht müde, auf den großen Unterschied zwischen Compiègne 1918 und Compiègne 1940 zu verweisen: damals ein haßgetränktes Diktat, eine ehrabschneidende Behandlung der deutschen Vertreter, jetzt eine ehrenvolle Behandlung des Geschlagenen, ein ziviler Umgangston, keine ehrverletzenden Forderungen. Nicht zuletzt der »zivilisierte« Stil dieses Vertrags sollte zur Etablierung und weitgehenden Anerkennung des Vichyregimes durch die Franzosen beitragen, genau so wie der Respekt, den Hitler dem greisen Marschall Pétain aus dem Ersten Weltkrieg ganz unverhohlen entgegenbrachte.

Wie ist dieser Waffenstillstand historisch zu bewerten, welche Absichten und Ziele steckten dahinter? Wofür steht er?

Ganz gewiß nicht für einen grundsätzlichen Sinneswandel Hitlers. Das ergibt sich zwingend aus der weiteren Frankreichpolitik Hitlers,[381] in der es Jahr um Jahr brutaler zugehen sollte.[382] Niemals war das geschlagene Frankreich für Hitler ein denkbarer gleichberechtigter Partner, und selbst als Pétain, Darlan, Laval – also die wichtigsten Politiker Vichys – dem Diktator weit entgegenkamen, war Hitler nicht bereit, auch nur minimale Zugeständnisse zu machen. Im engen Kreise sprach er es unverhohlen aus: Frankreich sei und bleibe der Feind Deutschlands, und daran werde sich nichts ändern, es komme also darauf an, Frankreich klein und unter Kontrolle zu halten. Auf seine Mitwirkung im Krieg gegen England war Hitler zu verzichten bereit, auch wenn er das so deutlich nicht sagte, denn damit hätte er hochfliegende Hoffnungen vor allem der deutschen Marine zerstört – und die brauchte er.

Der Vertrag und die Räson, die ihn trug, wird plausibler, erinnert man sich der Hitlerschen Polenpolitik in den Jahren 1934 bis 1938: Polen war in seinen Augen ein denkbarer Juniorpartner im Kampf gegen die Sowjetunion, wenn es um die Lebensraumeroberung ging. Eine analoge Funktion mag Hitler einem Frankreich zugedacht haben, das seine Satellitenfunktion akzeptierte, wenn es um die »Endlösung der englischen Frage« ging. Das Gespräch zwischen Hitler und Pétain am 24. Oktober 1940 in Montoire,[383] das als Höhe- und Endpunkt der deutsch-französischen Annäherung nach dem 22. Juni 1940 gilt, zeigte, daß Hitler sofort das Interesse an Frankreich verlor, als ihm klar wurde, daß Pétain diese Schildknappenfunktion nicht übernehmen wollte. Man wird in diesem Zusammenhang an das englische Angebot zu der staatlichen Union erinnert: Auch dieses atmete den Geist eines Satellitenverhältnisses Frankreichs zu England, denn natürlich dachte Churchill nicht im Entferntesten daran, dem geschlagenen Frankreich substantielle Mitwirkungsrechte einzuräumen. Ganz ähnlich scheint es hier zu sein. Daß das OKW und die Seekriegsleitung, die in diesem Falle in die gleiche Richtung dachten, in dem Waffenstillstandsvertrag den Ausgangspunkt einer neuen Beziehung zwischen Deutschland und Frankreich sahen, ist wahrscheinlich; vor allem die Marine hat noch bis tief ins Jahr 1941 hinein an der Illusion festgehalten, man werde am Ende mit Frankreich gemeinsame Sache machen können, und der deutsche Botschafter in Paris, Otto Abetz, gerierte sich als Treuhänder eines solchen Deals. Daß Abetz alles andere als ein uneigennütziger Berater auch der Franzosen war, haben jüngste Forschungen deutlich gemacht.[384]

Man muß den Waffenstillstandsvertrag also vor der Folie des noch nicht gewonnenen Krieges gegen England, aber der auch noch nicht erfolgten

Lebensraumeroberung im Osten sehen. Es kommt zweifellos nicht von ungefähr, daß zeitlich parallel mit den deutsch-französischen Waffenstillstandsverhandlungen Hitler erste Überlegungen zu »Barbarossa« anstellte, so daß man beide Faktoren, also England und die Sowjetunion, in die Betrachtung dieser Quelle miteinbeziehen muß.

Ein letztes Motivbündel gilt es zu erwähnen: Am 10. Juni, als Frankreich de facto bereits geschlagen war, hatte Italien Frankreich den Krieg erklärt,[385] sehr zum Mißvergnügen der Deutschen, die darin nur Trittbrettfahrerei und beabsichtigte Leichenfledderei sahen – völlig zu Recht, wie sich herausstellen sollte, denn Mussolini trachtete danach, große Teile von Südfrankreich zu erwerben. Das besaß auch eine historische Komponente, war doch die Einigung Italiens im 19. Jahrhundert nur zustandegekommen, nachdem Napoleon III. mit italienischen Gebieten um Nizza abgefunden worden war, und das nagte am nationalen Selbstverständnis Italiens. Hitler kam es nun darauf an, den Appetit Italiens zu zügeln, denn ihm stand anscheinend schon zu diesem Zeitpunkt eine mögliche Zusammenarbeit der drei Mittelmeerländer Spanien, Frankreich, Italien mit dem Ziel einer Vertreibung Englands aus dem Mittelmeer vor Augen – mit gravierenden Folgen für das Britische Empire. Das war nur möglich, wenn die Brücken zwischen Frankreich und Italien nicht völlig abgebrochen wurden. Italien sollte sich an der Milde Deutschlands ein Beispiel nehmen. Das Auswärtige Amt machte daraus auch kein Hehl, indem es Italien zur Mäßigung aufrief. Da Mussolini genau wußte, daß er sein Glück einzig und allein Deutschland zu verdanken hatte, blieb ihm nichts anderes übrig, und eine schwere territoriale Verstümmelung Frankreichs seitens Italiens blieb aus. In diesem Zusammenhang ist es bemerkenswert, daß im deutsch-französischen Waffenstillstandsvertrag mit keinem Wort von Elsaß und Lothringen die Rede war. Zwar war Hitler entschlossen, beide Provinzen zu annektieren, doch im Interesse der eben geschilderten Optionen blieb das zunächst sein Geheimnis. Auch in diesem Punkt war der Kontrast zu 1918 bemerkenswert, denn damals hatte sich Frankreich ohne viel Federlesens und ohne irgendeinen Friedensvertrag abzuwarten, die beiden ihm 1871 entrissenen Provinzen wieder einverleibt.

Man kann verstehen, daß Hitler als der »Größte Feldherr aller Zeiten« nach seiner Rückkehr von den Deutschen so frenetisch wie nie gefeiert worden ist. Dieses »Juni-Erlebnis« von 1940 läßt sich mit dem »August-Erlebnis von 1914« vergleichen, auch wenn es ein garstiger Vergleich ist. Man wird den Nationalsozialismus, vor allem aber die Gestalt des Adolf Hitler aber nur dann begreifen, wenn man sie im Licht solcher besonderer historischer Momente sieht.

10. 1940: SOMMER DER ILLUSIONEN

Sieben Tage sollen die Häuser beflaggt, sieben Tage die Glocken geläutet werden, befahl Hitler, als der Waffenstillstand mit Frankreich im Walde von Compiègne unterzeichnet wurde. »Die Sondermeldung über die Unterzeichnung des Waffenstillstandsvertrages«, so in den »Meldungen aus dem Reich«, »wurde mit beispielloser Ergriffenheit hingenommen; aus allen Teilen des Reiches wird gemeldet, daß dies der ergreifendste Augenblick seit Beginn des Krieges gewesen sei«.[386]

Erst im Zuge der Entstehung und Entwicklung der Mentalitäts-und Psychohistorie ist das Interesse der Historiker an jenen eigentümlichen Monaten gewachsen, in denen die Weltgeschichte im allgemeinen, die deutsche und die europäische Geschichte im Besonderen eine so grundlegende Wendung zu nehmen schienen, daß man vielleicht vom Ende der Neuzeit hätte sprechen können – wenn sie denn wirklich stattgefunden hätte, diese Wende. Um es modisch-salopp auszudrücken: »Angedacht« war sie zweifellos, und zwar schon in jenen ideologischen Versatzstücken des Nationalsozialismus, in denen es um das »tausendjährige Reich«, den Siegeszug der »germanischen Rasse«, die »Endlösung der Judenfrage« und die Versklavung der »slawischen Rasse« ging – und um die Weltherrschaft.

Es läßt sich nicht sagen, wie hoch der Prozentsatz der Deutschen, der Europäer und der Weltbevölkerung jeweils gewesen sein mag, der vom 22. Juni 1940 tatsächlich eine neue, gar die letzte Epoche der Weltgeschichte hat ausgehen sehen. Nach dem deutschen Sieg in Frankreich fegte jedenfalls ein namenloses Erschrecken über die britischen Inseln hinweg;[387] ein Moment der Lähmung drohte alles rationale Denken erstarren zu lassen; es gab unmittelbar nach dem Waffenstillstand viele, die davon überzeugt waren, daß nunmehr eine alles vernichtende deutsche Invasion folgen und England ans Ende seiner Geschichte und seines Empires kommen werde – und dies binnen vier Wochen. Ein nur schwacher Trost war die Rettung des Expeditionskorps aus Dünkirchen; im Grunde war gerade sie Eingeständnis einer Niederlage, wie sie in der britischen Geschichte seit Hastings, also seit 1066, nicht mehr vorgekommen war.

Viel tiefer noch ging der Schock der Niederlage in Frankreich. Viele weigerten sich zu glauben, was sie erlebt hatten, ein ungeheurer Verdrängungsprozeß setzte ein, aus dem sich ganz logischerweise eine Kollaborationsmentalität entwickelte, die sich sehr leicht auch an die vagesten Zusicherungen des Siegers ankristallisieren konnte, Frankreich werde im »Neuen Europa«,[388] wie nun die Propagandaparole lautete, eine Zukunft haben – zwar eine von Deutschlands Gnaden, aber immerhin. Daß das in den Augen vieler nicht wenig war, ergab sich aus der Beobachtung des polnischen Schicksals: Polen war ausgelöscht worden, seine Elite wurde physisch vernichtet. Wer hätte nach dem 22. Juni 1940 in Frankreich ausschließen können, daß es den Franzosen nicht ähnlich ergehen würde, sollten sie sich nicht der clementia Hitlers anvertrauen? Wenn Charles de Gaulle, glücklich nach England entkommen, schon unmittelbar nach dem Desaster die Franzosen in den Kolonien, aber auch im Mutterland zur Résistance aufforderte, so stieß er damit in diesen ersten Wochen und Monaten meist auf Erbitterung, Spott und Hohn – vom vermeintlich sicheren englischen Port aus ließ sich gut tönen. Man muß die nach dem 25. Juni, dem Eintreten der Waffenruhe, erkennbaren Kollaborationsbemühungen des Vichyregimes[389] immer sub specie dieser Erfahrungen bewerten und sich hüten, sie im Licht der nachfolgenden Geschichte zu sehen. Sie sind, unmittelbar nach Compiègne, zumindest auch als Manöver des letzten Augenblickes zu deuten, als verzweifelter Versuch, wenigstens die Lebenssubstanz des französischen Volkes zu retten – und das ganz buchstäblich. Daß der Nationalsozialismus vor Völkermorden nicht zurückschreckte, war in Polen schon bewiesen, und die zahlreichen jüdischen Emigranten in Frankreich flohen nicht ohne Grund, oft Hals über Kopf, als die Deutschen einrückten. Manchen wurde der deutsche Sieg in Frankreich zum tödlichen Schicksal – ich erinnere an Walter Benjamin.

Wie also stellte sich die Weltgeschichte nach Abschluß des Westfeldzuges dar, und zwar für die Geschlagenen, vorweg also Frankreich, die Verbündeten Hitlers, also vorwiegend Italien, aber auch Spanien; wie im Lager der gerade noch nicht Besiegten, also vorweg England? Und wie in jenen Staaten, die aus anscheinend sicherer Entfernung das europäische Kriegsdrama hatten verfolgen können – vorab also den USA? Und schließlich: Was dachten die Deutschen selbst? Wie gingen sie mit ihrem neuen Glück um? Wie stellten sie sich die Zukunft vor? Daß man dabei nur schwer von »den Deutschen« sprechen kann, erschwert solche Analysen, dennoch scheint es berechtigt, von Kollektiven, also auch einer kollektiven Befindlichkeit zu sprechen – was abweichende oder entgegengesetzte Meinungen und Haltungen natürlich nicht ausschließt. Dieses Jahr 1940/41 gilt zu Recht als eine Art »Achsenzeit«[390] nicht allein des Zweiten Weltkrieges, sondern der Gesamtgeschichte des »Dritten Reiches«,[391] aber auch der Geschichte aller Staaten und Gesellschaften, die auf die eine oder andere Weise sich mit dem Nationalsozialismus auseinandersetzen mußten – sei es in Form von Kriegen oder in gemeinsamen Aktionen, wobei wiederum alle militärischen, gesellschaftlichen und kulturellen Felder abzuschreiten sind.

Von Paris oder besser nun von Vichy aus gesehen kam es unmittelbar nach dem Abschluß des Waffenstillstandes darauf an, in der unbesetzt gebliebenen Zone ein Staatswesen zu errichten, das mit den Herausforderungen der Gegenwart und der nahen Zukunft fertigwerden konnte, und dies war nach der Überzeugung von Pétain, Laval[392] und Darlan[393] – um die drei wichtigsten Protagonisten zu nennen – nur dann der Fall, paßte sich das Regime jenen gesellschaftlichen Modellen an, denen anscheinend die Zukunft gehörte, anders gewendet: Wenn sich in Vichy ein strammer autoritärer Staat etablierte, der unverhohlen in Italien und Spanien sein Vorbild sah – um von Deutschland besser zu schweigen – so ist dies nicht in erster Linie als Beweis für die schon vor dem Krieg als fragil eingeschätzte politische Lage Frankreichs zu werten, sondern als ernstgemeinter Versuch, die Voraussetzungen für einen Dialog mit Hitlerdeutschland zu schaffen.

Wie weit diese im nachhinein als peinlich wirkende Selbstverleugnung ging, mag man einem kleinen, aber bezeichnenden symbolischen Detail entnehmen: Anstelle der seit der Französischen Revolution gültigen Nationaldevise »Liberté, Egalité, Fraternité« setzten die Vichymachthaber: »Travail, Famille, Patrie«, was man noch heute auf den für Vichy geprägten Münzen und gedruckten Briefmarken lesen kann.[394] Damit hatte das Vichyregime der französischen Geschichte seit 1789 eine symbolische Absage erteilt; »la nation une et indivisible« gab es damit auch nicht mehr, und es hoffte, sich dadurch das Wohlwollen des Siegers erringen zu können. Die in der französischen Geschichte des 19. und frühen 20. Jahrhunderts immer schon vorhandenen antirevolutionären Affekte, welche die Strukturen der französischen Innenpolitik mitgeprägt hatten, erleichterten den Schwenk von 1940. Schlimmer war, daß Vichy ebenso wie französische Verwaltungsstellen im besetzten Teil des Landes sich nach und nach auch an den verbrecherischsten Aktionen der Deutschen administrativ und logistisch beteiligten, konkret: an den Judenverfolgungen mitwirkten und der von der Besatzungsmacht erzwungenen Deportation von Arbeitskräften[395] Vorschub leisteten. Kann man so manche Maßnahme Vichys oder auch der französischen Verwaltung in der besetzten Zone irgendwie verstehen, denn es ging um das Überleben der Nation, während die Besatzungsmacht immer brutaler wurde – Stichwort: Oradour – so findet ein solches Verständnis seine Grenze in der Beihilfe zum Holocaust.[396]

Aber es war nicht nur die Furcht vor dem finalen nationalen Untergang, die das politische und gesellschaftliche Leben im geschlagenen

Frankreich bestimmte. Auch die Europa-Ideologie des Nationalsozialismus spielte eine Rolle, wenn es in den unterschiedlichsten Mileus der französischen Gesellschaft Anhänger einer europäischen Einigung unter deutscher Dominanz gegeben hat. Zwar hielt Hitler persönlich von dem »Neuen Europa« gar nichts, aber das galt für große Teile des Auswärtigen Amtes oder der Wehrmacht nicht, und in Frankreich haben vor allem Vertreter der Marine zeitweise ernsthaft an solche Lösungen gedacht – sie liefen allesamt auf eine Isolation Englands hinaus, und das Trauma des Juni und Juli 1940, was das britisch-französische Verhältnis betraf, wurde zum Wurzelboden solcher »europäischer« Visionen. Je genauer diese Zusammenhänge untersucht worden sind, desto klarer schält sich heraus, daß die Europavisionen zwar überwiegend utilitaristisch gesehen werden müssen, aber eben nicht ganz, und deswegen ist die Frage erlaubt, woher die Architekten des europäischen Gedankens nach 1945 ihre Ideen nahmen. Vieles ist schon vor 1945 erörtert und »angedacht« worden.[397]

Auch in Belgien und den Niederlanden saß der Schock des 10. Mai 1940 tief, gleichwohl konnten beide Staaten a priori nicht damit rechnen, dem Verhängnis zu entgehen, wenn Frankreich fiel. Hatte in der belgischen Geschichte der deutsche Überfall vom 4. August 1914 zum engen Schulterschluß mit Frankreich geführt, so war das rabiate Vorgehen der Wehrmacht in den Niederlanden – vor allem die Bombardierung Rotterdams – von den Niederländern als um so infamer angesehen worden, als dieses Land im Ersten Weltkrieg strikt neutral geblieben war und unmittelbar nach dem Ende des Krieges dem deutschen Kaiser Asyl gewährt hatte – obwohl dieser an erster Stelle der von den Alliierten aufgestellten Auslieferungsliste gestanden hatte.

Hinzu kam eine lange freiheitliche Tradition der Niederländer, die sie mindestens bis auf das Ende des Achtzigjährigen Krieges, also bis 1648, zurückführten. Mit der inhumanen, wenn auch nicht ganz ineffizienten Besatzungspolitik[398] unter der Knute von Seyss-Inquart,[399] den man im Haag noch als den Totengräber Österreichs 1938 in schlimmster Erinnerung hatte, begab sich das Reich von Anfang an jeglicher Chance, die Holländer auch nur annähernd auf seine ideologische Seite zu ziehen. Niemals hatte die Himmlersche SS in den Niederlanden die geringste Chance, mehr als ein paar Proselyten zu machen. Es war dann aber vor allem die Zusammentreibung und Ermordung der niederländischen Juden, die das deutsch-holländische Verhältnis auf Jahrzehnte hinaus aufs schwerste belasten sollte. Auch diese Wunden sind nicht verheilt; der Schatten von Anne Frank über dem deutsch-niederländischen Miteinander der Gegenwart wird vielleicht nie weichen.

10. 1940: Sommer der Illusionen

Dennoch hatten es Belgien und die Niederlande letztlich einfacher als Frankreich, denn niemand konnte von den kleinen Ländern verlangen, daß sie sich den großen gegenüber machtpolitisch behaupteten – die französische Niederlage aber schien vielen selbstkritischen Franzosen selbstverschuldet, und das nagte am Selbstverständnis. Eine wie auch immer geartete »karolingische« Lösung der nationalen Katastrophe konnte unter diesem Gesichtspunkt durchaus attraktiv sein – selbst wenn das neue karolingische »Westreich« dem »Ostreich« unterlegen blieb. Der erbittertste Gegner des »Dritten Reiches«, Charles de Gaulle, sollte später ideologisch an diese karolingische Idee mit umgekehrter Gewichtung anknüpfen.

Die Deutschen hatten in ihrer Kriegspropaganda auf die ständigen »Überfälle« Frankreichs auf Deutschland verwiesen – eine grobe Geschichtsklitterung, die freilich jener, die Clemenceau in Versailles vorgeführt hatte, in nichts nachstand. Tatsächlich gab es in Frankreich eine Geschichtsdeutung, in der von einer gleichsam »natürlichen« französischen Universalmonarchie die Rede war, und vor allem Ludwig XIV. und Napoleon I. galten als Vollstrecker eines historischen Gesetzes, das in Frankreich so etwas wie das Kernvolk Europas sah. Tatsächlich hatte sich die französische Kultur im Zeitalter Ludwigs XIV. über nahezu ganz Europa ausgebreitet, und unter Napoleon I. war es auch nicht so viel anders. Die Sprache der Gebildeten und der Diplomatie war französisch.

Betrachtet man das napoleonische Experiment, so fällt zweierlei auf: Zum ersten, daß die Franzosen ihm zustimmten, selbst nach der Völkerschlacht von Leipzig, als die ganze Herrlichkeit schon an ihr Ende zu gelangen drohte, und zum zweiten, daß man sich in der napoleonischen Ideologie durchaus die Gründung eines neuen Weltreiches römischen Zuschnitts vorstellen konnte. Noch in St. Helena sah sich Napoleon als tragisch gescheiterter Schmied eines geeinten Europa. Aber auch der Freiherr vom Stein hatte auf das Beispiel des antiken römischen Reiches verwiesen und vor der Illusion gewarnt, das europäische Gleichgewichtssystem werde am Ende schon wieder wie von selbst sich herstellen. Dafür, so Stein, gäbe es keine Beweise; sehr wohl könne man sich eine großräumige europäische Diktatur für Jahrhunderte vorstellen, die römische habe es ja tatsächlich gegeben.

Ähnlich muß man die Dinge wohl auch 1940 sehen. Was eigentlich sprach in französischen Augen dafür, daß der Sieg Hitlers ephemer bleiben würde – ein Sieg über die stärkste Militärmacht Europas, wie es allgemein hieß? Daß England noch nicht formell geschlagen war, sicherlich nicht, weniger noch als zu Napoleons Zeiten. Auch die Amerikaner ließen keinerlei Absicht erkennen, wie 1917 in den europäischen Konflikt einzutreten. Hitler selbst verwies in einem Interview mit einem amerikanischen Korrespondenten auf die Monroedoktrin, wenn er die – von Carl Schmitt entwickelte – Parole ausgab: »Europa den Europäern.« Die unangenehmen Erfahrungen, die die Amerikaner nach dem Ersten Weltkrieg mit den Europäern, vor allem auch Frankreich, gesammelt hatten, bis hin zur Weltwirtschaftskrise, trugen zur Unwilligkeit des amerikanischen Volkes bei, sich erneut in die querelles européennes einzumischen. Es sollte Roosevelt[400] schwerfallen, hier einen Stimmungsumschwung herbeizuführen. Die Randbedingungen dafür waren im Sommer 1940 noch nicht gegeben, so daß die USA für die Franzosen alles andere als eine sichere Aussicht waren.

Es griffe also zu kurz, wer behaupten wollte, der deutsche Sieg über Frankreich habe im Grunde nichts bedeutet, weil England noch nicht geschlagen war und Amerika im Hintergrund verharrte. Das ist eine ex-post-Deutung. Nur wer ihr unterliegt, wird schnell den Stab über der französischen Kollaborationspolitik brechen. Tatsächlich wäre es schwer verständlich, warum mit Pétain der größte Held aus der französischen unmittelbaren Vergangenheit an der Spitze eines Regimes hätte stehen sollen, wenn dieses a priori lediglich Sklavendienste zu leisten entschlossen gewesen wäre. Pétain war ein glühender Patriot, auf ihn setzten die Franzosen ihre Hoffnungen. Es war nach dem 22. Juni 1940 durchaus realistisch, die Zukunft des Landes nur mit, nicht gegen das Reich Adolf Hitlers zu sehen.

Richten wir einen kurzen Blick auf die Welt des Mittelmeeres, genauer: auf Italien und Spanien, zwei Staaten also, von denen der eine mit Deutschland auch militärisch verbündet war, der andere es gerne gewesen wäre. War Italien am 1. September 1939 ebensowenig »kriegsfertig« wie Deutschland, so hatte Mussolini mit seiner Absage an das mit so großem propagandistischem Aufwand geschmiedete »Achsenbündnis« doch Realismus bewiesen, der dann freilich angesichts der deutschen Erfolgsstory in Frankreich durch blanke Neidgefühle ersetzt wurde und sich in nationalem Getöse auflöste. Der Kriegseintritt Italiens ist rational gar nicht zu erklären – was Besseres hätte Mussolini eigentlich begegnen können, als das formelle Bündnis mit dem Reich aufrechtzuerhalten, um als politischer Trittbrettfahrer seine Mittelmeerposition auf Kosten Frankreichs peu à peu auszubauen? Nach dem italienisch-französischen Waffenstillstand vom 24. Juni 1940 gaben sich die Italiener zwar als Sieger und machten sich damit in den Augen nicht nur der Franzosen lächerlich, aber die Chance, zwischen Deutschland und Frankreich zu vermitteln, oder gar das Zünglein an der Waage im Mittelmeer spielen zu können, war dahin, und obwohl sich Hitler auch persönlich allerhand Mühe geben sollte, um das verkorkste italienisch-französische Verhältnis im Interesse einer Dreierallianz im Mittelmeer – also unter Einschluß Spaniens – zu verbessern, weigerte sich Frankreich, darauf einzugehen – zu tief hatten die Italiener einerseits den französischen Stolz verletzt, und zu aussichtslos war es andererseits, den Italienern deutscherseits klarmachen zu wollen, daß sie Frankreich nicht so sehr als geschlagene, denn als gleichrangige Mittelmeermacht akzeptieren sollten.

Aus der Idealkonstruktion: Italien, Frankreich, Spanien, unter deutscher Führung miteinander gegen England verbündet, wie es sich die Seekriegsleitung ausgemalt hatte, wurde ohnehin nichts, und das lag auch an Spanien.[401]

Der Bürgerkrieg war erst knapp zuende gegangen, und das von Franco eroberte Land blutete aus tausend Wunden. Es war schlechterdings nicht in der Lage, in absehbarer Zeit jenen Part zu übernehmen, den ihm Hitler am liebsten zugewiesen hätte: England aus dem westlichen Mittelmeer zu vertreiben, die Brücke nach Afrika zu gewinnen, wozu als erste Voraussetzung die Eroberung von Gibraltar[402] notwendig gewesen wäre.

Die Geschichte zwischen Franco, Hitler und Gibraltar ist oft erzählt worden. Sie lief auf ein spanisches »non possumus« hinaus. Von einer »weisen« Zurückhaltung Francos konnte keine Rede sein. Später, als alles vorbei war, hat der Caudillo aus leicht nachvollziehbaren Gründen natürlich vorgegeben, er habe schon 1940 alles in seiner Macht stehende getan, um Hitler zu stoppen,[403] und die Amerikaner, auf die spanischen Basen in den Zeiten des Kalten Krieges erpicht, haben ihm das gar zu gerne abgenommen (was die NATO-Verbündeten Frankreich und England zähneknirschend zur Kenntnis nahmen), doch in der Situation des Sommers 1940 mußte Franco in dem berühmten Gespräch mit Hitler in Hendaye (23. Oktober 1940) einen wahrhaften Offenbarungseid leisten: Spanien könne nur dann an eine Eroberung Gibraltars und damit einen Kriegseintritt gegen England denken, wenn das Reich dafür alle materiellen Voraussetzungen schaffe. Das hätte Deutschland gekonnt – wenn Hitler zu diesem Zeitpunkt nicht bereits entschlossen gewesen wäre, die Sowjetunion anzugreifen. Man stelle sich vor, die deutschen Kriegsanstrengungen hätten sich seit dem Sommer 1940 tatsächlich auf die Iberische Halbinsel gerichtet; es wäre gelungen, das Mittelmeer zu schließen, Nordafrika deutsch-spanisch zu besetzen – wie dann wohl die Geschichte weiterverlaufen wäre? Die erste Invasion sollte 1942 über Nordwestafrika gestartet werden, dort war sie problemlos möglich, denn es handelte sich um eine praktisch machtleere Küste. Das hätte völlig anders ausgesehen, wäre es in Tanger, Algier, Oran zum Aufbau eines wirklichen »Machtzentrums« der Hitler-Koalition gekommen. So aber wurde aus der großen Mittelmeerallianz nichts, übrigens schon zeitgenössisch zum größten Mißvergnügen der deutschen Seekriegsleitung, die die Konsequenzen dieser Strategie klar erkannt, sich schon in den schönsten Illusionen gewiegt und England aus dem Mittelmeer bereits vertrieben gewähnt hatte.

Es blieb, daß alle drei großen Mittelmeerländer vom Deutschen Reich abhängig waren und zumindest zwei von ihnen auch schon aus ideologischen Gründen als seine Verbündeten angesehen werden konnten. Was Spanien in seinem Zustand der Schwäche für das Reich militärisch tun konnte, hat es übrigens geleistet, das betraf vor allem die Einfuhr von Rohstoffen und die Versorgung von deutschen U-Booten in spanischen Häfen.[404] Später gehörte die »Blaue Division« zur Elite der hilfswilligen europäischen Truppen im Krieg gegen die Sowjetunion.[405]

Jeder Blick auf die Karte Europas macht es deutlich: Im Juni 1940 beherrschte Hitler ganz West,- Nord-und Zentraleuropa, die Grenzen seiner Macht verliefen im Osten an der deutsch-russischen Demarkationsgrenze in Polen, im Westen an den Küsten von Mittelmeer und Atlantik, im Süden am Ufer des Mittelmeeres, im Norden an denen des Eismeers. Hitler hatte den Eroberungsrekord Napoleons schon eingestellt.

Es nimmt nicht Wunder, daß unter diesen Umständen in der europäischen Öffentlichkeit niemand mehr für England einen Pfifferling gab; das Inselreich schien völlig isoliert, und hätte die damals geplante Mittelmeerpolitik gegriffen, so wäre es auch von seinen Kolonien, seinem Empire wesentlich abgeschnitten worden.

In dieser hoffnungslosen Lage unterbreitete Hitler England am 19. Juli 1940 ein Friedensangebot,[406] schon das zweite in diesem Krieg. Es ist von der Forschung lange nicht ernstgenommen worden. Das war zeitgenössisch anders, und Churchill hatte große Mühe, um seine harte Haltung politisch durchzusetzen. Die eigentlich interessante Frage lautet, ob sich hier wirklich eine Alternative abgezeichnet hat, anders gesagt: War Hitlers Rede vor dem Reichstag am 19. Juli nur Propaganda, oder steckte mehr dahinter?

Hitler kleidete sein Angebot in die jedem Bildungsbürger aus Herodot bekannte Prophezeiung des Delphischen Orakels, das einst König Kroisus befragt hatte, bevor er den Halys überschritt: Wenn Churchill den Krieg fortführe, so:

»... wird dadurch ein großes Weltreich zerstört werden. Ein Weltreich, das zu vernichten oder auch nur zu schädigen, niemals meine Absicht war. Allein ich bin mir darüber im klaren, daß die Fortführung dieses Kampfes nur mit der vollständigen Zertrümmerung des einen der beiden Kämpfenden enden wird. Mister Churchill mag glauben, daß dies Deutschland ist. Ich weiß, es wird England sein.«

Hier ist nichts mehr von Tagespolitik zu spüren, hier sollen die Vorsehung und das Schicksal walten, und Hitler ist das neue Orakel der Welt –

eine absurde Denkfigur. Wie paßt das zu seiner Weltanschauung? Wäre es nicht sinnvoller gewesen, den Siegfried zu spielen, der den englischen Drachen in seiner Höhle aufsucht, um ihn zu erschlagen? Aber das Konstrukt von den beiden Weltreichen vertrug sich nicht mit Assoziationen an die Nibelungensage. Wieder wird deutlich, daß Hitler eben nicht nur wie etwa Himmler oder Rosenberg ausschließlich in den nordischen Mythen zuhause war. Er wollte sein Reich in einer Reihe mit dem antiken römischen und dem neuzeitlichen englischen (vor 1914 natürlich) gestellt sehen – und es sollte das größte von ihnen werden. Und das am längsten währende, nämlich tausend Jahre lang. Hitler versuchte aus seiner Position der Stärke heraus wie schon nach dem Polenfeldzug das Bild der clementia Caesaris zu beschwören:

»In dieser Stunde fühle ich mich verpflichtet, vor meinem Gewissen noch einmal einen Appell an die Vernunft auch in England zu richten. Ich glaube dies tun zu können, weil ich ja nicht als Besiegter um etwas bitte, sondern als Sieger nur für die Vernunft spreche. Ich sehe keinen Grund, der zur Fortführung dieses Kampfes zwingen könnte.«

Diese Reichstagsrede wurde vom Rundfunk übertragen, man kann also annehmen, daß sie Churchill gehört hat, oder ihr Inhalt ihm sofort mitgeteilt wurde. Schlägt man im Tagebuch von Colville, seines Sekretärs, nach, findet man unter dem nämlichen 19. Juli:

»Abgesehen davon, daß sich der Herzog von Windsor sehr streitsüchtig und unvernünftig benimmt, gibt es wenig Neues. Wir warten.« Das ist der kürzeste Tagebucheintrag überhaupt für den Monat Juli 1940. Am 24. Juli notiert Colville:

»Auf einer Vorlage Vansittarts über eine mögliche Antwort auf Hitlers Rede vom vergangenen Sonntag hat Churchill vermerkt: 'Ich habe nicht die Absicht, auf Herrn Hitlers Rede irgend etwas zu antworten, da ich mit ihm nicht spreche.'«[407]

Diese beiden Szenen sprechen für sich und verraten auch etwas über den Illusionismus eines Mannes, der sich nicht vorstellen konnte, daß ein anderes denn das deutsche Volk anstelle des Friedens »Blut, Schweiß und Tränen« wählen könnte.

Selbstverständlich war dies auch in England nicht, und damit kommen wir zu einer kurzen Betrachtung der englischen Situation am Abend von Compiègne.

Ohne Begeisterung war England in den Krieg gezogen, zumal es keine nationalen Kriegsziele gab. Es waren moralische Prinzipien und historische Erfahrungen, die als Grund herhalten mußten. Das eigentliche Dilemma bestand in der unübersehbaren Diskrepanz zwischen Anspruch und Wirklichkeit, besonders drastisch deutlich im Fall Polen,[408] denn entgegen der vollmundigen Garantie aus dem Frühjahr 1939 hatte es England zu keinem Zeitpunkt vermocht, seinem Verbündeten zu helfen, eher im Gegenteil: Hunderttausend polnische Soldaten waren den Deutschen entkommen und sollten sich sich auf die Seite der Alliierten schlagen, drei polnischen Zerstörern war die Flucht nach England gelungen, und fortan verstärkten diese Einheiten die englische Flotte. Dann gab es noch den General Wladyslaw Sikorski:[409] Der militärische Führer des polnischen Exils war in Downing Street 10 genau so unbeliebt wie De Gaulle.

Nicht anders hatte es im Fall Finnland ausgesehen – über allgemeines Palaver und einen halbherzigen, viel zu spät gefaßten Entschluß zur Hilfe war man nicht hinausgekommen.[410] Dann das französische Desaster: Weder war das numerisch ohnehin unzureichende englische Expeditionskorps so rasch und konsequent aufgestellt und verschifft worden, wie es angesichts der drohenden Gefahr notwendig gewesen wäre, noch hatte man es bis zum Mai 1940 verstanden, die doch schon erkennbar falsche Strategie abzuwandeln, den zu erwartenden Angriffen anzupassen. Zu einer effektiven französisch-englischen Zusammenarbeit kam es nicht. Die Flucht aus Dünkirchen zum Sieg umzustilisieren, war nüchternem englischem Denken auch nicht möglich.

Die Flotte hatte bisher wenig geleistet, die Sache mit der »Graf Spee« war kein besonderes Heldenstück, Priens Husarenstück in Scapa Flow[411] hingegen eine Ohrfeige, die am britischen Selbstbewußtsein mächtig nagte. Nicht anders war es im Fall Norwegen: Obwohl die Admiralty monatelang darüber nachgedacht hatte, ob und gegebenenfalls wann und wie eine präventive Besetzung Norwegens nötig sei, war man von der deutschen Aktion völlig überrascht worden, und besonders ärgerlich war es, daß die Deutschen den Engländern um ganze 24 Stunden zuvorgekommen waren – was, um daran zu erinnern, nichts damit zu tun hat, daß die deutsche Aktion ein blanker Angriffs- und kein Präventivschlag war. Wieder versagte die britische Flotte nahezu vollkommen, sieht man von den 10 deutschen Narvik-Zerstörern ab, die aber nur versenkt werden konnten, weil die Kriegsmarine es versäumt hatte, rechtzeitig für deren Auslaufen aus der Narviker Mausefalle zu sorgen – was übrigens möglich gewesen wäre.[412] Die deutsche Mini-Flotte, so mußte es vielen Engländern erscheinen, tanzte der Grand Fleet auf der Nase herum. Das Prestige der Royal Navy näherte sich nach »Weserübung« dem Nullpunkt.

Und nun Frankreich. Dieses hatte in der Stunde höchster Not seine Flotte nicht, wie es England kategorisch gefordert hatte, in englische Häfen flüchten lassen, ja sich gegen die Angriffe Englands in Oran gewehrt, und zwar durchaus beherzt. Was die USA anging, half die Bombardierung Roosevelts mit Hilferufen,[413] auf die sich Churchill später meisterhaft verstehen sollte, anscheinend wenig; der berühmt-berüchtigte Deal, in dem die USA den Briten 50 alte Zerstörer, die für sie nur noch Schrott waren, gegen strategisch wichtige Inseln überließen, die teilweise jahrhundertelang zum britischen Weltreich gehört hatten, sah auch für Fachleute nach glatter Erpressung und nicht nach uneigennütziger Hilfe aus. Was von den Kolonien und den Mitgliedern des Commonwealth zu erwarten war, stand 1940 in den Sternen und würde völlig irrelevant sein, sollte den Achsenmächten die Sperrung des Mittelmeeres gelingen. Dann wäre das Rückgrat des Empires tatsächlich gebrochen, der endgültige Abfall Indiens [414] nur noch eine Frage kurzer Zeit gewesen.

Bis zum Juni 1940 hatte sich die britische Regierung angesichts aller dieser Desaster mit dem Gedanken trösten können, daß es Hitlerdeutschland nicht möglich sei, die britischen atlantischen Verbindungslinien, die wahre Lebenslinie Englands, abzuschneiden, denn die deutsche Flotte reichte dafür bei weitem nicht aus. Aber nun kam die italienische hinzu, und es gab immer noch Reste der französischen, von denen man englischerseits nicht wußte, ob sie über kurz oder lang nicht doch in deutsche Hände fallen würden. Über die antienglische Stimmung in der französischen Flotte machten sich Whitehall und die Admiralty keine Illusionen.

Doch nicht das war ausschlaggebend: Was eigentlich sollte England tun, würden sich die Deutschen nach dem Sieg über Frankreich nun massiv und ausschließlich auf den U-Boot-Bau und-Krieg konzentrieren? Vor Churchills Augen, er hat es selbst geschildert, erstand ein Schreckgespenst, das er im nachhinein als das gefährlichste des ganzen Krieges überhaupt bezeichnet hat. Dönitz sah es genau so, wenn auch in umgekehrter Perspektive, und forderte energischer denn je eine Umstellung der Gesamtrüstung auf den U-Bootbau – vergeblich, und das hatte allein politische und ideologische, keine materiellen Gründe.

Über England hing im Juni/Juli 1940 ein gewaltiges, unberechenbares Damoklesschwert,[415] und das konnte man ab August 1940 fast wörtlich nehmen, denn nach der Ablehnung des Hitlerschen Friedensangebotes mußte England mit einem massiven Einsatz jener deutschen Waffe rechnen, die im Frankreichfeldzug geradezu zum Mythos geworden war: der Luftwaffe. Was Baldwin schon 1932 prophezeit hatte, schien nun unmittelbar bevorzustehen: Weil Bomber nicht aufzuhalten seien, läge Englands Grenze am Rhein. Die Epoche der »splendid isolation« schien vorbei, und um so gründlicher, als das Reich nach der Gewinnung der belgischen und französischen Küsten direkt am Kanal stand und über unvergleichlich gute Absprungbasen für seine Bomberflotten verfügte. Drohte nun der von Douhet prophezeite Krieg der »Raumflotten«?

Angesichts dieser Verhältnisse wäre die Akzeptanz des Hitlerschen Angebotes weder verwunderlich noch verwerflich gewesen, und es gab tatsächlich eine gar nicht so kleine Minderheit in England, die sich mit dem Gedanken an ein zweites München anzufreunden begann. Es war tatsächlich wesentlich dem Charisma Churchills und einer kleinen Zahl verbissener und zäher Mitstreiter mit dem König an der Spitze zu verdanken, daß England nicht, wie seinerzeit in Amiens, 1802, das Handtuch warf.

Der Vergleich mit Amiens ist lehrreich: Damals hatte England keine Chance gesehen, der napoleonischen Herausforderung begegnen zu können und wollte mit dem Frieden Zeit gewinnen – ganz ähnlich argumentierten 1940 auch jene, die mit einem neuen München liebäugelten. Die Geschichte hatte in den Jahren nach 1802 bewiesen, daß diese Spekulation nicht verkehrt gewesen war – dennoch dürfte es einzig die persönliche Leistung von Pitt d.J. gewesen sein, die England sich dann noch einmal hat aufraffen lassen. Churchill aber wurde schon zeitgenössisch nicht nur mit seinem großen Ahnen, dem Herzog vom Marlborough, sondern eben auch mit Pitt verglichen, was er außerordentlich genossen hat. Pitt war 1802 der erbittertste Gegner des demütigenden Friedensschlusses mit Napoleon gewesen. Churchill hatte das Glück, anders als Pitt, selbst der entscheidende man on the spot, nämlich der Premierminister zu sein. Man könnte spekulieren, daß es zu Amiens nicht gekommen wäre, hätte Pitt schon zu diesem Zeitpunkt das Amt des Premiers bekleidet.

Amiens war also zugleich Menetekel und Hoffnungsschimmer, aber ließen sich die politischen, vor allem aber die militärischen Verhältnisse von 1802 mit denen von 1940 auch nur annähernd vergleichen? Im Grunde nicht, und so gerannen Amiens und die Folgen zu einem nur allzu vagen Trost. Um es kurz zu machen: Churchill hatte Glück, denn auch er konnte im Juli 1940 nicht voraussagen, daß das vermeintlich tödliche Schwert der Deutschen stumpf sein sollte: ihre Luftwaffe. Und er konnte nicht ahnen, daß Hitler die Luftschlacht um England nur mit halbem Herzen befahl, gar nicht recht bei der Sache war. Die Sache, um die es ihm zu diesem Zeitpunkt wirklich ging, lag ganz anderswo: im Osten. Schon vor dem 22. Juni 1940 hatte sich der Diktator entschlossen, seinen Lebensraumkrieg gegen die Sowjetunion binnen Jahresfrist zu starten und, natürlich, zu gewinnen. Er war bereit, das englische Problem ungelöst gleichsam links liegen zu lassen, manisch davon besessen, noch zu seinen Lebzeiten das zu erreichen, wozu er sich von der Vorsehung berufen fühlte: den Bolschewismus und das Judentum auszurotten und der germanischen Rasse jenen Lebensraum und Lebenstraum zu sichern, von dem aus sie die Herrschaft über die Welt gewinnen sollte – ob noch zu seinen Lebzeiten oder danach, darüber hat Hitler später in seinen Monologen öfters spekuliert.

11. DAS ENGLISCHE PROBLEM

Seit 1066, so eine unausrottbare historische Legende, sei England nicht mehr auf seinen Mutterinseln angegriffen, geschweige denn besiegt worden – so als hätte es einen Wilhelm von Oranien nie gegeben – doch die Absicht dieser Legendenbildung ist deutlich, sie spiegelt sich in einem anderen geflügelten Wort, dem von der »splendid isolation«. Diese war nur Schattenbeschwörung, ein Pfiff im düsteren Wald. Die angeblich so splendide Isolation war das letzte Reduit, wenn Englands Kontinentalpolitik gescheitert war. Amiens war dafür typisch, es ließe sich auch die Zeit vor Cromwell als Beispiel nehmen, vom Hundertjährigen Krieg des 14./15. Jahrhunderts in seiner letzten Phase ganz zu schweigen.

Wie stellte sich nach der Niederlage Frankreichs, vor allem aber nach dem Waffenstillstand von Compiègne und den Aktionen von Oran und Dakar die Lage für England dar?

Mit einem Wort: verzweifelt. Darüber konnte der von Churchill selbst in seinem Memoirenwerk zum Zweiten Weltkrieg hypertrophierte britische Heroismus nach dem Prinzip des »bend, not broken«, nicht hinwegtäuschen. Die Sache mit den fünfzig Zerstörern war Menetekel genug: Großbritannien hatte, nicht zuletzt unter dem Einfluß der seit 1921 vorherrschenden Tendenzen zur Seeabrüstung,[416] es bis zum Mai 1938 versäumt, die Grand Fleet zu modernisieren (sie degenerierte zur »Home-Fleet«) und die Quittung für dieses Versäumnis sollte buchstäblich explosionsartig präsentiert werden, als die »Hood« am 24. Mai 1941 in die Luft flog – das Flaggschiff der Flotte, ehrwürdig und veraltet.

Schwerer wog eine andere Unterlassung: Obwohl Großbritannien während des Ersten Weltkrieges bereits wußte, daß sein Überleben von der unbedingten Aufrechterhaltung seiner Lebenslinien über den Atlantik abhängig war, hatte es sich nicht zu der dafür erforderlichen Seerüstung bereitgefunden;[417] es mag sein, daß unterschwellig die Hoffnung mitschwang, die USA würden im schlimmsten aller Fälle das Land ebenso wie im letzten Krieg maritim unterstützen. Irgendwelche verbindlichen Absprachen dazu gab es jedoch nicht, und nach der Konferenz von Washington 1921/22[418] wurde das Thema tabuisiert. Die große Politik beschäftigte sich nur mit den großen Schiffen, aber die waren den Briten inzwischen zu teuer geworden.[419] Auch die USA begnügten sich zunächst mit ihrer errungenen maritimen Gleichberechtigung in der Theorie und dachten nicht daran, sie in die Praxis umzusetzen.

Diese maritime Vogel-Strauß-Politik Großbritanniens war Konsequenz aus den nach 1918 völlig veränderten politischen und sozialpolitischen Verhältnissen, Folge auch der monetären Erschöpfung des Inselreiches, dessen Abstieg von der Welt- zur Normalmacht nach 1918 unaufhaltsam weitergegangen war. Wollte man den leidlichen sozialen Frieden im Land einigermaßen aufrechterhalten, so war jede steuerliche und finanzielle Anstrengung zu Lasten der Bevölkerung Wasser auf die Mühlen der rabiaten Gewerkschaften und auch des rechtsradikalen Substrats in der britischen Gesellschaft: Wenn England dem Zugriff des Faschismus[420] entrann, so nicht zuletzt, weil es den verschiedenen Regierungen auch in den Stürmen der Weltwirtschaftskrise gelang, ein minimales, aber tragendes soziales Netz aufzuspannen – woran in Deutschland Brüning gescheitert war. Der britische Faschistenführer Oswald Mosley hatte Anfangserfolge, niemals aber eine ernstzunehmende Chance, und es ließe sich lange darüber spekulieren, ob die britische Sozialpolitik auf Kosten der maritimen Rüstung nicht daran Anteil gehabt hat: die nichtgebaute Flotte als »Palliativ gegen gebildete und ungebildete Faschisten«?[421]

Nach der Maikrise des Jahres 1938 hatte England das Ruder herumgeworfen und sich ernsthaft um eine maritime Aufrüstung, vor allem also auch den Bau von atlantikfähigen Geleitschiffen und -booten bemüht, aber der Krieg kam zu rasch, noch war das Programm nicht annähernd fertig, und deswegen kamen die 50 Zerstörer wie 50 Strohhalme über den Atlantik geschwommen. Nicht viel mehr als diese konnten sie sein, wenn es den Deutschen gelingen sollte, die europäischen maritimen Kapazitäten – also wesentlich die deutschen, französischen, italienischen, spanischen, aber auch die niederländischen und belgischen – zu bündeln, um sie dann von den neugewonnenen atlantischen Basen aus massiv gegen die »sealines of communication« (SLOCS) zum Einsatz zu bringen. Was wäre darüber hinaus geschehen, hätte sich im Juli 1940 die Dönitzsche U-Bootdoktrin in Berlin durchgesetzt? Der weitere Verlauf der Rüstungspolitik sollte zeigen, daß der Machtbereich Hitlers noch in den schwierigen Jahren 1943/44 in der Lage war, durchschnittlich 30 bis 40 U-Boote pro Monat zu bauen;[422] viel mehr hätten es sein können, wären die europaweit vorhandenen Kapazitäten seit Juli 1940 konsequent auf dieses Ziel ausgerichtet worden. Das Problem wären nicht die Boote, sondern deren Besatzungen gewesen, aber auch dieses hätte sich lösen lassen.

Es war für England ein großes Glück, daß nichts dergleichen geschah, ganz im Gegenteil dem deutschen U-Bootbau ein Knüppel nach dem anderen zwischen die Beine geworfen wurde. Auch nicht ansatzweise dachten die verantwortlichen deutschen Gremien in Bahnen, wie sie ein gutes Jahr später das gigantische amerikanische »Liberty«-Schiffsprogramm zu einem beispiellosen Erfolg führen sollten.

Weil das Norwegenunternehmen an der Substanz der deutschen Flotte gezehrt, Mers-el-Kébir und der Artikel 8 des Waffenstillstandsvertrages den Einsatz der französischen Flotte ausgeschlossen hatten; weil Italien nicht im Traum daran dachte, seine schöne Flotte – ein imponierendes Machtgebilde, dem es freilich an Heizöl mangelte – den Garstigkeiten eines atlantischen Handelskrieges auszusetzen; weil die Amerikaner zuerst vorsichtig, dann ständig offener die Briten im Atlantik unterstützten, war jene Vision aus dem Jahr 1917, es werde gelingen, England binnen fünf oder sechs Monate friedensgeneigt zu machen, auch jetzt eine Illusion, obwohl die Voraussetzungen dafür viel besser als 1917 waren. Man stelle sich nur einmal die U-Bootkampagne von Tirpitz vor dem Hintergrund eines schon gewonnenen Feldzuges gegen Frankreich vor!

Hitler hatte in seiner »Friedensrede« vom 19. Juli England die Vernichtung angedroht; er konnte, nachdem Churchill sein Angebot so schnöde zurückgewiesen hatte, schon aus Prestigegründen nun nicht so tun, als interessiere ihn das künftige Schicksal Englands nicht. Daß das durchaus eine Option war, sollte sich ungefähr ein Jahr später zeigen, als in den Szenarien der Seekriegsleitung für den 3. Weltkrieg das nicht besiegte England in einer nun alles anderen als »splendid isolation« angenommen wurde – also umzingelt von den europäischen Mächten, nicht erobert, aber tatsächlich auf ein reines Inseldasein reduziert. Nicht erörtert war die Frage, ob so eine Annahme je realistisch sein konnte. Zu diesem Zeitpunkt ging alle Welt wie selbstverständlich davon aus, daß England, vom Atlantik und der Nordsee abgeschnitten, verhungern mußte. Es wäre eine reizvolle Aufgabe für die historische Agrarforschung, einmal nachzurechnen, ob diese Annahme überhaupt berechtigt war. Immerhin begannen die Engländer 1940 konsequent mit der Verwandlung ihrer charakteristischen Parklandschaften in wirtschaftlich nutzbare Anbauflächen. So wie der Hunger im kaiserlichen Deutschland 1917/18 weitgehend »hausgemacht« war, so ließe sich vorstellen, daß England, wenn auch mehr schlecht als recht, dennoch durchgehalten hätte, selbst wenn es isoliert gewesen wäre.

Für Hitlerdeutschland stellte sich die Lage Englands nach Mers-el-Kébir, also nach dem 3. Juli 1940, etwa folgendermaßen dar:

Über ein voll einsetzbares Feldheer verfügte Großbritannien nicht mehr. Es kam also nur darauf an, entsprechende deutsche Truppenkontingente – Hitler sprach von 40 Divisionen – auf die Insel übersetzen zu lassen. Damit dies erfolgreich geschehen konnte, bedurfte es zweier Voraussetzungen: Die britische Homefleet mußte neutralisiert, die Royal Air Force zerschlagen werden. Also wollte das OKW von der Seekriegsleitung wissen, wie es mit dem ersten Punkt stand. Die Antwort war eindeutig: England verfüge nach wie vor über die Seeherrschaft in den Ausgängen des Englischen Kanals und im Kanal selbst. Die Kriegsmarine habe keinerlei Möglichkeiten, hieran etwas zu ändern.

Die Geschichte ist oft erzählt worden: wie der Erzkonkurrent und wohl auch persönliche Feind von Erich Raeder, der Reichsmarschall Hermann Göring, Hitler prahlerisch erklärte, es bedürfe der Kriegsmarine eigentlich gar nicht, er werde mit seiner Luftwaffe die Royal Air Force vom Himmel holen und, wenn es denn sein mußte, die britische Flotte aus der Luft vernichten.

In der Seekriegsleitung[423] war man entsetzt und schüttelte ob dieses Dilettantismus nur den Kopf. Göring war, anders als Hitler, überhaupt nicht klar, daß der Englische Kanal nicht ein breiter Fluß, sondern ein Stück Meer war, auf dem die Gesetze des Meeres, nicht die des Rheins galten. Raeder hat Hitler mehrfach zum Problem »Seelöwe« vorgetragen,[424] und Hitler verkannte nicht, daß sein Marinechef im Grunde recht hatte: Aussicht auf Erfolg bot eine Kampflandung nur, wenn zuvor die deutsche Seeherrschaft im Kanal gesichert und die britische Luftwaffe ausgeschaltet war. Selbst dann türmten sich schier unendliche Schwierigkeiten, denn niemals in Friedenszeiten hatte sich die Marine Gedanken über amphibische Landungen derartigen Ausmaßes gemacht, d.h. es war nichts vorhanden, mit dem man sie in großem Stil hätte inszenieren können. Typisch war es, daß die Seekriegsleitung nun Emissäre in alle vier Himmelsrichtungen Europas ausschwärmen ließ, die eine Bestandsaufnahme der in den Fluß- und Seehäfen verfügbaren Prähme, Kähne, Schlepper, kurzum allen Materials vornehmen sollten, das man für eine provisorische Landungsflotte brauchte. Man muß die Flotte von D-Day 1944 mit diesen deutschen Bemühungen vergleichen, um zu erkennen, daß die Idee einer Kampflandung in England selbst dann auf Sand gebaut gewesen, wenn es gelungen wäre, die Seeherrschaft im Kanal sicherzustellen – was ganz unwahrscheinlich war, denn gegebenenfalls hätte Churchill keinen Moment gezögert, mit sämtlich verfügbaren Kräften der Home Fleet in den Kanal vorzustoßen. Es läßt sich leicht vorstellen, was dann aus den Rheinkähnen und den auf ihnen zusammengepferchten Soldaten geworden wäre.

Alle Planung war jedoch a priori Makulatur, wenn es nicht gelang, die RAF auszuschalten – und so kam es zur Stunde Görings. Man muß das, wofür in der kollektiven Erinnerung der bombastische Deckname »Adlertag«[425] steht, auch unter einem innen- und machtpolitischen Aspekt betrachten: Wäre es Göring tatsächlich gelungen, die britische Luftwaffe zu vernichten, so hätte er sich gute Chancen ausrechnen können, zweiter Mann im Staat zu werden, und zwar nicht nur de facto, sondern auch de iure, sprich: an Göring als Nachfolger Hitlers wäre nicht mehr vorbeizugekommen gewesen – auch Hitler selbst hätte das akzeptieren müssen. Der »Führer« wußte dies, nicht anders ist es zu erklären, daß er ungerührt und mit großer Ruhe dem vorhersehbaren Göringschen Desaster zuschaute: Damit stärkte er seine eigene Position, auch innerhalb der Partei. Es ist auffallend, daß Hitler seinen Namen mit der »Luftschlacht um England«[426] nie verband – was in allen anderen erfolgreichen Feldzügen bisher der Fall gewesen war. Dies nicht etwa nach dem Debakel, sondern vorher. Hat er es also vorausgesehen?

Dafür spricht einiges. Schon vor dem Krieg hatte der Generalstab, wenn auch nur auf Sparflamme, damit begonnen, einen Operationsplan »Blau« auszuarbeiten – eine Landung in England. Vergleicht man die Planung »Blau« mit den Planungen »Weiß« und »Gelb«, so fällt auf, daß erstere völlig rudimentär blieb und auch nicht wie bei Fall »Gelb« zu erbitterten Auseinandersetzungen zwischen Hitler und dem OKH führte. Hitler hat sich für »Blau« überhaupt nicht interessiert, selbst nach dem 22. Juni 1940 nicht. Ihm war offensichtlich klar, daß selbst eine erfolgreiche Landung in England eines nachgeordneten und nachhaltigen Mitteleinsatzes bedurfte, der nicht zu verantworten war, wenn das eigentliche Ziel des Kriegs nun erreicht werden sollte: die Lebensraumeroberung im Osten. Tatsächlich trug sich Hitler nachweislich seit dem 6. Juni (vielleicht auch dem 10. Juni) 1940 – also noch bevor Frankreich endgültig geschlagen war – mit den ersten Planungen für »Barbarossa«, und zu diesem Zeitpunkt ist er vermutlich davon ausgegangen, daß er diesen Feldzug noch im Frühherbst 1940 beginnen könnte. Es liegt auf der Hand, daß der »Seelöwe«, er mochte verlaufen wie er wollte, da nur stören konnte.

Sieht man die Dinge unter diesem Gesichtspunkt, wird verständlich, warum sich Hitler keinerlei Mühe gab, Marine und Luftwaffe bei den Vorbereitungen von »Seelöwe« ernsthaft zu unterstützen. Das Heer, siegestrunken, lehnte sich ohnehin zufrieden zurück und ließ die beiden doch arg frustrierten Wehrmachtteile machen: Sobald von Raeder und Göring grünes Licht kam, konnte sich Zossen mit dem Englandproblem immer noch ernsthaft beschäftigen. In Wahrheit begannen OKW und OKH sich schon mit dem Problem »Barbarossa« zu befassen. Diese Herausforderung war weitaus größer, sie versprach aber auch ganz andere Erfolge als selbst eine erfolgreiche Invasion Englands. Zwar fingen einzelne Dienststellen im Reich schon damit an, eine NS-Verwaltung für England[427] zu skizzieren – darunter war allerlei Skurriles, das die Engländer nach 1945 noch jahrzehntelang delektieren sollte – aber es war völlig irrelevant. Hätten sich Halder und seine Kameraden ernsthaft und mit demselben Einsatz wie im Fall »Gelb« für den Fall »Blau« interessiert – es kann gut sein, daß aus der Invasion doch noch etwas geworden wäre. Nicht im Juli oder August, vielleicht aber im Mai 1941. Auch hier ist der Vergleich mit 1944 lehrreich: Obwohl die Alliierten seit 1943 über schier unerschöpfliche Ressourcen verfügten, dauerte es ein gutes Jahr, bis die Voraussetzungen zur Invasion geschaffen waren. Gewiß, im Mai 1941 war mit einer regenerierten britischen Armee zu rechnen – doch angesichts der ungleichen Machtverteilung zwischen dem eroberten Europa und den völlig isolierten britischen Inseln hätte der Ausgang eines deutschen »D-Days« im Frühjahr 1941 durchaus anders sein können.

Ich nenne diesen Zeitraum – Mai 1941 – mit Bedacht, denn er enthüllt schlagartig das Problem: Im Mai 1941, so die Vorstellungen der ersten Weisungen für »Barbarossa«, sollte der Rußlandfeldzug beginnen. Das erklärt, warum Hitlerdeutschland gar nicht ernsthaft die Eroberung der britischen Inseln versucht hat. Die Planungen schritten auch nach dem September 1940 fort, wurden aber mehr und mehr zu bloßen Glasperlenspielen. Irgendwann im Jahr 1942 wurden sie dann auch offiziell eingestellt. Ein wirklich »durchnazifiziertes« Kontinentaleuropa hätte »an sich« vermocht, was die USA und Großbritannein vermögen sollten: ein Landungspotential bereitzustellen, das den Erfolg mit hoher Wahrscheinlichkeit garantiert hätte. Aber dieses Nazi-Europa gab es 1940 so wenig wie 1941. Das Verhalten der Unterworfenen erinnerte in mancherlei Betracht schon damals an »passiven Widerstand«. Dem wußte das primitive Reich des Adolf Hitler nicht zu begegnen. Blanker Terror, das sollte sich noch zeigen, aber war kontraproduktiv.

Luftwaffe und Marine haben das Unternehmen »Seelöwe«[428] ernsthaft gewollt, es also nicht als bloßen Bluff angesehen. Das ergibt sich aus den bitteren und verbitterten Bemerkungen in der Seekriegsleitung, das Heer ziehe offensichtlich gar nicht richtig bei der Planung mit. Hitler wollte die Invasion nicht – wenigstens noch nicht, denn sie hätte, selbst erfolgreich, seinen »Fahrplan« gestört. Dieser basierte auf der Annahme, mit den im Juli 1940 verfügbaren Heereskräften die Sache »Barbarossa« erledigen zu können. In den ersten Vorausplanungen des OKH findet sich kein Hinweis darauf, die Armee könnte zu schwach für diese Aufgabe sein. Subjektiv betrachtet war sie es tatsächlich nicht: Seit dem September 1939 hatte das Heer bewiesen, wessen es fähig war; der Frankreichfeldzug war gegen die angeblich stärkste Militärmacht der Erde gewonnen worden. Die Berichte des deutschen Militärattachés in Moskau[429] gaben zu verstehen, daß der Roten Armee trotz oder gerade wegen des Winterkrieges in Finnland nicht viel zuzutrauen sei – jedenfalls viel weniger als der franzö-

11. Das englische Problem

sischen. Das heißt: Die Umsteuerung der Rüstung auf Luftwaffe und Marine, die Hitler unmittelbar nach dem Ende des Frankreichfeldzuges befohlen hatte, zielte nicht auf diesen, sondern schon den kommenden Krieg, und zwar eben jenen, der gegen die USA und Japan geführt werden sollte, wobei England als völlig »isoliert« gedacht wurde. Sicherlich hätte sich Hitler nicht gegrämt, wäre es im Vorfeld gelungen, England zu erobern – aber das lag für ihn in der zweiten Priorität. Auch die bekannte Aufzeichnung im Kriegstagebuch der 1. Skl. vom 21. Juli 1940[430] weist in diese Richtung:

»Welche Hoffnung kann England noch für die Fortsetzung des Krieges haben«, referierte Raeder Hitlers Ausführungen :

»Es kann hoffen:

1. Auf einen Umschwung in Amerika (Amerika hat im Weltkrieg 10 Milliarden Dollar verloren, nur 1,4 Milliarden zurückerhalten. Es hat die Hoffnung, auf jeden Fall die stärkste Seemacht zu werden).

2. Auf Rußland, dessen Eintritt in den Krieg besonders durch die Luftbedrohung für Deutschland unangenehm wäre.

Wenn Moskau die großen Erfolge Deutschlands mit einem weinenden Auge sieht, so hat es von sich aus doch kein Bestreben, in den Krieg gegen Deutschland einzutreten. Es ist natürlich Pflicht, die amerikanische und russische Frage stark zu erwägen.«

Raeder war ahnungslos, wir aber wissen, was dieser letzte Satz bedeutete: die verschlüsselte Ankündigung des Rußlandfeldzuges und vielleicht sogar eines Krieges gegen die USA. Wenn Hitler danach noch allerlei Einwände gegen »Seelöwe« vorbrachte, ohne natürlich formell das Unternehmen abblasen zu wollen – England sollte nur weiter unter diesem Damoklesschwert leben, bedeutete der Diktator seinem Marinechef – so paßt das in diese Interpretation. Auch eine Bemerkung Hitlers wie jene: »Das Unternehmen einer Landung in England ist außerordentlich kühn, denn, wenn der Weg auch nur kurz ist, so handelt es sich doch nicht um einen Flußübergang, sondern um den Übergang über ein Meer, das vom Gegner beherrscht wird. 40 Divisionen werden nötig sein«, spricht dafür, daß von Begeisterung keine Rede sein konnte. Kurz und gut, ich halte die Bluff-Theorie heute für plausibler als vor dreißig Jahren .

All das wußten Churchill und jene Falken in London, die ihn unterstützten, natürlich nicht. Sie mußten vielmehr davon ausgehen, daß das »Dritte Reich« nach seinem Sieg über Frankreich nunmehr alle seine Kräfte für die Eroberung Englands und die Zerschlagung des britischen Empires sammeln würde – schließlich hatte das Hitler mit seinem antiken Vergleich selbst unmißverständlich klargemacht, besser: schien es klargemacht zu haben. Deswegen darf man unser nachträgliches Wissen nicht als Maßstab und Grund dafür nehmen, den britischen Heroismus von 1940 herabzusetzen, gar ins Lächerliche zu ziehen. Zu diesem Zeitpunkt sah es, von London aus gesehen, nach einem deutsch-russischen Konflikt überhaupt nicht aus, ganz im Gegenteil: Es waren die Monate, in denen die beiden Diktatoren nach außen hin den Eindruck großer Übereinstimmung verbreiteten; die nach dem Moskauer Frieden gestärkte Position Stalins konnte als Beginn einer um so engeren Zusammenarbeit zwischen Hitlerdeutschland und der Sowjetunion gedeutet werden.[431]

Im Grunde gab zu diesem Zeitpunkt, um es zu wiederholen, niemand mehr einen Pfifferling für das britische Empire, auch die USA nicht, denn diese weigerten sich standhaft, über die Brosamen hinaus, die man den armen Vettern hingeworfen hatte, etwas Substantielles zu tun, geschweige denn an der Seite Englands in den Krieg zu ziehen. Roosevelt mag, nicht zuletzt unter dem Eindruck der Briefe Churchills, schon damals dazu geneigt haben,[432] aber es konnte keine Rede davon sein, daß Kongreß und Senat, geschweige denn die US-Bevölkerung ihm auf diesem Weg gefolgt wären – ganz anders als 1917, als die Kriegsbegeisterung in den USA groß gewesen war.

Der große show-down, die Luftschlacht um England, begann im Juli, erfuhr mit »Adlertag« am 13. August seinen Höhepunkt und endete im Oktober 1940 mit einer peinlichen Niederlage, nein eben nicht Hitlers, Halders und Raeders, sondern Görings, und man kann darin durchaus eine »List der Geschichte« sehen. Auf alle Fälle war seitdem die Position Görings angeschlagen, die Churchills unerschütterlich, und während ersterer nie mehr jene Machtvollkommenheiten in die Hand bekommen sollte, die ihn bisher ausgezeichnet hatten, konnte Churchill fortan wie ein Diktator regieren – was er ganz außerordentlich genossen hat, ich verweise abermals auf die entlarvenden Colville-Tagebücher.

Daß ganz nebenbei mit der verlorenen Luftschlacht um England das ganze Theoriegebäude des Luftkrieges, zurückgehend bis in die Zeiten von Guilo Douhet, in Trümmern lag, sei nur am Rand bemerkt. Und, was wichtiger ist: Nie mehr sollte die deutsche Luftwaffe jene Position zurückgewinnen, die sie vor der Luftschlacht im militärischen und sozialen Tableau eingenommen hatte; langfristig führte dies zu den übelsten Folgen, denn im Gegensatz zu den alliierten Luftflotten hat sich die deutsche von diesem auch moralischen Desaster nie erholt. In der verlorenen Luftschlacht um England ist der Beginn der alliierten Luftherrschaft über Europa und Deutschland zu sehen – diese war eine entscheidende Voraussetzung für die Rückeroberung des Kontinentes seit dem Herbst 1942.

Das Desaster war ein moralisches und ein technisches: Im Kampf Mann gegen Mann, Maschine gegen Maschine erwies sich das fliegerische Personal der RAF dem deutschen mindestens ebenbürtig, und das galt auch für die technischen Daten der Flugzeuge. Dem englische RADAR hatten die Deutschen nichts entgegenzusetzen. Auf diese Weise entzauberten 2500 englische Flieger einen der gehätschelsten Mythen des »Dritten Reiches«, nämlich den von der ungeheuren moralischen und technologischen Überlegenheit der deutschen Luftwaffe. Daß das alles zu jenem Bild paßte, das bei der Betrachtung der deutschen Rüstungspolitik schon entstanden ist, versteht sich am Rande.

Die Luftschlacht um England generierte jedoch auch noch andere Fernwirkungen. Zum einen in England: Hier hatte Churchill fortan keine Schwierigkeiten mehr, die unbedingte Präponderanz der Luftrüstung durchzusetzen, und der Erfolg beflügelte auch die Techniker. Der Vorsprung im technischen Bereich wurde ausgebaut. Dann der Bombenkrieg: War es in den Luftkämpfen über dem Kanal und Südengland noch einigermaßen »fair« zugegangen, so deutete die Bombardierung nicht nur kriegswichtiger Bodenziele, sondern auch schon von Wohnvierteln – man denke an Coventry – die Barbarisierung der Luftkriegführung an.[433] Hitler delektierte sich am Anblick brennender Häuserzeilen; ganze englische Städte in Schutt und Asche zu legen – das hatte weniger mit Strategie denn mit Haß und Befriedigungsgelüsten zu tun. Die Folge davon war, daß zum einen auch die Briten wenig später wenig Skrupel hatten, den Luftkrieg gegen die Zivilbevölkerung aufzunehmen – ich erinnere an Lübeck, das man im März 1942 als Probefall aussuchte, weil es so mittelalterlich eng war und so »schön brannte«, wie sich »Bomber-Harris« feinfühlig ausdrückte, und an Hamburg, dessen Zerstörung im Juli 1943[434] unter dem entlarvenden Codenamen »Gomorrah« lief. Zum anderen waren Hitler und notabene sein Volk seitdem von der fixen Idee besessen, es den Briten auf gleiche Weise »heimzuzahlen«. Dafür brauchte man Bomber, und so flossen die knappen Ressourcen in einen Bomberbau, der gesamtstrategisch gesehen wenig brachte, wohingegen die sträfliche Vernachlässigung der Tag- und Nachtjagd zu katastrophalen Zuständen führen sollte.

Die Verantwortlichen in Deutschland mußten sich nach den Erfahrungen des Sommers 1940 die Frage stellen, wie es nun mit dem Krieg weitergehen sollte.

Man konnte so tun, als sei der Krieg vorbei – ebenso suggerierte es die Propaganda. Das Wesentliche schien getan, das Reich gesichert, Feinde gab es nicht mehr, sah man von England ab – ein marginales Problem, das über kurz oder lang so oder so gelöst sein würde. Man weiß nicht, wieviele Volksgenossen diese Deutung im Sommer 1940 geglaubt haben. Der naheliegende Vergleich mit Napoleon kam gar nicht erst auf, denn anders als dieser war Hitler mit dem Herrscher aller Reußen verbündet. Niemand jenseits des engsten Führungszirkels Hitlers hat im Juli 1940 auch nur geahnt, in welche Richtung Hitlers Gedanken liefen. Wieder war es der Diktator, der als einziger ein klares Konzept besaß und es zäh verfolgte. Das allerdings sollte sich bald ändern, zunächst geht es um die denkbaren Alternativen zu »Barbarossa«.

Was die Rüstung anging, war es wieder Hitler, der die Richtung wies: Sein Befehl, die Heeresrüstung zugunsten der von Luftwaffe und Marine zu stoppen, schien eindeutig in eine maritime Zukunft zu weisen, nachdem die kontinentalen Aufgaben anscheinend gelöst waren. Der Lebensraum im Osten mochte kleiner als erwartet ausgefallen sein, aber nach der Zerschlagung und Aufteilung Polens gab es ihn. Rußland aber konnte als »Ergänzungsraum«, wie einst das angestrebte mittelafrikanische Kolonialreich angesehen werden. Tatsächlich verliefen die deutsch-sowjetischen Wirtschaftsverhandlungen gut; längerfristig war damit zu rechnen, daß das von Hitler beherrschte Europa alle Rohstoffe erhalten würde, deren es langfristig bedurfte: aus der Sowjetunion.

Auf die letztlich vergeblichen Bemühungen Hitlers, eine große Mittelmeerallianz zustandezubringen, wurde schon hingewiesen. Gerade wenn Hitler den »Barbarossa«feldzug als ein bloßes Zwischenspiel ansah, war es wichtig, die Voraussetzungen für den geplanten Endkampf mit dem britischen Empire, den Vereinigten Staaten und, vielleicht, Japan zu schaffen. Dafür bedurfte es außerordentlicher Anstrengungen des gesamten europäischen Kontinents, mehr: nur wenn auch die Kolonialreiche der Franzosen, Spanier und Italiener mit in das Konzept eingespannt werden konnten, was sich weniger auf die ökonomischen als die strategischen Faktoren bezog, bestanden Aussichten auf Erfolg. Das aber bedeutete: Bevor die Lebenslinien Englands nicht unterbrochen waren – also die im Atlantik, aber auch die um Afrika und, vor allem, quer durch das Mittelmeer über das Rote Meer in den Indischen Ozean – bestanden wenig Aussichten auf einen finalen Erfolg. Das wiederum hieß: Die »maritime Strategie« war zur gleichen Zeit eine »Notstrategie«[435] und eine erste Blaupause für den 3. Weltkrieg. Das eine schloß das andere nicht aus, aber man kann deutlich sehen, wo diese beiden Blaupausen, gleichsam übereinandergelegt, voneinander abwichen. Hier haben uns zuerst die gemeinsamen Schnittmengen zu interessieren; erst im Zusammenhang mit dem im Juli 1941 schon gewonnen geglaubten Krieg gegen die Sowjetunion wird interessieren müssen, was darüber hinaus ging.

Es ist zwischen einer »direkten« und einer »indirekten« Strategie zu unterscheiden. Die »direkte« Strategie bestand in der »Seelöwe«planung, sie besagte: England wird erobert und auf diese Weise die englische Frage gelöst. Das erwies sich seit September 1940 als zunehmend unrealistisch.

»Indirekte« Strategie bedeutete: England muß von seinen Kolonien, dem Commonwealth und seinen Verbindungen nach Amerika und Indien abgeschnitten werden, und zwar im Atlantik und im Mittelmeer. Die deutsche Seemachtprojektion konnte nur temporär und sporadisch darüber hinaus auch im Indischen, im Pazifischen, im südatlantischen Ozean wirken. Hier würde es längerfristig darauf ankommen, wie sich Japan verhielt. Zu diesem Zeitpunkt: Frühherbst 1940, war mit einem Angriff Japans auf die angelsächsischen Mächte noch nicht zu rechnen, und das japanische Außenministerium hütete sich, irgendwelche Andeutungen in diese Richtung zu machen.[436]

In der Seekriegsleitung war vom Mittelmeer immer als dem »Rückgrat« des britischen Empires die Rede, und die Idee war verlockend, dieses »Rückgrat« zu brechen. Das war auch das eigentliche Ziel jener Verhandlungen zwischen Hitler und Franco in Hendaye, Hitler und Pétain in Montoire, die so enttäuschend für den Diktator verliefen. Weder konnte man Gibraltar erobern noch Suez – also die beiden strategisch wichtigsten Punkte, wenn die Mittelmeeranrainer nicht mitmachten.

Italien schien ja mitzumachen. Wie erinnerlich, hatte dessen Überfall auf Abessinien die deutsch-italienische Feundschaft begründet und Mussolini in die Arme Hitlers getrieben. Von Abessinien aus eroberten die Italiener nun Britisch-Somaliland, ein verheißungsvoller Auftakt, und am 12. September 1940 – ganz offensichtlich in Parallele zur Luftschlacht um England, das Trittbrettfahrermotiv wird wieder sichtbar – griff der italienische Marschall Graziani mit der 10. Armee Ägypten an. Jedermann in Rom und Berlin hoffte, ja erwartete, daß die Italiener schnell bis Suez und Alexandria durchstoßen würden – dann wäre das Problem »Rückgrat« in der Tat gelöst gewesen.

Daraus wurde nichts, sondern ein Schlappe, eine Blamage, die schließlich nur deswegen nicht in einer italienischen Katastrophe endete, weil Mussolinis Hilferufe von Hitler erhört wurden. Mit der Aufstellung des deutschen Afrikakorps[437] engagierte sich der »Führer« eigentlich contre coeur in einer Gegend, die doch eigentlich der italienischen Zuständigkeit unterlag und auch unterliegen sollte. Immerhin: Vielleicht würde es nun doch noch möglich sein, den Weg nach Alexandria zu öffnen. Zunächst aber hatten die Achsenmächte im Mittelmeer eine empfindliche Schlappe hinnehmen müssen, die Seekriegsleitung wurde sich bald darüber klar, daß mit einer raschen Säuberung des Mittelmeeres von britischen Kräften nicht zu rechnen war.

Das System der Aushilfen, im Herbst 1940 deutlich sichtbar, ließ den Ehrgeiz mancher General- und Admiralstabsoffiziere wachwerden. Die Situation war grotesk: Das Reich verfügte über ein mächtiges Heer, eine angeschlagene Luftwaffe, eine kleine, aber doch entwicklungsfähige Marine und wußte nicht recht, was damit anzufangen sei, obwohl der Krieg offensichtlich nicht zu Ende war. In dieser Situation entstanden in der Seekriegsleitung die kühnsten und teils abenteuerlichsten strategischen Pläne.[438] Ihnen allen gemeinsam war die unbedingte Präponderanz der Marine über das Heer – und eben dies mag mit dazu beigetragen haben, daß es in diesem Heer nahezu keinen Widerstand gab, als Hitler seinen unabänderlichen Entschluß verkündete, die Sowjetunion in einem kurzen Sommerfeldzug niederzuwerfen. Damit war das Heer wieder beschäftigt, mehr: die Rüstungsprioritäten mußten wenigstens zunächst wieder auf die Seite des Heeres verlagert werden. Hitlers überhebliche Hoffnung, was vorhanden sei, würde schon genügen, um Stalin Beine zu machen, war wenige Monate später schon wieder verflogen, nicht zuletzt Folge von Berichten des Geheimdienstes, nach denen Stalin mit erheblicher Energie an die Regenerierung und Vergrößerung seiner Roten Armee ging. Das hatte nichts mit irgendwelchen stalinistischen Angriffsabsichten zu tun – oder genauer: so interpretierten die Fachleute die sowjetische Militärpolitik –, war aber im Falle eines deutschen Angriffes auf Rußland doch in Rechnung zu stellen. Die Zeit der Ungewißheit neigte sich dem Ende zu, nun wußten die Soldaten wieder, wozu sie gebraucht wurden, und die Marine sah sich erneut in das zweite Glied versetzt, was sie nicht wenig frustrierte. Schon deswegen war sie gegen den Rußlandfeldzug – womit sich Raeder später gebrüstet hat, völlig zu Unrecht, denn er wurde nicht von moralischen, sondern bloß ressortspezifischen Skrupeln geplagt.

Als Fazit ergibt sich: obwohl das Problem England nicht gelöst war, entschloß sich Hitler, in seinem Programm die nächste Stufe zu nehmen. Daran hat ihn niemand gehindert, was nicht zuletzt daran lag, daß niemand wußte, wie es nach dem Juli 1940 weitergehen sollte. Daß das NS-Regime so fest wie nie im Sattel saß, aber machte auch alle Widerstandsbemühungen zu diesem Zeitraum illusorisch. Es war die Stunde Hitlers. Er war ein starker, kein schwacher Diktator.

12. DIE GENESE VON »BARBAROSSA«

Wenn es nicht gelang, England in absehbarer Zeit und wie und wo auch immer niederzuringen; wenn darüber hinaus das amerikanische und auch das japanische Problem ungelöst blieben; wenn man sich auf einen schier unabsehbar langen Krieg einrichten mußte; wenn das, was man als alternative oder maritime Strategie bezeichnen kann, nicht geeignet war, dem Krieg ein baldiges Ende zu setzen – dann mußte der Gedanke, das eigentliche Kriegsziel anders, gleichsam unorthodox zu erreichen, naheliegen.

Man darf sich die Hitlerschen Planungen nicht monokausal denken; es wäre verfehlt, wollte man, wie dies schon von den Zeitgenossen und dann nach 1945 immer wieder formuliert worden ist, in Hitlers Entschluß, die Sowjetunion anzugreifen, einen »Fehler« sehen – eben weil das englische Problem noch nicht gelöst gewesen sei. Darum ist es Hitler nie gegangen, der Krieg gegen das Inselreich spielte auf einer anderen Ebene und hatte in den Augen des Diktators mit dem Ostproblem nichts zu tun. Wenn neben vielen anderen der Oberbefehlshaber der Kriegsmarine, Erich Raeder, diesen »Fehler« Hitlers beklagen sollte – notabene nach dem Krieg – so hatte er nichts von Hitlers Weltanschauung begriffen. Er tat auch nichts Wesentliches, um Hitler von dem in seinen Augen fatalen Entschluß abzubringen.

Im Bemühen, dem Hitlerschen Handeln eine traditionelle Rationalität sui generis anzudichten, konnte das Konstrukt von der Sowjetunion als des Festlanddegens Englands entstehen.[439] Es war bekanntlich durch und durch historisch, bezog sich auf Napoleon und mochte damals, 1812, eine gewisse Berechtigung besessen haben, denn tatsächlich war es Napoleon nicht um die Eroberung östlichen »Lebensraumes« gegangen, sondern um eine kontinentaleuropäische Lösung der Machtfrage unter Einschluß Rußlands. Nur weil dieses dem Grand Dessin des großen Korsen widerstrebte und England sich deswegen behaupten konnte, war es zu dem Krieg von 1812 gekommen, also einem »Umweg« nach London. Vor allem Jacques Bainville und Pierre Gaxotte[440] haben deswegen in Napoleon nicht die Treitschkesche »Eroberungsbestie« gesehen, sondern einen eher par la force des choses Getriebenen – eine kühne und auch zweifelhafte Interpretation, aber sie ist möglich. Im Falle Hitler ist sie nicht möglich.

Es konnte im Sommer 1940, als Hitler seinen »unabänderlichen Entschluß« faßte, die Sowjetunion zu zerschlagen, keine Rede davon sein, daß der Diktator von irgendeiner Seite getrieben wurde, im Gegenteil: *Er* hatte die Nationen Europas zusammengetrieben, der Kontinent verharrte in ängstlichem Erschrecken vor einem Mann, dem man nicht nur alles Böse zutraute, sondern der schon bewiesen hatte, daß er alles denkbare Böse auch zu tun entschlossen war. Und dennoch hat sich wahrscheinlich im Sommer 1940 niemand vorstellen können, was dann folgen sollte: Noch immer gehorchte der Krieg halbwegs abendländischen Regeln, er war noch nicht vollends entartet, noch kein absolutes Verbrechen. Das muß immer bedenken, wer sich der Geschichte des Widerstandes widmet. Wer vor 1941 Hitler widerstand, brauchte gute Argumente. Nach dem 22. Juni 1941 brauchte er die nicht mehr, das Verbrechen lag vor aller Augen – auch wenn viele, allzuviele es vorzogen, ihre Augen davor zu verschließen.

Das Verhältnis zwischen dem »Dritten Reich« und der Stalinschen Sowjetunion war auch nach dem 23. August 1939 alles andere als gut, schon aus ideologischen Gründen. Aber beide Diktatoren waren übereingekommen, wenigstens temporär zusammenzuarbeiten, jeder zog seinen Vorteil daraus. Wenn Deutschland Stalin in der Frage nach Lieferung von High Tech-Gütern, inklusive solcher militärischer Provenienz entgegenkam, konnte Deutschland annähernd beliebig große Mengen an Rohmaterialien seitens Rußlands erwarten.[441] Die Handelsverträge sahen großzügig aus und blieben, wie die deutsche Botschaft in Moskau meldete, durchaus ausbaufähig. Tatsächlich hat die Sowjetunion alle Verpflichtungen, die aus den Handelsverträgen resultierten, gewissenhaft erfüllt; noch am Tag des Überfalles rollten Güterzüge in Richtung Deutsches Reich. Die Kernprobleme der Kriegführung aus der Zeit des Ersten Weltkrieges: die mangelhafte Ernährung, die fehlenden Ressourcen auf dem Rohstoffsektor waren gelöst, Hitlers Reich schwamm gleichsam in Ressourcen – es standen ihm die praktisch ganz Europas zur Verfügung, und es bestanden anfangs auch gute Aussichten, die kolonialen Frankreichs hinzuzugewinnen.

Deswegen war der Feldzug gegen die Sowjetunion anfänglich alles andere als ein durch eine ökonomische Notlage erzwungener Wirtschaftskrieg. Die Wirtschaft spielte keine Rolle, wenigstens nicht in diesem Sinn. Daß sich deutsche Betriebe und Konzerne für die Chancen interessierten, die eine weitflächige Eroberung von »Lebensraum« eröffnete, war selbstverständlich,[442] doch im Vorfeld von »Barbarossa« hat es keine besonderen Pressionen aus der Wirtschaft gegeben – so wie dies 1914 im Hinblick auf Longwy oder Briey der Fall gewesen war. Die enge Zusammenarbeit, sprich: Ausbeutung der Nationalökonomien des eroberten Westens erschien viel attraktiver, und auf diesem Feld war kein Mittel zu schäbig, wenn es um Gewinnmaximierung ging. Das bezieht sich nicht allein auf die staatliche Wirtschafts-und Handelspolitik, sondern auch die private – ein weites Feld, das hier nicht weiter abgesteckt werden kann. Geradezu schlitzohrig verstanden es die kujonierten Staaten, gegen die deutschen Ausbeutungsgelüste sich zu wehren, das betraf das Problem der Fremdarbeiter[443] ebenso wie das der Devisen und der Finanzen überhaupt. Nie ist es den Deutschen gelungen, wirklich Einsicht in die Staatshaushalte der Unterworfenen und Neutralen zu gewinnen – selbst auf diesem Feld tritt die ganze Inkompetenz der damaligen Volks- und Finanzwirtschaft neuerdings drastisch in Erscheinung.[444]

Dieses offensichtliche Versagen der Diktatur war schon einer der Hauptgründe für den Rücktritt Schachts von seinem Amt als Reichsbankpräsident gewesen, danach wurde nichts besser, im Gegenteil. So wenig das »Dritte Reich« wirklich gute, das heißt auch sittlich veranwortliche Strategen und Techniker produzierte, so wenig gute Nationalökonomen und Finanzfachleute, auch wenn die braunen Bonzen selbst vom Gegenteil überzeugt blieben. Der intellektuelle Kahlschlag seit 1933, die Ausschaltung der jüdischen Banken, die »Arisierung« und oft damit verbunden Ruinierung jüdischer Fabriken, die Gleichschaltung der Hochschulen, die stümperhaften »Reformen« in Schulen und Universitäten (manches wirkt auf fatale Weise modern), die Gängelung der akademischen Jugend wie der Dozentenschaft, die sich lieber in Wehrertüchtigungslagern denn im Hörsaal tummeln sollte, die Vergewaltigung und Verachtung der Geisteswissenschaften, die Ideologisierung selbst von Mathematik und Physik[445] – all das rächte sich nicht erst nach 1945, sondern schon nach 1939 bitter.

Hitler, ökonomisch völlig unbedarft, von einer Riege wirtschaftswissenschaftlicher Nullen und Angsthasen umgeben, war davon überzeugt, über einen derart soliden kriegsökonomischen Unterbau zu verfügen, daß er es sich leisten zu können glaubte, auf die russischen Ressourcen zu verzichten. Daß diese abrupt versiegen würden, wenn er die Sowjetunion angriff, lag auf der Hand, und man hätte aus den Erfahrungen von 1918 lernen können, daß es selbst unter einem rigiden Besatzungsregime kaum möglich sein würde, die sowjetische Wirtschaftskraft zu deutschen Gunsten wieder in Schwung zu bringen. Damit war das kaiserliche Deutschland seinerzeit spektakulär gescheitert – und damals waren viel bessere Fachleute am Werk gewesen als jene, die sich dann mit dem »Generalplan Ost«[446] und ähnlich kriminellen Zukunftsplanungen abmühen sollten.

Am drastischsten wirkte die ökonomische Unvernunft im Zusammenhang mit dem Holocaust: Vernichtung arbeitsfähiger und oft wirtschaftlich hochkompetenter Menschen war ein volkswirtschaftlich unsinniges

Projekt. Vernichtung durch Arbeit -»Arbeit macht frei« stand bekanntlich über den Toren der Konzentrationslager – war es nicht weniger. Im Umkreis der Eichmannschen Behörde, im Reichssicherheitshauptamt der SS, hat sich nie jemand ernsthaft mit einer ökonomischen Kosten-Nutzen-Analyse beschäftigt, sieht man von den abenteuerlichen Finanzierungsplänen der projektierten Judendeportationen nach Palästina, Madagaskar, Sibirien ab. Jüdische Menschen waren, nachdem sie ihrer Vermögen beraubt worden waren, in den Augen überzeugter Nationalsozialisten nichts wert: buchstäblich!

Später, als alles erkennbar schiefflief, hat Hitler natürlich auch das wirtschaftliche Argument bemüht; der, wie man das nennt, »zweite Feldzug gegen die Sowjetunion« von 1942 stand ganz im Zeichen der ökonomischen Misere und Motive – dies aber nicht, weil für Hitler wirklich das Ökonomische drängte, sondern er anders den Deutschen die Kriegsräson nicht mehr vermitteln konnte. Es klang in den Ohren der Volksgenossen gut, wenn die Medien erklärten, mit der Gewinnung der Ukraine werde diesmal anders als im Ersten Weltkrieg die deutsche Ernährung[447] wirklich sichergestellt. Die funktionierte zwar noch, aber gerade ältere Leute wurden nicht müde zu unken und auf die Erfahrungen aus dem Ersten Weltkrieg zu verweisen. Hitler wußte, daß hier eine Zeitbombe ticke; nach wie vor galt die Devise: Kanonen *und* Butter. Aber die Butter wurde seltener.

Nur auf einem Sektor gab es ein echtes kriegsökonomisches Interesse: auf dem des Erdöls, denn das wurde bedenklich knapp, und die Hydrieranlagen, wirtschaftlich gesehen ohnehin der helle Wahnsinn, waren kaum noch geplant. Eine Eroberung der südrussischen Ölfelder versprach hier dauerhafte Abhilfe, nachdem die Leistungen der rumänischen enttäuschend niedrig blieben.

Worum es Hitler im Vorfeld des Rußlandkrieges eigentlich ging, versinnbildlichen drei Städtenamen: Moskau, Leningrad, Stalingrad (das 1942 ins Zentrum des Angriffs trat). Das waren allesamt symbolische Orte, die »Verduns« der Stalinschen Sowjetunion. Hitler interessierte sich nicht für deren wirtschaftliche Potenzen, ihn trieben ausschließlich weltanschauliche Motive. Auch hier das nämliche Bild: Mit Ausnahme des kaltgestellten Generals Thomas gab es im OKW niemanden, der in der heißen Planungsphase von »Barbarossa« sich die Mühe gemacht hätte, die Kriegsökonomie einmal durch- und hochzurechnen.

Ein Weltanschauungskrieg war geplant oder, wie es Andreas Hillgruber formuliert hat: ein weltanschaulicher Vernichtungskrieg. Es ging dem Diktator um die Realisierung seines Lebensraum- und Rassekonzepts, und beides gehörte untrennbar zusammen, deswegen sind »Barbarossa«-Feldzug und Holocaust nur die beiden Seiten einer Medaille.

Spätestens seit dem 21. Juli 1940 war der Entschluß Hitlers, die Sowjetunion zu überfallen, beschlossene Sache. Wahrscheinlicher ist es, daß diese Grundsatzentscheidung schon zwischen dem 6. und 10. Juli 1940 gefallen war, Hillgruber bringt Argumente bei, die sogar schon in die Zeit Anfang Juni deuten.[448] Von daher stellt sich die Frage, ob es überhaupt sinnvoll ist, von einem Datum post quem auszugehen: War der Krieg gegen die Sowjetunion nicht ständig in Hitlers Programm präsent? Könnte es sein, daß es deswegen gar kein Stichdatum gibt? Sowenig wie es ein Stichdatum hinsichtlich des Holocaust in Form eines schriftlichen Befehls Hitlers gibt? Beides paßt zusammen, und mit den Augen Hitlers gesehen, war das auch logisch. Deswegen ist die Bedeutung des Molotowbesuches vom 12. bis 14. November 1940 zu relativieren.[449] Er hat Hitlers Entschluß nicht ausgelöst, wie man lange glaubte, sondern bestenfalls bestätigt. Es gibt keinerlei Hinweis auf eine verhüllte Präventivkriegsabsicht Stalins zu diesem Zeitpunkt,[450] allerdings verfolgte dieser die entschiedene Absicht, fast wie im Zeitalter der Kabinetts-und Konventionskriege, Kompensationen zu erhalten – angesichts des Hitlerschen Herrschaftsbereiches, an den am 23. August 1939 kein Mensch auch nur von Ferne hätte denken können, durchaus verständlich. Man entsinne sich der Politik Napoleons III. nach Königgrätz: Es war dasselbe Muster. Auch Napoleon III. dachte 1866 nicht im Entferntesten daran, Preußen anzugreifen, aber er wollte mit Luxemburg seine »Anständigkeit« haben, wie man es im 18. Jahrhundert auszudrücken pflegte.Erst als ihm dies Bismarck listenreich verweigerte, gewann der Schrei »Rache für Sadowa« sein historisches Gewicht.

Deswegen trat Molotow ziemlich forsch auf und pochte vor dem Hintergrund der geradezu märchenhaften Erfolge Deutschlands darauf, den russischen Anteil an der Beute zu vergrößern. Stalin mußte befürchten, daß sich die Machtgleichgewichte weiter zu deutschen Gunsten verschoben, wenn es ihm nicht gelang, seine Intereressenszonen weiter vorzuschieben, vorwiegend nach Südwesten, und daß dabei die Schwarzmeereingänge so in den Blick gerieten wie fast zu allen Zeiten der russischen Geschichte, verstand sich ebenfalls von selbst.

Aber Stalin hütete sich, Forderungen zu erheben, auf die Hitler sensibel reagieren mußte: etwa hinsichtlich einer substantiellen Verschiebung der Demarkationsgrenze in Polen. Auch die Einnahme der Woiwjodschaft Lublin als Kompensation für die sowjetische de facto Annektion Litauens, die Hitler nicht ausreichte, kam zur Sprache. Hitler wies dezent darauf hin, daß das mit Litauen nicht vereinbart worden sei, Molotow wiegelte die Bedeutung dieser Angelegenheit ab – was Hitler akzeptierte. Tatsächlich war der Verstoß gegen die Abgrenzungsvereinbarungen vom September 1939 gering – was Molotow mit aller diplomatischen Delikatesse nicht zu erwähnen unterließ. Bessarabien und die Bukowina: Das waren konkret jene beiden Gebiete, die Stalin zusätzlich und möglichst sofort haben wollte – und Hitler wand sich wie ein Aal. Tatsächlich waren Molotows Argumente stark, denn daß die Sowjetunion schon geopolitisch betrachtet hier viel unmittelbarere Interessen besaß als das ferne Deutschland, lag auf der Hand.[451]

Brisanter war das finnische Problem: Der Friede von Moskau hatte Stalin zwar einige Gelände-und Stützpunktgewinne eingetragen, aber nicht die komplette Herrschaft in Finnland. Molotow machte kein Hehl daraus, daß die UdSSR nach wie vor entschlossen sei, ganz Finnland zu schlucken. Von hier aus, auch das sprach Molotow ziemlich unverblümt aus, müßten sich die sowjetischen Interessen in den nordskandinavischen Raum richten – wieder bekamen Ribbentrop und Hitler Bauchschmerzen: Tatsächlich war es schon zu ersten geheimen Absprachen zwischen Deutschland und Finnland im Hinblick auf einen eventuellen Krieg gegen Rußland gekommen,[452] so daß sich hier die russischen und deutschen Interessen diametral gegenüberstanden. Aber es konnte nicht verwundern, daß Stalin auf Finnland bestand: Das hatte schließlich zum ursprünglichen Geschäft gehört, und deswegen konnte er erwarten, daß sich Deutschland nicht querstellte, wenn er es zum Abschluß brachte. Aber Hitler blieb stur, das hat Molotow verunsichert und ihn an den Zukunftsabsichten Hitlers zweifeln lassen. In der Aufzeichnung des Auswärtigen Amts über das Gespräch vom 13. November 1940[453] heißt es abschließend:

»Zusammenfassend erklärte er (Hitler), daß in der Folge die Möglichkeiten, Rußlands Interessen als Schwarze-Meer-Macht zu sichern, weiter untersucht werden und überhaupt die weiteren Wünsche Rußlands in bezug auf seine künftige Stellung in der Welt in Betracht gezogen werden müßten.

In einem Schlußwort erklärte Molotow, daß sich für Sowjetrußland eine ganze Reihe von großen und neuen Fragen ergeben habe. Die Sowjetunion könne als mächtiger Staat nicht abseits der großen Fragen in Europa und Asien stehen.«

Anders gewendet: Stalin pochte darauf, wie einst Alexander I. im Hinblick auf »Napoleon« mit Hitler »auf gleicher Augenhöhe« zu verhandeln, was den deutschen Napoleon mit Unbehagen erfüllte.

Für die Revisionisten gilt der Molotowbesuch als wichtiger Beweis für ihre Präventivkriegsthese. Die ganze Debatte wurde durch das sensationell aufgemachte Buch von Viktor Suvorov (Pseudonym) unter dem Titel

12. Die Genese von »Barbarossa« 163

»Der Eisbrecher. Hitler in Stalins Kalkül«, das 1989 erschienen ist,[454] ausgelöst. In Deutschland wurden die Thesen des ehemaligen sowjetischen Geheimdienstoffiziers vor allem von dem im Militärgeschichtlichen Forschungsamt tätigen Joachim Hoffmann aufgenommen und in verschiedenen Büchern und Aufsätzen präzisiert[455]. Ihnen schlossen sich andere Historiker an, so daß man tatsächlich von einer, wenn auch kleinen revisionistischen Schule sprechen kann. Nachdem anfänglich Suvorov von der orthodoxen Weltkriegsforschung nahezu einhellig abgelehnt wurde, haben die Untersuchungen Hoffmanns, aber auch Zeitzeugenberichte es als möglich erscheinen lassen, daß an seiner These irgendetwas »dran sein könne«: an der These nämlich, daß Stalin entschlossen gewesen sei, im Herbst 1941, spätestens aber im Frühjahr 1942 Deutschland anzugreifen, so daß Hitlers Überfall auf die Sowjetunion als Präventivkriegsmaßnahme gewertet werden müsse.

Bernd Wegner weist demgegenüber überzeugend nach,[456] daß die angeblichen »Schlüsseldokumente«, aus denen Stalins Angriffsabsicht hervorgehen soll, quellenkritisch fragwürdig sind, vor allem aber in der Tektonik der übrigen bekannten Akten nicht verankert erscheinen. Allerdings wissen wir nicht, ob und welche weiteren Geheimakten es gibt, und die Chance, sie ans Licht zu bringen, haben sich seit dem Amtsantritt von Putin in Rußland wieder verschlechtert.

Wie vor ihm schon viele andere, verweist auch Wegner darauf, daß es zur Tradition der sowjetischen Militärdoktrin gehörte, Angriffe auf das eigene Land offensiv abzuwehren, d.h. den Krieg sofort in das gegnerische Territorium zu tragen. Das war Folge der sowjetischen Erfahrungen mit den alliierten Interventionskriegen nach 1917/18, die Stalin traumatisch geprägt haben. Tatsächlich läßt sich in der berühmten Militärstrategie des Marschalls Sokolovskij, die 1970 schon in 3. Auflage auch auf Deutsch erschienen war,[457] bequem nachlesen, wieso dies immer zu den essentials der sowjetischen Militärstrategie zählte – übrigens bis zum Ende des Kalten Krieges, weswegen es so schwierig ist, der Sowjetunion vor Gorbatschow tatsächlich Angriffsabsichten nachzuweisen.

Diese Militärdoktrin führte logischerweise zu einer Konzentration der sowjetischen Streitkräfte im grenznahen Raum, und ebenso logisch war es, sie Angriffsformationen einnehmen zu lassen. Verschiedene Kriegstagebücher jener Einheiten, die am 22. Juni 1941 zum Angriff antraten, spiegeln die Verblüffung der deutschen Truppen, als sie diese sowjetischen Panzerverbände in Keilform, also in Angriffsformation, vor sich hatten – ohne daß diese auch nur annähernd in der Lage gewesen wären, einen sofortigen Gegenangriff wirklich einzuleiten. Daß es mit diesen Gegenangriffen nichts wurde, ging auf den grenzenlosen Dilettantismus der sowjetischen, vor allem auch der persönlichen Stalinschen Kriegführung zurück; die Theorie war das eine, die Praxis das andere.

Allerdings bleiben Ungereimtheiten, vor allem stellt sich die Frage, wie die sowjetische Führung denn das Angriffsdispositiv auf schier unabsehbare Zeit hätte aufrechterhalten wollen? Hier liegen die stärksten Argumente der Revisionisten. Vieles spricht dafür, daß Stalin zumindest im Sommer 1941 keine Angriffsabsicht verfolgte. Viel spricht allerdings auch dafür, daß das im Jahr 1942 möglicherweise ganz anders ausgesehen hätte.

Nichts aber spricht für die Präventivkriegsthese, und dies aus einem ganz simplen Grund: Weder die 12. Abteilung des Generalstabs des Heeres, »Fremde Heere Ost«, also der deutsche militärische Geheimdienst, noch irgendeine andere Dienststelle haben am Vorabend des Überfalls auch nur über *eine* Information, *ein* Dokument verfügt, das Stalins Angriffsabsicht hätte belegen können.[458] Hätte es solch ein Dokument gegeben, Hitler hätte es in seiner Reichstagsrede vom 22. Juni 1941 mit Sicherheit verwendet, schon im Hinblick auf die Weltöffentlichkeit. Entlarvend ist aber auch der vielfach zitierte Vermerk des Generalmajors Marcks[459] auf dem ersten Entwurf einer Aufmarschweisung für »Barbarossa« vom 5. August 1940: »Die Russen«, hieß es hier, »werden uns den Liebesdienst eines Angriffes nicht erweisen.« Nach Angriffsbeginn war es für die deutsche Propaganda natürlich ein Leichtes, solche Präventivkriegsabsichten Stalins zu behaupten, die gigantischen Gefangenenzahlen der ersten drei Wochen sprachen für sich, und das hat übrigens wesentlich zur Akzeptanz dieses Krieges durch die Bevölkerung beigetragen.

Hitler erteilte Halder zwischen dem 5. und 10. Juli 1940 den Auftrag, sich mit der russischen Frage im OKH zu beschäftigen – das geht aus einer Nachkriegserklärung des ehemaligen Generalstabschefs eindeutig hervor, sie wird in einer Fußnote in der Publikation des Halderschen KTB festgemacht.[460] Erstaunlicherweise aber hat der Generalstab nicht nur befehlsgemäß auf diese Hitlersche »Anregung« – von einer strikten militärischen Weisung kann man noch nicht reden, obwohl die Unterschiede eher marginaler Natur sind – aufgenommen, sondern, nach Halder, ebenfalls und unabhängig von Hitler sich mit der Frage eines möglichen deutschrussischen Krieges zu beschäftigen begonnen. Es ist nicht geklärt, ob es dafür einen konkreten Anlaß gegeben hat, einige Indizien gibt es: Das wichtigste besteht naturgemäß in der Politik der Sowjetunion im Sommer 1940, d.h. konkret in der Besetzung der baltischen Staaten durch Rußland. Damit schob Stalin in den Augen der Militärs, die ja nicht wußten, daß das alles lange abgesprochen worden war, seinen Machtbereich in gefährlicher Weise nach Westen vor. Daß die Militärs darüber nicht informiert waren, ergibt sich auch aus einer Denkschrift der Seekriegsleitung, in der es heißt:

12. Die Genese von »Barbarossa« 165

Das Vorgehen Rußlands »möge abgesprochen sein« – was sich der Kenntnis des Stabes entzog, gebe aber dennoch zu Bedenken Anlaß.[461] Es scheint, als habe Hitler mit voller Absicht die Geheimabkommen zwischen Molotow und Ribbentrop den Generalstäben gegenüber verschwiegen, um ihnen ein gleichsam natürliches »Mißtrauen« Stalin und der Sowjetunion gegenüber zu einzuimpfen – ein nicht ungeschickter Schachzug, wußte Hitler doch genügend über die Strukturen generalstabsmäßigen Denkens, um sich ausrechnen zu können, daß diese sowjetischen Manöver gleichsam »automatisch« die Planungsstäbe der Wehrmacht in Bewegung setzen mußten. Außerdem konnte er zwei Fliegen mit einer Klappe schlagen, wenn er später behauptete, dieses sowjetische Vorgehen habe auch ihn überrascht, wogegen er präventiv habe vorgehen müssen. Das stärkte die Legitimation seines Verbrechens und erlaubte es den Militärs, sich ihm anzuschließen.

Auf alle Fälle war seit Anfang Juli 1940 die russische Karte beim ObdH im Spiel.[462] Am 21. Juli erteilte Hitler dann endgültig einen nun fester umrissenen Auftrag an Halder, sich mit der Frage eines Ostfeldzuges womöglich noch im Herbst 1940 zu beschäftigen. Äußerungen Warlimonts ist zu entnehmen, daß diese Auftragserteilung von Hitler über den Kopf des OKW erfolgte, d.h. Keitel und Jodl wußten am 21. Juli noch nichts von der Hitlerschen Absicht. Das gleiche gilt für die Marineführung. Es gibt allerdings Indizien dafür, daß auch diese Wehrmachtdienststellen theoretisch Hitlers Gedankengänge hätten erkennen können – doch sie merkten nicht, was Hitler mit seinen vorsichtig-tastenden Formulierungen meinte, die im Zusammenhang mit der Frage fielen, was zu geschehen habe, wenn der »Seelöwe« verschoben werden müßte. Vor allem die politische Indolenz Raeders war bemerkenswert.

OKW und Skl. gingen erst am 28. Juli 1940 die Augen auf. An diesem Tag erfuhren beide Dienststellen definitiv von Hitlers Absichten – und gaben sich entsetzt. Hatte schon Halder versagt, als er wider besserer Einsicht Hitlers Anordnungen widerspruchslos gehorchte, so zeigte sich nun in erschreckender Deutlichkeit, daß es im Staate Hitlers niemanden gab, der bereit gewesen wäre, Hitlers Politik, wie sie sich jetzt enthüllte, ein klares »Nein« entgegenzusetzen. Am 28. Juli hörte Jodl die große Neuigkeit, informierte sofort den Verbindungsoffizier zur Seekriegsleitung; tags darauf, spätestens, wußte auch Raeder Bescheid. Gleichzeitig wußten alle, daß Hitler am 31. Juli eine Lagebesprechung im großen Kreis angeordnet hatte. Es hätte wahrlich keiner großen Phantasie bedurft, um sich auszurechnen, worum es dabei gehen würde.

Aber diese Phantasie wurde nicht entwickelt, offiziell sollten ja nur »Seelöwe«fragen behandelt werden, und so verhielten sich alle Beteiligten, von Keitel, Jodl und Warlimont bis Halder und Raeder, von Göring ganz zu schweigen, mucksmäuschenstill. Drei Tage, und wenn es sein mußte drei Nächte hätten sie Zeit gehabt, um für den 31. Juli ein Gegenkonzept zu entwickeln oder sich wenigstens über ihre Strategie abzustimmen – es geschah nichts. Der 28. Juli war ein Sonnabend, der 29. ein Sonntag... honni soit qui mal y pense...

Wie groß war die Überraschung, als Hitler am 31. Juli 1940 seine Rußlandpläne vortrug, wie erstaunt taten alle! Nein, nicht alle: Kaum nämlich hatte Raeder seinen Vortrag zu »Seelöwe« beendet, suchte er, wie üblich, das Weite – er haßte solche Lagebesprechungen, und wenn Leute wie Keitel, Jodl, Göring dabei waren, wurde ihm fast schlecht wie er oft nach 1945 versichern sollte. Das führte zu der grotesken Tatsache, daß Raeder später ganz wahrheitsgemäß behaupten konnte, *er* habe erst im September 1940 etwas von »Barbarossa« erfahren. Als ob es da nicht den Marineadjutanten bei Hitler, Jesko von Puttkammer, gegeben hätte und die Verbindungsoffiziere zu den übrigen Wehrmachtteilen! Dilettantismus auf der ganzen Linie, das altbekannte Muster.

Verfolgt man die Ereignisse des Juli 1940 in streng chronologischer Reihenfolge, verknüpft man damit das Handeln oder eben Nichthandeln der verantwortlichen Offiziere, so wird es ganz klar: Im Gegensatz zu allen späteren Behauptungen hat niemand ernsthaft Hitler widersprochen, es gab nicht einmal einen passiven Widerstand wie im Fall »Gelb«. Schärfer formuliert: Die Herren Offiziere haben nicht nur nicht ein Gegenkonzept entwickelt, sondern waren im Grunde der Hitlerschen Ansicht, daß ein Feldzug gegen die Sowjetunion keine große militärische Sache sei und in kurzer Zeit neue militärische Triumphe mit all den auch persönlich angenehmen Folgen mit sich bringen würde, also üppigen finanziellen Dotationen, Gütern, Orden, Übernahme von »unverschuldeten« Schulden durch das Reich.[463] Auch Halder und Warlimont, die nach dem Krieg als die großen Warner und Mahner sich gerierten, selbst Raeder waren sich vor dem hitlerschen Rathaus in diesem Punkt einig: Das sowjetische Reich sei ein Koloß auf tönernen Füßen, und eine Armee, die die vermeintlich stärkste Militärmacht der Welt, Frankreich, in sechs Wochen geschlagen hatte, würde mit Rußland gleichsam im Vorübergehen militärisch fertigwerden. Die kläglichen militärischen Leistungen der Roten Armee im finnischen Winterkrieg lieferten ein zusätzliches Argument.

Heute mag uns dieses Verhalten, diese Art zu denken, als höchst töricht erscheinen, aber *wir sind* vom Rathaus gekommen und nur deswegen klüger. Man muß sich immer wieder davor hüten, in eine demiurgische Attitüde des von Anfang an Besserwissens zu verfallen. Beurteilt man die Dinge aus der Zeit heraus, wie es dem Historiker angemessen ist, so bleibt festzustellen: Im Gegensatz zu »Weserübung« und »Fall Gelb« erschien das militärische Risiko tatsächlich als gering. Den Erfolg glaubte man sicher. Was die abgekämpfte kaiserliche Armee 1918 geschafft hatte – das sollte das siegreiche Heer von 1940 nicht schaffen? Nicht das Schicksal Napoleons (»Der Faktor 1812« – Keegan) oder Karls XII. stand den Strategen im OKH vor Augen, sondern die viel näher liegende Erfahrung des letzten Jahrhunderts: Seit dem Koalitionskrieg gegen Napoleon hatte Rußland alle Kriege verloren, und wenn es einmal gegen die Türken gesiegt hatte (San Stefano) wurde ihm der Sieg ausgerechnet in Berlin (1878) wieder entrissen.

Aber es gab auch ein rationales Argument, auch dieses erinnert an ein Déjà-vu: 1912 hatte Moltke d.J. nachdrücklich die Reichsleitung darauf aufmerksam gemacht, daß Rußland durch die Revolution und den Fernostkrieg nur vorübergehend geschwächt sei, man ab 1917 also nicht mehr damit rechnen dürfe, Rußland einfach besiegen zu können. Eben so argumentierte auch Hitler: Zwar durchlaufe die Sowjetunion eine Schwächephase, aber der Energie Stalins sei eine baldige Wiederauferstehung zuzutrauen. Das war ebenso richtig wie einleuchtend. Folglich war die Idee eines Präventivschlages verlockend. Hatte nicht auch der alte Moltke die Idee eines Präventivschlages gegen Rußland nicht nur nicht verworfen, sondern als legitim angesehen? Natürlich gab es kein friderizianisches »praevenire quam praeveniri«,[464] das wußten die Offiziere genau, aber es mochte das Gewissen beruhigen, von dieser theoretischen Denkfigur ausgehen zu können. Und ein weiteres Argument: Der Krieg gegen die Sowjetunion würde den gegen England nicht beeinträchtigen – Folge des Endes vom »Seelöwen«.

Das waren vier Argumente. Das fünfte verbarg sich hinter Halders Klagen über die, wie er sich ausdrückte, »Uferlosigkeiten« der militärischen Pläne einer Alternativstrategie. Eine streng und eng begrenzte Aufgabe, wie ein Feldzug im Osten, war demgegenüber vorzuziehen. Sechstens schließlich: Nach und nach ließ auch die Marine sich von Hitlers Versicherungen eingarnen, daß die maritime Strategie von einer viel besseren Basis ausgehen könnte, wenn das russische Problem vorher bereinigt wäre. Von Raeder verlangte Hitler ja niemals die Aufgabe seiner Pläne für das Mittelmeer, die atlantischen Inseln, für Gibraltar und Suez, sondern immer nur eine Verschiebung auf einen günstigeren Zeitpunkt. War es wirklich so schlimm, wenn die maritime Kriegführung erst ein halbes bis dreiviertel Jahr später in den Mittelpunkt der deutschen Strategie rückte? Und war nicht vielmehr zu hoffen, daß nach Abschluß von »Barbarossa« der Schwerpunkt der Rüstung endgültig und auf Dauer zugunsten der Marine verschoben wurde? Es kommt nicht von ungefähr, daß die hybridesten maritimen Planungen genau aus dieser Zeit stammen; es waren Vorgriffe auf die Zeit nach »Barbarossa«, keine Alternative zum Rußlandkrieg.

Nimmt man alles zusammen, so wird einigermaßen erklärlich, warum vom Blickpunkt des Jahres 1940 aus das Unternehmen »Barbarossa« gar nicht so aberwitzig erschien. Die streng sachlich-militärischen Argumente, die dagegen sprachen, erscheinen weit weniger durchschlagend als die, die gegen »Weserübung« und »Fall Gelb« gesprochen hatten. Damals hatte sich Hitler durchgesetzt und die Richtigkeit seiner kühnen Behauptungen unter Beweis gestellt. Sollte der »Größte Führer aller Zeiten« (»Gröfaz«, so der Volksmund) diesmal, wo alles viel einfacher erschien, Unrecht haben? Das war unwahrscheinlich. Von dieser Gedankenebene war kein Widerstand zu erwarten.

Ein letztes Argument, das für »Barbarossa« sprach ist so selbstverständlich, daß man es leicht vergessen kann: Nicht nur die NSDAP, praktisch 90 Prozent der deutschen Gesellschaft war antibolschewistisch eingestellt und sah in Stalins Herrschaft ein totalitäres Terrorregime. Es gehört zu den makabren Seiten der Geschichte, daß sie damit recht hatte und deswegen mit besonderer Inbrunst Steine warf – ohne sich klarzumachen, in welch braunem Glashaus die Deutschen selbst saßen. Aber das ist noch nicht alles. Es gab noch eine andere Argumentationsbasis, eine moralische.

13. KRIEG, MORAL, VERBRECHEN

In der abendländischen Welt, also in jener, die durch die klassische Antike, das Christentum und die Aufklärung geprägt wurde, galt seit dem Wiener Kongreß, seit 1815 der Grundsatz vom Lebensrecht aller Völker und Staaten, und die Idee des »Konzerts« der Mächte hatte diese abendländische Welt zum Herrn der Erde gemacht. Keine andere Kultur, Religion oder Weltanschauung vermochten, was der europäische Geist im 19. Jahrhundert zustandegebracht hat: den Aufbau der Moderne mit der Säkularisierung, der Industrialisierung und Verwissenschaftlichung der abendländischen Welt, der Etablierung einer machtpolitischen und in weiten Regionen auch kulturellen und zivilisatorischen Dominanz. Es wirkt paradox, daß dieses aufgeklärte Prinzip vom unveräußerlichen Lebensrecht der einzelnen Nationen trotzdem zur Unterjochung von Dreivierteln der Welt führte – durch die europäischen Mächte. Das ist ein eigentümlicher Widerspruch, der seiner letzten Deutung noch harrt. Wenn das Prinzip der Menschenrechte, wie es in Europa seit der Amerikanischen und der Großen Französischen Revolution in unterschiedlicher formaler Ausbildung allgemeine Gültigkeit für sich beanspruchte – wie konnte es dazu kommen, daß diese Menschenrechte für den größten Teil der Menschen, die von Geburt an in den Kolonien der »Abenländer« lebten, nicht galt?

Das Konstrukt der Menschenrechte und des Lebensrechtes der einzelnen Staaten war nur unter einer entscheidenden Voraussetzung gültig: daß es sich um *Menschen* handelte. Daß alle Menschen gleich seien, jeder Mensch über seine ihm je eigene Würde verfüge, war in den längsten Epochen der Geschichte keineswegs selbstverständlich, und es ist dies auch heute nicht – wie anders wäre es zu erklären, daß es den Artikel 1 des Grundgesetzes überhaupt gibt?[465] Dort steht ja auch nichts davon, daß der Himmel blau und die Wiese grün zu sein hat. Die Behauptung, daß Mensch nicht gleich Mensch sei, es eine Abstufung im Prozeß der Menschwerdung gebe, war nicht nur Folge der Evolutionstheorien, wie sie seit Charles Darwin,[466] dem großen Propagator, nicht Erfinder, entwickelt worden waren, sondern schon seit dem späten Mittelalter weit in Europa verbreitet, das galt nicht nur für Deutschland. Diese Diskurse finden sich in nahezu allen europäischen Ländern und auch in den USA.[467] Die Vorstellung von Über,-Halb-und Untermenschen[468] geisterte durch die wissenschaftlichen Diskurse ganz Europas im 19. Jahrhundert – die Namen Nietzsche, de Lagarde, Gobineau, Chamberlain, Lanz von Liebenfels mögen dafür stellvertretend stehen.[469] Aus der Annahme, daß Mensch nicht gleich Mensch sei, ergab sich die anscheinend logische Schlußfolgerung, daß alle Lebewesen, die nicht einer hochwertigen, einer »Herrenrasse« angehörten, eben nicht vollwertige Menschen waren, woraus geschlossen wurde, daß man sie wie unfertige Menschen (Kinder und Weiber) oder wie Unter-Menschen (Neger, Juden und Slawen beispielsweise) behandeln konnte, ja mußte.[470] Mußte, weil die moderne »Rassenkunde« und Medizin[471] ausgangs des 19. Jahrhunderts beweisen zu können glaubten, daß die Sexualkraft und die Reproduktionsfähigkeit der menschlichen Lebewesen in einem umgekehrten Verhältnis zu ihrem »rassischen« Wert standen: Neger seien potenter als Weiße und zeugten mehr Kinder als blonde, große, kluge Germanen, die nicht mehr ihren primitiven sexuellen Instinkten, sondern hehren moralischen Imperativen gehorchten.[472] Auch »die Slawen« galten als fruchtbarer denn die »Germanen«. Und Juden, so hieß es, seien vermehrungsfreudiger als Deutsche. Da die jüdischen Männer nicht genügend jüdische Frauen hätten, die sie begatten könnten, erschlichen sie sich das Vertrauen der »reinrassigen« deutschen Frauen[473] – so kam es zum Konstrukt von der »Rassenschande«, das schon 1923 im Zusammenhang mit den sogenannten »Rheinlandbastarden« [474] entstanden war. Den jüdischen Frauen unterstellten die Rassenhygieniker eine ungehemmte Libido, was arische Männer aufs Höchste gefährdete. 1923 galten alle Frauen, die von schwarzen französischen Besatzungssoldaten an der Ruhr ein Kind erwarteten, als Rasseschänderinnen.

Schon vor 1914 hatte es eine lebhafte Diskussion darüber gegeben, wie dem absehbaren Aussterben gerade der höchstwertigen »Rassen« zu steuern sei – daß es in diesem Zusammenhang zu radikalen Vorschlägen kommen konnte, wie denen von germanischen Kinderproduktionsfabriken, in denen tausend germanische Frauen mit hundert germanischen Edelmännern möglichst viele Kinder produzieren sollten – so Lanz von Liebenfels[475] – oder »sexualmoralischer«, aber noch finsterer, die »minderwertigen« Spezies der menschlichen Gesellschaft auszurotten seien – die meisten hielten die Zwangssterilisation[476] für das probate und zugleich humane Mittel – hat die Forschung inzwischen deutlich gemacht.

Wenn als wahrer Mensch nur galt, wer den Rassestandards der Zeit entsprach, war es logisch, den »niederen Rassen« – also cum grano salis den kolonisierten Völkern und den »minderwertigen Rassen« in Asien, Amerika und Afrika, von den australischen Aborigines ganz zu schweigen –

Menschenrechte im Sinne der amerikanischen Verfassung und der Französischen Revolution abzusprechen. Das gleiche Gedankenkonstrukt griff bei Frauen: Auch diese galten nicht als Menschen im eigentlichen Sinne (für die edleren Männer waren sie immerhin die »Engel im Hause«, so Coventry Patmore 1835)[477], deswegen war es logisch, ihnen ebenfalls die Menschen-und Bürgerrechte vorzuenthalten und sie wie unmündige Kinder zu behandeln, das konnte durchaus liebevoll geschehen.[478] Man weiß, wie lange es dauerte, bis wenigstens dieser Irrtum korrigiert war – in Deutschland endgültig eigentlich erst nach 1968, und daß Frauen inzwischen sogar in der Schweiz wählen dürfen, finden manch brave Schweizer noch heute unerhört.

Was hat all dies mit dem »Barbarossa«-Feldzug zu tun? Nur wer dieses Ereignis auch in die gesamte europäische Geistesgeschichte verortet, wird es richtig bewerten können. Demgegenüber hat sich die allgemeine Geschichtsschreibung meist mit dem Hinweis darauf zufrieden gegeben, hier habe Hitler seinen rasseideologischen Vernichtungskrieg geplant und geführt.

Das reicht nicht aus und verkürzt die Geschichte. Diese Formulierung leistet einer Interpretation Vorschub, in der dieses Verbrechen als singulär, gleichsam außerhalb der »normalen« Geschichte gesehen wird. Diese Deutung ist eng verwandt mit jener, die in Hitler nur den Dämon sehen will – also expressis verbis auch keinen Menschen.

Wäre es so, ließen sich »Barbarossa« und der Holocaust – ich erinnere: die beiden Seiten einer Medaille – als bösartige Mutationen der Geschichte abtun, als Singularität. Sie besäßen, bedenkt man es recht, keine Menetekelfunktion, denn eine Singularität ist es eben: einmalig. Außer Raum und Zeit.

Mit dem Wort »Singularität« – durchaus auch im astrophysikalischen Sinne verstanden – schimmert etwas von dem durch, was man ziemlich phantasielos den »Historikerstreit«[479] genannt hat. Weil vor allem Ernst Nolte, Klaus Hildebrand, Michael Stürmer und Andreas Hillgruber, die sogenannte »Viererbande«, von Jürgen Habermas der reaktionären Verharmlosung des Nationalsozialismus und des Holocaust angeprangert, sich darum bemüht hatten, beide (was »Barbarossa« immer mit einschloß) nicht als letztlich ahistorische Singularität zu verstehen und damit eben nicht zu verstehen, sondern im Kontext der Ideologien des 20. Jahrhunderts zu verorten, konnten sie des Relativismus, gar des Verdachts geziehen werden, damit indirekt den Holocaust zu verharmlosen. Daraus entwickelte sich seit 1986 eine über Jahre sich hinziehende ebenso erbitterte wie niveaulose Debatte, die der Erwähnung gar nicht wert wäre, spiegelte sich in ihr nicht auch ein typisches Forschungsdefizit – das die Protagonisten des Historikerstreits in den achziger Jahren gar nicht gesehen haben.

Dieses Forschungsdefizit betraf das, was ich mit den Namen Dijkstra oder Omran angedeutet habe: Erst die moderne Genderforschung nämlich hat den Zusammenhang zwischen Antisemitismus und Antifeminismus[480] deutlich gemacht und gezeigt, daß beide Phänomene der nämlichen Wurzel entstammten. Djikstra konnte nachweisen, daß die USA in den Jahrzehnten bis etwa 1930 geradezu führend in diesem Diskurs waren – hier entzündete sich das völkermörderische Denken an der, wie man es in Europa nannte, »Negerfrage«. Diese sei, so Dijkstra, qualitativ durchaus mit der »Judenfrage« in Deutschland zu vergleichen. Er behauptet sogar, die US-amerikanische Gesellschaft – notabene die weiße – sei für jene Ideen, die von Hitler verwirklicht worden sind, genauso offen gewesen wie die deutsche, und es sei mehr oder weniger Glück, daß es in Amerika keinen Adolf Hitler gegeben habe.

Ohne auch nur annähend so weit gehen zu wollen, wie es dieser Soziologe tut, ist es doch bemerkenswert, daß auf diese Weise der Holocaust zwar nicht relativiert, aber in ein viel größeres Bedingungsgeflecht eingebunden wird als in jenes, das uns traditionell geläufig ist. Das wiederum bedeutet, daß der Holocaust möglicherweise eben keine Singularität war, sondern eine langfristig angelegte und bei Fortbestand der Rahmenbedingungen jederzeit wieder realisierbare Möglichkeit – wo und wann auch immer in der Welt. Der »Flammende Haß« (Naimark)[481] droht immer wieder hochzulodern. Unter den Voraussetzungen für Völkermorde, Genozide, auch »ethnische Säuberungen« spielen die Relativierung des Begriffs des Menschen und das Denkkonstrukt von höher-und »minderwertigen« Menschen und »Rassen« die wichtigste Rolle.

Was hat das mit der Genese von »Barbarossa« zu tun? Wenn Hitler am 30. März 1941 die Oberbefehlshaber der Wehrmacht zusammenrief, um sie für den kommenden Feldzug einzuschwören, und er bei dieser Gelegenheit jene empörenden Thesen verkündete, die den Massenmord an den kommunistischen Kommissaren[482] und an erheblichen Teilen des russischen Volkes rechtfertigen sollten, dann konnte er sich in eine Tradition eingebunden fühlen, die tief ins 19. Jahrhundert zurückreichte – aber nicht nur er, und da liegt das eigentliche Problem.

Als ich diesen Abschnitt des Halderschen Tagebuchs zum ersten Mal las, wollte ich meinen Augen nicht trauen: Wie konnte Halder so etwas aufschreiben – und dann doch keine Konsequenzen ziehen? Ich weiß nicht, ob und falls ja wie Hans-Adolf Jacobsen, der Herausgeber des Tagebuchs, mit Halder darüber gesprochen hat. Man darf nicht vergessen, daß die damals führenden Historiker zur Geschichte des Zweiten Weltkrieges darauf Wert legen mußten, ihre erstrangigen Zeugen – neben Halder beispielsweise auch Manstein und Warlimont – nicht durch allzu peinliche

Fragen zu verprellen – ich selbst bin mir dieses Dilemmas voll bewußt gewesen, wenn ich mit Albert Speer korrespondierte oder Karl Dönitz mich freundlich in sein Aumühler Haus einlud.[483] Es ist gar nicht so einfach, gemeinsam Tee zu trinken und dann auf eine gewisse Posener Rede zu sprechen zu kommen. Und manchmal ertappt man sich bei dem unguten Gefühl, Dinge vielleicht milder zu beurteilen, als es angemessen wäre, kennt man die Protagonisten persönlich – und sie einem nicht einmal unsympathisch sind. Es ist das Dilemma jeden Zeithistorikers, und er sollte sich dessen bewußt sein. Es zieme dem Historiker »mild und gut« zu sein: Rankes Diktum gilt für das 20. Jahrhundert mit Sicherheit nicht.

Die entscheidenden Sätze aus dem Halderschen Tagebuch vom 30. März 1941[484] lauten:

»*Kampf zweier Weltanschauungen gegeneinander.* Vernichtendes Urteil über Bolschewismus, ist gleich asoziales Verbrechertum. Kommunismus ungeheure Gefahr für die Zukunft. Wir müssen von dem Standpunkt des soldatischen Kameradentums abrücken. Der Kommunist ist vorher kein Kamerad und nachher kein Kamerad. Es handelt sich um einen Vernichtungskampf. Wenn wir es nicht so auffassen, dann werden wir zwar den Feind schlagen, aber in dreißig Jahren wird uns wieder der kommunistische Feind gegenüberstehen. Wir führen nicht Krieg, um den Feind zu konservieren.[485]

Künftiges Staatenbild: Nordrußland gehört zu Finnland. Protektorate Ostseeländer, Ukraine, Weißrußland.

Kampf gegen Rußland: Vernichtung der bolschewistischen Kommissare und der kommunistischen Intelligenz.

Die neuen Staaten müssen sozialistische Staaten sein, aber ohne eigene Intelligenz. Es muß verhindert werden, daß eine neue Intelligenz sich bildet. Hier genügt eine primitive sozialistische Intelligenz.

Der Kampf muß geführt werden gegen das Gift der Zersetzung. Das ist keine Frage der Kriegsgerichte. Die Führer der Truppe müssen wissen, worum es geht. Sie müssen in dem Kampf führen. Die Truppe muß sich mit den Mitteln verteidigen, mit denen sie angegriffen wird. Kommissare und GPU-Leute sind Verbrecher und müssen als solche behandelt werden.

Deshalb braucht die Truppe nicht aus der Hand der Führer zu kommen. Der Führer muß seine Anordnungen im Einklang mit dem Empfinden der Truppe treffen.

Der Kampf wird sich sehr unterscheiden vom Kampf im Westen. Im Osten ist Härte mild für die Zukunft.

Die Führer müssen von sich das Opfer verlangen, ihre Bedenken zu überwinden.«

Wagen wir uns an die Interpretation, denn selbstredend ist dieses Dokument nicht, auch wenn es auf den ersten Blick so scheinen sollte.

Zum ersten: Hitler sieht den Krieg als den zweier Weltanschauungen gegeneinander. Es ist also a priori kein Staatenkrieg. Dieser Krieg gehorcht nicht dem seit dem 18. Jahrhundert üblichen Muster von Staatenkriegen, sondern weist in ältere Zeiten zurück, man kann an die Religionskriege des 16. und 17. Jahrhunderts, man kann aber auch – und das ist in Anbetracht der Hitlerschen Gedankenwelt plausibler – an jene Kriege denken, die mit den Namen Attila, Dschingis Khan, Timur Lenk, mit den Katalaunischen Feldern, mit Tours und Poitiers, vor allem aber den Kreuzzügen verbunden sind. Es kommt nicht von ungefähr, daß die NS-Propaganda vom Feldzug gegen die Sowjetunion als einem »Kreuzzug Europas« sprechen sollte.

Das erscheint, wiederum auf den ersten Blick, als rückwärtsgewandt, ja atavistisch. Auf den zweiten nicht – wir haben heute allen Anlaß darüber nachzudenken, ob die Idee des klassischen Staatenkrieges nicht tatsächlich obsolet geworden ist. Könnte es sein, daß Hitler diese Zukunft vorweggenommen, daß er das Kriegsmuster des 21. Jahrhunderts, gar die »asymmetrische Kriegführung« vorausgesehen hat?

Ein Krieg gegen das »asoziale Verbrechertum«. Gibt es ein »soziales Verbrechertum? Ob er sich selbst gemeint hat? Es gibt Hinweise darauf, daß Hitler, Göring, Himmler und Goebbels gelegentlich selbst das Verbrecherische ihres Tuns erkannt haben – ein weites Feld. Der gedankliche Zusammenhang scheint klar: Der Krieg gegen die Sowjetunion gilt einem Verbrechersyndikat, dieses steht a priori außerhalb des Gesetzes, d.h. die üblichen Kriegsregeln sind nicht anzuwenden. Der Begriff der Ehre gilt nicht – deswegen können Kommunisten eo ipso auch keine »Kameraden« sein. Bekanntlich wurde der Begriff der »Kameradschaft« im Nationalsozialismus hochgehalten, das war eine Reminiszenz aus dem Ersten Weltkrieg, und die »alten Kameraden« von 1923 sind sogar sprichwörtlich geworden. Ich erinnere daran, wie »kameradschaftlich« es 1940 in Compiègne zugegangen war.

Das Verbrechertum muß nicht nur bekämpft werden – man muß es ausrotten, mit allen Mitteln, überall, Pardon wird nicht gegeben. »Death or alive« konnte man jüngst auf vielen Plakaten mit dem Portrait Osama bin Ladins in Amerika sehen. Ich wüßte nicht, daß in Amerika dagegen protestiert worden wäre.

Und nun die Bolschewisten: Jedermann wußte 1941, was diese in den dreißiger Jahren den Kulaken angetan hatten. Es war zu millionenfachem Massenmord gekommen – wobei Hitler sich hütete, die Ursachen zu benennen. Tatsächlich kann man den Mord an den Kulaken mit dem an den

Juden nicht vergleichen. In der öffentlichen Meinung Deutschlands war Stalin und waren die »Bolschewisten« schlichte Mörder, und die NS-Propaganda stieß in dasselbe Horn. Wenn darüber hinaus weltbekannte Persönlichkeiten wie Knut Hamsun oder Sven Hedin Hitlers Antibolschewismus mehr oder weniger nachdrücklich unterstützten, H.G. Wells entsetzt von seinen russischen Erfahrungen berichtete – dann trug all dies dazu bei, auch bei an sich nüchternen Militärs ein Bild zu erzeugen, in dem die Sowjetunion tatsächlich als das »Reich des Bösen« erschien – mit den bolschewistischen Funktionären und Kommissaren an der Spitze. So sahen es auch die »ganz gewöhnlichen Männer«, wenn sie mit Bolschewisten zusammentrafen...

Schon am 22. August 1939 hatte Hitler von der »Vernichtung der lebendigen Kräfte« Polens gesprochen. Damals konnte man das vielleicht noch metaphorisch aufnehmen, doch nach allem, was seitdem in Polen geschehen war,[486] wovon Halder und die Generäle selbstverständlich wußten, war das nicht mehr möglich. Hitler hat kein Hehl aus seinen Absichten gemacht. Dabei ging es ihm nicht nur um die Vernichtung, sprich Erschießung der bolschewistischen Kommissare, sondern der »kommunistischen Intelligenz«. Im Klartext: Stellt man sich das Hitlersche Rassendenken vor Augen, so mußte eine »Rasse«, der die wenigen intellektuellen Spitzen genommen waren, noch tiefer auf der Skala zwischen »Herren-und lebensunwerten Rassen« absinken. Damit wäre die physische Vernichtung der gesamten »Rasse«[487] an sich legitimiert gewesen. Hitler suggerierte nicht mehr und nicht weniger als die Schaffung eines Selektionsinstruments, das solange wie nötig, d.h. bis zur endgültigen physischen Vernichtung der slawischen Rasse durch ständige Selektion und Ermordung der Tüchtigsten und Intelligentesten dafür sorgen sollte, daß sich die Rasse rascher als in einem natürlichen Degenerationsprozeß – daß es so etwas gäbe, davon war die Zeit überzeugt – zurückentwickelte – bis hin zu einer bloßen Sklavenrasse.[488] Die sollte am Leben bleiben, Hitler hat also nicht die physische Vernichtung von einigen 180 Millionen Sowjetbürgern propagiert, denn denen waren die niedrigen Sklavendienste für die Herrenrasse zugedacht.[489] Um diese Aufgaben erfüllen zu können, genügte seiner Meinung nach eine »primitive sozialistische Intelligenz.« Das »sozialistisch« verwies auf den Gedanken, daß jede andere gesellschaftliche Strukturierung wieder das Problem von gesellschaftlichen Hierarchien mit sich gebracht hätte. Hitler wollte aber ein einheitliches, also auf gleicher gesellschaftlicher Stufe stehendes Sklavenheer haben. Der Selektionsapparat mußte dafür sorgen, daß ihm kein neuer Spartacus entwuchs.

Der Staat Sowjetunion war gänzlich zu zerschlagen, nichts sollte von ihm übrigbleiben. Hitler hat niemals den Gedanken erwogen, das zaristische Rußland wiederherzustellen, so wie dies im Gefolge der Interventionskriege nach 1918 der Fall gewesen war. Damit verabschiedete er sich endgültig von den Wiener Prinzipien von 1815, von der Idee des Lebensrechtes jeden Staates. Hier im Osten sollte zum ersten Mal eine gesellschaftliche Lebensform erprobt werden, in der es keinen Staat im herkömmlichen Sinne mehr geben sollte, sondern nur ein amorphes Herrschaftsgebilde unter deutscher Leitung. Also keine Souveränität, keine Verfassung, keine autochthone Verwaltung. Hitler hat sich auch den Kopf darüber zerbrochen, wie er es mit der Religion halten sollte. Ein primitiver Gottesglaube mit ihm als einer Art Stellvertreter auf Erden behagte ihm durchaus als Blaupause einer künftigen Religion für die Sklavenrasse. Hier konnte er von der Areligiosität der Bolschewisten profitieren. Man muß sich das Ganze wohl als ein riesiges ostelbisches Gut vor dem Martinitage 1807 vorstellen, in dem die Bauern, Knechte und Mägde die Slawen und Sklaven des Gutsbesitzers sein sollten. Auch der griechische oikos und die römische familia mögen Pate gestanden haben. Später wird Himmler dieses Szenario ausgestalten – mit abstrusen Ideen von den Wehrbauern am Ural, den hochbeweglichen SS-Eingreifverbänden und ihren Sommerkampagnen bis hin in die Mongolei, den Breitspurbahnen, den Reichsautobahnen, die sternförmig vom Ural, dem Schwarzen Meer, von Sibirien nach »Germania«, dem ehemaligen Berlin[490] führen sollten. Der »germanische Bauer«, ausgestattet mit einem Volkswagen, sollte einmal im Jahr, anläßlich des Reichsparteitages buchstäblich die Weite des Landes erfahren – auf den Autobahnen – um dann in der »großen Halle des Volkes« in »Germania« dem »Führer« so entgegenzutreten, wie man sich das beiläufig vorstellt, denkt man an einen Pharao oder an den späten Alexander. Daß die Idee der Auflösung aller Staatlichkeit sich ungewollt mit marxistischen Ideen berührte, weist einmal mehr auf das Phänomen des Totalitarismus.

Das Erschreckendste an diesem Dokument der buchstäblichen Un-Menschlichkeit ist seine Konkretheit, wenn Hitler die möglichen Einwände und Disziplinarprobleme, die bei Vollstreckung dieses Befehls entstehen konnten, eigentlich entstehen mußten, gleich vorwegnahm und entkräftete. Er tat dies sehr geschickt, indem er den alten dialektischen Trick – George Orwell sollte ihn in »1984« eindringlich thematisieren – anwandte, nach dem Härte Milde, Milde Härte sei. Das suggerierte: Jeder, der sich dem Hitlerschen Befehl widersetzte, machte alles nur schlimmer, er wurde schuldiger als jene, die Kommissare erschossen, intelligente Kinder und Erwachsene ermordeten.

Will man auch nur annähernd begreifen, wieso diese Ungeheuerlichkeiten auf nahezu keine Resonanz, geschweige denn aktiven Widerstand stießen, muß man an das gesamte soziale und geistige Mileu des voraufgehenden halben Jahrhunderts, also an die Zeit zwischen etwa 1880 und 1940 denken, das wir einleitend skizziert haben. Es war eben nicht so, daß die Diskurse um »Rassen« und »Rassenhygiene«, Frauen, Juden, »Zigeuner«, Reproduktion, nur akademischen Charakters gewesen wären. Sie waren vielmehr durch das gesamte Bildungssystem einem Virus gleich in die Gesellschaft eingedrungen, und die Soldaten waren dagegen ebensowenig immun wie irgendeine andere gesellschaftliche Schicht. Wer erst einmal glaubte, daß es höhere und niedere »Rassen« tatsächlich gebe, und die niedrigen die höheren zu überwältigen trachteten; wer den Geburtenrückgang im »hochrassigen« Europa mit dem Geburtenüberschuß in den Staaten mit »minderwertigen« Rassen verglich – dem mußten die Ideen Hitlers als vielleicht etwas extrem, aber nicht als völlig indiskutabel erscheinen. Ich entsinne mich als Kind Karten gesehen zu haben, auf denen die jeweiligen Geburtsraten der europäischen Völker farblich dargestellt waren, und da erschien die deutsch-polnische Grenze wie die zwischen einer fruchtbaren und einer unfruchtbaren »Rasse«.

Man sollte meinen, daß die Ansprache Hitlers im OKW aufs lebhafteste diskutiert worden ist, aber das scheint nicht der Fall gewesen zu sein. Unter dem 30. März 1941 findet man folgende Notiz im KTB OKW:

»11.00 Uhr Ansprache des Führers an die Oberbefehlshaber der Heeresgruppen und Armeeoberkommandos mit nachfolgender Besprechung der Operation 'Barbarossa'«.[491] C'est tout. Demgegenüber hat sich Schramm unter dem 31. März seitenlang über eine Soirée beim »Führer« ausgelassen, er notierte: »Hochinteressanter Abend!«[492] Hitler hatte einen Monolog zur Weltgeschichte gehalten – mit keinem Wort war von den Dingen die Rede, die er am Tag zuvor den Generälen erläutert hatte. Nein, Karl den Großen als »Sachsenschlächter« zu bezeichnen sei Unsinn, habe der »Führer« gemeint. Das fand Schramm bedeutend genug, um es der Nachwelt zu überliefern.

Hitlers Ansprache vom 30. März war als Befehl aufzufassen, genauso haben ihn die Generäle auch empfunden.

Wie war die Reaktion bei der Marine? Gleich Null. Raeder berichtete in der Seekriegsleitung über die Ansprache, im KTB ist der Kommissarbefehl mit keinem Wort erwähnt. Die Marginalien auf dem Exemplar des Befehls, wie er in der OKW-Fassung vom 6. Juni 1941 der Seekriegsleitung zugestellt wurde, sind – singuläres Phänomen in von mir gesichteten Zentnern von Akten – fast ganz wegradiert worden, ich konnte sie nicht mehr entziffern.

Und die Luftwaffe? Von Göring war ebenfalls keine Reaktion zu erwarten. Marine und Luftwaffe konnten sich als nicht zuständig empfinden, die Gefahr, bolschewistischer Kommissare habhaft zu werden, war gering.

Wie sah es beim Heer aus, das in erster Linie betroffen war?

Zunächst: Was Hitler am 30. März verkündete, hatte er schon mehrmals vorher angedeutet, zuletzt am 17. März 1941. Heißt es unter diesem Datum doch im KTB Halder:

Hitler führt aus: »Wir müssen stalinfreie Republiken schaffen. Die von Stalin eingesetzte Intelligenz muß vernichtet werden. Die Führermaschinerie des russischen Reiches muß zerschlagen werden.«

Demnach kam Hitlers Befehl vom 30. März nicht überraschend. Zwischen dem 17. und dem 30. März lagen zwei Wochen – man wird an die Dreitagefrist vor fast genau einem Jahr, 1940, erinnert, als es um den Entschluß zu »Barbarossa« ging.[493] Wieder ist in diesem Zeitraum nichts geschehen, und die Entschuldigung, man habe mit »Marita« – also dem unmittelbar bevorstehendem Balkankrieg – und der »Barbarossa«-Feinplanung alle Hände voll zu tun gehabt, sticht nicht. Wer immer den Dienst- und Tagesablauf im OKH und in den Armeegruppen kennt, weiß, daß sich die hohen Herren immer viel darauf zugute hielten, auch im dicksten Getümmel der Schlacht – oder ihrer Vorbereitung – zeitliche Freiräume zu behaupten; man konnte sogar spazierengehen um das Feldherrnhirn zu lüften. Das war selbst in der »Wolfsschanze« so, und dies mitten in einer der größten Schlachten des Zweiten Weltkrieges – im Juni/Juli 1944. Diese, heute würde man sagen »Coolness«, war uralte Generalstabstradition, man pflegte sie gerne.[494]

Nun muß man aber auch zur Ehrenrettung Halders und von Brauchitschs hinzufügen, daß sie nach Hitlers Ansprache vom 30. März mit einer gewissen Empörung reagierten – so als hätten sie Hitlers Äußerungen vom 17. März nicht ernstgenommen. Das ist schwer verständlich, denn inzwischen hatte Hitler oft genug bewiesen, daß er das, was er sagte, sehr ernst nahm und zumeist mit unmittelbar bevorstehenden Aktionen verknüpfte. Hitler hat, wenigstens in den offiziellen Lagebesprechungen, nie bloß so dahergeredet – nach dem Muster: nichts wird so heiß gegessen, wie es gekocht wird. Eher im Gegenteil, die Suppe wurde immer heißer.

Halder wollte nun Brauchitsch dazu nötigen, seine und des ObdH Position zur Rücknahme der Hitlerschen Absichten einzusetzen, im anderen Fall zurückzutreten. Das war ehrenwert, aber als Brauchitsch dem nicht entsprach – die Gründe sind nicht bekannt – blieb Halder doch auf seinem Posten und beruhigte sich mit der Scheinlösung, die darin bestand, daß der ObdH den Kommissarbefehl vom 6. Juni 1941 durch einen Zusatzbefehl abzumildern trachtete, in dem davon die Rede war, daß die Manneszucht und Disziplin oberste Gebote blieben. Damit wurde die Last der Verantwortung den Frontbefehlshabern aufgebürdet.

Viel ist darüber geschrieben worden, inwieweit dem verbrecherischen Befehl[495] tatsächlich Folge geleistet worden ist; im Zusammenhang mit der sogenannten Wehrmachtausstellung wurde das wieder virulent. Sicher ist, und dafür liefern zahlreiche Kriegstagebücher der am Ostfeldzug beteiligten Einheiten den Beweis, daß er nicht immer und nicht überall durchgeführt wurde. Vor allem hat es, soweit wir bisher wissen, nirgendwo jene rassistischen Selektionen gegeben, an die Hitler gedacht hatte – es wurden also keine Russen nur deswegen ermordet, weil sie intelligent, keine Kinder umgebracht, weil sie klug waren.

Der Vernichtungsfeldzug gegen die Sowjetunion und die Ermordung der europäischen Juden waren die beiden Seiten einer Medaille. Tatsächlich spricht sehr viel dafür, daß Hitler etwa zur gleichen Zeit den mündlichen Befehl zur »Endlösung der Judenfrage« erteilt hat – Görings Anweisung vom 31. Juli an Heydrich wird nur verständlich, wenn man annimmt, daß er auf diesem Initiationsbefehl beruhte.[496] Es ist verwunderlich, daß Hitler in seiner Ansprache vom 30. März auf die Judenfrage nicht einging. Das kann zwei Ursachen haben: Entweder wollte er die Zumutungen, die mit dem Kommissarbefehl verbunden waren, nicht noch vergrößern aus der Befürchtung heraus, dies könnte für die Truppe zuviel sein, oder das Thema war schon behandelt und abgehakt – ohne daß es irgendwo im militärischen Apparat schriftlich festgehalten worden wäre. Eine dritte mögliche Erklärung: Hitler hat am 30. März verboten, daß über diesen Teil seiner Rede irgendetwas aufgeschrieben wurde. Man stelle sich vor, nach dem Krieg wäre auch nur ein Dokument aufgetaucht, aus dem eindeutig hervorgegangen wäre, daß sämtliche Armeeoberbefehlshaber vom geplanten Judenmord gewußt haben! Gerade die lapidare Kürze des KTB OKW zum 30. März könnte für eine solche Vermutung sprechen. Wollte man rein theoretisch annehmen, es habe bereits zu diesem Zeitpunkt – also dem 30. März 1941 – die erklärte Absicht zum systematischen Judenmord bestanden, so könnte sich ein logischer Zusammenhang zwischen dem Kommissarbefehl und dem nichtschriftlichen Befehl zum Holocaust ergeben, zumal die Kommissare ohnehin in Hitlers Perzeption Juden waren.

In der Rassenlehre des Nationalsozialismus galt die jüdische als die »minderwertigste« und zugleich gefährlichste »Rasse« überhaupt. Auch die slawische, vielleicht sollte man, um in der Gedankenwelt Hitlers zu bleiben, sagen: die bolschewistische, war »minderwertig«. Aber nicht ganz so gefährlich wie die jüdische. Was mit dieser zu geschehen habe, hatte Hitler unmißverständlich deutlich gemacht. Es wäre also bloß logisch anzunehmen, daß all das, was für die »bolschewistische« »Rasse« galt, umsoviel mehr für die jüdische gelten mußte. Es lag also auf der Hand, daß im Kriegsfall, also nach Beginn von »Barbarossa«, *beide* »Rassen«, besonders zahlreich in der Sowjetunion anzutreffen, im Sinne der Ansprache Hitlers vom 30. März »behandelt« werden mußten. Und ebenso logisch ist die Annahme, daß man nicht beides zugleich tun konnte. Ist es dann logisch anzunehmen, daß man sich zunächst den Juden zuwandte und den Bolschewisten in Gestalt der Kommissare einen gewissen Aufschub gewährte?[497] Und könnte es sein, daß die Beteiligung der Wehrmacht an den Judenmassakern eine Kompensation für den nicht oder nur unzulänglich ausgeführten Kommissarbefehl, vor allem aber die praktische Nichtdurchführung des Selektionsbefehls gewesen sein könnte? Nach dem Motto: wir wählen das kleinere Übel?

Das sind garstige Gedanken, sie bedürfen einer sorgfältigen Überprüfung. Sie sollten nicht als gesicherte historische Erkenntnis genommen werden, sondern als Denkanstoß.

14. FRÜHJAHR 1941 UND DER BEGINN DES OSTFELDZUGES

Während seit Juli 1940 die Planungen zum Unternehmen »Barbarossa« anliefen, ging der »normale« Krieg weiter, man darf sich diese Zeit also nicht so vorstellen, als habe die militärische Welt nur noch starr nach Osten geblickt. Das englische Problem blieb nach wie vor ungelöst, Hitlers Weisung Nr. 17 vom 1. August über den »verschärften Seekrieg gegen England«[498] war allerdings eher Kosmetik, denn nach wie vor fehlten die Mittel, um diesem Wunsch wirklich zu entsprechen, daran änderten auch einige recht spektakuläre Überwasseroperationen mit schweren Seestreitkräften im Atlantik, von denen jene unter den Decknamen »Berlin« und »Rheinübung« am bekanntesten werden sollten – am 27. Mai 1941 wurde die »Bismarck« versenkt[499] – nichts. Im Sommer und Herbst 1940 waren durchschnittlich nur zehn bis fünfzehn U-Boote in See, und deren Erfolge – 283 386 versenkte BRT im August 1940, 265 737 im September – konnten die Lebenslinien Englands nicht wirklich gefährden. Nach Inbetriebnahme der atlantischen U-Bootbasen und einer mäßigen Steigerung des U-Bootbaues wurde es mit deutschen Augen gesehen zwar etwas besser, sehr bald aber stellte sich heraus, daß die Anforderungen des Mittelmeeres und des Nordmeeres zu einer weiteren Schwächung des atlantischen U-Bootkriegs führten, von einer Konzentration auf die Lebenslinien des Britischen Empires im Atlantik also keine Rede sein konnte – sehr zum Verdruß von Dönitz, der immer wieder mit der Seekriegsleitung deswegen in Konflikte geriet. Aber Raeder war nicht der Mann, um sich kraftvoll für den U-Bootkrieg bei Hitler und der Wehrmachtführung einzusetzen.

Noch trüber sah es mit dem Luftkrieg aus. Nach dem offensichtlichen Scheitern der deutschen Luftoffensive gegen England kam es daher mehr denn je darauf an, England dort zu treffen, wo es langfristig am verwundbarsten schien: im Atlantik und im Mittelmeer. Die Luftwaffe scheiterte mit dem Versuch, sich in den Atlantikkrieg einzuschalten.[500] Das war nicht ausschließlich dem Versagen Görings zuzuschreiben, wie es vor allem Raeder nach dem Krieg weismachen wollte, sondern Folge der durch und durch verfehlten Luftwaffenrüstungspolitik und des kompletten Versagens der beiden Wehrmachtteile, in der Sache zusammenzuarbeiten. Nie arbeiteten sie zusammen, immer nur gegeneinander, manchmal ging es wie im Kindergarten zu.[501]

Im Mittelmeer hatte es nach dem Kriegseintritt Italiens nur anfangs Hoffnungen gegeben, hier einen neuen Schwerpunkt der See-und Luftkriegführung gegen England aufbauen zu können. Den großspurigen Ankündigungen Mussolinis entsprachen die militärischen Taten gar nicht, und so kam es, daß das Deutsche Reich mehr nolens denn volens sich als Feuerwehr betätigen mußte, sei es in Afrika, sei es auf dem Balkan. Auch wenn möglicherweise das deutsche militärische Engagement auf dem Balkan zu den langfristigen Plänen Hitlers zählte; in der Wirklichkeit der Monate vom Herbst 1940 bis März 1941 blieb ihm gar nichts anderes übrig, als sich hier zu engagieren. Zum einen konnte sich das Reich keine unsichere rechte Flanke erlauben, wenn es gegen die Sowjetunion antrat, zum anderen bestand die Gefahr, daß sich England im östlichen Mittelmeer nicht nur behaupten, sondern dort einen Schwerpunkt seiner Kriegführung gegen die Achse bilden würde – in Analogie zu jenen strategischen Bemühungen aus der Zeit des Ersten Weltkrieges, die dann in Gallipoli so peinlich gescheitert waren. Tatsächlich schickte sich Großbritannien schon an, seine Position im östlichen Mittelmeer militärisch zu stärken und auszuweiten; Churchill kam es auf die Wiederbelebung einer strategischen Tradition an, die bis auf Nelson zurückging. Die Besetzung Kretas war Hinweis genug, die leicht errungenen Erfolge Wavells gegen die Italiener in Afrika wiesen in die nämliche Richtung. Die historisch versierte Seekriegsleitung sah alledem mit wachsender Besorgnis zu.

Zunächst geriet Rumänien in den Blickpunkt. Dieses Land, wehrgeographisch gesehen mit der Balkanhalbinsel eng verbunden, war von geradezu ausschlagender Bedeutung im Rahmen der Operationsplanung »Barbarossa«. Rumänien kam aber auch deswegen eine Schlüsselfunktion zu, weil es über ergiebige Ölfelder verfügte, auf deren Ertrag Deutschland angewiesen war.

Am 29. Mai 1940 bot König Carol II. von Rumänien[502] Hitler unter dem Eindruck des deutschen Sieges im Westen die Teilnahme am Achsenbündnis an, das mag mit ein Grund dafür gewesen sein, daß die UdSSR am 26. Juni 1940 in einem Ultimatum an Rumänien die Abtretung der Nordbukowina und Bessarabiens, also alter russischer Gebiete, die der nachmaligen Sowjetunion 1918 verlorengegangen waren, forderte. Da Molotow sicher sein konnte, daß ihm Hitler hierbei keine Steine in den Weg legen würde, sah sich Rumänien, wenn auch zähneknirschend, genötigt, dieser Forderung nachzugeben. Es war offensichtlich, daß auch die UdSSR ein Auge auf die rumänischen Ölfelder geworfen hatte, und nach-

14. Frühjahr 1941 und der Beginn des Ostfeldzuges

dem auch Ungarn[503] und Bulgarien[504] munter wurden und ihrerseits Forderungen an Rumänien stellten, sah sich König Carol genötigt, um deutschen Schutz zu bitten. Das löste nach dem 2. Wiener Schiedsspruch am 30. August, der Ungarn Siebenbürgen einbrachte, eine Staatskrise in Rumänien aus; im Endergebnis wurde der Anführer der faschistischen »Eisernen Garde«,[505] der General Ion Antonescu, zum Staatsführer proklamiert, während König Carol zugunsten seines Sohnes Michael abdankte. Antonescu vollzog im November 1940 den Anschluß Rumäniens an den Dreimächtepakt, zusammen mit Ungarn und der Slowakei. Hitler hatte damit einen wichtigen geopolitischen Pfeiler gegründet – um so schärfer stellte sich die Frage, wie es in Jugoslawien und Griechenland weitergehen sollte. Hitler konnte einen Konflikt zwischen diesen beiden Staatengruppen nicht gebrauchen, weil ihm im Hinblick auf »Barbarossa« wie auch England in diesem Fall Ungemach drohte.

Daß es mit Jugoslawien[506] Probleme geben sollte, war anfangs gar nicht abzusehen gewesen, im Gegenteil, Jugoslawien lehnte sich eng an das Reich an, und zwar in der Hoffnung auf deutsche Unterstützung in der kroatischen Frage. Daß Kroatien nur widerwillig in dem 1919 geschaffenen Kunststaat Jugoslawien inkorporiert war, versteht sich nach den Erfahrungen aus den frühen 90iger Jahren des 20. Jahrhunderts von selbst; es trachtete also danach, wieder selbständig zu werden – ein ziemlich aussichtsloses Unterfangen, solange Jugoslawien de facto mit dem Deutschen Reich verbündet war. Tatsächlich trat am 25. März 1941 Jugoslawien nach einigem Zögern dem Dreimächtepakt bei. Damit hatte die Regierung den Bogen allerdings überspannt, zwei Tage später kam es zu jenem Militärputsch, der die ganze politische Balkankonstruktion wie ein Kartenhaus in sich zusammenstürzen ließ. Der gerade einmal 18 Jahre alte König Peter II. übernahm die Regentschaft, ließ auf Druck von Bora Mirković, des Führers des Putsches, die deutschlandfreundlichen Minister verhaften und ohne Rücksicht auf die absehbaren Folgen ein neues deutschfeindliches Kabinett bilden.

Der Umsturz in Belgrad stellte Hitler vor ein schwerwiegendes Problem: Ließ er den Dingen auf dem Balkan ihren Lauf, war nunmehr mit einer drastischen Verschlechterung des Verhältnisses zwischen Jugoslawien auf der einen, Rumänien, Bulgarien, Ungarn auf der anderen Seite zu rechnen. Angesichts des Völkergemischs in Jugoslawien war ein unabsehbarer Bürgerkrieg fast gewiß, denn Kroatien würde nun erst recht versuchen, sich an Deutschland zu lehnen.[507]

Es kam schlimmer: Italien hatte am 28. Oktober 1940 mutwillig und unprovoziert Griechenland[508] von Albanien aus angegriffen, doch der Angriff war nach einigen Anfangserfolgen steckengeblieben, in der Folge eroberten die Griechen sogar ein Stück von Albanien, also jenes Territoriums, das Italien im Frühjahr 1939 überfallen und besetzt hatte. Wenn England Griechenland unterstützte, was tatsächlich schon der Fall war, gleichzeitig Jugoslawien auf die Seite Englands und Griechenlands überging, drohte die Gefahr eines langwierigen und kostspieligen Balkankrieges, in den das Reich via Dreimächtepakt automatisch verwickelt werden würde. Zwar versicherte Mussolini Hitler mehrfach, Italien werde demnächst das griechische Problem bereinigen, doch die am 9. März 1941 beginnende italienische Offensive blieb schon fünf Tage später stecken, und nun drohte endgültig die Errichtung einer soliden alliierten Balkanfront – Churchill war darauf ganz heiß, hätte ihm dies doch Gelegenheit gegeben, seine Fehler von 1915 gleichsam wieder gutzumachen. Damals hatte er gehofft, via Griechenland eine Landverbindung nach Rußland schaffen zu können. Ob nun, also im März 1941, ein ähnlicher Gedanke ihn bewegte, steht dahin, wie es überhaupt unklar ist, ab wann Churchill mit der Möglichkeit eines deutsch-russischen Krieges und im Gefolge dessen mit der Möglichkeit einer britisch-sowjetischen Allianz gerechnet hat. Man kann davon ausgehen, daß die historischen Erfahrungen eine Rolle gespielt haben. Dieses psychologische und historische Moment ist nicht zu unterschätzen, denn Gallipoli nagte immer noch am Selbstbewußtsein des so selbstbewußten Premiers.

Das wußte niemand besser als Hitler, und deswegen war sein Entschluß zum Balkanfeldzug[509] nicht langfristig angelegt, sondern in der unglücklichen Situation, in die Mussolini ihn verwickelt hatte, schier unvermeidlich.

Er begann unter dem hübschen Decknamen »Marita« am 6. April 1941, geführt von der 2. und 12. Armee sowie der Panzergruppe 1. Es war der vielleicht gelungenste und am professionellsten geführte »Blitzkrieg« der Wehrmacht überhaupt; schon am 30. April war alles vorüber, die Briten aus Griechenland in geradezu demütigender Weise vertrieben, und das alles bei minimalen deutschen Verlusten: Die Kampagne kostete 1206 Tote, 3901 Verwundete, 548 Vermißte. 218 000 griechische Soldaten wurden gefangengenommen. Ein wenn auch teuer erkauftes militärisches Kabinettstück war die vom 20. Mai bis 1. Juni anschließende Eroberung Kretas aus der Luft (Unternehmen »Merkur«), die allerdings drei- bis viermal so hohe deutsche Verluste forderte und mit Sicherheit in einer Katastrophe geendet hätte, wären den Briten nicht schwerwiegende Fehler unterlaufen. 15 000 retteten sich nach Ägypten, 12 245 wurden gefangengenommen.[510]

Eine militärische Erfolgsstory ohnegleichen – aber auch sie besaß eine düstere Rückansicht, denn der raschen Besetzung sollte ein jahrelanger blutiger Partisanenkampf vor allem in Jugoslawien, aber auch in Grie-

14. Frühjahr 1941 und der Beginn des Ostfeldzuges 185

chenland folgen, der zeitweise zum nahezu offenen Krieg ausartete und nicht nur italienische, sondern zunehmend auch deutsche Verbände binden sollte, und zwar in einer durchaus beachtlichen, wenn auch nicht übertriebenen Größenordnung.[511] Manches erinnert an den Irak im Jahr 2003 mit dem amerikanischen »Blitzsieg« und den Irak von 2004 mit dem Vietnammenetekel. Es kam zu zahlreichen Kriegsverbrechen beider Seiten, die das deutsch-jugoslawische, vor allem aber das deutsch-griechische Verhältnis noch jahrzehntelang belasten sollten, Nachwehen gibt es bis heute. Der gemeinsame Kampf der aus unterschiedlichen ethnischen Bevölkerungsgruppen zusammengesetzen Partisanenverbände, zu deren Chef sich am Ende Josip Broz »Tito«[512] aufschwingen sollte, war, das ist für die Beurteilung der heutigen Balkansituation wichtig, einzig und allein durch den Willen gespeist, die deutsche Besatzungsmacht zu schädigen und zu besiegen, es war also nur ein negativer Kitt, es hat auch während des Partisanenkrieges keine positiven Gemeinsamkeiten gegeben, teilweise haben sich die verschiedenen Partisanenverbände gegenseitig bekämpft. Tito und nicht der Führer der Tschetniks, Mihailovič, erwies sich für die Alliierten und Stalin als nützlichster Verbündeter; Tito wußte das glänzend zu nutzen und konnte deswegen Stalin die Zusage abringen, Jugoslawien nach dem Krieg nicht in den eigenen Machtbereich miteinzubeziehen. Das war der größte politische Erfolg, den ein Partisanenführer im Zweiten Weltkrieg je verbuchen konnte, und eine Ironie der Geschichte obendrein – das aber gehört schon in die Geschichte des »Kalten Krieges« nach 1946.

So rasch der Feldzug im Südosten Europas gewonnen war, so sehr schien er doch mit den Aufmarschplanungen zu »Barbarossa« zu kollidieren – so wenigstens ging später die Legende. Um fünf Wochen habe die Operation »Barbarossa« verschoben werden müssen – just um jene fünf Wochen, die dann am Jahresende fehlten, so daß Moskau nicht eingenommen werden konnte. Tatsächlich hatte die Weisung Nr. 21, die »Barbarossa«-Weisung, als Stichdatum für den Angriffsbeginn im Osten des 15. Mai genannt.

Aber die fünf Wochen waren gar nicht ausschlaggebend. Bei der weiteren Bearbeitung des Operationsplanes »Barbarossa« im Spätherbst und Winter 1940/41 war nämlich sehr rasch deutlich geworden, daß ein Antreten zum 15. Mai gar nicht möglich gewesen wäre, und zwar aus klimatischen Gründen. Die deutschen Panzerverbände hätten im Gebiet der Pripjetsümpfe[513] überhaupt nicht operieren können. Erst Mitte Juni war das Gelände soweit abgetrocknet, daß es operativ nutzbar wurde. Tatsächlich begann die Operation »Blau« 1942 auch erst am 28. Juni und die sowjetische Offensive 1944 am 22. Juni. Das war gewiß auch ein symbolisches, es war vor allem aber ein realistisches Datum.

Aber selbst wenn man unterstellen wollte, es habe eine Zeitverzögerung gegeben, so wäre sie durch die viel kürzeren Aufmarschwege der rumänischen und ungarischen Verbündeten nach dem Abschluß des Balkanunternehmens mehr als ausgeglichen worden. Fazit: Das Unternehmen »Marita« hat den Feldzugplan »Barbarossa« nicht negativ beeinflußt, eher im Gegenteil.

Die Genese der Weisung Nr. 21 (»Fall Barbarossa«) vom 18. Dezember 1940[514] beweist, daß die strategischen Probleme des geplanten Feldzuges gegen die Sowjetunion alles ander als gelöst waren. Das war nicht verwunderlich, denn die Generalstäbe konnten sich nicht auf irgendwelche historischen Beispiele stützen – wollte man nicht bis zu Napoleon zurückgehen. Es war charakteristisch gewesen, daß Moltke d.Ä. den Krieg gegen Rußland niemals im Sinne einer totalen Besiegung und Besetzung des Riesenreiches geplant hatte, sondern davon ausgegangen war, es würde genügen, die polnische Provinz, Teile Galiziens zu besetzen, um Rußland friedensgeneigt zu machen. Sieht man sich die Frontverläufe dann während des Ersten Weltkrieges an, so wird deutlich, daß auch die 3. OHL niemals nach Moskau oder gar dem später so genannten Stalingrad marschieren wollte, und tatsächlich hatte die Besetzung der westrussischen Povinzen genügt, um Rußland zum Frieden zu nötigen. Auch an eine Eroberung von St. Petersburg (Leningrad seit 1924) hat die 3. OHL nie gedacht, der dafür erforderliche Aufwand hätte in keinem Verhältnis zum möglichen Nutzen gestanden.

Im Generalstab des Heeres war genügend Sachverstand versammelt, um unter den aktuell gegebenen militärischen Voraussetzungen einen stringenten Operationsplan zu entwerfen,[515] dessen Ziel letztlich ein politisches sein mußte: die Ausschaltung des kommunistischen Regimes – nicht mehr und nicht weniger. Niemandem war verborgen geblieben, daß die Masse der russischen Bevölkerung das stalinistische Terrorregime ablehnte, man konnte also damit rechnen, daß die Bevölkerung die Deutschen eher als Befreier denn Eroberer betrachten würde.

Aber solche Gedanken spielten in den vorbereitenden Planungen keinerlei Rolle; zu Recht, denn wie hätten sie mit den wahren Absichten Hitlers in Einklang gebracht werden können? Denen hatten die Oberbefehlshaber mit Brauchitsch an der Spitze letztlich zugestimmt. Damit war, wie im nachhinein zu erkennen, eigentlich das Schicksal von »Barbarossa« besiegelt – aber das ahnte zu diesem Zeitpunkt wohl niemand, auch dies ein Zeichen merkwürdiger Kurzsichtigkeit und Verblendung.

Sieht man sich die genuin militär-strategischen Entwürfe an,[516] so wird deutlich, daß schon in der Planungsphase Halder und sein Stab nicht nur gegen die Sowjets kämpfen mußten, sondern auch gegen die ideologischen und manchmal sogar unlogischen Ideen ihres obersten Befehlshabers Adolf Hitler.[517]

Das Gewicht Hitlers bei der strategischen Planung war nicht nur Kraft seines Amtes hoch, sondern insbesondere im Hinblick auf seine bisherigen militärischen Erfolge, vor allem bei »Fall Gelb«. Wie groß auch immer der Anteil des Diktators am »Sichelschnitt«-Plan gewesen sein mochte: Zweifellos hatte Hitler hier Sachverstand und sogar einen Hauch von Genialität bewiesen, allerdings nur wie ein blindes Huhn, das doch ein Korn findet. Die NS-Propaganda hatte seitdem dafür gesorgt, daß das Wort vom »Größten Feldherrn aller Zeiten« zu einem geflügelten wurde. Das hieß: Schon aus historischen und psychologischen Gründen wäre es Halder gar nicht möglich gewesen, Hitler bei der konkreten Feldzugsplanung auszuschließen; Hitler selbst war dermaßen von seiner strategischen Genialität durchdrungen, daß es zunehmend gefährlicher wurde, ihm in militaribus zu widersprechen. Das war vor dem Frankreichfeldzug noch möglich gewesen, nunmehr riskierte jeder seine Karriere – allerdings nicht seinen Kopf – geriet er mit Hitler fachmilitärisch aneinander. Im Übrigen wird von Stalin und Churchill Ähnliches berichtet, es liegt wohl in der Natur solcher Menschen.

Da es für Halder aussichtslos war, Hitlers Selbstüberschätzung zu entlarven, obwohl Hitler trotz allem blutiger strategischer Laie war, mußten die Diskussionen zu »Barbarossa« solange in Fluß gehalten werden, bis ein unabänderlicher Sachzwang ein Einschwenken Hitlers auf die Vorstellungen des Heeres erleichterte und dieser nicht sein Gesicht verlor. Die »Barbarossa«-Planung wurde daher seitens Halders bewußt nicht bis in die letzte Einzelheit festgelegt, sondern blieb soweit wie möglich in der Schwebe. Dabei konnte sich Halder auf gute Traditionen berufen, hatte doch schon der alte Moltke behauptet, daß man einen Feldzug nur immer bis zum Aufmarsch planen könne, jede darüber hinausgehende operative Planung sinnlos, ja sogar schädlich sei, weil sie die Beweglichkeit des Geistes und der militärischen Führung einenge. Um wieviel mehr galt dies in einem Zeitalter, in dem man mit Hilfe des Verbrennungsmotors große Truppenverbände sehr rasch verlegen konnte, von der Luftwaffe ganz zu schweigen.

Worum ging es? Seit dem Juli 1940 beschäftigte sich der Generalstab mit einer möglichen Ostoperation. Ein Feldzug im Osten war mit den bisherigen Feldzügen in nahezu keiner Hinsicht vergleichbar. War es bei diesen darauf angekommen, so rasch wie möglich in Form eines möglichst »blitzartig« vorgetragenen Angriffs das Territorium des Gegners in Besitz zu nehmen, so machte die ungeheuere Weite des russischen Raumes ein solches Ziel a priori unmöglich – auch das hatte zu den Erfahrungen schon eines Karl XII. und Napoleons gehört. Also kam es nicht in erster Linie auf raschen Landgewinn an, sondern auf die Zerschlagung der militärischen Kräfte des Gegners – da blitzte ein wenig Schlieffenplan durch. Daß die Rote Armee den Deutschen den Liebesdienst der grenznahen Konzentration erweisen sollte, war in dieser Phase der Planung aber noch nicht abzusehen.

Die geographischen Verhältnisse zeigten, daß ein Frontalangriff nach Osten infolge des sich trichterartig ausweitenden Raumes praktisch unmöglich war; von einer anfänglichen leidlichen Kräftekonzentration wäre man, um eine zusammenhängende Frontlinie bilden zu können, zu einer ständigen Verdünnung der Front gelangt, gegen die die sowjetischen Kräfte, aus der Tiefe des Raumes sich entfaltend, fast nach Belieben an jeder Stelle schwerpunktmäßig hätten ansetzen können. Das dünnbesiedelte, schlecht, teilweise gar nicht verkehrstechnisch erschlossene Land bot zudem den schnellen motorisierten Verbänden keine rasche Entfaltungsmöglichkeit, machte keine raschen Umgruppierungen möglich. Diese Erkenntnis widersprach der Halderschen Maxime von dem In-der-Schwebe-Halten. Hinzu kam, daß im Falle einer langen zusammenhängenden und im Laufe des Vormarsches immer länger werdenden Front auch die eigenen Nachschubverbindungen immer länger und unsicherer wurden; die logistische Versorgung war über das schlechte, zudem breitspurige russische Eisenbahnnetz[518] kaum zu bewältigen, es mußten daher in hohem Maße LKW eingesetzt werden, die jedoch ebenfalls an Straßen oder wenigstens befestigte Pisten und Rollbahnen, nur im Sommer praktisch nutzbar, gebunden waren. Schon aus diesem Grunde wäre ein früherer Angriff im Jahr gar nicht möglich gewesen. Die mangelhaften Infrastrukturen des ungegliederten Landes erforderten also eine weitgehende logistische Autarkie – und das mußte die Heeresgruppen schwerfällig und weit weniger beweglich machen, als es im Westen der Fall gewesen war.

Folglich basierte der Operationsplan des Heeres auf zwei Grundideen:
1. Die Zerschlagung der feindlichen Hauptmacht mußte im grenznahen Raum erfolgen, möglichst westlich der Linie Dnepr-Düna. Drei Heeresgruppen – Mitte, Nord und Süd – sollten, beiderseits der Pripjetsümpfe vorgehend, den Gegner einkesseln und vernichten. Von der so gewonnenen strategischen Basis aus sollte dann, in der zweiten Operationsphase, der Hauptstoß über die Straße Smolensk-Moskau direkt auf die Hauptstadt hin vorgetragen werden. Die Heeresgruppen Nord und Süd sollten mit ihren rechten bzw. linken Flanken den Hauptkeil eventuell verstärken, die eigenen operativen Ziele, im Norden also Leningrad und Kronstadt, mit geringen eigenen Kräften erreichen oder aber solange verhalten, bis die Heeresgruppe Mitte im Raum Moskau das zweite russische Treffen –

wenn es dieses überhaupt geben sollte – gestellt und vernichtet hatte. Eine Eroberung von Leningrad aus dem Stand heraus war also nicht geplant. Halder war davon überzeugt, daß sich die Rote Armee mit den ihr noch verbliebenen Kräften der 2. und 3. Welle einem Angriffsstoß der deutschen Armeen auf Moskau hin entgegenwerfen würde, damit also die Chance bestand, auch die letzten der verbliebenen lebendigen Feindkräfte in einer Kesselschlacht, einem Super-Cannae, zu vernichten.

Der Plan schien aussichtsreich, er war kühn, man merkte ihm die historischen Reminiszenzen und Zitate an, dennoch barg er eine Reihe unwägbarer Faktoren. Das betraf vor allem die erforderlichen Zeiträume und die nicht voll berechenbaren räumlichen Faktoren. Der Generalstab des Heeres und auch die Armeeoberkommandos glaubten dennoch, daß nur dieser Generalplan überhaupt die Aussicht eröffnete, Hitlers Vorstellung von einem kurzen Feldzug – so stand es expressis verbis in der Weisung Nr. 21 – zu verwirklichen. Kurz mußte in Hitlers Augen der Feldzug sein, um so bald wie möglich zum Luft- und Seekrieg gegen die verbliebenen angelsächsischen Mächte zurückkehren zu können. Ob auch die Befürchtung mitspielte, ein sich länger hinziehender Kampf im Osten könnte die augenscheinlichen Rüstungsmängel in der Tiefe bloßlegen (es gab noch nicht einmal eine Winterausrüstung für das Ostheer), ist eher unwahrscheinlich, zumal in all diesen Monaten nichts Substantielles zur Verbesserung der Tiefenrüstung geschah. Hitlers Befehl, das Heer auf 180 Divisionen aufzustocken, gehorchte nur den unabweisbaren Bedürfnissen im Rahmen der Barbarossaplanung. Wie sehr die meisten Protagonisten in der Vorstellung befangen waren, daß der geplante Krieg gegen die Sowjetunion noch vor Jahresende beendet sein würde, ergab sich aus der im Juni/Juli 1941 einsetzenden Rüstungs- und Zukunftskriegsplanung der Marine.[519]

Der Generalstab des Heeres, in diesem Punkt realistischer, hat von Anfang an nicht geglaubt, daß der Feldzug bis zum Wintereinbruch abgeschlossen sein könnte und dennoch nichts getan, um die deutsche Armee winterfest zu machen – das hatte er aber auch in Zusammenhang mit Fall Gelb nicht geglaubt und war dann eines Besseren belehrt worden. So wagte niemand Hitler offiziell zu widersprechen, denn der ging tatsächlich davon aus, daß alles binnen drei, vier Monaten erledigt sein würde. Halder hingegen hoffte nur, daß man bis zu diesem Zeitpunkt – also etwa September/Oktober 1941 – Moskau eingenommen und das russische Feldheer vernichtet haben würde. Dann wäre es wohl möglich gewesen, das riesige rückwärtige Gebiet einigermaßen zu besetzen und zu halten. Die dafür erforderlichen Kräfte waren gigantisch – aber man hat das niemals ernsthaft durchgerechnet.[520] Dabei hätte jedermann wissen können, daß 1918 die kaiserliche Armee für Besatzungsaufgaben in Räumen, die wesentlich kleiner waren, bis zu einer Million Mann benötigt hatte.

Und dann? Guter oder besser schlechter militärischer Tradition folgend machte sich das Heer darob keinerlei Gedanken – dabei war spätestens jetzt der Zeitpunkt gekommen, um mit Hitler nochmals ernsthaft die am 30. März 1941 skizzierte verbrecherische Politik zu diskutieren. Jedermann hütete sich davor, es gab mit Hitler schon so genug Ärger.

Anfangs hatte es so ausgesehen, als stimme dieser der gesamten Feldzugsidee des OKH zu. Auch der Diktator glaubte, daß der Feind grenznah geschlagen und vernichtet werden und es das Ziel sein müsse, möglichst rasch die »Landbrücke« von Smolensk zu erreichen. Doch von diesem Punkt an liefen seine Gedanken in andere Richtungen,[521] was man ganz wörtlich nehmen kann: Nicht der Stoß auf Moskau, so suchte er den Generalstäblern zu erklären, müsse die nächste Etappe sein, sondern die Verstärkung der beiden Flügelgruppen mit dem Ziel einer baldigen Wegnahme Leningrads und Kronstadts im Norden und der Gewinnung des wichtigen Donezbeckens im Süden. Nicht die rechten bzw. linken Flügel der beiden Heeresgruppen sollten die Heeresgruppe Mitte verstärken, sondern die Flügel der Heeresgruppe Mitte die Heeresgruppen Nord bzw. Süd. Die Mitte sollte demgegenüber verhalten.

Damit ergab sich eine zentripetale Tendenz im Gegensatz zu der vom Heer angestrebten zentrifugalen. Die natürlichen Nachteile der russischen Wehrgeographie wurden somit nicht konterkariert, sondern verstärkt. Hitler wollte nicht nur die Feindkräfte vernichten, sondern gleichzeitig den Raum gewinnen, den er für wirtschaftlich wertvoll hielt. Während das Heer zuächst vorrangig die operativen Aufgaben zu erledigen anstrebte, wollte Hitler zugleich den erhofften wirtschaftlichen Gewinn einstreichen. Er glaubte, daß die Rote Armee auch mit halber Kraft zu schlagen sei – mit halber Kraft insofern, als durch die Ausweitung der Operationen nach Süden und Norden eine Verdünnung der vorderen Frontlinie das logische Ergebnis sein mußte.

Weder im Norden noch im Süden lagen nennenswerte operative Ziele, ganz anders als in der Ballungs-und Industrieregion Moskau, dem Herzstück des Sowjetimperiums. Moskau war nicht nur eine symbolische Hauptstadt. Für Hitler hingegen war ein Stoß auf Moskau nichts als die Jagd auf ein Phantom, das nichts einbrachte, während er die Rohstoff- und Getreidegebiete im Norden und Süden als sichere Beute so schnell wie möglich in deutsche Hand bringen wollte. Dies nicht so sehr im Hinblick auf die Ökonomie, als vielmehr der Siedlungsideologie.

Hitler hat sich mit seinen Plänen dem Generalstab gegenüber wesentlich durchgesetzt, wieder wagte dieser nicht, dem Diktator zu widersprechen, als es darauf angekommen wäre.

Das OKH hat mit seinen Warnungen vollkommen recht behalten; tatsächlich kam es deswegen zur Krise vor Moskau und zum Stillstand der Operationen, ohne daß die Rote Armee, wie geplant, zur Gänze zerschlagen worden wäre. Während die erste Kriegsphase, also die Gewinnung der Landbrücke von Smolensk, im wesentlichen erfolgreich verlaufen sollte, führte Hitlers Plan anschließend zu einer Katastrophe, deren wahres Ausmaß sich allerdings erst 1942 zeigen sollte.

Abschließend muß man fragen, warum Hitler einen Plan verfolgte und durchsetzte, der dem Fachverstand des Generalstabes diametral gegenüberstand – was dem Diktator eigentlich nicht hätte entgehen können, dazu bedurfte es keiner besondern Begabung oder Vorbildung. Es bieten sich folgende Erklärungen an:

Im Gegensatz zu den bisherigen Feldzügen stellte das Unternehmen »Barbarossa« zum ersten Mal den Versuch einer unmittelbaren Verwirklichung des Hitlerschen Lebensraumkonzeptes dar. Diesmal handelte es sich nicht um taktisch zu wertende Vorstufen, eine bloße Ausgangsbasis für ein bestimmtes in unbestimmter Ferne liegendes Ziel – so hatte man die bisherigen Feldzüge deuten können – sondern um das Ziel selbst. Hitler hat aus diesem Ziel zeit seines politischen Wirkens nie ein Hehl gemacht: Er wolle den Weltbolschewismus und das hinter ihm stehende Judentum vernichten und den deutsch-germanischen »Lebensraum« erweitern. Das erste Ziel glaubte er in einer baldigen und gründlichen Zerstörung Leningrads,[522] des Geburtsortes des Bolschewismus, erreichen zu können – die Stadt sollte bekanntlich nicht nur erobert, so sah es der Anfangsplan vor, sondern samt Einwohnern dem Erdboden gleichgemacht werden. Moskau sollte dasselbe Schicksal erleiden – aber bezeichnenderweise war das für Hitler zweite Priorität. Auch Moskau besaß Symbolcharakter, aber einen eher negativen im Sinne Hitlers – dachte man an Napoleon. Wenn Hitler auf die militärische Eroberung Moskaus keinen sonderlichen Wert legte, so sicherlich auch aus der Erfahrung heraus, daß die Einnahme Moskaus weder Napoleon noch den Tataren noch den Polen letztlich Glück gebracht hatte. Und Frankreich war geschlagen worden, ohne daß es der blutigen Erstürmung der Hauptstadt bedurft hätte. Hitler war sicher, daß Moskau von alleine fallen werde, wenn Leningrad erst einmal weg war. Die eine Erwartung war so falsch wie die andere.

Geht man von der Hypothese aus, daß Hitler mit Beginn des Ostfeldzuges die direkte Realisierung seines weltanschaulichen Programms verfolgte, so wird auch sein Drang nach Süden verständlich. Es bedarf dafür gar nicht des Hinweises auf das Drängen Görings, der möglichst rasch die Getreidefelder des Donezbeckens in die Hand bekommen wollte. Weniger der Leningrader Raum als dieser war in Hitlers Augen als Siedlungsraum für die »germanische Rasse« wertvoll.

Aus allen diesen Gründen war es hoffnungslos, Hitler vom Prinzip des ideologischen Vernichtungskrieges abzubringen. Dieser war nicht nur Mittel, er war Zweck. Nur wenn die Juden in den besetzten rückwärtigen Gebieten liquidiert wurden – und zwar ausnahmslos –, nur wenn die einheimische Bevölkerung unverzüglich zu Arbeitssklaven gemacht wurde, konnte schon im Jahr 1942 mit dem großen Germanenzug begonnen werden. Die NS-Lokatoren standen ja schon bereit; vor allem in Ostpreußen gab es viele, die nur darauf warteten, in die eroberten Länder ziehen und dort im Sinne von Gustav Freytag siedeln und den Herrenmenschen herauskehren zu können. Wie viele SS-und SA-Leute werden nicht heimlich mit dem Gedanken gespielt haben, sich ein schönes Stück russischer Erde unter den Nagel reißen zu können? 1933 war die »Nacht der langen Messer« ausgeblieben, was die SA zutiefst frustriert hatte – war es nicht logisch anzunehmen, daß der große »Führer« das um so reichlicher kompensieren und seine Treuesten alles nachholen lassen würde? Die Ideologie der Nationalsozialisten konnte zum ersten Mal in die Wirklichkeit umschlagen, das wirkte auf viele faszinierend und würde auch erklären, warum gerade die Einsatzgruppen, aber auch Polizeibataillone[523] so hemmungslos und brutal das Vernichtungswerk hinter der Front betrieben.[524] In ihnen gab es, im Gegensatz zum Feldheer, überproportional viele Parteigenossen, und viele waren SA-Männer gewesen oder waren es noch.[525] Man muß unter diesen Aspekten auch den »Generalplan Ost« lesen. Vernichtung und neuer Aufbau waren die beiden Seiten einer Medaille. Hitler interessierte es nicht im geringsten, daß die genuinen militärischen Aufgaben des Ostheeres nahezu unlösbar wurden, wenn er mit diesem Programm des »Terraforming« – fast im Sinne der Space-Opera – begann, noch ehe der Krieg zuende war. Mochten die Generäle, denen er ohnehin nicht traute, womit er Recht haben sollte, doch ihren Krieg führen: Solange sie ihm den Lebensraum sicherten, solange die deutsche Wehrmacht Bütteldienste bei der Germanisierung leistete, war es Hitler egal, was sie planten. Es ist dafür typisch, daß er sich nach dem 22. Juni 1941 erst wieder in die operativen Belange einmischen sollte, als die Dinge ersichtlich schiefliefen. Man wird es so sehen müssen: Am Vorabend des deutschen Überfalles auf die Sowjetunion glaubte Hitler am Beginn der Realisierung seines Programms zu stehen. Dem hatte sich alles unterzuordnen, sogar der gesunde Menschenverstand. Der Mann begann rationalen Argumenten gegenüber unzugänglich zu werden.

15. DER MARSCH AUF MOSKAU

Am 17. Juni 1941 erteilte Hitler den Angriffsbefehl: 22. Juni 1941, 03.00 Uhr.[526] Die fliegenden Verbände begannen seit dem 10. Juni ihre Angriffsformationen einzunehmen, schon am 23. Mai hatte der Oberbefehlshaber der 11. deutschen Armee die Führung der deutsch-rumänischen Truppen an der Moldau übernommen, zwei Tage darauf kam es zum Zusammentreffen zwischen Jodl und dem Chef des finnischen Generalstabes, dem General Heinrichs, der am 26. Mai von Halder empfangen und nunmehr vollständig in die deutschen Angriffspläne eingeweiht wurde. Längst waren auch die Absprachen zwischen der finnischen und der deutschen Marine unter Dach und Fach – aber es ist charakteristisch, daß das nur auf dem »kleinen Dienstweg« geschah. Zwar war das OKW informiert, aber es gab auch nicht ansatzweise das Bedürfnis, vielleicht doch noch die Frage zu erörtern, welche Rolle denn die Marinen beider Staaten im strategischen Gesamtplan spielen sollten. Daß die Ostsee eine hervorragende Rollbahn bildete,[527] vor allem nachdem ziemlich sicher damit zu rechnen war, daß es gelingen werde, die sowjetische Baltische Flotte in Kronstadt einzuschließen, kam niemandem in den Sinn. Auch das war typisch: Wenn das »Barbarossa«-Problem in drei oder vier Wochen gelöst war – dann bedurfte es dieser unzerstörbaren linken Flanke gar nicht. Auch später ist es immer nur zu gelegentlichen, nie aber grundsätzlichen strategischen Überlegungen gekommen, wie man das maritime Potential und die wehrgeographischen Möglichkeiten der Ostsee besser für das Gesamtunternehmen nutzen könnte – da war der übliche Dilettantismus am Werke.[528]

Am 2. Juni 1941 hatte sich Hitler mit Mussolini am Brenner getroffen – und kein Wort über seine Rußlandpläne verraten. Dies ist ein sicheres Indiz für die Überzeugung nicht nur Hitlers, daß es sich bei »Barbarossa« um ein engbegrenztes Unternehmen handeln würde. So wenig wie möglich sollten andere daran teilhaben. Tatsächlich wurde Mussolini erst wenige Stunden vor Beginn des Angriffes per Kurier informiert – woran die Eitelkeit des »Duce« schwer zu schlucken haben sollte. Daß Rumänen und Ungarn mitmachten, war nach Lage der Dinge unvermeidlich, beide Länder waren wichtige Aufmarschgebiete – das galt für Italien aber nicht, und nach »Marita« gab es auch keine Veranlassung mehr, auf die Italiener auf dem Balkan Rücksicht zu nehmen.

General Ion Antonescu, der sich in Rumänien zum Diktator aufgeschwungen hatte, war ein besonders getreuer Gefolgsmann Hitlers und wurde von diesem am 12. Juni in München eingeweiht – fast unglaublich, denkt man daran, daß der Aufmarsch im Süden bereits in vollem Gange war. Man kann sicherlich davon ausgehen, daß Antonescu schon längst wußte, was da geplant war; wenn er stillgehalten hatte, so gab es dafür nur eine Erklärung: Auch Rumänien erhoffte sich reiche Beute aus der Zerfledderung der Sowjetunion; vor allem wollte Antonescu Bessarabien wiederhaben, das nicht zuletzt auf deutschen Druck hin Stalin hatte abgetreten werden müssen.

Die Gerüchteküche begann in den ersten beiden Juniwochen überall zu brodeln – der riesige Aufmarsch von der Ostsee bis an die Karpathen konnte überhaupt nicht verborgen bleiben, und so läßt sich überall in der Welt gespannte Erwartung beobachten – nicht aber auch nur irgendein Versuch, Hitler vielleicht doch noch zur Vernunft zu bringen, eher im Gegenteil.[529] Der Eindruck verstärkt sich, als habe jedermann in diesem Abenteuer auch eine Chance gewittert, was nicht zuletzt für die USA und England galt.[530] Wohin es mit den abendländischen Sitten gekommen war, zeigte sich in der unverhohlenen Befriedigung nahezu ganz Europas, als die Deutschen am 22. Juni 1941 tatsächlich angriffen; und als in den ersten Wochen der Erfolg sicher schien, kam es zu einem kleinen Run auf die Erfassungsstellen der SS überall im besetzten Europa – man wollte dabei sein.[531] Eine Söldnermentalität breitete sich mancherorts aus, von Hitler mit Verachtung und Abwehr bedacht.

In der Sowjetunion selbst zog es Stalin vor, den Kopf in den Sand zu stecken, obwohl an den deutschen Absichten schon seit Wochen eigentlich keinerlei Zweifel mehr möglich waren und der Diktator buchstäblich von allen Ecken der Welt seit Monaten mit entsprechenden Warnungen und Berichten – man denke nur an Richard Sorge, »seinen Mann« in der deutschen Botschaft Tokio – bombardiert worden war. Noch am 13. Juni 1941 dementierte die sowjetische Nachrichtenagentur TASS Berichte über deutsche Truppenmassierungen an der deutsch-sowjetischen Grenze. Es war die Politik der drei Affen: Nichts sehen, nichts hören, nichts sagen.

Warum? Wollte Stalin den Angriff? In der Meinung der Weltöffentlichkeit ebenso wie in der nahezu aller Kabinette galt Stalin als abgrundböser Diktator – nach seiner Finnland-, Polen- und Bessarabienpolitik mehr denn je; besonders verübelt wurde ihm die Annektion der baltischen Staaten. Am Vorabend des 22. Juni 1941 war die Sowjetunion politisch so isoliert wie noch nie, und auch Stalin konnte sich ausrechnen, was das längerfristig für seine Herrschaft bedeuten konnte – vor allem, wenn Hitler seinen Krieg mit dem Westen irgendwie liquidierte. In Stalins Augen stand zu befürchten, daß dann sein Terrorregime ins Visier der zivilisierten Welt geraten wäre. Es spricht also viel dafür, daß Stalin ganz bewußt die Augen vor dem – ohnehin als unvermeidlich eingestuften – deutschen Angriff verschloß, um sich um so besser als Opfer stilisieren zu können – was ihm meisterhaft gelingen sollte. Es war der deutsche Überfall auf die Sowjetunion, die dieser ein fast fünfzigjähriges Überleben ermöglichte.

Das Unternehmen »Barbarossa« begann am 22. Jui 1941.[532] Insgesamt 152 Divisionen, darunter 118 Infanterie-, 15 mot. Divisionen, 19 Panzerdivisionen mit zusammen 3 050 000 Mann traten um 03.15 Uhr zum Angriff zwischen Ostsee und Karpaten an. Das waren 75 % des verfügbaren Feldheeres. Im Westen verblieben 38 Divisionen, in Norwegen 8, im Südosten 7, in Afrika 2 und in der Heimat 1 Division. Die Rumänen hatten zunächst 15 Divisionen und Brigaden zur Verfügung gestellt. Die deutsche Aufklärung ging am 22. Juni fälschlicherweise von folgenden Feindkräften aus: 118 Infanteriedivisionen, 20 Kavalleriedivisionen, 40 mot. Divisionen und Pz.-Brigaden, etwa 6000 einsatzbereiten Flugzeugen. Tatsächlich gebot Stalin über 300, darunter 50 gepanzerte und 25 motorisierte Divisionen und mehr als 10 000 Flugzeuge.[533]

Die Heeresgruppe Nord unter GFM (Generalfeldmarschall) Ritter von Leeb stieß von Ostpreußen her mit der 18. Armee (GenOberst v. Küchler), der 16. Armee (GenOberst Busch), der Panzergruppe 4 (GenOberst Hoepner) in die Baltischen Länder in Richtung Leningrad vor. Die Heeresgruppe Mitte[534] unter GFM von Bock trat vom südlichen Ostpreußen aus in Richtung Minsk-Smolensk an, und zwar mit der 4. Armee unter GFM von Kluge, der 9. Armee unter GenOberst Strauß, der Panzergruppe 3 (GenOberst Hoth) und der Panzergruppe 2 (GenOberst Guderian).

Die Heeresgruppe Süd unter GFM von Rundstedt operierte aus dem südlichen Generalgouvernement in Richtung Kiew-Dnjepr-Bogen mit der 17. Armee (GendInf. v. Stülpnagel), der 6. Armee (GFM von Reichenau) und der Panzergruppe 1 (GenOberst v. Kleist). Die 11. Armee (Generaloberst Ritter von Schobert) operierte zusammen mit der 3. und 4. rumänischen Armee unter Antonescu von der Moldau in Richtung Nordost gegen den Dnejpr.

Die deutsche Luftwaffe mit den Luftflotten 1 (GenOberst Keller), Luftflotte 2 (GFM Kesselring) und Luftflotte 4 (GenOberst Löhr) war je zu einem Drittel den Heeresgruppen zugeteilt und verfügte insgesamt über 1280 einsatzbereite Maschinen, darunter 510 Bomber und 290 Stukas. Zum Vergleich: der russische Gesamtbestand an Flugzeugen wurde auf 6000 Maschinen geschätzt.

Der Stärkevergleich erweist ein ganz ähnliches Bild wie das bei »Fall Gelb«: Von einer deutschen Überlegenheit konnte keine Rede sein. Was damals aber dem OKH das größte Kopfzerbrechen bereitet hatte, schien nun unproblematisch, genauer: als der Angriff begann, nahm niemand die Rote Armee wirklich ernst; die Zahlen, so hieß es allenthalben, sagten gar nichts, wie wäre eine sowjetische mit einer deutschen Disvision – gleich welcher Gattung – auch nur zu vergleichen gewesen! Nie traten Hybris und Arroganz der deutschen militärischen Führung krasser in Erscheinung als in den Tagen um den 22. Juni 1941.[535]

Ein halbes Jahr später schien der Krieg gegen die Sowjetunion fast schon verloren, gemeinhin gilt die »Wende vor Moskau« auch als allgemeine Kriegswende. Wie ist es dazu gekommen?

Zunächst: Wie wurde der Angriff auf die Sowjetunion dem deutschen Volk »verkauft« und wie reagierte die Bevölkerung auf Hitlers Proklamation vom 22. Juni 1941?[536]

Das Muster war jedermann bekannt: Hitler behauptete[537] erneut, er schlage nur zurück, tatsächlich habe der sowjetische Angriff schon vor Tagen begonnen. Wie windig dies war, wie beleidigend auch nur für das schlichteste logische Denken, enthüllten die sich diesen Klagen unmittelbar anschließenden Worte – sie zeigen, daß Hitler sich gar keine Mühe mehr gab, seinen Angriff zu verbrämen – so wie dies im Falle Polen und Frankreich doch noch der Fall gewesen war. Er rechnete damit, daß die meisten Volksgenossen diesen neuen Krieg nicht nur als unvermeidlich ansahen, sondern in gewisser Weise sogar genossen.

»Deutsches Volk!«, so Hitler: »In diesem Augenblick vollzieht sich ein Aufmarsch, der in Ausdehnung und Umfang der größte ist, den die Welt bisher gesehen hat. Im Verein mit finnischen Kameraden stehen die Kämpfer des Siegers von Narvik am Nördlichen Eismeer. Deutsche Divisionen unter dem Befehl des Eroberers von Norwegen schützen gemeinsam mit den finnischen Freiheitshelden unter ihrem Marschall den finnischen Boden. Von Ostpreußen bis zu den Karpaten reichen die Formationen der deutschen Ostfront. An den Ufern des Pruth, am Unterlauf der Donau bis zu den Gestaden des Schwarzen Meeres vereinen sich unter dem Staatschef Antonescu deutsche und rumänische Soldaten.

Die Aufgabe dieser Front ist daher nicht mehr der Schutz einzelner Länder, sondern die Sicherung Europas und damit die Rettung aller.

Ich habe mich deshalb heute entschlossen, das Schicksal und die Zukunft des Deutschen Reiches und unseres Volkes wieder in die Hand unserer Soldaten zu legen.«

Hier zum ersten Mal tauchte jener Europagedanke[538] auf, der fortan untrennbar mit dem Unternehmen »Barbarossa« verbunden sein sollte. Hitler schien den Eindruck erwecken zu wollen, als handele es sich beim Ostfeldzug um eine gemeinsame europäische Aufgabe.

Die Deutschen waren nicht eigentlich überrascht. Goebbels' Propaganda hatte es schon seit dem Molotow-Besuch geschickt verstanden, östliche Gefahren – vage und unbestimmt, desto bedrohlicher – an die Wand zu malen. Wenn Hitler in seinem langatmigen Aufruf darauf hinwies, eigentlich sei es Schuld Stalins gewesen, daß man den Krieg gegen England nicht schon im Oktober 1940 habe siegreich zu Ende bringen können, so leuchtete diese Festlandsdegentheorie vielen durchaus ein. In den »Meldungen aus dem Reich« unter dem 23. Juni findet man aber auch:

»Allgemein vor allem die als offenkundig bezeichnete Verlängerung des Krieges. – Befürchtungen hinsichtlich der Ernährungslage (die möglicherweise durch neue Massen von Kriegsgefangenen noch erschwert werde) – bei Frauen vor allem die Sorge um bevorstehende neue Opfer an Menschenleben – Sorgen über 'asiatische Methoden' der Roten in der Kriegführung und Behandlung etwaiger deutscher Kriegsgefangener – Erwägungen, daß jetzt wohl auch für Amerika der Zeitpunkt seines Eintritts in den Krieg gekommen sei.«[539]

Die vox populi hatte instinktiv die sensiblen Punkte erfaßt; bemerkenswert ist der Hinweis auf den Zusamenhang Kriegsgefangene – Ernährung. Indirekt macht diese Quelle deutlich, daß sich die Bevölkerung die »Lösung« des Problems durch den in Kauf genommenen Hungertod von etwa 3,3 der rund 5,7 Millionen russischen Kriegsgefangenen, wie man heute schätzt, nicht vorstellen konnte.

Gelassen, entspannt, erwartungsfroh: So könnte man die Haltung des Generalstabes am Morgen des 22. Juni 1941 umschreiben, auch hier ist ein Auszug aus dem KTB Halder aufschlußreich.

»*Das Gesamtbild* des ersten Angriffstages ist folgendes:

Der Feind war von dem deutschen Angriff überrascht. Er war taktisch nicht zur Abwehr gegliedert. Seine Truppen in der Grenzzone waren in weiten Unterkünften verteilt. Die Bewachung der Grenze selbst war im allgemeinen schwach.

Die taktische Überraschung hatte zur Folge, daß der feindliche Widerstand unmittelbar an der Grenze schwach und ungeordnet war, und daß es überall gelang, die Brücken über die Grenzflüsse in die Hand zu nehmen und die in Grenznähe sich befindlichen Grenzschutzstellungen (Feldbefestigungen) zu durchstoßen.« Nüchtern analysierte der Generalstabschef, es sei zu keinen geordneten Rückzugsbewegungen gekommen, von koordinierter militärischer Führung sei weit und breit nichts zu sehen. »Der Russe«, so sein Fazit, »muß unseren Angriff in der Gliederung annehmen, in der er steht.«[540]

Das endete am 22. Juni 1941 in einer wahren sowjetischen Katastrophe – über 1200 Flugzeuge wurden am ersten Tag zerstört oder abgeschossen. Die Infanteriedivisionen kamen an diesem Tag unter Kampfbedingungen, also mitten im Getümmel einer gigantischen russischen Heeresmasse, 10-12 Kilometer voran, was Halder, ein nüchterner Generalstäbler, mit einem Ausrufezeichen kommentierte. Ein anderes Beispiel: Die Panzergruppe 2 zerschlug am ersten Tag bereits die 4. sowjetische Armee. Die Panzerdivisionen kamen sogar bis zu 60 Kilometern voran. Die 101. Division des Generalmajor Marcks eroberte Przemysl am San aus dem Stand heraus – einen Ort mit hoher Symbolbedeutung aus dem Ersten Weltkrieg.[541]

Kurz und gut: Wenn im Vorfeld von »Barbarossa« allgemein die Überzeugung verbreitet war, es sei leicht, diesen Feind zu schlagen, so schienen die kühnsten Hoffnungen nun noch übertroffen worden zu sein. Geradezu sprichwörtlich ist die berühmte Eintragung Halders in sein KTB vom 3. Juli 1941 geworden:

»Es ist also wohl nicht zuviel gesagt, wenn ich behaupte, daß der Feldzug gegen Rußland innerhalb von 14 Tagen gewonnen wurde.« Immerhin folgte diesem fulminantem Satz ein weiterer:

»Natürlich ist er damit noch nicht beendet. Die Weite des Raumes und die Hartnäckigkeit des mit allen Mitteln geführten Widerstandes wird uns noch viele Wochen beanspruchen.«[542]

Denn das war die zweite Überraschung: Zwar gab es Überläufer, aber die Masse der russischen Soldaten wehrte sich, nachdem die erste Überraschung abgeklungen, mit dem Mut der Verzweiflung, und die Truppenkommandeure waren aufs höchste indigniert und irritiert, daß »die Roten«(die verachteten »Kommissare« inklusive) mindestens so tapfer kämpften wie die eigenen Soldaten – und manchmal tapferer. Das paßte überhaupt nicht ins Weltbild, paßte auch nicht zur Ideologie vom russischen Untermenschen.[543] In den Kriegstagebüchern der Frontverbände – soweit erhalten – spürt man hier und da eine widerwillige Anerkennung des russischen Soldaten.

Gegen Mitte Juli hatten die deutschen Armeen, wie vorgesehen, die Dnjepr-Düna-Linie erreicht, teilweise schon überschritten. Doch gerade vor dem Hauptkeil der deutschen Angriffsverbände, der Heeresgruppe Mitte, war es nicht gelungen, völlig freie Bahn zu gewinnen, wie es sich die Generalstäbe nach den ersten Kriegstagen vorgestellt hatten – man konnte sich nicht vorstellen, daß hinter den massierten Verbänden, die bereits eingekesselt und zerschlagen worden waren, noch weitere aufmarschieren konnten.

Die Russen lernten schnell: Obwohl ihre Militärdoktrin es nicht gelehrt hatte, wie operative, ja strategische Absetzbewegungen durchzuführen seien, verstanden es die zumeist wenig erfahrenen, jungen russischen Generalstäbler binnen dreier Wochen, die ersten geordneten Rückzüge zu organisieren. Ärgerlich in den Augen der Wehrmacht war es, daß diese sich rasch absetzenden russischen Verbände in gebührendem Abstand Halt machten, der Rückzug also nicht in wilde Flucht überging, sondern sich neu gruppierten – und diesmal tatsächlich in zweckmäßiger Abwehrformation. Damit war klar: den Spaziergang nach Moskau, den sich Bock wohl vorgestellt hatte, würde es nicht geben.

Das war die Stunde Hitlers – wieder schien dieser Mann mit seinen Intuitionen Recht zu behalten. Hitler war es ja gewesen, der gar nicht in Richtung Moskau, sondern die beiden Flügel von Mitte zur Unterstützung der Heeresgruppen Nord und Süd abdrehen lassen wollte. Genau dies geschah, nachdem die Deutschen fast drei Wochen lang unschlüssig 350 km vor Moskau stehengeblieben waren, und diese exzentrische Strategie, gegen den gesammelten Sachverstand des Generalstabs, der Oberbefehlshaber der Heeresgruppe Mitte, vor allem auch Guderians durchgesetzt, bescherte die märchenhaftesten Erfolge; vor allem der Stoß der durch Verbände der Heeresgruppe Mitte verstärkten Heeresgruppe Süd führte zu einer riesigen Kesselschlacht bei Kiew, in der fünf russische Armeen vernichtet, 650 000 Gefangene gemacht, 3500 Geschütze und 900 Panzer eingebracht wurden. Das waren Zahlen, die das bisherige Vorstellungsvermögen der Militärs überstiegen. Dieser Erfolg stopfte Halder, der nach wie vor von Hitlers dezentraler Strategie nichts hielt, zunächst einmal den Mund. Hitler hatte die Masse des deutschen Heeres nach Kiew getrieben, ihm war die Kesselschlacht zu verdanken. Was den Diktator aber gar nicht interessierte, brannte Halder auf den Nägeln: Der Erfolg war mit einem Zeitaufwand von zwei Monaten erkauft worden. Erst am 30. September 1941 war die Heeresgruppe Mitte, die den Erfolg im Zusammenwirken mit der Heeresgruppe Süd erzielt hatte, in der Lage, ihren ursprünglichen Plan eines Angriffes auf Moskau[544] wieder aufzunehmen.

Die schieren Quantitäten des Kiewer Kessels spätestens hätten die Heimat mobilmachen müssen – und zwar in mehrfacher Hinsicht. Nun war genau das eingetreten, was die besorgten unprofessionellen Volksgenossen antizipiert hatten: Riesige Gefangenenzahlen forderten das deutsche Organisationsvermögen heraus – und überforderten es. Es war dem Heimatheer unmöglich, auch nur die primitivsten Forderungen der Genfer Konvention[545] betr. die Behandlung von Kriegsgefangenen einzuhalten. Das europäische Reich des Adolf Hitler kam mit einer Million, bald zwei Millionen russischer Kriegsgefangenen nicht klar. Sie begannen zu verhungern. Da die meisten keine festen Unterkünfte besaßen, vegetierten sie auf der blanken Erde, manche hatten Glück und ein paar Zelte. Sonntags gingen die Bürger Kriegsgefangene gucken – das klingt zynisch und ist doch wahr, aber man sollte nicht versäumen hinzufügen, daß es auch Mitleid gab und ehrliche Bemühungen, das entsetzliche Los der sowjetischen Kriegsgefangenen zu lindern. Aber wieder: es waren zu wenige und sie bewirkten zu wenig. Es ist das Verdienst von Christian Streit, in seinem Buch aus dem Jahr 1978 mit dem Titel »Keine Kameraden!« dieses düstere Kapitel des deutsch-sowjetischen Krieges erstmals umfassend aufgearbeitet zu haben.[546]

War das Los dieser Unglücklichen den Herren im OKH letztlich auch gleichgültig, so hätte ein einfaches Blättern im Kalender und eine schlichte Anfrage bei einem x-beliebigen meteorologischen Dienst genügt, um in die Hufe zu kommen: Wenn die Heeresgruppen Mitte und Nord am 30. September dreihundert Kilometer vor Moskau standen, war selbst dann nicht mit einem Abschluß des Feldzuges vor Einbruch des Winters zu rechnen, wenn alles glattging. Schon die beiden letzten Winter waren kälter gewesen als im langjährigen Mittel, deswegen waren auch die Pläne der Marine mit der West-Ost-Passage durch das Nordmeer gescheitert. Selbst schlichte Bauernregeln und gesunder Menschenverstand hätten ausgereicht, um den Verantwortlichen die Augen zu öffnen: Es geschah nichts, man lebte im ewigen Sommer, die Zeit zwischen dem 22. Juni und dem 30. September verstrich, ohne daß irgendjemand im Ersatzheer oder wo auch immer auf den Gedanken verfallen wäre, die Ostarmee vielleicht doch winterfest zu machen. In der gleichen Zeit begann Amerika die Sowjets mit Filzstiefeln zu versorgen – am Ende mit nicht weniger als 13 Millionen Paar. Dieses Versäumnis ist schwer erklärlich, eine psychologische Erklärung bietet sich an: Wenn man mit der Winterausrüstung von drei Millionen Soldaten ernsthaft begonnen hätte, wäre dies auch der Öffentlichkeit gegenüber, der das nicht verborgen bleiben konnte, das Eingeständnis gewesen, daß der Feldzug eben nicht planmäßig noch in der warmen Jahreszeit zu Ende gehen würde – und daß die Verantwortlichen sich deswegen eines groben Versäumnisses schuldig gemacht hatten.

Im OKH sind erste Zweifel daran, ob es gelingen werde, den Feldzug noch im Jahr 1941 abzuschließen, Ende August wachgeworden. Die zwei Monate vor und von Kiew waren die zwei Monate, die Stalin geschenkt worden waren, um die Verteidigung von Moskau zu organisieren – und den Winterkrieg. Das funktionierte, die russischen Soldaten erfroren nicht, und ihre Panzer und Geschütze sollten auch nicht einfrieren.

Ende August mußte eigentlich eine Grundsatzentscheidung beim OKH fallen: Entweder das Heer ging in den eroberten Gebieten zur Verteidigung über in der Hoffnung, daß Stalin das Handtuch werfen oder genügend Zeit vorhanden sein würde, um eine neue Offensive für das Frühjahr in Angriff zu nehmen – oder es setzte alles auf eine Karte und versuchte, noch vor Anbruch des Winters Moskau zu erreichen. In den Akten finden sich keinerlei Reflexionen über die Frage, was zu tun sei, sollte sich Stalin wie einst Alexander I. nach der Einnahme Moskaus schlicht weigern, den Krieg offiziell verloren zu geben. In diesem Zusammenhang muß auch auf das völlige Versagen von »Fremde Heere Ost«[547] hingewiesen werden: Die 12. Abteilung des Generalstabs hatte keine Ahnung, mit welcher Energie und mit welchen Erfolgen das Sowjetregime daran ging, eine komplette zweite Schwer- und Rüstungsindustrie hinter dem Ural aus dem Boden zu stampfen – in atemberaubend kurzer Zeit, mit gigantischen Opfern, auch an Menschenleben, aber letztlich mit einer Effizienz, von der die Deutschen niemals auch nur träumen konnten.[548] Man hat das schlicht verschlafen nach dem Motto: der Russe ist zu dumm, stumpfsinnig, leidensfähig, unkreativ, als daß man sich irgendwelcher Überraschungen zu versehen hätte.

Auch in Rußland gab es Wetter, das mag man im OKH gewußt haben. Daß mit einer Schlammperiode zu rechnen sei, war nicht unbekannt, das hatte schon Napoleon gewußt. Um so schärfer stellte sich die Frage, ob es sinnvoll sei, den letzten Schritt zu wagen, also die Offensive auf Moskau.

Sie war nicht allein rational zu entscheiden, denn mit dem »Ja« oder »Nein« war das verknüpft, was im September 1914 an der Marne zu entscheiden gewesen war: das Eingeständnis, daß der gesamte Kriegsplan gescheitert sei oder eine Trotzhaltung des »Dennoch!«, des »Wir wollen es wissen«.

Die 1. und die 2. Armee waren nach dem pessimistischen Urteil Moltkes d.J. und Hentschs seinerzeit zurückgenommen worden, die Marneschlacht war verlorengegangen – nicht aber der ganze Krieg. Das drohte nun, im Herbst 1941 anders zu sein, denn das Operationsgelände zwischen Marne und Maas war mit dem zwischen Minsk und Moskau in keinerlei Hinsicht zu vergleichen. In welche sicheren Winterquartiere hätte man die deutsche Millionenarmee denn verlegen sollen? Vor allem nachdem die rückwärtigen Verbände und Einsatzgruppen ihr Vernichtungswerk schon begonnen hatten und die anfänglichen Hoffnungen auf eine Kollaboration der einheimischen Bevölkerung zerschlagen waren.

Verharrten die Verbände in den eroberten Stellungen, so gönnten sie der Roten Armee eine weitere Atempause, und es war wahrscheinlich, daß diese sie ganz anders, viel besser als die deutschen Armeen würde ausnutzen können. Sie lebte im Gelände, sie kannte dessen Infrastrukturen, sie wußte, wie die Ressourcen zu mobilisieren waren – all dies bereitete den Deutschen erhebliches Kopfzerbrechen.

Etwas weiteres trat hinzu: Der ganze Feldzug war bewußt und gewollt risikoreich angelegt worden – Folge der falschen Einschätzung nahezu aller Faktoren, die man berücksichtigen muß, will man erfolgreich Krieg führen. Alle Voraussetzungen für einen Stellungskrieg im russischen Winter fehlten. Nur wenn die Heeresgruppe Mitte die industrialisierte Zone um Moskau noch vor dem endgültigen Wintereinbruch in die Hand bekam, bestanden Aussichten, den Winter zu überstehen. Umgekehrt: Wenn es nicht gelang, Moskau zu nehmen, so blieb die Sowjetunion im Besitz ihrer wichtigsten, größten Drehscheibe, liefen doch alle Verkehrsverbindungen auf Moskau zu. Dann war es den sowjetischen Einheiten möglich, auf viel kürzeren Nachschubwegen neue Kräfte an jeden beliebigen Punkt der 3000 km langen deutschen Front heranzuführen.

Moskau noch im Spätherbst anzugreifen, enthielt ein unwägbares, ein großes Risiko. Moskau nicht mehr anzugreifen aber bedeutete eine strategische Niederlage ersten Ranges und zudem die Heraufbeschwörung eines katastrophalen Winterfeldzuges. Es blieb nach allem Abwägen in den Augen des Generalstabes und jetzt auch Hitlers nur die Flucht nach vorn, in der Hoffnung, daß Kräfte und Zeit ausreichten, das Wetter mitspielen würde. Die riesigen Verluste der Roten Armee in den ersten Feldzugmonaten nährten die Hoffnung, daß das, was Stalin vorwärts Moskau aufstellte, eigentlich nur noch Restbestände sein konnten.

Der Stoß der Heeresgruppe Mitte und von Teilen der Heeresgruppe Süd, zusammen an die 2 Millionen Mann in einer Frontbreite von 600 km, begann unter dem Stichwort »Taifun«[549] am 2. Oktober 1941. Jedem Soldaten war klar, was die nun beginnende Schlacht um Moskau für den Gesamtsieg und für jeden persönlich bedeutete. Hitler jedoch zog es vor, in seiner Sportpalastrede vom 3. Oktober 1941[550] davon zu sprechen, »daß dieser Gegner bereits gebrochen ist und sich nie mehr erheben wird.«

Das widersprach vollkommen den Erfahrungen der Front, denn obwohl im Oktober in zwei neuen Kesselschlachten – um Wjasma und Brjansk – dem Gegner ungeheure Verluste beigebracht wurden, gelang die vollkomene Abschnürung der Kessel wie bei Kiew nicht mehr, es waren Schlachten nach dem Muster von Königgrätz, nicht Sedan. Vorwärts der Front stellten sich immer neue russische Verbände entgegen, die scheinbar aus dem Nichts kamen.

Die deutschen Armeen, die die Kesselschlachten geschlagen hatten, sollten nunmehr vereint auf Moskau vorstoßen, das heißt in einer Zangenbewegung die Region um Moskau möglichst komplett einschließen – hier schimmert das Muster von Paris 1870 durch.

Da setzte am 7. Oktober 1941 erstmals ein Witterungsumschwung allen zügigen Vormarschbewegungen ein Ende: Die einsetzende Schlammperiode verdammte Menschen, Tiere und Fahrzeuge zu einem äußerst mühseligen, anstrengenden Vorwärtsschleichen. Nicht nur das Gelände verwandelte sich in Morast, sondern auch die wenigen unbefestigten Straßen; die Autostraße Minsk-Moskau brach unter der Belastung durch die deutschen Truppen in sich zusammen. Wieder wurde ein grobes Versäumnis sichtbar: Während in den jeweils zuständigen Generalstabsabteilungen die Berechnung der Belastungsgrenzen von Straßen und Brücken selbstverständlich sein sollte – jeder kennt heute die dort aufgestellten entsprechenden gelben Schilder –, hatte man sich dieserhalb im OKH offensichtlich keine Gedanken gemacht. Die Folgen: Panzer und LKW versanken bis zu den Achsen, Pferde und Menschen wateten knietief im Schlamm, das Benzin wurde knapp, es kam nicht mehr heran und reichte kaum noch aus, um die liegengebliebenen Fahrzeuge wieder anzuschleppen. Bald blieb jede Vorwärtsbewegung buchstäblich im Schlamm stecken.[551]

Umgekehrt wußten die Russen sich diese Naturkatatrophe – in Wirklichkeit war es bloß eine Naturerscheinung – zunutze zu machen, indem sie den mit sich selbst beschäftigten deutschen Verbänden keine Ruhe ließen – ähnlich wie es Kutusow 1812/13 mit der Grande Armée getrieben hatte – und sie in örtlichen Angriffen immer in Atem hielten. Man wüßte gerne, wieviele deutsche Offiziere ihren Tolstoi und die Beresina im Kopf hatten...

Die Truppe blutete rasch aus. Die Kampfkraft einer Panzerdivision war um ein Drittel, die Gefechtskraft der Panzerregimenter war um 65-75 % gesunken. Eine Panzerdivision war nur noch mit rund 35 % ihrer Sollstärke einzuschätzen.

Am schlimmsten sah es bei der Heeresgruppe Mitte aus, doch aus den nüchternen Verlustzahlen, die sich Halder notierte, geht hervor, daß der bisherige Ostfeldzug das deutsche Heer so stark beeinträchtigt hatte, daß der Generalstab zurecht die resignierende Feststellung traf, daß es ein Heer wie jenes vom Juni 1941 in Zukunft nicht mehr geben würde. Die Verlustzahlen bis zur Schlacht um Moskau und bis zum Beginn der russischen Winteroffensive:

Bis 3.7. Gesamtverluste	54 000 =	2,15 %
bis 13.7.	92 120 =	3,68 %
bis 13.8.	389 924 =	11,4 %
bis 16.9.	447 522 =	14 %
bis 26.9.	534 952 =	15 %

Das war die Ausgangssituation vor »Taifun«. Die Verluste stiegen nun an:

bis 17.11.	699 726 =	20,58 %
bis 30.11.	743 112 =	23,12 %
bis 10.12.	775 087 =	24, 22 %
bis 31.12.	830 903 =	25, 96 %[552]

Ende Januar betrugen die Verluste des Ostheeres rund 920 000 Mann, darunter 29 000 Offiziere. 4240 deutsche Panzer waren vernichtet worden. Den Krieg begonnen hatten die Deutschen mit 3730 Panzern. Der Bestand an KfZ war von 500 000 auf 150 000 abgesunken.

Angesichts dieser Zahlen wird es verständlich, daß die Front nahe am Rand des physischen und psychischen Zusammenbruches stand. Dennoch entschloß sich von Bock nochmals zum Angriff, zu einer letzten, fast schon verzweifelten Anstrengung, er wartete dafür nur das Festwerden der Straßen und des Geländes ab, das er sich mit dem Einsetzen einer milden Frostperiode, wie für die Jahreszeit üblich, erwartete. Der Angriff begann am 15. und 17. November, wenige Tage später wurde aus dem milden strenger Frost. Binnen Stunden sank das Thermometer auf minus 20 Grad, rasch wurden 30, ja 40 Grad daraus.

Die Panzer- und LKW-Motoren gaben ihren Geist auf, die Maschinenwaffen froren ein,[553] die Lokomotivkessel platzten, in Hekatomben erfroren die Männer, denn die Winterbekleidung, hastig und hektisch improvisiert, nicht zuletzt durch das Winterhilfswerk (KWHV),[554] das damit begonnen hatte, warme Sachen, vor allem Pelze bei der Zivilbevölkerung Deutschlands einzusammeln, kam nicht mehr rechtzeitig heran. Der gesamte Nachschub stockte. Das Benzin ging aus. Hinter der Frontlinie aber gab es keine rückwärtigen Stellungen, und nun hätte man sie auch nicht mehr ausbauen können, das Gelände war metertief gefroren, auch wenn am 30. November der Frost nachließ. Am 1. Dezember 1941 meldete von Bock Hitler, daß aller Angriffswille nicht mehr weiterhelfe:

«Der Angriff erscheint somit ohne Sinn und Ziel, zumal der Zeitpunkt sehr nahe rückt, in dem die Kraft der Truppe völlig erschöpft ist.»

Der Oberbefehlshaber empfahl das Zurückgehen in eine zur Abwehr besser geeignete rückwärtige Linie. Er ließ offen, wie weit er zurückgehen wollte und wo sich diese imaginäre geeignetere Linie befand.[555]

Hitler lehnte ab. Er befahl, den Angriff fortzusetzen. Es war ein Befehl vom grünen Tisch. Schon wenige Tage später lösten sich die Operationen in kraftlose Frontalangriffe auf, an ein zusammenhängendes Operieren war nicht mehr zu denken.

Am 5. und 6. Dezember 1941 brach die sowjetische Gegenoffensive los.

16. KRIEGSWENDE 1941

Es war angesichts der desolaten Lage, in die sich die deutschen Truppen selbst hineinmanövriert hatten, erstaunlich, daß die Gegenoffensive nicht zum sofortigen und blitzartigen Zusammenbruch führte. Das hatte weniger mit deutschem Widerstand als den mangelnden Mitteln und Möglichkeiten der Roten Armee[556] zu tun. Die sowjetische »Westfront« unter dem Armeegeneral Schukow[557] verfügte über 47 Schützendivisionen, 36 Schützenbrigaden, 10 NKWD – Brigaden, 3 Kavalleriedivisionen und 15 Panzerbrigaden. Hier tauchten die Namen jener Armeeführer auf, die bis zum Ende des Krieges berühmt werden sollten – so oder so: Kuznecov[558], Wlassow[559], Rokossovskij[560]. Die verfügbaren Kräfte reichten nicht aus, um die Heeresgruppe Mitte einzukesseln – so wie dies dann Ende Juni 1944 wesentlich gelingen sollte, deswegen blieb nur ein mehr oder weniger brutales frontales Anrennen, das die Front ein ganzes Stück nach Westen zurückwarf, ohne daß der Roten Armee ein strategischer Durchbruch gelungen wäre. Allerdings war sich das OKH darüber im Klaren, daß sich die Lage täglich weiter zuspitzen konnte. Brauchitsch selbst begab sich an die Front, und sein ungeschminkter Bericht über die tödliche Gefahr, in die die Heeresgruppe geraten war, beeindruckte auch Hitler. Brauchitsch forderte, im Einvernehmen mit von Bock und den übrigen Oberbefehlshabern, eine sofortige und weiträumige Rücknahme der Front, um sich dem ständigen Feinddruck zu entziehen, denn wie lange die abgekämpfte Truppe diesem standhalten konnte, war angesichts der schon geschilderten Rahmenbedingungen nicht absehbar.

Aber Hitler sträubte sich gegen einen solchen Befehl. Es kam vielmehr zu einer dramatischen Auseinanderesetzung zwischen Brauchitsch und Hitler. Dieser befahl am 8. Dezember 1941 den »fanatischen Widerstand« und verbot jedes eigenmächtige Zurückweichen der Front.[561] Hitler befürchtete, daß eine Absetzbewegung wahrscheinlich in wilde, panikartige Flucht ausarten würde, wobei sämtliches Gerät und alle schweren Waffen verloren gehen würden. Später hat er immer wieder es dieser seiner Entscheidung zugeschrieben, daß es vor Moskau nicht zu einer strategischen Katastrophe gekommen sei, doch das war nur bedingt richtig. Allein die Tatsache, daß die Truppe dem Hitlerschen Befehl vom 8. Dezember gehorchte, zeigt, daß sie noch nicht völlig demoralisiert war. Dies unterstellt, war das Festkrallen der Armeen vor Moskau unter den denkbar ungünstigsten Bedingungen doch ein schwerer Fehler – man wird an die Auseinandersetzungen von 1918 erinnert, als es um die Frage ging, ob man die kaiserliche Armee nicht rechtzeitig und großzügig in die Siegfriedlinie zurücknehmen müsse. Damals hatte sich Ludendorff geweigert und die Folgen sollten desaströs sein.

Hitlers Durchhaltebefehl, über den Kopf des ObdH erteilt, war der letzte Anstoß zum endgültigen Bruch zwischen beiden Männern. Am 19. Dezember 1941 trat von Brauchitsch[562] von seinem Posten als Oberbefehlshaber des Heeres zurück, Hitler persönlich übernahm die Führung des Ostheeres, wobei seine Begründung in sämtliche Darstellungen zur Geschichte des Zweiten Weltkrieges eingegangen ist. »Das bißchen Operationsführung«, erklärte er, »kann jeder machen. Die Aufgabe des ObdH ist es, das Heer nationalsozialistisch zu erziehen. Ich kenne keinen General des Heeres, der diese Aufgabe in meinem Sinne erfüllen könnte.«

Es liegt auf der Hand, daß dieses Zitat nach dem Krieg zu einer Art Kronzeugnis für die These wurde, das Heer habe sich nicht vom Nationalsozialismus vereinnahmen lassen. So einfach lagen die Dinge nicht. Die Nazifizierung des Heeres setzte tatsächlich erst seitdem, also seit dem Rücktritt von Brauchitsch und dann, neun Monate später, als Halder ging, richtig ein. Der Haltebefehl Hitlers ist auch ideologisch zu sehen: Es war die Aufgabe der Armee, den schon gewonnenen »Lebensraum« zu sichern; tatsächlich war es ja unmittelbar nach dem deutschen Vormarsch zur Etablierung eines Besatzungsregimes gekommen, das mit den bisher üblichen nichts zu tun hatte. Seit Ende Juli wurden systematisch Juden erschossen, die Pläne für das Reichskommissariat Ostland[563] lagen nicht auf Eis, sondern sollten nach Möglichkeit jetzt schon verwirklicht werden.[564] Jeder deutsche Rückzug gefährdete in Hitlers Augen also das große Konzept, es ging nicht um bloße strategische Geländeverluste. Hinter der Front befand sich, ganz anders als im Ersten Weltkrieg, kein »Niemandsland«, sondern es tummelten sich dort schon die finstersten Personen und Organisationen; sie hatten sich schon festgesetzt und eingerichtet.

In diesem Zusammenhang stellt sich die Frage, inwieweit die Soldaten der Heeresgruppen über die rückwärtigen Zustände informiert waren. Nach allem, was bisher bekanntgeworden, schlecht bis gar nicht – was nichts mit Desinteresse, sondern der Frage der Heeresorganisation[565] und dem Problem des bloßen Überlebens in der weißen Hölle des Dezember 1941 zu tun hatte.

Mit Brauchitsch stürzte auch Fedor von Bock[566], der Mann, der wie kein anderer bis zum letzten Hauch von Mann und Roß versucht hatte, das Unmögliche doch noch möglich zu machen – die Einnahme von Moskau. Er wurde durch den Generalfeldmarschall von Kluge ersetzt, der Hitlers Befehl, um jeden Preis auszuhalten, mit aller Härte durchsetzte und dabei Guderian[567] verlor, der am 25. Dezember auf Grund einer selbständigen Absetzbewegung seines Postens enthoben wurde – der Mann also, dessen Talent Hitler seine bisherigen Erfolge nicht zum geringsten Teil zu verdanken gehabt hatte. Dieser Personalwechsel war ein erstes Menetekel für den NS-Staat; die Schlacht von Moskau wurde zum Beweis dafür, daß das deutsche Heer nicht mehr unbesiegbar war. Ein Nimbus war zerbrochen. Die permanente Unterschätzung des Gegners, anfänglich mit einem Schuß Verachtung gemischt, hatte zu einer Beinahe-Katastrophe geführt; jetzt zum ersten Mal ging der Geist Napoleons in den Hauptquartieren der Wehrmacht um. Die Idee vom kurzen Sommerfeldzug war buchstäblich erfroren. Im nachhinein wurde erkennbar, daß damit der ganze Krieg verloren war, denn von nun an mußte sich das Reich auf einen schier unabsehbar langen Krieg einrichten, was vielleicht noch möglich gewesen wäre, wenn nicht der 6. Dezember, der Tag des sowjetischen Gegenangriffes, mit dem von Pearl Harbor fast zusammengefallen wäre.

So fasziniert Hitler und mit ihm das OKW und das OKH nach Moskau sahen, so bedeutsam war doch das, was sich gleichzeitig in einem entfernten Teil der Welt zutrug. Erst mit dem 7. Dezember 1941 war der Krieg zu einem wahrhaften Weltkrieg geworden – aber nicht zu jenem, den die berühmte »Weisung Nr. 32, Vorbereitungen für die Zeit nach Barbarossa« vom 11. Juni 1941[568] entworfen hatte.

Wie sah zu diesem Zeitpunkt die weltpolitische Lage aus? So zentral nämlich der Feldzug im Osten auch sein mochte – gerade in den ersten Monaten des Unternehmens »Barbarossa« war es zu schwerwiegenden politischen und militärischen Entscheidungen auch in ganz anderen Teilen Europas und, denkt man an den Fernnostkrieg Japans, der Welt gekommen. Mit dem 7. Dezember 1941 wurde dieser Krieg endgültig zum Weltkrieg. Das kam nicht überraschend, sondern lag in der Logik des Krieges selbst – was Hitler, übrigens entgegen mancher nachträglicher Behauptungen, selbst sehr wohl wußte.

Der deutsche Überfall auf die Sowjetunion zwang alle Staaten der Welt, Farbe zu bekennen. Bei Rumänien und Finnland war die Sache klar, sie machten sofort mit. Am 27. Juni erklärte auch Ungarn den Krieg an die UdSSR, und Dänemark brach die diplomatischen Beziehungen zu ihr ab – dazu hatte es nur sanften deutschen Druckes bedurft. Der gleiche Druck war in Vichy zu spüren; am 30. Juni wurden von Pétain die Beziehungen zur Sowjetunion abgebrochen und mit der Aufstellung eines französischen Freiwilligenregimentes begonnen, das Hitler zum Einsatz an der

Ostfront angedient wurde. Das Gleiche versprach Mussolini, der sich diesmal beeilte, mit von der Partie zu sein.

Hitler war all dies im Grunde gar nicht recht, er hielt das alles für Trittbrettfahrerei. Sie schien völlig risikolos, denn in keiner einzigen Hauptstadt gab man unmittelbar nach Angriffsbeginn für die Sowjetunion noch einen Pfifferling. Die Unterschätzung der Roten Armee war eine allgemeine, und wenn das Zentralkomitee der KdPSU am 29. Juni 1941 den »Großen Vaterländischen Krieg der Sowjetunion« verkündete, so überraschte diese historische Reminiszenz an Alexander I. zwar allgemein, doch sie schien nur aus der Verzweiflung heraus verständlich. Daß Kommunismus und Vaterland irgendwie zusammengehen konnten, glaubte zu diesem Zeitpunkt niemand. Tatsächlich wurde es mit dem »Großen Vaterländischen Krieg« nur etwas, weil die Deutschen den Russen keine andere Wahl ließen.

Im Grunde gab es nur einen einzigen Politiker, der gegen den Strom schwamm, und zwar sofort und unbedingt: Winston Churchill.

Er war alles andere als ein Freund Stalins und des Kommunismus, aber er verfügte über einen untrüglichen Instinkt: Das »Dritte Reich« des Adolf Hitler war für ihn die Inkarnation des Bösen – genau dies hämmerte er auch Roosevelt ein – und deswegen war es legitim, ja zwingend notwendig, dieses mit allen Mitteln zu bekämpfen. Dazu zählte auch die Sowjetunion. Am 12. Juli schlossen diese und Großbritannien ein Bündnis und legten fest, daß sie keinen Separatfrieden mit Deutschland schließen würden. Am 12. Juli glaubte Halder aber den Krieg schon gewonnen. Churchill selbst rechnete zu diesem Zeitpunkt auch nicht mit einem langen Durchhalten der Sowjetunion; worauf es ihm ankam, war etwas anderes: Das Bündnis sollte Stalin bremsen, suchte dieser angesichts des militärischen Desasters in Kürze um einen Frieden mit Deutschland nach.[569] Zwar war Churchill Realist genug, um nicht zu verkennen, daß durchaus eine Situation eintreten konnte, in der das Stalinsche Versprechen aus Gründen der sowjetischen Staatsräson obsolet werden konnte – das Beispiel Frankreichs stand ihm lebhaft vor Augen – aber vielleicht war ein wenig Zeit zu gewinnen.

Worauf es Churchill im Endergebnis seiner Bemühungen um Stalin wirklich ankam, war etwas anderes: Er wollte Roosevelt und die USA mit in den europäischen Krieg ziehen, deswegen mußte dieser auf dem europäischen Kontinent so lange andauern, bis das Bündnis mit Amerika unter Dach und Fach war. Kam es zu einem raschen deutsch-sowjetischen Friedensssschluß, war die Gefahr, daß sich die USA endgültig von Europa abwandten, ungleich größer als im Falle eines britisch-sowjetischen Bündnisses.[570]

Churchill beunruhigte die ständige Verschlechterung des amerikanisch-japanischen Verhältnisses. Es war seit dem Juni 1941 absehbar, daß die Dinge hier auf eine große Krise zuliefen. Gerieten die USA aber mit der mächtigen asiatischen Macht in einen militärischen Konflikt, so ließ sich leicht vorstellen, daß sie wenigstens in Europa Ruhe haben wollten – und im Atlantik. Deswegen war Churchill wie der Teufel hinter der armen Seele hinter Roosevelt her, wobei nicht allein rein machtpolitische Argumente eine Rolle spielten, sondern viel eher moralische – ein wichtiger Faktor in der amerikanischen Politik, vor allem der von Franklin Delano Roosevelt.[571]

Churchills Argumente zogen. Präsident Roosevelt entsandte im August 1941 seinen Vertrauten Harry Hopkins[572] nach Moskau, um Möglichkeiten materieller Hilfe für Stalin zu erörtern. Viel kam dabei nicht heraus, aber darauf kam es auch nicht an. Viel wichtiger war, daß mit dieser Geste die USA signalisierten, sie seien an den querelles européennes durchaus interessiert. Churchill konnte triumphieren: Am 9. August kam es in der Argentia-Bucht bei Neufundland zu jenem historischen Treffen, aus dem am 12. August die Atlantik-Charta[573] hervorgehen sollte.

Churchill war mit dem Schlachtschiff »Prince of Wales« angereist, Roosevelt mit dem Kreuzer »Augusta«. Erinnert man sich, daß die »Prince of Wales« eine spektakuläre Rolle bei der Versenkung der »Bismarck« gespielt hatte, wird die symbolische Bedeutung der Wahl gerade dieses Schiffes deutlich. Churchill liebte nichts mehr als theatralische Inszenierungen, außerdem genoß er das Bordleben außerordentlich – Roosevelt, ein schon gesundheitlich angeschlagener Mann, weniger.

Die Atlantik-Charta steht am Anfang jener Entwicklungen, die zur Nachkriegsordnung in Europa und der Welt sowie zur Gründung der Vereinten Nationen führten. Nahezu alle Staaten der Welt haben der am 14. August veröffentlichten Erklärung zugestimmt, auch die Sowjetunion, obwohl die Formulierungen der Charta eindeutig auch gegen die sowjetische Annexionspolitik der Jahre 1939 und 1940 gerichtet war. Hier zum ersten Mal wurde das Deutsche Reich auch formell hors la loi gestellt: Die Atlantik-Charta sollte auf Deutschland keine Anwendung finden, die Deutschen sich nicht auf sie berufen dürfen. Mit grimmiger Freude hat Goebbels das sofort aufgespießt, und deswegen war die propagandistische Wirkung dieser Erklärung in Deutschland zu diesem Zeitpunkt gleich Null. Aber Roosevelt vor allem dachte eben in moralischen und nicht pragmatischen Kategorien. Pragmatisch wäre es gewesen, wenigstens den Versuch zu machen, die Deutschen von ihrer verbrecherischen Staatsführung zu isolieren – aber das hätte nicht ins ideologische Konzept Roosevelts gepaßt. Für ihn waren alle Deutschen Nazis, alle Nazis Verbrecher, und dieses Vorurteil konnte ihm so schnell niemand rauben.

Schon am 7. Juli 1941 waren amerikanische Truppen in Island gelandet, was deutscherseits mangels entsprechender Seestreitkräfte nicht zu verhindern gewesen war; nun, in der Argentia Bay, versprach Roosevelt, auf Island gestützt, die Sicherung der Dänemarkstraße und den Schutz schneller Geleite durch Einheiten der US-Flotte im Atlantik. Damit befand sich Amerika nach den üblichen völkerrechtlichen Gepflogenheiten de facto bereits im Krieg mit Deutschland, dennoch war es ein großer Unterschied, ob die USA dem Reich den Krieg offen erklärten oder Briten und den Sowjets nur unter der Hand halfen. Dies zu verkennen, sollte der große Fehler der Marine sein, die seit der Atlantik-Charta vehementer denn je darauf drängte, aus dem verdeckten Krieg Amerikas einen offenen zu machen – und sei es durch eine offizielle deutsche Kriegserklärung.

Noch biß Raeder damit bei Hitler auf Granit, denn der wußte besser als die Mariner, was es wirklich bedeutete, sollten die USA formell kriegführende Macht sein. Deswegen befahl er, alle Zwischenfälle mit den USA zu vermeiden und auf solche von diesen provozierte nicht zu reagieren – die Seekriegsleitung schäumte, und es war den schwimmenden Verbänden, vor allem den U-Booten in der Tat schwer zu vermitteln, daß die amerikanischen Geleitschiffe ihre Positionen meldeten, sie aber nichts gegen die Meldenden tun durften. Deswegen war Pearl Harbor für Raeder ein Geschenk des Himmels. Wahrscheinlich ist es nur dem massiven Drängen der Seekriegsleitung zu verdanken, daß sich Hitler nicht zurückhielt, sondern den USA am 11. Dezember 1941 den Krieg erklärte.[574] Der Dreimächtepakt hätte dies nicht zwingend erfordert, denn in diesem war eine Beistandspflicht nur für den Fall festgelegt, daß der Bündnispartner angegriffen wurde. Kein Mensch jedoch hätte leugnen können, daß Pearl Harbor ein japanischer Angriff war. Im Gegensatz zu Hitler hat sich die japanische Führung keine Mühe gegeben, ihren Krieg als Verteidigungskrieg zu drapieren. Wahrscheinlich war der Begriff »Angriffskrieg« im kulturellen Umfeld Asiens nicht so perhoresziert wie in der »abendländischen« Welt.

Die Seekriegsleitung hat die große maritime Wende vom 7. und 11. Dezember als Qualitätsänderung des Krieges insgesamt begriffen: dieser sei nunmehr zum Welt-Seekrieg geworden, fortan müßten die Gesetze des Seekrieges gelten. Immer noch ging sie davon aus, daß der »Fall Rußland«, wenn auch mit ärgerlicher Verspätung, bald gelöst sein würde. Die wichtigste Schlacht, so die Marine, sei daher die Schlacht im Atlantik. Dann kam Pearl Harbor »dazwischen«.

17. PEARL HARBOR UND DER ATLANTIK: GRUNDZÜGE DES SEEKRIEGES

In seiner Ansprache vor beiden Häusern des amerikanischen Kongresses sprach Franklin D. Roosevelt vom 7. Dezember 1941 als eines »date which will live in infamy«. Der japanische Überfall auf Pearl Harbor war in seinen Augen ehrlos, weil eine Kriegserklärung nicht voraufgegangen und der Abbruch der diplomatischen Beziehungen zwischen Tokio und Washington durch die Japaner erst eine gute halbe Stunde nach Beginn des Angriffs auf Hawaii dem amerikanischen Außenminister notifiziert worden war.[575]

Die dramatischen diplomatischen Vorgänge in Washington, in deren Mittelpunkt in der Nacht vom 6. zum 7. Dezember und bis um 14:05 Uhr des 7. Dezember die japanische Botschaft, der Entzifferungsdienst der Amerikaner, der Admiralstab unter Harold R. Stark, das Außenministerium und das Weiße Haus standen, haben nach dem Zweiten Weltkrieg zu einer schier unübersehbaren Flut von höchst kontroverser Literatur geführt.[576] Eine extreme, von der Fachwissenschaft nicht gestützte Version besagte, Roosevelt habe zwar von dem bevorstehenden Angriff auf Pearl Harbor gewußt, jedoch absichtlich eine rechtzeitige Alarmierung unterlassen, um einen Kriegsgrund zu haben, der die ganze Nation einte.[577] Es war dies eine der üblichen Verschwörungstheorien, wie sie nach dem 11.September 2001 erneut ins Kraut schießen sollten. Die sorgfältigen Untersuchungen haben die Ergebnisse des zeitgenössischen Untersuchungsausschusses[578] bestätigt, nach denen es zwar zu einer ganzen Reihe von »Pannen« und einigen Versäumnissen kam, jedoch keine Rede davon sein kann, daß Roosevelt sehenden Auges Tod und Verwundung von tausenden amerikanischen Soldaten in Pearl Harbor in Kauf genommen habe, um »seinen« Krieg endlich zu bekommen.

Pearl Harbor war der dramatische Schlußpunkt eines politischen und militär-strategischen Entscheidungsfindungsprozesses, der mit dem Angriff Japans auf China schon 1937 begonnen hatte.[579] Die Machtprojektion Japans in die südostasiatischen Räume mit dem Ziel der Schaffung einer »groß südostasiatischen Wohlstandssphäre« war von Anbeginn auf den erbitterten politischen Widerstand sowohl der USA wie auch Großbritaniens gestoßen, deren Wirtschafts-, Handels- und Sicherheitsinteressen in diesen Räumen durch die japanischen Expansionsabsichten unmittelbar berührt wurden. Nach der Entfesselung des Zweiten Weltkrieges durch Adolf Hitler hatte sich England auf die Abwehr der deutschen Aggression in den europäischen Gewässern und im Atlantik konzentrieren müssen, was zu einer Schwächung der britischen Positionen, vor allem in Singapur,[580] führen mußte. Aufgrund politischer Absprachen, die bereits bis in das Jahr 1921/22 zurückreichten (Washingtoner Konferenz), waren die US-Amerikaner verpflichtet, Großbritannien beizustehen, sollten dessen Besitzungen und Einflußsphären im Fernen Osten und in den südostasiatischen Gebieten durch Japan bedroht werden. Infolgedessen verschärften die Vereinigten Staaten seit Kriegsbeginn ihre bereits eingeleitete Embargopolitik gegenüber Japan.[581] Dieses jedoch konnte nur dann hoffen, seine auf hohen Touren laufenden Rüstungen und den Landkrieg in China fortzusetzen, wenn es über die dafür benötigten Rohstoffe verfügte. Indem die USA Japan nach und nach und systematisch von diesen, vor allem aber von den unersetzlichen Ölzufuhren abschnitten, geriet Tokio in eine ausweglose Lage, aus der es sich nur befreien konnte, wenn es entweder seine Expansionspläne und den Krieg in China aufgab oder aber die rohstoffwirtschaftlich dringend benötigten Ergänzungsräume gewaltsam an sich brachte.

In einem sich über mehrere Monate hinziehenden Entscheidungsprozeß setzte sich die Politik der Falken durch:[582] Sollte Amerika an seiner Embargopolitik festhalten, mußte Japan durch einen Überraschungsangriff die US-Navy so weit schwächen, daß es zwischenzeitlich in der Lage wäre, seine Expansion nach Südosten erfolgreich durchzuführen. Anschließend sollte von dieser erweiterten wirtschaftlichen Basis aus ein Verteidigungskrieg gegen die USA und Großbritannien geführt werden, der irgendwann mit einem für Japan günstigen Verhandlungsfrieden enden sollte. Im Rahmen dieses anfänglichen Blitzkriegskonzepts,[583] das in seiner Grundstruktur durchaus dem Hitlers ähnelte, sollten die Philippinen innerhalb von 50, Malaya innerhalb von 100 Tagen, Niederländisch-Indien nach spätestens 150 Tagen erobert sein. In diesem Falle war die Flankenbedrohung durch England und die USA einigermaßen ausgeschaltet.[584]

Die Hauptstoßrichtung der japanischen Seestrategie, die sich gegen die landgebundene Strategie der Armee vor allem Dank der Energie und des Charismas des Admiral Isoroku Yamamoto[585] durchgesetzt hatte, zielte also nach Südosten. In den Lageanalysen der amerikanischen Marine war dies klar erkannt worden, deswegen richtete sich alle Aufmerksamkeit auch auf dem Feld der Aufklärung in diese Räume, zumal seit November 1941 starke Konzentrationen japanischer Flottenverbände gemeldet wurden, die sich unschwer als Auftakt zu dieser Süd-Bewegung deuten ließen. Daß gleichzeitig ein Überraschungsangriff gegen die amerikanische Pazifikflotte geplant wurde, entging den amerikanischen Analysen. Dabei war durchaus bekannt, daß Japan bereits zweimal einen Krieg mit einem blitzartigen Überfall auf die feindlichen Flotten begonnen hatte: 1894 gegen China und 1904 gegen Rußland (Port Arthur).

Admiral Yamamoto hatte sich mit seinem Pearl Harbor-Konzept, in das nur ganz wenige japanische Politiker – unter ihnen Kaiser Hirohito und Ministerpräsident Tojo, nicht jedoch der Generalstab – eingeweiht waren, vor allem unter Hinweis auf das zunehmend schlechter werdende Kräfteverhältnis zwischen der japanischen Flotte und den Flotten der USA und Großbritanniens durchsetzen können. 1941 standen 10 alliierten 10 japanische Schlachtschiffe gegenüber, das »Two-Ocean-Navy-Expansion«-Programm der USA aber sah den Bau von weiteren 15 Schlachtschiffen innerhalb der nächsten 5-6 Jahre vor. Bei den Flugzeugträgern war das Verhältnis zwischen alliierten und japanischen Einheiten 1941 wie 3:10, später würde es 13:10 lauten. Noch exorbitanter hätte sich die amerikanische Überlegenheit bei Kreuzern, Zerstörern und U-Booten ausgewirkt. In japanischen Augen kam es also darauf an, die momentane Schwäche der amerikanischen Flotte zu nutzen; Yamamoto hoffte, neben den in Pearl Harbor dislozierten Schlachtschiffen auch die drei amerikanischen Träger ausschalten zu können.

Seit dem 26. November und der barschen amerikanischen Zurückweisung aller japanischen »Verhandlungsangebote«, die bei Nachgeben der USA allerdings auf eine Dominanz Japans in Südostasien hinausgelaufen wären, war die Frage nach Krieg oder Frieden praktisch entschieden, am gleichen Tage verließ der für Pearl Harbor vorgesehene japanische Angriffsverband seinen Stützpunkt auf den Kurilen und trat seinen Vormarsch auf einer nördlichen, von der zivilen Schiffahrt nicht benutzten, von den USA nicht aufgeklärten Route nach Osten an. Er bestand aus 6 Flugzeugträgern mit 400 Kampfflugzeugen, 2 Schlachtschiffen, 3 Kreuzern, 9 Zerstörern und 8 Tankern. Am 6. Dezember 1941 erreichte diese Kampfgruppe ihre Ausgangsposition für den Angriff etwa 200 Seemeilen nordwestlich von Hawaii.

Zu diesem Zeitpunkt gingen in Washington bereits die ersten 13 Teile jener japanischen Note ein, die eine halbe Stunde vor Angriffsbeginn nach den Weisungen des japanischen Außenministeriums dem amerikanischen Staatssekretär für das Äußere, Cordell Hull, übergeben werden sollte.

Diese Absicht war den amerikanischen Dienststellen längst bekannt: Diesen war es geglückt, den japanischen diplomatischen Code (»Magic«) zu entziffern,[586] wobei es den amerikanischen Kryptographen sogar gelungen war, die verschlüsselten Texte rascher zu entziffern, als dies den Mitarbeitern der japanischen Botschaft möglich war. So kam es zu der grotesken Situation, daß die Amerikaner früher als der japanische Botschafter Nomura über den Inhalt des Memorandums, des letzten Schriftstücks, aus Tokio, das sich an die Adresse des US-Außenministeriums richtete, unterrichtet waren. Da in dem langsam über Fernschreiber einlaufenden Texts, davon die Rede war, daß die Schlüsselunterlagen nach Eingang des vollen Text also einschließlich des 14. Teils, der noch »unterwegs« war, vernichtet werden sollten, konnte kein Zweifel daran bestehen, daß dieser 14. Teil den Abbruch der diplomatischen Beziehungen, höchstwahrscheinlich die Ankündigung von militärischen Schritten enthalten mußte.

Der Oberkommandierende der US-Pazifischen Flotte, Admiral Husband E. Kimmel, und der Abschnittsbefehlshabers Hawaii, Generalmajor Walter C. Short, wurden jedoch nicht rechtzeitig vorgewarnt. Der Chef des amerikanischen Admiralstabes, Admiral Harold R. Stark,[587] hatte bereits am 27. November eine »war warning« herausgegeben, in der allerdings – in Übereinstimmung mit der bisherigen Lagebeurteilung – vor allem vor japanischen Angriffen »against either the Philippines, Thai, or Kra Peninsula or possibly Borneo« gewarnt wurde. Auch in den nachfolgenden Tagen hatte es Stark nicht versäumt, auf die unmittelbar drohende Gefahr eines Krieges hinzuweisen, er verfügte jedoch über keinerlei Informationen, nach denen Pearl Harbor das erste japanische Angriffsziel sein sollte. Als ihn daher der Chef des Generalstabes Marshall am Morgen des 7. Dezembers 1941 fragte, ob er auf Grund der japanischen Note nicht eine weitere Warnung herausgeben sollte, antwortete Stark, daß dies nicht nötig sei, da die pazifischen Befehlshaber hinlänglich und ausführlich unterrichtet seien. Da der 14. Teil der japanischen Note um 11:30 Uhr Washingtoner Zeit entziffert vorlag – in Hawaii war es zu diesem Zeitpunkt 06:00 Uhr – hätte es theoretisch eine Vorwarnzeit von 1-2 Stunden gegeben. Diese wurde nicht genutzt, eine böse Absicht steckte dahinter nicht.

Infolge von Pannen bei der Entzifferung und Reinschrift der japanischen Note konnte der japanische Botschafter Nomura das Schriftstück, das Hull bereits kannte, erst mit einer Verzögerung von einer Stunde überreichen – d.h. zu einem Zeitpunkt, als der Angriff auf Pearl Harbor schon eine halbe Stunde im Gange war.

Um 06:00 Uhr (Hawaii-Zeit) startete die erste Welle mit 183 Maschinen, eine Stunde darauf die zweite mit 170 Flugzeugen. Vergeblich war die Hoffnung Yamamotos, doch noch auf den einen oder anderen der drei amerikanischen Träger zu stoßen, in Pearl Harbor wurden daraufhin befehlsgemäß schwerpunktmäßig die Schlachtschiffe und die dichtgedrängt beieinanderstehenden Flugzeugpulks angegriffen. Die Überraschung gelang vollkommen, das Ergebnis sah – auf den ersten Blick – nach einer Katastrophe der US-Navy aus. Von den 8 Schlachtschiffen, die in Pearl Harbor lagen, blieb keines unbeschädigt, die Schlachtflotte, so schien es, glich nur noch einem »Schrotthaufen«. Fünf Schiffe sanken bzw. wurden auf Grund gesetzt (»Arizona«, »Oklahoma«, »California«, »West Virginia«, »Nevada«). Drei Schlachtschiffe wurden schwer beschädigt (»Maryland«, »Tennessee«, »Pennsylvanie«), 3 Zerstörer wurden versenkt, von den insgesamt auf Oahu stationierten 390 Flugzeugen wurden 188 vernichtet, 159 beschädigt. Die japanischen Verluste waren minimal: 29 Flugzeuge und 5 Kleinst-Uboote, die übrigens keinerlei Erfolge gehabt hatten. Die blutigen Verluste der USA betrugen 2400 Gefallene, 1300 Verwundete.

Es waren die Bilder und Berichte von diesem Desaster, die praktisch augenblicklich die amerikanische Nation zusammenschweißten und den Krieg gegen die Achsenmächte und Japan zur nationalen Pflicht machten.[588] Gerade weil durch Pearl Harbor der amerikanische Präsident aller Sorgen ob der amerikanischen Kriegswilligkeit enthoben wurde, konnten später Gerüchte auftauchen, nach denen Pearl Harbor regelrecht »inszeniert« worden sei,[589] zumal rasch deutlich wurde, daß die Japaner mit Pearl Harbor eher einen Pyrrhussieg errungen hatten: Zum einen gelang es binnen 2-3 Jahren, mit Ausnahme der »Arizona« und der »Oklahoma« sämtliche versenkten und beschädigten Schlachtschiffe wieder zu reparieren und in Dienst zu stellen – die Werft- und Dockanlagen in Hawaii waren intakt geblieben – zum anderen ersparten sich die Amerikaner dank Pearl Harbors frustrierende taktisch-operative Erfahrungen: Bis zu diesem Zeitpunkt nämlich hatten in der US-Navy jene Traditionalisten den Ton angegeben, die allein im Schlachtschiff ein vollwertiges »Capital Ship« sahen – ganz ähnlich wie dies bis zu diesem Zeitpunkt auch in Deutschland und England der Fall war. Die simple Tatsache, daß die Pazifik-Schlachtflotte zumindest in den ersten kritischen Kriegsmonaten praktisch nicht mehr existierte, ließ die verbliebenen Träger, deren Zahl rasch vermehrt wurde, nun zum Rückgrat der Flotte werden. In den Weiten des Pazifiks aber sollten gerade die Flugzeugträgerverbände ausschlaggebend werden: Ohne Pearl Harbor hätte es eine Schlacht um Midway[590] nicht gegeben. Da es die Japaner versäumt hatten, die Infrastruktur von Pearl Harbor zu zerstören, vor allem die strategisch wichtigen Bunkeranlagen mit ihren Treibstoffvorräten, blieb Hawaii ungeachtet des Desasters vom 7. Dezember 1941 der vornehmste pazifische Stützpunkt der US-Marine.

Das Echo auf Pearl Harbor war gewaltig, nicht allein in den Vereinigten Staaten, die nun alle maritimen Ressourcen innenpolitisch problemlos mobilisieren konnten, sondern auch bei den Achsenmächten. Nachdem auch Großbritannien mit dem Verlust zweier Schlachtschiffe vor Singapur

»sein« kleines »Pearl Harbor« erleiden mußte, schien sich die Waage des globalen Krieges für einen flüchtigen Moment zugunsten der Dreierpaktmächte zu neigen, das beschleunigte Hitlers Entschluß, dem Drängen der deutschen Seekriegsleitung nachzugeben und den Vereinigten Staaten am 11. Dezember 1941 den Krieg zu erklären. Es dauerte dann freilich nur noch wenige Monate, bis auch Deutschland und Italien klar wurde, daß der japanische Angriff auf Pearl Harbor zwar ein spektakulärer Paukenschlag gewesen war, die Kräfteverhältnisse im pazifischen und atlantischen Raum letztlich aber irreversibel zugunsten der angelsächsischen Seemächte verschoben worden waren. Wie im Dezember 1941 vor Moskau, war auch das japanische Blitzkriegskonzept in Pearl Harbor am 7. Dezember 1941 praktisch schon gescheitert. Dennoch sollte es nahezu vier Jahre dauern, bis die Seemacht USA die Halb-Seemacht Japan endgültig geschlagen und auf ihre Mutterinseln zurückgetrieben hatte. Seekriege, das wußte schon Pitt, pflegen lange zu sein, mit einem »Blitzseekrieg« war nie zu rechnen. Da die vorhandenen maritimen Ressourcen auf Dauer ausschlaggebend sind, gewinnt einen Seekrieg jene Macht, die am ehesten in der Lage ist, aus dem maritimen ein navalistisches Potential zu machen. Daß die USA das vermochten, stand schon 1941 außer Frage; bereits Theodore Roosevelt hatte 1911 seine schöne Weiße Flotte um die Welt geschickt, um dies der Welt zu demonstrieren. Die USA waren schon zu diesem Zeitpunkt die potentiell stärkste Seemacht – was Großbritannien bekanntlich 1921 nach Washington und zur resignierenden Erkenntnis führen sollte, daß England nie mehr einen Krieg gegen die USA würde wagen können.

Genau dies hätten »eigentlich« auch Hitler und die Seekriegsleitung wissen können und wissen müssen; beide zogen es vor, nicht lang,-sondern bloß kurz- und mittelfristig zu denken, und in diesen Zeithorizonten schien es dennoch Möglichkeiten zu geben, vor allem in einem atlantischen Seekrieg, nicht nur gegen England, sondern auch die USA. Sollte der Krieg länger dauern, davon waren die führenden Vertreter der Kriegsmarine überzeugt, würden die USA ohnehin auf den Plan treten – das schien nach den »ewigen Gesetzen der Seemacht« und den Erfahrungen des Ersten Weltkriegs als unvermeidlich. Also kam es darauf an, einen kurzen »langen Seekrieg« zu konzipieren und zu führen. Hitlers Mentalität und Weltsicht schienen hier eine ganz ungewöhnliche Chance zu eröffnen; diese zu nutzen, um das Unmögliche vielleicht doch möglich zu machen: Darauf lief die maritime Philosophie Deutschlands im Zweiten Weltkrieg hinaus.[591]

Diese Chance sahen die Verantwortlichen, anders als im Ersten Weltkrieg, nahezu ausschließlich im Atlantik.[592] Der Befehlshaber der U-Boote, Karl Dönitz, hat nach dem Ende des Zweiten Weltkrieges in seinen

Memoiren[593] die »Schlacht im Atlantik« als die längste Schlacht des Krieges bezeichnet. Die Geschichtswissenschaft hat dieses Urteil unkritisch übernommen, obwohl jedermann wußte, daß es eine »Schlacht« in der klassischen Definition des Begriffes »Seeschlacht« im Atlantik – im Gegensatz zum Pazifik – niemals gegeben hat. Tatsächlich verweist diese falsche Begrifflichkeit auf ein Kernproblem der deutschen Atlantikkriegführung: Obwohl auf Grund der gegebenen Kräfteverhältnisse und der Geographie eine »Seeschlacht« im Atlantik während des gesamten Zweiten Weltkrieges nicht zustandekam, bemühte sich die deutsche Seekriegführung um den Nachweis, daß sie dennoch sehr wohl in der Lage sei, das strategische Ziel einer solchen Seeschlacht zu erreichen: die Seeherrschaft im Atlantik.

Der deutschen Seekriegführung ist dies zu keinem Zeitpunkt gelungen, und tatsächlich wurde in den Jahren 1939 bis 1945 im Atlantik wesentlich ein Kreuzer-und Handelskrieg geführt, wie es ihn schon im Ersten Weltkrieg gegeben hatte.[594] Wie damals, so reagierten die Kriegsparteien auch jetzt nach den uralten Mustern der Seestrategie: England übte die Seeherrschaft im Atlantik aus, Deutschland versuchte durch einen guerre de course diese zu unterlaufen, um an die Objekte der Seeherrschaft heranzukommen: die feindlichen Handelsschiffe. In der militärischen Fachsprache wurde daher völlig zu Recht schon zeitgenössisch nicht von der »Schlacht im Atlantik« gesprochen, sondern vom atlantischen Handels- und/oder Tonnagekrieg.

Dessen Prinzipien ergaben sich aufgrund der Ausgangslage von selbst: Vor allem nach der Niederwerfung Frankreichs und der Gewinnung der atlantischen Küsten von Kirkenes bis Biarritz verfügte das »Dritte Reich« über eine an sich hervorragende Position, der jedoch keine Flotte entsprach. Das Produkt aus Flotte und Position, Gradmesser des Faktors »Seemacht« in der gültigen Definition von Wolfgang Wegener, war also sehr klein, weil der Faktor Flotte sehr klein war. Die U-Bootflotte aber konnte dank ihrer taktisch-operativen Charakteristik die Überwasserflotte im Sinne des Seeherrschaftsbegriffes nicht ersetzen, zumal sie numerisch anfangs ebenfalls klein war. Nichtsdestoweniger startete Deutschland seit dem Juli 1940, d.h. nach der Ablehnung des Hitlerschen »Friedensangebotes« an England, einen Zufuhrkrieg im Atlantik[595] und hegte die Hoffnung, in absehbarer Zeit durch einen forcierten Flottenbau doch noch die Voraussetzung zur Seeherrschaftsbildung im Atlantik schaffen zu können: eine starke, auf Schlachtschiffe und Träger gestützte Überwasserflotte.

Diese war bereits im sog. »Z-Plan« im Jahr 1939 projektiert worden.[596] Ihr Kern sollte aus 10 Großkampfschiffen, 12 Panzerschiffen zu 20 000 t,

3 Panzerschiffen zu 10 000 t, 4 Flugzeugträgern, 5 schweren Kreuzern zu 10 000 t, 16 leichten Kreuzern zu 8000 t, 6 leichten Kreuzern zu 6000 t, 22 Spähkreuzern zu 5000 t, 68 Zerstörern, 90 Torpedobooten, 249 U-Booten aller Typen bestehen. Größe und Zusammensetzung der Flottenplanung ließen erkennen, daß keineswegs dem U-Boot die Hauptlast der Schlacht im Atlantik zugedacht war. Der Chef der Seekriegsleitung Erich Raeder war ganz noch von den Traditionen des Ersten Weltkrieges geprägt; in diesem Punkt war er sich mit Adolf Hitler einig, für den ebenfalls möglichst viele große Schiffe eine prestigeträchtige Seemacht symbolisierten.

Demgegenüber setzte sich beim FdU (Führer, später Befehlshaber der U-Boote) Karl Dönitz unmittelbar vor Kriegsbeginn die Erkenntnis durch, daß Deutschland einzig und allein auf den U-Bootkrieg setzen mußte, wollte es im Kriegsfall gegen England eine Chance haben. In seiner bereits erwähnten Denkschrift aus dem September 1939 forderte Dönitz daher den unverzüglichen Bau einer großen U-Bootflotte, zunächst glaubte er, mit 300 Booten erfolgreichen Handelskrieg führen zu können.

Die Forderungen von Dönitz wurden nicht erfüllt. Neben den divergierenden strategischen Vorstellungen zwischen Seekriegsleitung (Raeder) und BdU waren es die völlig unzulänglichen materiellen Voraussetzungen, die einen großangelegten U-Bootbau unmöglich machten. So kam es, daß während des Krieges bis zur Übernahme des Amtes des Oberbefehlshabers der Kriegsmarine durch Karl Dönitz selbst im Februar 1943 dem U-Bootbau praktisch keine Priorität eingeräumt wurde. Deswegen blieben die U-Bootzahlen bis 1942 drastisch unter dem von Dönitz geforderten Wert. Aber auch die Überwasserflotte konnte zu keinem Zeitpunkt den Vorgaben des Z-Plans oder jener der Baupläne aus dem Sommer 1940 gerecht werden, so daß das Deutsche Reich in der gesamten Zeit des Zweiten Weltkrieges mit einer völlig unzureichenden, inhomogen zusammengesetzten, in vielerlei Hinsicht auch unmodernen Flotte (es gelang nicht, auch nur den ersten Flugzeugträger »Graf Zeppelin« fertigzustellen) die Schlacht im Atlantik führen mußte. Obwohl es Dönitz im Zusammenwirken mit dem Minister für Rüstung und Kriegsproduktion Albert Speer seit dem Frühjahr 1943 gelang, den U-Boot-und Kleinbootebau erheblich zu steigern,[597] konnte das Mißverhältnis zwischen Auftrag (Unterbrechung der gegnerischen Handelsverbindungen im Nordatlantik) und Mitteln nie zugunsten Deutschlands verändert werden. Selbst als es ab Herbst 1942 gelang, annähernd an jene U-Bootzahlen heranzukommen, die Dönitz von Anfang an gefordert hatte, ergab sich daraus keine Verbesserung, ganz im Gegenteil: Im Mai 1943 brach der atlantische U-Bootkrieg zusammen, dank eines Bündels gegnerischer Maßnahmen. Auch der Versuch, die veralteten U-Boote vom Typ VII C durch neue (Elektro)-Boote vom Typ XXI und XXIII zu ersetzen, kam über erste Anfänge nicht hinaus, wozu die ständig größer werdende Rohstoffknappheit und die gezielten Bombenangriffe der Alliierten auf Produktionsstätten beitrugen.

Alle diese Unzulänglichkeiten lassen keinen Zweifel daran, daß die »Schlacht im Atlantik« für Deutschland von Anfang an verloren war. Tatsächlich hat zu keinem Zeitpunkt eine ernsthafte Gefahr für die Alliierten bestanden, diese Schlacht zu verlieren – was nicht heißt, daß es nicht immer wieder bis zum Mai 1943 krisenhafte Zuspitzungen gegeben hat. Die in der deutschen, vor allem aber englischen Literatur zum Seekrieg oft kolportierte Behauptung, man habe die Schlacht im Atlantik nur »um ein Haar« gewonnen, entbehrt jeder Grundlage; entsprechende Äußerungen von Winston Churchill waren nur darauf berechnet, den amerikanischen Verbündeten zu rascheren und größeren Anstrengungen zu veranlassen.

In Anbetracht der desolaten materiellen Ausgangslage, die während des Krieges niemals grundsätzlich verbessert werden konnte, bildet der reale Ablauf der Schlacht im Atlantik ein erstaunliches Beispiel für rein militärische und und seemännische Leistungen, die, von politischen Erwägungen losgelöst, auch den deutschen Gegnern Respekt abnötigten.

Die deutschen Operationen mit Überwassereinheiten im Atlantik[598] waren nach Zahl und Ergebnis völlig unbedeutend, auch wenn sie in der Öffentlichkeit sowohl Deutschlands wie der Alliierten besondere Aufmerksamkeit erregten und oft hoher Dramatik nicht entbehrten. Die Kriegsmarine verfügte bei Kriegsausbruch über 2 Schlachtschiffe (»Scharnhorst«, »Gneisenau«), 3 Panzerschiffe (»Deutschland« – später »Lützow«), »Admiral Scheer«, »Admiral Graf Spee«, 2 Schwere Kreuzer (»Admiral Hipper«, »Blücher« und 6 Leichte Kreuzer (»Emden«, »Königsberg«, »Karlsruhe«, »Köln«, »Leipzig«, »Nürnberg«). 1940 traten die Schlachtschiffe »Bismarck« und »Tirpitz« sowie der Schwere Kreuzer »Prinz Eugen« hinzu. Alle übrigen im Bau bzw. in der Ausrüstung befindlichen Schiffe kamen nicht mehr zum Einsatz.

Der Einsatz der großen Überwassereinheiten in der Schlacht im Atlantik gehorchte nach den Vorstellungen der deutschen Seekriegsleitung dem Prinzip der »doppelpoligen Kampfführung«. Vor allem der Einsatz der über einen großen Aktionsradius verfügenden Panzerschiffe in weit entfernten Seegebieten sollte die Engländer zur Konzentration ihrer Kräfte außerhalb ihrer Heimatgewässer zwingen, die gerade dadurch dem Zugriff der übrigen deutschen Überwassereinheiten leichter zugänglich werden sollten. Die gleiche Aufgabe war den Hilfskreuzern[599] zugedacht. Die von England bereits am 3.September 1939 erklärte Blockade Deutschlands hoffte man auf diese Weise unterlaufen zu können. Daß die strategische Grundüberlegung richtig war, erwies sich am 13. Dezember 1939, als es dem deutschen Panzerschiff »Admiral Graf Spee« gelang, 3 britische Kreuzer zu binden; der unglückliche Verlauf des Gefechtes vor dem La Plata, der mit der Selbstversenkung der »Graf Spee« vor Montevideo endete, zeigte jedoch, daß die Praxis der Theorie nicht entsprach: England verfügte über eine derart hohe Überlegenheit an Schiffen, daß die Bindungswirkung nur ganz minimal sein konnte.

Nach der Invasion Dänemarks und Norwegens im April 1940 boten sich auch für die deutschen Überwassereinheiten bessere Ausgangspositionen. Die hohen Verluste an Überwassereinheiten im Verlauf der Operation »Weserübung« machten jedoch einen kontinuierlichen Atlantikeinsatz schwerer Schiffe praktisch unmöglich, so daß es im Verlauf der Jahre 1940 und 1941 nur zu wenigen Versuchen kam, auch mit Überwasserschiffen im Atlantik Handelskrieg zu führen. Am spektakulärsten entwickelten sich die Operationen unter den Decknamen »Berlin« und »Rheinübung«. »Berlin« bezeichnete die Unternehmung von »Scharnhorst« und »Gneisenau«, teilweise im Zusammenwirken mit »Hipper« und U-Booten vom 22. Januar 1941 bis zum 22. März, einer erfolgreichen Handelskriegsunternehmung, bei der es gelang, der britischen »Homefleet« zu entrinnen; »Rheinübung« stand für den Einsatz von »Bismarck« und »Prinz Eugen« und stelle mit der Versenkung der »Bismarck« am 27. Mai 1941 das praktische Ende der deutschen Kriegführung mit schweren Überwassereinheiten im Atlantik dar.[600] Die verbliebenen schweren Schiffe wurden Anfang 1942 auf Anordnung Hitlers vom stark luftgefährdeten Brest[601] nach Norwegen bzw. in die Heimat verlegt und im Verlauf der beiden folgenden Jahre von den Alliierten entweder versenkt (»Scharnhorst«, »Tirpitz«) oder endgültig außer Gefecht gesetzt (»Gneisenau«).

Seit dem Mai 1941 waren einzig die U-Boote – sieht man von einigen Handelsstörern ab – Träger der Schlacht im Atlantik, die seitdem ein reiner Tonnagekampf war, bei dem es darauf ankam, mehr Tonnage zu versenken – gleichgültig wo, gleichgültig ob leer oder beladen, dies die Dönitz-Doktrin –, als die Alliierten bauen konnten. Von der Luftwaffe anfangs gar nicht, dann unzulänglich unterstützt, mußte das deutsche U-Boot zugleich Aufklärer und Angreifer sein, während es den Alliierten gelang, durch den Aufbau eines Geleitzugsystems, den Einsatz umfangreicher Seeluftstreitftkräfte und die Auswertung der deutschen Funksprüche (ULTRA)[602] die Operationen der deutschen U-Bootverbände zunehmend zu erschweren. Nachdem darüber hinaus mit dem T 10-Tanker und dem »Liberty«-Bauprogramm die amerikanischen Schiffbauressourcen voll in den Dienst der alliierten Sache gestellt wurden, war der Zeitpunkt absehbar, zu dem die Neubauten die Zahl der Versenkungen überschritten: Dies war im November 1942 der Fall. Von diesem Zeitpunkt an war der

U-Bootkrieg definitiv verloren, auch wenn die größten Erfolge der U-Boote erst im Frühjahr 1943 zu verzeichnen waren.

Nach dem Krieg hat Dönitz die »Schlacht im Atlantik«, soweit sie sich auf die U-Bootkriegführung[603] bezog, in acht Phasen unterteilt, diese Gliederung bildet in der Tat ein brauchbares Schema.

Zu Kriegsbeginn verfügte Deutschland lediglich über 57 U-Boote, von denen nur 27 »atlantikfähig« waren, das bestimmte Taktik und operativen Einsatz der U-Boote in der 1. Phase (bis zum Zusammenbruch Frankreichs). In den Operationsgebieten rund um die britischen Inseln standen nie mehr als 3-8 Boote, was eine Führung nach der von Dönitz schon Ende des Ersten Weltkrieges erstmals erprobten »Rudeltaktik« praktisch nicht möglich machte: Die Boote operierten einzeln. Nach der Versenkung der »Athenia«, die auf einem Mißverständnis und Fehler des deutschen U-Bootkommandanten beruhte und nicht in der Absicht der Seekriegsleitung gelegen hatte, ging Großbritannien sofort zur Konvoibildung über. Im Verlauf des Krieges wurde die Konvoitaktik ständig verbessert, so daß trotz einiger großer Erfolge deutscher U-Boote auch gegen gesicherte Konvois statistisch gesehen nur 28% der versenkten alliierten Handelsschiffe innerhalb von Konvois verlorengingen. Die deutschen U-Bootverluste waren in der 1. Phase vergleichsweise hoch, die Erfolge bescheiden, was nicht zuletzt Folge zahlreicher Torpedoversager war, die erst nach der Operation »Weserübung« und dem Ende des Frankreichfeldzuges im Juni 1940 in einer beispiellosen Kraftanstrengung der Torpedoversuchsanstalt (TVA) behoben werden konnten. Die 1. Phase der Atlantikschlacht endete mit der Zurückziehung der U-Boote aus den Operationsgebieten um England mit dem Schwerpunkt westlich Irlands im Zusammenhang mit »Weserübung« sowie der Gewinnung der norwegischen und französischen Küsten. Fortan konnten die deutschen U-Boote von den französischen Atlantikhäfen Brest, Lorient, St. Nazaire, La Rochelle und Bordeaux aus eingesetzt werden. Gewaltige U-Bootbunker[604] wurden, von der Royal Air Force praktisch unbehelligt, rasch gebaut, die An-und Abmarschwege der deutschen U-Boote in den Atlantik haben sich seit Juli 1940 um 50% verkürzt.

Die Folgen zeigten sich in der 2. Phase der Schlacht im Atlantik: Obwohl die Briten ihr Konvoisystem verbesserten, neben schnellaufenden HX-Konvois langsamere SC-Konvois voneinander trennten, mit großer Konsequenz Korvetten und Fregatten bauten, die Konvoirouten weiter streuten, gelang es einer vergleichsweise kleinen Zahl von deutschen U-Booten, so erfolgreich zu operieren, daß man später von einer »goldenen Zeit« des U-Bootkrieges sprechen konnte. Neben den Versenkungserfolgen (z.B. aus den Konvois HX-72, HX-79, HX-90, HX-65) – in der zweiten Hälfte des Jahres 1940 gingen 381 Handelsschiffe, aber nur 6 U-Boote verloren – begann der U-Bootkrieg nun auch seine propagandistische Wirkung in Deutschland zu entfalten; Namen wie Prien, Schepke, Kretschmer, Topp[605] wurden zu Idolen der NS-Wochenschauen und -zeitungen. All dies änderte an dem deutschen Grunddilemma nichts: Im Spätherbst und Winter 1940/41 sank die Zahl der im Atlantik einsetzbaren Boote oft auf eine Handvoll, erst ab Anfang 1941 stiegen die U-Bootzahlen langsam, aber nicht signifikant an. Da die Alliierten ihre U-Boot-Abwehrtaktiken inzwischen verbesserten, die Funkentschlüsselung in Bletchley Park immer zuverlässiger arbeitete, sah sich Dönitz gezwungen, die U-Boote weiter westlich anzusetzen, was den »Wirkungsgrad« des einzelnen U-Bootes beeinträchtigte. Unter »Wirkungsgrad« verstand man die Anzahl der versenkten Tonnage pro Seetag.

Die dritte Phase des U-Bootkrieges wurde wesentlich durch die sich ständig steigernde Unterstützung der US-Marine[606] bestimmt. Nachdem Roosevelt mit dem Lend-Lease-Abkommen und der Cash-and-Carry-Klausel zwar nicht formal, aber der Sache nach die amerikanische Neutralität zugunsten Englands verändert hatte, begründete die Einrichtung der »panamerikanischen Sicherheitszone«, die Definition der »westlichen Hemispähre«, schließlich die unverhüllte Unterstützung der Royal Navy durch Einheiten der neu begründeten »US Atlantic Fleet« unter Admiral King[607] eine Phase des »short of war«, die nur deswegen noch nicht in einen heißen Krieg überging, weil Hitler zu diesem Zeitpunkt – vor dem Angriff auf die Sowjetunion und dem erhofften baldigen Sieg über Rußland – den Bruch mit den USA noch vermeiden wollte. Trotz größter deutscher Zurückhaltung, selbst nachdem US-Truppen auf Island gelandet waren und Flugzeugaufklärung zugunsten Englands betrieben wurde, blieben Zwischenfälle nicht aus; die Namen der amerikanischen Zerstörer »Greer«, »Kearny« und »Reuben James« bezeichneten Stationen auf dem Weg zum amerikanischen Eingreifen. Der »Schießbefehl« Roosevelts, so Raeder, lasse der deutschen Marine über kurz oder lang keine andere Wahl mehr, als den Kriegseintritt der USA in Kauf zu nehmen oder aber die Schlacht im Atlantik aufzugeben.

Die Erfolge der U-Boote hielten sich deswegen auf den »klassischen« Atlantik-Konvoirouten in Grenzen, wenngleich mit dem Verlust von 20 Schiffen aus dem Konvoi SC-42 Anfang September 1941 der bisher größte Erfolg gegen einen einzelnen Konvoi erzielt wurde. Erfolgreicher verlief der erste Einsatz von großen neuen IX-B-Booten vor Freetown, wo 7 Boote über 417 000 BRT versenkten, allein 86 699 BRT wurden durch U 107 (Kptl. Hessler) vernichtet, »die höchste Erfolgszahl eines Ubootes auf einer Fahrt während des Zweiten Weltkrieges«.[608]

Für die deutsche Seekriegsleitung wurde die amerikanische »short-of-war«-Politik immer unerträglicher, sie setzte sich deswegen bei Hitler für die Kriegserklärung gegen die USA ein, sicher, andernfalls die Schlacht im Atlantik auf alle Fälle langfristig zu verlieren. Hitlers Entscheidung vom 11. Dezember 1941 wurde von der Seekriegsleitung daher begrüßt, weil sie fälschlicherweise davon ausging, daß sich an den Stärkeverhältnissen auch in Zukunft kaum etwas ändern würde. Das war im globalen Rahmen eine grobe Fehleinschätzung, aber auch im Atlantik mußten sich nach und nach die Quantitäten durchsetzen. Um so wichtiger erschien es Dönitz, in der nun folgenden vierten Phase des U-Bootkrieges die Gunst der Stunde zu nutzen: Entgegen zahlreicher Hinweise und Warnungen der britischen Admiralität glaubte die US-Navy anfangs, auf das Konvoisystem im Küstenverkehr von Neufundland bis in die Karibik verzichten zu können. Die Folgen waren verheerend: Mit nur ganz geringen U-Bootzahlen gelang Dönitz mit der Operation »Paukenschlag« eine erfolgreiche U-Bootoffensive, der binnen der ersten vier Monate allein vor der amerikanischen Ostküste 87 Schiffe mit 514 366 BRT zum Opfer fielen. Im März 1942 beliefen sich die alliierten Gesamtverluste auf rund 800 000 Tonnen. 700 000 Tonnen galten als jene Grenze, von der ab die alliierten Neubauten die Verluste nicht mehr ausgleichen konnten.

Diese zweite »glückliche Zeit« der U-Boote ging dann doch rascher als erhofft zu Ende: Durch Schaden klug geworden, paßten sich die Amerikaner den englischen Taktiken an, und nachdem ein flexibles und effektives Konvoisystem geschaffen worden war, englische und amerikanische Sicherungsfahrzeuge (mit Asdic) in hoher Zahl verfügbar gemacht wurden, gingen die Erfolge der U-Boote so drastisch zurück, daß sich der BdU im Juli 1942 genötigt sah, den Schwerpunkt des U-Booteinsatzes wieder in den mittleren Atlantik zu verlagern. Die nun in höherer Zahl zulaufenden neuen Boote, deren Aktionsradius und Einsatzdauer durch neue U-Tanker erheblich vergrößert werden konnten, besaßen nun bessere Chancen, die Atlantikkonvois zu finden. Freilich sollte dieser Vorteil sehr bald durch die Optimierung der Funkentzifferung seitens der Spezialisten in Bletchley Park aufgewogen werden.

In der fünften Phase der Schlacht im Atlantik wurde die Perepetie des gesamten U-Bootkrieges erreicht. Es waren jene Monate, in denen die deutsche U-Bootführung über eine genügend große Anzahl von Booten verfügte, um die seit Kriegsbeginn angestrebte »Rudeltaktik«[609] in den Weiten des Atlantiks zu verwirklichen. Dabei kam es darauf an, zunächst die feindlichen Geleitzüge mit Hilfe sog. »Suchstreifen« zu finden. Wo die Konvoirouten tatsächlich verliefen, ließ sich teilweise aus dem Umstand errechnen, daß die Alliierten Großkreiskurse laufen mußten, d.h. die jeweils kürzesten Verbindungslinien anstrebten, um den Güterumschlag beschleunigen zu können, was nach der alliierten Landung in Nordafrika noch zwingender wurde. Erheblichen Einfluß hatten auch die Auswertungen des deutschen B-(Beobachtungs)-Dienstes, dem es immer wieder gelang, die gegnerischen Funksprüche abzuhören und zu entschlüsseln. Unbekannt war den Deutschen freilich, daß es auch den Alliierten gelungen war, tiefe Einbrüche in die deutschen Funkschlüssel zu erzielen.

Hatten die in den Aufklärungsstreifen eingesetzten Boote einen feindlichen Konvoi erfaßt, so wurden ein oder zwei Boote als »Fühlungshalter« abgeteilt. Mit Hilfe von Kurzsignalen, die die Alliierten entgegen der deutschen Annahmen ebenfalls einzupeilen verstanden, wurden die übrigen U-Boote an den Konvoi herangeführt. Die Angriffe erfolgten idealtypisch betrachtet im nächtlichen Überwasserangriff und erstreckten sich oft über mehrere Tage, da die Konvois in der Regel langsamer fuhren als die U-Boote, so daß auch nach Abdrängen der »Wolfsrudel« durch die Sicherungsfahrzeuge des Geleitzuges ein erneutes Aufschließen und weitere Angriffe möglich wurden. In den zehn Monaten der 5. Phase (August 1942-Mai 1943) »versenkten die Achsenmächte auf allen Kriegsschauplätzen mit ihren U-Booten 841 Handelsschiffe und nach BRT vermessene Hilfskriegsschiffe mit 4 725 229 BRT und verloren dabei 184 U-Boote (davon 24 italienische und 15 japanische), so daß die Relation Erfolge/Verluste insgesamt bei 24 870 BRT pro Boot lag.« Der größte Einzelerfolg in der Konvoibekämpfung wurde in der Zeit vom 15.-17. März 1943 gegen die Konvois HX-229 und SC-122 [610]erzielt: 21 Schiffe mit 140 842 BRT. In den ersten zwanzig Tagen des März 1943 verloren die Alliierten 70 Schiffe, davon 60 in Konvoioperationen. Für einen kurzen Moment zweifelte Admiral Sir Dudley Pound, der britische Gegenspieler von Dönitz, an der weiteren Nützlichkeit des Konvoisystems überhaupt.

Diese Befürchtungen freilich sollten sich als unbegründet herausstellen, zumal die Konvois HX-229 und SC-122 nur zwei von 16 waren. Die übrigen 14 kamen hingegen nahezu ungeschoren davon. Das Bild sah für Dönitz noch bedenklicher aus, wenn er die U-Bootsverluste in Rechnung stellte: Im 1. Quartal 1943 waren 41 Boote verloren gegangen, allein im Mai 1943 noch einmal 41 Boote. Die Geleitzugoperationen gegen den ONS-5 mußten am 6. Mai abgebrochen werden: es gelang den U-Booten nicht mehr, »ungesehen« zu operieren, das gegnerische RADAR zeigte Wirkung – aber das war nur eine der Ursachen für den Zusammenbruch des U-Bootkrieges im Atlantik, der mit Dönitz Abbruchbefehl vom 23. Mai 1943 besiegelt wurde. Neben dem 9-cm-RADAR waren es der automatisierte Funkpeildienst, die zusätzlich zu den »Escort«-Groups eingesetzten »Hunter-Killer-Groups«, die Schließung des »Black Pit« im Nordatlantik durch die Seeluftaufklärer der Gegner, die Einführung neuer U-Bootbekämpfungswaffen (»Hedgehog«), vor allem aber und vielleicht doch ausschlaggebend die Erfolge von ULTRA, die nach dem vermeintlichen »Höhepunkt« der Schlacht im Atlantik im März 1943 zu einem nahezu blitzartigen Zusammenbruch im Mai des gleichen Jahres führten.

Es war in gewisser Weise verständlich, daß die bis dahin so erfolgsverwöhnte deutsche U-Bootwaffe sich mit der Tatsache der endgültigen Niederlage im Atlantik nicht ohne weiteres abzufinden bereit war. Dönitz hielt bis zum Ende des Krieges die These aufrecht, daß der Kampf im Atlantik nur »vorübergehend« reduziert bzw. eingestellt werden müsse. Nachdem er selbst am 1.Februar 1943 Oberbefehlshaber der Kriegsmarine und zusammen mit Albert Speer zu einer der auch politisch einflußreichsten Persönlichkeiten im engeren Herrschaftskreis Hitlers geworden war, setzte er alle Hoffnungen auf neue Bootstypen, gegen die die konventionelle gegnerische Abwehr machtlos sein sollte. Bis zur Indienststellung dieser neuen Typen XXI und XXIII behalf man sich mit peripheren technischen Verbesserungen (einem neuen Torpedo »Zaunkönig«, dem »Schnorchel« u.a.), die jedoch an der immer drückender werdenden alliierten Überlegenheit, vor allem in der Luft, nichts zu ändern vermochten.

Die 6. und 7. Phase der Atlantikschlacht wurde durch den Versuch des BdU bestimmt, zunächst in weniger luftgefährdeten Seegebieten, vor allem im Südatlantik und vor Südafrika, aber auch in der Karibik und in der Biskaya Erfolge zu erzielen. Mehrere Anläufe zur Wiederaufnahme des U-Bootkrieges im Nord-und Mittelatlantik scheiterten blutig und mußten nach unerträglichen U-Bootverlusten wieder eingestellt werden. In dieser Phase begründete Dönitz den weiteren verlustreichen und kaum erfolgreichen U-Booteinsatz lediglich mit der – wesentlich unzutreffenden – Behauptung, daß dadurch feindliche Luftstreitkräfte gebunden würden, die andernfalls zum strategischen Bombenkrieg gegen Deutschland eingesetzt worden wären. In Wirklichkeit wären die im Seekrieg verwendeten Flugzeugtypen für den Bombenkrieg über Deutschland kaum verwendbar gewesen.

In der 8. Phase des U-Bootkrieges ging es nur noch darum, durch den Einsatz aller verfügbaren Boote die alliierte Invasion von England aus zu verhindern oder zu bekämpfen. Die von den U-Booten dabei erzielten Erfolge waren minimal, die Verluste exorbitant hoch, in dieser Phase entzog sich die U-Bootkriegführung zunehmend rationalen Erwägungen und geriet voll in das Fahrwasser eines ideologisch bestimmten Fanatismus der letzten Stunde. Da es Dönitz jedoch seit Kriegsbeginn hervorragend verstanden hatte, »seine« U-Bootfahrer auf sich zu verpflichten, sein zweifellos vorhandenes Charisma voll auszuspielen, hat die deutsche U-Bootwaffe auch diese letzten sinnlosen Einsätze schweigend auf sich genommen. Obwohl zwei von drei Booten von Feindfahrt nicht mehr zurückkehrten, blieb die Disziplin der U-Bootbesatzungen bis zum bitteren Ende ungebrochen.

Die U-Boote versenkten insgesamt 14,57 Millionen BRT gegnerischen Schiffsraum. Von den während des Krieges zum Einsatz gelangten 1170 U-Booten gingen 630 auf Feindfahrt und 81 im Heimatgebiet durch Feindeinwirkung verloren. 27 000 Mann fielen.

Die »Schlacht im Atlantik« wurde von deutscher Seite im wesentlichen nach den Regeln des Völkerrechtes, freilich nicht nach denen des Genfer-U-Bootprotokolls von 1936 geführt. Da jedoch auch die Amerikaner vom ersten Tage des Krieges im Pazifik gegen Japan an, wie es Admiral Nimitz in einer Aussage zum Nürnberger Prozeß formulierte, den uneingeschränkten U-Bootkrieg führten, wurde Dönitz in diesem Punkt der Anklage nicht verurteilt. Da der atlantische Seekrieg trotz all seiner Schrecken und Grausamkeiten im Vergleich mit dem Landkrieg im Osten einigermaßen »fair« geführt wurde[611] – natürlich gab es gravierende Ausnahmen –, eignete er sich zur Heroisierung und Mythisierung wie kaum ein anderes Ereignis des Zweiten Weltkrieges. Die wichtigste künstlerische Verarbeitung der »Schlacht im Atlantik« stammt aus der Feder von Lothar-Günther Buchheim, dessen Roman »Das Boot« 1976 zu einem Weltbestseller und erfolgreich verfilmt wurde.

18. DIE »ENDLÖSUNG DER JUDENFRAGE«

»Der Tod ist ein Meister aus Deutschland«[612]

Jeder Historiker[613], vor allem aber jener, der von amtswegen gehalten ist, die kollektive Erinnerung des Volkes wachzuhalten und zu pflegen, und dies nicht zuletzt deswegen, weil das Wissen um die Vergangenheit die Basis für die Konstruktion der Zukunft abgeben muß, steht vor einer unlösbaren Aufgabe, wenn er mit den drei Wörtern »Endlösung der Judenfrage« konfrontiert wird, denn das darin enthaltene Stück Geschichte sprengt alle üblichen Rahmen und Dimensionen der historischen Bewältigung.[614]

Wie man dem Auftrag und der Sache, um die es geht, gerecht werden kann, ohne Wahrheit und Wirklichkeit des Holocaust[615] wesentlich zu verfälschen, kann niemand wissen. Anders gewendet: Sollte es gelingen, den Holocaust verständlich zu machen, so riskierten wir die Generierung eines Denkmusters, innerhalb dessen es nur allzu leicht sein könnte, aus Verstehen so etwas wie Entschuldigung, gar Verzeihen zu machen. Lassen wir aber die Ungeheuerlichkeiten des Holocaust unvermittelt stehen, so sind entscheidende Grundsätze der wissenschaftlichen Beschäftigung mit der Vergangenheit verraten, indem dieses Stück Geschichte als eine Singularität erscheint, die mit der Geschichte »an und für sich«, um mit Hegel zu reden, nichts zu tun hat. Tatsächlich sind Deutungen wie jene, beim Holocaust handele es sich um einen »Auswurf der Geschichte«, üblich. Sie erklären nicht, sie wollen und können wohl auch nicht erklären; dieses Stück Geschichte steht dann vor uns wie eine unheilige Hieroglyphe, um Rankes bekanntes Wort von Gott in der Geschichte ins Gegenteil zu kehren

Den Namen Gottes oder des Satans im Zusammenhang mit dem Holocaust in den Mund zu nehmen, deutet einen Umgang mit dem Problem an, der dem Historiker verschlossen bleiben muß. Wir haben es in der Geschichte nicht mit dem Wirken Gottes zu tun, sondern einzig mit dem von Menschen. Das »Wehen des Mantels Gottes durch die Geschichte« gehört nicht in die Geschichtswissenschaft. Gleichwohl ist die religiöse oder transzendente Deutung des Holocaust weitverbreitet – ein Phänomen, der forschenden Betrachtung des Historikers durchaus würdig.[616]

Der Holocaust ist nicht nur eine Variante des üblichen Antisemitismus. Das hat nichts damit zu tun, daß man auch ihn im Sinne der Erkenntnistheorie vergleichen kann. Betrachtet man unter dieser Bedingung die Anfänge, so stößt man, wie bereits erwähnt, auf den teils auf hohem, teils auf primitivem Niveau geführten Diskurs der vorvergangenen Jahrhundertwende um die Rassen- und Frauenfrage. Dieser entpuppt sich immer mehr als wesentliche Voraussetzung für die Ausbildung des mörderischen Antisemitismus.[617]

Woher das antisemitische Denken kam, was es bewirkte, wie es sich in Politik niederschlug, wie die Gesellschaft, durch den Ersten Weltkrieg gezeichnet, darauf reagierte; wie der Antisemitismus zur politischen Weltanschauung mutierte – all dies darf als bekannt vorausgesetzt werden. Ein paar Stichworte genügen: Antijüdische Hetze und epidemienhaft auftretende Judenpogrome im gesamten europäischen Raum, also von Spanien bis nach Rußland, gehörten seit dem Hohen Mittelalter geradezu zum »Standardprogramm« der mittelalterlichen Geschichte. Der religiös vermittelte Judenhaß ist ein Grundsubstrat der durch das Christentum geprägten abendländischen Geschichte, und manchmal verdichtete sich dies zu den schlimmsten Verfolgungen – so im Umkreis der Kreuzzüge, der Reconquista in Spanien, der Pestzüge des späten Mittelalters. Manche der Scheußlichkeiten dieser Zeit gemahnen vordergründig durchaus an den Holocaust. Dennoch hat die Judenhetze des Mittelalters und der frühen Neuzeit mit dem pseudowissenschaftlichen Antisemitismus, wie er im 19. Jahrhundert aufkam, im Grunde nichts zu tun, übrigens ebensowenig wie mit der Hexenverfolgung, auch wenn übereifrige Feministinnen das gerne so sehen.[618] Es sind zwei grundverschiedene Wurzeln; es ist unzulässig, eine Kontinuität beispielsweise von Bernhard von Clairvaux zu Heinrich Himmler zu konstruieren.

Die vollständige Ausrottung der europäischen Juden, wie sie am 20. Januar 1942 in der sogenannten Wannsee-Konferenz[619] nicht beschlossen, sondern »nur« systematisch organisiert wurde, stand zu diesem Zeitpunkt überhaupt nicht mehr zur Debatte, ja es ist phänomenal zu beobachten, daß es eine auch innerparteiliche Diskussion des Holocaust – also ob er überhaupt zu rechtfertigen sei – offensichtlich nicht gegeben hat.[620] Das hatte nichts mit Zwängen möglicher Geheimhaltung zu tun, sondern nur damit, daß das Thema ausdiskutiert war. Lange vor dem 20. Januar 1942 war die Sache entschieden. Das denkbar größte Verbrechen der Menschheitsgeschichte war im Zeitalter des Nationalsozialismus bis 1942 zu einer baren Selbstverständlichkeit geworden; es war nicht strittig, es gab dazu nichts mehr zu diskutieren.

Was ist im historischen Vorfeld geschehen, damit es zu einer solchen Situation überhaupt kommen konnte? Denkt man daran, daß das, was *uns* heute als selbstverständlich gilt, über zwei Jahrhunderte lang heftig diskutiert wurde und noch heute diskutiert wird, ob nämlich die demokratische Staatsform die alleinseligmachende ist, so kann man erahnen, wie tief der Antisemitismus in der kollektiven Psyche der Gesellschaft verankert gewesen sein muß.

Die Eliminierung, dann Ermordung der Juden wurde als notwendige völkische »Rassenhygiene« gewertet, und deswegen konnte die Mordplanung auch völlig emotionslos auf einer anscheinend wissenschaftlichen Grundlage ruhend, organisiert und durchgeführt werden. »Ungeziefer« war zu bekämpfen, und jeder Volksgenosse sollte eine Art Kammerjäger sein. Wer sich gegen diese »rassenhygienischen« Maßnahmen stellte, setzte sich seinem Volk, mehr noch und schlimmer: seiner »Rasse« gegenüber ins Unrecht, und deswegen wurden auch jene verfolgt, die zwar »arisch« waren, aber gegen die NS-Judenpolitik opponierten.

Dieser tendenziell mörderische Antisemitismus wurde nicht verschleiert – im Gegensatz zum eigentlichen Holocaust, den das NS-Regime durchaus zu verschleiern suchte. In der Theorie pflegten auch die bravsten und biedersten Hausfrauen und Schulmeister von der notwendigen »Ausrottung« des Judentums zu sprechen – Gelegenheiten dazu gab es genug, etwa bei SA-Versammlungen, Namensfeiern, Reden zu Hitlers Geburtstag, Julfestfeiern in Schulen und Betrieben, politischem Unterricht in der Wehrmacht usw., aber vor dem Gedanken der *physischen* Vernichtung der Juden schreckten die meisten Menschen doch zurück, zumindest wurde darüber öffentlich nicht geredet. Das läßt sich als kollektive Schizophrenie deuten,[621] plausibler ist eine andere Erklärung, die sich aus der Militärgeschichte herleiten ließe: Sind Soldaten Mörder? Wer aus tausend Meter Höhe wahllos Bomben auf eine Stadt abwarf, hat sich in aller Regel nicht als der Henker von Frauen und Kindern gefühlt;[622] in dem Gefecht zwischen »Bismarck« und der britischen Homefleet haben die Gegner einander nicht in die Augen gesehen, die gegnerischen Schiffe waren bestenfalls auf die Größe von Wiking-Modellen geschrumpft. Als sie es konnten, nach der Schlacht, haben sie sich gegenseitig geholfen; nicht im Traum wären die Seeleute auf die Idee verfallen, sich auch weiterhin gegenseitig umzubringen, und das war der Regelfall.[623] Es sind eben diese Abstraktionen des Geistes, die solche Verbrechen wie den Holocaust möglich machen; es sind die Schreibtischtäter, die sie in erster Linie zu verantworten haben. Adolf Eichmann hat keinen einzigen Juden umgebracht. Wer Juden eigenhändig umbrachte, hat von den geistigen Voraussetzungen des Holocaust in aller Regel nichts gewußt.

Hitler hatte in »Mein Kampf« völlig unverhüllt davon gesprochen, daß es während des Ersten Weltkrieges besser gewesen wäre, einige tausend

Juden »unter Gas« zu halten, und am 30. Januar 1939 in der bekannten Reichstagsrede angekündigt, daß ein neuer Weltkrieg den Untergang der jüdischen Rasse nach sich ziehen werde. Zu diesem Zeitpunkt waren die »Nürnberger Gesetze« schon über drei Jahre in Kraft, so daß »eigentlich« jedermann eine solche Ankündigung hätte ernstnehmen müssen, zumal die Volksgenossen ansonsten Hitler alles glaubten. Wenn es also nach dem 30. Januar 1939 dagegen keine Proteste gab – den Lackmustest der Reichskristallnacht hatten die Deutschen in Hitlers Augen ja bereits erfolgreich bestanden – so kann man dies nicht einfach bequem auf die Zwänge der Diktatur schieben, also nach dem wohlfeilen Motto: es sei viel zu gefährlich gewesen, seine wahre Meinung kundzutun, sondern muß vermuten, daß die meisten Deutschen mit dieser Aussage Hitlers einverstanden waren, was im Bewußtsein der Zeitgenossen nichts mit dem Holocaust, also der physischen Vernichtung der Juden zu tun hatte. Juden zu isolieren, zu sterilisieren, sie zur Auswanderung zu zwingen, sie vielleicht sogar zwangsweise nach Palästina, Madagaskar,[624] Sibirien zu deportieren – all dies gehörte in den Denkhorizont der Volksgenossen. Die Gaskammern zweifellos nicht. Selbst Adolf Eichmann hat anfänglich nicht an die Ermordung der Juden gedacht, sondern eine große Auswanderungsorganisation auf die Beine zu stellen sich bemüht. Als genial empfand er seine Idee, dabei die »reichen« Juden die Auswanderung der »armen« finanzieren zu lassen, denn, wie man weiß, legten viele jener Länder, in welche die Juden flohen, Wert darauf, reiche Juden ins Land zu bekommen – ein besonders düsteres Kapitel des Zweiten Weltkriegs.

Tatsächlich sind auf diese Weise etwa 537 000 Juden aus Deutschland »ausgewandert«, und da ihre Vermögenswerte der Staatskasse anheimfielen, ihre Betriebe »arisiert« wurden, kam unter dem Strich für die Reichsfinanzen dabei etwas heraus. Natürlich nur vordergründig, in Wahrheit läßt sich auch der bloß materielle Verlust, der mit der Flucht einer halben Million von Menschen verbunden war, die oft weit überdurchschnittlich gebildet und finanziell gut situiert waren, kaum beziffern; auf alle Fälle war er so hoch, daß die Folgen davon bis heute zu spüren sind. Es ist eine auch in der Holocaustforschung vieldiskutierte Frage, ob man aus der Politik der erzwungenen Auswanderung schließen darf, daß der Entschluß zum Massenmord an den Juden also prozeßhaft stufenweise oder doch als von vornherein feststehend gesehen werden muß. Beide Thesen erscheinen plausibel: Man kann sich durchaus vorstellen, daß die ursprüngliche Auswanderungspolitik zu einem großen »Erfolg« – im Sinne Eichmanns – geworden wäre, hätten die Länder, in die die Juden flohen, großzügig und nicht so restriktiv und ängstlich reagiert, wie es der Fall sein sollte, anders gewendet: Man kann sich vorstellen, daß alle deutschen Juden rechtzeitig ausgewandert wären, und es gibt, wenigstens bis zu Kriegsbeginn, auch keine hinreichenden Beweise dafür, daß das Regime dies verhindert hätte, woraus zu schließen wäre, es sei diesem auf ein »judenfreies« Deutsches Reich, nicht aber auf einen Judenmord angekommen.

Demgegenüber ließe sich einwenden, daß die Ermordung bloß der deutschen Juden im Sinne des weltanschaulichen Grundkonzeptes, vor allem aber dessen »rassenhygienischer«[625] Komponente nicht ausgereicht hätte – denn im Rest der Welt blieben immer noch genügend Juden übrig, die ihr »Zerstörungswerk« würden fortsetzen können. Da die Ermordung der Juden aber volkswirtschaftlich gesehen nicht sinnvoll war, mußte man auf sie verzichten, solange nicht sichergestellt war, daß auch die Juden in den anderen europäischen Ländern, genauer: den kontinentaleuropäischen Ländern, die man erobert hatte, oder die mit dem Reich verbündet waren, und das waren alle, Spanien eingeschlossen, Portugal blieb ein kleiner Schönheitsfehler – ermordet werden konnten. Ein einseitiger Judenmord im Deutschen Reich hätte – das immerhin hatte die Reichskristallnacht erwiesen – Deutschland noch stärker als bisher außerhalb des Gesetzes gestellt, ohne daß es dafür einen ideologischen »Gegenwert« gegeben hätte. Die Schlußfolgerung muß also lauten: Die Nicht-Ermordung der deutschen Juden vor Kriegsbeginn sagt über die wahren Absichten des Regimes nichts aus, man muß die faktische Politik gegen die Juden unter die Rubrik faûte de mieux einordnen. Das wiederum bedeutet: Wenn Hitler den Krieg als Ziel seiner Politik a priori angesehen hat, und daran kann nicht der geringste Zweifel bestehen, so gilt dies auch für den Mord an den Juden.[626] Aber eben nicht isoliert an den deutschen, sondern den europäischen, und in weiterer Perspektive aller Juden, vor allem also auch der amerikanischen. Das wäre das eigentliche Kriegsziel in dem ja schon von einigen Dienststellen des Reichs konkret geplanten dritten Weltkrieg gewesen.

Das Argument, mit der Ermordung der europäischen Juden wäre das Problem ja auch noch nicht gelöst gewesen, ist zwar richtig, verkennt aber die Perspektiven: Es konnte binnenlogisch als nützlich angesehen werden, mit dem Holocaust in Europa zu beginnen, bevor die Weltherrschaft errungen war, denn die Aufgabe der Ausrottung des Weltjudentums war eine solch gigantische, daß es zweckmäßig gewesen wäre, sie von einem »judenfreien« Europa aus in die Wege zu leiten. Außerdem brauchte man nach dem Gewinn des Zweiten Weltkrieges keine Rücksicht mehr auf die Weltöffentlichkeit zu nehmen, denn diese würde ohnehin nur noch aus den USA bestehen. Daß die Japaner der deutschen und europäischen Judenpolitik gleichgültig gegenüberstanden, enthob Hitler auch der Sorge, daß der temporäre Verbündete im Fernen Osten Protest anmeldete. Tatsächlich ist nicht bekannt, daß japanischerseits irgendwelche Einwendungen gegen den Holocaust vorgebracht worden sind, dazu saß man in Tokio allzusehr im Glashaus.

Daraus ergibt sich, daß die Ermordung der Juden sich nicht so peu à peu ergeben hat, sondern von Anfang an vorgesehen war.[627]

De facto begann sie in großem Stil erst nach der Eroberung des größten Teils des europäischen Kontinents, was zu der eben entwickelten These paßt. Auch wenn in der Literatur verschiedene Daten genannt werden, so bewegen sie sich alle im Zeitkorridor vom Sommer 1940 bis zum Oktober 1941, also exakt in jener Periode, in der nach der Beendigung des Westfeldzuges der Krieg gegen die Sowjetunion vorbereitet wurde. Da dieser Krieg aber, wie wir gesehen haben, als kurze Sommerkampagne projektiert war, kann man davon ausgehen, daß tatsächlich die »Befriedung« des europäischen Kontinents als Voraussetzung für die Endlösung der Judenfrage angepeilt worden ist. Die Einladung zur Wannseekonferenz erfolgte am 29. November 1941, also vier Monate nach dem entscheidenden Göring-Befehl vom 31. Juli 1941. Daraus ist zu schließen, daß das Scheitern des Blitzkriegskonzeptes bei den Organisatoren des Holocaust noch nicht »angekommen« war – tatsächlich war am 29. November ja auch noch nichts definitiv entschieden.

Was hat die deutsche Bevölkerung vom tatsächlichen Judenmord gewußt, was hat sie wissen können? Das ist die zentrale Frage in der Geschichte Deutschlands.[628]

Bis 1940 blieben die schon dargelegten Denk- und Verhaltensweisen weiterhin gültig, die überwältigende Mehrheit der Bevölkerung wird an die physische Vernichtung der Juden nicht geglaubt haben. Wie sah es aus, nachdem die Mordaktionen wirklich und wahrhaftig und in großem Stil einsetzten?

Sehr häufig wird mit der Geschichte der Euthanasie argumentiert. Dieses Programm zur Tötung von Geisteskranken und unheilbar kranken, aber geistig gesunden Menschen war kaum kaschiert und praktisch für jedermann nachvollziehbar bis zum August 1941 vorangetrieben worden und hatte bis zu diesem Zeitpunkt rund 80 000 Opfer gefordert. Danach wurden Unruhe und Protest in der Bevölkerung – ihr vornehmstes Sprachrohr wurde der Münsteraner Bischof Graf Galen – so groß, daß die Aktion zunächst abgebrochen, sehr bald aber wieder aufgenommen wurde: nunmehr in aller verschlagenen Heimlichkeit, und deswegen gab es fortan keine lauten Proteste mehr.[629]

Überträgt man dies auf den Holocaust, so ließe sich argumentieren, die Masse der Deutschen hätte genauso protestiert – wenn sie denn etwas von der systematischen Ermordung der Juden gewußt hätte. Damit spitzt sich in der Tat alles auf die Frage zu, ob und wenn ja was die Bevölkerung vom Judenmord gewußt hat.

18. Die »Endlösung der Judenfrage«

Diese Frage läßt sich zweifelsfrei nicht beantworten.[630] Bisher gibt es keine wissenschaftlich zuverlässige Methode, die über bloße Vermutungen, bestfalls Plausibilitäten hinausgelangt wäre. So schwanken die Zahlen hinsichtlich der Täter und Mitwisser kolossal, die Zahl von etwa 500 000 Mitwissern erscheint am plausibelsten, letztlich zu beweisen ist sie nicht.

Man kann sich dem Problem nähern, indem man fragt, was der durchschnittliche Volksgenosse via Medien vom Holocaust erfahren *konnte*, wobei erneut davon auszugehen ist, daß auch die gleichgeschalteten Zeitungen und der Reichsrundfunk eifrig gelesen und gehört wurden. Ob das auch vom »Stürmer« galt, ist aber zweifelhaft,[631] und so wäre es unzulässig zu behaupten, nur weil Julius Streicher am 28. Januar 1943 in seinem Aufsatz »Der Weg zur Tat« den Judenmord unverhohlen angesprochen habe, hätten das auch alle Deutschen wissen müssen. Ein paar Textauszüge:

»Als Adolf Hitler vor zwanzig Jahren vor das deutsche Volk trat, um ihm in die Zukunft weisende nationalsozialistische Forderungen zu unterbreiten, da hatte er auch das in seiner Auswirkung folgenschwerste Versprechen gegeben, die Welt von seinem jüdischen Peiniger zu befreien. Wie herrlich ist es zu wissen, daß dieser große Mensch und Führer auch diesem Versprechen die Tat folgen läßt! Sie wird die größte sein, die je unter Menschen geschah. Noch stehen wir dem Geschehen der Gegenwart zu nahe, um in heiliger Andacht die begonnene Tat zu preisen. Der Tag aber wird kommen, an dem eine ganze Menschheit eines Völkerfriedens zuteil werden wird, den sie seit Jahrtausenden als heiße Sehnsucht in sich trägt.«

Das war deutlich genug und unterstreicht die These, daß der Holocaust als ein globales Projekt gesehen werden muß. Wer den »Stürmer« nicht las, las vielleicht »Das Reich«, eine renommierte Zeitung, Sprachrohr von Goebbels. Dem »Reich« kam eine Art Meinungsmonopol zu, man kann deswegen davon ausgehen, daß auch andere Zeitungen im gleichen Tenor schrieben.[632] Hier konnten die Deutschen am 16. November 1941, notabene vor der Einladung zur Wannseekonferenz, lesen, die Juden zu vernichten sei ein »elementares Gebot völkischer, nationaler und sozialer Hygiene...Die Juden sind eine parasitäre Rasse, die sich wie ein fauler Schimmel auf die Kulturen gesunder, aber instinktarmer Völker legt. Dagegen gibt es nur ein wirksames Mittel: einen Schnitt machen und abstoßen.«

In diesem Zusammenhang muß auch die Einführung des Judensterns im September 1941 gesehen werden: Hier wurden die »Abzustoßenden« eindeutig markiert, es konnte nicht zweifelhaft sein, daß der Judenstern ein Code war, der demnächst aufgerufen wurde. Die Judendeportationen folgten ja sehr rasch, und an diesem Punkt gerät man wieder an den Rand des Verstehbaren, wenn zu beobachten ist, daß der Widerstand gegen den Abtransport der Juden seitens der deutschen Bevölkerung, abgesehen von ganz wenigen und daher um so rühmlicheren Ausnahmen ausblieb, die Deportationen apathisch bis zustimmend zur Kenntnis genommen wurden. Daß viele Ausgebombte vorzüglich in den »leeren« Judenwohnungen untergebracht wurden, hätte zu denken geben müssen, aber wer will es den Bombenopfern wirklich ankreiden, daß sie an alles andere, nicht aber an das Schicksal derer dachten, in deren Betten sie nun schliefen?

Was für die Zivilbevölkerung im Reich galt, galt cum grano salis auch für die Wehrmacht, auch wenn das Verhältnis zwischen Wissenden und Nichtwissenden hier zugunsten der Wissenden sicherlich verschoben ist. Nimmt man die Zahl 500 000 für die Zivilbevölkerung noch einmal auf und setzt sie in Relation zur Gesamtzahl der Bevölkerung – also etwa 80 Millionen Menschen –, so ergibt sich ein Prozentsatz von etwa 0,6%. Eine entsprechende Zahl für die Wehrmacht liegt wahrscheinlich unter 1%.[633]

Ganz anders sieht es aus, fragt man danach, inwieweit die führenden Eliten in Staat, Partei und Wehrmacht eingeweiht waren. Daß sie nach dem Krieg unisono leugneten, vom Holocaust etwas gewußt zu haben, ist verständlich, aber falsch.[634] Allein die Organisation dieses Völkermordes zog unweigerlich die jeweils territorial oder sachlich Verantwortlichen – Beispiel: Gauleiter, Reichseisenbahndirektoren – in das Verbrechen mit hinein. Aber es kommt noch direkter, da genügt ein Hinweis auf die berüchtigten Posener Reden Heinrich Himmlers[635] vom 4. und 6. Oktober 1943.[636] Sie fanden im Zusammenhang mit einem Treffen aller hohen Würdenträger und auch der Spitzen der Wehrmacht statt, und es gibt genügende Aktenstücke, aus denen hervorgeht, daß Vertreter der Wehrmacht an der Posener Tagung teilgenommen haben. Selbstverständlich wurde in den entsprechenden Stäben über solche Besprechungen Bericht erstattet. Natürlich geschah dies in diesem Fall nicht in schriftlicher Form, darum hatte Himmler ja gebeten, nicht zuletzt um den Schleier der Geheimhaltung aufrechtzuerhalten, ging er doch davon aus, daß das deutsche Volk vom Holocaust nichts wußte. Wäre es anders gewesen, so hätten diese Bemerkungen keinen Sinn ergeben:

»Man wird vielleicht in ganz später Zeit sich einmal überlegen können, ob man dem deutschen Volke etwas mehr darüber sagt. Ich glaube, es ist besser, wir – wir insgesamt – haben das für unser Volk getragen, haben die Verantwortung auf uns genommen (die Verantwortung für eine Tat nicht nur für eine Idee) und nehmen dann das Geheimnis mit in unser Grab.«

Dieses »Geheimnis« hat Himmler am 4./6. Oktober 1943 endgültig und mit wünschenswerter Deutlichkeit enthüllt: Spätestens von diesem Zeitpunkt an konnte sich kein hoher Verantwortungsträger mehr herausreden, er habe vom Holocaust nichts gewußt.

»Der Satz ‚Die Juden müssen ausgerottet werden' mit seinen wenigen Worten ist leicht ausgesprochen« sagte Himmler. » Für den, der durchführen muß, was er fordert, ist es das Allerhärteste und Schwerste, was es gibt.« Anschließend beklagte er sich, daß es so viele Deutsche gäbe, die »ihr berühmtes Gesuch an mich oder irgendeine Stelle gerichtet haben, in dem es hieß, daß alle Juden selbstverständlich Schweine seien, daß bloß der Soundso ein anständiger Jude sei, dem man nichts tun dürfe. Ich wage es zu behaupten, daß es nach der Anzahl der Gesuche und der Anzahl der Meinungen in Deutschland mehr anständige Juden gegeben hat als überhaupt nominell vorhanden waren. In Deutschland haben wir nämlich so viele Millionen Menschen, die ihren berühmten anständigen Juden haben, daß diese Zahl bereits größer ist als die Zahl der Juden.«

Das war eine erstaunliche Aussage, denn träfe sie zu, so wäre gar nicht zu begreifen, wieso denn überhaupt Juden abtransportiert und vergast werden konnten. Tatsächlich sind aber nur – oder immerhin? – etwa 3000 Juden in Deutschland von Deutschen versteckt worden. Es wäre wünschenswert, die Wissenschaft würde sich systematisch darum bemühen, diese angeblich so massenhaften Gesuche aufzustöbern. Ob Himmler in diesem Punkt zu glauben ist, erscheint fraglich; ihm kam es eher auf den rhetorischen Effekt an, und man kann sich die Erheiterung der Zuhörer vorstellen, die er mit solchen Jeremiaden auslöste. Um so effektvoller nämlich mußte auf seine Zuhörer wirken, was unmittelbar anschließend kam:

»Ich bitte Sie, das, was ich Ihnen in diesem Kreise sage, wirklich nur zu hören und nie darüber zu sprechen. Es trat an uns die Frage heran: Wie ist es mit den Frauen und Kindern? – Ich habe mich entschlossen, auch hier eine ganz klare Lösung zu finden. Ich hielt mich nämlich nicht berechtigt, die Männer auszurotten – sprich also, umzubringen oder umbringen zu lassen – und die Rächer in Gestalt der Kinder für unsere Söhne und Enkel groß werden zu lassen. Es mußte der schwere Entschluß gefaßt werden, dieses Volk von der Erde verschwinden zu lassen.«

Dies bedarf keines Kommentars. Niemand weiß genau, wie viele Juden ermordet worden sind, auch hier schwanken die Zahlen beträchtlich. Die neuesten bewegen sich zwischen 5,2 und 6,2 Millionen.[637]

Der Holocaust war zweifelsfrei das größte je von einem Staat beschlossene und durchgeführte Menschheitsverbrechen. Nichts ist den Nationalsozialisten in der Zeit ihrer 12-jährigen Schreckensherrschaft geglückt, immer haben sie am Ende verloren – nur beim Holocaust scheint es anders zu sein: Das Verbrechen fand statt, der Judenmord war Realität. Und dennoch: Gemessen an den Vorgaben und Zielvorstellungen der braunen Verbrecher sind sie auch auf diesem Feld gescheitert. Im Wannseeprotokoll ist davon die Rede, man müsse 11 Millionen Juden ermorden. »Geschafft« hat man die Hälfte – und kein einziger in Amerika lebender Jude fiel den Schergen Himmlers zum Opfer. Die Shoa ist für das Judentum gewiß das in alle Ewigkeit fortwirkende größte und entsetzlichste Ereignis seiner Geschichte, aber sie hat es nicht ausgerottet. Uns Deutschen kann das jedoch kein Trost sein. Wir sind durch den Holocaust auf alle Zeiten gebrandmarkt und müssen Generation um Generation lernen, damit umzugehen. »Der Tod ist ein Meister aus Deutschland«: Es ist falsch, daß man nach Auschwitz kein Gedicht mehr schreiben kann:

»Schwarze Milch der Frühe wir trinken sie abends
Wir trinken sie mittags und morgens wir trinken sie nachts
Wir trinken und trinken
Wir schaufeln ein Grab in den Lüften da liegt man nicht eng
Ein Mann wohnt im Haus der spielt mit den Schlangen der schreibt
Der schreibt wenn es dunkelt nach Deutschland dein goldenes Haar
Margarete
Er schreibt es und tritt vor das Haus und es blitzen die Sterne er pfeift
seine Rüden herbei
Er pfeift seine Juden hervor läßt schaufeln ein Grab in der Erde
Er befiehlt uns spielt auf nun zum Tanz«.

Das Gedicht Paul Celans endet so:

»Dein goldenes Haar Margarete
Dein aschenes Haar Sulamith«

1 | »Reichskristallnacht«: München, Kaufhaus Uhlfelder, 9./10. November 1938 (Bundesarchiv Koblenz [fortan BAK], 119-2671-08)

2 | »Reichskristalltag« (BAK, 183-A0706-0018-005)

3 | Der Generalstabschef und der Oberbefehlshaber des Heeres, General der Artillerie Halder und Generaloberst von Brauchitsch, während des Polenfeldzuges (BAK, 183-H27722)

4 | Das Ende einer polnischen Einheit (BAK, 101I-380-0094-16)

5 | 5. Oktober 1939: »Führerparade« in Warschau (BAK, 146-1974-132-33A)

6 | Was 1916 nicht gelang: Verdun, 20. Juni 1940 (BAK, 146-1979-001-19)

7 | Revanche: Compiègne, 21. Juni 1940. Der Salonwagen, in den dem am 11. November 1918 das Deutsche Reich den Waffenstillstand unterzeichnen mußte, wird aus dem Siegesmuseum geholt. (BAK, 146-2004-0147)

8 | Triumph : Generaloberst Keitel, Chef des OKW, übergibt dem französischen General Huntziger die Waffenstillstandsbedingungen (BAK, 146-1982-089-18)

9 | Generalfeldmarschall von Rundstedt (rechts), Venus von Milo (links): Der Louvre wird wiedereröffnet, 7. Oktober 1940 (BAK, 183-L15196)

10 | »Sieg im Westen«: Großparade heimkehrender Truppen in Berlin, 18. Juli 1940 (BAK, 183-L07586)

11 | »... wird ein großes Reich zerstört werden«: Reichstagssitzung, 19. Juli 1940 (BAK, 183-2004-1001-501)

12 | Kollaboration, die sprichwörtlich wird: Vidkun Quisling, Ministerpräsident von Hitlers Gnaden, norwegische »Arbeitsmaid«, Autogrammstunde (BAK 183-2004-1001-500)

13 | Reichsführer-SS Heinrich Himmler: Himmlische Töne, »nordische« Volkskunst, Norwegen 1941 (BAK, 101I-091-0168-08A)

14 | Siegeserwartung I: Endspiel der deutschen Fußball-Kriegsmeisterschaft vor 100 000 Zuschauern, Berliner Olympiastadion, 23. Juni 1941 (BAK, 183-2004-1001-503)

15 | Siegeserwartung II: Generaloberst Guderian als Oberbefehlshaber der Panzergruppe 2 im Mittelabschnitt der Ostfront, Juli/August 1941 (BAK 101I-139-1112-17)

16 | Siegeserwartung III: Hitler auf einem Feldflugplatz in der Ukraine, Anfang September 1941 (zur Veröffentlichung für eine »Jahresrückschau« freigegeben von der Adjutantur des Führers am 22. Dezember 1941) (BAK, 146-2005-0020)

17 | Der Karren im Dreck, Rußland, Spätherbst 1941 (BAK, 101I-391-1294-09)

18 | Russischer Gefangener, 23. Juni 1941 (BAK, 146-1991-039-03)

19 | Russische Gefangene, ohne Zeit und Ort (BAK 101I-444-0779-20)

20 | »Der Ausweis beweist ihre Zugehörigkeit zur Sowjet-Truppe« (O-Ton Reichspropagandaministerium) (BAK, 146-1974-110-03)

21 | »Das Reich« in Rußland: Lektüre von Goebbels' Renommierblatt, Sommer 1941 (BAK, 101I-018-0011-07)

22 | Minsk, 26. Oktober 1941 (BAK, 146-1970-043-30)

23 | Photographieren verboten? Rußland 1942/43 (BAK, 101I-031-2436-06A)

24 | Generalfeldmarschall von Manstein, Oberbefehlshaber der 11. Armee, und Generaloberst Hoth, Oberbefehlshaber der 4. Panzerarmee, Südabschnitt der Ostfront, Sommer 1942 (BAK, 101I-218-0543-10)

25 | »Ernte im Reichskommissariat Ostland. Der Landser fährt Johannisbeeren ein.« (O-Ton einer Propagandakompanie) (BAK, 146-2004-0146)

26 | Die einen kommen ...(BAK, 101I-218-0506-31)

27 | ... die anderen kommen nicht weg. Meist vergessen: die Zivilbevölkerung von Stalingrad (BAK, 101I-218-0523-17)

28 | Abgeführt: Generalfeldmarschall Paulus am 4. Februar 1943. Rechts der russische Dolmetscher Lew Bezymenskij (BAK, 183-1985-1001-311)

29 | Der Krieg nach Stalingrad: »Totaler und radikaler, als wir ihn uns heute überhaupt erst vorstellen können?« Goebbels-Frage im Berliner Sportpalast, 18. Februar 1943 (BAK, 146-2004-0149)

30 | Bei Charkow, März 1943 (BAK, 146-1973-084-35)

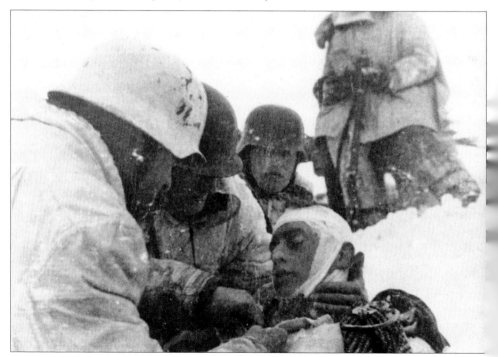

31 | Idylle I: Ostfront, 9. August 1943. »Tierfreundschaften, die die Härte der Zeit zusammenfügt«, so der Kriegsberichtertext (BAK, 146-1989-072-20)

32 | Idylle II: »Großreinemachen« einer »Tiger«-Besatzung (Mittelabschnitt der Ostfront, Sommer 1943) (BAK, 101I-461-0216-38)

33 | Auch in Rußland, zur selben Zeit. Rechts ein Panzer IV (BAK, 101I-733-0003-14)

34 | Herbst 1943: In Mittel- und Südrußland muß die Wehrmacht großräumig zurückgehen. »Verbrannte Erde«, Oktober 1943: »Hier finden die Sowjets nur noch Trümmer vor.« (BAK, 146-1991-015-35A)

35 | Feldherrenpose: Generalfeldmarschall von Kleist in der Ausstellung »Soldat und Kulturträger« (September 1943) (BAK, 183-J07404)

36 | Auf dem Weg zum Verbandsplatz. Kampfraum Witebsk (Heeresgruppe Mitte), Frühjahr 1944 (BAK, 183-S73836)

37 | Ostfront 1944. Nur noch Rückzüge ... (BAK, 101I-090-349-19A)

38 | »Nichts fällts den Sowjets in die Hände. In großen Herden wird das Vieh nach rückwärts getrieben.« (Kriegsberichtertext, Oktober 1944, wahrscheinlich Raum Memel/Heydekrug/Tilsit) (BAK, 146-1969-106-37)

39 | Seefeld in Tirol, 10. Juni 1943: Speer besichtigt mit Guderian, dem Inspekteur der Panzertruppen (2. Reihe, Mitte) den zum »Feriendorf der Panzersoldaten und Panzerarbeiter« erhobenen Gebirgsort. 2. Reihe, links: Gauleiter Hofer (BAK, 183-J06257)

40 | »Panther wachsen aus Panzerstahl«: Propagandaslogan zum Bau des 1943 eingeführten »Panthers« (Panzer V) (BAK, 146-1975-044-14)

41 | »Stukas noch und noch«: Fertigungshalle der Ju 88 (BAK, 146-1980-122-26)

42 | Rüstungspropaganda: »Man sollte es nicht für möglich halten, aber es sind tatsächlich zwei Motorgehäuse, die dieses junge Mädchen hier mühelos trägt, allerdings aus Leichtmetall«. Es handelt sich um einen »fast 100% deutschen Werkstoff aus Magnesium«. Dazu Göring: »Das haben wir in Hülle und Fülle zur Verfügung.« (BAK, 146-2004-0150)

43 | Pferd und »Tiger«, »hott« und »mot.«(-orisiert). Mit zunehmender Kriegsdauer ersetzte das »hott« immer mehr das »mot.« (Rußland, Anfang 1944) (BAK, 101I-458-0076-31)

44 | Raketen für den »Endsieg«: Unterirdische V1-Fertigung in »Mittelbau Dora« (Außenlager des KZ Buchenwald) (BAK, 183-1985-0123-027)

45 | »Gomorrha«, Hamburg, 27. Juli 1943 (BAK, 183-R82258)

46 | Am selben Tag, am selben Ort (BAK, 183-R82260)

47 | Der Morgen danach: In der Nacht vom 23. zum 24. August 1943 griffen starke britische Bomberverbände die Reichshauptstadt an. (BAK, 146-1978-085-28)

48 | Der Orden danach: Für ihren Rettungseinsatz bei den Angriffen vom 23./24. August überreicht Goebbels am 1. September 56 Männern und Frauen das Kriegsverdienstkreuz I. Klasse mit Schwertern. (BAK, 146-1986-100-35)

49 | Vorletzte Station: Zur Identifizierung aufgebahrte Tote, Berlin Herbst 1944 (Ausstellungsgelände am Funkturm) (BAK, 146-1970-050-31)

50 | Letzte Botschaft: 16. Januar 1945, Magdeburg: »Nun ist keine Rettung mehr. Es brennt von oben runter und hier erstickt man. Der Opa auf Wiedersehen« (Tischlermeister Wilhelm Ebert) (BAK, 183-DO114-0007-001)

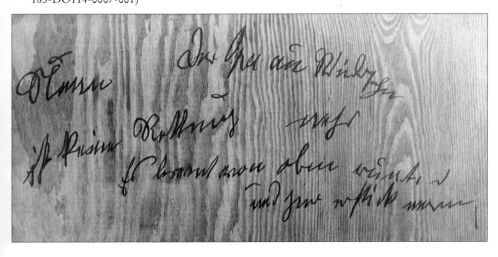

51 | Strandansicht I: Le Tréport am Ärmelkanal. »Es lächelt der See, er ladet zum Bade. Deutsche Soldaten nehmen ein erfrischendes Bad an der französischen Küste.« (Originalbildunterschrift, Propagandakompanie 612, 30. Juli 1940). (BAK, 146-2004-0145)

52 | Strandansicht II: Atlantikwall, Spätherbst 1943 (Aufnahme: Kriegsberichterzug/Oberbefehlshaber West) (BAK, 101I-718-0142-28A)

53 | Strandansicht III: »Sie wagen es!« 6. Juni 1944 – die alliierte Invasion beginnt. (BAK, 101I-493-3363-17)

54 | Einen Tag später – deutsche Gefangene (BAK, 146-1987-069-21)

55 | Viele gab es nicht mehr: Kriegsfreiwillige der Panzergrenadier-Division »Großdeutschland« rücken ein (Februar 1944) (BAK, 146-1990-044-32)

56 | »Die deutsche Frau im Kriegseinsatz«: Flakhelferinnen einer Einsatzkompanie der Luftwaffe z.b.V. vor einem Flakscheinwerfer, 1944 (BAK, 101I-674-7797-31)

57 | Kloster Monte Cassino, 30. März 1944. Noch wochenlang wird weitergekämpft. (BAK, 183-J24083)

58 | Aachen, 21. Oktober 1944. Die Kämpfe sind zu Ende. (Ullstein-Bilderdienst, Berlin)

59 | »Endsieg« ? (BAK, PLAK003-029-063)

60 | Sowjetisches Flugblatt (mit korrekten Angaben), 10. Februar 1945 (Nederlands Instituut voor Orloogsdocumentatie, Amsterdam)

61 | Königsberg, 10. April 1945. Am Tag zuvor hat die »Festung« kapituliert. (BAK, 183-D0408-0041)

62 | Köln, April 1945 (BAK, 122-P008041)

63 | Nachfolger im Untergang: Großadmiral Dönitz gratuliert zum Jahrestag der »Machtergreifung«, 30. Januar 1945 (BAK, 183-V00538-3)

64 | Sieger unter sich: Torgau, 5. Mai 1945. Sowjetmarschall Konew (2. von rechts), US-General Bradley (3. von rechts) (BAK, 183-H0623-0501-005)

65 | Auschwitz-Birkenau (BAK, 183-74237-0004)

66 | Aborte des Frauenlagers von Birkenau (Nachkriegsaufnahme) (BAK, 183-32279-0023)

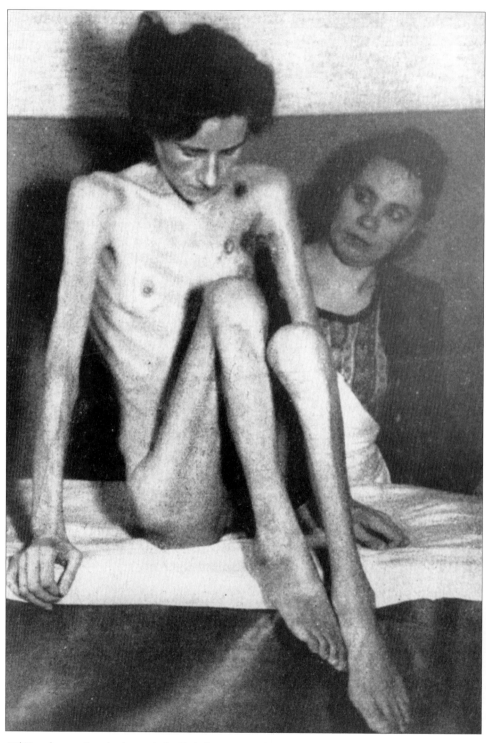

67 | Ecce homo: Auschwitz nach der Befreiung am 27. Januar 1945 (BAK, 183-R70772)

19. KRIEGSJAHR 1942

Im Spätsommer 1942 erreichte das Kriegsreich Adolf Hitlers seine territorial größte Ausdehnung nach Beginn jener Operation unter dem Decknamen »Blau«, die in die Geschichtswissenschaft auch als »Zweiter Feldzug gegen die Sowjetunion« eingegangen ist.[638] Im nachhinein ist leicht zu erkennen, daß dieser äußersten Aufblähung die militärische und politische Stärke dieses Gebildes keineswegs entsprach – wer aber wollte es den Volksgenossen von damals verübeln, wenn sie nach dem düsteren Winter 1941/42 nun wieder neuen Mut schöpften und das, was vor Moskau geschehen war, als Rückwärtsschritt in einer Echternacher Springprozession werteten?

Die Dramatik der Wintermonate klang ab, im Osten trat eine Ruhe ein, die trügerisch zu nennen man nach den Verlautbarungen des Wehrmachtberichtes keinen Anlaß hatte, zumal inzwischen jeder wußte, daß der Wehrmachtbericht[639] aus leicht verständlichen Gründen nicht immer alles sagen, auch nicht präzise sagen konnte, im wesentlichen aber nicht log. Blanke Lügen hätten das Urvertrauen der Bevölkerung in »sein« Regime eher erschüttert. Hinzu kam, daß irgendwelche Münchhausengeschichten von den Fronturlaubern hätten entlarvt werden können, und Fronturlaub gab es, sogar ziemlich regelmäßig.[640] Wie selbst auf dem Höhepunkt der NS-Herrschaft immer noch Nischen der Wahrheit, in welche die Ideologie des Nationalsozialismus, vor allem auch sein Verbrechertum, nicht hineinreichten. Nachdem diese Orte, den Sicherheitsplätzen der Hugenotten aus dem 17. Jahrhundert ähnlich, vom braunen Machtapparat gleichsam eingekreist waren, wurden sie dem Regime auch nicht mehr gefährlich. Dies gilt für Teile der Wehrmacht ebenso wie für die katholische und die evangelische Bekennende Kirche,[641] auch manche universitäre Einrichtung existierte in einer halkyonischen Stille. Selbstverständlich hätte die Gestapo mit alledem kurzen Prozeß machen können, aber eine nüchterne Kosten-Nutzen-Analyse führte zum Ergebnis, daß »großzügige und gutmütige« Nationalsozialisten (eine von Goebbels oft verwendete Stereotype) mit solchen harmlosen »Spinnern« leben konnten, mehr noch: Die relativen Freiheiten ließen sich dem Ausland gegenüber propagandistisch ausschlachten. In diesem Punkt war das System Hitler dem System Stalin deutlich überlegen.

Der allgemeine Stillstand der Ostoperationen infolge des Frühjahrtauwetters, das das Operationsgelände in unergründlichen Morast verwandelte, verschaffte auch der aufs äußerste erschöpften Roten Armee die dringend benötigte Regenerationspause und erlaubte es dem Generalstab des Heeres, in relativer Ruhe und Entspanntheit die Wiederaufnahme der Offensive zu planen.[642] Daneben blieben genügend geistige Kräfte frei, um sich nunmehr intensiver als bisher den Nebenkriegsschauplätzen zuzuwenden. Dazu gehörte der Seekrieg, vor allem der Tonnagekrieg gegen die Amerikaner, eine intensivere Bekämpfung der nunmehr anlaufenden Hilfszufuhren der Alliierten über die nördliche, die Murmanskroute nach Rußland, eine gründliche Umorganisation des gesamten Rüstungssektors,[643] vor allem auch die Kriegführung im Mittelmeer, und, damit eng verbunden, die Frage nach der Koalitionskriegführung des Achsen- und des Dreimächtebündnisses überhaupt.

Am 18. Januar 1942 kam es nach langwierigen, von Irritationen nicht freien Verhandlungen zu einer militärischen Vereinbarung der Dreierpaktmächte,[644] welche in groben Strichen die geplante und erhoffte Kriegsfortführung skizzierte. Sie kann als erster Versuch gelten, eine wirklich globale Kriegführung zu organisieren, und zwar nunmehr unter Berücksichtigung des Umstandes, daß der Krieg gegen die Sowjetunion eben noch nicht gewonnen war. Insofern stellt dieses Dokument vom 18. Januar das Parallel-oder auch Kontrastprogramm zur »Weisung Nr. 32« dar, denn diese basierte auf der Annahme, daß der Ostfeldzug bereits siegreich abgeschlossen war.

Die Zielsetzungen der »Weisung Nr. 32« waren utopisch, sie war eine bloße Antizipation des globalen Krieges der Zukunft, wobei nicht ganz klar ist, ob dieser Krieg mit dem geplanten dritten Weltkrieg schon identisch sein sollte. In diesem Punkt hat Hitler immer geschwankt. Auf der einen Seite war es zweifellos sein Ziel, noch zu seinen Lebzeiten die Weltherrschaft zu erringen, auf der anderen war ihm bewußt, daß dieser Zeithorizont vielleicht unrealistisch war, zumal jederzeit »irgendein Idiot«, wie er sich ausdrückte, seinem Leben ein Ende machen konnte. Aus dieser unklaren Ziel- und Zeitansprache heraus resultierten bei den Wehrmachtteilen und im OKW ständige Unsicherheiten; man wußte nicht recht, wieviel Zeit man eigentlich für die Vorbereitung des globalen Seekrieges hatte, wie infolgedessen die langfristige Seerüstung aussehen sollte [645] – das erinnert durchaus an die Vorgeschichte des Zweiten Weltkrieges. Auch damals war den Mitarbeitern Hitlers alles andere als klar, wann der große Krieg nun kommen sollte, alle Jahresdaten zwischen 1938 und 1946 wurden seinerzeit genannt und als möglich angesehen.

In der Vereinbarung vom 18. Januar 1942[646] hieß es unter II:

»1. Japan
wird, im Zusammenwirken mit den deutschen und italienischen Operationen gegen England und die Vereinigten Staaten von Nordamerika, die Operationen im Südseeraum und im Pazifik durchführen.
a) Es wird wichtige Stützpunkte Englands, der Vereinigten Staaten von Nordamerika und Hollands in Großostasien vernichten, deren dortige Gebiete angreifen oder besetzen.
b) Es wird die Vernichtung der nordamerikanischen und englischen Land,-See-und Luftstreitkräfte im Pazifik und im Indischen Ozean anstreben, um sich die Seeherrschaft im westlichen Pazifik zu sichern.
c) Wenn die nordamerikanische und die englische Kriegsflotte sich größtenteils im Atlantik konzentrieren, wird Japan im ganzen Gebiet des Pazifiks und des Indischen Ozeans seinen Handelskrieg verstärken und außerdem einen Teil seiner Marinestreitkräfte nach dem Atlantik entsenden und dort mit der deutschen und italienischen Kriegsmarine unmittelbar zusammenarbeiten.

2. Deutschland und Italien
werden, im Zusammenwirken mit den japanischen Operationen im Südseeraum und im Pazifik, die Operationen gegen England und die Vereinigten Staaten von Nordamerika durchführen.
a) Sie werden wichtige Stützpunkte Englands und der Vereinigten Staaten von Nordamerika im Nahen Osten und im Mittleren Osten, im Mittelmeer und im Atlantik vernichten, deren dortige Gebiete angreifen oder besetzen.
b) Sie werden die Vernichtung der englischen und nordamerikanischen Land,-See- und Luftstreitkräfte im Atlantik und im Mittelmeer und die Zerstörung des feindlichen Handels anstreben.
c) Wenn die englische und die nordamerikanische Kriegsflotte sich größtenteils im Pazifik konzentrieren, werden Deutschland und Italien einen Teil ihrer Marinestreitkräfte nach dem Pazifik entsenden und dort mit der japanischen Marine unmittelbar zusammenarbeiten.«

Diese Militärvereinbarung zeichnete sich nicht gerade durch großen Realismus aus, manche Punkte mußten schon zu diesem Zeitpunkt als völlig utopisch gelten – so ist zu fragen, wie man sich deutscherseits eine Entsendung von Marinestreitkräften in den Pazifischen Ozean vorstellte, vor allem nachdem es mit der nördlichen Passage doch nichts wurde. Es wäre bestenfalls die Entsendung von einigen U-Booten und ein paar Hilfskreuzern möglich gewesen, doch die Zeit der letzteren begann schon abzulaufen, nachdem die Luftaufklärung über der Biskaya und im Mittelmeer lückenlos war und die Lücke im Mittelatlantik sich zu schließen begann.

Die Hoffnungen der Seekriegsleitung, von mittelafrikanischen Häfen im französischen Kolonialreich aus Verbindung zu Japan aufnehmen zu können, stellten sich ebenfalls als vergeblich heraus. Zudem verstanden es die Spezialisten in Bletchley Park immer besser, die deutschen Codes immer zuverlässiger zu knacken. Tatsächlich hat es während des ganzen Krieges nur wenige Versuche gegeben, wenigstens mit U-Booten die Verbindung nach Japan aufrecht zu erhalten, kühne Pläne allerdings gab es zu hauf.[647]

Das strategische Kernproblem kam in den Vereinbarungen vom 18. Januar nur indirekt zum Ausdruck: die Frage nämlich, wohin die japanische Machtprojektion nach Erreichung der Nahziele eigentlich gerichtet werden sollte: Ob weiter nach Südosten, d.h. mit dem Zielpunkt Australien, oder aber nach Westen in den Indischen Ozean hinein, wobei die Eroberung Indiens das Endziel war. An diesem Punkt übrigens verschränkten sich die Vorstellungen dieser Vereinbarungen mit denen der »Weisung Nr. 32«. Die Achsenmächte, also Italien mit seiner Flotte, Deutschland mit seinem Heer, sollten über den Suezkanal, das Rote Meer bzw. über den Kaukasus hinaus in die irakische und iranische Tiefebene operieren und von Persien aus über Afghanistan nach Indien vorstoßen. Hier hätte man sich dann mit den Japanern treffen können, wobei man sich kontrafaktisch fragen darf, ob das jemals gutgehen konnte, selbst wenn es militärisch gelungen wäre. Ein deutsch-japanisches Besatzungsregime[648] in Indien: das gemahnt dann doch zu sehr an Science fiction.[649]

All dies wäre nicht erwähnenswert, beleuchtete es nicht eindrucksvoll den fortschreitenden Realitätsverlust nicht nur bei Hitler. Die Vereinbarungen vom 18. Januar waren von den Militärs ausgehandelt worden, die »Weisung Nr. 32« vom OKW. Wenn aber »die Leute«, wie sich Halder einmal ausdrückte, »in Kontinenten«[650] und von Alexander dem Großen träumten, so schimmerte hier etwas von jener abendländischen Tradition durch, welche die längsten Epochen der europäischen Geschichte bestimmt hatte. Er war immer noch nicht tot, der Alexandermythos – und das mitten im 20. Jahrhundert.

Aus all dem wurde schon deswegen nichts, weil sich in Japan die Armeeführung durchsetzte, die nach Australien und nicht nach Indien wollte. Daß über diese Alternative Tokios kein Wort in den Verhandlungen mit den Deutschen und Italienern verloren wurde, warf ein bezeichnendes Licht auf den Zusammenhalt der Dreierpaktmächte: Er war nur negativ definiert, in Wirklichkeit führte jede Macht ihren eigenen Krieg und achtete eifersüchtig darauf, daß die jeweils beiden anderen ihr dabei nicht in die Quere kamen.

Ging der praktische Entlastungseffekt des japanischen Angriffes auf die angelsächsischen Mächte praktisch auch gegen Null, so wiegte sich vor allem die Seekriegsleitung noch lange in der Hoffnung, so wesentlich durch die japanische Flotte entlastet zu werden, daß sie die alte Mittelmeerplanung wieder aufnehmen könnte.

Das Mittelmeer geriet im Spätsommer 1941 erneut in den Brennpunkt des strategischen Interesses.[651] Nach den ersten, jedoch nicht dauerhaften Erfolgen im Jahr 1940 war mit dem Rückschlag, den die italienischen Streitkräfte in Nordafrika erlitten hatten, nurmehr eine defensive Strategie im libysch-tripolitanischem Raum möglich, aber das OKW machte sich keine Illusionen: Auf Dauer würde Italien dem britischen Druck nicht standhalten können, und sollte sich hier ein neues Krisenzentrum bilden, so konnte dieses durchaus weiter ausstrahlen. Daß das Italien Mussolinis[652] ein unsicherer Kantonist war, vor allem wenn das so großspurig Italien angekündigte Ostabenteuer Hitlers länger als geplant die Masse der deutschen Verbände im Osten band, galt im Hauptquartier der Wehrmacht als ausgemacht. Nur Hitler selbst glaubte unverbrüchlich an seinen Freund Mussolini, wies alle Befürchtungen, dieser könne ihn verraten, weit von sich, sah sich bald aber dennoch genötigt, den Vorstellungen des OKW von einem Stützkorsett deutscher Truppen in Italien als Vorsichtsmaßnahme zuzustimmen.[653]

Im Verlauf des Jahres 1941 war der englische Druck auf Italien[654] tatsächlich immer fühlbarer geworden, vor allem gelang es den Italienern nicht, die britische Seeherrschaft, wesentlich auf Gibraltar, Malta, Zypern und Suez gestützt, zu brechen, und damit war die strategische und logistische Verbindung zwischen Europa und Afrika ständig gefährdet. Einige spektakuläre Seesiege der Briten[655] trugen zur allgemeinen Verunsicherung des Comando Supremo bei.

Im Spätherbst 1941 spitzte sich die Lage zu, und nun kam auch Hitler nicht mehr umhin, so rasch wie möglich beträchtliche Mengen an Kriegsmaterial und Truppen ins Mittelmeergebiet zu verlegen; was das angesichts der sich abzeichnenden Krise vor Moskau bedeutete, braucht man nicht näher zu erläutern. Als Sofortmaßnahme wurde die Verlegung von nahezu allen einsatzfähigen deutschen U-Booten ins Mittelmeer befohlen, zum blanken Entsetzen von Dönitz, denn damit war der Atlantik wesentlich von U-Booten entblößt, und dies zu einem Zeitpunkt, als sich zum ersten Mal Erfolge in der nunmehr angewendeten »Rudeltaktik« abzeichneten. Im Mittelmeer aber konnten die Boote kaum mit Erfolgen rechnen, allein der Durchbruch durch die Straße von Gibraltar stellte ein Risiko dar, das in keinem Verhältnis zu den möglichen Erfolgen stand. Wer es literarisch mag, sei auf die entsprechenden Passagen in Buchheims »Boot« verwiesen.

Hitler befahl die Bildung, eines, wie er sich ausdrückte, »Kraftzentrums« im Mittelmeer[656] und ernannte den Oberbefehlshaber der Luftflotte 2, den nachmaligen Generalfeldmarschall Albert Kesselring zum Oberbefehlshaber Süd der deutschen Italien- und Afrikastreitkräfte. Kesselring war ein erfahrener und draufgängerischer Soldat, und sein Schicksal verband sich bis zum Ende des Krieges wesentlich mit Italien und dem Mittelmeer. Seine Memoiren (»Soldat bis zum letzten Tag«) gehören wegen ihres Tenors zu den durchaus auch heute noch lesenswerten, schildern sie doch die Vita eines ganz typischen hohen Offiziers, der sich niemals aus der Faszination Hitler befreien konnte[657].

Den schon jahrealten Bitten der Italiener um Zuführung auch von deutschen Heeresverbänden kam Hitler anfangs nur zögernd nach, und auch später weigerte er sich, Nägel mit Köpfen zu machen. Das »Kraftzentrum« war ein Euphemismus, und deswegen war die deutsche Afrikastrategie, in deren Mittelpunkt die mythische Figur eines Erwin Rommel[658] rücken sollte, von Anfang an buchstäblich auf Sand gebaut. Rommel war zwar ein genialer Operateur, aber, entgegen einer bis heute weitverbreiteten Auffassung, ein miserabler Stratege und ein politischer Traumtänzer. Was er erreichte, war zwar zur Helden-und Mythenbildung hervorragend geeignet, strategisch gesehen war es Schwachsinn.[659]

Alles blieb, wie so oft auf deutscher Seite im Zweiten Weltkrieg, einmal mehr reine Improvisation. Natürlich wurde der Ehrgeiz sofort wieder wach, gerieten sofort wieder utopische Ziele ins Blickfeld der politischen und militärischen Führung, als Rommel mit an sich völlig unzureichenden Kräften 1942 scheinbar unaufhaltsam längs der Küstenstraße durch die Wüste nach Osten stürmte, und noch einmal – zum allerletzten Mal – regten sich in der Marine Hoffnungen, daß trotz des Ostfeldzuges nun schon mit der Realisierung wenigstens eines Teilstückes der maritimen Strategie begonnen werde; doch ein nüchterner Blick auf die verfügbaren Kapazitäten im Mittelmeerraum hätte von Anfang an zu der Erkenntnis führen müssen, daß das, was Rommel in Afrika tat, strategisch gesehen problematisch, wenn nicht unsinnig war. Alle Erfolge waren a priori ephemer, weil hinter ihnen keine Möglichkeit stand, das Erreichte abzusichern, die Verbindung zwischen Afrika und Italien auf Dauer aufrecht zu erhalten. Rommel lebte, was den Nachschub anging, immer von der Hand in den Mund. Wenn deutsche und italienische Konvois einmal durchkamen, so war dies meist bloß Glück oder ging auf eine vorübergehende Schwäche des britischen Entzifferungsdienstes zurück. Inzwischen verstanden es die Experten in Bletchley Park hervorragend, binnen kürzester Frist die deutschen Codes zu knacken, so daß das, was die deutsche und die italienische Marineführung im Mittelmeer planten, fast unverzüglich auch in der Admiralty bekannt war. Daß die Deutschen davon keine Ahnung hatten und die britischen Erfolge auf italienisches Versagen, auf Glück und wer weiß was sonst noch zurückführten, verstand sich von selbst.

Die Initiative im Mittelmeerraum ging im November 1942 endgültig auf die alliierte Seite über. Vorausgegangen war der Siegeszug Rommels, der die anscheinend schon geschlagene 8. englische Armee durch die Wüste hindurch auf Tobruk[660] und weiter bis El Alamein, weit hinein nach Ägypten, verfolgte, obwohl weder die eine entscheidende Voraussetzung einer großen Offensive in diesem Raum – die Gewinnung Maltas – noch die andere – die Sicherung des Nachschubes – erreicht worden waren. Im Gegensatz zu den deutschen Führungsstellen, die sich durch den unbekümmerten Optimismus von Rommel angesteckt fühlten, blieben die Italiener, die in Afrika von den Deutschen ohnehin nur noch als Hilfstruppen angesehen wurden, nüchterner bei der Analyse der Möglichkeiten. Sie hätten die taktischen Erfolge der Sommeroffensive am liebsten zum Auf- und Ausbau einer etwas solideren Verteidigungslinie in Libyen genutzt, stießen damit aber bei Mussolini auf taube Ohren. Vom scheinbar unaufhaltsamen Siegeszug seines großen Verbündeten geblendet, ließ er sich nur allzu gern von der Vision des doch noch zu gewinnenden und wiederzugewinnenden großen, zusammenhängenden italienischen Kolonialreiches, dem Gewinn von Suez, Kairo, ja ganz Ägyptens verführen – ganz ähnlich wie es im Zusammenhang mit den Vereinbarungen vom 18. Januar und der »Weisung Nr. 32« auch auf deutscher und japanischer Seite zu beobachten war.

Rommel erreichte den äußersten Punkt seiner Verfolgungsjagd am 30. Juni 1942 vor den Höhen von El Alamein.[661] Er hatte die Offensive mit 333 deutschen und 228 italienischen Panzern, 2 deutschen, einer italienischen Panzerdivision begonnen. Dann hatte er laufend wie einst Pyrrhus gesiegt, und als er vor El Alamein stand, verfügte er, nach sechswöchigem Kampf, noch über 55 Panzer, 15 Panzerspähwagen, 77 Geschütze, 65 Panzerabwehrkanonen und etwa 2000 Mann aus den drei Divisionen. Der Nachschub, soweit er überhaupt heran kommen konnte, mußte von den Häfen über riesige Landstrecken an die Front transportiert werden, während Engländer und Australier von Ägypten her rasch versorgt und aufgefüllt werden konnten – also eine Situation, die durchaus an jene der Schlacht um Moskau erinnert. Rommel siegte sich buchstäblich tot. Seine Strategie ist allerdings auch vor dem Hintergrund des Dilemmas zu sehen, daß eine Verteidigung in der Wüste wohl a priori unmöglich gewesen wäre – ihm blieb nur die Flucht nach vorne und er setzte, wie vor Moskau von Bock, alles daran, um die Offensive auch mit der ihm verbliebenen Resttruppe fortzusetzen; wie vor Moskau, so war das Resultat auch hier nur ein Stillstand, dann der Übergang in die Verteidigung.[662]

Die Monate Juli und August 1942 vergingen zwischen Hoffnungen und Befürchtungen, wobei Rommel klar erkannte, daß der Gegner im Laufe der Zeit immer stärker wurde, während seine Verstärkungen damit nicht Schritt halten konnten. Während die deutschen Nachschubmengen von Monat zu Monat abnahmen – im Juli wurden 274 337 t verschifft, im August 253 005 t, im September 197 201 t, im November 168 577 t –, stiegen die Verluste auf den Transportwegen an, vor allem aber gelang es den Alliierten, General Bernard Law Montgomery, der den bisher eher desolat wirkenden britischen Befehlshaber Auchinleck am 13. August 1942 abgelöst hatte, mit allem Notwendigen zu versorgen. Allein in der letzten Augustwoche, so berechnete es das OKW, wurden Montgomery 500 000 Tonnen Material zugeführt. In der gleichen Woche erhielt Rommel 13 000 Tonnen. Als die Schlacht um El Alamein am 23. Oktober 1942 begann, sahen die Kräfteverhältnisse folgendermaßen aus:

Engländer/Australier: 150 000 Mann, 1114 Panzer; Rommel: italienische und deutsche Verbände zusammen 96 000 Mann und 500 bis 600 Panzer. Vergleicht man diese Zahlen mit jenen, über die Rommel zum Abschluß seiner Offensive verfügt hatte, so war ein erheblicher Kräfteaufbau zwar nicht zu übersehen, aber den Wettlauf zwischen den beiden Parteien hatten die Achsenmächte eindeutig verloren. Seit Beginn der alliierten Afrikaoffensive gestaltete sich das Kräfteverhältnis immer rascher zuungunsten der Achsenmächte, und es war nur noch eine Frage der Zeit, bis die Alliierten über die bloße Zielsetzung der Zurückdrängung der deutschitalienischen Armee in Libyen hinaus die Initiative auch gesamtstrategisch in die Hand bekamen. Dann war deutscherseits mit dem gegnerischen Versuch zu rechnen, die »Festung Europa« von Süden her aufzusprengen. Die Etappen auf dem Weg zu diesem Ziel lagen auf der Hand: Zunächst mußte die Lage in Libyen stabilisiert werden – was im November 1942 erreicht war –, dann waren in Nordwestafrika Brückenköpfe zu errichten, von denen aus ein konzentrierter Angriff auf Italien und/oder Frankreich erfolgen konnte.

Dabei spielten nicht nur rein militärisch-strategische Überlegungen eine Rolle, sondern auch politische, war doch im alliierten Lager schon seit langem bekannt, ein wie unsicherer Verbündeter das Italien Mussolinis geworden war. Italien war 1942 ein innerlich unzufriedenes, ein vom Kriegsverlauf enttäuschtes Land; immer mehr Italiener begannen am Genie ihres Duce und ihrem Glück zu zweifeln.

Nicht erst Ende 1942 wurde die Gefahr eines eventuellen italienischen »Abspringens« [663] in Deutschland bewußt. Schon 1941 hatten verschiedene deutsche Dienststellen aus Italien gemeldet, das Land beginne in seiner Achsentreue schwankend zu werden. Dies zu konterkarieren, war der eigentliche Grund für die deutschen Hilfsangebote, Grund auch für die große politische Schonung, die Hitler seinem Freund Mussolini angedeihen ließ. Aus der Befürchtung heraus, Italien könne wie im Ersten Weltkrieg umschwenken, war auch die Weigerung Hitlers zu verstehen, Italien zu einem politischen Kompromiß mit Frankreich notfalls zu zwingen. Das hatte seinerzeit den Verzicht auf die Bildung der großen Mittelmeerallianz unter Einschluß auch Spaniens bedeutet.

Italien driftete also zuerst langsam, dann immer deutlicher erkennbar politisch von Deutschland ab, und wie in einem System kommunizierender Röhren wuchsen damit die politischen Chancen der Alliierten, Italien wie einst 1915 doch noch auf ihre Seite ziehen zu können.

Bis dahin boten die italienischen Kolonialbesitzungen einen idealen Angriffspunkt. Im alliierten Generalstab reiften nicht zuletzt unter dem Druck Churchills, der dem amerikanischen Generalstabschef George C. Marshall einen »Ersatz« für die immer noch nicht mögliche, aber doch schon »versprochene« »Zweite Front« anbieten mußte, daher nun Pläne, Italien nicht direkt, sondern von Nordafrika her anzugreifen – sollte es doch noch nicht freiwillig auf die eigene Seite übertreten. Ob es das überhaupt aus eigener Kraft vermochte, blieb zweifelhaft; schließlich stand der große Bruder im Norden mit einem großen Knüppel bereit. Wichtig in diesem Zusammenhang war auch die Überlegung, daß ein Angriff auf Italien von Süden her geeignet schien, die von Vichy und Franco-Spanien ausgehenden Gefahren zu bannen, denn natürlich war in London nicht verborgen geblieben, daß sich Hitler sogar höchstpersönlich (Hendaye und Montoire) um die Schaffung der großen Mittelmeerallianz bemüht hatte. Tatsächlich ließen sich zwischen dem Sommer 1940 und dem Herbst 1942 immer wieder Anhaltspunkte dafür finden, daß Vichy-Frankreich endgültig den Schulterschluß mit dem Reich suchte. Noch im September 1942 sollten Pétain und Laval interessante Kooperationsangebote machen, die wesentlich an Hitler und dem notorischen italienischen Mißvergnügen an irgendwelchen Zugeständnissen Frankreich gegenüber scheiterten.

Es war Erich Raeder, der Hitler darauf aufmerksam machte, daß die Alliierten im mittelmeerisch-afrikanischen Raum eine Strategie verfolgten, der jener von ihm propagierten Mittelmeerstrategie geradezu komplementär war. Wenn diese Strategie als Schlüssel zum Enderfolg im Krieg gegen England gesehen worden war, so ergab sich im Umkehrschluß, daß ein alliierter Erfolg in diesen Räumen im Rahmen des Gesamtkrieges für Deutschland von verheerenden Folgen sein mußte. Es drohte sogar die Gefahr, daß der »Nebenkriegsschauplatz« Mittelmeer zum Hauptkriegsschauplatz mutierte – die Folgen waren gar nicht auszudenken, sollte die

Masse der deutschen Verbände und Ressourcen auch dann noch im Osten gebunden bleiben. Von daher werden die ständigen Warnungen und Mahnungen der Seekriegsleitung verständlich, die südlichen Gefahren nicht zu unterschätzen. Zu diesem Zeitpunkt – November 1942 – aber war das ganze Augenmerk der deutschen politischen wie militärischen Führung nach Osten gerichtet, wo sich das Drama um Stalingrad abzeichnete, und deswegen wurde der alliierten Landung in Nordafrika (Operation »Torch«) keine große Aufmerksamkeit geschenkt, obwohl sie strategisch gesehen nicht minder bedeutsam war als der sowjetische Sieg in Stalingrad.

Obwohl die Invasion in Nordwestafrika von den Deutschen schon seit längerer Zeit befürchtet und ganz zutreffend prognostiziert worden war, gelang den Alliierten die Überraschung doch, was nicht zuletzt Folge der völlig fehlenden oder völlig versagenden deutschen See-und Seeluftaufklärung war. Allein daß die Amerikaner die riesige Landungsflotte ungeschoren über den Atlantik, die Briten durch die Biskaya bringen konnten, und dies zu einem Zeitpunkt, als die Schlacht im Atlantik angeblich am seidenen Faden gehangen haben soll, zeigt, wie es um den U-Bootkrieg wirklich bestellt war. Kein einziges Landungsfahrzeug wurde versenkt, kein Truppentransporter, ja man wußte in der Seekriegsleitung gar nichts von deren Existenz und vermutete nur einen weiteren Geleitzug zur Unterstützung der alliierten Kräfte im Mittelmeerraum.

Die alliierten Landungen erfolgten am 7./8. November in Algier, Oran und Marokko; wenige Tage später eroberten die Briten Tobruk, am 11. befahl Hitler die Besetzung Restfrankreichs und schnitt damit zum Bedauern der Seekriegsleitung allen bisherigen Versuchen zu einer deutsch-französischen Zusammenarbeit endgültig den Faden ab.[664] Zu diesem Zeitpunkt war dieses Vorgehen allerdings eine strategische Notwendigkeit, fast im klassischen Sinne von Clausewitz, hätte anders man sich doch der Gefahr eines unmittelbaren Angriffes auf Südfrankreich ausgesetzt gesehen, was den Alliierten kräftemäßig ohne weiteres möglich gewesen wäre. Tatsächlich hätte Churchill nichts lieber getan, als Vichy mit militärischen Mitteln auszuräuchern; selbst wenn sich Vichy-Frankreich gewehrt hätte: Seine Niederlage war in diesem Fall gewiß, zumal de Gaulle die alliierte Landung als Beginn der Befreiung Frankreichs propagiert und Darlan, der sich zufällig in Algerien befand, nichts Eiligeres zu tun gehabt hatte, als einen Waffenstillstand mit den Alliierten zu unterzeichnen, den Pétain allerdings drei Tage später widerrief. Immer noch glaubte der greise Marschall, es sei besser mit und nicht gegen Hitler Politik zu machen, dieser aber sah sein ewiges Mißtrauen »den Franzosen« gegenüber bestätigt, und so befahl er, Vichy-Frankreich zu besetzen. Mit der Selbstversenkung der ja nicht unbedeutenden französischen Flotte in Toulon[665] enthoben Pétain und Laval zur großen Erleichterung der Seekriegsleitung die Deutschen auch aller Besorgnisse, daß die Flotte Frankreichs nun doch noch ins alliierte Lager übergehen konnte.

Nach der alliierten Landung in Nordafrika wurde die Achsenstellung dort unhaltbar; deswegen wäre es vernünftig gewesen, sie sofort zu räumen, um Sizilien und Süditalien besser verteidigen zu können. Das Gegenteil geschah, aber die nicht unbeträchtliche Verstärkung der in 5. Panzerarmee umgetauften restlichen Verbände Rommels führte zwar zur Stabilisierung der Front und zur Behauptung Tunesiens, längerfristig aber war es aussichtslos, sich gegen die Alliierten dort halten zu wollen. Diese konnten praktisch ungestört ihre Verbände so lange vergrößern und verstärken, bis der ungleiche Wettlauf zu ihren Gunsten entschieden war, während auf deutscher Seite jeder Panzer, jedes Flugzeug, jeder Mann, der in Nordafrika kämpfte, an der Ostfront bitter fehlte. Realitätsverlust: darauf lief es wieder einmal hinaus, und wieder war da niemand im Dunstkreis Hitlers, der den Wahnsinn zu stoppen verstanden hätte – auch Rommel und sein Nachfolger von Arnim versagten in diesem Punkt kläglich. Damals schlug sich Dönitz zum ersten Mal voll auf die Seite Hitlers, was diesen auf den forschen neuen Oberbefehlshaber der Marine aufmerksam werden ließ.

Am Ende waren die deutschen zusammen mit den italienischen Truppen auf einen Brückenkopf um Tunis zusammengedrängt, und niemand wußte, was sie da eigentlich noch sollten, nachdem eine strategische Wende nicht mehr zu erwarten war; vor allem die Alliierten schüttelten ob soviel strategischen Unverstands den Kopf. Jeder halbwegs vernünftig Denkende konnte nur versuchen, die wertvollen Truppen so rasch wie möglich in Sicherheit zu bringen – aber Hitler sah darin eine Prestigesache, und was er in Stalingrad praktizierte, tat er auch jetzt und hier: Er befahl, Tunis unter allen Umständen zu halten. Das haben die Truppen dort auch noch bis zum 13. Mai 1943 getan, bevor sie sich der Übermacht ergeben mußten: 275 000 Mann deutscher und italienischer Truppen wanderten in alliierte Kriegsgefangenschaft.

Eine Bilanz des Kriegsjahres 1942 darf den gerade in diesem Jahr massiv einsetzenden Bombenkrieg[666] nicht vergessen. In der Nacht vom 28. auf den 29. März kam es gegen Lübeck zwar nicht zum ersten[667], aber dem ersten »wirkungsvollen« Flächenbombardement des britschen Bomber Command und damit zur Implementierung einer Luftstrategie, die auf der Weste der Anti-Hitler-Koalition bis heute einen häßlichen Fleck hinterlassen hat. Gemeinhin wird mit der Zerstörung Lübecks als dem ersten Opfer dieser Luftstrategie der Name des Generals Arthur Travers Harris[668] verbunden, aber dem wäre sofort hinzufügen, daß sowohl der britische Luftmarschall Charles Portal als auch Churchill persönlich hinter ihm standen, dessen Philosophie sie teilten. Eigentlich ist daher Churchill der Hauptverantwortliche,[669] Portal und Harris waren schließlich »nur« Soldaten. Wenn auch sie die Verantwortung trifft, so weil beide in einem Rechtsstaat lebten und ihnen deswegen eine Weigerung, die Menschenschlächter abzugeben, nicht Kopf und Kragen, nicht einmal die militärische Karriere gekostet hätte. Nachdem Churchill endlich begriffen hatte, was Harris in seinem Namen angerichtet hatte, ließ er ihn zur Empörung der Veteranen des Bomber Command lange nach dem Krieg wie eine heiße Kartoffel fallen.[670]

Hinter Churchills und Harris' Luft-»Philosophie« verbargen sich uralte böse Traditionen; vor allem der italienische General Guilo Douhet hatte den, wie er es nannte, »Raumkrieg« mit tausenden von Bombern propagiert, davon überzeugt, daß der Krieg aus der Luft rasch entschieden werden könnte – wenn es gelang, nicht nur die kriegsrelevanten Ressourcen des Feindes zu zerstören, sondern vor allem dessen arbeitende Bevölkerung zu demoralisieren, und zwar in Form von Flächenbombardements auf Wohnviertel, am besten durch den Abwurf von Gasbomben. Aber Douhet war weit entfernt davon, ein solches Szenario als realistisch anzusehen; er war vielmehr felsenfest davon überzeugt, daß die bloße Drohung mit den »Raumflotten« genügen würde, um einen solchen strategischen Luftkrieg im Sinne der wechselseitigen Abschreckung unmöglich zu machen. Wenn wir heute bezweifeln, daß kleine Atommächte, insbesondere solche aus der ehmaligen »Dritten Welt« in der Lage sind, die auf philosophisch-dialektischen Grundlagen beruhende Abschreckungsdoktrin zu begreifen, so liefert das Nicht-Begreifen der Douhet'schen Theorie durch Persönlichkeiten, die als Inbegriff abendländischen Geistes, westlicher Traditionen galten (und gelten), ein warnendes und abschreckendes Beispiel. Der Rückfall in blinde Barbarei kann jede Gesellschaft, jeden Staat zu allen Zeiten treffen.

Der Angriff auf Lübeck kostete 320 Tote, aber das war erst der Anfang. Im Mai wurde Köln mit 1000 Bombern angegriffen, und die magische Zahl »tausend« korrellierte fortan im Bewußtsein der Zeitgenossen in makaberer Weise mit dem Diktum vom »tausendjährigen Reich«. Stadt um Stadt, vor allem aber die Industrieregionen an der Ruhr gerieten fortan ins Zentrum des Bombenkrieges, der die deutsche Bevölkerung immer mehr beunruhigte – und erbitterte – aber keineswegs in jenem Sinn, den Douhet oder Liddell Hart lange vor dem Krieg prophezeit hatten: Die »enthausten« Arbeiter würden sich gegen ihre »Fabrikherren« im Geiste der bolschewistischen Revolution erheben. Tatsächlich hat das britische Bomber Command, dessen Verluste zeitweise exorbitant hoch sein sollten, nachdem die deutsche Abwehr recht effektiv organisiert worden war, die angestrebten Ziele nicht erreicht. Gewiß, die Moral der Bevölkerung wurde erschüttert, nicht aber im Sinne einer Abwendung von der eigenen Staatsführung, wie man sich das in London erhofft hatte, sondern dieser gelang es sehr geschickt, in den britischen Bomberverbänden – später kamen die der 8. Amerikanischen Luftflotte hinzu – den Beweis für die Inhumanität der Gegner zu sehen, gegen die man sich mit allen Mitteln wehren müsse. Die rüstungsrelevanten Verluste waren vergleichsweise gering, und erst nachdem der Irrweg der Flächenbombardements erkannt wurde – ohne daß auf sie in Zukunft verzichtet worden wäre, was das eigentliche Verbrechen war –, kam es zu einer Konzentration auf die Bombardierung von Schlüsselindustrien, Treibstofflagern, Raffinerien, Verkehrsmitteln- und Wegen, und von diesem Moment an war es um das Reich tatsächlich geschehen, was niemand besser wußte als Albert Speer.

1942 spielte der Luftkrieg noch nicht die entscheidende Rolle an der Heimatfront, im Reich ging es noch einigermaßen friedlich zu. Zu den großen Erfolgen des Jahres 1942 zählte die Bekämpfung der Nordmeergeleitzüge mit dem schaurigen Höhepunkt der nahezu vollständigen Vernichtung des Konvois PQ 17.[671] Allein die Tatsache, daß die Briten diese verlustreiche Route nach einer kleinen strategischen Schrecksekunde trotzdem weiter bedienten, zeigt, wie sehr es Churchill gerade 1942 darauf ankam, Stalin bei Laune zu halten. Dieser hatte inzwischen kein Hehl daraus gemacht, daß er möglicherweise doch wieder mit Hitler ins Gespräch kommen könnte, und tatsächlich streckte der Generalissimus 1943 die ersten Fühler aus. Die Sondierungen scheiterten wahrscheinlich nicht, weil am Ende Stalin nicht wollte, sondern Hitler, was in Kenntnis seiner Ideologie auch gar nicht anders denkbar war.

Stalin hatte schon Anfang 1942 zwei Dinge klargestellt: Er gedachte nicht, den Krieg ohne große territoriale Gewinne für die Sowjetunion zu beenden, und er bestand auf der Errichtung einer Zweiten Front, und zwar nicht irgendwo im Mittelmeerraum oder in Persien, sondern im Westen. Er konnte in dieser Frage umso unverhüllter auftreten, als auch die Amerikaner die Invasion im Westen als allererste Priorität begriffen und immer nur zähneknirschend Churchills Bedenken Rechnung getragen hatten: Dieser fürchtete nichts mehr als eine improvisierte und damit riskante Invasion und tat alles, um sie nicht so früh wie möglich, sondern so spät wie nötig einzuläuten. Den amerikanischen Tatendrang durch Sizilien und Unteritalien »abzulenken«, gehörte deswegen zu seiner Strategie der »Zweiten Front«. Eine Folge davon war, daß der Generalstabschef Marshall den Oberbefehlshaber der amerikanischen Truppen Eisenhower bremste, als dieser 1943 energisch den italienischen »Stiefel« hochmarschieren wollte, denn daran war ihm und Churchill nicht gelegen. Nichts mehr fürchtete der britische Premier als eine Verzettelung der eigenen Kräfte. Die große Invasion, (Deckname »Overlord«) stand ihm schon zu diesem Zeitpunkt als die allesentscheidende Schlacht des Krieges vor Augen.

Stalin sah die Dinge ähnlich, aber von der exakt gegenteiligen Perspektive aus: Nie wurde der Generalissimus den Verdacht los, als drückten sich seine beiden großen Verbündeten vor dem entscheidenden Schritt, und immer nagten an ihm Zweifel, ob am Ende sich die »Kapitalisten« nicht doch eher nach Osten, also ins östliche Mittelmeer und damit wenigstens indirekt gegen seinen realen und potentiellen Machtbereich wenden würden. Schon zu diesem Zeitpunkt glaubte er alles verhindern zu müssen, was auf eine Wiederholung der Churchillschen Dardanellenpläne aus dem Ersten Weltkrieg auch nur von Ferne erinnerte, denn die Neugestaltung des gesamten europäischen Raumes, einschließlich Deutschlands, stand dem Diktator als Ziel seines Krieges schon vor Augen. Es war ja grotesk: Geht man davon aus, daß Stalin tatsächlich einen Angriff auf Deutschland plante – nicht 1941, aber vielleicht doch 1942 oder später, so konnte er den Überfall auf sein Land und die damit verbundenen politischen Folgen nur als Geschenk des Himmels ansehen. Daß Stalin den Namen Gottes durchaus im Munde führte, sollten die Kriegskonferenzen noch zeigen.

Das Jahr 1942 schwankt in der rückblickenden Betrachtung zwischen Eskapismus und Hochmoderne. Zwei Fakten aus dem kriegführenden Amerika mögen das belegen: Am 2. Dezember 1942 gelang Emilio Fermi die erste Kettenreaktion durch Uranspaltung, damit konnte das Manhattan-Programm anlaufen. Und im Kino der Walt Disney-Film »Bambi«.

20. DER WEG NACH STALINGRAD

Was Verdun im Ersten, sollte Stalingrad im Zweiten Weltkrieg sein: ein weithallendes Symbol, um das sich nahezu die ganze Geschichte des Zweiten Krieges kristallisieren läßt. Bei genauerem Zusehen freilich taugt der Vergleich nicht. Während mit Verdun in der Tat das Wesentliche des Ersten Weltkrieges erfaßt wird, ist dies bei Stalingrad nicht der Fall, denn dafür steht Auschwitz. So kommt es, daß jede Darstellung des Zweiten Weltkrieges im allgemeinen, des Ostfeldzuges im besonderen, wenn sie denn das Symbol Stalingrad verwendet, Gefahr läuft, als einseitig, wenn nicht gar apologetisch mißverstanden zu werden. Deswegen haftet allen künstlerischen Bewältigungen von »Stalingrad«[672] immer etwas Fragwürdiges an; das galt schon für Plieviers großen Roman,[673] der für die Ausbildung des historischen Selbstverständnisses in ganz Deutschland, ja in erster Linie auch der DDR nach 1945 – von großer Bedeutung wurde, Alexander Kluges »Schlachtbeschreibung« von 1964, bis hin zu dem 1992 gedrehten Spielfilm von Joseph Vilsmeier.[674] Stalingrad, die »Schlacht des Jahrhunderts«[675] kann als *das* große Menetekel, als das Purgatorium angesehen werden – oder als nationaler Mythos, wie dies Goebbels in seiner berühmten Sportpalastrede formulieren sollte.[676] Damit aber geriet Stalingrad in die erhabenen Höhen eines blind waltenden Schicksals; allzu leicht war es dann, die garstige Wirklichkeit zu verdrängen. In dieser ist Stalingrad untrennbar mit dem verknüpft, was unter dem Symbol Auschwitz daherkommt – die Stalingradkämpfer waren nicht alle »Unschuldige«.[677] Das ist nicht in dem platten Sinn gemeint, daß sie Juden, Partisanen oder Kommissare ermordet hätten, sondern in dem von Jacob Burckhardt und Hegel beschriebenen. Es ist zuzugeben, daß das Tragik generiert, doch mit dem Begriff Tragik ist sehr vorsichtig umzugehen.[678]

Die Vernichtung der 6. Armee unter dem noch ganz zum Schluß zum Generalfeldmarschall beförderten Paulus[679] ist im Gedächtnis der Nation als die größte Niederlage in der Geschichte Deutschlands eingegangen, auch wenn sie dies de facto gar nicht war. Im Kessel von Stalingrad[680] befanden sich am 18. Dezember 1942 etwa 250 000 Mann, von denen 91 000 in russische Kriegsgefangenschaft gerieten. Bis heute variieren die Verlustzahlen in der Literatur – hier kommt es »nur« auf die Größenordnungen an. Von diesen sind rund 6000 Mann nach den spektakulären Initiativen Adenauers wieder in die Heimat zurückgekehrt. Das heißt: Über 100 000 Mann sind umgekommen, müssen als tot gelten. Insgesamt betrug demnach die Zahl der Gefallenen, Gefangenen und in der Kriegsgefangenschaft gestorbenen Soldaten etwa 240 000.

Auch Paulus gehörte zu den Überlebenden; er wurde 1953 in die DDR entlassen. 1957 starb er, belastet mit dem Odium nicht nur des glücklosen Feldherrn, sondern des politischen Verräters, nachdem er sich auf Grund der Ereignisse des 20. Juli 1944 dem sogenannten »Nationalkomitee Freies Deutschland« angeschlossen hatte und damit zum Helfershelfer jener Gruppe von deutschen Emigranten in Moskau geworden war, die nach dem Krieg das politische System in der Sowjetischen Besatzungszone weisungsgemäß aufbauten.[681]

Das sind Fernwirkungen von Stalingrad, aber auch die unmittelbaren Folgen dieser Katastrophe waren von Gewicht. Stalingrad wurde für die Masse der deutschen Bevölkerung zum Wendepunkt in ihrer Beurteilung der Siegeschancen des »Dritten Reiches«; erst im unmittelbaren Vorfeld der Invasion vom 6. Juni 1944 stieg das Vertrauen in den Sieg paradoxerweise wieder an – sehr kurz und sehr vorübergehend. Das hatte, wie wir noch sehen werden, nichts mit dem politischen Vertrauen zu tun, das die meisten Deutschen auch nach Stalingrad Hitler und der NS-Führung entgegenbrachten.

Noch lange nach dem Zweiten Weltkrieg galt Stalingrad als der entscheidende Wendepunkt des Krieges,[682] von dem an es unaufhaltbar bergab gegangen sei; inzwischen wird mit dem Begriff »Kriegswende« der Dezember 1941[683] verbunden. Sehr häufig wird Stalingrad auch mit wachsendem Widerstand der deutschen Volksgenossen gegen das Regime in Zusammenhang gebracht, aber der schöne Gedanke täuscht:[684] Weiter verbreitetet war nach Stalingrad das Gefühl, dem Feldherrn Hitler auch und gerade in der Niederlage die Treue halten zu müssen. Goebbels Sportpalastrede vom 18. Februar 1943 war nicht »getürkt«, der frenetische Beifall zum »totaleren« Krieg nicht »bestellt.«[685]

Stalingrad bildete den Abschluß einer deutschen Großoperation (Deckname »Blau«), die am 28. Juni 1942 begonnen hatte. Vergleicht man die Feldzüge der Jahre 1941 und 1942, zieht man, um dies hier vorwegzunehmen, ferner zum Vergleich die Sommeroffensive des Jahres 1943 unter dem Decknamen »Zitadelle« heran, womit die Schlacht von Kursk gemeint ist,[686] so ist es unübersehbar: Mit dem »zweiten Feldzug« gegen die Sowjetunion versuchte Hitler zu erreichen, was 1941 fehlgeschlagen war: die Vernichtung der russischen Offensivkraft bei gleichzeitigem Gewinn der wichtigsten russischen Gebiete im Raum Don-Wolga, die Abschnürung der Sowjetunion von den als entscheidend angesehenen Rohstoffen im Gebiet des großen Donezbogens und der Schwerindustrieregion um Stalingrad. Wieder wurde mit zu wenig Kräften zu viel angestrebt.

Auch die Planung »Blau« gehorchte jenem schon erläuterten Prinzip, nach dem es nicht allein um die militärische Besiegung der Roten Armee ging, sondern wesentlich um die rasche Gewinnung von »Lebensraum«. Daß man durch den Angriff auf die wirtschaftlichen Ressourcen der Sowjetunion gleichsam zwei Fliegen mit einer Klappe zu schlagen versuchte, darf diese erste Priorität nicht in Vergessenheit geraten lassen. Hitler kam es in erster Linie auf Landgewinn an. Charakteristisch war es, daß auch jetzt, also im Sommer und Herbst 1942, keinerlei Gedanken darauf verschwendet wurden, woher »die Russen« denn eigentlich ihre Kräfte schöpften: inzwischen zum geringsten aus jenen Gebieten, die im Wirkungsbereich der deutschen Armeen lagen, sondern aus den transuralischen Territorien. Gleichzeitig wuchs der Strom der von den USA und England Stalin zur Verfügung gestellten Rüstungsgüter ständig an. Von alldem wußten die Deutschen nahezu nichts,[687] so als hätten sie sich auf einem anderen Stern befunden. Aber vielleicht – das ist Spekulation – wollte Hitler davon auch nichts wissen, hätte er sonst doch schon vor Beginn der Operation »Blau« die letztliche Aussichtslosigkeit seines Unterfangens einsehen müssen.

Im Zusammenhang mit »Blau« ist erneut auf das Phänomen der verschiedenen Zeitebenen in Hitlers Denken und Weltanschauung zu verweisen. Was eigentlich sollten deutsche Verbände, und dies in einer gewaltigen Größenordnung, also mindestens zwei komplette Armeen, ausgerechnet im Kaukasus? Sicher, das Öl von Baku lockte, und wenn man es Stalin verwehren und selbst nutzen konnte, um so besser. Entscheidend war etwas anderes: Von hier aus sollte wahrscheinlich der neue Alexanderzug gen Indien in die Wege geleitet werden. In der Planungsphase »Blau« konnte man darüber hinaus sogar noch hoffen, dieser Bewegung werde sich jene zugesellen, die von Rommel ausgelöst worden war: Die deutsche Afrikaarmee, zusammen mit dem italienischen Verbündeten, sollte inzwischen Ägypten erobert haben und über den Sinai Richtung Bagdad vorstoßen. Irgendwo im Iran hätten sich die Armeen dann treffen können um weiter in Richtung Indien zu operieren. Heute kommt uns das vor wie ein Computerspiel, aber von Computern hatten die Deutschen damals keine Ahnung, obwohl sie den Computer »eigentlich« erfunden hatten. Auch hier, nur nebenbei, das nämliche Bild wie in der Atomforschung: Die wissenschaftlichen Vorsprünge der zwanziger und dreißiger

Jahre waren dank Judenverfolgung und eines weltanschaulichen Atavismus', der auf Blut und Boden und nicht auf Bits und Bytes setzte, längst dahin.

Hatte sich Hitler mit seiner exzentrischen Gesamtplanung 1941 nicht voll durchsetzen können, so ergibt die Analyse der Weisung für die Offensive von 1942, daß dies nun nicht mehr der Fall war: Die Heeresgruppe Mitte sollte ihren Versuch, Moskau zu nehmen, nicht wiederholen, sondern in der Verteidigung unter Abgabe wesentlicher Kräfte verharren. Hitler war davon überzeugt, daß Stalin vor der Heeresgruppe Mitte eine neue Kraftkonzentration nicht würde zustandebringen – womit er zunächst Recht behalten sollte.

Anders sah es bei der Heeresgruppe Nord aus: Diese sollte verstärkt werden, um im zweiten Anlauf das belagerte Leningrad zu erobern.[688] Dieses war samt Einwohnern dem Erdboden gleichzumachen. Wichtiger schien die Aussicht, nach dem Fall dieser Stadt eine solide Brücke zur finnischen Armee bauen zu können, der es trotz erheblicher Anfangserfolge inzwischen immer schwerer fiel, sich allein gegen die Rote Armee zu behaupten. Die bisherige deutsche Unterstützung war völlig unzureichend, allem Propagandagetöse um den »Waffenbruder« zum Trotz. Selbst um Lebensmittel mußten die Finnen regelrecht betteln, und was sie an Kriegsmaterial deutscherseits erhielten, war lächerlich gering.[689]

All dies waren in Hitlers Augen aber nur Nebenoperationen und Nebensächlichkeiten. Der Hauptstoß sollte diesmal endlich – wie es Hitler vor einem Jahr gewünscht hatte – sich nach Südosten richten. Eine Weiterverfolgung der exzentrischen Strategie von 1941 war a priori unmöglich, schon aus geostrategischen Gründen, operierten die deutschen Armeen doch nun von einer Basislinie aus, die wesentlich länger und gewundener war als bei Beginn der Operation »Barbarossa«. Hinzu kam, daß das Ostheer in jeder Hinsicht schwächer als 1941 war, wohingegen die Rote Armee, das hatten die Winterkämpfe gezeigt, als eher stärker eingeschätzt werden mußte. Aus diesem Grund plädierten das OKH und Halder dafür, überhaupt auf eine risikoreiche neue Offensive zu verzichten, um dafür eine solide Verteidigungslinie aufzubauen – eine Idee, die wohl unabhängig vom Generalstab des Heeres auch in der Marine vertreten wurde, die Hitlers Propagandabegriff »Ostwall« ernstnahm und damit den Ausbau einer dem Westwall analogen Verteidigungszone meinte. Hier spielten immer noch die Reminiszenzen an die Strategievorstellungen des alten Moltke hinsichtlich eines Krieges gegen Rußland eine Rolle, und viele Generalstäbler waren von dieser Strategieschule immer noch geprägt. In Wirklichkeit assoziierte Hitler mit dem Begriff »Ostwall« eher eine Militärgrenze von der Art, wie sie im 18.

Jahrhundert im Habsburgischen Reich gegen die Osmanen eingerichtet worden war.

Konsequent weitergedacht hätte dies allerdings das Eingeständnis bedeutet, nicht nur, wie lauthals bei jeder Gelegenheit betont, auf den »Endsieg« über Rußland auch 1942 zu verzichten, sondern zu einem Stellungs- und Materialkrieg à la 1914-18 überzugehen. Dessen Ausgang aber konnte langfristig gesehen kaum zweifelhaft sein, und so scheint der Vorwurf, an Hitlers Adresse gerichtet, er habe wieder einmal mit unzureichenden Kräften in einer viel zu groß angelegten Offensive Unmögliches verlangt, in die Irre zu gehen. Das auch von Halder nach dem Krieg ausgemalte Bild von dem manisch nach Stalingrad und in den Kaukasus starrenden Hitler und dem nüchternen Generalstab, der sich auf das Machbare habe beschränken wollen, hat sich als Legende herausgestellt. Von einem prinzipiellen Widerstand des Generalstabes gegen die Hitlersche Planung kann gar keine Rede sein, insbesondere das ständige Lavieren Halders wirft kein günstiges Licht auf den Generalstabschef. Die Wahrheit war, daß die Schlacht vor Moskau bereits das endgültige Scheitern des Ostfeldzuges und damit letztlich des Gesamtkrieges eingeläutet hatte. Was seitdem geschah, konnte zwar temporäre Gewinne, taktische, auch operative Erfolge bringen – an der Grundentscheidung änderte dies nichts.

Dieser Einsicht haben sich im Sommer 1942, also in der Planungsphase für »Blau«, alle Verantwortlichen verschlossen – nirgendwo findet man auch nur ansatzweise Überlegungen in diese Richtung. Sie wären wohl sofort als defätistisch gebrandmarkt worden. Dennoch wäre es die verdammte Pflicht und Schuldigkeit Halders gewesen, Hitler reinen Wein einzuschenken und notfalls die Konsequenzen zu ziehen – aber nicht mit einem Rücktritt in der Attitüde der beleidigten Leberwurst, wie es dann der Fall sein sollte.

Vom Rathaus kommend ist man klüger, und so wäre nun, gleichsam in einem Atemzug hinzufügen, daß die dramatis personae 1942 nicht wissen konnten, wie sich die Weltgeschichte weiter entwickeln würde, und es ist auch psychologisch verständlich, daß die Einsicht, den Krieg verloren zu haben, nur schwer reifen konnte, wenn man sich das Kriegsreich des Adolf Hitler im Frühjahr und Sommer 1942 ansah – von der Krim bis Kirkenes. Es war erheblich größer als das des Ersten Weltkrieges auf dem Höhepunkt von dessen Erfolgen; ganz anders als 1915 oder auch im Frühjahr 1918 ließen sich die Ressourcen der schon eroberten östlichen Gebiete nutzen, und die des westlichen Europa warteten nur darauf, von den Deutschen ausgebeutet zu werden – wenn sie es zu tun denn nur verstanden hätten: Hier schimmert es wieder auf, das alte leidige Thema von Unprofessionalität, Überheblichkeit, organisatorischer und psychologischer Inkompetenz.

Die Katastrophe vor Moskau hatte den Generalstab nur vorübergehend gelähmt. Das Ostheer wurde seit dem frühen Frühjahr wieder aufgefüllt, ja es gewann an Feuerkraft und operativer Beweglichkeit, und so wuchs die Zuversicht, sehr bald wieder über ein strategisch vollwertiges Instrument verfügen zu können. Diese Zuversicht wurde noch größer, als es gelang, eine sowjetische Großoffensive im Raum Charkow im Mai nicht nur aufzufangen, sondern in einen glänzenden Sieg mit gewaltigen Beutezahlen zu verwandeln. Die Schlacht von Charkow[690] auch scheint es gewesen zu sein, die bei Paulus den Gedanken nährte, auch russische Großoffensiven seien mit unterlegenen eigenen Kräften zu meistern, wenn die eigene Führung ihre geistige Überlegenheit behielt. Das war ein Denkmuster, das seit den Tagen Friedrichs des Großen wie ein Roter Faden das deutsche Generalstabsdenken durchzog. Die endgültige Eroberung der Krim schien dies erneut zu beweisen.

Der »zweite Feldzug gegen die Sowjetunion«, wie dieser in der Wissenschaft inzwischen genannt wird, begann am 28. Juni. »Zweiter Feldzug« deutet an, daß es Hitler und dem Generalstab nicht um eine Fortsetzung des Feldzuges »Barbarossa« gegangen ist, sondern um einen völlig neuen Ansatz, und das kann man im Hinblick auf die in der Tat völlig veränderten strategischen Dispositive tatsächlich sagen. Es sollte eben nicht dort weitergemacht werden, wo man im Winter 1941/42 steckengeblieben war. Stalin sollte überrascht werden. Viele vermuteten, der Generalissimus habe sich inzwischen zwar auf die deutsche Kampfführung eingestellt, aber die sowjetischen Generäle seien viel zu unbeweglich, die Truppen viel zu wenig geschult, um mit neuen strategischen und operativen Überraschungen, wie die Deutschen sie ihnen nun zu präsentieren gedachten, fertig zu werden. Hier spukte immer noch das Gespenst vom angeblichen slawischen Untermenschen – es fiel den Deutschen schwer, von diesem Stereotyp Abschied zu nehmen, zumal es die weltanschauliche Propaganda unverdrossen weiter beschwor.

Hitler war konsequent, wenn es um die Verfolgung und Realisierung seiner mörderischen Weltanschauung ging, nicht aber wenn es den Weg dahin zu beschreiten galt. Anstatt sich nunmehr auf den Hauptstoß zu konzentrieren – die Gründe lagen auf der Hand, wollte er auch das industrielle Zentrum Stalingrad im Vorbeigehen erobern. Dieses aber lag *nicht* auf dem Weg zum Kaukasus, sondern östlich davon. Das führte notwendigerweise zu einer Aufspaltung der Kräfte der Heeresgruppe Süd (Generalfeldmarschall von Beck). Das OKH wußte ganz genau, welche Risiken diese Verzettelung barg, aber es wagte keinen entschlossenen Widerstand, im Gegenteil: Es scheint, als habe von Bock selbst Hitler Stalingrad wie einen fetten Köder hingehalten – wohl wissend, daß der Diktator zuschnappen würde.

Es mag sein, daß Bock der Gedanke, die Großstadt Stalingrad unbezwungen buchstäblich links liegenlassen zu sollen, mit Unbehagen erfüllte; ob das Menetekel Marneschlacht hierbei eine Rolle spielte, muß offenbleiben.

Schon wenige Tage nach Beginn der Offensive wurde deutlich, daß »der Russe« entgegen der überheblichen Vermutungen des deutschen Generalstabes sehr wohl aus dem Anfangsdesaster von 1941 gelernt hatte:[691] Die Russen ließen sich nicht mehr wie vor einem Jahr mit der Masse ihrer Verbände frontnah einkesseln, sondern wichen in dem flachen baumlosen Gelände geschickt zurück, so daß dem gewaltigen Raumgewinn eine Zerschlagung der russischen Wehrmacht nicht entsprach. Der Bär zog sich in die russische Steppe zurück – hier blitzt das Muster von Peter dem Großen und Poltawa 1709, das von Alexander I. und Kutusow 1812 auf. Man darf davon ausgehen, daß die Herren Oberbefehlshaber der aus der Heeresgruppe Süd neu gebildeten Heeresgruppen B (von Weichs) und A (List) diese historischen Beispiele kannten.

Anders der literarisch-historische Dilettant Hitler. Der pickte sich aus der deutschen Kultur und der Weltgeschichte immer nur das heraus, was in sein Konzept paßte, was übrigens viele seiner Zuhörer immer wieder verblüffte und verwunderte. Hitler frohlockte, als die deutschen Armeen mit fliegenden Fahnen nach Südosten stürmten; die ganz geringen Gefangenen- und Beutezahlen schienen ihm zu beweisen, daß Stalin gar nichts mehr habe, er nunmehr seinen militärischen Offenbarungseid leisten müsse. Es schien ihm sich die Geschichte des Jahres 1918 zu wiederholen, als nach dem Abbruch der Friedensverhandlungen von Brest-Litowsk die deutschen Truppen nach Kiew und ans Schwarze Meer spaziert waren. Wo es sowjetischen Widerstand gab, da hielt er ihn für ephemer, und das war auch sein Denk- und Verhaltensmuster im Fall Stalingrad. Nichts illustriert dies besser als die vielfach in der Literatur zitierte Ansprache Hitlers vom 8. November 1942 vor den »Alten Kämpfern« im Bürgerbräukeller:[692] Man habe Stalingrad bereits, es gäbe nur noch ein paar unbedeutende Widerstandsnester, die er mit ganz geringen eigenen Kräften in aller Ruhe beseitigen werde. Natürlich hieb auch die Propaganda in die gleiche Kerbe, so daß in der Bevölkerung der Eindruck erweckt wurde, Stalingrad sei bereits gefallen, das Ganze eine lockere Nebenoperation; mit leichter Hand hätten die siegreichen deutschen Truppen die Symbolstadt des Bolschewismus genommen. Von daher wird verständlich, daß es Hitler schon aus psychologischen Gründen und aus solchen seines Prestiges später unmöglich war, rechtzeitig einen Rückzugs- oder Ausbruchsbefehl zu erteilen. Das Verhängnis von Stalingrad besitzt auch eine ideologische Komponente, es war nicht nur rein professionelles militärisches Versagen, das in die Katastrophe führte, sondern diese ergab sich aus den unveränderlichen weltanschaulichen Prämissen.

Dabei liegen die Zusammenhänge auf der Hand, denn der Rücktritt Halders am 24. September 1942 war nicht allein Folge unüberbrückbarer fachmilitärischer Gegensätze zwischen Hitler und ihm, sondern zweifellos auch ideologisch motiviert. In der Vergangenheit hatte es so manchen Strauß zwischen diesen beiden Männern gegeben, ohne daß Halder zurückgetreten wäre – was sicherlich auch mit seiner Rolle im deutschen Widerstand zusammenhing. Wenn er jetzt, mitten in der anscheinend erfolgreich voranschreitenden Offensive resignierte, so *auch* aus dem Bewußtsein, daß der Zweite Feldzug gegen die Sowjetunion falsch angelegt war, wesentlich aber aus der Erkenntnis heraus, daß Hitler so fest wie nie im Sattel saß. Jede weitere Mitarbeit konnte nicht mehr mit einem Hinweis auf die Notwendigkeiten des Widerstandes gerechtfertigt werden. Aber wie 1938 Beck, verstand es nun auch Halder nicht, aus seinem Rücktritt eine spektakuläre Aktion zu machen: Auch er konnte nicht über seinen militärischen Schatten springen, und so tangierte dieser Schritt Hitler kaum, zumal mit Kurt Zeitzler sofort ein Ersatz da war, erheblich schmiegsamer als Halder. Zeitzler versagte angesichts des Dramas von Stalingrad vollkommen;[693] man muß sich in der Tat fragen, wie die Dinge gelaufen wären, hätte es Halder noch in der Position des Generalstabschefs gegeben. Sicher ist, daß Halder zum allerfalschesten Zeitpunkt überhaupt das Handtuch geworfen hat.

Gewiß, die 6. Armee, der die Aufgabe zugefallen war, Stalingrad zu nehmen, konnte seit Ende August in die Stadt eindringen, aber die Stadt wurde nicht vollständig erobert, die verbliebenen russischen Verbände, die Reste der Stadt mit einer die Deutschen verblüffenden Zähigkeit – den Rücken zur Wolga – verteidigten, konnten also weiter versorgt werden, ohne daß es der 6. Armee gelungen wäre, diese Nachschublinien zu unterbrechen.

Während sich die 6. Armee auf den in Stalingrad festbiß, also nicht, wie ursprünglich geplant, nach der Eroberung der Stadt die auf der Kaukasus vorrückende Heeresgruppe A, wieder verstärken konnte, geriet diese, allzu schwach, selbst in die Krise, und es fehlte nicht wenig, daß der Untergang der 6. Armee auch den der Kaukasusarmee und damit den Zusammenbruch der gesamten Südfront nach sich gezogen hätte. Letztlich war es nur dem militärischen Können von Manstein[694] zu verdanken, daß es dazu nicht kam – andernfalls wäre der Krieg gegen die Sowjetunion mit Sicherheit schon zu diesem Zeitpunkt endgültig verloren gewesen. Der Generalstab des Heeres wirkte angesichts dieser strategischen Doppelkrise hilflos.

Am 19. November begann von Norden und Süden die schon lange befürchtete Gegenoffensive der Roten Armee auf Stalingrad, und der Stab von Paulus erkannte sofort, daß die Sowjets mit großer Überlegenheit darangingen, ihrerseits einen Kessel zu bilden, der die gesamte 6. Armee einschließen sollte. Schon am 23. November war es soweit: Die 3. und 4. rumänische Armee waren geschlagen, die 4. deutsche Panzerarmee mußte sich eilig zurückziehen – die 6. Armee stand allein. Nun erhob sich die Frage, ob der Kessel gehalten werden oder ob die Armee den Ausbruch versuchen sollte. Hitlers Entscheidung fiel aus den schon erörterten Gründen gegen die Empfehlungen des OKH, Zeitzlers und der Armee-Führung aus; am 22. November befahl Hitler das unbedingte Halten von Stalingrad. Fast gleichzeitig wurde Generalfeldmarschall von Manstein die gesamte neugebildete Heeresgruppe Don, zu der auch die 6. Armee zählte, übertragen. Hitlers und Mansteins Charisma, so haben damals wohl nicht nur Paulus und die 6. Armee gedacht, würden die Krise überwinden helfen; die Erfahrungen des letzten Jahres, zuletzt noch die von Charkow, ließen diese Hoffnung anfangs auch noch nicht als Illusion erscheinen.

Doch denen, die den größeren Überblick über die deutschen Kräfte in dem gefährdeten Raum besaßen, wußten, daß eine Stabilisierung der Lage und eine Rettung der eingeschlossenen Armee kaum möglich waren. Hitler selbst schwankte einen Augenblick und schien auf Vorhaltungen Zeitzlers hin bereit zu sein, den Durchbruch der Armee nach Südwesten doch noch zu gestatten. In diesem Moment, am 24. November, trat wie in einem Schmierentheater Göring auf den Plan und versprach, er übernehme die Garantie für die ausreichende Luftversorgung der Armee. Daraufhin sah sich Hitler der Entscheidung enthoben, obwohl eigentlich auch ihm klar sein mußte, daß Göring etwas Unmögliches versprach. Das hatte er auch schon 1940 bei »Seelöwe« und bei der Luftschlacht um England getan.

Warum der zweite Mann des Staates[695] so handelte, wissen wir nicht; daß auch in der Psyche Görings der Realitätsverlust grassierte, ist keine ausreichende Erklärung, zumal es im Reichsluftfahrtministerium genügend Fachleute gab, die eins und eins zusammenzählen konnten. Viel plausibler ist es, daß es sich hier um ein zwischen Hitler und Göring abgekartetes Spiel handelte, denn auch wenn Göring sein Versprechen nicht halten konnte, so erlaubte dieses es Hitler doch, sein Gesicht zu wahren, indem er mit pseudorationalen Gründen dem OKH widersprechen konnte. Es gibt Hinweise darauf, daß Göring selbst von Anfang an nicht an den Erfolg seines Versprechens glaubte, und das würde diese These unterstreichen. Zu ihr paßt, daß Göring ähnlich wie Goebbels oder Dönitz sich als treuer Paladin Hitlers[696] empfand, so daß der eigene Gesichtsverlust in Kauf genommen werden mußte, wenn es das Gesicht des »Führers« zu wahren galt. Wir alle sind angesichts des Führers »ganz kleine Würstchen«, sollte es Dönitz einmal auf seinen Punkt bringen.

Anstelle der von der Armeeführung geforderten 600 t Versorgungsgut täglich kam anfangs und in den besten Zeiten der Luftbrücke nur 1/3 dieser Menge in den Kessel, später praktisch nichts mehr. Es war wie in Nordafrika: Die Logistik versagte auf der ganzen Linie, was übrigens auch für das Eisenbahntransportwesen gilt. Die Eisenbahnabteilung des Heeresgeneralstabes war unfähig, auch nur mit den Herausforderungen des Partisanenkrieges fertig zu werden; die Partisanen zerstörten mehr Lokomotiven, als im Reich nachgebaut werden konnten.[697]

Das Schicksal der 6. Armee war endgültig besiegelt, als in den Weihnachtstagen das Entsatzunternehmen der 4. Panzerarmee 48 km vor der Front der 6. Armee scheiterte. Auch ein Ausbruch aus dem Kessel war aus Kräftemangel nicht mehr möglich, selbst unter Einrechnung gewaltiger Verluste. Es war zu spät. Von diesem Zeitpunkt an, d.h. etwa seit dem 25. Dezember, war das Aushalten der 6. Armee in Stalingrad nur noch ein Opfer. Die Diskussion der Zeitgenossen, der Zeugen und der Historiker entzündete sich an der Frage, ob dieses Opfer, das Hitler ganz unbarmherzig verlangte, und das schließlich auch Manstein annahm, sinnvoll oder sinnlos gewesen ist.[698] Hierüber gehen die Meinungen noch heute auseinander. Fest steht, daß seit dem 10. Januar 1943, dem Tag, an dem Čujkov zum ersten Mal Paulus zur Kapitulation aufforderte, ein militärischer Sinn im Halten des Kessels nicht mehr gesehen werden kann, weil von diesem Tag an die Russen in Stalingrad nicht mehr mit wesentlichen Verbänden gebunden waren. Das heißt, eine Kapitulation am 10. Januar hätte die Situation der Heeresgruppe A, die ja seit Anfang Januar in vollem Rückzug sich befand, nicht wesentlich mehr belasten können. Wenn Paulus dennoch Hitlers Befehl weiter gehorchte, so war dies Ausdruck eines rein militärischen Gehorsams, der später zu Recht heftiger Kritik ausgesetzt war. Am 10. Januar war endgültig der Punkt erreicht, von dem an der Generaloberst hätte wissen müssen, daß er einer höheren Instanz gegenüber verantwortlich war als jener Hitlers.

Auch Mansteins Verhalten in den Krisenwochen um Stalingrad bleibt unklar, auch er hat sich nicht zu dem Schritt über den Rubikon entschließen können, der in einer Befehlsverweigerung und in eigenmächtigem Handeln bestanden hätte. So hat sich in und vor Stalingrad das Schicksal der deutschen Militärgeschichte vollzogen, wie sie seit Jahrhunderten angelegt schien: Im Widerstreit zwischen Gehorsam und sittlicher Verantwortung hat nicht letztere, sondern ersterer gesiegt, und deswegen mögen Stalingrad und das Geschehen in der Heeresgruppe Don im Spätherbst und Winter 1942/43 vielleicht zu den Ruhmesblättern des deutschen Soldaten zählen; zu einer Schicksalsstunde, zu einer historischen Wende wurden sie nicht. Das Wort »Kriegswende«, so häufig mit Stalingrad assoziiert, gewinnt auf diese Weise eine ganz neue Bedeutung.

Ist die Frage nach dem Sinngehalt des letzten Ausharrens somit auch zu verneinen, so neige ich dazu, diese Frage für die davor liegenden Monate und Wochen eher positiv zu beantworten. Ein Blick auf die Karte zeigt, daß ein frühzeitiger Ausbruch aus Stalingrad und der Versuch, die ausgelaugten Verbände in die Don-Front einzugliedern, wenig eigenen Kräftezuwachs, der Roten Armee aber operative Bewegungsfreiheit verschafft hätten. Damit aber wäre die Gefahr eines »Superstalingrads« heraufbeschworen worden, indem nämlich der russische Großangriff nicht nur vom Kaukasus her auf Rostow, sondern gleichzeitig von Stalingrad her auf Rostow hätte erfolgen können, und dies zu einem Zeitpunkt, als der Rückzug der Heeresgruppe A noch nicht abgeschlossen war. In diesem Falle also hätte der gesamten Heeresgruppe die Einschließung gedroht.

Indem die 6. Armee in Stalingrad ausharrte und damit rund 143 sowjetische Verbände band, konnte die Heeresgruppe A, deren Soldaten im Sommer noch siegesstolz die deutsche Flagge auf dem Elbrus aufgepflanzt hatten, kontrolliert zurückgenommen werden und der Vernichtung entgehen. Insofern haben die Soldaten in Stalingrad eine weit größere Katastrophe verhindert als jene, in der sie selbst untergingen.

Exakt das war auch der Tenor der Goebbelschen Rede vom 18. Februar, auf die abschließend noch einmal zurückzukommen ist:[699] Zu Unrecht haben blasse Linguisten beckmesserhaft darauf verwiesen, Goebbels habe nicht einmal gewußt, daß man »total« nicht steigern könne. Ganz im Gegenteil, dieses »totaler« war auch eine linguistische Meisterleistung, schuf es doch in diesem Augenblick ein Wort, das an sich unmöglich war und dennoch existierte, da war: Es war perfekter Ausdruck der Idee, daß man das Unmögliche sofort erledige, auf Wunder aber etwas länger warten müsse. Noch heute findet sich dieser dumme Spruch in so manchem Büro. Wer geglaubt hatte, das Volk folge seinem Führer nur deswegen so willig, weil er es von Erfolg zu Erfolg führe, sah sich nun eines Besseren, besser: eines Schlechteren belehrt. Gerade die Krise von Stalingrad trug dazu bei, das Regime fester denn je in der Gesellschaft zu verankern. Deswegen konnte es um so ungehemmter nun daran gehen, die »Endlösung der Judenfrage« voranzutreiben. So gesehen, war Stalingrad eine Katastrophe auch noch in einem ganz anderen Sinn, und damit sind wir am Ende wieder zum Ausgangspunkt unserer Betrachtungen zurückgekehrt: Stalingrad und Auschwitz gehören untrennbar zusammen.

21. GROSSE POLITIK UND STRATEGISCHE ENTSCHEIDUNGEN 1943/44

Im Zweiten Weltkrieg gab es, anders als im Ersten, keine kontinuierliche Diskussion der Friedensfrage, genauer: der Frage, wie der Krieg gestoppt werden könnte, bevor die eine oder die andere Koalition vollständig besiegt war.[700] Vor allem Churchill und Roosevelt ließen vom ersten Tag ihres jeweiligen Kriegseintrittes keinen Zweifel daran, daß dieser Krieg nicht mit einem Kompromiß, er hätte aussehen können wie er wollte, zu Ende gehen würde, sondern einzig mit dem »unconditional surrender« Deutschlands. Mit der Casablanca-Formel[701] vom 24. Januar 1943 wurde das nicht erfunden, sondern nur noch einmal bestätigt.

Demgegenüber zeigte sich Stalin bis in die Mitte des Jahres 1943 hinein durchaus geneigt, den abgebrochenen Gesprächsfaden mit Deutschland wieder aufzunehmen;[702] es war Hitler, der dies kategorisch ablehnte, und insofern gesellte sich dieser in diesem Punkt paradoxerweise zu Churchill und Roosevelt, die einen deutsch-sowjetischen Sonderfrieden befürchteten. Alle drei waren sich einig: Dieser Krieg war bis zum Endsieg durchzufechten, oder, wenn dieser nicht möglich war, bis zur eigenen Vernichtung. Letzteres war freilich für die USA und das Britische Empire niemals eine auch nur halbwegs ernstgenommene Option, auch wenn schon die zeitgenössische Science Fiction in der Vision vom deutsch und japanisch besetzten amerikanischen Kontinent schwelgte,[703] und so zeigt sich abermals die ganz unterschiedliche »Qualität« des Krieges in den Augen Deutschlands und der Alliierten: Diese sahen in dem Krieg eine dira necessitas, die schwer abschätzbare Opfer forderte, nie jedoch wurden die beiden westlichen Führer von der Furcht geplagt, am Ende des Krieges könnte ihre eigene Vernichtung stehen. Auch nicht im Traum wären sie (und Stalin) auf die Idee gekommen, sich nach dem Krieg rechtlich verantworten zu müssen. Hitler und seinen Leuten war dies im Gegensatz dazu aber präsent; man kennt den Göringschen Stoßseufzer vom 3. September 1939: »Wehe uns, wenn wir diesen Krieg verlieren«.

Der Kampf bis »fünf nach zwölf« ist allerdings nicht allein unter ideologischen Gesichtspunkten zu sehen. Die Angst spielte mit, die primitive Angst der NS-Elite mit Hitler, Himmler, Goebbels, Göring an der Spitze, das Ende des Kriegs nicht zu überleben.⁷⁰⁴ Kriegsverlängerung war also auch Lebensverlängerung für die verbrecherischen Nationalsozialisten auf allen Ebenen, die sich keine Illusionen darüber machten, wie die Sieger mit ihnen verfahren würden, wobei es letztlich unerheblich war, ob sie sie, wie Stalin das wollte, ohne viel Federlesens sofort erschossen oder nach einem Prozeß dem Henker überlieferten. Alle wußten auch nur noch zu gut, wie die Entente mit dem Versailler Vertrag die Auslieferung der Kriegsverbrecher gefordert hatte – mit dem Kaiser an der Spitze. Daß vielleicht auch der eine oder andere alliierte Politiker und Soldat nach dem Krieg von einer neu zu schaffenden internationalen Rechtsgemeinschaft zur Verantwortung gezogen werden könnte, war in Washington und London undenkbar.⁷⁰⁵ Für sie rangen nicht zwei an sich gleichwertige Koalitionen gegeneinander, sondern – cum grano salis, gewiß – das Gute gegen das Böse. So sah man es übrigens auf beiden Seiten.

Anders sah es in der Sowjetunion aus, denn daß das kommunistische Regime Stalins mit Sieg oder Niederlage stand und fiel, war dem Diktator bewußt. Deswegen schien es ihm geraten, eine Art Rückversicherung anzustreben. Weil Hitler, ideologisch völlig fixiert, darauf nicht einging, blieb Stalin nur die Hoffnung auf den Endsieg. Alles andere, selbst einen Kompromiß, hätte sein Regime wohl nicht überlebt.⁷⁰⁶ Nach Kursk (Juli 1943) wurde ihm der Endsieg zur Gewißheit – nun konnte er wieder so auftreten, wie es seinem verbrecherischen Naturell entsprach.

»Germany first«: Das war zuerst eine strategische Grundentscheidung, es war darüber hinaus Ausdruck der angelsächsischen Überzeugung, daß man gegen Japan zwar einen harten Krieg führte, die Vernichtung Deutschlands jedoch zwingende Notwendigkeit war, um die göttliche Ordnung in der Welt wieder herzustellen. Roosevelt war von solchen missionarischen Anwandlungen nicht frei, für ihn war der Kampf der Alliierten wirklich ein Kampf gegen das »Reich des Bösen«.

Demgegenüber fiel es der deutschen Seite, vor allem auch dem Auswärtigen Amt⁷⁰⁷ schwer, ein analoges ideologisches Kriegszielprogramm aufzustellen, das über das sattsam bekannte der Lebensraumerweiterung für die germanische Rasse hinausgegangen wäre. Die Blaupausen für das sogenannte »Neue Europa« überzeugten vor allem seit Mitte 1943 immer weniger Menschen und Regierungen in Europa,⁷⁰⁸ vor allem nachdem sich die Waage offensichtlich endgültig zugunsten der Alliierten zu neigen begann, und in einem raschen Prozeß brach die ideologische Komponente dieses Programms in sich zusammen. Das Reich hatte seitdem nichts mehr, mit dem es den Entwürfen der anderen Seite begegnen konnte; es war auch sprachlich hilflos. Es ist bezeichnend, daß es während des ganzen Krieges keine Intelligenz gab, die in der Lage gewesen wäre, wenigstens so etwas wie 1914 die Intellektuelleneingabe oder den »Aufruf an die Kulturwelt«[709] auf die Beine zu stellen. Über die stereotyp wiederholten Propagandaparolen eines Goebbels kam Berlin nicht hinaus.[710] Die strukturell bedingte intellektuelle Dürftigkeit des Nationalsozialismus wurde gerade in jener Phase des Krieges sichtbar, in der es darauf angekommen wäre, konkret und präzise über den Sinn des Krieges nachzudenken. Der Krieg war Un-Sinn.[711]

Die Alliierten hatten es in diesem Punkt sehr einfach: Da niemand im Lager der Gegner Deutschlands davon überzeugt zu werden brauchte, daß dieser Krieg gerecht war, es darauf ankomme, diese Pestbeule der Geschichte aufzuschneiden und auszubrennen, genügte die Casablanca-Formel zunächst vollkommen. Es war Stalin, der den Diskurs um die Kriegsziele im allgemeinen, die Zukunft des Deutschen Reiches im besonderen zum Thema machte, denn er verfolgte von Anfang an nicht nur das Nahziel, Deutschland militärisch niederzuringen, sondern die Niederlage Deutschlands zum Ausgangspunkt eines energischen Schrittes der Sowjetunion hin zur Herrschaft des Sozialismus, dann Kommunismus in ganz Europa zu tun. Mit genau diesem Anspruch war auch Stalin schon 1917 angetreten, und die damalige Politik der ehemaligen Verbündeten des kaiserlichen Rußland hatte wesentlich dafür gesorgt, daß der Oktoberrevolution die Revolution in den übrigen Ländern Europas *nicht* folgte. Ganz richtig hatten Lenin und Stalin das auch auf die Errichtung des cordon sanitaire von Finnland bis zu den Karpaten geschoben, der alle Einflußnahme seiten Moskaus auf Zentral- und Westeuropa abschirmen sollte. Vor allem das von Frankreich nach 1918 unterstützte Polen hatte sich als Riegel vor den nach Westen gerichteten kommunistischen Sehnsüchten erwiesen.

Aus alledem war ein einfacher Schluß zu ziehen: Sollte der zweite Anlauf zum kommunistischen Weltsieg erfolgreicher als der erste sein, mußte die Sowjetunion nicht nur viel stärker werden als dies in den Jahren bis 1939 der Fall gewesen war, sie mußte ihre geostrategische Position entscheidend verbessern, von viel weiter westlich gelegenen politischen Basen aus die Scheinwerfer ihrer Macht und Ideologie nach Westen wirken lassen. Die Stalinsche Expansionspolitik, welche die Diskurse der Allianz mindestens seit Teheran prägte, muß immer auch unter diesem ideologischen Aspekt gesehen werden.[712] Außerdem war in Stalins Augen nun die Chance gegeben, die 1917/18 zweifellos begangenen Fehler wieder gutzumachen. Zu diesen Fehlern hatte die Auflösung der kaiserlichen Armee gezählt, die es den Deutschen, aber dann auch den alliierten Interventionstruppen möglich gemacht hatte, fast nach Belieben im russischen Territorium zu schalten und zu walten; daß ein eventuelles Kriegsende daher nie mehr mit einer totalen Demobilisierung der Sowjetunion verknüpft werden dürfte, war Stalin schon 1943 selbstverständlich, auch wenn er darüber aus verständlichen Gründen nichts verlauten ließ.

Dies war der eigentliche Grund, warum sich Stalin, obwohl die Kriegsakte 1942 und noch weit ins Jahr 1943 hinein für ihn sehr ernst blieb, so vehement gegen alle Pläne wehrte, die Zweite Front[713] in seinem Claim errichten zu lassen. Im Lauf des Jahres 1943 wurde die Diskussion darüber immer erbitterter – und die beiden Westmächte gaben nach. Im nachhinein ist man versucht, an eine Neuauflage der Appeasementpolitik unter anderen Vorzeichen zu denken. Das Sich-Beugen vor Stalin zeigt jedoch auch, mit wieviel Respekt Churchill und Roosevelt immer noch die realen, vor allem aber die potentiellen Kraftäußerungen des Hitlerreiches einschätzten. Während eine genauere Sicht der Dinge eigentlich schon Mitte 1943 zum Ergebnis hätte kommen können, daß die Westalliierten Stalin im Grunde nicht mehr brauchten, um den Krieg gegen Hitler zu gewinnen – vielleicht ein bißchen später – gefielen sich die westlichen Staatsmänner in einer worst-case-Attitüde; es waren exakt jene Muster politischen Denkens, die auch vor 1939 zu beobachten gewesen waren. Noch immer begriff man in Washington und London nicht, daß der Nationalsozialismus gar nicht in der Lage war, optimal Krieg zu führen – eben weil das Regime ideologisch starr und damit in weiten Bereichen unmodern und steril war. Die unglaublichen Querelen zwischen den verschiedenen Instanzen und Bedarfsträgern, die sich ständig steigerten, die groteske Unfähigkeit, die Ressourcen der unterjochten Länder sinnvoll in den Dienst der eigenen Kriegführung zu stellen, das totale Versagen beim Versuch, eine »Koalition der Willigen« zustandezubringen, wirkten wie Sand in der deutschen Kriegsmaschine, ganz anders als in den Staaten der Anti-Hitler-Koalition, die es zunehmend verstanden, die Stärken ihres gesellschaftlichen und politischen Systems zur militärischen Effizienzsteigerung zu nutzen.

Diese falsche Perzeption des Gegners war Stalins Chance; er nutzte sie konsequent, und das Ende vom Lied war, daß die Westmächte am 26. August 1943 dem Diktator verbindlich die Invasion im Westen, also in Frankreich zusagten. Befriedigt und entspannt konnte Stalin deswegen auf der Moskauer Konferenz im Oktober desselben Jahres der Gründung jener EAC, der »European Advisory Commission« zustimmen, in der zum ersten Mal in groben Zügen die Richtlinien für die Behandlung und Aufteilung Deutschlands nach dem Krieg festgelegt wurden. Es war charakteristisch, daß hierbei an prominenter Stelle die Absicht formuliert wurde, die deutschen Kriegsverbrecher vor ein eigenes Tribunal zu stellen.

Die Konferenz von Teheran, Ende November 1943, die erste der drei großen Kriegskonferenzen – die anderen fanden in Yalta und in Potsdam statt – kann als entscheidende politische Weichenstellung angesehen werden, denn alles, was folgte, war Folge der Beschlüsse von Teheran. Sie wird uns noch gesondert zu beschäftigen haben.[714]

Zu diesem Zeitpunkt standen die Alliierten bereits auf italienischem Boden, hatte Stalin in der Schlacht von Kursk gesiegt, war der U-Boot-Krieg endgültig gewonnen, die Luftüberlegenheit über dem Reich errungen. Eigentlich, so hätte man meinen sollen, konnte nichts mehr »schiefgehen«, und deswegen wäre es an der Zeit gewesen, nun mit Stalin ein ernstes Wort zu reden, denn dessen Verbrechen aus den Jahren 1939-1941 waren nicht vergessen, auch nicht ad acta gelegt; noch die Massenerschießung polnischer Offiziere in Katyn hätte Churchill und Roosevelt die Augen öffnen müssen.[715] Sie zogen es vor, sogar noch in Nürnberg, der sowjetischen Darstellung zu folgen, nach der die Deutschen auch dieses Verbrechen begangen hätten – es kam ja auch gar nicht mehr darauf an, so könnte man es zynisch formulieren.

Noch war Zeit, um das eigene militärische Gewicht bei Stalin in die Waagschale zu legen, noch wäre es auch Zeit gewesen, den Diktator darauf aufmerksam zu machen, daß seine Erfolge von 1943 ganz wesentlich auf die alliierte Hilfe zurückgingen – allein 1943 waren rund 4,8 Millionen Tonnen Kriegsmaterial an die SU geliefert worden,[716] und dies unter schweren Opfern, aber nichts dergleichen geschah.

Wer die sowjetischen Protokolle der Konferenz von Teheran liest,[717] erschrickt ob der Blauäugigkeit Roosevelts, der Schnoddrigkeit Churchills, der Chuzpe Stalins, der seine beiden Kollegen wie Tanzbären vorführte – was diese um so eifriger betonen ließ, die Invasion werde binnen kurzen genau da stattfinden, wo es Stalin wünschte. Demgegenüber hielt sich der Generalissimus auffallend zurück, als die Westmächte darauf insistierten, er solle diese Invasion mit einer Westoffensive unterstützen. Es konnte zu diesem Zeitpunkt nicht zweifelhaft sein, daß das Schicksal Polens, für das Großbritannien doch vor langer, langer Zeit in den Krieg gezogen war, nunmehr zu einer bloßen Marginalie verkommen war.[718] Stalin eilte es mit der Befreiung Polens keineswegs. Gewiß machte er ein paar unverbindliche Zusagen, doch daß ein wiedererstandenes Polen in seinem Machtbereich liegen würde, daran war nicht zu zweifeln, und damit fanden sich die beiden Großen schon in Teheran ab, auch wenn Churchill die polnische Exilregierung in London im Glauben ließ, alles werde gut.

Das elende Kriegsgeschehen im Jahr 1943 hat Ilja Ehrenburg den »tiefen Krieg« genannt, eine treffende Formulierung. Das bezog sich auf die Machtentfaltung der Kriegführenden, die nun ihrem Höhepunkt zustrebte – auch im Reich –, aber man kann beispielsweise auch an den pazifischen Krieg[719] denken, in dem inzwischen die Amerikaner die Initiative übernommen hatten, wofür als Symbole meist Midway und Guadalcanal stehen.

Die Seeluftschlacht von Midway (3.-7. Juni 1942) hatte die japanische Flotte vier Flugzeugträger gekostet und sie damit ihres wichtigsten Angriffsmittels wesentlich beraubt, darüber hinaus gewann diese Schlacht eine allgemeine militärgeschichtliche Bedeutung, indem nun endgültig die Überlegenheit der Träger- gegenüber der Schlachtschiffkonzeption erwiesen war, was fortan die Philosophie des Seekrieges bestimmen sollte.[720] Die gewaltigen Schlachtschiffe wurden zu Dinosauriern, sie starben nach und nach aus; Seemacht konnte fortan nur noch generieren, wer über Flugzeugträger und die entsprechenden Flugzeuge verfügte. Nahezu verzweifelt sollten England, auch Frankreich, sich noch lange Jahre nach dem Krieg darum bemühen, in diesem Punkt mit den Amerikanern gleichzuziehen – doch sie sind damit ebensowenig erfolgreich gewesen wie letztlich die Sowjetunion, die auch noch nach 1945 allzu lange auf das Konzept der traditionellen Flotte mit schweren Schiffen setzte. Als dann in den siebziger Jahren unter Gorschkow[721] dieser Fehler behoben werden sollte, geriet die Sowjetunion sehr rasch an die Grenzen ihrer Möglichkeiten, und das trug zur Behauptung der amerikanischen See- und Weltmacht entscheidend bei. Daß es den Deutschen nicht gelang, auch nur einen Träger samt seinen Flugzeugen fertig- und bereitzustellen, war typisch für die allgemeine technologische Rückständigkeit, in die das Reich geraten war. Als Japan 1935 angeboten hatte, mit Träger-Know-How beizuspringen, hatten dies die Fachleute im Amt für Kriegsschiffbau als Beleidigung empfunden und das Angebot umgehend zurückgewiesen.

Nach Midway und den für beide Seiten äußerst verlustreichen Kämpfen um Guadalcanal 1942/43 war der japanische Angriffsschwung gebrochen. Da Niederländer und Engländer von ihren Kolonien bzw. der Heimat aus wenig zu den amerikanischen Anstrengungen beitragen konnten, die Franzosen de facto ausgeschaltet waren, zeichneten sich im asiatischen Raum schon ab 1943 die Muster der Zukunft ab. Der endgültige Verlust Hinterindiens mit dem dramatischen Schlußpunkt Dien Bien Phu 1954, der Indiens durch England, führte fast automatisch zum Machtanstieg der USA auch in diesen weiten Teilen der Erde. 1943 war noch nicht absehbar, daß das verbündete China dem Kommunismus und damit wenigstens vorübergehend Stalins Sphäre anheimfallen sollte, vielmehr schien es, als würde mit dem Sieg über Japan, mit dem die Amerikaner seit 1943 wie mit einer festen Größe rechneten, endgültig jene Konzeption verwirklicht werden können, die schon vor dem Ersten Weltkrieg, dann im Gefolge der Washingtoner Konferenz von 1922 entworfen worden war: Die unbedingte amerikanische Präponderanz in ganz Ost- und Südostasien.

Hier scheint eine große Kontinuität in der US-amerikanischen Außenpolitik auf, war es doch schon seit 1853, also seit der Expedition des Commodore Perry zur Öffnung Japans, das Bestreben der USA gewesen, China als »Gegenküste« Amerikas zu begreifen – was zu dem von Perry beschworenen Bild von Amerika als dem »Reich der Mitte« führte.[722] Dieser Denkfigur blieben die Amerikaner fortan verbunden, es gibt sie bis zum heutigen Tag, und nicht zuletzt das generiert in regelmäßigen Abständen die weltpolitischen Spannungen zwischen den USA und China, das sich niemals mit dieser Verbannung des in den eigenen Augen wahren »Reiches der Mitte« in die Perepherie, gar die Abhängigkeit von den USA abgefunden hat.[723]

Der europäische Kriegsschauplatz wurde 1943 zunehmend vom strategischen Luftkrieg einerseits, den Vorbereitungen der Invasion anderseits bestimmt – wenigstens was die Alliierten betraf. Für Hitler hingegen hatte sich eigentlich nichts geändert: Nach der Katastrophe von Stalingrad hielt er unbeirrt an der nunmehr nur noch als stur zu bezeichnenden Idee fest, den Ostkrieg nunmehr im dritten Anlauf doch noch zu gewinnen. Nirgendwo ist auch nur ein bloßes Nachdenken über mögliche Alternativen wie im Ersten Weltkrieg erkennbar. Es ist erstaunlich, daß das OKH, zweimal »hereingefallen«, dennoch weiterhin Hitler folgte, der ja »das bißchen Operationsführung« selbst übernommen hatte. Dabei mochte auch die Hoffnung der (wenigen) Widerständler mitspielen, daß die Zeit Hitlers vielleicht bald abgelaufen sein würde.1943 intensivierten sich die Planungen zur Ausschaltung Hitlers.[724] Tatsächlich war nicht vorauszusehen, daß die energischen Bemühungen darum auch 1943 allesamt scheitern sollten. Es war dies eine jener tragisch-paradoxen Situationen, wie sie seit der Septemberverschwörung von 1938 immer wieder zu beobachten waren: Die Widerständler konnten nur dann sich Erfolg ausrechnen, wenn sie ihre tägliche Arbeit im unmittelbaren Dunstkreis Hitlers zu dessen Zufriedenheit erledigten, denn nur dann blieben sie ihm nah, nur dann konnte sich eine Chance auf ein erfolgreiches Attentat ergeben.

Der Ostkrieg war nach Stalingrad deutscherseits durch den Versuch bestimmt, nach den großen Rückschlägen im Frühjahr 1943 die operative, wenn nicht strategische Initiative zurückzugewinnen. Vorausgegangen war die sowjetische Winteroffensive im Anschluß an Stalingrad, welche die Rote Armee bis zum Dnepr vorantrieb, wobei Rostow, Charkow und Kursk verlorengingen. Zwar gelang es Manstein bis Mitte März, im Gegenstoß Charkow zurückzugewinnen, aber damit handelte man sich eine große Ausbuchtung der Front ein, und es war absehbar, daß Stalin hier als nächstes ansetzen würde – wenn es nicht gelang, auch Kursk und Rostow zurückzuerobern und die Front zu begradigen.

Aber Zeitzler, der den anfangs eher zögernden Hitler mitriß, wollte mehr. Ihm schwebte nichts weniger als eine Wiederherstellung jener strategischen Ausgangslage vor, die vor Beginn der Operation »Taifun« im Sommer 1941 bestanden hatte. Daß Hitlers exzentrische Strategie schnurstracks ins Verderben geführt hatte, war inzwischen ein offenes Geheimnis, über das niemand sprach. Es muß den abgehalfterten Halder innerlich sehr befriedigt haben zuzuschauen, wie Hitler nunmehr faûte de mieux auf seine ursprüngliche Konzeption zurückfiel, indem er mit einem massiven Panzereinsatz in der Mitte über Kursk [725] hinaus erneut nach Moskau zielte. Allerdings mit dem Unterschied, daß sich die strategischen Voraussetzungen dafür vollkommen zuungunsten des deutschen Heeres verändert hatten.

Tatsächlich brachte Guderian der Hitler trotz allem immer noch diente, in der Vorbereitung des Angriffs auf Kursk von Norden und Süden die größte Menge an Panzern zusammen, die es bisher im Krieg auf begrenztem Raum gegeben hatte, über 2700. Stalin aber schickte mehr als 4000 in den Bogen von Kursk. Das Unternehmen unter dem Decknamen »Zitadelle« begann am 5. Juli, entwickelte sich jedoch völlig anders, als die deutsche Seite sich dies erhofft hatte: Anstatt sich »ordnungsgemäß« wie 1941 einkesseln zu lassen, hatten es die sowjetischen Generäle hervorragend verstanden, ihrerseits Positionen zu beziehen, von denen aus *sie* zur Einkesselung der deutschen Panzerdivisionen mit numerisch und auch technisch weit überlegenen Panzerverbänden antreten konnten. Technologisch war die Rote Armee der Wehrmacht nunmehr in nahezu jeder Hinsicht überlegen, und hatten einst die Sirenen der deutschen Sturzkampfbomber Angst und Schrecken verbreitet, so wurden nun an der Ostfront die »Katjuschas« zur Schreckenswaffe der Rotarmisten. »Stalinorgeln« nannten die deutschen Landser diese Raketen-Salvengeschütze – die Wortsymbolik sagt alles. Hitler blieb angesichts der Überlegenheit der Sowjetischen Truppen (auch in der Luft inzwischen) nichts übrig, als die mit so großen Erwartungen begonnene Panzerschlacht, die sich bereits nach wenigen Tagen festgefressen hatte, am 15. Juli abzubrechen, was praktisch unmittelbar zur Auslösung der sowjetischen Gegenoffensive führte, die sich auf den gesamten Raum zwischen dem Asowschen Meer und dem oberen Dnepr ausweitete. Auch den Führungskünsten der Feldmarschälle Model (Heeresgruppe Mitte) und Manstein (Heeresgruppe Süd) gelang es nicht mehr, sie aufzuhalten. Orel, Smolensk, Charkow, Kiew, der Kuban-Brückenkopf gingen verloren, und am 4. Januar 1944 überschritten russische Verbände die alte polnische Ostgrenze.

Das Unternehmen »Zitadelle« mit seinen riesigen Verlusten hatte die Angriffskraft des deutschen Heeres, und sei es auch nur für begrenzte Operationen, endgültig gebrochen. Die strategische Initiative ging an allen Frontabschnitten auf die Rote Armee über. Wenn die sowjetischen

Truppen fortan verhielten, so ging dies weniger auf ein Nicht-Können als ein Nicht-Wollen zurück; der Zusammenhang mit Stalins Ringen um die Zweite Front ist ganz unübersehbar. Das verschaffte dem deutschen Heer gelegentliche Atempausen, ohne daß sich an der Grundkonstellation noch etwas änderte: Stalin spielte mit Hitler Katz und Maus, was der »Führer« durchaus auch als demütigend empfand – und seine widerwillige Hochachtung vor Stalin im gleichen Augenblick steigerte. Dieser Mann sei ihm kongenial, äußerte er sich gelegentlich. Um so weniger war er bereit, mit ihm Geschäfte zu machen, Stalin inzwischen allerdings auch nicht. In Hitlers Augen mußte die Sache wie bei den Nibelungen ausgekämpft werden – wieder wird der primitive Atavismus in Hitlers Denken greifbar.

Hitler hatte die Schlacht von Kursk auch deswegen abgebrochen, weil die Landung der Alliierten auf Sizilien am 10. Juli 1943 die Bereitstellung von größeren deutschen Truppenverbänden erforderlich machte, die urspünglich zur Nährung der Operation »Zitadelle« vorgesehen waren.

Nach dem Fall des Brückenkopfes Tunis am 13. Mai 1943 sahen die Alliierten ihren Weg auf den europäischen Kontinent frei. Zuerst wurden vorgelagerte italienische Inseln besetzt, dann landeten die Alliierten auf Sizilien, nachdem es einer meisterhaft inszenierten britischen Geheimdienstaktion gelungen war, den deutschen Argwohn ganz von Sizilien weg auf das östliche Mittelmeer und Griechenland zu richten.[726] Das gelang natürlich auch, weil »an sich« eine solche Strategie der Logik des Kriegs entsprochen hätte, sie klang plausibel. Daß der Angriff nicht im östlichen Mittelmeer erfolgte, hatte die bereits erörterten politischen Ursachen.

Der Sprung auf den italienischen Stiefel erfolgte zu einem Zeitpunkt, als Italien bereits dabei war, aus dem Achsenbündnis auszuscheren. Der Sturz Mussolinis am 25. Juli 1943 durch den Großen Faschistischen Rat, der den Duce verhaften und am Ende auf den Gran Sasso d'Italia in die Gefangenschaft verbringen ließ, von wo er durch das berühmte abenteuerliche Lastensegler-Unternehmen, an dem der Hauptsturmführer Skorzeny den geringsten Anteil gehabt hatte,[727] wieder befreit wurde, sowie die Ernennung des Marschalls Pietro Badoglio zum neuen Ministerpräsidenten durch den italienischen König, den es formell ja immer noch gab, hatten von Anfang an das Ziel gehabt, den Krieg zu beenden;[728] daß Badoglio den Deutschen gegenüber das Gegenteil behauptete, verstand sich angesichts der deutschen Präsenz in Italien von selbst.

Hatten Badoglio und die italienische Bevölkerung, die das faschistische System binnen Tagen vollkommen zusammenbrechen ließ, gehofft, der Sturz des Faschismus werde das Land einigermaßen glimpflich davonkommen lassen, so sahen sie sich bald doppelt getäuscht: Die Alliierten

21. Große Politik und strategische Entscheidungen 1943/44

dachten gar nicht daran, mit Italien anders als mit einer feindlichen besiegten Macht zu verfahren, und die Deutschen noch viel weniger daran, Italien einfach fahren zu lassen. Die von Rache- und Triumphgefühlen nicht freie alliierte Haltung und die schnelle und brutale Reaktion des bisherigen Verbündeten stürzten die italienische Bevölkerung in die beiden schlimmsten Jahre des Krieges.[729] Den Alliierten galten die Italiener als feige und opportunistisch, den Deutschen schlichtweg als Verräter. Daß es die Italiener im Gegensatz zu den Deutschen aus eigener Kraft geschafft hatten, ein diktatorisches Unrechtsregime zu beseitigen, interessierte damals niemanden, aber auch noch lange nach dem Krieg wurden die Italiener von vielen Deutschen mit Verachtung gestraft, und es war an deutschen Nachkriegsstammtischen ein beliebtes Thema, sich über die feigen und unfähigen »Makkaronifresser« zu mokieren. Um so bewundernswerter ist es, wie rasch sich die italienische Bevölkerung im Gegensatz zu so mancher anderen von Rache- und Haßgefühlen ihren Unterdrückern gegenüber freigemacht hat.

Für die Alliierten waren die schnellen und erfolgreichen deutschen Reaktionen im übrigen eine peinliche Überraschung. Mit Auslösung der Fälle »Alarich« und »Achse« gelang es praktisch schlagartig, die italienische Armee zu entwaffnen und selbst in Süditalien eine neue Front aufzubauen. Hier konnten die deutschen Verbände bis weit in das Frühjahr 1944 hinein die Alliierten aufhalten – daß dabei das Kloster Monte Cassino, eine Wiege des Abendlandes, am 15. Februar durch die Alliierten zerstört wurde (heute steht dort eine Replik, die alle Autofahrer auf der »strada del sol« grüßt), hat die verantwortlichen amerikanischen Kommandeure nicht im mindesten gerührt.[730] Nötig war diese Barbarei ebensowenig wie die von Dresden, aber das ist eben die Fratze des Krieges.[731] Es gereicht den Kriegführenden aber zur Ehre, daß sie die italienische Hauptstadt zur »offenen Stadt« erklärten, andernfalls wäre von Rom wohl wenig übriggeblieben.[732] Nach dem Fall der Stadt am 4. Juni 1944 amtierte Badoglio als Ministerpräsident wieder von Rom aus, während Mussolini im Schutz des Oberbefehlshabers Südwest, Generalfeldmarschall Kesselring, weiter seinen merkwürdigen faschistischen Kleinstaat mit der Hauptstadt Salò[733] regierte, den er am 18. September 1943 unter deutscher Aufsicht regierte, der später das neugierige Interesse bestimmter Künstlerkreise gefunden hat.[734] Eine politische Bedeutung hat die Restrepublik am Gardasee nicht mehr gewonnen.

Nimmt man die Landung der Alliierten in Nordafrika 1942 zum Ausgangspunkt, so läßt sich erkennen, wie systematisch, aber auch wie behutsam diese ihren Sturm auf die Festung Europa vorbereiteten. Die Deutschen konnten sich schon zeitgenössisch nicht genug wundern, warum sie nach dem Fall von Tunis nicht gleich bei Genua gelandet waren, um Italien von Deutschland abzuschneiden. Tatsächlich standen ihnen die dafür notwendigen See- und Luftstreitkräfte zur Verfügung, und sie hätten sich vielleicht den doch langwierigen Kampf von Süd nach Nord den Stiefel aufwärts ersparen können. Aber niemand wollte ein Risiko eingehen, denn seit dem Hochsommer 1943 waren alle Anstrengungen und Bemühungen schon auf die Vorbereitung der großen Invasion gerichtet; die Verbündeten wollten ihre Landungskapazitäten nicht verzetteln, und man hatte Zeit. Es kam nicht darauf an, Hitlerdeutschland möglichst rasch zu besiegen, sondern sicher und gründlich. Später haben viele Historiker den Siegern vorgeworfen, auf diese Weise hätten sie zur Ermordung der Juden beigetragen, indem sie den Holocaust nicht durch den raschen Gewinn des Krieges stoppten, was vor allem im Hinblick auf den Umstand plausibel klang, es hätte zunächst doch genügt, die Schienenwege nach Auschwitz und in die übrigen Vernichtungslager zu bombardieren.[735] Die Argumente, mit denen dies abgelehnt wurde, sind nachvollziehbar und wirken doch fadenscheinig, aber man darf die subjektiven Überzeugungen der Verantwortlichen nicht außer Acht lassen: Wer die Invasion als Entscheidungsschlacht stilisierte, konnte behaupten, vielleicht werde »das letzte Flugzeug« den Ausschlag geben. Ganz bewußt wurden keine Aussagen über die noch mögliche Länge des Krieges getroffen. Zwar gab es dementsprechende Hochrechnungen, aber es kennzeichnet vor allem die amerikanische Mentalität, daß diese in der Wirtschafts- und Rüstungspraxis, von einigen unrühmlichen Ausnahmen abgesehen, keine Rolle spielten. Noch tief im Jahr 1944 wurden alle Anstrengungen auf die Kriegsfortführung in die Jahre 1945 und 1946 gerichtet, das ging soweit, daß Truman noch kurz vor Ende des Krieges Stalin aufforderte, Japan wie versprochen den Krieg zu erklären, was dieser hocherfreut tat.

In Südeuropa war durch den Sprung auf den »Stiefel« schon eine »Zweite Front« entstanden, aber Stalin ließ sie nicht gelten; für ihn war alles, was im Mittelmeerraum geschah, uninteressant – solange die westliche Macht nicht ins östliche Mittelmeer ausstrahlte. Stalin dachte gar nicht daran, diese Anstrengungen irgendwie zu honorieren; im westalliierten Lager keimte im Frühjahr 1944 der Verdacht, der Generalissimus halte sich absichtlich im Osten zurück, um Druck auf seine Verbündeten auszuüben. Daß die Invasion sorgfältig vorbereitet werden mußte, wußte auch er, und die Engländer hatten sich 1942 bei dem dilettantischen »Probelauf« von Dieppe[736] eine blutige Nase geholt. Seitdem waren die Generäle und Admirale allem Drängen, auch dem von Churchill, gegenüber noch resistenter als zuvor. Ihr Kriegskamerad General de Gaulle machte sich bei ihnen höchst unbeliebt, argwöhnten sie doch, dessen Antreiberei werde nur von Ehrgeiz und Eitelkeit gespeist.

Sieht man die Ereignisse und Entwicklungen aus der Vogelpersektive und als nachkommender Historiker, so scheint es evident zu sein, daß allerspätestens seit Stalingrad das Ende des Krieges absehbar war, es vor allem aber keine Chance mehr für die Dreierpaktmächte Deutschland, Italien und Japan gab, das Schicksal noch zu wenden. Das hatte am Ende des Jahres 1942 noch anders ausgesehen. Inzwischen war das Ostheer weit nach Westen zurückgedrängt und konnte sich doch nicht halten; Leningrad war nicht erobert, sondern am 27. Januar 1944 endgültig befreit worden, die Finnen begannen aus dem Krieg ebenso wie die Italiener auszuscheren, die Verbündeten Rumänien und Ungarn standen am Abgrund, in den besetzten Ländern wuchs der Widerstand exponentiell und wurde überall zum auch militärischen Problem – nicht nur in Rußland, auch in Griechenland, auf dem Balkan, in Frankreich. Vergeblich versuchten die Besatzungstruppen und -behörden dem zu steuern; ganz aussichtslos war es inzwischen, Fremdarbeiter zu gewinnen. Noch brummte der deutsche Rüstungsmotor, ja er schien vordergründig betrachtet effektiver als je zuvor, aber am Horizont zeichnete sich schon das Ende ab.

Dennoch fieberten nicht nur die Alliierten, sondern auch die Deutschen der Invasion entgegen, und diese wurde auf beiden Seiten zur Entscheidungsschlacht des Krieges überhaupt hochstilisiert.

22. INVASION ALS »ENDSIEG?«

»Der Eintritt der Invasion[737] wird allgemein als Erlösung aus einer unerträglichen Spannung und drückenden Ungewißheit empfunden... Die Nachricht vom Beginn der Invasion wurde teilweise mit großer Begeisterung aufgenommen...«[738]

Das Volk jubelte, nicht etwa in der Erwartung, daß die Alliierten dem Nazi-Spuk nun ein rasches Ende bereiten würden, ganz im Gegenteil. Walter Warlimont hat Hitlers Reaktionen beschrieben: »Mit einem völlig unbeschwerten Lächeln und in der Haltung eines Mannes, der endlich die langerwartete Gelegenheit zur Abrechnung mit seinem Gegner gefunden hat, näherte er sich den Karten und ließ dabei in einem ungewöhnlich starken österreichischen Dialekt zunächst nur die Worte fallen: 'Also, – anganga is'«.[739]

Volk und Führung, so ließe sich vereinfacht sagen, fühlten sich am Morgen des 6. Juni 1944 also außerordentlich wohl: Das Volk, so die Erklärungen nach dem Krieg, war verführt, ihm sei kein reiner – militärischer – Wein eingeschenkt worden, Hitler aber habe sich in der Rolle des Schauspielers gefallen; Ignoranz und Verstellung hätten die Deutung des Tages bestimmt, in Wahrheit habe natürlich jedermann gewußt, daß der Krieg längst verloren, die Invasion nichts als eine Art Gnadenschuß für das »Dritte Reich« war.

An dieser Version ist durchaus zu zweifeln. Es gibt drei Thesen:

1. Die Wende des Zweiten Weltkrieges wurde mit dem Verlust der Schlacht um Stalingrad besiegelt. Hätten Stalingrad und die Südostfront stabilisiert werden können, so wäre es denkbar und möglich gewesen, die »Festung Europa« auf Dauer zu halten; Hitler selbst hatte während des Vormarsches immer wieder darauf verwiesen, daß die Gewinnung der kaukasischen Ölfelder von kriegsentscheidender Bedeutung sei. Stalingrad konnte aber auch deswegen als »Kriegswende« begriffen werden, weil seitdem eine politische Option, also ein eventueller deutsch-sowjetischer Separatfrieden, nicht mehr gegeben war.

2. Mit Stalingrad wurde lediglich breiten Bevölkerungsschichten zum ersten Mal bewußt, daß der Krieg verloren gehen könnte. Die Sportpalastrede von Goebbels vom 18. Februar 1943 läßt sich dann als verzweifelter

Versuch der deutschen Führung deuten, die bis Stalingrad weit verbreitete Zuversicht auf einer anderen Basis wiederherzustellen. In Wirklichkeit haben weder Goebbels noch Hitler geglaubt, den Krieg noch siegreich beenden zu können. Der endgültige Verlust des Krieges aber ist nicht auf den Termin des Falls von Stalingrad zu legen, sondern schon auf den 7. bzw. 11. Dezember 1941, also den Zeitpunkt des Überfalls auf Pearl Harbor, die deutsche Kriegserklärung an die USA und die Krise vor Moskau, mit der der »Weltblitzkrieg« definitiv gescheitert ist.

3. Die Entscheidung des Krieges fiel mit der Invasion vom Juni 1944. Sie enthält implizit die Behauptung, daß weder der Dezember 1941 noch der Januar 1943 die entscheidenden Zäsuren darstellten, sondern der 6. Juni 1944 oder, genauer: der Tag des Durchbruches der Alliierten bei Avranches. In diesem Zusammenhang pflegt Rommels Schreiben an Hitler vom 15. Juli 1944 zitiert zu werden, in dem dieser Hitler aufforderte, nunmehr die Konsequenzen aus der Lage zu ziehen, d.h. zu kapitulieren.

Die Forschung hat dieses wie viele andere Dokumente immer nur vor dem Hintergrund der ersten bzw. zweiten These gedeutet, d.h.: Auch Rommel sei längst davon überzeugt gewesen, daß der Krieg verloren war. Er habe, wie alle anderen, nur schweigend seiner soldatischen Pflicht gehorcht, also eine Art Glasperlenspiel betrieben.

Wäre dies richtig, so ergäbe sich daraus Folgendes: Zumindest die in die tatsächliche Kriegslage eingeweihte höhere politische und militärische Führung des Reiches hätte seit Januar 1943, ja vielleicht sogar seit Dezember 1941 den Krieg nur noch als l'art pour l'art geführt; nicht mehr, um ihn zu gewinnen oder glimpflich zu beenden, sondern nur noch um, wie es Raeder und Dönitz direkt oder indirekt formulierten, kein zweites »1918« zu »verschulden«. Das wiederum hieße: Die größten Zerstörungen und Opfer des Krieges wären von einer Führung billigend in Kauf genommen worden, die entgegen besseren Wissens einen Krieg fortführte, von dessen katastrophalem Ausgang sie schon überzeugt war. Das wiederum hieße: Alle dafür Verantwortlichen wären Verbrecher, nicht nur die Angehörigen der Wehrmacht. Das wäre eine neue, aber garstige Deutung, durchaus geeignet, das Bild der dramatis personae auf deutscher Seite noch finsterer erscheinen zu lassen, als es ohnehin der Fall ist. Deswegen kommt es darauf an zu klären, ob die dritte These mehr war als geradezu verbrecherische Propaganda.

Die Invasion vom Juni 1944 bildete – im nachhinein gesehen – den Abschluß eines strategisch-politischen Prozesses, der unmittelbar nach dem deutschen Überfall vom 22. Juni 1941 eingesetzt hatte. Praktisch vom ersten Tag des Ostfeldzuges an tauchte bei Hitler, im OKW, bei der Seekriegsleitung die Idee der »Zweiten Front« auf; die spontane »unheilige Allianz« zwischen England und der Sowjetunion war nichts anderes als ein Wechsel auf die Zukunft der »Zweiten Front«, und die nachfolgende Entwicklung zeigte, daß Stalin das genau so und in diesem Bündnis das Versprechen Churchills, später dann auch Roosevelts sah, ihn durch die Errichtung einer »Zweiten Front« im Westen zu entlasten.[740] Daß in den Jahren 1941 und 1942 Churchill mit dem Gedanken spielte, das Versprechen einer »Zweiten Front« in Anlehnung an die Weltkriegserfahrungen vielleicht doch auf dem Balkan oder wo auch immer in der Peripherie des deutschen Kriegsreiches zu erfüllen, besaß niemals eine echte Chance.

Während die Idee der »Zweiten Front« erst auftauchen konnte, nachdem Hitler mit dem Angriff auf die UdSSR die »erste Front« eröffnet hatte, konnte dieser sie logischerweise schon viel früher antizipieren; die Vorstellung einer »Zweiten Front« spielte in Hitlers Gedankenwelt, die sich seit dem Juli 1940 mit »Barbarossa« beschäftigte, von dem Moment an eine wichtige Rolle, in dem mit der Invasion Englands nicht mehr ernsthaft zu rechnen war – also spätestens seit Beginn des Jahres 1941. Merkwürdiger- oder bezeichnenderweise waren die Reaktionen der Wehrmacht auf Hitlers Andeutungen vom 30. Januar 1941 gleich Null.

»Ich las nun einigemale«, äußerte sich der Diktator, »daß die Engländer die Absicht haben, mit einer großen Offensive irgendwo zu beginnen. Ich hätte hier nur den einen Wunsch, daß sie mir das vorher mitteilen würden. Ich wollte dann gerne das Gebiet vorher räumen lassen. Ich würde ihnen alle Schwierigkeiten der Landung ersparen, und wir könnten uns dann wieder vorstellen und noch einmal aussprechen – und zwar in der Sprache, die sie wohl allein verstehen!«[741]

Natürlich war das Hybris und Propaganda, zugleich doch aber auch in rudimentärer Form ein strategisches Konzept, um das in der Phase der Invasionsreife seit Mitte 1943 erbittert gerungen werden sollte. Hier zum ersten Mal tauchte der Gedanke auf, daß die Invasion zwar nicht kriegsentscheidend sein würde – Hitler selbst hatte einen Atemzug zuvor behauptet: »Ich darf aber rückschauend eines sagen: schon das Jahr, das hinter uns liegt, und der letzte Teil des vorvergangenen Jahres haben praktisch diesen Krieg entschieden« – aber eine Invasion, sollte sie tatsächlich kommen, würde diese Entscheidung noch einmal bestätigen. Später sprach nicht nur Goebbels vom »Zweiten Dünkirchen«, das mit der Invasion kommen würde.[742]

Eine alliierte Invasion in Nordfrankreich, ebenso aber auch in Norwegen, im Mittelmeer, auf Kreta, dem Balkan, Nordafrika galt seit dem Dezember 1941 in allen höheren militärischen Stäben bis hinauf zum OKW,

OKH und der Seekriegsleitung als ständige Option der deutschen Gegner. Gerade die geographische Vielfalt möglicher Invasionsversuche trug zur Ausbildung des Gedankens bei, daß das von Deutschland beherrschte Kontinentaleuropa eine »Festung« bilde, und in zunehmendem Maße entwickelte sich das strategische Bild von der Rundumverteidigung der »Festung Europa« und den – natürlich vergeblichen – Versuchen der Alliierten, irgendwo und irgendwann in den Festungsring einzubrechen. Kleinere taktische Kommandounternehmen, wie etwa St. Nazaire oder der etwas größere Landungsversuch bei Dieppe[743] konnten dabei strategisch oder gar politisch nichts bewirken – und zwar für beide Seiten. Wenn sich die Engländer vor allem in Dieppe eine blutige Nase holten, so ging dies doch keineswegs an die Substanz ihrer Widerstands- und Offensivkräfte; wie umgekehrt eine erfolgreiche deutsche Abwehr nichts über den Gesamtzustand der Festungsverteidigung aussagte. Wenn Hitler dennoch St. Nazaire und Dieppe als großangelegte strategische Invasionsversuche hochstilisierte, so war dies reine Propaganda. Intern war jedermann klar, daß solche Scharmützel belanglos waren. Worum es eigentlich ging, schlug sich in der OKW-Weisung vom 14. Dezember 1941 nieder, in der es einleitend hieß:

»Die von uns beherrschten Eismeer-, Nordsee- und Atlantikküstenbereiche sind im Endziel zu einem neuen Westwall auszubauen, um dann bei möglichst geringem Einsatz ständig festgelegter Feldtruppen mit Sicherheit jedes feindliche Landungsunternehmen auch stärkster Kräfte abwehren zu können.«[744]

Damit war, ein knappes Jahr nach Hitlers Vision vom Zweiten Dünkirchen, jenes strategische Konzept skizziert, das fortan für den größten Teil der deutschen militärischen Führung bindend blieb. Es besagte: Die »Festung Europa« muß mit einem Wall umgeben werden, der sie unangreifbar macht. Der Wall muß so stark sein, daß man Menschen durch Beton ersetzen kann und es nach menschlich-strategischem Ermessen für den Gegner aussichtslos ist, hiergegen erfolgreich anzurennen – selbst mit »stärksten Kräften«. Mit keinem Wort versuchte die Weisung diese »stärksten Kräfte« zu quantifizieren; die Idealvorstellungen von dem »neuen Westwall« freilich wurden in der Weisung detailliert skizziert. Halder kommentierte: »Neue Aufträge des Führers über permanenten Ausbau der Westküstenbefestigungen (unmögliche Forderungen!).«[745]

So sahen es auch die mit dem Westwallbau betrauten Dienststellen; in mancherlei Hinsicht wird man an die Kontroverse Hitler-Adam aus dem Jahr 1938 erinnert, als der General ersterem nicht zusichern konnte, den Westwall drei Wochen lang halten zu können und Hitler schier explodiert war. Aber weder Halder noch Zeitzler hatten den Mut eines Adam, obwohl sie schon sehr früh wußten, daß das Konzept der Weisung vom 14. Dezember 1941 niemals realisierbar sein würde. Als Hitler selbst offensichtlich Besorgnisse äußerte, ging Halder darüber hinweg; zu Hitlers Ausführungen am 28. März 1942, als es um die Operation »Blau« ging, notierte der Generalstabschef: »1. Schlimmste Besorgnis Landung Nordnorwegen mit Rücksicht auf Schweden. 2. Landung an französischer Westküste und ihre Folgen«.[746]

Tatsächlich geschah in den folgenden Monaten nichts; von einer systematischen und planvollen Stärkung des Westraumes konnte angesichts der Lage im Osten keine Rede sein, der Westen wurde vielmehr, wie es Rundstedt später nicht ohne Bitterkeit nennen sollte, ständig »ausgekämmt«, so daß ein ruhiger Aufbau der Westverteidigungskräfte nicht möglich war. Die Vogel-Strauß-Politik des OKW erreichte ihren Höhepunkt, als dem OB West am 11. Juli 1943 auf dessen Klagen über die völlig unzureichenden Verteidigungskapazitäten im Westraum geantwortet wurde: »Der Schwerpunkt des Feindes für den Angriff auf das europäische Festland liegt im Mittelmeer und wird aller Voraussicht nach auch dort bleiben.«[747]

Solche Vorstellungen konnten sich entwickeln, weil inzwischen die Idee der Invasion im Westraum von Hitler »politisiert« worden war. Das, wie es der OB West am 25. Oktober 1943 einmal nennen sollte »unverständliche« strategische Handeln des Westgegners schien nur dann Sinn zu machen, wenn man davon ausging, daß die »Zweite Front« nicht in erster Linie aus militärisch-strategischen, sondern rein politischen Gründen errichtet werden sollte – die Ergebnisse der Moskauer Konferenz und weiterer alliierter Besprechungen, von der Seekriegsleitung sorgfältig registriert und kommentiert, ließen den Schluß zu, die Westalliierten müßten diese »Zweite Front« letztlich contre cœur irgendwann einmal doch wagen. Schon in der Führerweisung Nr. 40 vom 23. März 1942 wurde dieses Denkschema deutlich:

»Mißerfolge auf anderen Kriegsschauplätzen, Verpflichtungen gegenüber den Verbündeten und politische Erwägungen können ihn (den Gegner) zu Entschlüssen verleiten, die nach rein militärischer Beurteilung unwahrscheinlich sind.«[748] Am 29. Juni 1942 hieß es im Kriegstagebuch des OKW:

»Der Führer weist zunächst darauf hin, daß man mit englisch-amerikanischen Landungsabsichten größeren Stiles rechnen müsse, um eine ›zweite Front‹ zu bilden, die auf der Feindseite sowie innen-wie bündnispolitisch erforderlich.«[749] Noch deutlicher drückte sich Mussolini aus: »Feinde müssen unter allen Umständen die Bildung einer zweiten Front versuchen.«[750]

Das hieß: Wenn das ungleiche Bündnis Bestand haben sollte, mußten die Westmächte die »Zweite Front« errichten – koste es was es wolle. Der

Umkehrschluß: Verzögerten die Westmächte die Invasion über Gebühr oder scheiterten sie gar bei ihrem strategischen Großlandungsversuch, konnte mit einem Zerfall des Bündnisses gerechnet werden. Um diese Option zu realisieren, bedurfte es von deutscher Seite zweier Voraussetzungen: Zum einen mußten im »Osten... endlich feste Fronten geschaffen werden, um im nächsten Frühjahr wenigstens an einer Stelle zur Offensive übergehen zu können« – so Jodl am 1. Dezember 1942;[751] zum anderen waren die Westbefestigungen so zu verstärken, daß ein Landungsversuch abgeschlagen werden konnte. Die Krise von Stalingrad führte keineswegs zur Resignation, sondern schien nur ein vorübergehendes kleines Unglück zu sein. Die Propaganda behauptete das gleiche, sie wirkte daher glaubhaft. Am 30. September 1942, also zu einem Zeitpunkt, als die Operation »Blau« noch einigermaßen planmäßig ablief, hatte Hitler seine Vorstellungen vom 30. Januar 1942 noch einmal wiederholt und variiert, indem er den gescheiterten Landungsversuch von Dieppe zum Anlaß nahm, um bei einer »Volkskundgebung« im Berliner Sportpalast zu erklären:

»Sie sagen: ›Die zweite Front wird kommen. Sie ist bereits im Anmarsch! Ihr Deutschen paßt auf! Macht kehrt!‹ Wir haben nun nicht aufgepaßt, und nicht kehrtgemacht, sondern wir sind ruhig weitermarschiert. Damit will ich nicht sagen, daß wir uns nicht auf eine zweite Front vorbereiten. Wenn Herr Churchill jetzt sagt: ›Wir wollen es den Deutschen jetzt überlassen, in ihrer Angst darüber nachzugrübeln, wo und wann wir sie eröffnen‹ – so kann ich nur sagen: ›Herr Churchill, Angst haben Sie mir noch nie eingejagt!‹ Aber daß wir nachgrübeln müssen, da haben Sie recht, denn wenn ich einen Gegner von Format hätte, dann könnte ich mir ungefähr ausrechnen, wo er angreift. Wenn man aber militärische Kindsköpfe vor sich hat, da kann man natürlich nicht wissen, wo sie angreifen, es kann ja auch das verrückteste Unternehmen sein. Und das ist das einzig unangenehme, daß man bei diesen Geisteskranken oder ständig Betrunkenen nie weiß, was sie anstellen werden.

Ob Herr Churchill nun den ersten Platz, an dem er die zweite Front starten wollte, geschickt und militärisch klug ausgewählt hat oder nicht – darüber sind sogar in England, und das will immerhin allerhand heißen, die Meinungen geteilt – ich kann ihm jedenfalls versichern: Ganz gleich, wo er sich den nächsten Platz aussucht, er kann überall von Glück reden, wenn er neun Stunden an Land bleibt!«[752]

Diese Zuversicht ging in den nächsten 12 Monaten allen Verantwortlichen zwar verloren, dennoch hielten sie an der Grundidee fest: Die Alliierten seien aus politischen Gründen gezwungen, die Invasion zu wagen, auch wenn dies militärisch risikoreich sei, daraus ergäben sich die deutschen Chancen, wobei diese in einem weiten Spektrum von einem bloßen

Abwehrerfolg – so die Seekriegsleitung – bis zur glücklichen End-Entscheidung des gesamten Krieges reichten. In der Lagebesprechung am 20. Dezember 1943 hieß es:

»Der Führer: Wenn sie im Westen angreifen (dann ent) scheidet dieser Angriff den Krieg. Voss: Jawohl, das hat er (Dönitz-MS) allen Befehlshabern und Kommandeuren gesagt. Der Führer: Wenn dieser Angriff abgeschlagen wird, ist die Geschichte vorbei. Dann kann man auch in kürzester Frist wieder Kräfte wegnehmen.«[753]

Unter diesem Aspekt ist auch die »Weisung Nr. 51«[754] vom 3. November 1943 zu sehen. Hier zum ersten Mal, so scheint es, war gleichsam offiziell davon die Rede, daß die Abwehr der Invasion kriegsentscheidend sei; Hitler hatte in diesem Zusammenhang mehrfach betont, daß ein Mißerfolg bei der Abwehr den Verlust des Krieges bedeuten würde. Walter Warlimont hat Hitlers Äußerungen vom 20. Dezember 1943 zum Ausgangspunkt einer scharfsinnigen Analyse gemacht, die sich geradezu als Schlüssel für das Problem erweist. Warlimont interpretierte Hitler:

»Wenn dieser Angriff nicht abgeschlagen wird, ist der Krieg verloren! Bei solcher Auffassung, die gleichzeitig die Alternative einschloß, durch erfolgreiche Abwehr der Invasion einen besseren Ausgang zu erreichen, wäre selbst ein echter Oberbefehlshaber der Wehrmacht, wie er in Deutschland seit 1938 fehlte, in einen außerordentlich schwierigen Konflikt zwischen Einsicht und Verantwortung geraten, hätte er von vornherein gegenüber der politischen Führung die Aussichtslosigkeit der Verteidigung vertreten wollen. Gleiches von dem Chef eines WFStabes, der zudem nur noch einen Teil der Kriegführung übersah, erwarten zu wollen, hieße ihn und seine Stellung zweifellos überfordern.«[755]

Wo aber lagen »Einsicht« und »Verantwortung«? Warlimont suggerierte, daß die verfehlte Spitzengliederung eine objektive »Einsicht« in die Gesamtlage nicht mehr möglich gemacht habe – natürlich bezog sich dies nicht allein auf Jodl, sondern auch auf Keitel – und es ist logisch anzunehmen, daß auch die Oberbefehlshaber von Heer, Luftwaffe und Marine, jeweils wehrmachtsteilorientiert, strukturell und systemimmanent nicht in der Lage gewesen wären, diese »Einsicht« zu gewinnen. Daraus ließe sich ableiten, daß sie letztlich eben doch allein auf das Urteil Hitlers angewiesen blieben, der anscheinend davon überzeugt war, daß ein Abwehrerfolg realistisch, ja wahrscheinlich sei.

Warlimont fügte diesem Gedanken einen weiteren hinzu, der von ausschlaggebender Bedeutung für das historische Urteil der Nachwelt werden könnte:

»Daneben ist bei aller Ausweglosigkeit der Lage, in die Politik und Kriegführung Hitlers spätestens um die Wende 1943/44 gleichermaßen geraten waren aber auch zu bedenken, daß die deutschen Fern-Raketen, die sogenannten V-Waffen, damals in Kürze verwendbar werden sollten.[756] Von diesem 'Fernkampf', als dessen Ziel Hitler ausschließlich den Stadtbereich von London bestimmt hatte, erwartete er, daß die Invasion, wenn nicht unterbunden, so doch erheblich verzögert und in ihrer Entfaltung stark beeinträchtigt werden würde.«[757] Obwohl das OKW nüchtern darauf hinwies, daß »die Masse des Sprengstoffes, die täglich zur Wirkung gebracht werden kann, geringer bleibt als die, die bei einem großen Luftangriff abgeworfen wird«, schien sich mit den V-Waffen eine völlig neue Chance zu eröffnen, anders gewendet: wer an die V-Waffen glaubte, konnte schwerlich dazu gebracht werden, Hitler von der Aussichtslosigkeit der Invasionsabwehr zu überzeugen.

Wie stand es mit der von Warlimont apostrophierten »Verantwortung«?

Sieht man vom Kernkreis der Verschwörer um den 20. Juli 1944 ab, findet sich in den Aktengebirgen zur Geschichte der Wehrmacht kein Blättchen, aus dem hervorginge, daß der Begriff »Verantwortung« anders als im Sinne strenger militärischer Pflichtauffassung und Treue dem Führer gegenüber interpretiert worden wäre. Verantwortung hieß: Dafür zu sorgen, daß die »Festung Europa« gehalten wurde, um dem Krieg eine freundlichere Wende zu geben – nicht gegen, sondern mit und für Hitler. Stellvertretend für viele läßt sich hier Karl Dönitz erwähnen, der in seinem Appell vom 17. Dezember 1943 vom »fanatischsten« und »vollsten« Einsatz der Kriegsmarine im Invasionsfall sprach[758] – in der Lagebesprechung vom 20. Dezember stellte Admiral Voß, der Verbindungsoffizier der Marine im OKW, die schon zitierte Beziehung zu Hitlers Auffassung her.

Im Vorfeld der Invasion sind zwei Trends zu beobachten, die auf den ersten Blick nichts, auf den zweiten aber durchaus etwas miteinander zu tun haben: Was an materiellen und personellen Kräften bei der Invasionsabwehr fehlte, sollte durch »Wunderwaffen« ergänzt bzw. ersetzt werden, die Deutung der Invasion als mehr oder weniger erzwungenes politisches Manöver der gegnerischen Allianz verhieß demjenigen Vorteile, der auf die Politik keine Rücksicht zu nehmen brauchte und sich ganz auf bewährte militärische Erfahrungen verlassen konnte. Hitler hat auf diesem Klavier fortan virtuos zu spielen verstanden – so anläßlich eines Empfanges des japanischen Botschafters Oshima, dem er vorschwärmte:

»Er, der Führer, erwarte die Landung der Angloasachsen im Westen im Laufe dieses Frühjahrs... Die Nordküste bestünde aus einem ungeheuer ausgebauten Festungswall, an dem noch monatlich 6-700000 Kubikmeter Eisenbeton zugebaut würden.[759] Millionen von Minen und Landminen seien an der Küste gelegt. Er erwarte also, daß der Gegner irgendwo lande und das begrüße er, denn wir würden ihn schlagen.« Anschließend, so fuhr er fort, hätte man 30 Divisionen für den Osten frei.[760] Antonescu tischte er am 26.2.1944 die gleiche Geschichte auf,[761] noch dicker trug er sie Tiso und Tuka gegenüber am 12. Mai 1944 vor. Es läge im deutschen Interesse, so versicherte er in Anwesenheit Ribbentrops den slowakischen Verbündeten, »daß die Invasion so bald wie möglich stattfände«, aber man müsse befürchten, daß die Angelsachsen vor lauter Angst nicht zu landen wagen würden.[762] Wie sich Hitler und der OB West Rundstedt die Bälle zuwarfen, ging aus dem Entwurf eines Schreibens des letzteren an Pétain hervor, in dem der OB West dem Marschall mitteilte, »daß eine anglo-amerikanische Landung im Westen nicht zu einem Zusammenbruch Deutschlands, sondern höchstens zu einem blutigen Ringen auf französischem Boden führen würde.« Es läge daher im ureigensten Interesse Pétains, die deutschen Abwehrbemühungen zu unterstützen.[763]

Sieht man sich die realen Kräfteverhältnisse am Vorabend von D-Day an, so ist schwer begreiflich, daß gerade in den letzten Monaten und Wochen vor der Landung die Zuversicht auf deutscher Seite wuchs. Man gewinnt den Eindruck, als habe die politische und militärische Führung das wahre Ausmaß der alliierten Vorbereitungen nicht zur Kenntnis genommen oder gröblich unterschätzt. Dabei gab es genügend Möglichkeiten, die alliierten Potentiale und Kapazitäten »hochzurechnen«; vor allem Dönitz wußte aus Erfahrung, über welche Ressourcen die Angelsachsen verfügten – jahrelang hatte man die Rüstungsanstrengungen in den USA in der Seekriegsleitung akribisch verfolgt, und nach dem Verlust der Atlantikschlacht im Mai 1943 gab es keinerlei realistische Möglichkeit, die atlantische Rollbahn noch einmal zu unterbrechen. Je länger die Invasion auf sich warten ließ, desto größer mußte das Invasionspotential werden – in Deutschland schien man zu glauben, die Zeit arbeite für das Reich. Die energischen Bemühungen Rundstedts und Rommels im Westen konnten vordergründig betrachtet tatsächlich den Anschein erwecken, als habe man glücklicherweise Zeit, sich mit aller Sorgfalt auf D-Day vorzubereiten, tatsächlich erfolgte die Landung, »als bei uns das erringbare Maximum an Bereitstellung von Verbänden ungefähr erreicht war.«[764] Percy Ernst Schramm wies auch darauf hin, daß es tagelang gedauert habe, bis die Landungskräfte in der Normandie rein numerisch den deutschen Abwehrkräften gewachsen waren.

Es gibt keinen Zweifel: Am Vorabend der Invasion war die deutsche politische und militärische Führung davon überzeugt, daß die Entscheidung zumindest offen war; wieviele der verantwortlichen Führer innerlich davon überzeugt waren, tatsächlich eine echte Chance zu besitzen, wissen wir nicht, Jodls Äußerungen vor dem Reichskabinett am 5. Mai 1944 dürften jedoch symptomatisch sein:

»Heute nun stehen wir, wenn nicht alles täuscht, und wenn es sich nicht um den größten Bluff der Weltgeschichte handelt, vor der Großlandung der Westmächte und damit vor den für den Ausgang des Krieges und für unsere Zukunft entscheidenden Kämpfen. Beim Gegner ist alles bereit militärisch und politisch... Für uns ist der Weg klar vorgezeichnet, vor uns steht entweder der Sieg oder die Vernichtung... Ein Abwehrsieg wird die militärische und politische Lage von Grund auf ändern, denn eine solche Landung, die man jahrelang in allen Einzelheiten vorbereitet hat, kann man nicht einfach wiederholen, von den innenpolitischen Auswirkungen in England und Amerika ganz zu schweigen.«[765]

Tatsächlich hatte das deutsche Kriegsreich wohl alles getan und aufgeboten, was zu diesem Zeitpunkt überhaupt möglich war, um die Invasion abzuwehren;[766] das Verhalten der men on the spot mit Rommel und Rundstedt an der Spitze läßt sich nur verstehen, wenn man davon ausgeht, daß auch sie in der Invasionsabwehr keine a priori unmögliche Aufgabe sahen. Will man nicht annehmen, daß die geschickte psychologische Behandlung der Westbefehlshaber durch Hitler zu einer Art Autosuggestion der Befehlshaber geführt hat, so bleibt nur der Schluß, daß die Verantwortlichen tatsächlich am 6. Juni 1944 davon überzeugt waren, daß nunmehr – aber auch wirklich jetzt erst – die Entscheidungsstunde des Krieges geschlagen habe. Die Aufrufe Hitlers und Rundstedts können nicht als billige Propaganda abgetan werden, zumal sie inhaltlich ja auch im internen militärischen Büroverkehr, also fern aller Außenwirkung, ihren Niederschlag fanden. Sieht man sich nun in Parallele die SD-Berichte an, ist eine verblüffende Übereinstimmung zwischen der politischen, der hohen militärischen Führung auf der einen, der »öffentlichen Meinung« und der Gerüchteküche auf der anderen Seite festzustellen, ein Beispiel mag genügen, es stammt aus dem Mai 1944:

»Die Aussicht, daß in nächster Zeit unbedingt eine entscheidende Wendung im Kriegsgeschehen zu unseren Gunsten eintreten müsse, läßt die meisten Volksgenossen einer Invasion mit großen Hoffnungen entgegensehen. Man spricht von ihr als von der letzten Gelegenheit, das Blatt zu wenden. Eine Angst vor der Invasion ist kaum festzustellen. Man nimmt vielmehr eine schwere Niederlage für den Gegner an. Nur vereinzelt werden Stimmen laut, daß der Atlantikwall vielleicht nicht gehalten werden könne oder daß es ernst werde, wenn mit der Invasion gleichzeitig eine Großoffensive der Russen einsetze (z.B. Kattowitz). Das Schlimmste, was passieren könnte, wäre aber auch für diese besonders besorgten Gemüter, daß die Invasion wider alles Erwarten doch nicht kommt. ›Hoffentlich kommen sie recht bald, damit die Ungewißheit aufhört. So oder so, kommen muß sie‹«.[767]

Viel anders klang es auch nicht in den amtlichen Akten, hier wäre beispielsweise an die entsprechenden Einträge im Kriegstagebuch der Seekriegsleitung zu erinnern.

Was ergibt sich daraus? Zum einen dürfen wir nicht ex post argumentieren, sondern müssen erkennen, daß für die Masse der Deutschen – natürlich gab es gewichtige Ausnahmen – und zwar durchgängig von »ganz oben« bis »ganz unten« der Krieg bis zum 6. Juni 1944 eben noch nicht entschieden war. Wie hoch der Prozentsatz derjenigen war, die von der Invasion den Anfang zum Endsieg erhofften, läßt sich nicht quantifizieren. Vieles deutet darauf hin, daß der Anteil derer, die mit der erfolgreichen Invasionsabwehr eine Art »Hubertusburg« für möglich hielten, größer war. Ausgesprochene Pessimisten, also Menschen, die angesichts der in England versammelten alliierten Kapazitäten die Einleitung von Kapitulationsverhandlungen befürworteten, wird es sicherlich auch gegeben haben, es war aber bekanntlich tödlich, derlei zu schreiben oder zu sagen – hier verlassen uns unsere Quellen, allem Anschein nach war das eine Minderheit. Die Nicht-Akzeptanz des 20. Juli 1944 durch die Bevölkerung läßt sich als eine Art nachträglicher Beweis dafür ins Feld führen.

Ein weiterer Befund ist wichtig: Mustert man die der Öffentlichkeit zugänglichen Quellen – Zeitungen, Rundfunksendungen, Wehrmachtberichte – so kann keine Rede davon sein, daß die Deutschen für dumm verkauft wurden. Wer sich ein Bild von der militärischen Lage machen wollte, konnte dies auch im Frühjahr und Sommer 1944 tun, dazu bedurfte es nur mäßig anspruchsvoller Entschlüsselungsverfahren, über die die gewitzten Volksgenossen inzwischen verfügten. Die Invasion wurde nicht in ein grundsätzlich verfälschtes Lagebild integriert. Die Intensität der Luftangriffe hatte zwar vor D-Day nachgelassen, weil die Alliierten jetzt alle Luftstreitkräfte benötigten, um die Verkehrswege in Frankreich kurz und klein zu schlagen, aber jedermann konnte mit eigenen Augen sehen, über welche Luftkapazitäten die Alliierten verfügten – ein Blick nach Hamburg, Berlin, vor allem ins Ruhrgebiet genügte, und die Trümmer waren nicht zu camouflieren. Auch um die Gefahr im Osten wußten die meisten, hier wirkte Stalingrad unvermindert weiter; das erkennbare Ausbleiben wenigstens einer zweiten »Zitadelle« im Frühjahr 1944 wurde ganz richtig als Stille vor dem roten Sturm interpretiert.

Will man nicht annehmen, daß Volk und Führung dem kollektiven Wahn verfallen waren, so erweist sich D-Day tatsächlich als die entscheidende Wende des gesamten Krieges – in den Augen der Zeitgenossen, notabene. Von irgendwelchen inneren Auflösungstendenzen konnte keine Rede sein, nebenbei bemerkt erreichte der deutsche Rüstungsausstoß im Juli 1944 seinen Höhepunkt. Nie hatten es die Gegner des Regimes schwerer als in diesen gespannten Monaten vor der Invasion – auf alle Fälle sind die Reaktionen des Volkes plausibel und logisch. Die Mehrheit wollte das »Dritte Reich« nach wie vor und hoffte, es würde sich vermittelst der Invasionsabwehr auf Dauer, am besten tausend Jahre, behaupten lassen.

Geht man davon aus, daß im subjektiven Verständnis der deutschen Zeitgenossen die Entscheidung des Krieges bis zum 6. Juni 1944 tatsächlich offen war, so stellt sich die Frage, ob das tatsächlich nur eine Selbsttäuschung oder aber irgendwie begründet war. Hier ist ein Blick in das alliierte Lager lehrreich. Schon der Aufwand, mit dem 1994 die fünfzigjährige, 2004 die sechzigjährige Wiederkehr der Invasion von den ehemaligen Siegermächten gefeiert wurde – nicht zuletzt auch der wissenschaftliche Aufwand – deutet darauf hin, daß D-Day auch im Selbstverständnis der Sieger eine wichtige Schlacht war – ob »kriegsentscheidend« muß eine Durchsicht des alliierten Quellenmaterials erweisen. Es mag jedoch zunächst genügen, einen Blick auf die wichtigsten Persönlichkeiten zu lenken, und zwar auf Churchill, Eisenhower, Montgomery, Harriman. Sie alle haben Memoiren hinterlassen, alle gehen auf D-Day relativ ausführlich ein – und alle betonen, daß es sich hierbei keineswegs um einen militärischen Spaziergang gehandelt habe. In Colvilles Downing-Street-Tagebüchern findet man unter dem 14. April 1944 folgende Notiz aus Chequers:

»Desmond Morton war beim Abendessen sehr trübsinnig. Fast jedermann ist jetzt in einer ähnlichen Stimmung. Es ist beinahe so wie im letzten Akt einer griechischen Tragödie: Im ersten Akt erträgt man es noch, daß Agamemnon im Bad ermordet wird, aber im letzten Akt herrscht so düstere Untergangsstimmung, daß das Publikum wie erschlagen ist. Im Schatten der sich ankündigenden Schlacht, die zu den entscheidenden der Weltgeschichte gehören wird, hat viele Leute in allen Schichten eine merkwürdige Unrast und Unausgeglichenheit befallen. Und hinzu kommt noch die Ungewißheit über Rußlands zukünftiges Verhalten gegenüber Europa und der Welt.«[768]

Churchills worst-case-Denken in Zusammenhang mit »Overlord« war notorisch, er selbst brachte es in seinen Memoiren mit dem Trauma des Ersten Weltkrieges in Verbindung: »In meinem Gedächtnis war der entsetzliche Preis eingegraben, den uns die großen Offensiven des Ersten Weltkriegs an Leben und Blut gekostet hatten.« »Überlegene Feuerkraft der Artillerie, so schrecklich sie sein mag, bot keine endgültige Lösung. Die Verteidiger konnten hinter den ersten Linien leicht neue Abwehrstellungen vorbereitet haben, während sich das dazwischen gelegene Gelände, auch wenn es die Artillerie freizukämpfen vermochte, in ein unpassierbares Trichterfeld verwandelte. Das waren die Früchte aus der Erkenntnis, die Engländer und Franzosen von 1915 bis 1917 so teuer erkauft hatten.«[769]

Skeptisch beurteilte Churchill den Plan »Overlord«, nur schwer und nach und nach ließ er sich zu ihm bekehren, für ihn war es schließlich »die größte aller Unternehmungen«, der »Höhepunkt des Krieges.«[770]

Auch Eisenhower war von Selbstzweifeln nicht frei, wie eine Formulierung »Das unmöglich Scheinende wurde vollbracht«[771] erkennen läßt; »Die Operation 'Overlord'«, so meinte er in seinen Invasions-Erinnerungen, »war aber vom Juli 1943 bis nach dem D-Tag noch von einer anderen großen Gefahr bedroht: die Deutschen erbauten an der Kanalküste Anlagen, die anscheinend Abschußrampen für Raketenbomben oder ferngelenkte Flugzeuge waren, und wenn auch diese Waffen vermutlich vornehmlich gegen London verwendet werden sollten, so bestand doch die Möglichkeit, daß unsere Schiffskonzentrierungen in den südenglischen Häfen ein verlockendes Ziel darstellen würden und somit der Aufmarsch unserer Invasionsarmee ernsthafter Bedrohung ausgesetzt wäre.«[772] Die Größe der Aufgabe, die mit ihr verbundenen Risiken faßte Eisenhower so zusammen:

»Wir mußten die größte Landung unternehmen, die bisher in der Geschichte gegen eine von modernsten Befestigungen starrende Küste durchgeführt worden war, und hinter dieser Küste stand das deutsche Westheer, das seit den finsteren Tagen von 1940 nicht mehr zur Schlacht hatte antreten müssen.«[773] In düsteren Szenarien malte sich Eisenhower die Folgen einer mißlungenen Invasion aus: »Ein Mißerfolg hätte geradezu verhängnisvolle Folgen mit sich gebracht. Eine solche Katastrophe hätte eventuell eine vollständige Umgruppierung aller in Großbritannien versammelten amerikanischen Streitkräfte und ihre Verlegung nach anderen Kriegsschauplätzen notwendig gemacht, während Kampfmoral und Entschlossenheit der Alliierten in nicht abzuschätzenden Ausmaße darunter gelitten hätten. Schließlich hätte sich ein solcher Fehlschlag gewiß auch äußerst stark auf die Lage in Rußland ausgewirkt, und man konnte den Gedanken nicht von der Hand weisen, daß dieses Land womöglich an einen Sonderfrieden gedacht hätte, wenn es seine Verbündeten für vollkommen unnütz halten und sehen müßte, daß sie nicht imstande wären, in Europa ein größeres Unternehmen vom Stapel zu lassen.«[774] Die Parallele zu ähnlichen – natürlich postitiv gewendeten – Aussagen aus deutschem Munde ist verblüffend!

Noch unmittelbar vor Beginn der Landung war Eisenhower nicht frei von Sorgen; ausgelöst wurden sie durch die unsicheren Wetterprognosen; man gewinnt den Endruck, als habe der Oberbefehlshaber der Alliierten die ganze Operation als an einem seidenen Faden hängend eingeschätzt, wenn man in seinen Erinnerungen liest:

»Sollte keiner der in Frage kommenden drei Tage zufriedenstellendes Wetter bringen, so würde das Folgen haben, an die man fast nur mit Schrecken denken konnte. Das Geheimnis wäre preisgegeben, die Angriffstruppen müßten ausgeladen und in ihre mit Stacheldraht umzäunten Sammelunterkünfte zurücktransportiert werden, wo ihre Plätze schon von denen eingenommen sein würden, die mit den nächsten Wellen folgen sollten. Komplizierte Marschtabellen könnten weggeworfen werden, die Moral würde sinken und eine Wartezeit von mindestens vierzehn, vielleicht sogar achtundzwanzig Tagen müßte verstreichen – ein Schwebezustand für über zwei Millionen Mann! Die Schönwetterperiode, die für größere Operationen zur Verfügung stand, würde noch kürzer werden, und der Feind konnte seine Verteidigungsanlagen noch mehr verstärken! Ganz Großbritannien würde bald merken, daß etwas schief gegangen sei, und eine allgemeine Mutlosigkeit in diesem Lande und in Amerika konnte die unvorhergesehensten Folgen haben. Schließlich stand hinter allem immer das Bewußtsein, daß der Feind an der französischen Küste neue, vermutlich wirkungsvolle Geheimwaffen entwickelte. Was diese in unseren vollgepfropften Häfen, besonders in Plymouth und Portsmouth, anrichten konnten, das vermochten wir nicht einmal zu ahnen.«[775]

Zweifel beschlichen aber auch andere militärische Experten. Eisenhower hat anschaulich geschildert, wie er sich gegen deren Skepsis aus übergeordneten politischen und strategischen Erwägungen schließlich dann doch zum Angriffsbefehl durchgerungen habe; auf dem Höhepunkt dieser Zweifel stellte er sich »einen ungeheuren Mißerfolg« vor, »womöglich... eine(r) Niederlage der Alliierten in Europa.«[776] Eisenhower hat in genauer Parallele zu entsprechenden deutschen Vorstellungen den V-Waffen dabei eine geradezu ausschlaggebende Bedeutung eingeräumt:

»Es war anzunehmen, daß unsere Invasion in Europa sich als äußerst schwierig, vielleicht sogar als unmöglich erwiesen hätte, wenn es den Deutschen gelungen wäre, diese neuen Waffen sechs Monate früher fertigzustellen. Ich bin überzeugt, daß das Unternehmen ›Overlord‹ hätte ausfallen müssen, wenn es dem Feind gelungen wäre, diese Waffen sechs Monate lang einzusetzen, besonders dann, wenn er den Raum von Portsmouth und Southampton zu einem seiner Hauptziele gemacht hätte.«[777]

Was wäre gewesen wenn – nur im Rahmen der kontrafaktischen Geschichte ließe sich diese Frage beantworten; entscheidend ist, daß die dramatis personae von 1944 nicht wissen konnten, wie die Geschichte weiterverlaufen würde – und daß es Chancen auf beiden Seiten gab, machen derartige Äußerungen klar. Selbst Montgomery, dessen anscheinend unverwüstlicher Optimismus Churchill schließlich mitriß, deutete in seinen Erinnerungen an, daß auch er »Overlord« als »die Entscheidung des Krieges in Europa« ansah. »Wenn wir in der Normandie Mißerfolg hatten, konnte der Krieg sich noch jahrelang hinziehen.« »Wir konnten uns keinen Mißerfolg leisten«.[778] Über die Schwere der Aufgabe machte auch er sich keinerlei Illusionen: »Unsere Operationen auf dem Festland werden nicht leicht sein. Der Feind liegt in vorbereiteten Stellungen. Er hat den Strand mit Hindernissen gespickt. Er hat Reserven für Gegenangriffe bereitgestellt. Wir können nicht nahe genug an den Feind herankommen, um durch eingehende Erkundungen sicherzustellen, daß unsere Entschlüsse richtig sind. Es drohen uns also mancherlei unbekannte Gefahren.«[779]

Diese Beispiele mögen genügen, um abschließend festzustellen: Alle an «Overlord« Beteiligten gingen natürlich vom Erfolg der Operation aus – was anderes wäre zu erwarten gewesen, aber fast allen war auch das Risiko bewußt, das sie damit eingingen. Was für die Alliierten aber Risiko war, war für die Deutschen Chance und Hoffnung. Daraus ergibt sich, daß beide Seiten subjektiv davon überzeugt waren, die tatsächlich »kriegsentscheidende« Schlacht zu schlagen. Dies wiederum bedeutet, daß wir uns davor hüten müssen, unsere nachträglichen Erkenntnisse im Sinne der eingangs genannten beiden Thesen zur Folie unseres Urteils über die Geschichte der Jahre 1943 und 1944 zu machen. Das »Dritte Reich« war, so manchem äußeren Anschein zum Trotz, auch im 6. Kriegsjahr noch durchaus widerstandsfähig, die Wehrmacht auch vor dem 20. Juli 1944 intakt und in der Masse Hitler ebenso ergeben wie die Masse des Volkes. Die Entscheidung gegen den Nationalsozialismus aber führten nicht die Deutschen, sondern die in der Normandie siegreichen Alliierten herbei. Unbestritten verdankten sie dies in erster Linie ihrer materiellen und personellen Überlegenheit, aber auch dem Glück der Tüchtigen. Dieses hatte die Deutschen nach dem 6. Juni 1944 verlassen – das war kein Zufall, kein »böses« Schicksal, sondern systemimmanent: Die oft beschriebenen (und beklagten?) Fehler, Mängel, Unzulänglichkeiten bei der Invasionsabwehr[780] spiegelten einmal mehr die allgemeine Unfähigkeit nicht nur Hitlers und seiner Umgebung, sondern zunehmend die der ganzen Kriegsgesellschaft, mit ungewohnten Herausforderungen kreativ im Geiste der Moderne fertigzuwerden. Schon am 10. Juni war im Grunde alles entschieden, es sollte dann aber noch ein paar Wochen dauern, bis die Zweite Front definitiv errichtet war. So rasch die Wehrmacht 1940 den Feldzug in Frankreich gewonnen hatte, so rasch, teilweise überstürzt mußte sie sich nun zurückziehen [781]- zum Glück für Land und Leute, denen damit die bitteren Erfahrungen einer zweiten Westfront wie im Ersten Weltkrieg erspart blieben. Die Panzerschlacht von Falaise im August aber demonstrierte, daß die Wehrmacht selbst auf jenem Feld, das sie einst in der monde militaire berühmt gemacht hatte, nur noch zweitklassig war.

Man braucht nun nicht mehr zu schildern, wie »toute la France« zum »siegreich« am 25. August 1944 in Paris einziehenden Triumphator Charles de Gaulle umschwenkte; wie blitzartig der Mythos von Frankreich als dem Reich der Résistance geboren wurde, wie es De Gaulle gelingen sollte, Frankreich buchstäblich binnen weniger Wochen und Monate zum anerkannten Verbündeten der Westalliierten und Stalins zu machen: Die Geschichte der gelungenen Invasion und der Befreiung Frankreichs vom deutschen Joch war der Stoff, aus dem sich die 4., dann auch die 5. Republik ihre patriotischen Träume schneiderten. »Les sanglots longs/ Des violons de l'automne / Blessent mon coeur /D'une langueur Monotone«:[782] Noch heute ist jeder Franzose darauf stolz .

23. ALLIIERTE DEUTSCHLANDBILDER

Wie stellten sich die Alliierten die Zeit nach dem Krieg vor? Was sollte aus Deutschland werden? Als der Zweite Weltkrieg begann, machte sich im alliierten Lager zunächst niemand darüber ernsthafte Gedanken. Die Kriegsziele waren nur negativ definiert: Hitler mußte verschwinden. Wie lange die Westmächte an dieser Minimalvorstellung festgehalten haben, ist unklar, klar ist aber, daß dieses bescheidene Ziel mehr und mehr in den Hintergrund trat, als der Kriegsverlauf deutlich machte, über welch riesiges Kriegspotential die Deutschen verfügten, wie nahe die freie Welt, dann auch die kommunistische, an das Ende ihrer Geschichte geraten waren. Nun galt es nicht mehr, den status quo ante wieder herzustellen, also die Uhr der Geschichte wieder bis zu einem zweiten Versailles zurückzudrehen, nun mußte ein völlig neuer Weg eingeschlagen werden, um mit der stets latenten deutschen Gefahr in Zukunft besser, besser ein für allemal fertigzuwerden.

Auf dem Höhepunkt des Zweiten Weltkrieges schien sich die Genese dieser Weltgefahr deutlich erkennen zu lassen: Deutschland hatte nun schon zum dritten Mal innerhalb eines Jahrhunderts, und in jeweils gesteigerter Form, nicht nur das Gleichgewicht der Mächte bedroht und zerstört, sondern ein Zerstörungspotential aufgehäuft und dann eingesetzt, das in der Tat den Gedanken an die Weltvernichtung hochkommen ließ. Albert Einsteins berühmter Brief aus dem Jahr 1939, in dem er den Amerikanern den schleunigen Bau der Atombombe anriet, weil anders die Gefahr bestünde, daß sie Deutschland bauen und damit die Welt endgültig beherrschen werde, ist dafür typisch. Die Ungeheuerlichkeiten der deutschen Kriegführung, vor allem aber der Holocaust ließen alle alten Modelle von traditioneller Friedenswiederherstellung als obsolet erscheinen, ein zurück in die dreißiger Jahre oder auch nach 1919 war unmöglich.

Mit der Atlantik-Charta hatten sich die USA und England erstmals bemüht, so etwas wie ein Kriegsziel zu formulieren, dabei war es charakteristisch, daß dieses sich nicht auf das zukünftige Schicksal Deutschlands bezog, sondern auf das der ganzen Welt. Der Weltkrieg selbst gebar die Vorstellung von der Weltordnung, einer neuen Weltordnung.[783] Damit nahmen die Westalliierten jene Gedanken wieder auf, die schon während des Ersten Weltkrieges entwickelt und schließlich in der Konstruktion des Völkerbundes verwirklicht worden waren. Obwohl dieser Völkerbund die in ihn gesetzten Erwartungen zu keinem Zeitpunkt erfüllt hatte, galt die Idee des Völkerbundes doch als wegweisend, und Roosevelt wie später auch Truman sahen in ihm ein Konstrukt, zu dem es letztlich keine vernünftige Alternative gab. Der Völkerbund starb, aus seiner Asche entstanden die Vereinten Nationen; diese wären ohne jenen nicht denkbar.

Schon zu diesem frühen Zeitpunkt war die Geschichte des zukünftigen Deutschland mit dem der ganzen Welt dialektisch miteinander verschränkt, und das sollte für die kommenden Jahre charakteristisch werden. Der Diskurs um die Zukunft Deutschlands war von Anfang an eingebettet in den um die Zukunft der Welt. Churchill und Roosevelt waren sich bewußt, daß ihnen eine Aufgabe übertragen war, die an jene erinnerte, mit der einst die Diplomaten in Münster und Osnabrück 1648 und im Wien des Jahres 1815 konfrontiert gewesen waren. Noch lange Jahre nach 1945 wurde das Beispiel des Wiener Kongresses gerne zitiert, wenn es um die Frage ging, wie die Welt neu einzurichten sei; am berühmtesten wurden die Gedanken von Henry Kissinger[784] zu diesem Komplex.

Aber der Vergleich mit den großen Friedenskongressen der Neuzeit führte in die Irre. Damals, also 1648, 1713 (Utrecht), 1815, auch noch 1919 hatte es sich wesentlich darum gehandelt, die Welt nach den Weltkriegen wieder neu einzurichten,[785] wobei alle Beteiligten von den nämlichen Grundprinzipien ausgegangen waren. Aber schon 1919 hatte das kaum noch funktioniert und letztlich nur deswegen, weil zwei der großen Mächte, nämlich das kommunistisch gewordene Rußland und das geschlagene Deutschland, kurzerhand vom Prozeß des Friedenmachens ausgeschlossen worden waren. Deutschland war fortan nur noch Objekt aller denkbaren Planungen, und auch nicht ansatzweise gab es vor 1945 im Lager der Alliierten Überlegungen, bei einem künftigen Friedensvertrag Deutschland als Verhandlungspartner zu berücksichtigen.

Ganz anders sah es mit Rußland, genauer: der Sowjetunion aus. Sie wie 1919 auszuschließen war ganz undenkbar, im Gegenteil: sehr bald stellte sich heraus, daß die Stalinsche Sowjetunion nicht nur einen, sondern *den* bedeutendsten Part in dem zukünftigen Friedensspektakel zu spielen gedachte. Und damit begannen die Probleme.

Die Anti-Hitler-Koalition trug ihren Namen ganz zu Recht. Sie umschrieb nicht irgendeine positive Zielsetzung, sondern nur eine negative. Als England, später dann auch die USA sich mit der UdSSR formell verbündeten, war dies nur auf dieser Basis des »Anti« möglich, denn die »unheilige« oder die »seltsame« Allianz, wie man schon zeitgenössisch das Bündnis nannte, war a priori nicht in der Lage, eine gemeinsame Zukunftsperspektive zu entwerfen. Die Zukunft war für Stalin immer noch die Weltrevolution, für Churchill und Roosevelt das »making the world safe for democracy« – also das alte Wilsonsche Kriegsziel aus dem Jahr 1917. Das paßte zusammen wie Feuer und Wasser. Es waren einzig und allein Deutschland und Japan, die diese unmögliche Allianz bloß im Negativen zusammenhielten.

Für den Fortgang der Weltpolitik[786] wurde es verhängnisvoll, daß Roosevelt und auch sein Nachfolger im Amt dennoch an der Illusion festhielten, man könne aus dem Anti-Hitler-Bündnis eine Pro-Friedens-Allianz machen. Es dauerte bis in den Sommer 1946, bis sich die USA von dieser Illusion freimachten, und dann noch einmal nahezu drei Jahre, bis sie daraus die praktischen Konsequenzen zogen.[787] Innerhalb dieses Zeitraums – also von 1945 bis 1949 – sollte es Stalin gelingen, seinen Einflußbereich vor allem in Europa, aber nicht nur hier, weiter auszudehnen, als ihm dies mit militärischen Mitteln bis 1945 möglich gewesen war.[788]

Die Konferenzen in der Placentia-Bay (August 1941), die sogenannte »Arcadia«-Konferenz (22. Dezember 1941-14. Januar 1942) waren Präludien zu den großen Kriegskonferenzen; der Begriff »United Nations« wurde auf der Washingtoner »Arcadia«-Konferenz zuerst geprägt, aber noch nicht mit konkretem Inhalt gefüllt. Die Casablanca-Konferenz (14. bis 25. Januar 1943) beschäftigte sich erstmals unmittelbar mit dem deutschen Schicksal – aber wiederum nur negativ, denn die unconditional surrender-Formel[789] war mit keinerlei Konzept verbunden, wie es denn danach mit Deutschland weitergehen sollte. Das stellte sich im nachhinein als großes Versäumnis heraus, denn Casablanca war die letzte Gelegenheit der Westmächte gewesen, ohne Einmischung Stalins Vorentscheidungen, wenn nicht faits accomplis zu schaffen. Tatsächlich wäre es der Sowjetunion sehr schwer gefallen, eventuelle politische Nachkriegsbeschlüsse der Amerikaner und Engländer Deutschland betreffend grundsätzlich wieder infragezustellen. Stalin hätte sich damit begnügen müssen, marginale Verbesserungen durchzusetzen – wenn überhaupt.

Die alliierten Konferenzen von Washington und Quebec,[790] die im Mai bzw. August 1943 stattfanden, beschäftigten sich nahezu ausschließlich mit den Problemen der »Zweiten Front« und lassen sich daher nicht als allerletzte Gelegenheiten interpretieren, Stalin Fesseln anzulegen. Das war nach Stalingrad im Selbstverständnis Churchills und Roosevelts ohnehin nicht mehr möglich, vor allem wenn man berücksichtigt, daß beide in der kommenden Invasion tatsächlich eine kriegsentscheidende Schlacht sahen, sie also zwingend auf die Mithilfe Stalins sich angewiesen glaubten.

Diese Ungewißheit: wird die Invasion erfolgreich sein, oder wird sie zum Anfang eines unglaublichen Desasters? stand als eine Art steinerner

Gast mit am Konferenztisch von Teheran,[791] anders gewendet: Churchill und Roosevelt fühlten sich nicht frei und souverän, sondern zwingend auf Stalins Mithilfe angewiesen, wohingegen dieser nach Stalingrad stärker denn je erschien. Das generierte das Bild vom russischen »Bären«, der seine Partner regelrecht »vorführte«. Auch das psychologische Moment, daß der Diktator die Symbolstadt, die seinen Namen trug, gerettet und gleichzeitig den Invasoren die bisher schwerste Niederlage zugefügt hatte, verfehlte seinen Eindruck auf Churchill, vor allem aber Roosevelt nicht.

Teheran stand ganz im Zeichen der »Zweiten Front«; Teheran war eine Kriegs-,keine vorweggenommene Friedenskonferenz. Für Stalin war es wichtig, daß sich die Westmächte nun definitiv und endgültig auf die Invasion im Westen, also nicht auf dem Balkan, festlegten – genau dies verlieh dem zweiten Komplex, der auf der Konferenz verhandelt wurde, seine Brisanz.

Es ging um die Zukunft Polens. Daß diese ohne eine Erörterung des deutschen Problems nicht behandelt werden konnte, ergab sich zwingend allein aus der Geographie, und das heißt: Man kann eine logische und kausale Verknüpfung zwischen den Problemkreisen »Zweite Front«, Polen und Deutschland erkennen. Keiner dieser Komplexe ließ sich von den jeweils anderen isolieren. Besonders sinnfällig kommt dies in der berühmten Erzählung von den Streichhölzern zum Ausdruck, sie findet sich unter dem Datum des 1. Dezember 1943 in den Protokollen der Konferenz von Teheran.

Ja, so erklärte Churchill, er habe die Zwangslage der Sowjetunion im Jahr 1939 verstanden – ob er ihr verzieh blieb offen – »doch jetzt«, so fuhr er fort, »ist die Lage anders, und ich hoffe, wir werden, wenn man uns fragt, warum wir in den Krieg eingetreten sind, antworten, es ist deshalb geschehen, weil wir Polen eine Garantie gegeben haben. Ich möchte an das von mir angeführte Beispiel von den drei Streichhölzern erinnern, von denen eins Deutschland, das zweite Polen und das dritte die Sowjetunion darstellt. Diese drei Streichhölzer müssen alle nach Westen verschoben werden, um eine der wichtigsten Aufgaben zu lösen, die vor den Alliierten steht, die Sicherung der Westgrenzen der Sowjetunion.«[792]

Stalin hakte nach, nachdem er noch schnell versicherte, er könne mit der polnischen Exilregierung in London nichts anfangen.

»Churchill spricht von drei Streichhölzern. Ich möchte fragen, was das bedeutet.

Churchill: ...Wir sind der Meinung, daß man Polen zweifelsohne auf Kosten Deutschlands zufriedenstellen muß...Ich möchte jedoch unterstreichen, daß wir die Existenz eines starken und unabhängigen Polen wünschen, das Rußland freundschaftlich gesinnt ist.«[793]

Schon zu diesem Zeitpunkt ließ Stalin keine Zweifel daran, daß er die Grenzen von 1939 – also die nach der vierten polnischen Teilung zwischen ihm und Hitler entstandenen – nicht zu korrigieren beabsichtige, und erst mit dieser Tatsache, die von Churchill und Roosevelt als unveränderbar in Teheran akzeptiert wurde, gewann das polnische und mit ihm gleichsam automatisch das deutsche Problem sein eigentliches Gewicht.

Das Protokoll vermittelt den Eindruck, als habe Stalin die Idee der Westverschiebung Polens kommentarlos akzeptiert, nachdem ihm niemand in der Frage der Westgrenze der Sowjetunion widersprach; jedenfalls lenkte er abrupt zum dritten Komplex:

»Stehen noch andere Fragen zur Diskussion?«

Das war rhetorisch, natürlich mußte nun das deutsche Problem zur Sprache kommen – aber man sieht, daß der Spielraum der Erörterungen schon entscheidend eingeengt war.

Roosevelt machte das Spiel mit und antwortete auf Stalins Frage: »Die deutsche Frage.

Stalin: Welche Vorschläge liegen hierfür vor?

Roosevelt: Die Aufgliederung Deutschlands.

Churchill: Ich bin für die Aufgliederung Deutschlands. Ich möchte jedoch die Frage einer Aufgliederung Preußens überdenken. Ich bin für eine Abtrennung Bayerns und anderer Provinzen von Deutschland.

Roosevelt: Um unsere Diskussion in dieser Frage anzuregen, möchte ich den von mir persönlich vor zwei Monaten aufgestellten Plan einer Aufgliederung Deutschlands in fünf Staaten darlegen.

Churchill: Ich möchte betonen, daß Preußen die Wurzel des Übels in Deutschland ist.

Roosevelt: Ich möchte, daß wir zunächst ein Gesamtbild vor uns haben und dann über einzelne Komponenten sprechen. Meiner Meinung nach muß Preußen möglichst geschwächt und in seinem Umfang verkleinert werden. Preußen sollte den ersten selbständigen Teil Deutschlands bilden. In den zweiten Teil Deutschlands sollten Hannover und die nordwestlichen Gebiete Deutschlands einbezogen werden. Der dritte Teil ist Sachsen und das Gebiet um Leipzig. Der vierte Teil ist die Provinz Hessen, Darmstadt, Kassel und die Gebiete südlich des Rheins sowie die alten westfälischen Städte. Der fünfte Teil ist Bayern, Baden und Württemberg. Jeder dieser fünf Teile wird einen unabhängigen Staat bilden. Außerdem müssen von Deutschland das Gebiet des Kieler Kanals und das Gebiet von Hamburg abgetrennt werden. Diese Gebiete müssen von den Vereinten Nationen oder von den vier Mächten verwaltet werden. Das Ruhrgebiet und die Saar sollten entweder der Kontrolle der Vereinten Nationen oder der Treuhandschaft ganz Europas unterstellt werden.

Das wäre mein Vorschlag. Ich muß vorausschicken, daß er nur ein Versuch ist.«[794]

Roosevelt benannte sehr sorgfältig die einzelnen Provinzen des Reiches, erwähnte Ostpreußen, Schlesien und Pommern aber nicht. Es liegt auf der Hand, daß das zukünftige Preußen um eben diese Provinzen verkleinert werden sollte. Das war der harte Kern des ansonsten völlig unausgegorenen Vorschlages, eben darauf kam es Roosevelt an – ein tiefer Kotau vor Stalin.

Nun war Churchill an der Reihe. An Roosevelt gewendet sagte er:

»Sie haben 'den Kern der Sache' erläutert. Ich denke, es gibt zwei Fragen: eine destruktive und eine konstruktive. Ich verfolge zwei Gedanken: Erstens die Isolierung Preußens vom übrigen Deutschland und zweitens die Abtrennung der süddeutschen Provinzen Bayern, Baden, Württemberg und der Pfalz von der Saar bis einschließlich Sachsen. Ich würde Preußen unter harten Bedingungen halten. Ich glaube, man kann die südlichen Provinzen leicht von Preußen losreißen und in einem Donaubund zusammenfassen. Die im Donaubecken lebenden Menschen sind nicht der Anlaß zum Krieg. Ich würde in jedem Falle mit den Preußen bedeutend härter verfahren als mit den übrigen Deutschen. Die Süddeutschen werden keinen neuen Krieg anfangen.«[795]

Ob Churchill wußte, wo Hitler geboren war?[796] Diese unqualifizierten Äußerungen des nachmaligen Trägers des Karlspreises zeigen, wie sehr Vorurteile und on-dits auch die große Politik bestimmen können. Nun war die Reihe wieder an Stalin:

»Mir mißfällt der Plan neuer Staatenbünde. Wenn beschlossen wird, Deutschland aufzuteilen, dann braucht man auch keine neuen Bünde zu gründen. Ob es nun fünf oder sechs Staaten und zwei Gebiete sind, in die Roosevelt Deutschland aufzugliedern vorschlägt, der Plan Roosevelts zur Schwächung Deutschlands kann geprüft werden.« Dann machte er sich über die gesinnungslosen Österreicher lustig, und, wieder ernst werdend:

»Wie wir auch immer an die Frage der Aufgliederung Deutschlands herangehen, man sollte keinen neuen lebensunfähigen Bund der Donaustaaten schaffen. Ungarn und Österreich müssen unabhängig voneinander existieren. Österreich hat so lange als selbständiger Staat existiert, solange es nicht angetastet wurde.«[797]

Die Dimensionen dieses vordergründig so harmlos wirkenden Wortwechsels enthüllen sich, erinnert man daran, daß Churchill schon sehr bald nach 1919 die Ansicht vertreten hatte, es sei ein grober Fehler der Pariser Friedenskonferenz von 1919 gewesen, die Donaumonarchie zu zerschlagen. Tatsächlich hatten sich die Nachfolgestaaten, wenn auch aus unterschiedlichen Gründen, als nicht lebensfähig oder nur bedingt lebensfähig erwiesen, und was im 19. Jahrhundert die »orientalische Frage« gewesen, wurde nach 1919 die Balkanfrage. Für Stalin war die Aussicht, daß die Westmächte diesen Fehler vielleicht wieder gutmachen wollten, alles andere als erfreulich, denn das hätte seiner Politik der Salamitaktik einen Strich durch die Rechnung gemacht. Tatsächlich sollte sich erweisen, daß die Sowjetunion einen Balkanstaat nach dem anderen unter ihre Botmäßigkeit brachte, und erst als der rote Diktator 1946 nach Griechenland und der Türkei griff, sollte er auf energischen Widerstand stoßen. Stalin kam es schon in Teheran demgegenüber nicht auf eine Zerstückelung Deutschlands an, wenn nur seine Westgrenze bestehen blieb und Polen dafür auf Kosten Deutschlands entschädigt wurde. Nur dann konnte er hoffen, nicht eine neue Runde in dem alten russisch-polnischen Konflikt, der die neuzeitlichen Jahrhunderte wie ein Roter Faden durchzogen hatte, eingeläutet zu sehen.

Churchill ging auf diese heiklen Zusammenhänge mit keinem Wort ein und beeilte sich zu versichern, er sei natürlich nicht gegen eine Aufgliederung Deutschlands. »Ich wollte nur erklären, wenn wir Deutschland in einige Teile zerstückeln und keine Zusammenfassung dieser Teile schaffen, dann wird die Zeit kommen, wo sich die Deutschen, wie Marschall Stalin sagt, vereinigen werden.«

Stalins Antwort war bemerkenswert:

»Es gibt keine Maßnahmen, die die Möglichkeit einer Vereinigung Deutschlands ausschließen würden.«[798]

Hier also tauchte zum ersten Mal jene Frage auf, die die nachfolgenden Jahrzehnte wesentlich mitbestimmen sollte: Konnten die Deutschen aus eigener Kraft die Wiedervereinigung zustande bringen? Stalin war davon überzeugt, aber es muß offen bleiben, ob er auch an eine Wiedervereinigung gedacht hat, die nicht unter kommunistischem Vorzeichen erfolgte.

Churchill stellte Stalin nun die Frage:

»Zieht Marschall Stalin ein zerstückeltes Europa vor?«

Stalin wehrte den Europagedanken, der Churchill zwei Jahre später so intensiv beschäftigen sollte, ich erinnere an seine Zürcher Rede, sofort ab:

»Was hat Europa damit zu tun? Ich weiß nicht, ob es notwendig ist, 4, 5 oder 6 selbständige deutsche Staaten zu schaffen. Diese Frage muß erörtert werden.«[799]

Damit war der Rooseveltplan praktisch vom Tisch, und als Resultat erhob sich die Frage, in wie viele Teile Deutschland aufzugliedern sei, wobei offen blieb, welchen Charakter diese Aufgliederung haben sollte. Ob die einzelnen Teile wieder einer staatlichen Überwölbung bedurften? Stalins Position wies in diese Richtung, wobei er davon ausging, daß keine Macht der Welt die Deutschen am Ende davon abhalten könnte, sich wie auch immer wieder ein gemeinsames Haus zu schaffen. Stalin dachte damit viel nationaler und konservativer als Roosevelt, vor allem aber Churchill. Dieser wollte die Idee des Nationalstaates, wie sie im 19. Jahrhundert entstanden war, nach Möglichkeit überwinden, und dafür sah er zwei Ansätze: Zum einen den historischen der Habsburgischen Monarchie, die ein Vielvölkerstaat gewesen war, zum anderen die Europaidee in der Zielrichtung, die ihr der Graf Coudenhove-Kalergi[800] verliehen hatte.

Wenn Staatsoberhäupter nicht mehr weiterkommen, pflegen sie die garstige Materie den Fachleuten zu überantworten, und so geschah es auch in Teheran. Alles wurde an die Londoner Kommission übergeben, der Vertreter aller drei Mächte angehörten. Aus dieser Kommission ging die European Advisory Commission (EAC) hervor, die die Nachkriegsregelungen über Deutschland en Detail ausarbeiten sollte.

Aber auch andere fühlten sich dazu berufen. »Germany is our problem« – unter diesem Titel[801] unterbreitete 1944 der amerikanische Finanzstaatssekretär Henry Morgenthau jenen nach ihm benannten Plan, der als interessante Alternative zu Vorstellungen anzusehen ist, wie sie in Teheran, dann in Quebec, schließlich in Jalta und Potsdam entwickelt worden sind. Dabei ist der Plan selbst von keinerlei Relevanz gewesen, nie auch war er eine verbindliche Grundlage der amerikanischen Deutschlandpolitik, und nachdem sich auch in den USA allenthalben Kritik an Morgenthaus Vorstellungen regte, verschwand er sang-und klanglos in der Versenkung. Dennoch kommt ihm eine große Bedeutung zu, und zwar eine geistesgeschichtliche.[802]

Zum einen gilt er bis heute im rechtsradikalen Lager[803] als Hauptzeugnis für den alliierten Vernichtungswillen und wird nach dem tu quoque-Prinzip als Entschuldigung für deutsche Verbrechen während des Zweiten Weltkrieges gehandelt, zum anderen enthält dieser Plan eine Vision, die gute fünfzig Jahre später mit völlig anderen Augen gesehen werden kann als mit denen der Zeitgenossen – Morgenthau selbst eingeschlossen. Ein Visionär war er nicht, aber ungewollt und unbewußt entwarf dieser Mann eine Alternative zu jener industriellen Kultur des ständigen ökonomischen Wachstums und der ständigen ökologischen Katastrophe, die seit dem ersten Bericht des »Club of Rome« nicht mehr aus den Diskursen der europäischen und amerikanischen Eliten verschwunden ist.[804]

In einem Punkt waren sich die großen Drei einig: Auf Dauer, d.h. in einem säkularen Rahmen betrachtet, war Deutschland nicht zu zähmen, wollte man es nicht physisch vernichten. Davon war keine Rede, was so selbstverständlich nicht war. Wenn eine physische Vernichtung nicht in Betracht kam, eine Regeneration des deutschen Kriegspotentials langfristig nicht ausgeschlossen werden konnte, gab es nur zwei Möglichkeiten – langfristige Alternativen, also auf ein Jahrhundert oder mehr berechnet: Die radikale Umerziehung des gesamten Volkes hin zu einem dauerhaften Pazifismus, oder die Umgestaltung der Lebensgrundlagen dieses Volkes in einer Weise, daß es nicht mehr von den Segnungen des industriellen Zeitalters profitieren, diese vor allem nicht in militärische Macht umsetzen konnte. Es galt also, die Schwerindustrie zu zerstören und dafür zu sorgen, daß sie nicht wiedererstehen konnte. Binnen einer, höchstens zwei Generationen würde dann auch das technisch-industrielle Know-How verlorengehen, damit Deutschland strukturell unfähig sei, Krieg zu führen.

Es ging Morgenthau nicht nur um eine Bestrafung oder Versklavung des deutschen Volkes, wie dies Goebbels sofort und viele auch später behauptet haben, sondern um die zuverlässige Verhinderung eines schrecklicheren Déjà-vu Erlebnisses. Hitler sollte in seinem »Politischen Testament« seine Nachfolger dazu verpflichten, den Kampf gegen den Bolschewismus und das »Weltjudentum« auch nach seinem Tod weiterzuführen, was den Krieg zu einem geradezu ewigen gemacht hätte.

Inzwischen war hinreichend bewiesen, daß der Krieg immer auch die Signatur einer hochentwickelten Industriegesellschaft war – wenigstens der Staatenkrieg, und nur diesen konnten sich die Protagonisten des Jahres 1944 vorstellen. Wer den (Angriffs!)Krieg mit seiner Wurzel ausrotten wollte, mußte diese Industriekultur radikal in Frage stellen. Vor dem Hintergrund der Geschichtserfahrungen aus dem 19. und dem frühen 20. Jahrhundert erschien dies ebenso zwingend wie logisch, und in die Überlegungen zum künftigen Schicksal Deutschlands flossen solche Überlegungen ein: Bestand nicht die Chance, den Teufelskreis von Industrie, Gewalt, Krieg zu durchbrechen, wenn der Hauptverursacher des Krieges strukturell unfähig gemacht wurde, weiterhin Kriege zu planen und zu führen? Die bitteren Erfahrungen aus der Zwischenkriegszeit waren nicht vergessen: Eine bloß militärische Entwaffnung hatte am »potentiel de paix« der Deutschen nichts geändert. Also mußte man es nach dem Ende des Zweiten Weltkrieges auf anderen Wegen versuchen, und ein Weg schien vor Augen zu liegen. Selbst in Amerika hatte es immer wieder Bewegungen geben, die unter dem Schlachtruf »Zurück zur Natur« tatsächlich im Sinne Rousseaus eine agrarische, sich selbst genügende, prinzipiell und strukturell friedliche Gesellschaft aufzubauen forderten; hier wäre an die Bellamy-Genossenschaften oder an Sekten wie die der Amish People zu erinnern.[805] Die eigentliche Hybris des Morgenthau-Planes lag in der Annahme, daß »demokratische« Staaten ohnehin niemals einen Angriffskrieg führen würden, deren Industriekultur also eo ipso »friedlich« war.

Daß die Idee schon im Hinblick auf die Sowjetunion unlogisch war, wagte damals niemand zu behaupten – das wäre einem Tabubruch gleichgekommen.

Vom Morgenthauplan blieb in der historischen Realität nichts übrig, vielleicht mit Ausnahme der Idee, die Entindustrialisierung Deutschlands mit der Demontage von wichtigen Industriebetrieben zu beginnen. Tatsächlich sollte sich die Demontagepolitik zumindest in den westlichen Besatzungszonen als wahrer Bumerang erweisen, und so kann man sagen, daß der Morgenthauplan keine praktischen Auswirkungen gehabt hat.

Natürlich ist er auch ein Beweis für die Unsicherheit, mit der die zukünftigen Sieger an die Neuordnung Deutschlands und Europas herangingen. Nach dem Scheitern der deutschen Ardennenoffensive und dem Beginn der sowjetischen Offensive am 12. Januar 1945 war das Kriegsende binnen Wochen absehbar, und damit gerieten vor allem die Westmächte in Hektik – ganz anders als Stalin, der seit Teheran langfristig geplant und konsequent gehandelt hatte. Daß es ihm gelang, die nächste große Kriegskonferenz, in der es ja nur noch formal und vordergründig um den Krieg ging, in seinem Herrschaftsbereich zu veranstalten, unterstrich die gewachsene politische Statur des Marschalls der Sowjetunion, und schon begann dieser an der Legende zu stricken, daß er und die Rote Armee den Krieg gegen Hitler wesentlich allein gewonnen hätten – immer weniger war von den militärischen Bemühungen der Verbündeten die Rede.

Am 12. September 1944 war das »Protokoll betreffend die Besatzungszonen in Deutschland und die Verwaltung von Großberlin« verabschiedet und veröffentlicht worden, seitdem war die deutsche Zukunft einigermaßen verläßlich vorgeplant. Dabei fiel auf, daß weder von den Teilungs- noch den Bundesstaatsplänen weiterhin die Rede war; man hatte sich in London auf den kleinsten gemeinsamen Nenner geeinigt, und der bestand in der schlichten Absicht, das ganze Land militärisch zu besetzen und sich die Besatzungsaufgaben zu teilen, ohne damit irgend etwas zu präjudizieren.

Aber eigentlich ging es in Jalta[806] gar nicht mehr um Deutschland. Auch das zukünftige Schicksal Polens interessierte die Großen im Grunde wenig, nachdem sich Stalin auf englisches Drängen hin widerwillig bereitgefunden hatte, die polnische Exilregierung an der von Stalins Gnaden in Lublin etablierten zu beteiligen. Obwohl sich Churchill keine Illusionen machte, stimmte er dem faulen Kompromiß zu. Tatsächlich sollte Stalin nicht im Traum daran denken, seine Zusagen von Jalta einzuhalten. Die Westgrenze Polens wurde so wie in Teheran erörtert endgültig festgezurrt.

Was Deutschland betraf, so wurden die Londoner Empfehlungen abgesegnet, wobei größter Wert auf die totale Entwaffnung und Entnazifizierung der Deutschen gelegt wurde.

Viel handfester sahen die materiellen Probleme aus: Die Sowjetunion forderte eine Gesamtreparationssumme von Deutschland in Höhe von 20 Milliarden Dollar, von denen sie 10 Milliarden für sich selbst beanspruchte. Das war keine exorbitant hohe Summe, vor allem wenn man sie mit den ursprünglich 269 Milliarden Goldmark an Reparationsforderungen von 1919 vergleicht, und im Vergleich zu den Verwüstungen, die die Deutschen in der Sowjetunion angerichtet hatten, war sie geradezu bescheiden, aber die unglückliche Reparationspolitik nach dem Ersten Weltkrieg steckte Churchill noch in den Knochen, und auch Truman wußte noch viel zu gut, daß am Ende die Amerikaner in die Röhre geblickt hatten, als das leidige Problem mit der Konferenz von Lausanne 1932 endlich aus der Welt geschafft worden war. Deswegen weigerten sich die beiden Westmächte hartnäckig, in diesem Punkt nachzugeben, aber Stalin hatte Zeit, und tatsächlich sollte er seine finanziellen Forderungen bald wieder präsentieren, vor allem aber politisieren, und darauf kam es ihm an. Da absehbar war, daß Deutschland nicht würde zahlen können, griff Stalin schließlich auf die uralte Idee der »produktiven Pfänder« aus dem Jahr 1923 zurück – das war die zweite Räson für die Demontagepolitik, wie sie dann auf brutalste Weise in der sowjetischen Besatzungszone praktiziert werden sollte.

Roosevelt ging es in Jalta darum, das amerikanische militärische Engagement nach Möglichkeit rasch zu verkleinern. Japan war noch nicht endgültig besiegt, und ob die Atombombe rechtzeitig fertigwerden und funktionieren würde, war zu diesem Zeitpunkt auch noch nicht absehbar. So war es in seinen Augen konsequent, Stalin um Mithilfe beim Krieg gegen Japan zu bitten. Zwei Monate nach Abschluß des Krieges in Europa, so lautete schließlich die Vereinbarung unter den großen Drei, sollte die Sowjetunion in den Krieg gegen Japan eintreten, als Siegespreis wurden ihr einige nördliche Kurileninseln versprochen, die bis heute russisch geblieben sind und in schöner Regelmäßigkeit zu russisch-japanischen Querelen geführt haben. Roosevelt konnte zu diesem Zeitpunkt noch nicht ahnen, daß Japan sehr bald der wichtigste Partner für die USA in Ostasien werden sollte. Mit diesem Streich schuf er also, gänzlich unbeabsichtigt, eine wichtige Voraussetzung dafür, daß Japan niemals nach 1945 in Versuchung geriet, mit der Sowjetunion anzubandeln, und das kam dem westlichen System insgesamt sehr zustatten. Warum, umgekehrt, sich die Sowjetunion so hartnäckig weigerte, die an sich völlig unbedeutenden Inseln zurückzugeben, wissen wir nicht. Sie hat sich damit einer großen Option freiwillig begeben.

Roosevelt verschwendete in Jalta keinen Gedanken an die Frage, was eine eventuelle Besetzung Japans durch die Sowjetunion machtpolitisch und langfristig bedeuten würde – eine erstaunliche Naivität, die freilich noch von jener übertroffen wurde, die er nun im Hinblick auf das amerikanische Nachkriegsengagement in Deutschland und Europa an den Tag legte. Roosevelt erklärte, seine Regierung beabsichtige, so schnell wie möglich, am besten innerhalb von zwei Monaten, mit der Masse der eigenen Verbände den europäischen Kontinent zu verlassen. Churchill war entsetzt, in seinen Memoiren hat er es so beschrieben:

»Damit entstand für mich ein entsetzliches Problem. Wenn die Amerikaner aus Europa abzögen, würde Großbritannien ganz Westdeutschland besetzen müssen. Eine solche Aufgabe überstieg unsere Kraft bei weitem. So drängte ich...darauf, die Franzosen diese Last mittragen zu lassen.«[807]

Das war die Geburtsstunde der französischen Besatzungszone, und auf diese Weise wurde Frankreich mit ins westliche Boot geholt – eine Entscheidung, die weitreichende Folgen haben sollte. Selbstverständlich war Stalin nicht bereit, auch nur einen Quadratmeter »seiner« Besatzungszone zugunsten der Franzosen abzugeben. Die französische Zone mußte also aus der englischen und der amerikanischen geschnitten werden, auch das hatte für die deutsche Geschichte, vor allem für die Entstehung der einzelnen Länder der Bundesrepublik gravierende Folgen.

Sieht man sich die Spannweite dessen an, was in Jalta weniger verhandelt denn abgesegnet wurde, so mußte sich nachdenklichen Beobachtern die Frage stellen, ob es hier in Wahrheit nicht schon um die Absteckung der sowjetischen Interessenzonen als Ausgangspunkt für eine neue kommunistische Expansions-und Hegemonialpolitik der Zukunft ging. Daß dieser Verdacht nicht unbegründet war, macht ein kleiner Abschnitt des Jalta-Protokolls deutlich. Stalin sagte:

»Churchill habe die Befürchtung geäußert, man könne denken, die drei Großmächte wollten über die Welt herrschen. Doch wer plane eine solche Herrschaft? Die Vereinigten Staaten? Nein, diese Absicht haben sie nicht (Lachen und eine beredte Geste des Präsidenten) England? Auch nicht. (Lachen und eine beredte Geste Churchills) Bleibe die dritte übrig...die UdSSR. Soll das heißen, die UdSSR strebe nach Weltherrschaft? (Allgemeines Gelächter) Oder strebe vielleicht China nach der Weltherrschaft? (Allgemeines Gelächter) Es sei klar, daß die Reden über das Streben nach Weltherrschaft keinen Sinn haben. Sein Freund Churchill könne nicht eine Macht nennen, die über die Welt herrschen wolle.«[808]

Das war dreist,[809] aber Churchill wird sich auf die Lippen gebissen haben. Diese kleine Szene macht zweierlei deutlich: Zum einen war den Protagonisten bewußt, daß es tatsächlich, wenn nicht um die Weltherrschaft, so doch um die Frage ging, wie hoch der Anteil der eigenen Herrschaft in der Welt sein würde, zum anderen, daß es sich Stalin schon erlauben konnte, mit Entsetzen Spott zu treiben, ohne befürchten zu müssen, von den Westmächten in die Schranken gewiesen zu werden.

Jalta war die letzte Kriegskonferenz der »Großen Drei«; als sie im Juli 1945 in Potsdam erneut zusammentrafen, genauer: als Stalin mit Roosevelts Nachfolger Truman und dann auch dem Nachfolger Churchills, Clement Attlee, zusammentraf, war der Krieg gegen Deutschland schon zu Ende, und der gegen Japan war es fast. Insofern gehörte die Potsdamer Konferenz eindeutig in die Nachkriegsgeschichte, und tatsächlich wurden deren Ergebnisse als eine Art Blaupause für diese angesehen, und dies über viele Jahrzehnte hin.

24. WIDERSTAND

Holocaust und Widerstand, Stauffenberg und Eichmann, Auschwitz und der Bendlerblock am 20. Juli 1944: diese Symbole stehen als jeweils äußerste Grenzpfähle im weiten Schlachtfeld des Zweiten Weltkrieges, und es ist seit den ersten Darstellungen der Geschichte des Widerstandes gegen Hitler und das NS-Regime, für die an prominenter Stelle Hans Rothfels und Gerhard Ritter[810] stehen mögen, eine immer aufs Neue diskutierte Frage, wie diese beiden extremen Phänomene in den Kontext der allgemeinen Geschichte verortet werden können, ohne das ganze historische Geflecht zu zerreißen. Das dem Menschen eingeborene Denken in den Kategorien von Gut und Böse, Weiß oder Schwarz scheint in Anschauung von Holocaust und Widerstand sich zu bestätigen, aber das Feld dazwischen ist weder Weiß noch Schwarz, und es ist ein weites Feld; ein Acker, auf dem wir uns abplagen müssen. Nicht ein für allemal, sondern immer wieder aufs Neue. Historische Arbeit ist auch immer die des Sisyphos, und der Stein der Erkenntnis mag von ehrgeizigen Historikern und ganzen Generationen von Historikern noch so weit nach oben gerollt worden sein – er wird immer wieder niederstürzen, und alles beginnt von vorne.

Wer die kaum noch überblickbare Forschungslandschaft[811] Revue passieren läßt, dem fällt auf, das sich die Forschung ganz unterschiedlich intensiv mit ihrem Gegenstand beschäftigt hat. Standen in den ersten Jahrzehnten nach 1945 wesentlich der militärische und der kirchliche Widerstand im Brennpunkt des allgemeinen Interesses, so verschob sich dieses dann immer mehr auf die Rolle des Bürgertums, der Arbeiterschaft in der Geschichte des Widerstandes. Dann wurden systematisch die Großinstitutionen untersucht – also neben der Wehrmacht die Wirtschaft, die Rechtsprechung, die Universitäten, Kultureinrichtungen usw. Manche Widerständler gerieten erst sehr spät in den Blick der Historiker – so etwa Georg Elser,[812] von dem man in den fünfziger und sechziger Jahren nahezu nichts wußte. Im Zuge des pointiert gesellschaftsgeschichtlichen Zuganges zur Geschichte wurden dann auch einzelne Milieus untersucht, wobei interessante Ergebnisse hinsichtlich des Widerstandes in der Jugend zutage traten – bis hin zu Jugendbanden wie den »Edelweißpiraten«,[813] die im Grenzbereich zwischen Kriminalität und Widerstand sich bewegten. Die lokale Aufarbeitung des Nationalsozialismus erbrachte gleichsam als »Abfallprodukt« ebenfalls neue Erkenntnisse zum Widerstand in der Bevölkerung, der oft von Frauen getragen wurde, nicht zuletzt, weil die Männer nicht da und Frauen in der Regel mutiger als Männer waren.[814]

Im Mittelpunkt stand lange der 20. Juli 1944, und dies zu Recht, markierte dieses Datum doch den Höhepunkt von Versuchen, nicht nur mehr oder weniger symbolisch Widerstand zu leisten ohne zu hoffen, das Regime stürzen zu können, sondern damit tatsächlich Erfolg zu haben. Deswegen ist diese Facette des Widerstandes auch am besten erforscht.[815]

Erkenntnistheoretisch gesehen haben wir mit all dem, was unter das Symbol »Auschwitz« fällt, nur geringe Schwierigkeiten, gibt es doch niemanden, der leugnen wollte, daß sich in »Auschwitz« das Böse, ich stehe nicht an zu sagen: das absolute Böse inkarniert hat. Kann man aber aus erkenntnistheoretischem Symmetriebedürfnis sagen, daß das, wofür der Tod Stauffenbergs am 20. Juli 1944 symbolisch steht, das Gute, das absolut Gute gewesen ist?

Genau an dieser Frage hat sich schon unmittelbar nach dem Krieg die Diskussion in der deutschen Gesellschaft entzündet. War »das andere Deutschland«[816] - so der Titel nicht nur eines Buches oder eines Aufsatzes – wirklich die Gegenwelt zu Auschwitz, vielleicht sogar im Sinne jener Konstruktionen von Alternativwelten, wie wir sie aus der Science Fiction kennen? Man ahnt schon, zu welch fataler Konsequenz das führen könnte: zum Begreifen von Geschichte als eines moralischen Nullsummenspiels. Oder anthropologisch gewendet: Wiegen Stauffenberg, Goerdeler,[817] Moltke,[818] von Tresckow[819] Hitler, Eichmann und Höß auf? Die Geschwister Scholl und Huber[820] Himmler und Heydrich?

Solches Denken ist unzulässig und auch erkenntnistheoretisch falsch, postuliert es doch erneut eine Instanz, die unsere Welt und ihre Geschichte in Form von Rechnungen und Formeln einzurichten und zu lenken sucht. Diese Metaphysik der Geschichte ist verführerisch, weil sie Entschuldigungsmechanismen generiert und hat seit Schiller und Hegel auch die Historiker immer wieder verführt, aber sie taugt nicht für das nüchterne Alltagsgeschäft des Historikers: Es besteht darin, über die Vergangenheit aufzuklären, darzulegen, daß es in dieser Vergangenheit Zeiten und Ereignisse gibt, die sich aller Rationalität entziehen, die man daher nur beschreiben, nicht aber eigentlich verstehen kann. Weder in Auschwitz noch im Bendlerblock des 20. Juli 1944 wirkten und walteten höhere gute oder böse Mächte; wenn diese Ereignisse »irgendwie« zusammengehören, so keineswegs in jenem platten Sinn, daß sie sich gegenseitig sittlich aufheben, sondern nur in dem, daß Geschichte ein Kontinuum ist, also alles mit allem »irgendwie« zusammenhängt. Das natürliche Harmoniebedürfnis des Historikers, über das Ranke in seinem »Politischen Gespräch« so trefflich räsonniert hat, gehört nicht in das, was mit dem Anspruch der Wissenschaftlichkeit daherkommt.

Wer sich dem Komplex »Widerstand gegen Hitler und das NS-Regime«[821] annähert, wird sofort von einer Reihe von Fragen umstellt. Auch wenn man sie nicht alle beantworten kann, ist es doch notwendig, sie sich vor Augen zu führen, um wenigstens annäherungsweise etwas von der ungeheuren Komplexität zu ahnen, mit der wir es zu tun haben.

Die erste Frage kreist um das Problem, ab wann Widerstand gegen Hitler und den Nationalsozialismus überhaupt zu rechtfertigen war.[822] Dabei ist daran zu erinnern, daß nach der Überzeugung der meisten Zeitgenossen und auch vieler späterer Historiker Hitler »legal« an die Macht gelangt ist. Gegen eine legale Regierung ungesetzlich vorzugehen – das definiert Widerstand im Gegensatz zu einer bloßen Opposition – bedurfte 1933 starker Argumente. Das kommunistische, nach dem Hitlers Machtergreifung als Verrat an der Arbeiterklasse gewertet werden müsse, weshalb Widerstand erlaubt sei, verfängt nicht. Sehr wohl aber war Widerstand erlaubt, wenn dieser sich auf die eindeutig ungesetzliche Festnahme der kommunistischen Reichstagsabgeordneten bezog.[823] Hingegen konnten sowohl die Reichstagsbrandverordnung wie das Ermächtigungsgesetz nicht als hinreichend angesehen werden, wenn es Widerstand zu begründen galt. Beide Gesetze mochten von ihren Intentionen her die Diktatur und den Terror fördern, von ihrem Wortlaut aber nicht, zumal das Ermächtigungsgesetz am 23. März 1933 von einer überwältigenden Mehrheit des Reichstags angenommen worden war. Selbst der an sich richtige Hinweis darauf, daß dieser Reichstag gerade infolge der Verhaftung der kommunistischen Abgeordneten selbst illegal gewesen sei, verfängt nicht recht, denn selbst wenn die 74 kommunistischen Abgeordneten wie die der SPD mit »Nein« gestimmt hätten, wäre das Gesetz durchgegangen. Eben deswegen hatte Hindenburg seinerzeit keine Schwierigkeiten, die beiden Dokumente zu unterfertigen und damit in Kraft zu setzen. Hindenburg aber war, und er begriff sich auch so, der »Hüter der Verfassung«.

Die zweite Frage lautet, ob man »Widerstand« als einen absoluten Begriff sehen muß, oder ob es nicht, wie viele Historiker meinen, »Stufen« des Widerstandes gibt. Inwieweit ein Mensch, der nicht »Heil Hitler« schrie oder nicht am kollektiven Eintopfessen teilnahm, schon »widerständig« war, läßt sich schwer entscheiden. Wer allerdings vor anderen, und sei es ein noch so kleiner Kreis, Hitler einen Verderber oder gar Verbrecher nannte, muß wohl doch zu den Widerständlern gerechnet werden – wie beispielsweise Oskar Kusch,[824] ein U-Bootkommandant, der sich im

Kreis der Offiziere und Offizieranwärter seines Bootes schroff gegen Hitler geäußert hatte, denunziert, verurteilt und 1944 hingerichtet wurde. Kusch war davon überzeugt gewesen, daß alles, was er gegen Hitler und das Regime sagte, nicht über die Offiziersmesse hinaus bekanntwerden würde. Dieses Beispiel zeigt, wie fatal ein solches Verhalten sein konnte: An sich wären alle, die so etwas hörten, verpflichtet gewesen, dies der Gestapo zu melden – viele, allzu viele haben sich in der Zeit des »Dritten Reiches« zu solchem Denunziantentum tatsächlich hergegeben. Wer es nicht tat und schwieg: War der damit auch ein Widerständler? Hier neigt man eher zu einem »Nein«.

Von dieser Frage hängt die dritte ab: Wieviele Menschen haben überhaupt Widerstand geleistet? Nach dem 20. Juli 1944 sprachen Hitler und Goebbels von der »kleinen Generalstabsclique«, und tatsächlich war es ja nur eine Handvoll von Männern, die am 20. Juli aktiv in Erscheinung traten. Wir wissen aber, daß es sehr viel mehr Mitwisser gab, als es sich Hitler und die Gestapo damals vorstellen konnten, und ein erheblicher Prozentsatz des höheren Führungskorps im Heer war so gesehen in das Attentat verstrickt. Wir stehen hier vor jenem Problem, das uns auch schon im Zusammenhang mit der Frage beschäftigt hat, wieviele Mitwisser es beim Holocaust gab. Sie ist für den Widerstand noch viel schwieriger, eigentlich überhaupt nicht zu beantworten. Leistete ein sogenannter »anständiger« Deutscher, also ein Mensch, der sich nicht an jüdischem Vermögen bereicherte, der sich nicht zu den SA-Schlägertrupps gesellte, der nicht den Blockwart spielte, ja der vielleicht gar nicht in der NSDAP war und deswegen berufliche Nachteile in Kauf nehmen mußte, der seine jüdische Frau nicht verstieß, schon Widerstand? Wer einen Juden versteckte[825] mit Sicherheit, dennoch gibt es eine rigorose Definition, die nur dann von Widerstand reden möchte, wenn dieser irgendetwas bewirkte, und zwar im Sinne der Beseitigung des Regimes und/oder Hitlers. So gesehen wären nur die Soldaten (mit Ausnahme Elsers) Widerständler gewesen, denn sie allein besaßen die Chance, vermittelst des Machtinstrumentes Wehrmacht das Regime zu stürzen. Den Kirchen, beispielsweise, wäre dies a priori nicht möglich gewesen, und so erging es den meisten Widerstandskreisen.

Daraus ergibt sich als vierte Frage: Welches Ziel verfolgte der Widerstand, wenn er a priori nicht damit rechnen konnte, das eigentliche Ziel zu erreichen? War Widerstand dann nur eine Empörungsstrategie, eine Beruhigung des Gewissens, eine letztlich leere, weil folgenlose Geste? Die Unterfrage zu diesem Komplex lautet: Gehörte außer der Emigration [826]auch die sogenannte »Innere Emigration« zum Widerstand?

Gerade diese Frage ist von jenen, die Leib und Leben riskierten oder zumindest ihrer bürgerlichen Existenz verlustig gingen, mit Vehemenz geleugnet worden, man hat den meisten die »innere Emigration« nicht geglaubt, auf die bekannten Beispiele aus Kultur und Wissenschaft ist nicht einzugehen.

Aber, und das wäre die fünfte Frage, waren Emigranten eo ipso Widerständler? Waren sie nicht gerade vor dem geflohen, von dem sie resignierend meinten, es doch nicht ändern zu können? Gehörten, so gesehen, zum »echten« Widerstand nur jene, die dann später mit der Waffe wie Klaus oder dem Mikrophon in der Hand[827] wie Thomas Mann unmittelbar und direkt gegen das Hitlerregime gekämpft haben? Und was war mit den anderen, die nicht über die Genialität und die finanziellen Mittel der Manns verfügten? Ist Widerstand immer auch eine Frage der Mittel, wenn nicht der Effektivität oder gar der echten Chance des Erfolges?

Und schließlich bleibt sechstens die Frage, wo die Grenze zwischen den Opfern und den Widerständlern zu ziehen ist. Das ist vor allem auch ein jüdisches Problem, in das wir uns nicht einzumischen haben. Als ich eine Gastprofessur in Tel Aviv wahrnahm, wurde ich mit einem Problem konfrontiert, das mir bis dahin gar nicht bewußt gewesen war. Es kreiste um die Frage, ob jene, die nach 1938 nach Palästina aus Deutschland gekommen waren, mit jenen auf eine moralische Stufe zu stellen seien, die Hitlerdeutschland schon 1933 oder 1934 verlassen hatten. Daß die jüdischen Kämpfer im Warschauer Getto 1943, die polnischen im Warschauer Aufstand von 1944 ebenso wie Wilm Hosenfeld [828] Widerständler waren, ist unbestritten.[829]

Kehren wir zur Frage zurück, ab wann Widerstand möglich, ab wann er geboten, ab wann er »eigentlich« Pflicht war.

Möglich war er tatsächlich von Anfang an, sah man die Verhältnisse in Deutschland nicht formal, sondern unter Anlegung allgemeiner sittlicher und menschenrechtlicher Maßstäbe. Daß dies legitim war, hatte die europäische Geistes- und Verfassungsgeschichte längst dargelegt; hier wäre auf die großen Diskurse, die zur französischen und amerikanischen Menschenrechtserklärung am Ende des 18. Jahrhunderts hingeführt hatten, hinzuweisen, und selbst die Weimarer Verfassung zählte in ihrem zweiten Teil die Grundrechte auf. Hitler aber machte vom ersten Tage seiner Herrschaft an kein Hehl daraus, daß er diese Grundprinzipien nicht anerkannte, und deswegen war es berechtigt, seit dem 30. Januar 1933 Widerstand zu leisten. Am deutlichsten wurde diese Verletzung der Menschenrechte in den Maßnahmen gegen die Juden sichtbar, noch vor den Nürnberger Gesetzen. Diese aber konnten jedem, der dem Kategorischen Imperativ sich verpflichtet fühlte, die Augen öffnen; tatsächlich wuchs der Widerstand gegen Hitler in allen Kreisen der Bevölkerung und auch in den Kirchen[830] danach deutlich an. Schließlich wurde der 9. November 1938 zu jener Nacht, von der an eigentlich jeder halbwegs sittlich gefestigte Mensch hätte Widerstand leisten müssen. Warum es anders war, vielleicht unvermeidlich, haben wir schon erörtert.[831]

Gab es, eine siebente Frage, die mit der nach dem Zeitpunkt berechtigten Widerstandes zusammengehört, Grund zum Widerstand jenseits des jüdischen Syndroms, anders gewendet: Wäre Widerstand auch dann möglich und berechtigt gewesen, wenn es die Holocaustpolitik des Nationalsozialismus nicht gegeben hätte? Oder: gab es Widerständler, die von »Auschwitz« nichts wußten, und wie konnten sie ihren Widerstand begründen?

Es gab sie in der Tat, vor allem vor Beginn des Krieges und in der Vorbereitungsphase des Völkermordes. Später wohl nicht mehr; wenigstens die führenden Figuren des Widerstandes waren über die Judenmordpolitik des Regimes unterrichtet. Wer davon wußte, brauchte sich kein Gewissen mehr ob seines Widerstands zu machen. Vorher war es komplizierter, dennoch gab es handfeste Gründe, in den Widerstand zu gehen. Allgemeine Gründe nach dem Motto: mir paßt die ganze Richtung nicht, konnten allerdings keinen Widerstand begründen, deswegen zählen die zahlreichen Meckerer, die es in Deutschland, mehr noch in Österreich gab, ganz gewiß nicht zu den Widerständlern. Das gilt im übrigen auch für jene »Verfolgten des Nazi-Regimes«, die ihm einst in leitenden Positionen gedient hatten, dann aber nach dem sog. »Röhm-Putsch« nicht nur in Ungnade gefallen waren, sondern um ihr Leben bangen mußten und deswegen aus Deutschland flohen. Legitimen Grund zum Widerstand hatte, wer beispielsweise begründete Kenntnisse von der Euthanasie besaß.

Vor allem das Wissen darum, daß Hitler einen Krieg bewußt vorbereitete und schließlich einen Angriffskrieg vom Zaun brechen würde, war widerstandswürdig, denn die Planung eines Angriffskrieges war nicht nur unmoralisch sondern ungesetzlich. Verbrecherisch im Hinblick auf die zu erwartenden Todesopfer des Krieges, die nicht zu rechtfertigen waren, ungesetzlich, weil das Deutsche Reich sich im Briand-Kellogg-Pakt von 1928 formell und rechtsverbindlich dazu verpflichtet hatte, keinen Angriffskrieg zu führen.

Wir haben bereits gesehen, wie es die NS-Propaganda verstanden hatte, den Zweiten Weltkrieg als einen den Deutschen wieder, wie 1914 aufgezwungenen zu »verkaufen«. Daß das eine bloße Verschleierung der Wahrheit war, wußten zumindest jene, die sich dann in der sogenannten »Septemberverschwörung« von 1938[832] zusammengefunden hatten. Man erinnere sich:[833] Hitler sollte in dem Moment gestürzt und ausgeschaltet werden, in dem er den Angriffsbefehl gegen die Tschechoslowakei erteilte.

Der Angriff auf Polen war ebenso völkerrechtswidrig, dennoch konnte sich die militärische Widerstandszelle um Halder und Beck damals nicht dazu durchringen, den Krieg gewaltsam zu verhindern. Nachdem dieser Sündenfall nun aber einmal geschehen war, gab es nur noch schwer Argumente, wenn es Hitlers Krieg zu stoppen galt. Das Ringen um den Angriffsbefehl im Westen war nicht durch die Frage des Widerstandes bestimmt, sondern ergab sich aus den unterschiedlichen sachlichen Argumenten.

So war es nicht verwunderlich, daß der militärische Widerstandswille zunächst einschlief,[834] wohingegen der zivile jetzt erst richtig wach wurde. Diese Verschiebung des Schwerpunktes war auch Folge der relativen Abgeschirmtheit der Generalität von den innenpolitischen Ereignissen in Deutschland; was dort die Terrorinstrumente SD und Gestapo inzwischen trieben, gelangte, wenn überhaupt, nur rudimentär zur Kenntnis der frontnahen Oberkommandos, aber auch des OKH oder der Seekriegsleitung, und in der Vorbereitungsphase zu »Barbarossa« waren alle Anstrengungen und Gedanken nach Osten, gleichsam weit weg von Deutschland gerichtet.

Anders sah es im Inneren des Reiches aus, und wenn der 1937 unter Protest zurückgetretene Leipziger Oberbürgermeister Carl Goerdeler nun zum Mittelpunkt des Widerstandes wurde, so hing dies eben auch mit dessen besserer Einsicht in das Innere des Systems zusammen, die er über seine verschiedenen hohen Ämter, zuletzt eben als OB von Leipzig, hatte gewinnen können. Wie lange es dauerte, bis er sich dennoch zum aktiven Widerstand durchrang, illustriert ein Kernproblem gerade der bürgerlich-konservativen Widerständler,[835] zu denen man generell auch die Soldaten zählen muß: Sie hatten anfänglich Hitlers Politik zugestimmt, weil dieser versprochen hatte, das Versailler Unrecht zu beseitigen. Goerdeler wie Stauffenberg waren deswegen anfänglich Anhänger und nicht Gegner Hitlers, und so ging es sehr vielen. Die Frage, die sich alle stellen mußten, lautete: Was durfte man Hitler zugestehen, wie weit mußte die Loyalität gehen, wenn das Ziel seiner Politik die Revision des Versailler Vertrages, vielleicht gar die Wiedererrichtung einer Großmacht a là Bismarck war? Bekanntlich hatte Bismarck nicht gezögert, die Kriege gegen Dänemark und Österreich vom Zaun zu brechen, um diesem Ziel näher zu kommen, und daß auch der Krieg von 1870 mindestens zur Hälfte aufs Schuldkonto des Reichsgründers ging, war ebenfalls bekannt.

Tatsächlich kristallisierte sich der Widerstand wesentlich an der NS-Politik der Judenverfolgung. Die Berliner »Mittwochsgesellschaft«,[836] ein lockerer Zusammenschluß herausragender Persönlichkeiten aus allen Berufsschichten, die seit 1863 existierte und an jedem zweiten Mittwoch tagte, wurde zu einer Art Clearingstelle, zu einer Gedankenfabrik, in der die verschiedenen Strömungen des Widerstandes zusammenzufließen begannen. Hier trafen sich beispielsweise Goerdeler mit Beck, Halder, Ulrich von Hassell, Johannes Popitz,[837] Jens Jessen. Aus dem Geist dieser Gesellschaft heraus hatte Beck 1938 seine Denkschriften formuliert, die dann zu seinem Rücktritt führten.

Nach Kriegsbeginn wurde Goerdeler zu einem Zentrum der Widerstandsbewegung, zusammen mit Beck. Wichtig war, daß nunmehr auch Persönlichkeiten aus der SPD und den Gewerkschaften hinzustießen, so Jakob Kaiser[838] und Wilhelm Leuschner.[839] Sehr viel stärker war jedoch der Einfluß von Großindustriellen wie Robert Bosch und Paul Reusch, was sich in den bekannten Verfassungs-und wirtschaftspolitischen Vorstellungen Goerdelers niederschlug: Hier ging es nicht um eine Wiederherstellung der Weimarer Republik, sondern um ein starkes, eher autoritär und kapitalistisch ausgerichtetes Deutsches Reich der Zukunft.[840] Immer noch trennten viele der bürgerlichen Widerständler die guten von den bösen Teilen des Nationalsozialismus, und die guten wollte man erhalten. Die Aufrufe, die Beck konzipierte, sind dafür ganz typisch. Auch die großen außenpolitischen Errungenschaften des NS-Regimes gedachte man nicht aufzugeben; revidiert sollte er schon bleiben, der Versailler Vertrag. Auch mit dem Gedanken der Wiedereinführung der Erbmonarchie spielte der Goerdelerkreis.

Gerhard Ritter hat in seiner großen Biographie ausführlich die verschiedenen Vorstellungen Goerdelers dargestellt, aber dieser stand mit solchen Ideen nicht alleine. Das führte dazu, daß dieser bürgerliche Widerstand von der marxistischen Geschichtsschreibung völlig abgelehnt wurde.[841] Das streifte manchmal an die absurde Denkfigur, daß ein Generaloberst Beck als Staatsoberhaupt, ein Goerdeler als Reichskanzler für die Sache des Kommunismus nur bedeutet hätten, vom Regen in die Traufe zu kommen. Deswegen wurden jene Widerstandsbewegungen, die um die »Rote Kapelle«[842] und deren führende Mitglieder Harro Schulze-Boysen und Arvid Harnack [843] kreisten, als die einzig wahren angesehen. Das wiederum sollte nach dem Krieg und im Zeichen des Kalten Kriegs zu einer regelrechten Schmutzkampagne gegen die Mitglieder der »Roten Kapelle« führen. Inzwischen haben sich die Wogen geglättet, und die Widerstandsforschung weiß die Aktivitäten dieses »roten« Widerstandes gerecht einzustufen. Das vermeintliche Gegensatzpaar Hochverrat und Landesverrat – man kann das Problem an Oster[844] und Canaris[845] studieren – hat inzwischen seine Brisanz verloren. Nicht die Widerständler verrieten Deutschland, sondern Hitler und seine Schergen. Viel heikler ist die Frage, ob man auch Pieck, Ulbricht und das »Nationalkomitee Freies Deutschland«[846]

zum Widerstand zählen darf, denn diese verfolgten a priori nicht die Befreiung Deutschlands von einer Diktatur, sondern die Umwandlung des Reiches in eine kommunistische. Peter Steinbach, der die Berliner Gedenkstätte Deutscher Widerstand konzipierte, hat sie dennoch hinzugezählt und damit noch in den neunziger Jahren heftige Kritik von einigen noch lebenden Widerständlern erfahren.[847]

Neben der Mittwochsgesellschaft und der »Roten Kapelle« ist vor allem auch der »Kreisauer Kreis«[848] als bedeutsames Zentrum und Sprachrohr des Widerstandes anzusehen. Heute ist das in Polen gelegene Gut Kreisau des Grafen Moltke eine Begegnungsstätte von deutschen und polnischen Jugendlichen. In seinem Mittelpunkt standen Helmuth James Graf von Moltke und Graf Yorck von Wartenburg, klingende Namen aus der preußischen Geschichte. Das IR 9 in Potsdam [849] gehörte nahezu geschlossen dem Widerstand an. Persönlichkeiten wie Eugen Gerstenmaier,[850] Alfred Delp,[851] Adolf Reichwein,[852] Julius Leber,[853] Carlo Mierendorff[854] und viele andere bemühten sich in Kreisau um den Entwurf einer zukünftigen Staats- und Verfassungsform, die weitaus moderner und demokratischer anmutete als das, was im Goerdelerkreis diskutiert wurde. Mit Theodor Steltzer,[855] der bis 1933 Landrat in Rendsburg gewesen war, gehörte auch ein ganz prominenter Schleswig-Holsteiner diesem Kreis an.

In den »Grundsätzen für die Neuordnung« wurde nach langen Erörterungen während dreier Treffen in Kreisau die Blaupause für ein neues, friedliches Deutschland entworfen. »Wir sehen im Christentum«, hieß es hier, »wertvollste Kräfte für die religiös-sittliche Erneuerung des Volkes, für die Überwindung von Haß und Lüge, für den Neuaufbau des Abendlandes, für das friedliche Zusammenarbeiten der Völker.«[856] Auch die Widerständler glaubten nicht mehr an das »Gute« im Volk, zu welchem es also vermittelst des Christentums umzuerziehen war. Steltzer und Gerstenmaier sollten zu führenden Persönlichkeiten in der CDU werden.[857] Auch der Gedanke der notwendigen Re-education der Gesellschaft war nicht allein ein amerikanisches Gewächs.

Es war entscheidend, ob es diesen verschiedenen Facetten des bürgerlichen Widerstandes gelingen konnte, den militärischen zum Handeln zu bewegen. Allen war klar, daß die Diktatur nicht allein über ausreichende Machtmittel verfügte, um einen Aufstand gegen das Regime rasch niederwerfen zu können, sondern ein solcher »Aufstand des Gewissens«[858] wäre auch auf das blanke Unverständnis, wahrscheinlich sogar den erbitterten Widerstand der Masse des deutschen Volkes gestoßen. Erfolg konnte er deswegen nur haben, wenn Hitler nicht nur physisch beseitigt wurde, sondern die Wehrmacht als Machtinstrument dafür sorgte, daß die Parteiarmeen, also SA und SS, keinen Bürgerkrieg anzettelten, bei dem SA und SS mit Sicherheit keine Schwierigkeiten gehabt hätten, die meisten Deutschen für sich zu gewinnen – wenigstens bis Stalingrad. Noch im unmittelbaren Vorfeld des Attentates vom 20. Juli war es Stauffenbergs größte Sorge, den Putsch der deutschen Bevölkerung als zwingend notwendig verständlich zu machen – deswegen auch der komplizierte »Walküre«-Plan, deswegen seine Resignation, als er erfahren mußte, daß Hitler noch lebte. Gegen einen lebenden Hitler zu putschen war noch am 20. Juli 1944 aussichtslos, das wußte niemand besser als Stauffenberg, Beck, und wie es die Geschichte ausweist, auch die Mitglieder des Kreisauer Kreises. Wie leicht hatten es demgegenüber doch jene gehabt, die gegen einen Robespierre aufstanden! Wenn nicht nur Moltke den Tyrannenmord ablehnte, so auch aus der Befürchtung heraus, damit eine zweite Dolchstoßlegende heraufzubeschwören. Man fragt sich ja tatsächlich, wie die deutsche Geschichte weitergegangen wäre, wenn das Attentat vom 20. Juli erfolgreich verlaufen wäre, sich aber am Vernichtungswillen der Gegner nichts geändert hätte. Eben damit mußten die Verschwörer rechnen; sämtliche Informationen, die Kleist-Schmenzin,[859] die Gebrüder Kordt, von Weizsäcker, also das Auswärtige Amt, Adam von Trott zu Solz[860] und andere nach England und ins übrige Ausland schmuggelten, halfen nichts: Das Foreign Office und auch Churchill persönlich hielten von den Verschwörern und ihren Absichten gar nichts und gaben den deutschen Boten zu verstehen, daß sich an den alliierten Plänen nichts ändern werde – selbst wenn Hitler beseitigt sein sollte. Das ist der Hintergrund des berühmten Ausspruchs von Treskows, der das Attentat aus allen politischen Bezügen losgelöst nur noch als eine notwendige sittliche Tat gewertet sehen wollte.

Gerade die im militärischen Widerstand tätigen Offiziere haben es sich nicht leicht gemacht, was unmittelbar mit dem Eid zusammenhing, den sie Hitler, und zwar Hitler persönlich, geschworen hatten. An dieser Eidproblematik sollte noch die junge Bundeswehr schwer zu tragen haben. Die entscheidende Frage lautete, wieweit ein Eid bindend sein konnte, wenn in seinem Namen Verbrechen gegen die Menschlichkeit begangen wurden, inwieweit er gültig blieb, wenn der Eidnehmer seinerseits den Eid, seinem Volk treu zu dienen, sein Wohl zu fördern, so drastisch mit Füßen getreten hatte wie Hitler. Die Verschwörer haben sich zur Überzeugung, daß der Eid sie deswegen nicht mehr band, nicht leichten Herzens durchgerungen, und mancher, der mit ihren Zielen sympathisierte, hat diesen Schritt über den Rubikon nicht gewagt. Allein daß Kluge die Verschwörer nicht verriet, wie, soweit ich sehe, nimmt man vielleicht Fromm aus, es überhaupt keinen Verrat von jenen gegeben hat, denen die Verschwörer sich offenbart und die eine Mitwirkung abgelehnt hatten, zeigt, daß es bei vielen wohl tatsächlich der Eid war, der ihnen das Handeln verbot.

Graf Moltke wurde im Januar 1944 verhaftet, der Kreisauer Kreis durch die Gestapo zerschlagen, nur wenige seiner Mitglieder sollten mit dem Leben davon kommen. Auch der Goerdelerkreis stand kurz vor seiner Enttarnung. Man muß den 20. Juli immer auch vor dem Hintergrund dieser Umstände sehen: Es war nur eine Frage kurzer Zeit, bis die Verschwörung durch die Gestapo aufgedeckt wurde; wenn Goerdeler nach dem 20. Juli von einer braven biederen nationalsozialistisch gesinnten Krankenschwester verraten wurde, so war dies ganz typisch: Auf die Kameraden in der Armee, auf ihre Freunde, ihre Verwandten konnten sie sich verlassen. Auf die Hegelschen Kammerdiener nicht; Friedrichs des Großen Wort von der Canaille galt immer noch.

Es mußte, wenn überhaupt, rasch gehandelt werden, und dieser Umstand ist schon der Schlüssel zum Verständnis jener Fehler, teils dilettantischer Natur, die das Attentat scheitern ließen. Natürlich wußte auch Stauffenberg, wie riskant es war, höchstpersönlich das Attentat ausführen, rasch verschwinden und dann von Berlin aus den Putsch dirigieren zu wollen – aber es blieb ihm nichts anderes übrig, denn nur bei ihm liefen alle Fäden zusammen, er allein konnte »Walküre« auslösen und nur er hatte eine Chance, an Hitler heranzukommen.

Das war im Verlauf der Zeit immer schwieriger geworden, nicht zuletzt Folge einer ganzen Serie von Attentatsversuchen, die aus den albernsten und unwahrscheinlichsten Gründen scheiterten,[861] wie schon das von Elser. Was Wunder, wenn Hitler mehr denn je die Vorsehung walten sah, besonders nach dem 20. Juli 1944. Obwohl die Rahmenbedingungen für die Explosion der Bombe nicht günstig waren, tötete sie doch – nur eben die Falschen. Hitler hätte vielleicht nur einen halben Meter näher an der Aktentasche stehen müssen...

Der 20. Juli wurde in der Bevölkerung mit Entsetzen und einer Flut von Solidaritätsadressen und Bekundungen aufgenommen. In vielen Kirchen gab es Dankgebete für die »Errettung des Führers«. Die Gestapo hatte keine Mühe, die Verschwörer aufzuspüren, soweit sie sich nicht selbst das Leben genommen hatten, und fast bis zum Ende des Regimes wütete der Volksgerichtshof mit Freisler[862] und seinen Henkern – selbst im April 1945 nahm daran offensichtlich niemand Anstoß. Wer jemals in Plötzensee war, wird kaum glauben wollen, daß die Millionen Berliner, die darum herum wohnten, von diesen Mordaktionen nichts geahnt haben sollen. Im Zusammenhang mit dem 20. Juli gab es etwa 7000 Verhaftungen und rund 200 Hinrichtungen. Nie saßen Hitler und der Nationalsozialismus fester im Sattel als kurz nach dem 20. Juli 1944, ein deprimierender Befund.

Das galt für alle Gesellschaftsschichten, auch die Studentenschaft. Daß es der Pedell war, der die Geschwister Scholl verriet, paßt ins Bild des NS-

Klein-und Spießbürgers, der bis zum Ende der NS-Herrlichkeit außerordentlich zahlreich war. Wenn die Universität München nichts tat, um ihre Mitglieder, darunter immerhin auch Professor Huber, vor der Gestapo zu schützen, wenigstens das Schlimmste aufzuschieben sich bemühte, so paßte dies ebenfalls ins Bild. Was möglich war, haben mutige Frauen in der Berliner Rosenstraße bewiesen. Deswegen kann man die Mitglieder der »Weißen Rose« nicht als typisch für die Studierendenschaft in der Kriegszeit ansehen, sie waren eine seltene Ausnahme, und daß sich die Ludwig-Maximilians-Universität Jahr für Jahr mit der Sophie-Scholl-Vorlesung schmückt, läßt einen faden Geschmack zurück.[863]

Zurück zur erkenntnistheoretischen Ausgangsfrage: Ist die Geschichte des deutschen Widerstandes die Geschichte des »anderen Deutschland«? Die Antwort muß »nein« lauten, soll der Begriff Deutschland nicht zu einem unverbindlichen, inhaltsleeren Symbol schrumpfen. Das Deutschland aber, das zwischen 1933 und 1945 Hitler die Treue hielt, war das eigentliche Deutschland – wer will, mag in Prozentzahlen auszurechnen versuchen, wie groß denn dieses im Vergleich zum »anderen« Deutschland gewesen wäre. Stauffenberg ist wohl mit dem Ruf gestorben: »Es lebe das Heilige Deutschland« – aber am 20. Juli 1944 gab es kein »heiliges Deutschland«. Die Verschwörer wollten es wiederherstellen, aber es existierte nicht, höchstens als Idee. Erst nach dem 9. Mai 1945 gingen die Deutschen daran, aus dieser Idee langsam Wirklichkeit zu machen. Heute haben wir das »andere Deutschland«, kein »heiliges« freilich, aber es war nicht gleichzeitig mit dem Deutschland des Adolf Hitler.

25. KRIEGSALLTAG, VORWIEGEND 1944

Wie eigentlich sah Deutschland während des Krieges aus?[864] Die Frage mag banal erscheinen, sie ist es nicht. In der historischen Erinnerung erscheint das »Dritte Reich« als ein monolithischer Block; das »Kriegsreich« Adolf Hitlers ist zu einer historischen Stereotype geronnen; »Krieg« ist im kollektiven Gedächtnis immer auch die Heimat im Krieg. Schon im Ersten Weltkrieg hatte es die »Heimatfront« gegeben;[865] im Zweiten läßt sich vor allem nach Stalingrad und nach Beginn der strategischen alliierten Bomberoffensive von einer Unterscheidung zwischen Front und Heimat kaum noch sprechen.[866]

Oder doch? War der Sommer 1944 in Ostpreußen nicht besonders schön? Nicht nur Marianne Peyinghaus[867] hat es beschrieben: wie die Menschen vom Krieg verschont die Volksgenossen an Rhein und Ruhr bedauerten; wie glücklich sich die Menschen in der Elchniederung oder in Masuren priesen, so weit vom Schuß zu sein – übrigens buchstäblich, die Luftangriffe in diesen Räumen waren, verglichen mit denen im Westen, kaum der Rede wert. Gertlauken gab es überall.[868] Und unzählige Zeugnisse für die These, daß die Kriegszeiten auch schöne Zeiten waren – nicht nur an »Führers Geburtstag«, nicht nur, wenn Liszts Prélude Nr.3 im Radio erklang. Dann galt es einen Sieg zu feiern, wo immer auch zwischen Kirkenes und der Cyrenaika. Natürlich durfte man sich auch während des Krieges amüsieren. Großzügig verfügte der Reichsmarschall am 28. Januar 1944 die Uraufführung des Films »Die Feuerzangenbowle«. Der Reichserziehungsminister hatte Bedenken getragen, der Film untergrabe die Autorität des Lehrpersonals. Fast auf den Tag genau im Jahr darauf folgte der Film »Kolberg« mit Emil Jannings und Kristina Söderbaum.[869] Der 30. Januar 1945 war bewußt gewählt worden. Der Film wurde an diesem Tag in Berlin und in der »Atlantikfestung« La Rochelle uraufgeführt. In La Rochelle hatten sich einst die Hugenotten gegen die Truppen des Kardinals Richelieu verbarrikadiert, die Botschaft war klar.

4522 t Bomben wurden am 22. Oktober 1944 auf Essen abgeworfen, am 24. Oktober folgten 3719 t. Das Leben im Luftschutzkeller gehörte zum Leben wie zum Sterben; noch jahrelang waren die weißgelackten Pfeile an den Hauswänden und das Kürzel »LSR« die Graffitti der Adenauerzeit.[870]

So bunt und blutig das Alltagsleben im Reich – sein größter gemeinsamer Nenner war der Krieg. In keinem Jahr herrschte mehr Krieg als 1944, es war der von Goebbels am 18. Februar 1943 verkündete und prophezeite »totale Krieg«. »Es handelt sich bei diesem Krieg nicht darum«, erklärte Hitler am 28. Dezember 1944, »so wie auch bereits im Weltkrieg, ob Deutschland in irgendeiner Form ein gnädiges Dasein im Falle des Sieges von unseren Gegnern zugebilligt bekommen würde, sondern es handelt sich nur darum, ob Deutschland bestehen bleiben will oder ob es vernichtet wird.« Letzten Endes, so Hitler, werde »eben doch über den Bestand der Substanz unseres deutschen Volkes entschieden; nicht über den Bestand des Deutschen Reiches, sondern über den Bestand der Substanz des deutschen Volkes. Ein Sieg unserer Gegner muß zwangsläufig Europa bolschewisieren.«[871] Nicht die Staatsform, nicht einmal die NSDAP, so ließe sich dieser Gedankengang ergänzen, gelte es unter allen Umständen zu verteidigen, sondern einzig und allein die lebendige Substanz der »germanischen Rasse«. Das heißt: In den Augen Hitlers war der Krieg zum äußersten Rassenkampf gesteigert.

So wird die Masse der deutschen Bevölkerung den größten gemeinsamen Nenner »Krieg« nicht gesehen haben. Nach den großen Katastrophen des Sommers 1944 setzte sich hier vielmehr ein ganz anderes Bild vom Krieg durch: Im Westen wurde es bestimmt durch den, wie man es durchgängig nannte, Luftterror gegen die Zivilbevölkerung, im Osten durch die Verpflichtung zur Verteidigung der Heimat gegen die Rote Armee. Ob die aus Bolschewisten bestand und ob deren Helfer die Westalliierten waren, interessierte kaum jemanden. Die weltanschauliche Überhöhung des Kampfes, wie sie durch Hitler und Goebbels, aber auch im Rahmen der Schulung durch die durch Führerbefehl vom 22. Dezember 1943 eingeführten NS-Führungsoffiziere[872] betrieben wurde, schlug nicht nach unten durch, auch nicht in der Wehrmacht.

Immer noch, auch darauf hatte Hitler verwiesen, wurde der Krieg wesentlich außerhalb der Reichsgrenzen geführt. Das galt für das ganze Jahr 1944, sieht man von kleinen vorübergehenden sowjetischen Einbrüchen – Stichwort Nemmersdorf[873] – einmal ab. Der häßliche Tupfer in diesem cum grano salis »friedlichen« Heimatbild war der Luftkrieg, der im Lauf des Jahres 1944 ständig an Bedeutung gewann; anfangs zumindest nicht so sehr wegen seiner strategischen und ökonomischen Auswirkungen – die machten sich erst ab September 1944 voll bemerkbar – als wegen seiner psychologischen Wirkung. Mehrfach wurde im Führerhauptquartier die Frage ventiliert, ob man dem aus der Bevölkerung der gebombten Gebiete hörbaren Ruf nach einer Lynchjustiz den abgeschossenenen englischen und amerikanischen Bomberbesatzungen gegenüber nicht nachgeben solle, wie es Bormann im Mai 1944 empfahl. Zum Glück siegte die Vernunft (nicht die Moral).

Der Vorgang macht deutlich, daß die Bombenangriffe enorm verrohend wirkten – genau das nutzte dem Regime; im bombardierten Westen wie im nahezu ständig bombardierten Berlin kam deswegen auch nicht ansatzweise eine Differenzierung der Gegner in böse und weniger böse zustande – so wie es an den europäischen Fronten durchaus der Fall war. Die »Meldungen aus dem Reich« lassen keinen Zweifel, daß die Masse der Bevölkerung auf die gesteigerten Luftangriffe mit blinder Wut und dumpfen Rachegefühlen reagierte; folgerichtig wurden die »Vergeltungs«waffen zu solchen eines ersehnten »Wunders«.[874] Es liefen in der Bevölkerung Gerüchte um, demnächst werde es eine ultimative Vergeltungswaffe geben. Goebbels hatte geraunt, schon jetzt täte ihm das englische Volk leid, man müsse sein Herz hart machen, um diese finale Wunderwaffe einzusetzen. Die Reaktionen in der Öffentlichkeit waren eindeutig: Je schneller und je größer die Vernichtung, um so besser. London mit einem Schlage ausradieren: Genau dies wünschten sich die Volksgenossen heißen Herzens, wenn sie nach den verheerenden Bombennächten auf die rauchenden Trümmer ihrer Häuser und die unzähligen verkohlten Leichen von Frauen und Kindern sahen.[875] Wie verrohend der Krieg aber auch andernorts wirkte, mag man einer Umfrage aus den Vereinigten Staaten entnehmen: Dort waren 1944 zehn Prozent der Bevölkerung dafür, die japanische Rasse physisch auszurotten.[876] Man wagt sich nicht vorzustellen, wie hoch dieser Prozentsatz gewesen wäre, hätten die Japaner das Empire State Building zerbombt und wären dabei soviele Menschen gestorben wie am 7. Dezember 1941 oder am 11. September 2001.

Was die Evozierung atavistischen Hasses auf die Westgegner für das Regime bedeutete, liegt auf der Hand. Von irgendeinem Separatismus im Westen – also jenem Phänomen, das aus den frühen zwanziger Jahren bekannt war – war kein Hauch zu spüren. Die Alliierten wußten darum; die im nachhinein so lächerlich und übertrieben wirkenden Verhaltens- und Vorsichtsregeln, die den ins Reichsgebiet eindringenden Truppen mitgegeben wurden, hatten in dieser Vorgeschichte ihre Ursache und Berechtigung. Nur weil der Bodenkrieg erst Ende Januar 1945, also zu einem Zeitpunkt, als der Krieg auch für die fanatischsten und schlichtesten Gemüter eindeutig verloren war, im Westen des Reiches richtig begann, konnten die Invasoren einigermaßen sicher sein, daß sie eben nicht auf fanatisierte »Werwölfe« stießen, nicht um jedes Haus kämpfen mußten – das wäre noch im Sommer 1944 ganz anders gewesen. Der Film von Bernhard Wicki: »Die Brücke«[877] hat das vorzüglich thematisiert.

Die Westalliierten trugen also, gewiß ungewollt, zur Radikalisierung der Bevölkerung bei, damit stützten sie das Hitlersche Terrorregime. Dieses fühlte sich so sicher, daß es einige Propagandisten sogar wagen konnten, den Luftterror zum Inhalt von Satiren zu machen. Nur als in einem Artikel davon die Rede war, man müsse den Terrorfliegern geradezu dankbar sein, daß sie die alten, dreckigen, verwinkelten Städte gleichsam kostenlos planierten, damit man dann um so schöner wieder aufbauen könne, regte sich Unmut in einigen Leserbriefen – allein daß die Redaktion diese ebenfalls abzudrucken wagte, zeigt, wie einig sich Volk und Führung in der Beurteilung der westlichen Gegner im Jahr 1944 waren. Kein Hauch von ersehnter Befreiuung. Vergeltung: Allein danach dürstete man.

Den Krieg im Clausewitzschen »Äußersten« spürte die Bevölkerung also nur im Luftkrieg. Dessen materielle Auswirkungen wurden lange Zeit erstaunlich problemlos bewältigt. Nahezu überall gelang es, die Ausgebombten hinreichend zu versorgen; viele hatten aus freien Stücken die gefährdeten Städte verlassen,[878] waren zu Bekannten und Verwandten »auf's Land« gezogen, manche setzten sich gar nach Ostpreußen ab, das als Insel der Seligen vom Ruhrgebiet aus erschien. Die Parteiorganisationen, vorweg die NSV[879] sorgten dafür, daß Familien mit kleinen Kindern evakuiert wurden,[880] eine ganze Generation von westlichen Großstädtern wurde durch das fragwürdige Erlebnis der »Kinderlandverschickung«[881] geprägt. Obwohl jeder Bombenangriff unzählige Tote kostete, blieb das heroische »Dennoch« bis tief ins Jahr 1944 hinein erhalten, und die Propaganda[882] wurde nicht müde zu betonen, daß die Heimat dem Heer draußen im Feld eine Verpflichtung gegenüber zu tragen habe: nicht zu meckern, nicht zu jammern. Die Erforschung der Briefkultur dieser Zeit, aber auch Kempowskis »Echolot« zeigen, daß das zwar nicht immer und überall, doch überwiegend der Fall war. Die Älteren waren noch tief von den Ereignissen des Jahres 1918 geprägt; es »nie wieder zu einem November 1918« kommen zu lassen, war nicht nur die Parole Raeders, sondern entsprach der Überzeugung der überwältigenden Mehrheit des Volks. Wie bis weit ins Jahr 1918, war auch jetzt die Masse der Bevölkerung bis tief ins Jahr 1944 hinein davon überzeugt, daß der Krieg zwar noch lange nicht gewonnen, aber mit Sicherheit nicht verloren war.

Noch in seiner Neujahrsansprache vom 1. Januar 1945[883] wußte Hitler die Zweifelnden und Skeptischen zu beruhigen. Seine Argumente schienen durchschlagend: 1918 sei das Volk innerlich zerrissen gewesen, heute sei es einig. Damals habe eine unfähige Führung das Volk in eine Hungersnot gestürzt. Heute, 1944, hungere niemand. Gewiß, es gab nicht mehr immer und alles zu kaufen, aber an die physische Existenz, etwa der kleinen Kinder wie 1918 ging es nicht. Das war überhaupt, glaubt man den Zeugnissen der Zeit, der größte Pluspunkt auf dem Konto des Regimes. Niemand hungerte wirklich in Deutschland.[884] Daß in Holland Menschen gerade deswegen ebenso verhungerten wie systematisch unterernährte russische Kriegsgefangene, interessierte niemanden, wenn man es denn überhaupt wußte. 1944 war das sechste Kriegsjahr. Allein dies schien die unvergleichlich andere, bessere Lage als 1918 zu beweisen. Der historische Vergleich war im Sommer 1944 gleichsam schon ausgelaufen, und daß diesmal alles ganz anders enden würde, schien vielen plausibel. Die einleuchtendste historische Deutung hatte wieder Hitler parat: Dieser Krieg, so vor den versammelten Kommandeuren der Westfront, am Vorabend der Ardennenoffensive,[885] sei nicht etwa die Neuauflage des Ersten Weltkrieges, sondern der vierte Einigungskrieg, den ja bereits der alte Moltke prophezeit hatte. Die ersten drei, Hitler nannte die Daten 1864, 1866 und 1870/71, seien gewonnen worden, das war ein untrügliches Omen.

Damit bewegt man sich schon in der dünnen Luft des dünnen Intellektualismus von 1944. Die Masse der Bevölkerung dürfte von derlei Geschichtsmetaphysik wenig berührt worden sein, man weiß auch nicht genau, wieweit die einschlägigen Presseorgane, die derlei kolportierten, tatsächlich meinungsbildend gewesen sind. Die üblichen Presseerzeugnisse aus dem Jahr 1944 waren von öder Langeweile, völlig uninspiriert, auf Klein-klein getrimmt.[886] Man darf nicht vergessen, daß das Papier 1944 immer knapper und schlechter wurde; viele Zeitungen erschienen nur noch in drastisch verkleinertem Umfang, es war mühselig, sie zu lesen: die Lettern wurden immer kleiner, der Satz immer kompresser, das Papier immer holzhaltiger, die Druckerschwärze immer blasser.

Das »Heimat-Volk« war 1944 ein Volk der Frauen, der Greise und der Kinder. Rund 10 Millionen Männer standen 1944/45 an den Fronten, nahezu die gesamte männliche Jugend. Im Laufe der sieben Kriegsjahre sind etwa 2 Millionen Mann gefallen, 1,7 Millionen galten als vermißt oder waren in Kriegsgefangenschaft. Im statistischen Jahresdurchschnitt sind rund 250 000 Männer gefallen, monatlich also rund 20 800.[887] »Für Führer, Volk und Vaterland« lautete der verordnete Standardtext der Anzeigen in den Blättern. Diese Gefallenenanzeigen waren in der Provinzpresse oft das einzig Nichtprovinzielle.[888] Genaue Ortsbezeichnungen in den Anzeigen waren verboten, aber eine grobe Zielansprache war meist doch möglich. Nimmt man die Anzeigen en bloc, so konnte durchaus der Eindruck entstehen, das Deutsche Reich werde gleichsam an den Thermopylen verteidigt. Genau dieses Beispiel hatte Goebbels im Zusammenhang mit Stalingrad in den Köpfen der Menschen zu verankern gesucht – man weiß nicht, ob es ihm gelungen ist.

Im Kriegsjahr 1943/44 fielen 573 238 deutsche Soldaten, das sind im Monatsdurchschnitt 47 769 – doppelt soviel wie im Durchschnitt des gesamten Krieges. In Deutschland wurde permanent getrauert, es traf fast jeden Familienverband, vor allem wenn man die knappe Million von Vermißten und Kriegsgefangenen hinzuzählt. Danach wurden allein im 6. Kriegsjahr 1 547 487 Männer zu Opfern des Krieges. Nimmt man die Gesamtbevölkerung mit etwa 80 Millionen an, davon 40 Millionen Männer – Babys und Greise mitgerechnet – liegt die Verlustrate bei 3,8%. Ein Leutnant hatte 1944 statistisch gesehen eine Lebenserwartung von 9 Wochen.[889] Niemand weiß, welche Dramen und Tragödien sich in hunderttausenden von Familien abspielten, wenn die Todesnachrichten kamen. Einiges läßt sich erahnen: Der Vater gefallen, das Haus ausgebombt, vier kleine Kinder: Das ist ein idealtypisches, doch gewiß nicht seltenes Muster deutscher Existenz im Jahr 1944. Und dennoch blieben diese so – nein, eigentlich nicht – vom Schicksal geschlagenen Menschen mehrheitlich dem Regime, das das alles verschuldet hatte, loyal; viele brüllten auch unter Tränen immer noch »Sieg-Heil«. Beide Söhne des Oberbefehlshabers der Kriegsmarine Karl Dönitz fielen 1944, Dönitzens Konsequenzen sind bekannt: »In stolzer Trauer«.

Wie retteten sich die Menschen?

Wohl nur den fanatischsten Nationalsozialisten vom Typ Dönitz oder Gertrud Scholtz-Klink,[890] der Reichsfrauenführerin, mochte es gelingen, die seelische Balance zu wahren; wenn eine gute Nationalsozialistin »dem Führer ein Kind geschenkt« hatte, konnte der Führer dieses Kind auch ge- und verbrauchen. Man weiß nicht, wieviele Mütter so dachten.[891] Die Masse der Deutschen brauchte Palliative, hier ist wieder an die Wut auf die »Terrorflieger«, die Hoffnung auf die »Wunderwaffen« zu erinnern. Lange spukte auch noch 1944 der Gedanke, es könne doch noch etwas mit der Besiedlung des russischen Ostens werden.

Wie sah der typische Alltag aus?

Die Illusionsindustrie boomte, vor allem der Film.[892] Das heitere Genre überwog. Die »Feuerzangenbowle« war nicht Ausnahme, sondern typisch. »Schrammeln« mit Paul Hörbiger, »Die Frau meiner Träume« mit Marika Rökk. »Familie Buchholz« von Carl Froelich, »Inflagranti« von Hans Schweikart. Große Gefühle wurden inszeniert: »Opfergang« von Veit Harlan, »Junge Adler« von Alfred Weidemann. Von »Kolberg« war schon die Rede. Kabaretts und Theater[893] mußten seit dem 1. September 1944 freilich schließen, die Orchester stellten ihren Betrieb weitgehend ein. Allein Film und Funk fiel fortan die Aufgabe zu, die Menschen abzulenken und zu erheitern. Die Wochenschau hatte in der gesamten Kriegszeit nichts von ihrer Faszination verloren. Umfragen ergaben, daß viele Menschen nur der Wochenschau wegen ins Kino gingen.[894] Ablenkung und Vergnügen bereitete auch der Sport;[895] bis September 1944 gab es noch allerlei Sportveranstaltungen und Meisterschaften. 70 000 Menschen kamen am 18. Juni 1944 ins Berliner Olympiastadion um das Endspiel um die deutsche Fußballmeisterschaft zu erleben. Der Dresdner SC siegte über den Luftwaffen-HSV Hamburg mit 4:0.

Weniger Betäubung und Ablenkung als Trost spendeten die Kirchen und das Weihnachtsfest. Weihnachten 1944[896] stand ganz im Zeichen des Trostes und der Hoffnung. Zwar waren die offiziellen Weihnachtspredigten der Kirchenführer aus dem Umkreis der »Deutschen Christen« von den üblichen Klischees geprägt, aber in vielen Orten hatten es die NSV, Schulen und Parteiorganisationen verstanden, Festatmosphäre zu schaffen. Es wirkte ungemein anrührend und gemeinschaftsbildend, wenn auf Anweisung und unter Leitung von NSV-Damen oder auch Lehrerinnen gemeinschaftlich Kinderspielzeug gebastelt wurde; was man dazu brauchte, wurde erfolgreich gesammelt, die örtlichen Zeitungen berichteten darüber ziemlich ausführlich. Natürlich schmerzte es, daß eine neue Verordnung das Eisenbahnfahren zwecks Verwandtenbesuchen zu Weihnachten und Neujahr verbot, aber die meisten Menschen sahen die Notwendigkeit dazu ein und blieben wirklich zu Hause. Die Festgottesdienste waren zumindest in den schleswig-holsteinischen Gemeinden sehr gut besucht, von Repressalien seitens der Partei ist nichts bekannt. Die »Volksgemeinschaft« war tatsächlich einigermaßen intakt.

Die Kriminalitätsrate blieb auch 1944 konstant, so in Kiel.[897] Kapitalverbrechen hielten sich im statistischen Rahmen, auch 1944 berichtete die Presse darüber ausführlich. Daß nicht alles »normal« war, mochten die Leser dem Umstand entnehmen, daß die meisten Verbrechen und auch kleinere Vergehen mit dem Tod bestraft wurden, und zwar unverzüglich.[898] Wieweit das abschreckend wirkte, bleibt offen. Aus Kiel wird ein Fall überliefert, in dem ein Ladendieb vom Besitzer nicht angezeigt wurde, weil der zu Recht befürchten mußte, daß dem Delinquenten die Todesstrafe drohte. Ein wirklich »gesundes« Volksempfinden gab es also auch.

Das zeigte sich vor allem auf dem Land. Zu hungern brauchte 1944 (noch) niemand, aber die Rationen wurden knapper, vor allem Fett und Fleisch wurden zu ausgesprochenen Mangelwaren. Entsprechend stieg die Bedeutung jener landwirtschaftlichen Betriebe, die Fleisch produzierten. Daß es hier nicht immer mit den im Sinne des »Dritten Reiches« rechten Dingen zuging, war ein offenes Geheimnis, wie sich aus den Jahresberichten verschiedener Gerichts-und Polizeibezirke ergibt. Die Polizisten wußten genau, daß und wie und wann schwarzgeschlachtet wurde – sie drückten gerne ein Auge zu, im Interesse gewiß aller Beteiligter.[899]

Das »Wiegeschwein« war verschwörerisch: Die Abgabepflicht errechnete sich nach dem Gewicht der Schweine. Ein Schwein wurde von amtswegen gewogen, dann dessen Gewicht auf den ganzen Bestand hochgerechnet. Man kann sich die armen, mageren »Wiegeschweine« unschwer vorstellen. Auch hier geschah in aller Regel nichts weiter von amtswegen. Es gab also in der zweiten Hälfte des Jahrs 1944 zweifellos Ansätze zu einer flächendeckenden Schattenwirtschaft, die halbwegs toleriert wurden, obwohl Staat und Partei doch nach außen hin das Bild einer völlig korruptionsfreien geschlossenen Volksgemeinschaft zu erwecken suchten.

Die meisten Menschen verstanden es, sich irgendwie »einzurichten«. Die hohe Kunst der Improvisation, zumeist als Kennzeichen der unmittelbaren Nachkriegszeit angesehen, wurde schon 1944 kräftig eingeübt. Natürlich gab es Denunziationen,[900] aber es wird ansatzweise doch erkennbar, daß sich die Volksgenossen gegenseitig nicht allzu weh tun wollten. Man konnte ja morgen auch schon ausgebombt und auf die Hilfe der Nachbarn angewiesen sein. Seit der zweiten Jahreshälfte 1944 kam ein weiteres Phänomen hinzu: Niemand sprach davon – das konnte tödlich sein – aber immer mehr Menschen dachten daran: daß das mit dem Krieg vielleicht doch nicht gut enden würde. Die kleinen Parteigenossen, vor allem wenn sie in irgendwelchen Funktionen Macht und Einfluß ausüben konnten, überlegten es sich jetzt zweimal, ob sie das im Interesse von Staat und Partei wirklich tun und Mitbürgern wehtun sollten.[901]

Splitter aus der Alltagsgeschichte. Über die schlimme Hausbrandlage, die oft unerträgliche 72-Stunden-Woche, die um sich greifenden Krankheiten wäre zu berichten. Über die Erbitterung der arbeitenden Frauen gegenüber mondänen »Faulenzerinnen«, die Organisation des »Volkssturms«.[902] Wie weit eigentlich reichten die Ansätze zu einer verschwörerischen, schweigenden Solidarität der Obrigkeit gegenüber? Galt sie auch für den größten und schwärzesten Brocken: den Mord an den Juden? Wann eigentlich wurde die Glocke des kollektiven Schweigens gegossen, die nach 1945 und bis zu Beginn der sechziger Jahre so charakteristisch für die deutschen Mentalitäten wurde? Wieviele brave Deutsche Dreck am Stecken hatten und deswegen in Schweigen verfielen, wage ich nicht zu schätzen; die Behauptung von Omer Bartov, die Masse des Ostheeres sei kriminell gewesen, was eben zum Zusammenhalt auch in an sich aussichtslosen Lagen gezwungen habe, ließe sich auch auf die Zivilgesellschaft übertragen, aber sie ist falsch.

Der Krieg war gewiß der größte gemeinsame Nenner in der Wahrnehmung der Gesellschaft. Dennoch wurde auch er höchst unterschiedlich wahrgenommen. Es gab Dörfer, Städte, Landschaften, die hat er gleichsam nur gestreift. Die Intensität der Kriegserfahrung war höchst unterschiedlich, das war im Dreißigjährigen Krieg schon so gewesen, der häufig zum Vergleich der Jahre 1939-1945 herangezogen wird. Dementsprechend verschieden konnten die Urteile über den Krieg ausfallen. In extremem Maße galt dies an den Fronten: Zwar waren sie alle Soldaten der deutschen Wehrmacht – aber welch himmelweite Unterschiede gab es zwischen einem Besatzungssoldaten etwa in Norwegen – bis zum Oktober 1944 – und einem Soldaten, der an vorderster Front im Osten eingesetzt war! Schon die Feldpostbriefe[903] spiegeln das: Wo es ruhig oder einigermaßen »zivilisiert« zuging, strotzten sie vor Optimismus; was aus den Brennpunkten des Ostens kam, hat oft die Hürde der Zensur nicht genommen. Es gab eine Wechselwirkung zwischen Front und Heimat in der Lagebeurteilung. Das war schon 1870/71 so gewesen, es galt für den Ersten Weltkrieg gleichermaßen.

Gab es eine Möglichkeit, 1944 die große militärische und strategische Lage halbwegs richtig einzuschätzen? Von der Beantwortung dieser Frage hängt das Urteil über das politische Verhalten der Bevölkerung wesentlich ab. Anders gewendet: Ist es dem System gelungen, sein Bild von der Lage, genauer: das seiner Propaganda als verbindlich durchzusetzen?

Gewiß nicht vollständig. Versucht man festzustellen, was die Volksgenossen vom Kriegsverlauf überhaupt wissen konnten, hilft der Hinweis wenig, daß man auch aus den allgemein zugänglichen Informationen der Zeit – der Wehrmachtbericht wurde schon angesprochen – ein ziemlich realistisches Bild der jeweiligen Kriegslage habe gewinnen können, vom (verbotenen) Abhören von »Feindsendern« und der Lektüre massenhaft abgeworfener alliierter Flugblätter ganz abgesehen.[904] Wir Nachgeborenen wissen, wie und warum alles so und nicht anders gekommen ist; die Zukunft von 1944 aus gesehen ist unsere gut überschaubare Vergangenheit. Wir haben es mit einem erkenntnistheoretischen Problem zu tun. Ein Beispiel mag das erläutern: In den Akten der Seekriegsleitung findet sich eine Meldung, die den Beginn der Invasion exakt auf den 6. Juni 1944 voraussagte. Also ließe sich schließen: die militärische Führung wußte, wann die Invasion kommt. Dieses Aktenstück befindet sich in einem dicken Faszikel, das dutzende solcher Meldungen enthält – und da finden sich nahezu alle beliebigen Daten für den Beginn der Invasion. Die Aufarbeitung der Ursachen und Anlässe des Irak-Krieges im Jahr 2003 zeigt, daß diese Problematik nichts von ihrer Aktualität verloren hat.

Nichtsdestoweniger läßt sich ab August 1944 erkennen, daß die Masse der Bevölkerung den Krieg für verloren hielt. Warum hat sie ihre verbrecherische Führung nicht spätestens jetzt zum Teufel gejagt?

26. KRIEGSENDE

Daß der Krieg mit dem Gelingen der Invasion endgültig verloren war, konnte nach dem Ausbruch der Alliierten aus den Brückenköpfen der Normandie, dem der geradezu blitzartige Verlust ganz Frankreichs folgte, niemandem mehr zweifelhaft sein; es gab fortan keine Denkfigur mehr, die zu einem anderen Ergebnis auch nur rein theoretisch hätte kommen können. Einzig und allein die Verfügbarkeit einsatzfähiger Atombomben – und auch nicht bloß einer oder von ein paar – hätte daran noch etwas zu ändern vermocht. Aber von Atombomben war das »Dritte Reich« im Herbst 1944 weiter entfernt denn je.

Daraus ergibt sich eine schwerwiegende Frage: Warum hat es das letzte halbe Jahr des Krieges in Europa überhaupt noch gegeben? Sie ist um so schwerwiegender, als in diesem halben Jahr die größten Verluste des Krieges insgesamt eintraten.

»Die Wehrmacht kämpfte 1944/45 in einer Stärke von mehr als zehn Millionen Mann gegen eine erdrückende Übermacht der sowjetischen, amerikanischen und britischen Armeen. Der mörderische Charakter der Schlußphase des Krieges kann durch die folgenden Zahlen nur unvollkommen wiedergegeben werden: In den zehn Monaten zwischen Juli 1944 und der Kapitulation der deutschen Wehrmacht am 8. Mai 1945 kamen mehr Deutsche ums Leben als in den nahezu fünf Kriegsjahren davor. In dieser Zeit wurden monatlich etwa 300 000 bis 400 000 Deutsche, Soldaten wie Zivilisten, getötet. Am härtesten waren die Wehrmachtsoldaten betroffen. 2,6 Millionen Männer in Uniform starben nach dem Sommer 1944. Etwa genau so viele waren in den fünf Kriegsjahren zuvor insgesamt umgekommen«[905]

Aus den »Stimmungsberichten der Wehrmachtpropaganda 1944/45« ergibt sich, daß die Masse der Bevölkerung an den Endsieg tatsächlich nicht mehr glaubte, aber das »non possumus« ließ nur Resignation. In welchem Glanz geradezu steht demgegenüber das Ende des Ersten Weltkrieges da! Aber damals hatte es eben keine terroristische Diktatur gegeben, es war nicht aussichtslos, sich gegen die Herrschenden zu erheben. Diese hatten unsägliche Fehler begangen, Verbrecher waren sie nicht. Es gibt für das Verhalten der Masse der Bevölkerung in diesem Schlußinferno nur vage

Erklärungen: Eine ergibt sich aus der Propaganda des Regimes, nach der die Sieger mit den Deutschen noch unbarmherziger verfahren würde als man es selbst als Sieger mit den Besiegten getan hatte. Goebbels stand nicht an, den Deutschen ihre physische Ausrottung zu prophezeien, und nach den ersten Einbrüchen der Roten Armee nach Deutschland brauchte er sich gar keine große Mühe zu geben, um das »vae victis« glaubhaft behaupten zu können. Auch das alliierte Kriegsverbrechen in Dresden in der Nacht vom 13. zum 14. Februar[906] wies in diese Richtung. Andreas Hillgruber hat in seinem Beitrag »Zweierlei Untergang«,[907] zu Recht behauptet, daß das längere Aushalten gewiß auch die Mordmaschinerie in Auschwitz länger hat arbeiten lassen, dies jedoch abgewogen werden müsse gegen die elementare, existentielle Furcht der Soldaten und Zivilisten vor den Folgen einer definitiven Niederlage gegenüber der Roten Armee. Man kämpfte im Osten buchstäblich ums Überleben. Nicht nur das eigene, sondern, und das ist sicherlich entscheidend, das der eigenen Familien, der eigenen Frauen und Kinder.

Die Vorwürfe, damit habe Hillgruber letztlich Auschwitz und das Hitlerregime gerechtfertigt, verfangen nicht. Tatsächlich hat wenigstens im Osten kein Soldat nach dem Juli 1944 für Hitler, Bormann, Eichmann oder Koch gekämpft – die haben von diesem Widerstandswillen wahrscheinlich gegen den Willen der meisten jener, die ihn leisteten, profitiert. Da es völlig aussichtslos war, die Alliierten, vor allem die westlichen, zu irgendwelchen bindenden Zusagen hinsichtlich der Weiterexistenz des deutschen Volkes zu bewegen, blieb in den Augen der meisten Soldaten gar nichts anderes übrig, als weiterzumachen. Als Nebenmotiv ist aber auch der verschärfte Terror des Regimes zu berücksichtigen: Nach dem 20. Juli gab es keinerlei Chancen mehr für einen irgendwie erfolgreichen Widerstand, solange die Bevölkerung im Reich nicht wie ein Mann gegen das Hitlerregime aufstand.

Daraus ergibt sich die Frage, warum sie es nicht getan hat.

Zum einen, weil die Nationalsozialisten suggerierten, sie allein könnten der roten Flut wehren. Wer als Soldat dabei nicht mitmachen wollte, wurde am nächsten Laternenpfahl aufgeknüpft. Der Name des Feldmarschalls Ferdinand Schörner[908] etwa verbreitete gegen Kriegsende Furcht und Schrecken. Zum anderen, weil die Identifizierung der Masse der Bevölkerung mit dem Regime immer noch Bestand hatte. Immer noch war die Mehrheit für und nicht gegen Hitler, immer noch entband seine Person Faszination, auch wenn Hitler nach dem 20. Juli 1944 fast gar nicht mehr in der Öffentlichkeit präsent war. Er war schon wie Barbarossa im Kyffhäuser verschwunden, aber er war da, er lebte. Es ist typisch, daß erst der definitive physische Tod dieses Menschen, den bezeichnenderweise viele noch lange nach dem Krieg nicht glauben wollten, auch jene, die in seiner engsten Umgebung gelebt hatten, aus dieser Faszination befreite; das prominenteste Beispiel dafür lieferte die Person von Dönitz.

Für die Eingeweihten schon am 10. Juni 1944, für alle anderen spätestens seit dem Tag von Avranches war der Krieg verloren. Die Öffentlichkeit, von der Propaganda in diese Richtung konditioniert, starrte gebannt nach Westen und bekam anfänglich deswegen gar nicht richtig mit, was sich im Osten abspielte: Hier hatten die eigenen Truppen unter hohen Verlusten es bis zum Juni 1944 verstanden, den Durchbruch der Roten Armee zu verhindern, und dies trotz ständig wachsender Überlegenheit der sowjetischen »Fronten«, wie die Sowjets ihre Heeresgruppen nannten. Erst nachdem Stalin wußte, daß die Invasion tatsächlich gelungen war, blies er zum Generalangriff auf die Heeresgruppe Mitte, und seit dem 22. Juni 1944 – der Tag war natürlich nicht ohne Grund gewählt – begann die größte Angriffsschlacht im Osten.[909] Die deutschen Verluste waren gigantisch, die Heeresgruppe brach in kürzester Zeit zusammen, man kann von einem »Superstalingrad« sprechen. Die deutsche Front wurde auf ganzer Linie zurückgeworfen, aber erstaunlicherweise – oder eben auch nicht – hielt sie noch immer. Vor den Reichsgrenzen kam die »Rote Flut« zum Stillstand, doch fast alles, was man seit 1941 erobert hatte, war im Oktober 1944 verloren. Zu Ende auch war es mit den östlichen Verbündeten, die aus dem Desaster politisch zu retten suchten was nur möglich war, Stalin jedoch keinen Moment von seiner Generalplanung abhalten konnten, in der den kleinen osteuropäischen Ländern nur noch die Rolle von kommunistischen Satellitenstaaten zugedacht war – dabei kam es ihm nicht darauf an, ob der eine oder andere eher auf seiner oder der anderen Seite gestanden hatte – besonders bitter war das für Polen und die Tschechoslowakei. Daß Stalin ungerührt zusah, wie die Deutschen den Warschauer Aufstand[910] brutal niederschlugen, war besonders infam, denn selbstverständlich hätte die Rote Arme zugunsten der Polnischen Heimatarmee eingreifen können. Das Reich stand nun allein gegen einen Gegner, der ständig stärker, während die eigene Armee immer schwächer wurde.

Gleichwohl war es nicht aussichtslos, im Osten zu halten, und zwar noch für geraume Zeit. Hier ist an das Speersche Rüstungs»Wunder« zu erinnern und an den Umstand, daß die eigene Rüstung im Juli 1944 ihren Höhepunkt erfuhr. Gewiß, von einer »Nachhaltigkeit« dieser Rüstung konnte keine Rede sein, das »Rüstungswunder« war keines, gleichwohl konnten die deutschen Armeen für befristete Zeit materiell befriedigend ausgestattet werden. Im Vorfeld der Invasion im Westen waren aber nicht die Ostverbände neu aufgefüllt und ausgestattet worden, sondern die im

Westen – was binnenlogisch korrekt war, sah man die Invasion tatsächlich als »kriegsentscheidend« an. Nachdem alle, die das anfänglich behauptet hatten, nach dem Gelingen der Invasion davon nichts mehr wissen wollten, stellte sich automatisch die Frage, wo denn in Zukunft der Schwerpunkt der eigenen militärischen Bemühungen liegen mußte, nachdem im Westen nichts mehr auszurichten war – außer einer langfristigen Verteidigung am Rhein zwecks Schutz der rechtsrheinischen Industriegebiete. Krieg war ja überhaupt nicht mehr zu führen, sollte diese Herzregion des Kriegsreiches verloren gehen. Zwar stand der Himmel über dem Ruhrgebiet den alliierten Luftflotten offen, aber die systematische Verlagerung der sensibelsten Rüstungsbetriebe unter die Erde war in vollem Gang; mancherorts entstanden unterirdische Industriezonen, die in mehr als einer Hinsicht an das düstere Reich der Wells'schen Morlocken erinnerten. Mittelbau »Dora«[911] läßt die Besucher heute noch schaudern. Die Luftschäden sahen nach außen schlimmer aus als sie es nach innen waren. Erst die Zerstörung der deutschen Verkehrswege brachte alles endgültig zum Stillstand. Dieser Prozeß setzte aber erst nach dem September 1944 ein, noch blieb dem Kriegsreich eine Art von rüstungspolitischer Galgenfrist.

Zahl und Ausrüstung der im Kampf gegen die Invasion eingesetzten deutschen Verbände waren immer noch imponierend; Eisenhower und Montgomery war klar, daß ein Spaziergang nach Berlin nicht möglich war, ja ein langer Abnutzungskrieg am Rhein drohte. Ihn zu verhindern und damit auch das alte Gespenst aus dem Ersten Weltkrieg zu bannen, ließ man sich allerlei, auch allerlei strategisch Törichtes einfallen – beispielsweise Arnheim, als es der 9. und 10. SS-Division gelang, eine britische und eine polnische Luftlandedivision bzw. Brigade zu zerschlagen, was die Alliierten fast 8000 Mann kostete.[912]

Die Militärtopographie des Westens, teilweise die Siegfriedlinie, auch wenn sie nur zum geringsten Teil fertiggeworden war, erlaubte es den Deutschen, ihre Mittel effektiv in der Verteidigung einzusetzen, zumal es Montgomery versäumt hatte, rasch die Scheldemündung zu erobern, so daß eine großzügige Versorgung der Alliierten über Antwerpen erst seit Anfang Dezember möglich wurde. An eine Wende im Sinne eines erneuten Herauswerfens der Alliierten aus Frankreich war natürlich nicht zu denken.

Doch genau daran dachte Hitler, beflügelt von den punktuellen Erfolgen im Westen, und damit nähern wir uns einem der makabersten und entlarvendsten Phänomenen in der Spätphase des Krieges, geeignet, die eingangs angedeuteten Fragen und Widersprüche wenn nicht zu begreifen, so doch zu erklären.[913]

Am 16. Dezember 1944 begann die »Ardennenoffensive«, ein deutscher Großangriff zwischen Hohem Venn und der luxemburgischen Grenze, vorgetragen von 14 motorisierten und 7 Panzerdivisionen. Dazu kam eine OKW-Reserve von 7 Divisionen, darunter zwei weiteren Panzerdivisionen. Für den Angriff standen also insgesamt 28 Divisionen, davon 9 Panzerdivisionen bereit. Die 1. US-Armee wurde völlig überrascht, aber nach einer Wetterbesserung just zum Heiligen Abend 1944 konnten die Amerikaner ihre drückende Luftüberlegenheit zum Tragen bringen, und mit einer Gegenoffensive gingen bis zum 15. Januar 1945 alle Gewinne – immerhin rund sechzig Kilometer waren die Deutschen vorgedrungen – wieder verloren Die Wehrmacht hatte 17 200 Tote, 16 000 Gefangene, 34 439 Verwundete zu beklagen, die US-Truppen 29 751 Tote und Vermißte, 47 129 Verwundete.

Diese Zahlen machen zunächst deutlich, daß selbst am 16. Dezember 1944 das Deutsche Reich keineswegs schon völlig wehrlos geworden war. Aber die Ardennenoffensive war eine der schlimmsten Fehlleistungen des Regimes.

Oder doch nicht? Losgelöst von allen politischen und strategischen Bezügen war es tatsächlich eine Leistung, derlei zustande zu bringen. Aber diese Leistung wurde erbracht, um etwas zu erreichen, das absolut gegen die Interessen aller war – mit einer Ausnahme: Hitlers und seiner allerengsten Umgebung.

Am 12. Dezember 1944 hielt Hitler vor den Befehlshabern der für die Ardennenoffensive bereitgestellten Einheiten eine Ansprache – sie erinnert formal an seine Ansprachen vom 22. August 1939 oder dem 23. Mai 1939, sie könnte ebenso wie diese als »Schlüsseldokument« eingeordnet werden, wenn sie denn noch Schlüssel zu irgend etwas Bedeutsamen gewesen wäre. Vielleicht war sie es, aber nur im rein Destruktiven. [914]

In einer langatmigen Rede rollte Hitler das ganze Panorama der deutschen Geschichte seit 1648 auf und behauptete, es gehe nun endgültig darum, ob das Reich sich als die auf dem Kontinent führende Macht würde behaupten können. Es gehe um einen europäischen Einigungskrieg. Aus den Lagebesprechungen wissen wir, daß Hitler nicht mehr und nicht weniger anstrebte, als den Frankreichfeldzug von 1940 zu wiederholen – mit exakt den gleichen Rezepten wie 1940, und in seiner Ansprache redete er die Kräfteverhältnisse auf die abenteuerlichste Weise schön: Wie 1940, sei man zwar auch jetzt, 1944, unterlegen, aber wie damals, so werde auch jetzt letztlich das modernere Material und die höhere Moral den Ausschlag geben. Er gab zwar zu, daß die Luftüberlegenheit des Gegners erdrückend sei, aber hier werde – wohl neben der Vorsehung – der Himmel helfen. Im Dezember pflegen über dem Hohen Venn und Nordfrankreich dichte Wolken zu liegen. Das taten sie auch 1944, bis zum 22. Dezember. Danach wurde das Wetter wider Erwarten schön.

Hitler wollte die Geschichte um viereinhalb Jahre einfach zurückdrehen und wieder von vorn anfangen. Daß dieser Mann mental nicht mehr gesund sein konnte, hätte jedermann auffallen müssen. Manches an seinen Formulierungen konnte fast Mitleid wecken. Es war höchste Zeit, Hitler wegen Geisteskrankheit seiner Ämter zu entheben. Dazu hätte es keiner Gewissensbisse ob des Eides bedurft. Der Mann war schwer krank.

Was geschah? Die Herren Generäle standen stramm, mucksten nicht, sondern gehorchten. Wider besseres Wissen, im klaren Bewußtsein der Unmöglichkeit der ihnen gestellten Aufgabe. Weder Keitel, Jodl noch die Herren des OKH, ganz zu schweigen von denen des OKL haben am 12. Dezember 1944 dem Wahnwitz Einhalt geboten. Die Ardennenoffensive startete, wenn auch in bescheidenerem Rahmen als ursprünglich von Hitler konzipiert. Ursprünglich sollte die deutsche Offensive bis zu den französischen Kanalhäfen durchschlagen, und die Amerikaner sollten so ins Meer gejagt werden wie einst die Engländer bei Dünkirchen.

Der Versuch schlug im ersten Anlauf fehl, doch am 28. Dezember 1944 befahl Hitler eine zweite Offensive – sie blieb in den allerersten Anfängen stecken. In diesen Kämpfen wurde bis zum 12. Januar 1945 alles verheizt, was noch im Westen vorhanden war. Die Alliierten waren nun nicht mehr überrascht, sondern bloß konsterniert. Ihr Zeitplan geriet arg durcheinander; aus der ursprünglichen Planung, den Krieg vielleicht noch 1944 beenden zu können, wurde nichts, die Alliierten mußten sich nach diesen unliebsamen Überraschungen wieder neu formieren. Etwa sechs Wochen haben sie durch die Ardennenoffensive verloren.

Stalin hat sie gewonnen, und damit wird der eigentliche Skandal angesprochen: Am 12. Januar 1945 brach die seit langem vom OKW und OKH erwartete große sowjetische Winteroffensive los, die zur Katastrophe des deutschen Ostens und etwa 2,5 Millionen Toten führte.[915]

Die Frontbefehlshaber im Osten hatten gebetsmühlenartig seit dem Ende der sowjetischen Sommeroffensive gewarnt: Der Stillstand sei trügerisch, nur die Ruhe vor dem Sturm. Im rückwärtigen Gebiet der sowjetischen Fronten zeichne sich der größte Aufmarsch des Krieges ab, eine strategische Offensive, zuerst wohl gegen Ostpreußen gezielt. Exakt in diesen Wochen erfolgten die Bereitstellungen für die Ardennenoffensive. Ohne militärischer Fachmann zu sein, läßt sich doch leicht das Argument nachvollziehen, daß die Wehrmacht mit den wohlausgerüsteten 28 Divisionen, den 2299 Panzern und Sturmgeschützen, die im Westen zusammengezogen worden waren, zumindest Ostpreußen erfolgreich hätte verteidigen können – vielleicht sogar die ganze nördliche Ostfront. Wie lange, läßt sich nicht sagen, auf alle Fälle hätten sich völlig veränderte gesamtstrategische und, das ist entscheidend, politische Verhältnisse ergeben.

Gar nicht auszudenken sind die Konsequenzen einer kontrafaktischen Annahme, in der Hitler von den Generälen so festgesetzt worden wäre wie Mussolini vom italienischen Großen Faschistischen Rat. Zu dieser Zeit begannen die engsten Paladine Hitlers, unter ihnen Himmler, Goebbels, Speer bereits mit dem Gedanken an eine Sonderkapitulation im Westen zu spielen, so daß es alles andere als utopisch ist anzunehmen, daß diese Herren sich erleichtert zu den Heerführern geschlagen hätten.[916] Gewiß, die Westmächte hatten eine Teilkapitulation immer abgelehnt, doch ob das politisch auch dann durchzusetzen gewesen wäre, wenn die Wehrmacht im Osten gehalten und im Westen nur noch ein Minimum an Verteidigung generiert hätte, ist eine offene Frage. Es ist müßig, im Sinne der Alternativgeschichte darüber nachzudenken, was geschehen wäre, hätte es die Ardennenoffensive nicht gegeben, im Westen nur der Rhein verteidigt und alles, was man militärisch noch besaß, nach Osten geworfen worden wäre. Immerhin wissen wir, wie prekär die Lage in der Roten Armee vor der Schlußoffensive im April 1945 war. Selbst die so ungleichen Kämpfe seit dem 12. Januar hatten Stalins Armeen viel Blut gekostet, vor den Seelower Höhen[917] kam die Offensive Schukows (zur Freude von Konjew) am 16. April sogar vorübergehend zum Stillstand.

Also bleiben zwei Fragen: Warum hat sich Hitler so verhalten, wie er es tat, und warum hat die Wehrmacht dieses aberwitzige Spiel mitgemacht?

Der Fall Hitler ist klar: Zeit seines politischen Lebens hatte der Diktator die Anfangserfolge seiner »Bewegung« zu reproduzieren gesucht. Durchgängig begannen seine Reden mit der sogenannten »Parteierzählung«, in der er schilderte, wie er, Hitler, in einer schier aussichtslosen Lage es geschafft hatte, die Partei nicht nur hinter sich zu bringen sondern ihr zu einem märchenhaften Aufstieg zu verhelfen. Seine großen außenpolitischen Erfolge bis zu Kriegsbeginn führte er auf diese Erfahrungen zurück, verknüpfte diese nun aber mit dem Begriff der »Vorsehung«. Diese habe ihn auserwählt um das zu vollbringen, was an der Zeit sei: die Herrschaft der germanischen Rasse in der Welt nach der Ausrottung des Weltjudentums.

Die Wege der Vorsehung aber waren manchmal verschlungen. Diese Erkenntnis erlaubte es Hitler, Widrigkeiten und Rückschläge als immer nur temporär einzustufen. Ging der erste Versuch daneben, mußte es eben einen zweiten, notfalls einen dritten geben – am Endsieg war nicht zu zweifeln.

Vielleicht hat er doch an diesem Endsieg gezweifelt, die Hitlerauguren sind sich in diesem Punkt weder sicher noch einig. Tatsächlich spricht viel dafür, daß Hitler schon bald nach Beginn des Rußlandfeldzuges Zweifel beschlichen haben, ob er diesen Krieg werde gewinnen können. Von nun an begann er sich – vorausgesetzt die Zweifelthese stimmt – als eine tragische Heroenfigur zu deuten; die Beispiele aus Geschichte und Mythologie sind nicht zu wiederholen, seine Richard-Wagner-Besessenheit war während des Krieges nicht geringer geworden, 1943 hatte er sich bei Winifred Wagner die »Götterdämmerung« für die Bayreuther Festspiele »bestellt«. Daraus mußte sich förmlich eine Art von Götterdämmerungsmentalität ergeben. So wie im »Ring des Nibelungen« am Ende die alten Götter mit Walhall zugrundegehen, so müßte es auch ihm, dem germanischen Gott ergehen. [918]

Nach dem »Ring« hat Wagner bekanntlich den »Parsifal« geschrieben. Hitlers unmittelbare Umgebung mochte das »Bühnenweihfestspiel« nicht, es war ihr zu »christlich«, zu wenig germanisch. Anders Hitler: Er deutete »Parsifal« als die Fortsetzung des »Ringes«. Ins Politische übertragen hieße dies: Hitler mußte den Untergang wollen, damit ein neuer Parsifal sein Werk fortsetzen konnte. Sieht man es so, wird sein »politisches Testament« verständlich. Es spiegelt eben nicht bloß ein stures, borniertes Festhalten an der alten, so sichtbar gescheiterten Weltanschauung, sondern skizziert das Libretto für den Fortgang der Weltgeschichte. In dieser würde es einen neuen Helden geben, mit einer neuen Herrenrasse, diesmal vielleicht der slawischen. Manche Historiker meinen, Hitler habe in Stalin diese Figur gesehen. Dabei ist es entscheidend, daß Stalin kein Jude war und aus seinem grundsätzlichen Antisemitismus nie ein Hehl gemacht hatte. Das Kernstück der Hitlerschen Weltanschauung mußte deswegen nicht revidiert werden. Im Gegensatz zu Rosenberg oder Himmler war Hitler auch nicht ausschließlich auf die »germanische Rasse« als Trägerin der Weltgeschichte fixiert, das hatte schon seine Bewunderung des antiken Römischen Reiches gezeigt. Wenn in der offiziellen Propaganda von den Slawen als den »Untermenschen« die Rede war, so hat sich Hitler an diesem Gerede meist nicht beteiligt.

Hitlers Verhalten seit dem Dezember 1944 ist binnenlogisch korrekt, es ist für einen Psychologen nachvollziehbar – daß dazu die »Nerobefehle« zählten, in denen er die Lebensgrundlagen des deutschen Volkes zu zerstören befahl, unterstreicht dies nur. Deutschland sollte das brennende Walhall werden.

Daraus ließe sich eine Antwort auch auf die zweite Frage ableiten: Auch die Wehrmachtführung war verblendet und teilte das mythische Endzeitgewabere mit dem Hitlers. Dann wäre ihre absurde »Nibelungentreue« zum »Führer« wenigstens verständlich.

Aber diese Lösung des Rätsels überzeugt nicht. Was für einen einzelnen gelten mag, kann keine Geltung für ein großes Kollektiv beanspruchen, und schon allemal nicht für Generalstabsoffiziere, die zu rationalem Denken geradezu erzogen und in Denkgebäuden aufgewachsen waren, die durch das Erbe Friedrichs des Großen, Clausewitz', Moltkes und Schlieffens geformt waren.

Die Erklärung findet sich, wenn man gerade *darauf* hinweist, genauer: auf das historische Denken der Generalstabsoffiziere. Dieses war immer noch von Schlieffen geprägt, und dieser hatte seinerzeit, als es das Problem des Zweifrontenkrieges zu erörtern gegolten hatte, die These vertreten, das Reich habe nur dann eine Siegeschance, wenn es im Westen die Entscheidung suche und im Osten in der Verteidigung verharre. Expressis verbis hatte Schlieffen davon gesprochen, notfalls müsse im Interesse einer soliden Westverteidigung Ostpreußen eben »sakrifiziert« werden. Die Begründung war ebenso einfach wie zynisch: Im Osten lagen zwar schöne, aber industriell und volkswirtschaftlich minder wichtige Territorien. Der Industriestaat Deutsches Reich basierte auf dem Westen. Darf man daraus schließen, daß die Wehrmachtführung offenen Auges den Untergang des deutschen Ostens in Kauf genommen hat, um die Rüstungsbasis im Westen zu erhalten? Vieles spricht für diese Annahme. Dann würde auch die Entscheidung im Fall Ardennen erklärlich. Zu entschuldigen ist sie nicht. Sie zeigt aber indirekt, daß selbst zu diesem Zeitpunkt die führenden Vertreter der Wehrmacht immer noch im Regime Hitlers ein gleichsam »normales«, kein Verbrechersyndikat sahen.

Wie paßt das mit dem Widerstand zusammen? Tatsächlich sind diejenigen, die in den 20. Juli 1944 verwickelt waren, nicht die Entscheidungsträger vom Dezember 1944. Zu diesem Zeitpunkt kann man daher wirklich von »Nazi-Generalen« sprechen – aber wiederum nicht in dem Sinne, daß sie nun begriffen hätten, was Hitler wollte, wofür er stand und das sie bewußt mitgetragen hätten, sondern immer noch in Verkennung der wahren Räson des Nationalsozialismus. Das ist nun *auch* schwer verständlich, aber es würde in das eben skizzierte Erklärungsmuster passen.

Das Ende des Zweiten Weltkrieges[919] in Deutschland unterschied sich von jenem des Ersten fundamental: Am 11. November 1918 hatten die Sieger nirgendwo auf deutschem Boden gestanden. Am 9. Mai 1945 gab es kein Fleckchen deutschen Bodens mehr, auf dem sie nicht gestanden hätten. War nach 1918 oft vom »sudden death« des Krieges die Rede, so bürgerte sich nach 1945 das Wort vom »Endkampf bis Fünf nach Zwölf« ein.

Dennoch passen die beiden Kriegsenden zusammen wie These und Gegenthese, und so wurde es von den Verantwortlichen auch zeitgenössisch gesehen. Je näher das unvermeidliche Ende rückte, desto mehr fühlten sie sich von den Gespenstern der Vergangenheit verfolgt. Das galt für alle Wehrmachtteile, besonders aber für die Kriegsmarine, die diesmal, anders als 1918, wie Raeder meinte, »mit reinem Schild und unbefleckter Flagge« aus dem Ringen gehen wollte. Mit brutalen Methoden, welche die Wehrmacht noch ganz am Ende in die Nähe der von Stalin erprobten rücken ließen, wurde die »Moral« der Soldaten hochgehalten; rücksichtslos griff die Wehrmachtjustiz[920] durch, wenn sie irgendwo Defätismus, Drückebergerei, gar Desertion wahrnehmen zu können glaubte. Noch lange Jahre nach dem Krieg rühmten sich einige Wehrmachtrichter ob ihres harten aber »gerechten« Durchgreifens. Bis zum Schluß hielt Hitler an immer gespentischeren Illusionen fest, in denen es nur noch um Geisterarmeen ging.(»Wo ist Wenck? Wann greift er an?«)[921] Noch in den letzten Tagen wurden Kinder und Jugendliche von der militärischen Führung verbrecherisch mißbraucht und verheizt, hier hat sich Dönitz besonders unrühmlich hervorgetan.

Dieser wurde von Hitler zu seinem Nachfolger bestimmt,[922] das war in sich stimmig – kein anderer hatte so wie der Oberbefehlshaber der Kriegsmarine es verstanden, sich in die Denkweise Hitlers hineinzufinden, niemand war dem Führer ergebener und treuer, weniger anfällig gegen Zweifel, ein entschiedener Gegner allen Widerstands, ein fanatischer Anhänger auch des Rassenwahns Hitlers, ein in der blauen Wolle gefärbter Judenhasser. Zugleich war er aber – zusammen mit Albert Speer und dem Hamburger Gauleiter Kaufmann (es gab noch ein paar andere) – jener Prototyp des Regimes, der wie wenige andere wußte, wie das »zerbrechende Schiff«[923] doch noch schwimmfähig, am Ende relativ sanft auf eine Sandbank gesetzt werden konnte. Hitler hat in Dönitz den Idealtypus des Nationalsozialisten der zweiten Generation gesehen, deswegen wurde er und nicht Göring oder Himmler sein Nachfolger. Dönitz war effizient, technokratisch, er wußte eiskalte Logik mit menschenverachtendem Fanatismus zu verbinden.[924] In dem absurden Nachspiel der »23 Tage« von Flensburg sollte er tatsächlich Blaupausen für ein neues Deutschland, zwar ohne Hitler und SS-Verbrechen, wohl aber mit allen nationalsozialistischen«Errungenschaften« entwerfen, und bis zum Ende seines Lebens blieb er davon überzeugt, der einzig legitime »Reichspräsident« zu sein (notabene aller Deutscher).[925] Es klang im Mai 1945 auch in den Ohren vieler Deutscher ganz vernünftig, was der »letzte Führer« zu sagen hatte – wenn sie es denn im Inferno des Unterganges hören konnten, was man ganz wörtlich nehmen kann, nicht überall mehr kam der »Reichssender« durch. Es war ein Glück für Deutschland, daß sich die Alliierten von Anfang an nicht auf Dönitz und dessen Regierung einließen, sondern mit deren bewußt unwürdigen Verhaftung ein deutliches Signal setzten, das dann in Potsdam zur Formel gerann: der Nationalsozialismus muß mit Stumpf und Stiel ausgerottet werden.

In die allerletzte Phase des Kriegs fällt, so will es scheinen, dennoch ein Lichtstrahl: An die zwei Millionen Menschen aus dem Osten wurden nicht zuletzt dank der Bemühungen der Kriegsmarine (nicht von Dönitz!) vor dem Ansturm der Roten Armee über See gerettet. Das war die größte Transportleistung während des Krieges; für tausende von Flüchtlingen endete sie dennoch mit dem Tod in der Ostsee; »Goya«, »Steuben«, »Wilhelm Gustloff«, auch »Cap Arcona« – sind die Ausrufezeichen eines tragischen Finales. Daß diese Flucht über See erforderlich wurde aber ging nicht zuletzt auf das bereits skizzierte strategische Versagen aus dem Dezember 1944 zurück, eine »Wiedergutmachung« war es nicht.

Am 27. Januar 1945 wurde Auschwitz befreit, am 9. Mai 1945 schwiegen in Deutschland die Waffen. Hier war der Krieg zu Ende, in anderen Teilen der Welt, vor allem in Ostasien ging er weiter. Auf das makabre Zeichen der beiden ersten Atombomben, die über Hiroshima und Nagasaki abgeworfen wurden, braucht nicht eigens hingewiesen zu werden: Sie symbolisierten weniger das Ende des Zweiten Weltkriegs als den Anbruch des atomaren Zeitalters der Weltgeschichte, in dem wir uns nach wie vor befinden.

Was wäre in einer kleinen skizzenhaften Bilanz des Krieges zu sagen?

Nahe läge ein systematischer Vergleich mit dem Ende des Ersten Weltkrieges und mit der Bilanz dieses Krieges, aber das Unvergleichliche überwiegt das Vergleichbare in den beiden Kriegen doch weit, so daß ein abschließender Vergleich nach dem Schema hie Erster – da Zweiter Weltkrieg die Gefahr heraufbeschwören würde, den Zweiten Weltkrieg als eine Art Neuauflage des Ersten zu sehen.

Genau das war er nicht, und zwar von Anfang an nicht, die Nationalsozialisten selbst haben den Vergleich ihres Krieges mit dem Ersten Weltkrieg immer abgelehnt. Der Krieg war in Hitlers Augen die natürliche Lebensform zwischen den Rassen, und deswegen begann der Krieg für ihn schon 1933. Er hat den Schießkrieg nicht unter der Prämisse vorbereitet »si vis pacem para bellum«, sondern ganz umgekehrt in der von Anfang an erklärten Absicht, der Vorbereitung des Krieges den Krieg selbst folgen zu lassen – und zwar nicht einen irgendwie begrenzten Krieg, sondern einen unbegrenzten, der erst zu Ende gehen sollte, wenn die Endziele erreicht waren.

In diesem Sinn war Hitlers Krieg total. Ansonsten war er eine einzige Stümperei. Das war Folge des militärischen Kontinuitätsbruches im Gefolge des Versailler Vertrages, Resultat der unzureichenden Vorbereitungszeit, vor allem aber und ausschlaggebend der strukturellen Unfähigkeit des Nationalsozialismus, modern zu denken, zu handeln und Krieg zu führen; die Beispiele haben wir erörtert. Die Anfangserfolge waren kein

Verdienst der Nationalsozialisten, sondern gingen wesentlich auf die verfehlte Perzeption der deutschen Möglichkeiten und militärischen Stärke durch Frankreich und England zurück. Diese Appeasementpolitik warf Hitler bis zum März 1939 fast ohne eigenes Zutun einen Erfolg nach dem anderen in den Schoß. Der Kräftezuwachs durch die Potentiale Österreichs und der Tschechoslowakei erst erlaubten Hitler die Kriegsentfesselung, ohne Gefahr zu laufen, schon ganz am Anfang gestoppt zu werden. Inzwischen wissen wir, daß das aber auch unter den gegebenen Umständen möglich gewesen wäre, doch Chamberlain und Daladier, dann Reynaud wagten den Angriff im Westen während des Polenfeldzuges nicht. Deswegen konnte Hitler seinen Krieg fast fahrplanmäßig abwickeln, und nach dem Triumph über Frankreich hatte er jene Machtbasis gewonnen, die an sich a priori als gegeben hätte angesehen werden müssen, um einen Krieg, wie ihn Hitler wollte, mit Aussicht auf Erfolg überhaupt führen zu können.

Die Erfolge im Westen waren für Hitler nur Ausgangsbasis für seinen »eigentlichen«, den Krieg gegen die Sowjetunion – und den von ihm so genannten gegen die Juden, beides gehört untrennbar zusammen. Mit dem Angriff auf die Sowjetunion verlor der Krieg endgültig den Charakter eines europäischen »Normalkrieges«, und deswegen gehorchten so viele Phänomene in diesem Krieg fortan auch nicht mehr den »normalen« Gesetzen des Krieges. Das galt, wenn auch mit Einschränkungen, auch für Hitlers Gegner. Auch sie führten keinen »normalen« Krieg mehr, also einen Krieg nach den Grundsätzen des Kriegsvölkerrechtes, wie es bis 1914 entwickelt worden war, was vor allem für den Luftkrieg gilt und den Krieg der Roten Armee in Deutschland.

Die Entartung des Zweiten Weltkrieges besiegelte den Niedergang des alten Europa, der bereits 1917 mit dem Eintritt der USA in den Ersten Weltkrieg begonnen hatte. Waren 1918 nur die USA als, wie es Carl Schmitt nennen sollte, »raumfremde« Macht in Europa präsent, so hatten1945 zwei wesentlich außereuropäische Mächte sich den alten Kontinent aufgeteilt und standen sich in Torgau an der Elbe gegenüber, anfangs friedlich und im Konsens, was sich bekanntlich bald ändern sollte. Das Deutsche Reich existierte nicht mehr, es gab nur noch das deutsche Volk, das zu seiner großen Erleichterung nicht so wie das jüdische ausgelöscht wurde, und es war im Mai und Juni1945 nicht auszumachen ob, wann und wie es sich wieder in einem Staat organisieren würde. Wir wissen, wie die Geschichte weiterging, aber wir vergessen allzu leicht, daß Hitler das Deutsche Reich wie einst Odoaker das Römische und Napoleon das Heilige Römische Reich endgültig zerstört hat. Insofern gehört die Jahreszahl 1945 in eine Reihe mit den Jahreszahlen 476 und 1806. Diese weltgeschichtlichen Zusammenhänge werden bei einer Bilanz des Zweiten Weltkrieges meist vergessen.

Es mag sein, daß der Untergang des europäischen Zentralreiches die entscheidende Voraussetzung für die nach 1945 in Angriff genommene Vereinigung Europas gewesen ist, denn diese war, trotz vielfacher Anstrengungen auch in vergangenen Jahrhunderten, wesentlich nicht zustande gekommen, weil das Problem der hegemonialen oder doch halbhegemonialen Stellung des Reiches innerhalb eines vereinten Europa nicht zu lösen gewesen war.[926]

Eine weitere Folge des Krieges bedarf der knappen Erwähnung: Mit dem ersten Einsatz von Atombomben gewann das Wort »Krieg« nochmals eine andere Bedeutung, also über jene hinaus, die ihm Hitler verliehen hatte. Im Grunde haben die Atombomben erst der Idee des kommenden Weltkrieges den Garaus gemacht, denn fortan war damit zu rechnen, daß ein weiterer Weltkrieg das buchstäbliche Ende der Welt mit sich bringen würde.[927] Die Denkfigur des Weltkrieges wurde damit eine unmögliche. Tatsächlich hat es seitdem keinen Weltkrieg mehr gegeben, und wir leben in der längsten Friedensperiode der Geschichte. Vieles spricht dafür, daß es ein tatsächlich »ewiger Friede« im Sinne Kants sein wird.

Damit kommen wir zu einer abschließenden Frage: Hegel hat in seiner Einleitung zur Philosophie der Geschichte von den »großen« Männern gesprochen, die wußten »was an der Zeit« sei. Ihre Leidenschaften hätten immer auch die Ziele des Weltgeistes verfolgt, und dessen Endziel sei der Fortschritt im Bewußsein der Freiheit, die Anschauung des Göttlichen als des an und für sich Seienden. Hegel hat viele Beispiele aus der Geschichte gebracht – Cäsar oder Napoleon beispielsweise. Lebte Hegel heute, würde er auch Hitler zu diesen »großen Männern« zählen, wobei das »groß« nichts mit Moral und Sittlichkeit zu tun hat? Anders gewendet: Ist eine Gedankenkonstruktion à la Hegel legitim, in der Hitler zu einer »Marionette des Weltgeistes« wird, notabene eines guten Weltgeistes, nämlich des göttlichen?

Schon Jacob Burckhardt hat sich in seinen Vorlesungen über das Studium der Weltgeschichte mit diesem Problem herumgeschlagen – also lange vor Hitler. Er hat Hegel in diesem Punkt nicht recht gegeben und deswegen die »großen« Männer von den bloßen »Ruinierern« unterschieden. Diese verfolgten ihre eigenen, egoistischen Zwecke und ruinierten dabei die Geschichte. Es seien bloße Machtmenschen; die Macht aber sei an sich böse. Sie befördern nach Burckhardt also nicht den Fortschritt des Menschengeschlechtes im Sinne des Kantschen Kategorischen Imperativs, sondern behindern ihn.

Ich denke, man kann der Burckhardtschen Deutung zustimmen und sie auf Hitler und das »Dritte Reich« anwenden. Wenn es vordergründig heute so erscheinen will, als habe es erst der Entsetzlichkeiten des Zweiten Weltkrieges bedurft, um die Menschheit einigermaßen zur Vernunft zu bringen, so wäre dies angesichts von etwa 60 Millionen Opfern des Zweiten Weltkrieges ein unerträglicher Zynismus. Hier hilft wieder die kontrafaktische Geschichte: Woher wollen wir wissen, daß erst dieser Krieg uns per aspera ad astra gebracht hat? Wäre es nicht genau so, ja eigentlich plausibler denkbar, daß Hitler rechtzeitig gestoppt und die Staatengemeinschaft zehn Jahre früher als es dann der Fall sollte, zu einem halbwegs vernünftigen Miteinander gefunden hätte? Ohne Weltkrieg?

Wir dürfen nicht in den Fehler verfallen, die Ereignisse rein kausal zu deuten. Karl Jaspers hat vor vielen Jahren davon gesprochen, daß die Geschichte immer prinzipiell nach vorne offen ist. Deswegen ließe sie sich sehr gut auch ohne Hitler und einen Zweiten Weltkrieg vorstellen. Es bleibt dabei: Der Nationalsozialismus, das von ihm geschaffene »Dritte Reich« und der von ihm entfesselte Zweite Weltkrieg stellen eines der größten, wenn nicht das größte Verbrechen der Menschheitsgeschichte dar. Und es hilft nichts, wir sind die Kinder, Enkel und Urenkel jener, die dieses Verbrechen begangen oder doch geduldet haben. Sippenhaft gibt es sowenig wie Kollektivschuld, aber das, was jene Altvorderen anrichteten, stigmatisiert die deutsche Nation moralisch in Zeit und Ewigkeit.

——— ENDE ———

ANMERKUNGEN

1. *Lorenz, Chris*: Konstruktion der Vergangenheit. Eine Einführung in die Geschichtstheorie, Köln u.a. 1997.
2. *Greven, Michael Thomas/Wrochem, Oliver von (Hg.)*: Der Krieg in der Nachkriegszeit. Der Zweite Weltkrieg in Politik und Gesellschaft der Bundesrepublik, Opladen 2000.
3. Typisch dafür Friedrich Meineckes »Die deutsche Katastrophe«, 1946 erschienen, die seinerzeit auf allgemeinen Konsens traf und heute als Symbol der (damals wahrscheinlich allein möglichen) »Vergangenheitsbewältigung« gilt.Vgl. die harsche Kritik von *Glaser, Hermann*: Kultur und Identitäten, in: Das Parlament (B 50) 2001. Am 11. Februar 2004 fand im Friedrich-Meinecke-Institut der FU Berlin ein Kolloqiuum anläßlich des 50. Todestages von Friedrich Meinecke statt (»Erinnern, Gedenken, Historisieren: zum 50. Todestag von Friedrich Meinecke«) auf dem u.a. Sebastian Conrad über »Die deutsche Katastrophe – Friedrich Meinecke und die Ursachen des Nationalsozialismus« sprach. Auch hier überwogen die kritischen Töne.
4. *Salewski, Michael:* Abschied – von der Historie? In: Zeitschrift für Religions- und Geistesgeschichte, 56, 2004, S. 1-17.
5. *Reichel, Peter*: »Erfundene Erinnerung«. Weltkrieg und Judenmord in Film und Theater, München 2004.
6. USA 2001, Regie: *Michael Bay*.
7. *Cornelißen, Christoph/Klinkhammer, Lutz (Hg.):* Erinnerungskulturen. Deutschland, Italien und Japan seit 1945, Frankfurt/M. 2003. Die neueste Mode: der »neuronal turn«, vgl. FAZ 5. Juli 2004.
8. *Manstein, Erich v.:* Verlorene Siege (1955), Frankfurt/M. 1966.
9. *Speer, Albert*: Erinnerungen, Frankfurt/M.1969. *Ders.*: Spandauer Tagebücher, Frankfurt/M. 1975.
10. *Dönitz, Karl*: Zehn Jahre und zwanzig Tage (1958) 9. Auflage, Koblenz 1985.
11. Raeder und Dönitz waren in Spandau übereingekommen, sich in ihren Memoiren nicht gegenseitig anzuklagen. Raeders Erinnerungen waren ein »Gemeinschaftswerk« ehemaliger Weggefährten mit dem Ex-Admiral Erich Förste an der Spitze.
12. Vgl. demn. *Aschmann, Birgit (Hg.):* Gefühl und Kalkül, Stuttgart 2005.
13. Gemeint: die »(60m) Breite (Aufmarsch-) Straße« auf dem Gelände der Nürnberger Parteitage, deren Fluchtpunkt die Nürnberger Burg ist.Vgl.: *Zelnhefer, Friedrich*: Die Reichsparteitage der NSDAP. Geschichte, Struktur und Bedeutung der größten Propagandafeste der NSDAP im nationalsozialistischen Feierjahr, Nürnberg 1991.
14. Diese Diskussion wurde im sog. »Historikerstreit« ausgelöst und mit Vehemenz, oft auch »unter der Gürtellinie« geführt. Aus der riesigen Zahl der Publikationen: *Wehler, Hans-Ulrich*: Entsorgung der deutschen Vergangenheit? Ein polemischer Essay zum »Historikerstreit«, München 1987; *Geiss, Imanuel*: Der Hysterikerstreit. Ein unpolemischer Essay, Bonn, Berlin 1992; *Diner, Dan*: Ist der Nationalsozialismus Geschichte? Zu Historisierung und Historikerstreit, Frankfurt/Main 1987; *Evans, Richard J.*: Im Schatten Hitlers? Historikerstreit und Vergangenheitsbewältigung in der Bundesrepublik, Frankfurt/Main 1990; *Hehl, Ulrich von:* Kampf um die Deutung. Historisierungspostulat und »Neue Unbefangenheit«, in: Historisches Jahrbuch 1997, S. 414-436.
15. *Stokes, Lawrence D.*: Kleinstadt und Nationalsozialismus. Dokumente zur Geschichte von Eutin 1918-1945, Neumünster 1984. Ein anderes Beispiel: *Becker, Winfried*: Passau in der Zeit des Nationalsozialismus: Ausgewählte Fallstudien, Passau 1999.

16 Erhellend die Titel in: *Ruck, Michael*: Bibliographie zur Geschichte des Nationalsozialismus, 2 Bände mit CD-Rom, Darmstadt 2000.
17 Ein gutes Beispiel: *Klemp, Stefan*: »Richtige Nazis hat es hier nicht gegeben«. Eine Stadt, eine Firma, der vergessene mächtigste Wirtschaftsführer und Auschwitz, 2. Aufl., Münster 2000.
18 1902 erhielt Theodor Mommsen für seine »Römische Geschichte« den ersten Literatur – Nobelpreis.
19 *Wilhelm von Giesebrecht*: Geschichte der deutschen Kaiserzeit, Berlin 1923.
20 Erinnert sei an seine Rede im Hause Hammerstein und an die Kabinettsitzung vom 8. Februar 1933, vgl. *Salewski, Michael*: Wehrmacht und Nationalsozialismus 1933-1939, in: Handbuch der deutschen Militärgeschichte, herausgegeben vom Militärgeschichtlichen Forschungsamt, Band VII, München 1979, S. 20-24.
21 *Bariéty, Jacques*: Die französische Politik in der Ruhrkrise, in: *Klaus Schwabe*: Die Ruhrkrise 1923, Paderborn 1984, S. 11-28.
22 *Eigene Erinnerung des Autors* (fortan: Eigene Erinnerung): Dementsprechend kam es zu Hamsterkäufen in Erinnerung an die Hungerjahre 1945 bis 1947; Säcke mit Zucker und Mehl standen auf unserem Dachboden.
23 Zahlenakrobatik: Zwischen 1648 und 1688 lagen 40, zwischen 1763 und 1806 23, zwischen 1815 und 1864 49, zwischen 1871 und 1914 43 Jahre.
24 *Hitler, Adolf*: Der großdeutsche Freiheitskampf, Reden vom 1. September 1939 bis 10. März 1940, München 1940.
25 Engl.: Phony War, deutsch: Sitzkrieg (paßte zu »Blitzkrieg«).
26 Vgl. die entlarvende Karte in *Salewski, Michael*: Die deutsche Seekriegsleitung 1935-1945, München 1975, Band II, Anhang. Ich habe darüber »kontrafaktisch« reflektiert: *Ders.*: N.N.: Der großgermanische Seekrieg gegen Japan und die USA im Jahre 1949. The near Miss. Eine Buchbesprechung, in: *Ders.(Hg.)*: Was Wäre Wenn. Alternativ-und Parallelgeschichte: Brücken zwischen Phantasie und Wirklichkeit, in: Historische Mitteilungen Beiheft 36, Stuttgart 1999, S. 153-161.
27 *Stölken-Fitschen, Ilona*: Die Enola Gay in Washington oder: Zensierte Geschichte zum 50. Jahrestag der ersten Atombombe, in: *Salewski, Michael (Hg.)*: Das nukleare Jahrhundert, Historische Mitteilungen, Beiheft 28, Stuttgart 1998, S. 78-90.
28 *Huxley, Aldous*: Affe und Wesen (Ape and Essence, 1948), Zürich 1950.
29 *Miller, Walter M. Jr.:* Lobgesang auf Leibowitz (A Canticle for Leibowitz, 1955-1957) Heyne Taschenbuch 3342.
30 *Billstein, Reinhold/Fings, Karola/Kugler, Anita et.al.*: Working for the Enemy. Ford, General Motors and forced labor in Germany during the Second World War, New York 2000.
31 *Hofer, Walther/Reginbogin, Herbert R.*: Hitler, der Westen und die Schweiz 1936-1945, Zürich 2001. *König, Mario*: Die Schweiz, der Nationalsozialismus und der Zweite Weltkrieg. Schlußbericht/Unabhängige Expertenkommission Schweiz, 2. Auflage, Zürich 2000. Mit dem »Schlußbericht« war allerdings keineswegs der Schluß der Debatte erreicht.
32 Der Begriff »totaler Krieg« findet sich in zahlreichen Arbeiten zur Geschichte des Zweiten Weltkrieges und wird zumeist unreflektiert verwendet, beispielsweise bei *Gruchmann, Lothar*: Totaler Krieg: Vom Blitzkrieg zur bedingungslosen Kapitulation, München 1991.
33 Eine unerschöpfliche Fundgrube: *Boberach, Heinz (Hg.)*: Meldungen aus dem Reich 1938-1945. Die geheimen Lageberichte des Sicherheitsdienstes der SS, 17 Bde., Herrsching 1984. Daß diese »Meldungen« einer besonders sorgfältigen Quellenkritik bedürfen, liegt auf der Hand. Oft läßt sich allerdings auch dann nicht entscheiden, ob die »Meldungen« objektiv oder mit Blick auf Verfasser und Empfänger hin konzipiert sind. In den nur noch sporadischen »Meldungen« seit Juni 1944 drängt sich gelegentlich der Verdacht auf, daß es sich keineswegs um reale »Meldungen« gehandelt hat, sondern um Auffassungen der »Melder«. Man konnte ja ziemlich ungestraft auch unliebsame Gedanken »nach oben« melden, wenn sie als bloße »Meinung« der »Volksgenossen« deklariert wurden. Weil dieser Verdacht auch schon damals aufkam, verloren die Meldungen immer mehr an Wert.

34 Vor allem die Science Fiction hat sich schon früh der Frage zugewandt, wie die Weltgeschichte nach einem Sieg Hitlerdeutschlands weitergegangen wäre, vgl. z.B. *Basil, Otto*: Wenn das der Führer wüßte,1966, Moewig Taschenbücher 3534; *Dick, Philip K.*: Das Orakel vom Berge,1962, Bastei-Lübbe Taschenbuch 2021. Zum Gesamtproblem: *Salewski, Michael*: Zeitgeist und Zeitmaschine. Science Fiction und Geschichte, München 1986, S. 211-250.

35 *Foertsch, Hermann*: Schuld und Verhängnis. Die Fritschkrise im Frühjahr 1938 als Wendepunkt in der Geschichte der nationalsozialistischen Zeit, Stuttgart 1951. Der Titel wurde später mehrfach aufgenommen, z.B. *Abshagen, Karl H.*: Schuld und Verhängnis. Ein Vierteljahrhundert deutscher Geschichte in Augenzeugenberichten, Stuttgart 1961; *Vogt, Hannah*: Schuld oder Verhängnis? 12 Fragen an Deutschlands jüngste Vergangenheit, Frankfurt/M. 1967.

36 *Eisenhower, Dwight D.*: Kreuzzug in Europa, Amsterdam 1948. Bereits in seinem Tagesbefehl zur Invasion vom 6. Juni 1944 tauchte das Wort »Kreuzzug« auf.

37 *Geiss, Imanuel*: Der lange Weg in die Katastrophe. Die Vorgeschichte des Ersten Weltkrieges 1815-1914, 2. Auflage München, Zürich 1991.

38 Dabei wird eine aus dem 19. Jahrhundert stammende machtpolitische Deutung der Konflikte behauptet: Deutschland habe sich in einer »halbhegemonialen« und deswegen das ganze »Konzert der Mächte« destabilisierenden Verfassung befunden, die beiden Weltkriege seien als deutscher Versuch zu werten, zu einer vollhegemonialen Stellung »durchzubrechen«, was durch die gegnerischen Koalitionen jeweils so verhindert worden sei wie in den Fällen Ludwigs XIV. und Napoleons I. Vgl. *Hildebrand, Klaus (Hg.)*: Ludwig Dehio: Gleichgewicht oder Hegemonie. Betrachtungen über ein Grundproblem der neueren Statengeschichte, Zürich 1996; *Hoeres, Peter*: Ein dreißigjähriger Krieg der deutschen Philosophie? Kriegsdeutungen im Ersten und Zweiten Weltkrieg, in: *Thoß, Bruno/Volkmann, Hans-Erich (Hg.)*: Erster Weltkrieg – Zweiter Weltkrieg. Ein Vergleich, Paderborn u.a. 2002, S. 471-496.In der angelsächsischen Literatur macht die »Zusammenziehung« beider Kriege zu einem offensichtlich keinerlei Probleme; in diesem Punkt gibt *Keegan, John*: Der Zweite Weltkrieg, Berlin 2004, S. 11, A.J.P. Taylor unbesehen Recht!

39 *Hofer, Walther*: Die Entfesselung des Zweiten Weltkrieges. Eine Studie über internationale Beziehungen im Sommer 1939, 4. Auflage Frankfurt a.M. 1965.

40 *Fischer, Thomas Erdmann*: Warum es wichtig ist, Hitlers unzeitiges Ende umzudefinieren. Ein Plädoyer für die alternativhistorische Methode, in: *Salewski*: Was wäre wenn, S. 130-140.

41 *Heiden, Konrad*: Adolf Hitler: eine Biographie, Zürich 1936; *Bullock, Alan*: Hitler, Düsseldorf 1953, zahlreiche Neuauflagen; *Kershaw, Ian*: Hitler, 2 Bände, Darmstadt 1998-2000; Ders.: Der Hitler-Mythos: Führerkult und Volksmeinung, Stuttgart 1999; Ders.: Hitlers Macht. Das Profil der NS-Herrschaft, 2. Auflage München 2000; *Haffner, Sebastian*: Anmerkungen zu Hitler, Sonderausgabe München 1998; Immer noch lesenswert: *Fest, Joachim*: Hitler, eine Biographie, Neuausgabe Berlin 1996; *Burleigh, Michael*: Die Zeit des Nationalsozialismus: eine Gesamtdarstellung, 2. Auflage, Frankfurt/.M. 2000. *Schreiber, Gerhard*: Hitler-Interpretationen 1923-1983. Ergebnisse, Methoden und Probleme der Forschung, 2. Auflage Darmstadt 1988.

42 Nahezu jede Hitler-Biographie hat versucht, auch ein »Psychogramm« dieses Mannes zu erstellen, abgesehen von den Zeitgenossen bemühten sich um die Psychologie des Diktators; am berühmtesten dürfte sein: *Langer, Walter C.*: Das Adolf-Hitler-Psychogramm. Eine Analyse seiner Person und seines Verhaltens, verfaßt 1943 für die psychologische Kriegsführung der USA, Wien 1973. Vgl. auch: *Eitner, Hans-Jürgen*: Hitler: das Psychogramm, Frankfurt/M. 1994. Materialreich, aber der bereits im Titel anklingenden These wegen umstritten: *Koch-Hillebrecht, Manfred:* Homo Hitler. Psychogramm des deutschen Diktators, München 1999. *Binion, Rudolph*: »...daß ihr mich gefunden habt«. Hitler und die Deutschen. Eine Psychohistorie, Stuttgart 1978. Empfehlenswert: *Krockow, Christian Graf von*: Hitler und seine Deutschen, 3. Auflage München 2001.

43 So in seinem Politischen Testament von 1752.

⁴⁴ *Hamann, Brigitte*: Hitlers Wien. Lehrjahre eines Diktators. 6. Auflage München 2003. Der wohl beste Zugang zu Hitlers »Jugend«.
⁴⁵ Man kann darüber spekulieren, ob Gründgens »Mephisto« nicht als Metapher für Hitler gesehen werden kann. *Endres, Ria:* Gesichter ohne Entscheidung. Notizen zu Gründgens, in: Autonomie 14, 1979, S. 16-25.
⁴⁶ Typisch das (keineswegs rechtsradikale) Buch von *Schultze-Rhonhoff, Gerd*: 1939: Der Krieg, der viele Väter hatte, München 2003.
⁴⁷ *Barthel, Konrad*: Friedrich der Große in Hitlers Geschichtsbild, Wiesbaden 1977.
⁴⁸ Die Literatur zu »Versailles« ist uferlos; als Einstieg sehr empfehlenswert: *Schwabe, Klaus (Hg.)*: Quellen zum Friedensschluß von Versailles, Darmstadt 1997. *Salewski, Michael*: Versailles 1919: Der fast gelungene Frieden. Ein Essay, in: *Elz, Wolfgang/Neitzel, Sönke (Hg.)*: Internationale Beziehungen im 19. und 20. Jahrhundert. Festschrift für Winfried Baumgart zum 65. Geburtstag, Paderborn u.a. 2003, S. 187-204.
⁴⁹ Dieser Ungeist spiegelte sich auch literarisch – ein Blick in die virtuellen Bibliothekskataloge (z.B. Karlsruhe) ist hier aufschlußreich.Es gab zahlreiche Broschüren, die sich mit dem »Versailler Diktat« beschäftigten, sie fanden weite Verbreitung, z.B.: *Ströhle, Albert*: Von Versailles bis zur Gegenwart. Der Friedensvertrag und seine Auswirkungen, 280. bis 295. Tausend, Berlin 1928. Auch weit verbreitet: *Keynes, John Maynard*: Der Friedensvertrag von Versailles, Berlin 1921.
⁵⁰ *Schwengler, Walter*: Völkerrecht, Versailler Vertrag und Auslieferungsfrage. Die Strafverfolgung wegen Kriegsverbrechen als Problem des Friedensschlusses 1919/20, Stuttgart 1982.
⁵¹ Besonders perfide der Versuch, den Versailler Vertrag als »bolschewistisches« Machwerk zu denunzieren: *Bitter, Friedrich Wilhelm*: Bolschewismus und Versailler Diktat, Berlin 1933.
⁵² Immerhin: *Wuetschke, Johannes*: Der Vertrag von Versailles. Entstehung, Inhalt und Folgen für das Deutsche Reich. Mit den Ausführungen des Reichskanzlers Adolf Hitler über das Versailler Diktat. Eine Quellenschrift für die deutsche Jugend, 3. Auflage, Leipzig 1933.
⁵³ Vgl. demnächst: *Salewski, Michael / Timmermann, Heiner (Hg.):* Erbfeindschaften in Europa, Münster 2005.
⁵⁴ Das Verhältnis dieser beiden Männer zueinander hat schon früh das Interesse der Wissenschaft geweckt, dazu demnächst die erschöpfende Dokumentation von *Schröder, Josef*: Hitler und Mussolini. Der Briefwechsel. Vor allem Renzo de Felice hat ungemein stilbildend gewirkt, vgl. u.a. *de Felice, Renzo*: Mussolini e Hitler. I rapporti segreti 1922-1933, con documenti inediti, Firence 1975; *Ders.*: Mussolini, Torino 1965; *Deakin, Frederick William*: Die brutale Freundschaft. Hitler, Mussolini und der Untergang des italienischen Faschismus, Köln 1966; wichtig für die Genese: *Petersen, Jens*: Hitler – Mussolini. Die Entstehung der Achse Berlin – Rom 1933-1936, Tübingen 1973 und *Funke, Manfred*: Sanktionen und Kanonen. Hitler, Mussolini und der internationale Abessinienkonflikt 1934-1936, Düsseldorf 1970. *Domarus, Max*: Mussolini und Hitler. Zwei Wege, gleiches Ende, Würzburg 1977. *Rauscher, Walter*: Hitler und Mussolini. Krieg und Terror, Graz 2001.
⁵⁵ *Abendroth, Hans-Henning*: Hitler in der spanischen Arena. Die deutsch-spanischen Beziehungen im Spannungsfeld der europäischen Interessenpolitik vom Ausbruch des Bürgerkrieges bis zum Ausbruch des Weltkrieges 1936-1939, Paderborn 1973; *Bernecker, Walther L.*: Krieg in Spanien 1936-1939, Darmstadt 1991; *Ders.*: Das nationalsozialistische Spanienbild und Hitlers Eingreifen in den Spanischen Bürgerkrieg, in: *Schmigalle, Günther (Hg.)*: Der Spanische Bürgerkrieg. Literatur und Geschichte, Frankfurt/M. 1986, S. 25-54. *Aschmann, Birgit*: »Treue Freunde...« Westdeutschland und Spanien 1945-1963, Historische Mitteilungen, Beihefte 34, Stuttgart 1999, S. 51-55.
⁵⁶ Vgl. die grundlegende Studie von *Geyer, Michael*: Aufrüstung oder Sicherheit? Die Reichswehr in der Krise der Machtpolitik 1924-1936, Wiesbaden 1980. Immer noch aufschlußreich: *Vogelsang, Thilo*: Reichswehr, Staat und NSDAP. Beiträge zur deutschen Ge-

schichte 1930-1932, Stuttgart 1962; *Sauer, Bernhard*: Schwarze Reichswehr und Fememorde. Eine Milieustudie zum Rechtsradikalismus in der Weimarer Republik, Berlin 2004; *Salewski, Michael*: Reichswehr, Staat und Republik, in: Geschichte in Wissenschaft und Unterricht 5, 1980, S.271-288.

57 *Müller, Klaus-Jürgen/Opitz, Eckardt (Hg.)*: Militär und Militarismus in der Weimarer Republik. Beiträge eines internationalen Symposiums an der Hochschule der Bundeswehr Hamburg am 5. und 6. Mai 1977, Düsseldorf 1978; *Wette, Wolfram*: Militarismus in Deutschland 1871-1945. Zeitgenössische Analysen und Kritik, Hamburg 1999.

58 Die Standardwerke: *Messerschmidt, Manfred*: Die Wehrmacht im NS-Staat. Zeit der Indoktrination, Hamburg 1969 und *Müller, Klaus-Jürgen*: Das Heer und Hitler. Armee und nationalsozialistisches Regime 1933-1940, Stuttgart 1969.

59 *Wegner, Bernd*: Hitlers politische Soldaten: Die Waffen SS 1933-1945, 6. Auflage Paderborn 1999.

60 *Kerstingjohänner, Helmut*: Die deutsche Inflation 1919-1923. Politik und Ökonomie, Frankfurt/M. 2004; *Groß, Oliver*: Weltwirtschaftskrise und nationalsozialistische Tendenz. Fall der Profitrate, ökonomische Strukturkrise und autoritäre Krisenbewältigungsstrategien,MA Frankfurt/M. 2001; *Block, Jan*: Die Wirtschaftspolitik in der Weltwirtschaftskrise 1929 bis 1932 im Urteil der Nationalsozialisten, Frankfurt/M. 1997; *James, Harold*: Deutschland in der Weltwirtschaftskrise 1924-1936, Stuttgart 1988; *Treue, Wilhelm*: Deutschland in der Weltwirtschaftskrise in Augenzeugenberichten. 2. Auflage, Düsseldorf 1967.

61 *Bracher, Karl Dietrich*: Zeitgeschichtliche Kontroversen um Faschismus, Totalitarismus, Demokratie, 5. Auflage, München 1984.

62 Einiges spricht dafür, vgl. *Weber, Hermann/Bayerlein, Bernhard (Hg.)*: Der Thälmann-Skandal. Geheime Korrespondenzen mit Stalin, Berlin 2001.

63 Was nur zutrifft, wenn es keine echte Alternative zur Austeritypolitik gegeben hätte. Manche Zeitgenossen meinten, es habe sie gegeben; daß man vom Rathaus kommend klüger ist, sollte aber nicht als Argument gegen die These von der Tragik Brünings verwendet werden. Vgl. *Büttner, Ursula*: »Deflation führt zur Revolution«. Anton Erkelenz' vergeblicher Kampf für einen wirtschaftspolitischen Kurswechsel und die Rettung der Demokratie in der Ära Brüning, in: Lebendige Sozialgeschichte 2003, S. 365-383.

64 *Gonon, Philipp*: Georg Kerschensteiner. Begriff der Arbeitsschule, Darmstadt 2002; *Matenia, Mirko*: Das staatsabürgerliche Bildungsideal bei Georg Kerschensteiner, Dipl. Arbeit Hochschule der Bundeswehr Hamburg 2001.

65 *Rodde, Gerd*: Fritz Karsen. Ein Berliner Schulreformer der Weimarer Zeit, Frankfurt/M. 1999.

66 Die Literatur zu Steiner ist äußerst kontrovers; nützlich: *Ullrich, Heiner*: Rudolf Steiner (1861-1925), München 2003

67 *Langewiesche, Dieter/Tenorth, Heinz-Elmar*: Bildung, Formierung, Destruktion. Grundzüge der Bildungsgeschichte von 1918-1945, in: *Dies.(Hg.)*: Handbuch der deutschen Bildungsgeschichte, Band 5: Die Weimarer Republik und die nationalsozialistische Diktatur, München 1989, S. 2-24.

68 *Knoll, Hans Joachim (Hg.)*: Typisch deutsch. Die Jugendbewegung. Beiträge zur einer Phänomengeschichte, Opladen 1988; *Jovy, Heiner*: Jugendbewegung und Nationalsozialismus. Zusammenhänge und Gegensätze, Versuch der Klärung, Münster 1984; *Treziak, Ulrike*: Deutsche Jugendbewegung am Ende der Weimarer Republik. Zum Verhältnis von Bündischer Jugend und Nationalsozialismus, Frankfurt/M. 1986.

69 *Salewski, Michael*: Das Weimarer Revisionssyndrom, in: Das Parlament B2/1980.

70 Eine beliebte Bildunterschrift: »Was der König eroberte, der Staatsmann einte, der Feldherr verteidigte, rettete der Soldat«.

71 Darauf weisen die Rechtsradikalen gerne hin, typisch: *Kaufmann, Günter*: Ein anderes Drittes Reich. Visionen der nationalsozialistischen Jugendbewegung im Spiegel von Dokumenten, Berg am Starnberger See 2001.

72 Von ihm stammt die Formulierung: »Das Reichsgericht als Hüter der Verfassung« (1929). *Hanten, Matthias*: Publizistischer Landesverrat vor dem Reichsgericht. Zugleich ein Beitrag zur politischen Rechtsprechung in der Weimarer Republik, Frankfurt/M. 1999.

73 *Gruchmann, Lothar:* Justiz im Dritten Reich 1933-1940. Anpassung und Unterwerfung in der Ära Gürtner, 3. Auflage München 2001; *Pauli, Gerhard/Vormbaum, Thomas (Hg.):* Justiz und Nationalsozialismus – Kontinuität und Diskontinuität, Berlin 2003.

74 Ich erinnere an den Frankfurter Historikertag von 1998 und die aus ihm hervorgegangen Arbeiten einer meist jüngeren Historikergeneration: *Schulze, Winfried/Oexle, Gerhard (Hg.):* Deutsche Historiker im Nationalsozialismus, Frankfurt/M. 1999 (hierin die Vorträge, die auf dem Frankfurter Historikertag gehalten wurden); *Aly, Götz/Heim, Susanne:* Vordenker der Vernichtung. Auschwitz und die Pläne für eine neue politische Ordnung, Hamburg 1991; *Mommsen, Wolfgang J.:* »Gestürzte Denkmäler«? Die »Fälle« Aubin, Conze, Erdmann und Schieder, in: *Elvert, Jürgen/Krauß, Susanne (Hg.):* Historische Debatten und Kontroversen im 19. und 20. Jahrhundert, Historische Mitteilungen, Beiheft 46, Stuttgart 2003.

75 *Burkert, Martin:* Die Ostwissenschaften im Dritten Reich, Wiesbaden 2000; *Burleigh, Michael:* Germany turns eastwards. A Study of Ostforschung in the Third Reich, Cambridge 1988.

76 *Gubser, Martin:* Literarischer Antisemitismus. Untersuchungen zu Gustav Freytag und anderen bürgerlichen Schriftstellern des 19. Jahrhunderts, Göttingen 1998.

77 Aus der erstaunlichen Fülle von Arbeiten über Theodor Schieder: *Aly, Götz:* »Daß uns Blut zu Gold werde«. Theodor Schieder, Propagandist des Dritten Reiches, in: Menora 9, 1998, S. 13-27. Ausgewogener: *Gall, Lothar:* Theodor Schieder 1908-1984, in: Historische Zeitschrift 1985, S. 1-25.

78 *Tilitzki, Christian:* Von der Grenzland-Universität zum Zentrum der nationalsozialistischern »Neuordnung des Ostraums«. Aspekte der Königsberger Universitätsgeschichte im Dritten Reich, in: Jahrbuch für die Geschichte Mittel- und Ostdeutschlands, 46, München 2001, S. 233-269.

79 *Faust, Anselm:* Der Nationalsozialistische Deutsche Studentenbund in der Weimarer Republik, Düsseldorf 1973.

80 Abgesehen davon, daß eine solche – buchstäbliche – »Entmenschlichung« Hitlers Wasser auf dessen Mühlen wäre!

81 *Reuth, Ralf Georg:* Hitler, eine politische Biographie, München, Zürich 2003, S. 17-114.

82 Sehr materialreich: *Hamann, Brigitte:* Winifred Wagner oder Hitlers Bayreuth, München, Zürich 2002. Die entscheidende Frage, welcher Art das Verhältnis zwischen Hitler und Winifred Wagner wirklich war, bleibt aber offen und läßt sich wenigstens solange nicht beantworten, als die entsprechenden Archivalien unter Verschluß bleiben.

83 Man denke beispielsweise an die Romane von Hans Dominik, in denen eine technizistische Macht generiert wird, die dann in »guter« Weise eingesetzt wird.

84 *Ferris, John:* Treasury Control, the Ten Year Rule and British service policies, in: The Historical Journal 30, 1987, S. 859-883.

85 Das ehrgeizigste bibliographische Unternehmen stellt z.Zt. die Bibliographie zum Nationalsozialismus von *Michael Ruck* dar. Für die Praxis unentbehrlich: *Hildebrand, Klaus:* Das Dritte Reich (= Oldenbourg Grundriß der Geschichte Band 17), 6. Auflage, München 2003. Hier sind insgesamt 2055 Titel bibliographisch erfaßt, eine gelungene repräsentative Auswahl.

86 Eigenartigerweise gibt es in Deutschland kein wirklich umfassendes und repräsentatives Museum zur Geschichte des Zweiten Weltkrieges, hingegen eine Fülle von Spezialmuseen, besonders beachtenswert darunter: Dokumentationszentrum Obersalzberg (Berchtesgaden), eine Dependance des Instituts für Zeitgeschichte München; NS-Dokumentationszentrum Köln; »Faszination und Gewalt«: Dokumentationszentrum Reichsparteitagsgelände Nürnberg. Zahlreiche Gedenkstätten für die Opfer des Nationalsozialismus, unter ihnen: Gedenkstätte Mittelbau Dora (bei Sangershausen); KZ-Gedenkstätte Dachau; KZ-Gedenkstätten Buchenwald (Weimar), Bergen-Belsen, Sachsenhausen, Oranienburg; Haus der Wannseekonferenz, Berlin; Gedenkstätte Deutscher Widerstand (Bendlerblock), Berlin. Demnächst hoffentlich: Topographie des Terrors, Berlin. Ein guter Überblick bei: *www.zeitgeschichte-online.de.* In den USA: National World War II Me-

morial, Washington D.C.; D-Day Museum and Overlord Embroidery, England; Le Mémorial de Caen, Frankreich. Zwingend: Yad Vashem, Jerusalem; US Holocaust Museum, Washington D.C.; Deutsches Jüdisches Museum, Berlin.

[87] Ein quantitativer Überblick im Internet unter dem Stichwort : »Holocaust Museum«.

[88] Im Bundesarchiv Berlin-Lichterfelde befinden sich inzwischen die im einstigen Berlin Document Center verwalteten Bestände, unter ihnen die Akten der Parteikanzlei, die Personalakten der NSDAP-Mitglieder, Bestände der Reichsministerien. Das umfangreichste und wichtigste militärische Quellenmaterial findet sich im Bundesarchiv, Abtl. Militärarchiv, in Freiburg i.Br.

[89] *Heiber, Helmut (Hg.):* Lagebesprechungen im Führerhauptquartier. Protokollfragmente aus Hitlers militärischen Konferenzen 1942-1945, München 1964.

[90] *Picker, Henry (Hg.)*: Hitlers Tischgespräche im Führerhauptquartier. Entstehung, Struktur, Folgen des Nationalsozialismus, 2. Auflage, Berlin 1997.

[91] *Fröhlich, Elke (Hg.):* Die Tagebücher von Joseph Goebbels. Im Auftrag des Instituts für Zeitgeschichte und mit Unterstützung des Staatlichen Archivdienstes Rußlands, München 1998ff. Die Geschichte der wissenschaftlichen Edition dieser Tagebücher ist äußerst verwirrend, vgl: *Sösemann, Bernd*: Propaganda – Macht – Geschichte. Eine Zwischenbilanz der Dokumentation der Niederschriften und Diktate von Joseph Goebbels, in: Das Historisch-Politische-Buch, 50, 2002, S. 117-125. Dazu die Gegendarstellung: *Möller, Horst*: Voreingenommenheit, Inkompetenz, Unterstellungen. B. Sösemann und die Goebbels-Tagebücher, in: Das Historisch-Politische-Buch, 51, 2003, S. 7-9.

[92] *Wegmann, Günter (Hg.):* »Das Oberkommando der Wehrmacht gibt bekannt...« Der deutsche Wehrmachtbericht. Vollständige Ausgabe der 1939-1945 durch Presse und Rundfunk veröffentlichten Texte, Osnabrück (1982); *Murawski, Erich*: Der deutsche Wehrmachtbericht 1939-1945. Ein Beitrag zur Untersuchung der geistigen Kriegführung. Mit einer Dokumentation des Wehrmachtberichts vom 1.7.1944 bis zum 8.5.1945, Boppard 1962.

[93] *Boberach, Heinz (Hg.):* Meldungen aus dem Reich 1938-1945; *Wette, Wolfram/Bremer, Ricarda/Vogel, Detlef (Hg.)*: Das letzte halbe Jahr. Stimmungsberichte der Wehrmachtpropaganda (1944/45), Essen 2001. Immer noch lesenswert: *Steinert, Marlis G.*: Hitlers Krieg und die Deutschen. Stimmung und Haltung der deutschen Bevölkerung im Zweiten Weltkrieg, Düsseldorf, Wien 1970 (wesentlich auf der Grundlage der »Meldungen«).

[94] Das ist die Erinnerung an ein persönliches Gespräch des Verfassers mit Max Braubach. *Braubach, Max*: Prinz Eugen von Savoyen, 5 Bände, München 1963-65. Vgl. auch: *Roth, Karl H.(Bearb.)*: Eine höhere Form des Plünderns. Der Abschlußbericht der »Gruppe Archivwesen« der deutschen Militärverwaltung in Frankreich 1940- 1944, in: 1999, 4, 1989 Nr. 2, S. 79-112.

[95] *Churchill, Winston Spencer*: The Second World War, London 1949-1954, unzählige Neuauflagen und Übersetzungen, das vielleicht einflußreichste Werk zur Geschichte des Zweiten Weltkrieges in den fünfziger Jahren.

[96] *De Gaulle, Charles*: Mémoires de guerre, Paris 1954-1959 (Als »Kontrastprogramm« zu Churchill zu lesen!)

[97] *Truman, Harry S.*: Memoiren, Bern 1955.

[98] *Rothfels, Hans*: Die deutsche Opposition gegen Hitler. Eine Würdigung (1948 deutsch und amerikanisch), Neuauflage Zürich 1994.

[99] Dazu zähle ich die Arbeiten von *Liddell Hart, Hugh Trevor-Roper, John Erickson*.

[100] Der Prozeß gegen die Hauptkriegsverbrecher vor dem Internationalen Militärgerichtshof Nürnberg. 14. November 1945 – 1. Oktober 1946, 42 Bände (»Blaue Reihe«) Nürnberg 1947-1949; auch: *Hepp, Michael (Hg.):* Der Nürnberger Prozeß. Microfiche-Edition. Vollständige Wiedergabe der 1947-49 vom Sekretariat des IMT herausgegebenen »Blauen Bände« mit den Prozeßprotokollen und einer Auswahl der verwendeten Dokumente, Microfiche-Edition Zeitgeschichte, München 1981; *Ueberschär, Gerd R.*: Der Nationalsozialismus vor Gericht. Die alliierten Prozesse gegen Kriegsverbrecher und Soldaten 1943-1952, Frankfurt/M. 1999; *D'Addardio, Ray / Kastner, Klaus*: Der Nürnberger Prozeß. Das

Verfahren gegen die Hauptkriegsverbrecher 1945-1946, Nürnberg 1994 (mit hervorragendem Bildmaterial); *Friedrich, Jörg*: Licht in die Schatten der Vergangenheit. Zur Enttabuisierung der Nürnberger Kriegsverbrecherprozesse, Frankfurt/M. 1997.
101 *Kempner, Robert M.W.*: Ankläger einer Epoche. Lebenserinnerungen, Frankfurt/M. 1987.
102 Bekanntlich stellt die Leugnung des Holocaust einen Straftatbestand dar.
103 Zur Geschichte der Holocaust-Forschung s.u.S 227-236.
104 Die Zentralstelle wurde Ende 1958 als gemeinsame Einrichtung der Landesjustizverwaltungen gegründet. Sie hat die Aufgabe, »systematisch das erreichbare Material über nationalsozialistische Verbrechen zu sammeln, zu sichten und auszuwerten.« Die Geschichte der Zentralstelle und die Beschreibung ihrer Aufgaben: http://bundesarchiv.de/aufgaben_organisation/abteilungen/zentralstelle/ (31.05.2004)Auch die Dokumentations-und Forschungsstelle der Landesjustizverwaltung in Recklinghausen bemüht sich um enge Kontakte zu den historischen Wissenschaften.
105 Eine gewisse Ausnahme machte Ribbentrop: *Ribbentrop, Annelies von (Hg.)*: Ribbentrop, Joachim von: Zwischen London und Moskau. Erinnerungen und letzte Aufzeichnungen. Aus dem Nachlaß, Leoni 1961.
106 *Papen, Franz von*: Der Wahrheit eine Gasse, München 1952. Durchaus parallel: *Schacht Hjalmar*: Abrechnung mit Hitler, Berlin 1949; *Ders.:* 76 Jahre meines Lebens, Bad Wörishofen 1953.
107 *Brüning, Heinrich*: Die Vereinigten Staaten und Europa. Ein Vortrag gehalten im Rhein-Ruhr-Klub Düsseldorf, Stuttgart 1954; *Vernekohl, Wilhelm (Hg.)*: Heinrich Brüning. Ein deutscher Staatsmann im Urteil der Zeit. Reden und Aufsätze, Regensburg 1961. Brünings Memoiren erschienen erst 1971.
108 *Schmidt, Paul*: Statist auf diplomatischer Bühne. Erlebnisse des Chefdolmetschers im Auswärtigen Amt mit den Staatsmännern Europas (1949), 10. Auflage, Frankfurt/M. 1964.
109 *Geyr von Schweppenburg, Leo Freiherr von:* Erinnerungen eines Militärattachés. London 1933-1937, Stuttgart 1949.
110 *Blücher, Wipert von*: Gesandter zwischen Diktatur und Demokratie. Erinnerungen aus den Jahren 1935-1944, Wiesbaden 1951.
111 *Abetz, Otto*: Das offene Problem. Ein Rückblick auf zwei Jahrzehnte deutscher Frankreichpolitik, Köln 1951.
112 *Herwarth, Hans von*: Zwischen Hitler und Stalin. Erlebte Zeitgeschichte 1931-1945, Frankfurt/Berlin 1989.
113 *Mund, Gerald*: Herbert von Dirksen (1882-1955) Ein deutscher Diplomat in Kaiserreich, Weimarer Republik und Drittem Reich. Eine Biographie, Diss. Kiel 2001.
114 *Hohlfeld, Johann (Hg.):* Die Zeit der nationalsozialistischen Diktatur 1933-1945, Band 2: Deutschland im Zweiten Weltkrieg 1939-1945, Berlin 1953; *Michalka, Wolfgang (Hg.)*: Deutsche Geschichte 1933-1945. Dokumente zur Innen- und Außenpolitik, Frankfurt/M. 1993; *Ders. (Hg.)*: Das Dritte Reich. Dokumente zur Innen- und Außenpolitik, Band 2: Weltmachtanspruch und nationaler Zusammenbruch, München 1985; *Salewski, Michael (Hg.)*: Deutsche Quellen zur Geschichte des Zweiten Weltkrieges (Freiherr vom Stein-Gedächtnisausgabe Band XXXIVa) Darmstadt 1998.
115 *Rahn, Werner/Schreiber, Gerhard (Hg.):* Kriegstagebuch der Seekriegsleitung 1939-1945 Teil A, 68 Bände, Herford, Bonn 1988-1997.
116 Ich erinnere an die Tagung des Militärgeschichtlichen Forschungsamtes im Spätsommer des Jahres 1997 in Potsdam, deren Ergebnisse in einem voluminösen Band zur Geschichte der Wehrmacht publiziert worden sind: *Müller, Rolf-Dieter/Volkmann, Hans-Erich (Hg.):* Die Wehrmacht. Mythos und Realität, München 1999.
117 *Hamburger Institut für Sozialforschung (Hg.):* Verbrechen der Wehrmacht. Dimensionen des Vernichtungskrieges 1941-1944, DVD-Rom 2003. Mit erschöpfender Dokumentation der um die Ausstellung geführten Diskussionen und Auseinandersetzungen.
118 *Görlitz, Walter (Hg.):* Generalfeldmarschall Keitel. Verbrecher oder Offizier? Erinnerungen, Briefe, Dokumente des Chefs OKW, Göttingen 1961; *Jodl, Luise*: Jenseits des Endes. Der Weg des Generaloberst Alfred Jodl, erw. und überarbeitete Neuausgabe, München 1987.

119 *Warlimont, Walter:* Im Hauptquartier der deutschen Wehrmacht 1939-1945, 2. Auflage, Frankfurt 1963.
120 *Hubatsch, Walther (Hg.):* Hitlers Weisungen für die Kriegführung 1939-1945 (1963) 2. Auflage, Koblenz 1983.
121 *Schramm, Percy Ernst (Hg.):* Kriegstagebuch des Oberkommandos der Wehrmacht (Wehrmachtführungsstab) 1940-1945, 4 Bände, Frankfurt/Main 1961-1965. Nachtrag zu Band IV, 2 Bände, Frankfurt/Main 1969, 1979.
122 *Schramm, Percy Ernst:* Herrschaftszeichen und Staatssymbolik. Beiträge zu ihrer Geschichte vom dritten bis zum sechzehnten Jahrhundert, Stuttgart 1954.
123 Es gibt andere Beispiele für Mediävisten, die die Möglichkeiten »ihres« Faches auf die Zeitgeschichte anwandten; so führte der Heidelberger Mediävist Karl Hampe ein »Kriegstagebuch«: *Reichert Folker / Wolgast, Eike (Hg.):* Karl Hampe. Kriegstagebuch 1914-1919, München 2004; und der Frankfurter Mediävist *Walther Lammers:* »Fahrtberichte« aus der Zeit des deutsch – sowjetischen Krieges 1941. Protokolle des Begleitoffiziers des Kommandierenden Generals LXXX. Armeekorps, Boppard 1988. Das deutsche Standardwerk zu Pearl Harbor stammt ebenfalls von einem Mediävisten: *Herde, Peter:* Pearl Harbor, 7. Dezember 1941. Der Ausbruch des Krieges zwischen Japan und den Vereinigten Staaten und die Ausweitung des europäischen Krieges zum Zweiten Weltkrieg, Darmstadt 1980.
124 Greiner hatte das KTB OKW zunächst geführt. *Helmuth Greiner:* Die oberste Wehrmachtführung 1939–1945, Wiesbaden 1951.
125 Das »prachtvoll« bezieht sich auf Ledereinband und Goldapplikationen.
126 *Halder, Franz:* Hitler als Feldherr, München 1949.
127 *Schramm, Percy Ernst:* Hitler als militärischer Führer. Erkenntnisse und Erfahrungen aus dem Kriegstagebuch des Oberkommandos der Wehrmacht, 2. Auflage, Frankfurt/Main 1965.
128 *Halder, Franz:* Kriegstagebuch. Tägliche Aufzeichnungen des Chefs des Generalstabes des Heeres 1939-1942, bearbeitet von *Jacobsen, Hans Adolf/Philippi, Alfred* (Band 1) 3 Bände, Stuttgart 1962-1964.
129 Für die »Landratten«: Ein »Shiplover« ist ein Mensch, der buchstäblich alles über Schiffe weiß (oder doch zu wissen glaubt) – der derzeit bekannteste dürfte Peter Tamm (Hamburg) sein.
130 Vgl. *Hess, Sigurd:* Die Historisch-Taktischen Tagungen der Flotte. Lebendiges Forum freier geistiger Auseinandersetzung, in: Marineforum, 79, 2004, S. 42-44.
131 *Halder, Franz:* Hitler als Feldherr, München 1949. Der Einfluß Halders im Rahmen der Entstehungsgeschichte der Bundeswehr ist gar nicht zu überschätzen.
132 *Hartmann, Christian:* Halder. Generalstabschef Hitlers 1938-1942, Paderborn u.a. 1991.
133 Neben Mansteins »Verlorenen Siegen« dürfte dies das meistgelesene Buch zum Zweiten Weltkrieg in Deutschland gewesen sein: *Guderian, Heinz:* Erinnerungen eines Soldaten (1951), 13. Auflage, Neckargemünd 1994.
134 *Kesselring, Albert:* Soldat bis zum letzten Tag, Bonn 1953.
135 Nachdem es Adenauer gelungen war, den Amerikanern eine »Ehrenerklärung« zugunsten der Wehrmacht abzuringen – ein rein taktisches Manöver im Zuge der Disskussion um die Bewaffnung der Bundesrepublik – konnte sich jedermann exkulpiert fühlen.
136 Dieses im nachhinein exemplarisch zu brechen, war das ehrenwerte Anliegen von *Kempowski, Walter:* Das Echolot. Ein kollektives Tagebuch Januar und Februar 1943, 4 Bände, 2. Auflage, München 1993.
137 Documents on German Foreign Policy, Ser. C: 1933-1937; Serie D: 1937-1945, London 1949-1983, dann eingestellt.
138 Unter ihnen John Wheeler-Bennett, James Joll, Maurice Baumont, die mit ihren Werken zur Geschichte des Zweiten Weltkrieges enormen Einfluß auf den Forschungsprozeß nehmen sollten.
139 *Jacobsen, Hans-Adolf:* Der Zweite Weltkrieg in Chronik und Dokumenten, 5. Auflage, Darmstadt 1962; *Ders.:* Nationalsozialistische Außenpolitik 1933-1938, Frankfurt/M., Berlin 1968; *Ders.:* Zur Konzeption einer Geschichte des Zweiten Weltkrieges 1939-1945. Disposition mit kritisch ausgewähltem Schrifttum, Frankfurt/M. 1964.

140 Hillgruber war bis zu seinem allzufrühen Tod der führende deutsche Historiker zur Geschichte des Zweiten Weltkrieges; aus seinem riesigen Oeuvre hervorragend: Hitlers Strategie. Politik und Kriegführung 1940-41, Frankfurt/M. 1965; *Ders.:* Der Zweite Weltkrieg 1939-1945. Kriegsziele und Strategie der großen Mächte, Stuttgart 1982. Maßgeblich auch die Edition: *Ders.:* Staatsmänner und Diplomaten bei Hitler. Vertrauliche Aufzeichnungen über Unterredungen mit Vertretern des Auslandes 1939-1941, Frankfurt/M. 1967.
141 http://www.mgfa-potsdam.de/(01.06.2004)
142 Parallel dazu entstand in der DDR das Institut für Militärgeschichte, mit dem das MGFA in den »entspannten« Perioden des Kalten Kriegs punktuell zusammenarbeiten konnte.
143 Z.B.: History of the Second World War. United Kingdom Military Series: Campaigns *(James Ramsay/ Montagu Butler),* London 1952 ff. Analoge Reihenwerke liegen aus nahezu allen am Zweiten Weltkrieg beteiligten Ländern vor; ihre bibliographische Erfassung würde den hier gegebenen Rahmen sprengen.
144 Das führte dazu, daß zum einen die ehemaligen deutschen Generäle, zum anderen ausländische Historiker die »Operationsgeschichte« vertraten, so z.B. *Liddell Hart, Basil H.:* The Other Side of the Hill. The German Generals, their Rise and Fall, with their own Account of Military Events 1939-1945, London 1951; *Fuller, John F.:* Der Zweite Weltkrieg 1939-1945. Eine Darstellung seiner Strategie und Taktik, Wien 1950. Dazu am besten parallel zu lesen: *Tippelskirch, Kurt von:* Geschichte des Zweiten Weltkrieges (1951), 3. Auflage, Bonn 1956. Eine moderne Operationsgeschichte samt »Schlachtbeschreibung«: *Keegan*: Der Zweite Weltkrieg.
145 Bahnbrechend: *Messerschmidt, Manfred* (im Auftrag des Militärgeschichtlichen Forschungsamts): Militärgeschichte. Probleme, Thesen, Wege, Stuttgart 1982; *Kühne, Thomas/Ziemann, Benjamin (Hg.):* Was ist Militärgeschichte? Paderborn u.a. 2000; *Black, Jeremy*: Rethinking Military History, London, New York 2004; typisch für die »Verbiegung« und Verbeugung vor dem Zeitgeist der siebziger Jahre: *Herberg-Rothe, Andreas:* Militärgeschichte als Friedensforschung! Einführung in die Dialektik der Wissenschaft von Krieg und Frieden, Frankfurt/M. 1981.
146 Neuerdings gibt es an der Universität Bremen eine Art Lehrstuhl für Schiffahrtsgeschichte; ob er die Marinegeschichte mitvertreten wird, ist offen.
147 Vgl. die gutgemachte Web-Seite des Instituts: http://www. ifz-muenchen.de.
148 *Hilberg, Raul*: Die Vernichtung der europäischen Juden, 3 Bände (1961 amerik), 2. Auflage 1990.
149 Weit und bis heute in die Öffentlichkeit wirkend, eines der wenigen Bücher zur Geschichte des Zweiten Weltkrieges, das bis heute auch in den höheren Schulen vorgestellt und gelesen wird: *Kogon, Eugen*: Der SS-Staat. Das System der deutschen Konzentrationslager (1946). Ständige Neuauflagen.
150 Unter seinen zahlreichen Arbeiten zur Geschichte der Wehrmacht und der Einsatzgruppen: *Krausnick, Helmut/ Wilhelm, Hans-Heinrich*: Die Truppe des Weltanschauungskrieges. Die Einsatzgruppen der Sicherheitspolizei und des SD 1938-1942, Stuttgart 1981.
151 *Poliakov, Leon/Wulf, Josef*: Das Dritte Reich und die Juden. Dokumente und Aufsätze, 2. Auflage Berlin 1955.
152 *Arendt, Hannah*: Eichmann in Jerusalem. Ein Bericht von der Banalität des Bösen (1963 amerik.) Neuausgabe München 1964. Dazu: *Holthusen, Hans E.:* Hannah Arendt, Eichmann und die Kritiker, in Vierteljahrshefte für Zeitgeschichte 13,1965, S. 178-190.
153 Aus seinem großen Oeuvre: *Aly, Götz/Heim Susanne*: Vordenker der Vernichtung. Auschwitz und die deutschen Pläne für eine europäische Ordnung, Hamburg 1991.
154 Nützlich: *Herbert, Ulrich (Hg.):* Nationalsozialistische Vernichtungspolitik. Neue Forschungen und Kontroversen, Frankfurt/Main 1998.
155 *Sofsky, Wolfgang*: Die Ordnung des Terrors. Das Konzentrationslager, Frankfurt/Main 1993.
156 Das Riesenwerk von Wolfgang Benz, des Direktors des Zentrums für Antisemitismusforschung an der TU Berlin, ist fast schon unübersehbar; ein Einstieg: *Benz, Wolfgang*: Geschichte des Dritten Reiches, München 2002.

157 So bei einem sehr guten Kenner des Holocaust: *Bartov, Omar*: Germany's War and the Holocaust. Disputed Histories, Ithaca, London 2003.
158 Unter Leitung von Julius Schoeps und Wolfgang Hempel. Zwei wichtige Veröffentlichungen: *Jäckel, Eberhard/Longerich, Peter/Schoeps Julius H.(Hg.)*: Enzyklopädie des Holocaust. Die Verfolgung und Ermordung der europäischen Juden, 3 Bände, Berlin 1993; *Schoeps, Julius H. (Hg.)*:Ein Volk von Mördern? Die Dokumentation zur Goldhagen-Kontroverse um die Rolle der Deutschen im Holocaust, Hamburg 1996. Web-Seite: http://www.mmz-potsdam.de.(01.06.2004)
159 *Militärgeschichtliches Forschungsamt (Hg.)*: Das Deutsche Reich und der Zweite Weltkrieg, bisher 9 Bände, Stuttgart 1979 ff.
160 Gut und fatal zugleich ist es, daß der ständige historische Jubiläumsrummel via Medien in seinem Schlepptau auch die seriöse Forschung mitzieht; ein Großteil der wissenschaftlichen Neuerscheinungen zum Ersten und Zweiten Weltkrieg basiert auf diesem Prinzip. (Dieses Buch auch).
161 Eine moderne Geschichte des Deutschen Heeres im Zweiten Weltkrieg fehlt aber, hier ist man immer noch auf die ältere Literatur angewiesen, z.B.: *Absolon, Rudolf*: Die Wehrmacht im Dritten Reich, 6 Bände, Boppard 1969-1995; *Müller-Hillebrand, Burckhart*: Das Heer 1933-1945. Entwicklung des organisatorischen Aufbaus, 3 Bände Darmstadt 1954-1969. Zur Luftwaffengeschichte das Standardwerk: *Boog, Horst*: Die deutsche Luftwaffenführung 1935-1945. Führungsprobleme, Spitzengliederung, Generalstabsausbildung, Stuttgart 1982. Von Boog stammen auch alle den Luftkrieg betreffenden Abschnitte in dem MGFA-Reihenwerk »Das Deutsche Reich und der Zweite Weltkrieg«. Zur Marine: *Salewski, Michael*: Die deutsche Seekriegsleitung 1935-1945, 3 Bände, München 1970-1975.
162 Wichtig und weiterführend: *Latzel, Klaus:* Deutsche Soldaten – Nationalsozialistischer Krieg, Kriegserlebnis – Kriegserfahrungen 1939-1945, Paderborn u.a.1998.
163 *Hagemann, Karen/Schüler-Springorum, Stefanie (Hg.):* Heimat-Front. Militär-und Geschlechterverhältnisse im Zeitalter der Weltkriege, Frankfurt, New York 2002; *Benz, Ute*: Frauen im Nationalsozialismus. Dokumente und Zeugnisse, München 1997; *Jureit, Ulrike*: Zwischen Ehe und Männerbund. Emotionale und sexuelle Beziehungsmuster im Zweiten Weltkrieg, in: Werkstatt Geschichte 22,1999, S. 61-73; *Paul, Christa*: Zwangsprostitution. Staatlich errichtete Bordelle im Nationalsozialismus, Berlin 1994; *Windaus-Walser, Karin*: Gnade der weiblichen Geburt? Zum Umgang der Frauenforschung mit Nationalsozialismus und Antisemitismus, in: Feministische Studien 6, Nr. 22, 1988. Ein wissenschaftlicher Rückfall: *Schneider, Wolfgang*: Frauen unterm Hakenkreuz, Hamburg 2001.
164 *Planert, Ute (Hg.):* Nation, Politik und Geschlecht. Frauenbewegungen und Nationalismus in der Moderne, Frankfurt/Main 2000.
165 *Browning, Oliver*: Ganz normale Männer. Das Reserve-Polizeibataillon 101 und die »Endlösung« in Polen, Reinbek 1993.
166 *Jan Thomas Gross*: Nachbarn. Der Mord an den Juden von Jedwabne, München 2001. Das Buch löste eine stürmische Kontroverse aus, vgl. dazu: *Musial, Bogdan*: Thesen zum Pogrom in Jedwabne. Kritische Anmerkungen zu der Darstellung »Nachbarn« Jan Thomas Gross, in: Jahrbücher für Geschichte Osteuropas 50, 2002, S. 381-411.
167 *Andersen, Steen*: Danmark i det tyske storrum. Dansk okonomisk tilpasning til Tysklands nyordning af Europa 1940-41, Kobenhavn 2003.
168 *Salewski, Michael:* Von der Wirklichkeit des Krieges. Analysen und Kontroversen zu Buchheims »Boot«, 2. Auflage, München 1985.
169 Nach den Erfahrungen des Irak-Krieges im Jahr 2004 sehe ich diese Gefahr nicht mehr so stark; die Folterphotos haben – so zynisch das klingt – auch eine heilsame katharsitsche Wirkung – im Westen notabene.
170 Erstaunlicherweise wurde der Begriff aufgenommen von *Dawidowicz, Lucy S.*: Der Krieg gegen die Juden 1933-1945, (amerikanisch 1975) Wiesbaden 1986, einem einflußreichen Standardwerk.

171 Der 1879 in den »Preußischen Jahrbüchern« formulierte Satz löste den sog. Antisemitismusstreit aus. Daß er auch heute nicht vergessen ist und weiter Unheil zeugt, dokumentiert *Gisler, Andreas*: »Die Juden sind unser Unglück«. Briefe an Sigi Feigel 1996-1998, Zürich 1999.
172 Den Zusammenhang »Endlösung«/ »Erlösung« gibt es noch heute; vgl. den Kult um »van Helsing« alias Udo Holey.
173 *Shirer, William Lawrence*: Berliner Tagebuch. Aufzeichnungen 1934-1941, Leipzig 1991.
174 *Vogel, Thomas (Hg.)*: Aufstand des Gewissens. Militärischer Widerstand gegen Hitler und das nationalsozialistische Regime, 1933 bis 1945, Hamburg, Berlin, Bonn 2000. (Begleitband zu der gleichnamigen Ausstellung des Militärgeschichtlichen Forschungsamtes). Vgl. auch *Müller*: Das Heer und Hitler S. 345-377.
175 Ebda. S. 386. *Salewski, Michael*: Wehrmacht und Nationalsozialismus 1933-1939, S. 257-262. Umfassend: *Rönnefarth, Helmuth K.*: Die Sudetenkrise in der internationalen Politik. Entstehung, Verlauf, Auswirkung, 2 Bände, Wiesbaden 1961.
176 Aufschlußreich: *Lipp, Anne:* Meinungslenkung im Krieg. Kriegserfahrungen deutscher Soldaten und ihre Deutung 1914-1918, Göttingen 2003.
177 *Hildebrand, Klaus:* Deutsche Außenpolitik 1933-1945. Kalkül oder Dogma? 5. Auflage, Stuttgart 1990; *Kuhn, Axel*: Hitlers außenpolitisches Programm. Entstehung und Entwicklung 1919-1939, Stuttgart 1970; *Michalka, Wolfgang (Hg.)*: Nationalsozialistische Außenpolitik, Darmstadt 1978; *Weinberg, Gerald L.:* The Foreign Policy of Hitler's Germany. Band 2: Starting World War II 1937-1939, New York 1994.
178 Gute Zusammenfassung: *Graml, Hermann*: Europas Weg in den Krieg. Hitler und die Mächte 1939, München 1990; *Hildebrand, Klaus/Schmädeke, Jürgen/Zernack, Klaus (Hg.):* 1939. An der Schwelle zum Weltkrieg. Die Entfesselung des Zweiten Weltkrieges und das internationale System, Berlin 1990.
179 Nur zwei Standardwerke: *Graml, Hermann*: Reichskristallnacht. Antisemitismus und Judenverfolgung im Dritten Reich, München 1988; *Döscher, Hans-Jürgen*: »Reichskristallnacht«. Die Novemberpogrome 1938, 3. Auflage, München 2000.
180 Eine andere Deutung bei *Steiner:* Hitlers Krieg S. 74. Danach war vor allem in katholischen Bevölkerungskreisen von Begeisterung wenig zu spüren.
181 Dazu gab es vor allem in den siebziger Jahren eine lebhafte Debatte, nicht zuletzt ausgelöst durch Andreas Hillgruber und *Thies, Jochen*: Architekt der Weltherrschaft. Die »Endziele« Hitlers, Düsseldorf 1976.
182 Nachdem die britische Appeasementpolitik in der Forschung nach dem Zweiten Weltkrieg nahezu einhellig verdammt wurde, hat sich inzwischen die Erkenntnis durchgesetzt, daß das Chamberlainsche Konzept einer gewissen Rationalität, aber auch Moralität nicht entbehrte. Aus der Fülle der einschlägigen Studien: *McDonough, Frank:* Neville Chamberlain, Appeasement and the British Road to War, Manchester 1998; *Robbins, Keith*: Appeasement, Oxford 1988; *Wendt, Bernd-Jürgen*: Appeasement 1938, Frankfurt/M. 1966.
183 ADAP, Serie D, Band IV, S.561.
184 *Schröder, Hans-Jürgen:* Deutschland und die Vereinigten Staaten 1933-1939. Wirtschaft und Politik in der Entwicklung des deutsch-amerikanischen Gegensatzes, Wiesbaden 1970. *Compton, James V.:* Hitler und die USA. Die Amerikapolitik des Dritten Reiches und die Ursprünge des Zweiten Weltkrieges, Oldenburg 1968; *Friedländer, Saul:* Auftakt zum Untergang. Hitler und die Vereinigten Staaten von Amerika 1939-1941, Stuttgart 1965.
185 Der Begriff »judenfrei« war zeitgenössisch; so wurde z.B. am 16. Juni 1943 Berlin als »judenfrei« gemeldet. Auch Serbien war »judenfrei«. Aufschlußreich: *Bajohr, Frank:* »Unser Hotel ist judenfrei«. Bäder-Antisemitismus im 19. und 20. Jahrhundert, Frankfurt/M. 2003.
186 Darum kreiste wesentlich die sog. Goldhagen-Debatte.
187 *Thielenhaus, Marion*: Zwischen Anpassung und Widerstand. Deutsche Diplomaten 1938-1941. Die politischen Aktivitäten der Beamtengruppe um Ernst von Weizsäcker im Auswärtigen Amt, 2. Auflage, Paderborn 1986.

[188] Das war der einhellige Tenor der gelenkten Presse.
[189] Das »Wissen« darum wurde vor allem verbreitet von *Rosenberg, Alfred*: Die Protokolle der Weisen von Zion und die jüdische Weltpolitik, 4. Auflage, München 1933. *Bronner, Stephen Eric*: Ein Gerücht über die Juden. »Die Protokolle der Weisen von Zion« und der alltägliche Antisemitismus, Berlin 1999; die Genese der Fälschung minutiös nachweisend: *Cohn, Norman*: »Die Protokolle der Weisen von Zion«. Der Mythos der jüdischen Weltverschwörung, 2. Auflage, Baden-Baden 1998.
[190] *Reich-Ranicki, Marcel*: Mein Leben, Stuttgart 1999.
[191] Goebbels im »Völkischen Beobachter«: »Das Verbrechen Grynspans wird diesmal weit über unsere Grenzen hinaus die Erkenntnis wecken, daß es hier nicht nur darauf ankommt, einen Meuchelmord zu strafen, sondern auch den Pestherd unschädlich zu machen, von dem nur Tod, Verderben und giftiger Haß für die ganze Welt ausgeht...Alljuda zielte dort auf das Herz Europas.« Zitiert nach *Reuth, Ralf Georg:* Gobbels, München, Zürich 1990, S. 399.
[192] Die These vom »erzwungenen« Krieg erfreute sich bekanntlich noch lange nach 1945 großer Beliebtheit, wie man der Verbreitung dieses Pamphletes entnehmen kann: *Hoggan, David L.:* Der erzwungene Krieg. Die Ursachen und Urheber des 2. Weltkrieges, 14.(!)Auflage Tübingen 1990.
[193] *Salewski*: Wehrmacht S. 262.
[194] *Fischer, Albert*: Hjalmar Schacht und Deutschlands »Judenfrage«. Der »Wirtschaftsdiktator« und die Vertreibung der Juden aus dem deutschen Wirtschaftsleben, Kön 1995; *Scholtyseck, Joachim*: Hjalmar Schacht. Opportunistischer Weltgänger zwischen Nationalsozialismus und Widerstand – anstelle einer Rezension, in: Bankhistorisches Archiv, Zeitschrift für Bankengeschichte 1, 1999, S. 37-48.
[195] Alle Rüstungsaufträge wurden von der »Metallurgischen Forschungsgesellschaft m.b.H.« vergeben und mit kurzfristigen, aber verlängerbaren Wechseln bezahlt, die die Reichsbank (theoretisch) bedienen mußte. Die Mefo-Wechsel dienten also der Geldschöpfung.
[196] *Meinck, Gerhard*: Hitler und die deutsche Aufrüstung 1933-1937, Wiesbaden 1959; *Bagel-Bohlan, Anja E.*: Hitlers industrielle Kriegsvorbereitung 1936 bis 1939, Koblenz, Bonn 1975; *Bernhardt, Walther*: Die deutsche Aufrüstung 1934 bis 1939. Militärische und politische Konzeptionen und ihre Einschätzung durch die Alliierten, Frankfurt/M. 1969; *Blaich, Fritz (Hg.):* Wirtschaft und Rüstung im »Dritten Reich«, Düsseldorf 1987; *Herbst, Ludolf*: Der Totale Krieg und die Ordnung der Wirtschaft. Die Kriegswirtschaft im Spannungsfeld von Politik, Ideologie und Propaganda 1939-1945, Stuttgart 1982; *Overy, Richard J.:* War and Economy in the Third Reich, Oxford 1994.
[197] *Buchholz, Wolfhard*: Die nationalsozialistische Gemeinschaft »Kraft durch Freude«. Freizeitgestaltung und Arbeiterschaft im Dritten Reich, Diss. München 1976. *Weiß, Hermann*: Ideologie der Freizeit im Dritten Reich. Die NS-Gemeinschaft »Kraft durch Freude«, in: Archiv für Sozialgeschichte 33, 1993, S. 289-303.
[198] Diese These vertrat *Milward, Alan S.*: Die deutsche Kriegswirtschaft 1939-1945, Stuttgart 1977.
[199] In diesem Zusammenhang aufschlußreich die Erinnerungen des maßgebenden Zeitzeugen, General *Thomas, Georg:* Geschichte der deutschen Wehr-und Rüstungswirtschaft 1918-1943/45, Boppard 1966. Thomas unterschied die »Tiefenrüstung« von der »Breitenrüstung« und behauptete, erstere sei von Anfang an zugunsten letzterer vernachlässigt worden.
[200] *Collegium Carolinum (Hg.):* Deutsche Gesandtschaftsberichte aus Prag. Innenpolitik und Minderheitenprobleme in der Ersten Tschechoslowakischen Republik, München 1983. *Hencke, Andor*: Augenzeuge einer Tragödie. Diplomatenjahre in Prag 1936-1939, München 1977.
[201] *Franke, Reiner*: London und Prag. Materialien zum Problem eines multinationalen Nationalstaates 1919-1938, 2. Auflage, München 1982.
[202] *Vysný, Paul*: The Runciman Mission to Czechoslovakia, 1938. Prelude to Munich, Basingstoke, Hamphire 2003.

²⁰³ *Benes, Eduard*: Memoirs of Dr. Eduard Benes. From Munich to New War und New Victory, London 1954. *Suppan, Arnold*: Edvard Benes und die tschechoslowakische Außenpolitik 1918-1948, Frankfurt/M. 2002; *Lukes, Igor*: Czechoslovakia between Stalin and Hitler. The Diplomacy of Edvard Benes in the 1930s, New York 1996.
²⁰⁴ *Tönsmeyer, Tatjana*: Das Dritte Reich und die Slowakei 1939-1945. Politischer Alltag zwischen Kooperation und Eigensinn, Paderborn u.a. 2003.
²⁰⁵ *Biman, Stanislav/Cílek, Roman*: Der Fall Grün und das Münchner Abkommen. Dokumentarbericht, Berlin 1983.
²⁰⁶ *Ruggiero, John*: Neville Chamberlain and British Rearmament. Pride, Prejudice, and Politics, Westport, Conn.1999. *Dilks, David*: Neville Chamberlain, Cambridge 1984.
²⁰⁷ Des Verfassers wegen pikant: *Oberländer, Theodor*: Nationalität und Volkswille im Memelgebiet, Bamberg 1939.
²⁰⁸ Hervorragend als Quelle zur Geschichte des Zeitgeistes: *Charly Chaplin*: Der Große Diktator, Spielfilm USA 1940.
²⁰⁹ *Kolb, Eberhard*: Die Maschinerie des Terrors. Zum Funktionieren des Unterdrückungs - und Verfolgungsapparates im NS-System, in: *Haupts, Leo/Möhlich, Georg (Hg.):* Strukturelemente des Nationalsozialismus. Rassenideologie, Unterdrückungsmaschinerie, Außenpolitik, Köln 1981, S. 37-60.
²¹⁰ *Krekeler, Norbert*: Revisionsanspruch und geheime Ostpolitik der Weimarer Republik. Die Subventionierung der deutschen Minderheit in Polen, Stuttgart 1973; *Jaworski, Rudolf*: Deutsche und Polen zwischen den Kriegen. Minderheitenstatus und »Volkstumskampf« im Grenzgebiet; amtliche Berichterstattung aus beiden Ländern 1920-1939, München 1997.
²¹¹ Eigene Erinnerung: Meine Großmutter mütterlicherseits kehrte nach jeder Reise, die sie von ihrer Heimat Ostpreußen ins »Reich« antrat, mit Haßgefühlen gegen den »Korridor« und die dafür verantwortlichen Polen zurück – mir wurde das schon als Kind eingeimpft (in Königsberg geboren). In Mierunsken (Masuren) lebten meine Großeltern väterlicherseits unmittelbar an der deutsch-polnischen Grenze und mit ständiger unterschwelliger Verachtung für die »polnische Wirtschaft«, die polnischen Nachbarn, mit denen es keinerlei Umgang gab.
²¹² *Hein, Heidi*: Der Pilsudski-Kult und seine Bedeutung für den polnischen Staat 1926-1935, Marburg 2002.
²¹³ *Bock, Anja:* Der Angriff auf Polen am 1. September 1939 im Spiegel der nationalsozialistischen Propaganda, MA Kiel 2000.
²¹⁴ *Hillgruber:* Staatsmänner und Diplomaten bei Hitler.
²¹⁵ *Todd, Allan*: The European Dictatorships: Hitler, Stalin, Mussolini, Cambridge 2002.
²¹⁶ *Lee, Stephen J.*: The European Dictateorships 1918-1945, London, New York 2000; *Morgan, Philip*: Fascism in Europe 1919-1945, London, New York 2002.
²¹⁷ Hitler liebte es, Churchill als »Säufer« abzuqualifizieren., s. u. S 279.
²¹⁸ Angeblich gefallen in Zusammenhang mit der Forderung, den »halbjüdischen« General der Flieger Milch aus dem Amt zu entfernen.
²¹⁹ *Kley, Stefan*: Hitler, Ribbentrop und die Entfesselung des Zweiten Weltkriegs, Paderborn u.a.1996; *Michalka, Wolfgang:* Ribbentrop und die deutsche Weltpolitik 1933-1940. Außenpolitische Konzeptionen und Entstehungsprozesse im Dritten Reich, München 1980; *Longerich, Peter*: Propaganda im Krieg. Die Presseabteilung des Auswärtigen Amts unter Ribbentrop, München 1987. Als interessante Quelle zur Methodologie und typischen (neo)nazistischen Apologie zu lesen: *Ribbentrop, Annelies von*: Die Kriegsschuld des Widerstandes. Aus britischen Geheimdokumenten 1938/39. Aus dem Nachlaß hg. von *Ribbentrop, Rudolf von*, 2. Auflage, Leoni 1975.
²²⁰ *Michalka, Wolfgang*: Joachim von Ribbentrop – vom Spirituosenhändler zum Außenminister, in: *Smelser, Roland M./Zitelmann, Rainer (Hg.):* Die braune Elite. 22 biographische Skizzen, 2. Auflage, Darmstadt 1990 S. 201-11.
²²¹ *Salewski*: Wehrmacht S.268 f.
²²² *Dülffer, Jost:* Das deutsch-englische Flottenabkommen vom 18. Juni 1935, in: *Michalka (Hg.):* Nationalsozialistische Außenpolitik S. 244-276.

223 Zum weltpolitischen »Stellenwert« des Flottenabkommens vgl. *Salewski, Michael*: England, Hitler und die Marine, in: *Salewski, Michael*: Die Deutschen und die See, Historische Mitteilungen, Beiheft 25, Stuttgart 1998, S. 215-227.
224 *Salewski:* Seekriegsleitung Band 1, S. 65-82.
225 Vgl. den Sammelband: *Thoß, Bruno / Volkmann, Hans-Erich (Hg.):* Erster Weltkrieg – Zweiter Weltkrieg. Ein Vergleich. Krieg, Kriegserlebnis, Kriegserfahrung in Deutschland, Paderborn u.a. 2002.
226 Diese »Eindämmung« ließe sich durchaus als die gleichsam »aktive« Variante der Appeasementpolitik deuten.
227 Die Schwächen Mussolinis arbeitet heraus: *Neville, Peter*: Mussolini, London, New York 2003.
228 *Schütt, Werner:* Der Stahlpakt und Italiens »Nonbelligeranza« 1938-1940, in: Wehrwissenschaftliche Rundschau 8, 1958, S. 498-521; *Petersen, Jens*: Vorspiel zu »Stahlpakt« und Kriegsallianz. Das deutsch-italienische Kulturabkommen vom 23.November 1938, in: Vierteljahrshefte für Zeitgeschichte 36, 1988, S. 41-77. Allein die Wortschöpfung »Stahlpakt« wirkte nach dem italienischen »Non possumus« als schallende Ohrfeige ins Gesicht Mussolinis; bezeichnenderweise war später auch nie mehr davon, sondern immer nur noch vom »Achsenbündnis« die Rede. Die Metaphorik solcher Begriffe würde eine eigene Untersuchung verdienen.
229 Der Faktor »Ehre« im Geflecht der Hitlerschen Außenpolitik ist noch nicht untersucht.
230 *Ströbinger, Rudolf*: Stalin enthauptet die Rote Armee. Der Fall Tuchatschewski, Stuttgart 1990.
231 *Müller:* Das Heer und Hitler; *Ders.:* General Ludwig Beck. Studien und Dokumente zur politisch-militärischen Vorstellungswelt und Tätigkeit des Generalstabschefs des deutschen Heeres 1933-1938, Boppard 1980.
232 *Hillmann, Jörg (Hg.):* »Der Fall Weiß«. Der Weg in das Jahr 1939, Bochum 2001.
233 *Carsten, Francis L.:* Reichswehr und Politik 1918-1933, Köln, Berlin 1964.
234 Aus der großen Fülle von Spezialstudien zum Hitler-Stalin-Pakt: *Daschitschew, Wjatscheslaw*: Planungen und Fehlschläge Stalins am Vorabend des Zweiten Weltkrieges. Der XVIII. Parteitag der KPDSU(B) und der sowjetisch-deutsche Nichtangriffspakt, in: *Bracher, Karl Dietrich u.a. (Hg.)*: Deutschland zwischen Krieg und Frieden. Beiträge zu Politik und Kultur im 20. Jahrhundert. Festschrift für Hans-Adolf Jacobsen, Düsseldorf 1991, S. 66-74; der Autor gilt als bester Kenner des sowjetischen einschlägigen Archivmaterials. *Dlugoborski, Waclaw*: Der Hitler-Stalin-Pakt als »lebendige Vergangenheit«, in: *Hildebrand, Klaus u.a. (Hg.):* 1939. An der Schwelle zum Weltkrieg. Die Entfesselung des Zweiten Weltkrieges und das internationale System, Berlin, New York 1990, S. 161-170: *Fleischhauer, Ingeborg*: Der Pakt. Hitler, Stalin und die Initiative der deutschen Diplomatie 1938-39, Frankfurt/Main 1990; *Hildebrand, Klaus*: Das Ungewisse des Zukünftigen. Die Bedeutung des »Hitler-Stalin-Pakts« für Beginn und Verlauf des Zweiten Weltkrieges 1939-1941. Eine Skizze, in: *Bracher Karl D. u.a. (Hg.):* Staat und Parteien. Festschrift für Rudolf Morsey zum 65. Geburtstag, Berlin 1992, S. 727-743; *Hillgruber, Andreas / Hildebrand, Klaus*: Kalkül zwischen Macht und Ideologie. Der Hitler-Stalin-Pakt. Parallelen bis heute?, Zürich 1980; *Hass, Gerhart*: 23. August 1939. Der Hitler-Stalin-Pakt. Dokumentation, Berlin 1990. Gerhart Hass war zu DDR-Zeiten contre coeur für die Darstellung des Paktes im offiziellen Werk der DDR zur Geschichte des Zweiten Weltkrieges verantwortlich – hier spiegelt sich ein gesamtdeutsches Gelehrtenschicksal.
235 Abgedruckt u.a. bei *Jacobsen, Hans-Adolf*: 1939-1945. Der Zweite Weltkrieg in Chronik und Dokumenten, 6. Auflage Darmstadt 1961, S.109-14.
236 Es wäre interessant zu wissen, woher Hitler den Danaiden-Mythos kannte. Daß jeder Heeresgeneral, der die griechische Mythologie kannte, auf eine solche Formulierung nur mit tiefem Beleidigtsein hätte reagieren können, darf vermutet werden – aber wieviele Wehrmachtgeneräle werden von den Danaiden und ihrem schrecklichen Schicksal in der Unterwelt gewußt haben?
237 *Hipler, Bruno*: Hitlers Lehrmeister. Karl Haushofer als Vater der NS-Ideologie, St. Ottilien 1996; *Ebeling, Frank*: Geopolitik. Karl Haushofer und seine Raumwirtschaft, Berlin

1994; *Jacobsen, Hans-Adolf*: Karl Haushofer. Leben und Werk, Boppard o.J.; *Wolter, Heike*: »Volk ohne Raum«. Lebensraumvorstellungen im geopolitischen, literarischen und politischen Diskurs der Weimarer Republik. Eine Untersuchung auf der Basis von Fallstudien zu Leben und Werk Karl Haushofers, Hans Grimms und Adolf Hitlers, Münster 2003. Vgl. auch den Sammelband: *Diekmann, Irene/Krüger,Peter/Schoeps, Julius H.(Hg.):* Geopolitik Grenzgänge im Zeitgeist, 2 Bände, Potsdam 2000.

238 *Maser, Werner (Hg.):* Wilhelm Keitel. Mein Leben. Pflichterfüllung bis zum Untergang; Hitlers Generalfeldmarschall und Chef des Oberkommandos der Wehrmacht in Selbstzeugnissen, Berlin 1998.

239 Zur Literatur s.Anm. 234.

240 Das Analoge gilt für die deutschen Kommunisten, vgl. *Leonhard, Wolfgang:* Der Schock des Hitler-Stalin- Paktes. Erinnerungen aus der Sowjetunion, Westeuropa und den USA, Freiburg 1986.

241 *Müller, Michael G.:* Die Teilungen Polens 1772, 1793, 1795, München 1984.

242 Rechtlich war »Kongreßpolen« nicht Provinz, sondern Königreich in Personalunion mit Rußland.

243 Das war schon das Argument Friedrichs des Großen gewesen, vgl. *Salewski, Michael:* »Meine Wiege war von Waffen umgeben«. Friedrich der Große und der Krieg, in: Zeitschrift für Religions-und Geistesgeschichte 56, 2004, S. 15.

244 *Runzheimer, Jürgen:* Der Überfall auf den Sender Gleiwitz im Jahre 1939, in: Vierteljahrshefte für Zeitgeschichte 10, 1962, S. 408-426.

245 *Stjernfelt, Bertil/Böhme, Klaus-Richard:* Westerplatte 1939, Freiburg i.Br. 1979. Erneut wäre auf Günther Graß' »Blechtrommel« zu verweisen.

246 Entlarvend das Rundtelegramm von Weizsäckers vom 1.September 1939: »Zur Regelung der Sprache: In Abwehr polnischer Angriffe sind die deutschen Truppen heute beim Morgengrauen gegen Polen in Aktion getreten. Diese Aktion ist vorläufig nicht als Krieg zu bezeichnen, sondern lediglich als Kampfhandlungen, die durch polnische Angriffe ausgelöst worden sind.« ADAP, Serie D, Band VII, S. 409.

247 *Reuth:* Goebbels S. 426 ff.

248 *Boelcke, Willi A. (Hg.): Kriegspropaganda 193-1941.* Geheime Ministerkonferenzen im Reichspropagandaministerium, Stuttgart 1966; *Ders.:* »Wollt ihr den totalen Krieg?« Die geheimen Goebbels-Konferenzen 1939-1943, 2. Auflage, München 1969; *Sywottek, Jutta:* Mobilmachung für den totalen Krieg. Die propagandistische Vorbereitung der deutschen Bevölkerung auf den Zweiten Weltkrieg, Opladen 1976.

249 *Wette, Wolfram:* Die schwierige Überredung zum Krieg. Zur psychologischen Mobilmachung der deutschen Bevölkerung 1933-1939, in: *Michalka, Wolfgang (Hg):* Der Zweite Weltkrieg. Analysen, Grundzüge, Forschungsbilanz, München, Zürich 1989, S. 205-223; *Ders.:* Ideologien, Propaganda und Innenpolitik als Voraussetzung der Kriegspolitik des Dritten Reiches, in: Das Deutsche Reich und der Zweite Weltkrieg Band 1, S. 25-173.

250 *Sösemann, Bernd:* Die Macht der allgegenwärtigen Suggestion. Die »Wochensprüche der NSDAP« als Propagandamittel, in: Jahrbuch der Berliner Wissenschaftlichen Gesellschaft 13, 1989, S. 227-248.

251 *Buchheim, Lothar-Günther:* Jäger im Weltmeer (1943), Hamburg 1996. Nur das seinerzeitige Vorwort von Dönitz fehlt.

252 *Linebarger, Paul M.:* Schlachten ohne Tote, Frankfurt/M. 1960.

253 *Gamm, Hans-Jochen:* Der Flüsterwitz im Dritten Reich, München 1963; *Wiener, Ralph:* Gefährliches Lachen. Schwarzer Humor im Dritten Reich, Reinbek 1994.

254 Neben *Müller-Hillebrand* als Organisationsschema unverzichtbar: *Tessin, Georg:* Verbände und Truppen der deutschen Wehrmacht und Waffen-SS im Zweiten Weltkrieg 1939-1945, Osnabrück 1966 ff. (17 Bände mit Registerband)

255 Logisch, daß davon in der offiziellen und offiziösen Darstellung der Wehrmacht mit keinem Wort die Rede war; vor allem der als besonders »miliärfromm« geltende Verlag E.S. Mittler & Sohn tat sich hier hervor, z.B.:*Wetzell, Georg (Hg.):* Die deutsche Wehrmacht 1914-1939. Rückblick und Ausblick. Der neuen deutschen Wehrmacht gewidmet vom

Verlag E. S. Mittler & Sohn zum 3. März 1939, dem Gedenktage seines 150-jährigen Bestehens. Unter Mitarbeit zahlreicher Offiziere. *Schlicht, Adolf:* Die deutsche Wehrmacht. Uniformen und Ausrüstung, Stuttgart o.J (siebziger Jahre?)

256 Das Deutsche Reich und der Zweite Weltkrieg, Band 1. Zur Organisationsgeschichte bis 1939 vgl. die entsprechenden Abschnitte in Handbuch zur deutschen Militärgeschichte, Teil VII, S. 289-580.

257 *Abelshauser, Werner/Schwengler, Walter*: Wirtschaft und Rüstung. Souveränität und Sicherheit (Anfänge westdeutscher Sicherheitspolitik 1945-1956, hrsg. Militärgeschichtliches Forschungsamt) Band 4, München 1997.

258 Klar, daß in seiner Darstellung davon keine Rede war, vgl.: *Guderian, Heinz*: Die Panzerwaffe. Ihre Entwicklung, ihre Kampftaktik und ihre operativen Möglichkeiten bis zum Beginn des großdeutschen Freiheitskampfes, 2. Auflage Stuttgart 1943.

259 *Law, Richard*: Der Karabiner 98k. 1934-1945, Zürich 1995; *Graf, Friedrich*: Karabiner 98 kurz. Technische Studie zu den Änderungen der Fa. Mauser Werk AG Oberndorf/Neckar am Karabiner 98 K (K98k) in den Kriegsjahren 1939 bis 1945, Schwäbisch-Hall 1997.

260 Es gibt eine schier unendliche Flut von Spezialliteratur allein zur deutschen Panzerwaffe, das neueste: *Fleischer, Wolfgang*: Gepanzerte Feuerkraft. Die deutschen Kampfwagen-, Panzerjäger- und Sturmkanonen und -mörser bis 1945, Wölfersheim-Berstadt 2004; *Koch, Fred*: Panzer gegen Panzer. Deutsche Panzer und ihre Gegner bis 1945. Eine Gegenüberstellung, Wölfersheim-Berstadt 2003. Meist gehen die Autoren noch heute völlig unkritisch mit den deutschen Panzer»leistungen« um. Solide: *Nehring, Walther K.:* Die Geschichte der deutschen Panzerwaffe 1916 bis 1945, Berlin 1969; *Förster, Gerhard:* Abriß der Geschichte der Panzerwaffe, 2. Auflage, Berlin 1978.

261 Die »Verbesserung« des VII-C-Bootes durch den »Schnorchel« war geradezu Symbol für die Hilflosigkeit; was den Besatzungen dadurch abverlangt wurde, hat Lothar-Günther Buchheim in seinem Roman »Die Festung« anschaulich geschildert.

262 Jürgen Rohwer berichtete, es sei ihm durchaus schwergefallen, Dönitz lange nach dem Krieg davon zu überzeugen, daß es »Ultra« tatsächlich gegeben habe.

263 *Bagge, Erich*: Keine Atombombe für Hitler, in: *Salewski, Michael (Hg.):* Das Zeitalter der Bombe. Die Geschichte der atomaren Bedrohung von Hiroshima bis heute, München 1995, S.27-49; *Stamm-Kuhlmann, Thomas*: Die Internationale der Atomforscher und der Weg zur Kettenreaktion 1874-1942, in: *Salewski, Michael* (Hg.): Das nukleare Jahrhundert. Eine Zwischenbilanz; Historische Mitteilungen, Beiheft 28, Stuttgart 1998, S. 23-40.

264 Das Deutsche Reich und der Zweite Weltkrieg, Band V/2, S.583.

265 Die späteren Behauptungen Heisenbergs und anderer am Atomprogramm beteiligter Wissenschaftler, man habe absichtlich den Bau der Bombe sabotiert, sind mit größter Vorsicht zu genießen; in persönlichen Gesprächen mit mir entwarf Erich Bagge ein wesentlich differenzierteres Bild.

266 Die Erforschung des Zusammenhangs zwischen Wirtschaft und Krieg bildete einen Schwerpunkt in der DDR- Forschung, die hier zu hervorragenden Ergebnissen gelangte, vor allem: *Eichholtz, Dieter*: Geschichte der deutschen Kriegswirtschaft 1939-1945, 3 Bände, Berlin 1969-1997, Neudruck München 1999; *Petzina, Dieter*: Autarkiepolitik im Dritten Reich. Der nationalsozialistische Vierjahresplan, Stuttgart 1968.

267 *Birkenfeld, Wolfgang*: Der synthetische Treibstoff 1933-1945. Ein Beitrag zur nationalsozialistischen Wirtschafts-und Rüstungspolitik, Göttingen 1964; *Zetzsche, Hans-Jürgen*: Logistik und Operationen. Die Mineralölversorgung der Kriegsmarine im Zweiten Weltkrieg, Diss. Kiel 1986.

268 *Milward, Allan S.:* Die deutsche Kriegswirtschaft 1939-1945, Stuttgart 1966; *Ders.:* War, Economy and Society 1939-1945, Harmondsworth 1987.

269 Die Unterscheidung zwischen »potentiel de paix« und »potentiel de guerre« wurde nach dem Ersten Weltkrieg von den Franzosen »erfunden«, und zwar in Hinblick auf den Umstand, daß die Entwaffnung Deutschlands dessen »potentiel de guerre« zwar drastisch reduzierte, was aber am deutschen »potentiel de paix« nichts änderte. In der Denkfigur vom

»totalen Krieg« aber ging es um eine möglichst verzugslose Umwandlung des letzteren in das erstere im Fall eines neuen Krieges.
270 Sehr eindringlich belegt diese These: *Overy, Richard:* Die Wurzeln des Sieges. Warum die Alliierten den Zweiten Weltkrieg gewannen, Hamburg 2002.
271 In »tausend Jahren« sollten die NS-Bauten so »schöne« Ruinen sein wie die altrömischen. *Wolters, Rudolf*: Neue deutsche Baukunst, herausgegeben vom Generalbauinspekter für die Reichshauptstadt Albert Speer, 4. Auflage, Prag, Berlin 1943.
272 In Bromberg war es am 3. September 1939 – also notabene drei Tage nach dem deutschen Überfall auf Polen – zu Ausschreitungen gekommen, denen mehr als 5000 Menschen zum Opfer fielen. Die NS-Propaganda machte daraus 58 000. Vgl. *Benz, Wolfgang:* Legenden, Lügen, Vorurteile. Ein Wörterbuch zur Zeitgeschichte, 2. Auflage, München 1992; *Schubert, Günter*: Das Unternehmen »Bromberger Blutsonntag«. Tod einer Legende, Köln 1989; *Jastrzebski, Wlodzimierz*: Der Bromberger Blutsonntag. Legende und Wirklichkeit, Poznan 1990. *Aurich, Peter*: Der deutsch-polnische September 1939. Eine Volksgruppe zwischen den Fronten, München, Wien 1969.
273 *Baumgart, Winfried*: Zur Ansprache Hitlers vor den Führern der Wehrmacht am 22. August 1939. Eine quellenkritische Untersuchung, in: Vierteljahrshefte für Zeitgeschichte 16, 1968, S. 120-149.
274 ADAP, Serie D, Band VII, S. 443.
275 *Salewski, Michael*: Der Erste Weltkrieg, 2. Auflage, Paderborn u.a. 2004, S. 137-148.
276 *Rössler, Mechtild*: Der »Generalplan Ost«. Hauptlinien der nationalsozialistischen Planungs-und Vernichtungspolitik, Berlin 1993; *Wasser, Bruno*: Himmlers Raumplanung im Osten. Der Generalplan Ost in Polen 1940-1944, Basel 1993; *Hartenstein, Michael A.*: Neue Dorflandschaften. Nationalsozialistische Siedlungsplanung in den »eingegliederten Ostgebieten« 1939 bis 1944, Berlin 1998.
277 Das veranlaßte Dönitz zu der düsteren Behauptung, dieser Krieg werde sieben Jahre dauern.
278 Die deutsche Propaganda hielt es sogar für nötig, rasch eine Broschüre zum »Athenia«-Fall unter's Volk zu bringen: *Halfeld, Adolf*: Der »Athenia«-Fall, Berlin 1939.
279 *Seidler, Franz W.:* Die Führerhauptquartiere. Anlage und Planungen im Zweiten Weltkrieg, München 2000; *Schott, Franz Josef*: Der Wehrmachtführungsstab im Führerhauptquartier 1939-1945, Diss. Bonn 1980.
280 *Hubatsch*: Hitlers Weisungen, S.23.
281 Zu dessen Genese immer noch am besten: *Ritter, Gerhard*: Der Schlieffenplan. Kritik eines Mythos. Mit erstmaliger Veröffentlichung der Texte, München 1956. Neuerdings ist der Schlieffenplan wieder ins wissenschaftliche Gerede gekommen, vgl. die Tagung des Militärgeschichtlichen Forschungsamtes unter dem Titel: »Der Schlieffenplan. Realität und Mythos deutscher Aufmarschplanungen im Westen vor 1914 im internationalen Kontext«, 30.9.-1.10.2004.
282 Ob Hitler Groeners »Testament des Grafen Schlieffen« von 1927 kannte, wissen wir nicht, aber das Buch war weit verbreitet und hatte Furore gemacht. Zwar erwies sich Groener hier als glühender Anhänger Schlieffens, aber zwischen den Zeilen wurde doch auch die Frage nach dem Aufmarsch II behandelt.
283 *Piekalkiewicz, Janusz*: Polenfeldzug. Hitler und Stalin zerschlagen die polnische Republik, Herrsching 1989; *Kleßmann, Christoph (Hg.)*: September 1939. Krieg, Besatzung, Widerstand in Polen, Göttingen 1989.
284 *Thies, Klaus Jürgen*: Der Zweite Weltkrieg im Kartenbild. Auf Grund von Lageatlanten und Einzelkarten des Oberkommandos der Wehrmacht, des Generalstabs des Heeres, der Seekriegsleitung, des Generalstabs der Luftwaffe und anderer Führungsstäbe neu gezeichnet nach den Unterlagen im Bundesarchiv/Militärarchiv. Band 1: Der Polenfeldzug. Ein Lageatlas der Operationsabteilung des Generalstabs des Heeres, Osnabrück 1989.
285 *Elble, Rolf*: Die Schlacht an der Bzura im September 1939 aus deutscher und polnischer Sicht, Freiburg i.Br. 1975.
286 *Deutsch, Harold C.:* Das Komplott oder Die Entmachtung der Generale. Blomberg-und Fritschkrise. Hitlers Weg zum Krieg, Zürich 1974; *Janßen, Karl-Heinz*: Der Sturz der Generäle. Hitler und die Blomberg-Fritsch- Krise 1938, München 1994.

287 Die Literatur zu Katyn ist kaum noch zu übersehen, vgl. *Kaiser, Gerhard*: Katyn. Das Staatsverbrechen – das Staatsgeheimnis, 2. Auflage Berlin 2003; *Kadell, Franz*: Die Katyn-Lüge. Geschichte einer Manipulation. Fakten, Dokumente und Zeugen, München 1991.
288 *Naimark, Norman M.*: Flammender Haß. Ethnische Säuberung im 20. Jahrhundert, München 2004, S. 24.
289 *Lipinsky, Jan*: Das geheime Zusatzprotokoll zum deutsch-sowjetischen Nichtsangriffsvertrag vom 23. August 1939 und seine Entstehungs-und Rezeptionsgeschichte von 1939 bis 1999, Frankfurt / M. 2004.
290 *Kimche, Jon*: Kriegsende 1939. Der versäumte Angriff aus dem Westen, Stuttgart 1984.
291 *Salewski:* Wehrmacht S. 251.
292 Der Bevölkerung, vor allem der im Westen, wurde mit großem propagandistischem Aufwand eingeredet, der Westwall sei fertig und würde sie zuverlässig schützen: *Pöchlinger, Josef:* Das Buch vom Westwall, 5. Auflage Berlin 1940. Die Wirklichkeit sah anders aus: *Gruber, Eckhard:* Wir bauen des Reiches Sicherheit. Mythos und Realität des Westwalls 1938 bis 1945, Berlin 1992.
293 *Pognon, Edmond:* De Gaulle et l'armée, Paris 1976.
294 Unmittelbar nach dem Krieg hat sich Gamelin vehement verteidigt: *Gamelin, Maurice-Gustave:* Servir. Band 1: Les armées Françaises de 1940, Paris 1946; Band 3: La guerre (Septembre 1939-19 mai 1940), Paris 1947; *Alexander, Martin S.:* The Republic in Danger. General Maurice Gamelin and the Politics of French Defence, 1933-1940, Cambridge 1992.
295 Guilo Douhet hatte in den zwanziger Jahren bereits die These aufgestellt, kommende Kriege würden durch den strategischen Luftkrieg mit »Raumflotten« entschieden werden, wobei er von einem Szenario ausging, das durchaus an die Luftangriffe auf Dresden, Tokio, Hiroshima und Nagasaki erinnert. *Facon, Patrick*: Le bombardement stratégique, Monaco 1996; *Gat, Azar:* Fascist and liberal visions of war. Fuller, Liddell Hart, Douhet and other modernists, Oxford 1998. *Salewski, Michael*: Technologie, Strategie und Politik oder: Kann man aus der Geschichte lernen?, in: *Militärgeschichtliches Forschungsamt (Hg.):* Militärgeschichtliche Beiträge, Herford 1987, S.49-59.
296 *Kaufmann, J.E.:* The Maginot Line. None shall pass, Westport 1997; *Grasser, Kurt*: Westwall, Maginot-Linie, Atlantikwall. Bunker- und Festungsbau 1930-1945, Leoni 1983.
297 *Conte, Arthur*: La »drôle de guerre«, août 1939-10 mai 1940, Paris 1999; *Beauvois, Yves*: Les rélations franco-polonaises pendant la »drôle de guerre«, Paris 1989; *Heimsoeth, Hans-Jürgen*: Der Zusammenbruch der Dritten Französischen Republik. Frankreich während der »drôle de guerre« 1939/40, Bonn 1990; *Bédarida, François*: La Stratégéie secrète de la drôle de guerre, Paris 1979; *Michel, Henri*: La Drôle de guerre, Paris 1971; *Du Réau, Elisabeth*: La France devant l'entrée en guerre et les premiers développements de la »drôle de guerre«: une politique attentiste, in: *Carlier, Claude/Martens, Stefan (Hg.):* La France et L'Allemagne en guerre, septembre 1939 – novembre 1942, Paris 1990, S.23-48; *Crémieux-Brilhac, Jean-Louis*: L'image de l'Allemagne dans l'opinion des Français de 1939-1940 ou de quelques facteurs psychologiques dans la »drôle de guerre«, in: *Ebda*. S. 91-110.
298 *Paillole, Paul*: Le recueil des renseignements sur l'adversaire allemand pendant la »drôle de guerre« 1er septembre 1939-juin 1940, in: *Carlier/Martens*: La France et l'Allemagne en guerre S. 69-87. Paillot war stellvertretender Chef der Abteilung für Gegenspionage im Französischen Generalstab (S.C.R.).
299 *Hoffmann, Peter*: Widerstand. Staatsstreich. Attentat. Der Kampf der Opposition gegen Hitler, 3. Auflage 1979, S. 219-225. Das Standardwerk.
300 *Dahlerus, Birger*: Der letzte Versuch. London-Berlin Sommer 1939, 2. Auflage, München 1981.
301 Die deutschen Verluste betrugen 10 572 Tote, 3404 Vermißte, 30 322 Verwundete. In deutscher Hand befanden sich 700 000, in sowjetischer 270 000 Polen.
302 *Domarus, Max*: Hitler, Reden und Proklamationen, Band 2: Untergang (1939-1945), Würzburg 1963, S. 1377 ff.
303 *Martin, Bernd:* Friedensinitiativen und Machtpolitik im Zweiten Weltkrieg 1939-1942, Düsseldorf 1974, S. 49-117.

304 Das Standardwerk: *Jacobsen, Hans-Adolf*: Fall Gelb. Der Kampf um den deutschen Operationsplan zur Westoffensive 1940, Wiesbaden 1957.
305 Die Bücher beider trugen dazu bei, den Generalstab als unerschrockenen Widerpart Hitlers zu stilisieren, was keineswegs der Fall war, vgl. *Frieser, Karl-Heinz:* Blitzkriegs-Legende. Der Westfeldzug 1940, 2. Auflage, München 1996.
306 Zitiert nach *Salewski:* Deutsche Quellen S. 77-83.
307 Ebda. S. 63-73
308 Auf die wissenschaftlichen Kontroversen um »Hitlers Programm« soll hier nicht eingegangen werden; ursprünglich von Andreas Hillgruber und Eberhard Jäckel entwickelt, hat sich inzwischen eine vermittelnde Position herausgebildet; einen verbindlichen »Fahrplan zur Weltherrschaft« hat es allem Anschein nach nicht gegeben.
309 Das Gespenst des Zweifrontenkrieges spukte freilich schon seit Mitte der achtziger Jahre des 19. Jahrhunderts, vgl. jetzt *Schmid, Michael*: Der »Eiserne Kanzler« und die Generäle. Deutsche Rüstungspolitik in der Ära Bismarck (1871-1890), Paderborn u.a. 2003.
310 Bei Mechelen in Holland war ein deutsches Kurierflugzeug abgestürzt, in dem sich Dokumente zu »Fall Gelb« befanden.
311 Die Bedeutung der Luftwaffe in der Gesamtstrategie-und Operationsführung hatte sich auf Grund der Erfahrungen während des Polenfeldzuges dramatisch vergrößert, dementsprechend war auch der allgemeine Einfluß von Göring gestiegen.
312 Vgl. *Frieser*: Blitzkriegslegende. Originell die These von *Bartov, Omer*: Germany's War and the Holocaust. Disputed Histories, Ithaka, London 2003, S. 52: »The Nazi Blitzkrieg was therefore not an alternative to total war, but rather an attempt to adapt modern war to existing domestic and foreign conditions, as well as to Germany's expansionist aims and ideological ends.«
313 *Ueberschär, Gerd R.:* Hitler und Finnland 1939-1941. Die deutsch-finnischen Beziehungen während des Hitler-Stalin-Paktes, Wiesbaden 1978; *Vehviläinen, Olli*: Finland in the Second World War between Germany and Russia, Basingstoke 2002; *Röpstorff, Thomas:* Finnland im Spannungsfeld der Großmächte 1939-1941, MA. Kiel 1989.
314 Aus der großen Fülle einschlägiger Literatur: *Van Dyke, Carl:* The Soviet invasion of Finland 1939-40, London 1997; *Engli, Eloise:* The Winter War. The Russo-Finnish Conflict, 1939-40, Boulder 1985; *Jakobson, Max:* Diplomatie im finnischen Winterkrieg 1939/40, Wien 1970; *Jäntti, Ahi (Hg.):* Schicksalsschwere Zeiten. Marschall Mannerheim und die deutsch-finnischen Beziehungen 1939-1945. Vorträge des am Finnland-Institut in Deutschland, Berlin abgehaltenen Symposiums vom 16. Oktober 1995, Berlin 1997.
315 *Krosby, H. Peter*: Finland, Germany and the Soviet Union, 1940-1941. The Petsamo dispute, Madison 1968.
316 Der Begriff »D-Day« wurde auch schon zuvor verwendet und bezeichnete mit Plus-bzw. Minuszeichen versehen Ziffern das Datum eines geplanten Angriffes oder die Tage nach einem Angriff.
317 *Salewski, Michael*: Das Wesentliche von »Weserübung«, in: Salewski: Die Deutschen und die See, Band 1, S. 261-269; *Ders.:* Germany and North Norway: Strategy and Ideology, in: *Rommetveit, Karl (Hg.):* Narvik 1940. Five-Nation War in the High North; Forvarsstudier 8/ 1991, Oslo 1991 S.36-44.
318 Zu den »Klassikern« zählen immer noch: *Derry, T.K.:* The Campaign in Norway, London 1953; *Hubatsch, Walther:* »Weserübung«. Die deutsche Besetzung von Dänemark und Norwegen 1940, Göttingen 2. Auflage 1960; *Gemzell, Carl-Axel*: Raeder, Hitler und Skandinavien. Der Kampf für einen maritimen Operationsplan, Lund 1965. *Loock, Hans-Dietrich*: Quisling, Rosenberg und Terboven. Zur Vorgeschichte und Geschichte der nationalsozialistischen Revolution in Norwegen, Stuttgart 1970; Weiter: *Kersaudy, François*: Norway 1940, London 1990; *Ottmer, Hans-Martin:* »Weserübung«. Der deutsche Angriff auf Dänemark und Norwegen im April 1940, München 1994.
319 *Salewski, Michael*: »Weserübung 1905«? Dänemark im strategischen Kalkül Deutschlands vor dem Ersten Weltkrieg, in: *Ders.:* Die Deutschen und die See; Historische Mitteilungen, Beiheft 25, Stuttgart 1998, Band 1, S. 138-151.

320 *Lutzhöft, Hans-Jürgen*: Der nordische Gedanke in Deutschland 1920-1940, Stuttgart 1971.
321 *Marschall, Birgit*: Reisen und Regieren. Die Nordlandfahrten Kaiser Wilhelms II., Hamburg 1991.
322 *Kroll, Frank-Lothar:* Utopie als Ideologie. Geschichtsdenken und politisches Handeln im Dritten Reich, Paderborn u.a. 1998.
323 Das Standardwerk: *Kater, Michael Hans*: Das »Ahnenerbe« der SS 1935-1945. Ein Beitrag zur Kulturpolitik des Dritten Reiches, Oldenburg 3. Auflage, 2001; *Heinemann, Isabel*: »Rasse, Siedlung, deutsches Blut«. Das Rasse-und Siedlungshauptamt der SS und die rassenpolitische Neuordnung Europas, Göttingen 2003.
324 *Olsen, Kare*: Vater: Deutscher. Das Schicksal der norwegischen Lebensbornkinder und ihrer Mütter von 1940 bis heute, Frankfurt/M. 2002.
325 *Omran, Susanne*: Frauenbewegung und »Judenfrage«. Diskurse um Rasse und Geschlecht nach 1900, Frankfurt, New York 2000.
326 *Wegener, Wolfgang:* Die Seestrategie des Ersten Weltkrieges, 2. Auflage, Berlin 1941.
327 Das war die Quintessenz von Befragungen ehemaliger Offiziere aus der 1. Skl. im Rahmen der Recherchen zu meiner »Seekriegsleitung«.
328 *Dahl, Hans Fredrik*: Quisling. A Study in Treachery, Cambridge 1999.
329 *Hoffmann, Joachim*: Die Geschichte der Wlassow-Armee, Freiburg i.Br. 1984.
330 *Conway, Martin*: Collaboration in Belgium. Léon Degrelle and the Rexist Movement 1940-1944, New Haven 1993. *Bohn, Robert*: Reichskommissariat Norwegen. »Nationalsozialistische Neuordnung« und Kriegswirtschaft, München 2000.
331 *Brender, Reinhold*: Kollaboration in Frankreich im Zweiten Weltkrieg. Marcel Déat und das Rassemblement national populaire, München 1992.
332 *Wagner, Gerhard (Hg.):* Lagevorträge des Oberbefehlshabers der Kriegsmarine vor Hitler 1939-1945, München 1972, S. 59f.
333 Die Details bei *Salewski:* Seekriegsleitung, Band 1 S.175-193.
334 Was nicht stimmte: *Nevakivi, Jukka*: The appeal that was never made. The Alliies, Hitler, Scandinavia and the Finnish Winter War 1939-1940, Hurst 1994.
335 *Uexküll, Gösta von (Hg.):* Juho Kusti Paasikivi: Meine Moskauer Mission 1939-41, Hamburg 1966.
336 *Wagner:* Lagevorträge S.86f.
337 Demnächst sind gleich zwei Raeder-Biographien zu erwarten: von Jörg Hillmann und Keith W. Bird.
338 *Andenaes, Johs/Riste, Olav/Skodvin, Magne*: Norway and the Second World War, Oslo 1996; *Salmon, Patrick*: Britain and Norway in the Second World War, Oslo 1996.
339 Umfassend: *Bohn:* Reichskommissariat Norwegen.
340 *Thomsen, Erich*: Deutsche Besatzungspolitik in Dänemark 1940-1945,Düsseldorf 1971.
341 *Dülffer, Jost:* Weimar, Hitler und die Marine. Reichspolitik und Flottenbau 1920-1939, Düsseldorf 1973, S. 503-512. *Salewski:* Seekriegsleitung, Band 1 S. 65-82.
342 Zum ersten Mal zitiert: *Salewski:* Seekriegsleitung, Band 1, S. 91.
343 *Puttkamer, Karl Jesko von:* Die unheimliche See. Hitler und die Kriegsmarine, Wien, München 1952.
344 Zum Einfluß Mahans jetzt umfassend und tiefdringend: *Hobson, Rolf*: Maritimer Imperialismus. Seemachtideologie, seestrategisches Denken und der Tirpitzplan 1875 bis 1914, München 2004. *Laak, Dirk van*: Von Alfred T. Mahan zu Carl Schmitt: Das Verhältnis von Land-und Seemacht, in: *Diekmann* u.a.: Geopolitik, Band 1, S. 257-282.
345 Dazu kamen ein paar variable Faktoren, wie Industrialisierung, Seemachtdenken, »seefahrende« Bevölkerung. Wegeners Sohn Edward, Flottilenadmiral in der Bundesmarine, reduzierte das auf die beiden genannten. Faktoren.
346 Das war, wie man nun aus *Hobson:* Maritimer Imperialismus erfahren kann, Erbe der Kaiserlichen Marine, in der es entgegen weit verbreiteter Ansicht keine substantielle Kritik am Schlachtflottenbau gegeben hat.
347 *Salewski, Michael*: Basis Nord. Eine fast vergessene Episode aus dem Zweiten Weltkrieg, in: *Ders.:* Die Deutschen und die See, Band 2, S. 175-183.

348 *Aalders, Gerard*: The art of cloaking ownership. The secret collaboration and protection of the German war industry by the neutrals. The Case of Sweden, Amsterdam 1996; *Setzen, Florian Henning*: Neutralität im Zweiten Weltkrieg. Irland, Schweden und die Schweiz im Vergleich, Hamburg 1997; *Lindgren, Irène*: Schweden, die Schweiz und der Zweite Weltkrieg. Beiträge zum interdisziplinären Symposium des Zentrums für Schweizerstudien an der Universität Örebro, 30.9.-2.10.1999, Oslo 2001. Nützlich: *Vonderau, Patrick*: Schweden und das nationalsozialistische Deutschland. Eine annotierte Bibliographie der deutschsprachigen Forschungsliteratur, Stockholm 2003.

349 *Frieser, Karl-Heinz*: Der Westfeldzug und die »Blitzkriegs«-Legende, in: *Militärgeschichtliches Forschungsamt (Hg.)*: Ideen und Strategien 1940. Ausgewählte Operationen und deren militärgeschichtliche Aufarbeitung, Herford, Bonn 1990, S.159-204. Die ältere Auffassung: *Bradley, Dermot*: Generaloberst Heinz Guderian und die Entstehungsgeschichte des modernen Blitzkrieges, 2. Auflage, Osnabrück 1986. *Keegan*: Der Zweite Weltkrieg, S.83 weist darauf hin, daß das Wort »Blitzkrieg« von Journalisten des westlichen Auslandes und nicht von der Wehrmacht geprägt worden ist.

350 Sein Standardwerk: *Milward, Allan S.*: Die deutsche Kriegswirtschaft 1939-1945, Stuttgart 1966.

351 Das läßt sich aus Groeners »Testament des Grafen Schlieffen« deutlich ersehen; das Buch erschien ja bereits 1927.Vgl. *Förster, Roland G.*: Operatives Denken bei Clausewitz, Moltke, Schlieffen und Manstein, Frankfurt/M. 3. Auflage, 1990.

352 »The Blitz« ist in den englischen Wortschatz eingegangen.

353 *Salewski*: Deutsche Quellen S.109.

354 1976 erschien die 3. Auflage bis zum 51. Tausend.

355 *Hillgruber, Andreas*: In der Sicht des kritischen Historikers, in: Nie außer Dienst. Zum achzigsten Geburtstag von Generalfeldmarschall Erich von Manstein, 24. November 1967, Köln 1967. (Ohne Herausgeber!) *Stein, Marcel*: Generalfeldmarschall Erich von Manstein. Kritische Betrachtung des Soldaten und Menschen, Mainz 2000.

356 *Rocolle, Pierre*: La Guerre de 1940, Band 1: Les Illusions, Paris 1990.

357 *Jacobsen*: Fall Gelb S. 153 nimmt eine vermittelnde Stellung ein.

358 Das Deutsche Reich und der Zweite Weltkrieg, Band 2, S. 246. *Thies, Klaus-Jürgen*: Der Zweite Weltkrieg. Band 3: Der Westfeldzug 10. Mai bis 25. Juni 1940. Ein Lageatlas der Operationsabteilung des Generalstabs des Heeres, Osnabrück 1994.

359 *Bloch, Marc*: L'Etrange défaite, Paris 1990. *Keegan*: Der Zweite Weltkrieg S. 90 ff.

360 Man vergleiche die Erinnerungen von *Bonnet,Georges*: Vor der Katastrophe. Erinnerungen des französischen Außenministers 1938-1939, Köln 1951.

361 *Rocolle, Pierre*: 2000 ans de fortification française. Du 16e siècle au mur de l'Atlantique, Lavauzelle 2. Auflage 1989.

362 *Overy, Richard J.*: Guerre aérienne, in: *Azéma / Bédarida*: 1938-1948 S. 43-49. Im nachhinein erscheint der Film von *Alexander Korda*, »Things to Come« (nach H.G. Wells) von 1936 zum Luftkrieg der Zukunft als hellsichtige Prophezeiung!

363 *Salewski*: Deutsche Quellen S. 95f.

364 S.u.S. 130 f.

365 Das Gleiche galt für den Fall von Singapur 1942; auch da hatte niemand mit einem Angriff von der Landseite aus gerechnet.

366 Das Deutsche Reich und der Zweite Weltkrieg, Band 2, S. 269-275.

367 *Salewski*: Deutsche Quellen S. 98.

368 Ob »Dünkirchen« nun ein »Wunder« war oder nicht – die Literatur dazu bleibt kontrovers. Am besten:*Vanwelkenhuyzen, Jean*: »Miracle« à Dunkerque, La fin d'un mythe, Bruxelles 1994; *Lord, Walter/Abel, Jürgen*: Das Geheimnis von Dünkirchen. Der faszinierende Bericht über jene dramatische Operation, die dem Zweiten Weltkrieg bereits 1940 eine Wende gab, Bern 1982; *Deighton, Len*: Blitzkrieg. Von Hitlers Triumphen bis zum Fall von Dünkirchen, Bayreuth 1980.

369 *Colville, John*: Downing Street Tagebücher 1939-1945, Berlin 1988. Eine Kostprobe. Unter dem 24. Mai 1940 – also dem Tag von Dünkirchen – schreibt Colville: »Ich fuhr früh

in die Admiralität und traf den Premierminister, der einen herrlich geblümten Morgenmantel trug und eine lange Zigarre paffte, auf dem Weg von der Operationszentrale in sein Schlafzimmer.«(!)

370 Lesenswert: *Bloch, Marc*: Die seltsame Niederlage. Frankreich 1940. Der Historiker als Zeuge, Frankfurt/M. 1992. Bloch war einer der führenden französischen Militärhistoriker. *Jackson, Julian*: The fall of France. The Nazi invasion of 1940, Oxford 2003.

371 *Pedroncini, Guy*: Pétain, Paris 1989; *Bourget, Pierre*: Der Marschall. Pétain zwischen Kollaboration und Résistance, Frankfurt/M. 1968; *Yogil, Limore*: »L'homme nouveau« et la révolution nationale de Vichy (1940-1944), Septentrion 1997; *Ferro, Marc*: Pétain, Paris 1987; *Alméras, Philippe*: Un Français nommé Pétain, Paris 1995; *Atkins, Nicholas*: Pétain, London 1998.

372 *Masson, Philippe*: La Marine française et la guerre 1939-1945, Paris 2000; *Kowark, Hansjörg*: Das Ende der französischen Flotte im Zweiten Weltkrieg. Toulon 1940-1944. *Salewski, Michael:* Von Mers-el-Kébir nach Toulon. Grundzüge der deutsch-französischen Marinepolitik 1940-1942, in*: Ders.:* Die Deutschen und die See, Band 2, S. 184-200.

373 *Huan, Claude*: Mers-el-Kébir (1940). La rupture franco-britannique, Paris 1994; *Brown, D.K.:* The road to Oran. Anglo-French naval relations, September 1939-July 1940, London 2003.

374 Gut gemacht: www.memorial-vercors.fr. *Vial, Pierre*: La bataille du Vercors, 1943-1944, Paris 1991. »Le silence de la mer« wurde weltweit berühmt und sogar in deutschen Schulen gelesen.

375 *Rosh, Lea*: Der letzte Tag von Oradour, Göttingen 1988; *Farmer, Sarah*: Oradour 10 juin 1944. Histoire d'un village martyr, Paris 2004.

376 Die Literatur zur Résistance ist uferlos, zu Jean Moulin: *Cordier, Daniel*: Jean Moulin, l'inconnu du Panthéon, 3 Bände, Paris 1989-1993; *Noguères, Henri*: La Vie quotidienne des résistants de l'armistice à la libération (1940-1945), Paris 1984. Neuere Gender-Aspekte: *Gilzmer, Mechthild*: Les femmes dans la Résistance en France. Actes du colloque international de Berlin, 8-10 octobre 2001, organisé par le Mémorial de la Résistance Allemande de Berlin (Gedenkstätte Deutscher Widerstand) et par Maréchal Leclerc de Hautecloque, Musée Jean Moulin, Paris, Paris 2003.

377 Teilweise auch der französischen von Vichy: *Kasten, Bernd:* »Gute Franzosen«. Die französische Polizei und die deutsche Besatzungsmacht im besetzten Frankreich 1940-1944, Sigmaringen 1993.

378 *Dreyfus, François-Georges*: Histoire de la Résistance 1940-1945, Paris 1997; *Venner, Dominique*: Histoire critique de la Résistance, Paris 1995; *Figueras, André*: Dictionnaire analytique et critique de la résistance, Paris 1994.

379 *Salewski, Michael*: Knotenpunkt der Weltgeschichte? Die Raison des deutsch-französischen Waffenstillstands vom 22. Juni 1940, in*: Carlier/Martens*: La France et l'Allemagne, S. 115-128. *Böhme, Heinz*: Der deutsch-französische Waffenstillstand im Zweiten Weltkrieg, Stuttgart 1966. Immer noch unentbehrlich: *Jäckel, Eberhard*: Frankreich in Hitlers Europa, Stuttgart 1966.

380 *Spivak, Marcel*: La délégation française d'armistice auprès de la commission allemande d'armistice de Wiesbaden (CFACAA), in: *Carlier/Martens*: La France et l'Allemagne en guerre S. 131-159.

381 *Abetz, Otto*: Das offene Problem. Ein Rückblick auf zwei Jahrzehnte deutscher Frankreichpolitik, Köln 1951. Dieses Buch prägte jahrzehntelang das historische Urteil, nunmehr revidiert: *Ray, Roland*: Annäherung an Frankreich im Dienste Hitlers? Otto Abetz und die deutsche Frankreichpolitik 1930-1942, München 2000; *Lambauer, Barbara:* Otto Abetz et les Français ou l'envers de la collaboration, Paris 2001.

382 *Umbreit, Hans:* Die Verlockung der französischen Ressourcen: Pläne und Methoden zur Ausbeutung Frankreichs für die kriegsbedingten Bedürfnisse und die langfristigen Ziele des Reiches, in: *Carlier/Martens*: La France et l'Allemagne en guerre S. 435-448. Umfassend: *Umbreit, Hans*: Der Militärbefehlshaber in Frankreich 1940-1944, Boppard 1968.

383 *Delpla, François*: Montoire. Les premiers jours de la collaboration, Paris 1996.

384 S. Anm. 381.
385 Das Deutsche Reich und der Zweite Weltkrieg, Band 3, S. 86-96 *(Gerhard Schreiber); Reuth, Ralf Georg:* Entscheidung im Mittelmeer. Die südliche Peripherie Europas in der deutschen Strategie des Zweiten Weltkrieges 1940-1942, Koblenz 1985; immer noch lesenswert: *Baum, Walter:* Der Krieg der »Achsenmächte« im Mittelmeer-Raum. Die »Strategie« der Diktatoren, Göttingen 1973.
386 Zitiert nach *Steinert:* Hitlers Krieg S.136.
387 *Martin:* Friedensinitiativen S.267 ff.
388 Umfassend: *Elvert, Jürgen:* Mitteleuropa! Deutsche Pläne zur europäischen Neuordnung 1918- 1945; Historische Mitteilungen, Beiheft 35, Stuttgart 1999; *Salewski, Michael:* National Socialist Ideas of Europe, in: *Lipgens, Walter (Hg.):* Documents on the History of European Integration, vol. 1: Continental Plans for European Union 1939-1945, Berlin, New York 1985, S. 37-178.
389 Die Geschichte des Vichy-Regimes wurde schon immer kontrovers diskutiert, vgl. *Fishman, Sarah:* France at war. Vichy and the historians, Oxford 2000. Aus der großen Fülle an Literatur: *Azéma, Jean-Pierre:* Vichy, 1940 -1944, Paris 1997; *Jackson, Julian:* France. The dark years 1940-1944, Oxford 2001; *Baruch, Marc Oliver:* Das Vichy-Regime 1940-1944, Paris 1999; *Cointet, Jean-Paul:* Histoire de Vichy, Paris 1997; *Kletzin, Birgit:* Trikolore unterm Hakenkreuz. Deutsch-französische Collaboration 1940-1944 in den diplomatischen Akten des Dritten Reichs, Opladen 1996. *Altwegg, Jürg:* Die langen Schatten von Vichy. Frankreich, Deutschland und die Rückkehr des Verdrängten, München 1998. Immer noch lesenswert: *Paxton, Robert Owen:* Vichy France. Old guard and new order, 1940-1944, London 1972.
390 Der Begriff stammt von Karl Jaspers.
391 Das war die zuerst von *Andreas Hillgruber:* Hitlers Strategie vertretene These, die sich seitdem in der Wissenschaft durchgesetzt hat.
392 *Florin, Christian:* Philippe Pétain und Pierre Laval. Das Bild zweier Kollaborateure im französischen Gedächtnis. Ein Beitrag zur Vergangenheitsbewältigung in Frankreich von 1945-1995, Frankfurt/M. 1997; *Cointet, Jean-Paul:* Pierre Laval, Paris 1993.
393 *Coutau-Bégarie, Hervé:* Darlan, Paris 1987.
394 Im Sommer 2004 ist im »Forum« der Zeitung »Le Monde« eine lebhafte Diskussion um diese drei Wörter im Gang.
395 *Zielinski, Bernd:* Staatskollaboration. Vichy und der Arbeitskräfteeinsatz im Dritten Reich, Münster 1995.
396 Daran kann heute kein Zweifel mehr sein, vgl. *Weisberg, Richard H.:* Vichy law and the Holocaust in France, Amsterdam 1996; *Eggers, Christian:* Unerwünschte Ausländer. Juden aus Deutschland und Mitteleuropa in französischen Internierungslagern 1940-1942, Berlin 2002; *Altwegg, Jürg:* Geisterzug in den Tod. Ein unbekanntes Kapitel der deutsch-französischen Geschichte 1944, Hamburg 2001. Daß all dies nicht so ganz heimlich geschah, demonstriert: *Tübergen, Herbert:* Das Bild des Juden in der Propaganda des Vichy-Régimes. Analyse der antisemitischen Ausstellung »Le Juif et la France«, Diss. Frankfurt/M. 1992.
397 *Salewski, Michael:* Europa: Idee und Wirklichkeit in der nationalsozialistischen Weltanschauung und politischen Praxis, in: *Franz, Otmar (Hg.):* Europas Mitte, Göttingen, Zürich 1987, S. 85-107. Es handelt sich hier um einen Vortrag im »Kuhnke-Kreis«, einer lockeren Vereinigung historisch interessierter Bürger, vorwiegend aus dem Rhein-Ruhrgebiet. Im Rahmen der Diskussion dieses Vortrages wurde deutlich, daß einige der Zuhörer selbst zu jenen gehört hatten, die im Zuge des europäischen wirtschaftlichen Einigungsprozesses nach 1957 auch auf Vorarbeiten aus der Zeit des Nationalsozialismus hatten zurückgreifen können.
398 Das Standardwerk: *Kwiet, Konrad:* Reichskommissariat Niederlande. Versuch und Scheitern nationalsozialistischer Neuordnung, Stuttgart 1968; *Jäckel, Eberhard:* Dänemark und die Niederlande unter deutscher Besetzung, Bredstedt 1991; *Hirschfeld, Gerhard:* Fremdherrschaft und Kollaboration. Die Niederlande unter deutscher Besatzung 1940-1945, Stuttgart 1984.

[399] *Friedmann, Tuviah (Hg.):* Die zwei Nazi-Bonzen Seyss-Inquart und Hanns Rauter regierten in Holland während der Nazizeit 1940-1945: Seyss-Inquart als Reichskommissar...und Hanns Rauter als SS-Obergruppenführer..; eine dokumentarische Sammlung von SS-Dokumenten; Institut of Documentation in Israel, Haifa 1995.

[400] *Bavendamm, Dirk:* Roosevelts Krieg. Amerikanische Politik und Strategie 1937-1945, 2. Auflage München 1998; *Divine, Robert* Alexander: Roosevelt and World War II, Baltimore 1969; *Hearden, Patrick*: Roosevelt confronts Hitler. America's entry into World War II., Dekalb,Ill. 1987.Allgemein: *Posener, Alan*: Franklin Delano Roosevelt, Hamburg 1999.

[401] *Aschmann:* Treue Freunde S. 45 ff. *Ruiz Holst, Matthias*: Neutralität oder Kriegsbeteiligung? Die deutsch- spanischen Verhandlungen im Jahr 1940, Pfaffenweiler 1986.

[402] *Detwiler, Donald S.:* Hitler, Franco und Gibraltar. Die Frage des spanischen Kriegseintritts in den Zweiten Weltkrieg, Wiesbaden 1962.

[403] Nahezu amüsant: *Serrano Suner, Ramon:* Zwischen Hendaye und Gibraltar: Feststellungen und Betrachtungen angesichts einer Legende über unsere Politik während zweier Kriege, Zürich 1948.

[404] Was noch lange nach dem Krieg geheimgehalten wurde; einer breiteren Öffentlichkeit wird der Vorgang wohl erst durch den Roman »Das Boot« von *Lothar-Günther Buchheim* bekanntgeworden sein.

[405] Verherrlichend, aber typisch: *Esteban-Infantes, Emilio*: Blaue Division. Spanische Freiwillige an der Ostfront, Leoni, 2. Auflage, 1977.
Eigene Erinnerung: Noch 1959 mußte ich mich als Matrose in der Deutschen (Bundes) Marine stürmischer Hitlergrüße in spanischen Häfen erwehren.

[406] *Salewski:* Deutsche Quellen S. 114f.

[407] *Colville:* Downing Street Tagebücher S.148.

[408] *Praszmowska, Anita J.:* Britain and Poland 1939-1943. The betrayed ally, Cambridge 1995.

[409] *Waszak, Leon J.:* Agreement in principle. The wartime partnership of General Wladyslaw Sikorski and Winston Churchill, New Yaork u.a. 1996.

[410] *Ueberschär:* Hitler und Finnland S.101-105.

[411] *Prien, Günther*: Mein Weg nach Scapa Flow, 251.-401. Tsd.(!), Berlin 1940. Die Versenkung der »Royal Oak« galt ganz allgemein als Revanche für die Demütigungen, denen die Hochseeflotte 1919 in Scapa Flow sich ausgesetzt gewähnt hatte.

[412] *Salewski, Michael:* Basis Nord. Eine fast vergessene Episode aus dem Zweiten Weltkrieg, in: Die Deutschen und die See Band 2, S. 175-183.

[413] *Kimball, Warren F.:* The complete correspondance Churchill/Roosevelt, Band 1: Alliance emerging, October 1933-November 1942, Princeton 1984.

[414] *Kuhlmann, Jan*: Subhas Chandra Bose und die Indienpolitik der Achsenmächte, Berlin 2003.

[415] *Smith, Malcolm*: Britain and 1940. History, Myth and Popular Memory, London, New York 2000.

[416] *Haraszti, Eva H.:* Treaty-Breakers or »Realpolitiker«? The Anglo-German Naval Agreement of June 1935, Boppard 1974.

[417] *Kennedy, Paul M.:* Aufstieg und Verfall der britischen Seemacht, Bonn 1978. *Roskill, Stephen*: Naval Policy Between the Wars.I: The Period of Anglo-American Antagonism 1919-1929, London 1968.

[418] *Salewski, Michael:* Die Washingtoner Abrüstungskonferenz von 1922 – Ein Beispiel für geglückte Abrüstung? in: *Ders.:* Die Deutschen und die See, Band 2, S. 79-92. *Dingman, Roger*: Power in the Pacific. The Origins of Naval Arms Limitation, 1914-1922, Chicago, London 1976.

[419] Eine schonungslose Abrechnung, die seinerzeit in England öffentlich für Furore sorgte: *Barnett, Correlli:* The Collapse of British Power, London 1972.

[420] *Bauerkämper, Arnd*: Die »radikale Rechte« in Großbritannien. Nationalistische, antisemitische und faschistische Bewegungen vom späten 19. Jahrhundert bis 1945, Göttingen 1991; *Lewis, David S.:* Illusions of grandeur. Mosley, fascism and British society 1931-1981, Manchester 1987; *Lineham, Thomas P.:* East London for Mosley. The British Uni-

on of Fascists in East London and southwest Essex 1933-1940, London 1996. Mosley's Memoiren: *Mosley, Oswald*: My life, London 1970.
421 In Anspielung auf das bekannte Tirpitzwort von der Hochseeflotte als »Palliativ gegen gebildete und ungebildete Sozialdemokraten«.
422 Dabei ist nicht einmal berücksichtigt, daß es bei einer weniger chaotischen Entwicklungs- und-Rüstungspolitik möglich gewesen wäre, die »Elektroboote« vom Typ XXI und XXIII oder sogar die Walter-Boote zu bauen. *Schulze-Wegener, Guntram*: Die deutsche Kriegsmarine-Rüstung 1942-1945, Hamburg, Berlin, Bonn 1997.
423 Die Details in *Salewski:* Seekriegsleitung, Band 1, S. 242-270.
424 *Wagner:* Lagevorträge, S. 108 f. (11. Juli 1940); S. 120 (21. Juli 1940); S. 126 ff. (31. Juli 1940)
425 *Collier, Richard*: Adlertag. Die Luftschlacht um England, 6. August bis 15. September 1940, Hamburg 1966.
426 Die »Battle of Britain« gehörte – und gehört – zu den berühmtesten Versatzstücken des britischen Heroismus, was sich sehr drastisch auch in der einschlägigen – meist nicht sonderlich wissenschaftlichen – Literatur und in Filmen zeigt. Seriös: *Hough, Richard:* The Battle of Britain, London u.a. 2001. *Bungay, Stephen*: The most dangerous enemy. A history of the Battle of Brtitain, London 2000. *Volkmann, Udo:* Die britische Luftverteidigung während der »Luftschlacht um England« bis zum Juni 1941, Osnabrück 1982. *James, T.C.G.:* The Battle of Britain, London 2000 (Royal Air Force Official History); *Overy, Richard*: The Battle, London 2000; *Bédarida, François:* La bataille de l'Angleterre 1940, Bruxelles 1985.
427 *Bunting, Madelaine*: Model Occupation. The Channel Islands under German Rule 1940-1945, London 1995.
428 Die Standardwerke*: Klee, Karl*: Das Unternehmen »Seelöwe«. Die geplante deutsche Landung in England 1940, Göttingen 1958; *Ders.:* Dokumente zum Unternehmen »Seelöwe«. Die geplante deutsche Landung in England 1940, Göttingen 1959; *Wheatley, Ronald:* Operation Seelöwe, München 1959; *Ansel, Walter:* Hitler confronts England, London 1960. Unter den (zahlreichen) neueren Darstellungen: *Schenk, Peter*: Landung in England. Das geplante Unternehmen »Seelöwe«, der Beginn der amphibischen Großunternehmungen, Berlin 1987; *Kieser, Egbert:* »Unternehmen Seelöwe«. Die geplante Invasion Englands 1940, 2. Auflage, München 2000.
429 *Teske, Hermann:* General Ernst Köstring. Der militärische Mittler zwischen dem Deutschen Reich und der Sowjetunion 1921-1941, Frankfurt/M. 1965.
430 KTB 1.Skl. 21.7.1940 (Band 11, S. 236).
431 *Schwendemann, Heinrich*: Die wirtschaftliche Zusammenarbeit zwischen dem Deutschen Reich und der Sowjetunion von 1935 bis 1941. Alternativen zu Hitlers Ostprogramm?, Berlin 1993; *Wegner, Bernd (Hg.)*: Zwei Wege nach Moskau. Vom Hitler-Stalin-Pakt bis zum »Unternehmen Barbarossa«, München 1991; *Pätzold, Kurt*: Sowjetstern und Hakenkreuz 1938 bis 1941. Dokumente zu den deutsch-sowjetischen Beziehungen, Berlin 1990.
432 *Bavendamm*: Roosevelts Krieg, S.136f.
433 *Friedrich, Jörg*: Der Brand. Deutschland im Bombenkrieg 1940-1945, Berlin 2002*; Horn, Sönke*: Der Bombenkrieg gegen das Reich während des Zweiten Weltkriegs im Spiegel der deutschen Presse 1945-1995, MA Kiel 1996; *Kettenacker, Lothar:* Ein Volk von Opfern? Die neue Debatte um den Bombenkrieg 1940-45, Berlin 2003; *Groehler, Olaf:* Bombenkrieg gegen Deutschland, Berlin 1990.
434 *Hanke, Christian/Paschen, Joachim*: Hamburg im Bombenkrieg 1940-1945. Das Schicksal einer Stadt, Hamburg 1993.
435 *Salewski:* Seekriegsleitung, Band 1, S. 271-286.
436 *Krug, Hans-Joachim/Hirama,Yoich/Sander-Nagashima, Berthold J./ Niestlé, Axel:* Reluctant Allies. German-Japanese Naval Relations in World War II, Annapolis 2001.
437 Die Geschichte des Afrikakorps wurde zu einer bundesrepublikanischen Legende, die im Kontext der Vergangenheitsbewältigung und der Entstehung der »Gedächtniskultur« nach 1945 gesehen werden muß; maßgebend dabei neben einschlägigen Rommel-Filmen das

Buch von *Carell, Paul:* Die Wüstenfüchse. Mit Rommel in Afrika, 131.-133. Tsd. Frankfurt/M. 1988. *Lewin, Ronald*: The life and death of the Afrika Korps, New York 1977. Siehe auch u.S. 243 ff.

[438] *Salewski:* Seekriegsleitung, Band 3: Denkschriften und Lagebeurteilungen.

[439] Andere Deutung: *Schustereit, Hartmut*: Vabanque. Hitlers Angriff auf die Sowjetunion 1941 als Versuch, durch den Sieg im Osten den Westen zu bezwingen, 2. Auflage, Selent 2000.

[440] *Bainville, Jacques*: Napoléon, Paris 1931; *Gaxotte, Pierre:* La Révolution française, Paris 1928.

[441] *Birkenfeld, Wolfgang*: Stalin als Wirtschaftspartner Hitlers (1939-1941), in: Vierteljahrsschrift für Wirtschafts- und Sozialgeschichte 53, 1966, S. 477-510; *Blumenhagen, K.H.*: Die deutsch-sowjetischen Handelsbeziehungen 1939-1941. Ihre Bedeutung für die jeweilige Kriegswirtschaft, Hamburg 1998.

[442] *Forstmeier, Friedrich/Volkmann, Hans-Eberhard (Hg.*): Kriegswirtschaft und Rüstung 1939-1945, Düsseldorf 1977; *Gall, Lothar/Pohl, Manfred (Hg.):* Unternehmen im Nationalsozialismus, München 1998.

[443] Das bezieht sich in erster Linie auf die Zwangsarbeiter; das brisante Problem erschütterte noch mehr als fünfzig Jahre später das saturierte Selbstverständnis der Deutschen, vgl. *Spitiotis, Susanne-Sophia*: Verantwortung und Rechtsfrieden. Die Stiftungsinitiative der deutschen Wirtschaft, Frankfurt /M. 2003; ziemlich anders gesehen: *Eizenstat, Stuart*: Unvollkommene Gerechtigkeit. Der Streit um die Entschädigung der Opfer von Zwangsarbeit und Enteignung, München 2003. Das Zwangsarbeiterproblem während des Krieges ist inzwischen für nahezu jede Region und alle größeren, oft auch kleineren Orte minutiös untersucht. Allgemein: *Herbert, Ulrich*: Fremdarbeiter. Politik und Praxis des »Ausländereinsatzes« in der Kriegswirtschaft des Dritten Reichs, Bonn 1999; *Spoerer, Mark:* Zwangsarbeit unter dem Hakenkreuz. Ausländische Zivilarbeiter, Kriegsgefangene und Häftlinge im Deutschen Reich und im besetzten Europa 1939-1945, Stuttgart 2001. *Hammermann, Gabriele*: Zwangsarbeit für den Verbündeten. Die Arbeits-und Lebensbedingungen der italienischen Militärinternierten in Deutschland 1943-1945, Tübingen 2002; *Posta, Stephan*: Tschechische »Fremdarbeiter« in der nationalsozialistischen Kriegswirtschaft, Dresden 2002. Insgesamt standen ungefähr 10 Millionen Zwangs-und Fremdarbeiter in deutschen (militärischen) Diensten: Das Deutsche Reich und der Zweite Weltkrieg, Band V/2, S. 223.

[444] *Overy:* Die Wurzeln des Sieges. Das Deutsche Reich und der Zweite Weltkrieg, Band V/2 S. 544 u.ö.

[445] *Eisfeld, Reiner*: Mondsüchtig. Wernher von Braun und die Geburt der Raumfahrt aus dem Geist der Barbarei, Hamburg 2000.

[446] *Rössler*: Der »Generalplan Ost«; *Madajczyk, Czeslaw:* Vom Generalplan Ost zum Generalsiedlungsplan, München 1994; *Wasser, Bruno*: Himmlers Raumplanung im Osten.

[447] *Tornow, Werner*: Chronik der Agrarpolitik und Agrarwirtschaft des Deutschen Reiches von 1933-1945, Hamburg, Berlin 1972;*Volkmann, Hans-Eberhard*: Landwirtschaft und Ernährung in Hitlers Europa 1939-45, in: Militärgeschichtliche Mitteilungen 35, 1984, S. 9-74. *Fahle, Günter*: Nazis und Bauern. Zur Agrarpolitik des deutschen Faschismus, Köln 1986.

[448] *Hillgruber:* Hitlers Strategie.

[449] *Bezymenskij,Lev:* Der Berlin-Besuch von V.M. Molotov im November 1940 im Lichte neuer Dokumente aus sowjetischen Geheimarchiven, in: Militärgeschichtliche Mitteilungen 57, 1998, S. 199-215.

[450] *Ders.:* Sonderakte »Barbarossa«. Dokumentarbericht zur Vorgeschichte des deutschen Überfalls auf die Sowjetunion – aus sowjetischer Sicht, Hamburg 1973. *Pfahl-Traughber, Armin:* Präventivkrieg oder Überfall? Zu neuen Interpretationen des deutschen Krieges gegen die Sowjetunion von 1941, in: Neue Politische Literatur 43, 1998, S. 264-277; *Pietrow-Ennker, Bianka (Hg.):* Präventivkrieg? Der deutsche Angriff auf die Sowjetunion, Frankfurt/M. 2000.

451 *Hildebrand, Klaus*: Das vergangene Reich. Deutsche Außenpolitik von Bismarck bis Hitler 1871-1945, Stuttgart 1995, S. 737.
452 *Salewski, Michael*: Staatsräson und Waffenbrüderschaft als Problem der deutsch-finnischen Politik 1941- 1944, in: Vierteljahrshefte für Zeitgeschichte 27, 1979, S. 370-391.
453 *Salewski:* Deutsche Quellen, S. 141.
454 *Suvorov, Viktor*: Der Eisbrecher. Hitler in Stalins Kalkül, 6. Auflage, Stuttgart 1991.
455 *Hoffmann, Joachim*: Stalins Vernichtungskrieg 1941-1945. Planung, Ausführung und Dokumentation, 6. Auflage München 1999.
456 *Wegner, Bernd:* Präventivkrieg 1941? Zur Kontroverse um ein militärhistorisches Scheinproblem, in: *Elvert, Jürgen/Krauß, Susanne (Hg.):* Historische Debatten und Kontroversen im 19. und 20. Jahrhundert; Historische Mitteilungen, Beiheft 46, S. 206-219.
457 *Sokolovskij, Vasilij*: Militär-Strategie, 3. Auflage, Köln 1970.
458 Bezeichnenderweise geht Gehlen mit keinem Wort auf diese Frage ein, obwohl er vor seiner Ernennung zum Chef der 12.Abtl. als persönlicher Generalstabsoffizier unter dem Chef des Generalstabs des Heeres Halder Dienst getan hatte. *Gehlen, Reinhard*: Der Dienst. Erinnerungen 1942-1971, Mainz-Wiesbaden 1971.
459 *Klein, Friedhelm/Lachnit, Ingo*: Der »Operationsentwurf Ost« des Generalmajor Marcks vom 5. August 1940, in: Wehrforschung 1972, S. 114-123.
460 *Halder:* KTB Band II, S. 6, Anm. 1.
461 *Salewski:* Seekriegsleitung, Band 1, S. 354-374.
462 Die Literatur zu »Barbarossa« ist nicht mehr zu übersehen; am besten orientiert man sich an Band 4 bzw. 6 des MGFA-Werkes: Das Deutsche Reich und der Zweite Weltkrieg; mustergültig aufgearbeitet die ältere Literatur bei *Reinhardt, Klaus*: Die Wende vor Moskau. Das Scheitern der Strategie Hitlers im Winter 1941/42, Stuttgart 1972. Ein paar andere »Klassiker«: *Weinberg, Gerald L.:* Germany and the Soviet Union 1939-1941, Leiden 1972. *Leach, B.A.:* German Strategy Against Russia 1939-1941, Oxford 1973. Ein guter Einstieg auch: *Wegner, Bernd (Hg.):* Zwei Wege nach Moskau. Vom Hitler-Stalin-Pakt zum »Unternehmen Barbarossa«, München 1991; *Ueberschär, Gerd R./Wette, Wolfram (Hg.):* Der deutsche Überfall auf die Sowjetunion.«Unternehmen Barbarossa« 1941. Berichte, Analysen, Dokumente, Frankfurt/M. 1999 und: *Foerster, Roland G.:* »Unternehmen Barbarossa«. Zum historischen Ort der deutsch-sowjetischen Beziehungen von 1933 bis Herbst 1941, München 1993.
463 Entlarvende Details bei *Neitzel, Sönke:* Zwischen Professionalität, Gehorsam und Widerstand. Gedanken zur deutschen Generalität im Zweiten Weltkrieg, in: Historische Mitteilungen 12, 1999, S. 1-16.
464 Demnächst: *Salewski, Michael:* »Praevenire quam praeveniri«: Zur Idee des Präventivkriegs in Deutschland.
465 In erschreckender Weise wird zur Zeit, da ich dies schreibe, darüber diskutiert, ob eine bewußte und gewollte Verletzung der Menschenwürde durch Organe des Staates in extremen Situationen vielleicht doch erlaubt sein könnte -vgl. *Wolffsohn, Michael:* J'accuse, in: Frankfurter Allgemeine Zeitung, 25. Juni 2004, und die sich daran anschließende Leserbriefdiskussion.
466 Nützlich: *Altner, Günter (Hg.):* Der Darwinismus. Die Geschichte einer Theorie, Darmstadt 1981; *Conrad- Martius, Hedwig:* Utopien der Menschenzüchtung. Der Sozialdarwinismus und seine Folgen, München 1955.
467 *Dijkstra, Bram:* Das Böse ist eine Frau. Männliche Gewaltphantasien und die Angst vor der weiblichen Sexualität, Hamburg 1999.
468 Ich erinnere an die phantastischen Bilder und Berichte der Entdecker des 16. und 17. Jahrhunderts, in denen es von Halb-und Zwischenmenschen teils grotesker Gestaltung nur so wimmelte.Und der Yeti geistert ja noch immer...wo nur?
469 Aufschlußreich: *Bublitz, Hannelore/Hanke, Christine/Seier, Andrea*: Der Gesellschaftskörper. Zur Neuordnung von Kultur und Geschlecht um 1900, Frankfurt/Main, New York 2000.
470 *Omran:* Frauenbewegung und »Judenfrage«.

471 *Weingart, Peter/Kroll, Jürgen/Bayertz, Kurt:* Rasse, Blut und Gene. Geschichte der Eugenik und Rassenhygiene in Deutschland, 2. Auflage, Frankfurt/M. 1996.
472 Dijkstra hat darauf aufmerksam gemacht, daß man in diesem Sinne Joseph Conrads »Herz der Finsternis« lesen müsse.
473 Widerliche Beispiele finden sich haufenweise in dem von Julius Streicher herausgegebenen Blatt »Der Stürmer«.
474 *Pommerin, Reiner*: »Sterilisierung der Rheinlandbastarde«. Das Schicksal einer farbigen deutschen Minderheit 1918-1937, Düsseldorf 1979.
475 *Daim, Wilfried:* Der Mann, der Hitler die Ideen gab. Jörg Lanz von Liebenfels, Wien 3. Auflage 1994.
476 *Bock, Gisela:* Zwangssterilisation im Nationalsozialismus. Studien zur Rassenpolitik und Frauenpolitik, Opladen 1986; *Marnau, Björn:* »...empfinde ich das Urteil als hart und unrichtig« Zwangssterilisation im Kreis Steinburg/ Holstein, in: *Salewski, Michael/Schulze-Wegener, Guntram (Hg.):* Kriegsjahr 1944. Im Großen und im Kleinen; Historische Mitteilungen, Beiheft 12, S. 317-332.
477 *Patmore, Coventry:* The Angel in the House (1835), London 1998.
478 *Burmeister, Karl Heinz*: Olympe de Gouges. Die Rechte der Frau 1791, Bern, Mainz, Wien 1999. Unnachahmlich sarkastisch dargestellt in Ibsens »Nora« (Ein Puppenheim).
479 *Geiss, Imanuel:* Nationalsozialismus als Problemn deutscher Geschichtswissenschaft nach 1945, in: *Elvert/ Krauß (Hg.):* Historische Debatten, S. 110-123. Im übrigen s o. Anm. 14.
480 Das maßgebende Werk: *Planert, Ute:* Antifeminismus im Kaiserreich. Diskurs, soziale Formation und politische Mentalität, Göttingen 1998.
481 *Naimark, Norman M.:* Flammender Haß. Ethnische Säuberung im 20. Jahrhundert, München 2004.
482 *Jacobsen, Hans-Adolf:* Kommissarbefehl und Massenexekution sowjetischer Kriegsgefangener, in: *Buchheim, Hans:* Anatomie des SS-Staates, 6. Auflage, München 1994. Maßgebend: *Streit, Christian*: Keine Kameraden. Die Wehrmacht und die sowjetischen Kriegsgefangenen 1941-1945, 3. Auflage, Bonn 1991.
483 Notabene vor Erscheinen des Bandes 2 der »Deutschen Seekriegsleitung«!
484 *Salewski:* Deutsche Quellen, S.174.
485 *Cecil, Robert:* The Myth of the Master Race. Alfred Rosenberg and Nazi Ideology, London 1972.
486 *Geiss, Imanuel Jacobmeyer, Wolfgang (Hg.):* Deutsche Politik in Polen. Aus dem Diensttagebuch von Hans Frank, Generalgouverneur in Polen, Opladen 1980.
487 *Aly, Götz/Heim, Stefan:* Vordenker der Vernichtung. Auschwitz und die deutschen Pläne für eine neue europäische Ordnung, 2. Auflage, Frankfurt/M. 1997.
488 Auch Mediziner machten mit: vgl. *Proctor,R.N.:* Racial Hygiene. Medicine under the Nazis, 7. Auflage, Cambridge/Mass., London 2000.
489 *Müller, Rolf-Dieter:* Hitlers Ostkrieg und die deutsche Siedlungspolitik. Die Zusammenarbeit von Wehrmacht, Wirtschaft und SS, Frankfurt/M. 1991.
490 Speer hat sich dazu in seinen Erinnerungen und den »Spandauer Tagebüchern« mehrfach geäußert, vgl. auch: *Reichhardt, Hans J.:* Von Berlin nach Germania. Über die Zerstörungen der Reichshauptstadt durch Albert Speers Neugestaltungspläne. Eine Ausstellung des Landesarchivs Berlin, 3. Auflage, Berlin 1985.
491 KTB OKW Band I, S. 371.
492 Ebda.
493 S.o.S. 166.
494 *Eigene Erinnerung:* Während verschiedener Manöver der NATO hatten Walther Hubatsch und ich mächtig zu tun, um mit der Flut an Sprüchen und Informationen von den beteiligten Einheiten und Stäben auch nur halbwegs fertigzuwerden. Dennoch gehörte es zu den eisernen Gewohnheiten von Kapitän zur See der Reserve Prof. Dr. Dr.hc. Walther Hubatsch, jeden Mittag einen längeren Spaziergang zu unternehmen – mit mir im »Gefolge«. Dabei erfuhr ich u.a., wie es im Wehrmachtführungsstab während des Zweiten Welt-

krieges zugegangen war. – Admiral Gerhard Wagner erläuterte mir auf einer Fahrt zu Dönitz nach Aumühle, er sei im Herbst 1944 ganz stolz darauf gewesen, in »Koralle«, dem in Bernau bei Berlin ausgelagerten Hauptquartier der Seekriegsleitung, einen »wilden« Trampelpfad durch den Rasen zu einem ordentlichen Kiesweg umgestaltet zu haben.

495 *Uhlig, Heinrich*: Der verbrecherische Befehl. Eine Diskussion und ihre historisch-dokumentarischen Grundlagen, in: Vollmacht des Gewissens, Frankfurt/M. 1965, Band 2, S. 287-410.
496 *Scheffler, Wolfgang*: Browning: *Organisierter Massenmord an Juden in nationalsozialistischen Vernichtungslagern, in: Das Parlament (B19) 1976.* Browning: *Endlösung;* Longerich: Der ungeschriebene Befehl..
497 *Krausnick, Hans:* Kommissarbefehl und »Gerichtsbarkeitserlaß Barbarossa« in neuer Sicht, in: Vierteljahrshefte für Zeitgeschichte 25, 1977, S. 682-738.
498 *Hubatsch:* Weisungen , S. 75f.
499 Aus der Flut von Veröffentlichungen, die sich mit »Rheinübung« beschäftigen, herausragend: *Müllenheim-Rechberg, Burkard Freiherr von:* Schlachtschiff Bismarck 1940/41. Der Bericht eines Überlebenden, Frankfurt/M., Wien 1980. Von Müllenheim-Rechberg war der einzige überlebende Offizier der »Bismarck«, sein Buch basiert jedoch auch auf den einschlägigen Akten aus dem ehemaligen Marinearchiv.
500 *Neitzel, Sönke*: Der Einsatz der deutschen Luftwaffe über dem Atlantik und der Nordsee 1939-1945, Bonn 1995.
501 Diesen Eindruck gewann ich aus zahlreichen Gesprächen mit ehemaligen in der Seekriegsleitung tätigen Offizieren.
502 *Hillgruber, Andreas:* Hitler, König Carol und Marschall Antonescu. Die deutsch- rumänischen Beziehungen 1938-1944, 2. Auflage, Wiesbaden 1965.
503 *Ders.:* Deutschland und Ungarn 1933-1944. Ein Überblick über die politischen und militärischen Beziehungen im Rahmen der europäischen Politik, in: Wehrwissenschaftliche Rundschau 9, 1959, S. 651-676.
504 *Andonov, Vladimir*: Bulgarien im Krieg gegen Hitlerdeutschland (Institut für Militärgeschichte des Generalstabs der bulgarischen Armee), Sofia 1988; *Hoppe, Hans-Joachim*: Bulgarien – Hitlers eigenwilliger Verbündeter. Eine Fallstudie zur nationalsozialistischen Südosteuropapolitik, Stuttgart 1979.
505 Umfassend: *Heinen, Armin:* Die Legion »Erzengel Michael« in Rumänien. Soziale Bewegung und politische Organisation. Ein Beitrag zum Problem des internationalen Faschismus, München 1986; *Förster, Jürgen:* Rumäniens Weg in die deutsche Abhängigkeit. Zur Rolle der deutschen Militärmission 1940/41, in: Militärgeschichtliche Mitteilungen 25, 1979, S. 47-77.
506 Zur Vorgeschichte das Riesenwerk: *Suppan, Arnold:* Jugoslawien und Österreich 1918-1938. Bilaterale Außenpolitik im europäischen Umfeld, München 1996; *Olshausen, Klaus*: Die deutsche Balkan-Politik 1940-1941, in*: Funke, Manfred (Hg.):* Hitler, Deutschland und die Mächte. Materialien zur Außenpolitik des Dritten Reiches, Düsseldorf 1976, S. 707-27; *Institute for Contemporary History (Hg.):* The Third Reich and Yugoslavia 1933-1945, Belgrad 1977. *Wuescht, Johann:* Jugoslawien und das Dritte Reich. Eine dokumentierte Geschichte der deutsch-jugoslawischen Beziehungen 1933 bis 1945, Stuttgart 1969.
507 *Creveld, Martin van*: Hitler's Strategy, 1940-1941. The Balkan Clue, London 1973.
508 *Papagos, Alexandros*: Griechenland im Kriege 1940-1941, Bonn 1954; *Schramm-von Thadden, Ehrengard*: Griechenland und die Großmächte im Zweiten Weltkrieg, Wiesbaden 1955.
509 Das Standardwerk: *Olshausen, Klaus*: Zwischenspiel auf dem Balkan. Die deutsche Politik gegenüber Jugoslawien und Griechenland vom März bis Juli 1941, Stuttgart 1973.
510 Zunächst hatte die Seekriegsleitung die Eroberung Maltas aus der Luft gefordert, doch General Student machte deutlich, daß diese Insel ungeeignet sei, um aus der Luft per Fallschirmtruppen erobert zu werden. *Mühleisen, Hans-Otto*: Kreta 1941. Das Unternehmen »Merkur« 20. Mai bis 1. Juni 1941, Freiburg 1968.
511 *Seckendorf, Martin/Schumann, Wolfgang/Nestler, Ludwig*: Die Okkupationspolitik des deutschen Faschismus in Jugoslawien, Griechenland, Albanien, Italien und Ungarn (1941-

1945) Dokumentenauswahl und Einleitung, Berlin 1992. Die Literatur zum Partisanenkampf in Jugoslawien ist ebenso unübersichtlich wie gefärbt, z.B.: *Parin, Paul:* Es ist Krieg und wir gehen hin. Bei den jugoslawischen Partisanen, Hamburg 1996; *Lindsay, Franklin:* Beacons in the night. With the OSS and Tito's partisans in wartime Yugoslavia, Stanford 1993.

512 *West, Richard*: Tito and the rise and fall of Yugoslavia, London 1996. Eindringlich: *Djilas, Milovan*: Tito. Eine kritische Biographie, Wien 1980; *Ders.:* Memoiren. Band 2: Der Krieg der Partisanen, Wien 1977.

513 *Philippi, Alfred*: Das Pripjetproblem. Eine Studie über die operative Bedeutung des Pripjetgebiets für den Feldzug des Jahres 1941, Darmstadt 1956.

514 *Hubatsch*: Weisungen S. 96-106.

515 Interessant: *Hoth, Hermann:* Panzer-Operationen. Die Panzergruppe 3 und der Operationsgedanke der deutschen Führung Sommer 1941, Heidelberg 1956. Hoth war einer der berühmtesten »Panzergeneräle«.

516 Die Details in: Das Deutsche Reich und der Zweite Weltkrieg, Band 4. Immer noch nützlich: *Philippi, Alfred*: Der Feldzug gegen Sowjetrußland 1941 bis 1945. Ein operativer Überblick, Stuttgart 1962.

517 Nützlich: *Müller, Rolf-Dieter*: Hitlers Krieg im Osten. Ein Forschungsbericht, Darmstadt 2000. Hier weiterführende Literatur.

518 *Schüler, Klaus Albert Friedrich:* Logistik im Rußlandfeldzug. Die Rolle der Eisenbahn bei Planung, Vorbereitung und Durchführung des deutschen Angriffs auf die Sowjetunion bis zur Krise vor Moskau im Winter 1941/42, Frankfurt/M. 1987; allgemein: *Rohde, Horst:* Das deutsche Wehrmachttransportwesen im Zweiten Weltkrieg. Entstehung-Organisation-Aufgaben, Stuttgart 1971; *Pottgiesser, Hans:* Die Deutsche Reichsbahn im Ostfeldzug 1939-1944, Neckargemünd 1960.

519 Die entsprechenden Denkschriften in *Salewski:* Seekriegsleitung, Band 3.

520 Aus diesem Grund lag dem Heer daran, die Besatzungsaufgaben so rasch wie möglich anderen Institutionen und Organisationen zu übertragen; dies führte dazu, daß das Heer, zum allergrößten Teil unmittelbar in der Front gebunden, nicht oder nur unzureichend »mitbekam«, was im rückwärtigen Gebiet an Kriegs-und Völkerverbrechen sich abspielte. Vgl. dazu *Hartmann, Christian*: Verbrecherischer Krieg-verbrecherische Wehrmacht? Überlegungen zur Struktur des deutschen Ostheeres 1941-1944, in: Vierteljahrshefte für Zeitgeschichte 2004.

521 *Uhlig, Heinrich*: Das Einwirken Hitlers auf Planung und Führung des Ostfeldzuges, in: Vollmacht des Gewissens, Band 2, Frankfurt/M. 1965, S.149-286.

522 Das Standardwerk: *Salisbury, Harrison E.:* 900 Tage. Die Belagerung von Leningrad, Frankfurt/M 1989; *Glantz, David:* The battle for Leningrad 1941-1944, Lawrence, KS. 2002; *Leetz, Antje*: Blockade. Leningrad 1941-1944. Dokumente und Essays von Russen und Deutschen, Hamburg 1992. Frische Erkenntnisse auf dem Stand der neuesten Forschung, auch unter vergleichendem Aspekt: *Ganzenmüller, Jörg:* Das belagerte Leningrad 1941-1944. Eine Stadt in den Strategien von Angreifern und Verteidigern, Paderborn 2005.

523 Das Standardwerk: *Browning:* Polizeibataillon 101.

524 Immer noch Standard: *Krausnick, Helmut/Wilhelm, Hans-Heinrich:* Die Truppe des Weltanschuungskrieges Die Einsatzgruppen der Sicherheitspolizei und des SD 1938-1942, Stuttgart 1981. Die Kehrseite der Medaille (über?) betont: *Musial, Bogdan:* »Konterrevolutionäre Elemente sind zu erschießen«. Die Brutalisierung des deutsch-sowjetischen Krieges im Sommer 1941, Berlin 2000; *Ders.:* Sowjetische Partisanen in Weißrußland. Innenansichten aus dem Gebiet Baranovici 1941-1944. Eine Dokumentation, München 2004.

525 Nicht alle waren Verbrecher; anrührend und erschütternd: *Reese, Willy Peter*: Mir selber seltsam fremd. Die Unmenschlichkeit des Krieges, München 2003. – Man fragt sich, warum ein solches document humain erst fünfzig Jahre später der Öffentlichkeit bekannt wurde!?

526 Den besten Zugang zum Studium des Rußlandfeldzuges bieten Band 4 bzw. 6 von: Das Deutsche Reich und der Zweite Weltkrieg, und *Reinhardt:* Die Wende vor Moskau. In der

Historiographie zu »Barbarossa« spiegelt sich der erkenntnistheoretische Diskurs, den wir einleitend skizziert haben, besonders deutlich; dementsprechend ist die ältere Literatur zu lesen und zu bewerten. Unter dieser nicht zuletzt aus diesen Erwägungen heraus immer noch wertvoll und aufschlußreich: *Carell, Paul*: Unternehmen Barbarossa. Der Marsch nach Rußland (1963), 2. Auflage Frankfurt/M. 1991; *Ders.*: Der Rußlandkrieg. Fotografiert von Soldaten. Der Bildband zu »Unternehmen Barbarossa« und »Verbrannte Erde«, Frankfurt/M. 1967; *Seaton, Albert*: Der russisch-deutsche Krieg 1941-1945, Frankfurt/M. 1973; *Werth, Alexander*: Russia at War 1941-1945, London 1964. Unter den neueren Arbeiten: *Leach, Barry A:* German Strategy against Russia 1939-1941, Oxford 1973; *Ueberschär, Gerd R./ Wette, Wolfram(Hg.)*: Überfall auf die Sowjetunion. »Unternehmen Barbarossa« 1941, 2. Auflage, Frankfurt/M. 1991; *Bartov, Omer*: The Eastern Front, 1941-45. German Troops and the Barbarisation of Warfare, Houndmills 1985; *Bezymenski, Lev*: Sonderakte »Barbarossa«. Die Literatur bis ca.1982 gut erfaßt: *Müller, Rolf-Dieter/Ueberschär, Gerd R.*: Die deutsch-sowjetischen Beziehungen und das Unternehmen »Barbarossa« 1941 im Spiegel der Geschichtsschreibung. Eine kommentierte Auswahlbibliographie, in: *Ueberschär/Wette (Hg.):*«Unternehmen Barbarossa« S. 267-291. Glänzende »Schlachtbeschreibungen« bei *Keegan*: Der Zweite Weltkrieg.

527 *Salewski*: Staatsräson und Waffenbrüderschaft; *Meister, Jürgen*: Der Seekrieg in den osteuropäischen Gewässern 1941-1945, München 1958.
528 Die Sache wurde erst 1944 virulent: *Militärgeschichtliches Forschungsamt (Hg.)*: Operationsgebiet östliche Ostsee und der finnisch-baltische Raum 1944, Stuttgart 1961. Und 1945 war die Ostsee gleichsam die letzte »Rollbahn«, die überhaupt noch funktionierte!
529 In den ADAP – beredtes Schweigen!
530 Der Heß-Flug muß wohl in diesem Zusammenhang gesehen werden: *Allen, Martin*: Churchills Friedensfalle. Das Geheimnis des Heß-Fluges 1941, Stegen 2003.
531 *Neulen, Hans Werner*: An deutscher Seite. Internationale Freiwillige von Wehrmacht und Waffen-SS, München 1985; *Ders.*: Eurofaschismus und der Zweite Weltkrieg. Europas verratene Söhne, München 1980. *Gosztony, Peter*: Hitlers fremde Heere. Das Schicksal der nichtdeutschen Armeen im Ostfeldzug, Düsseldorf, Wien 1976. *Neitzel, Sönke*: Hitlers Europaarmee und der »Kreuzzug« gegen die Sowjetunion, in: *Salewski, Michael/Timmermann, Heiner (Hg.)*: Armeen in Europa – Europäische Armeen. Von den Kreuzzügen bis ins 21. Jahrhundert, Münster 2004, S. 137-150.
532 *Thies, Klaus-Jürgen*: Der Zweite Weltkrieg, Band 5, Teil 1,1: Der Ostfeldzug. Heeresgruppe Mitte 21.6.1941 – 6.12.1941. Ein Lageatlas der Operationsabteilung des Generalstabs des Heeres, Bissendorf 2001.
533 *Hoffmann, Joachim*: Stalins Vernichtungskrieg, 6. Auflage, München 2000, S. 41. Davon leicht abweichende Zahlen bei *Keegan*: Der Zweite Weltkrieg S. 261.
534 *Haupt, Werner*: Heeresgruppe Mitte 1941-1945, Dorheim 1968.
535 *Lammers, Walter*: Zur Mentalität deutscher Generäle bei Beginn des Krieges gegen die Sowjetunion (Juni bis Dezember 1941), Stuttgart 1990. Lammers, der bekannte Frankfurter Mediävist, war auch Verfasser der »Fahrtberichte«. *Hillgruber, Andreas*: Das Rußlandbild der führenden deutschen Militärs vor Beginn des Angriffs auf die Sowjetunion, in: *Fischer, Alexander u.a.(Hg.):* Rußland-Deutschland-Amerika. Festschrift für T. Epstein zum 80. Geburtstag, Wiesbaden 1978, S. 296-310. *Volkmann, Hans-Erich (Hg.)*: Das Rußlandbild im Dritten Reich, 2. Auflage, Köln 1994.
536 *Wette, Wolfram*: Die propagandistische Begleitmusik zum deutschen Überfall auf die Swjetunion am 22. Juni 1941, in:*Ueberschär/Wette*: »Unternehmen Barbarossa« S. 111-130.
537 *Salewski*: Deutsche Quellen S. 192f.
538 *Elvert*: Mitteleuropa!; *Salewski:* Nationalsocialist Ideas.
539 *Salewski:* Deutsche Quellen S. 194f.
540 Halder, KTB III, S. 5. Allein dieser Eintrag beweist, daß der Generalstabschef auch nicht im Entferntesten an einen unmittelbar drohenden sowjetischen Angriff, dem man gerade so zuvorgekommen sei, dachte.

541 *Grigorenko, Pjotr:* Der sowjetische Zusammenbruch 1941, Frankfurt/M. 1969.
542 *Salewski:* Deutsche Quellen, S. 195f.
543 Dieses wurde auch in der Propaganda verbreitet: *Buchbender, Ortwin:* Das tönende Erz. Deutsche Propaganda gegen die Rote Armee im Zweiten Weltkrieg, Stuttgart 1978
544 *Reinhardt:* Die Wende vor Moskau; *Hofmann, Rudolf:* Die Schlacht von Moskau 1941, in: *Jacobsen, Hans- Adolf/Rohwer, Jürgen (Hg.):* Entscheidungsschlachten des Zweiten Weltkrieges, Frankfurt/M. 1960, S. 139-184; *Haupt, Werner:* Die Deutschen vor Moskau 1941/42. Bildchronik einer Schlacht der verfehlten Strategie, Dorheim 1972.
545 Die Sowjetunion war ihr nicht beigetreten, hatte aber signalisiert, daß sie das tun wolle.
546 *Streit, Christian:* Keine Kameraden. Die Wehrmacht und die sowjetischen Kriegsgefangenen 1941-1945, Neuaufl. Berlin 1997. Inzwischen sind viele »Russenlager« im Zuge der »Spurensicherung« erfaßt und aufgearbeitet worden; aus der großen Fülle beispielsweise: *Weischner, Heinz:* Russenlager. Russische Kriegsgefangene in Heesen (Ham) 1942-1945, Essen 1992; *Hütter, Hans Walter:* Kriegsgefangene. Sowjetische Kriegsgefangene in Deutschland, deutsche Kriegsgefangene in der Sowjetunion (= Begleitbuch zur Ausstellung »Sowjetische Kriegsgefangene in Deutschland – Deutsche Kriegsgefangene in der Sowjetunion«), Düsseldorf 1995; *Hoffmann, Alfred:* Drei Schritt vom Leib. Ausländische Zivilarbeiter und Kriegsgefangene in Heidenheim 1939-1945, eine Dokumentation, Heidenheim/Brenz 1995; *Kahle, Hans-Jürgen:* »Verschleppt nach Cuxhaven« Eine Dokumentation über das Schicksal der ausländischen Arbeiter und Kriegsgefangenen in Cuxhaven, im Kreis Hadeln und dem Landkreis Wesermünde während der Zeit des Nationalsozialismus, Cuxhaven 1995. *Otto, Reinhard:* Wehrmacht, Gestapo und sowjetische Kriegsgefangene im deutschen Reichsgebiet 1941/42, München 1998; *Polian, Pavel:* Deportiert nach Hause. Sowjetische Kriegsgefangene im »Dritten Reich« und ihre Repatriierung, München 2001.
547 *Wilhelm, Hans-Heinrich*: Die Prognosen der Abteilung Fremde Heere Ost 1942-1945, in: *Ders.:* Zwei Legenden aus dem Dritten Reich. Quellenkritische Studien, Stuttgart 1974. Daß das Gehlen in seinen Memoiren »Der Dienst« anders sah, liegt auf der Hand. Woher das Renommee Gehlens stammte und was ihn später so »unentbehrlich« machte, bleibt rätselhaft.
548 *Overy:* Die Wurzeln des Sieges S.135 ff.
549 Man fragt sich, ob der Erfinder dieser Tarnbezeichnung an Joseph Conrads Roman gedacht hat...Daß in einem Taifun am 2. September 1860 die »Frauenlob« untergegangen war, dürfte wenigen bekannt gewesen sein.
550 *Salewski:* Deutsche Quellen, S. 210-212.
551 *Vgl. Rass, Christoph:* »Menschenmaterial«: Deutsche Soldaten an der Ostfront. Innenansichten einer Infanteriedivision 1939-1945, Paderborn 2003.
552 Halder KTB III, S. 374.
553 *Eigene Erinnerung:* Ein Hörer des Kollegs berichtete, wie seine Kameraden und er mit Hilfe von Butter und Schmalz versucht hätten, die MG funktionstüchtig zu halten.
554 Mit Hilfe des von der NS-Propaganda hochgejubelten Winterhilfswerkes, ursprünglich für die armen Gegenden Thüringens und des Riesengebirges gedacht, sollte das dann wettgemacht werden; an das gemeinschaftliche »Eintopfessen« (das »gesparte« Essensgeld sollte gespendet werden) kann ich mich noch erinnern – es war für Kinder eine willkommene Abwechslung. Eine wissenschaftlichen Ansprüchen genügende Geschichte des Winterhilfswerkes und des Kriegswinterhilfswerkes scheint nicht vorzuliegen. Einige Details bei *Rink, Herbert:* Winterhilfswerk und Posaunenchöre, in: *CVJM-Kreisverband Siegerland e.V.(Hg.):* Zwischen Widerstand und Anpassung, Wilnsdorf 2003, S. 35-49; *Müller, Heiner*: Miniatur-Broschüren des Winterhilfswerks WHV/KWHV u.a. 1937-1944, Stuttgart 1997.
555 *Reinhardt:* Die Wende vor Moskau , S. 172-179.
556 *Liddell Hart, Basil Henry:* Die Rote Armee, Bonn 1957; *Gosztony, Peter:* Die Rote Armee. Geschichte und Aufbau der sowjetischen Streitkräfte seit 1917, Wien 1980. *Beitter, Gerda:* Die Rote Armee im Zweiten Weltkrieg. Eine Bibliographie ihrer Truppengeschichte im 2. Weltkrieg, Koblenz 1984; *Hoffmann:* Stalins Vernichtungskrieg.

557 *Schukow, Georgij Konstantinovič*: Erinnerungen und Gedanken, Stuttgart 1969.
558 *Kuznecov, Nikolaj:* Am Vorabend, Berlin 1988; *Ders.;* Auf Siegeskurs, 3. Auflage, Berlin 1988.
559 *Hoffmann, Joachim*: Die Geschichte der Wlassow-Armee, Freiburg i.Br. 1984; *Steenberg, Sven:* General Wlassow. Der Führer der russischen Befreiungsarmee – Verräter oder Patriot?, Rastatt 1986.
560 *Rokossowski, Konstantin Konstantinovič:* Soldatenpflicht. Erinnerungen eines Frontbefehlshabers, 4. Auflage, Berlin 1986.
561 *Hubatsch:* Hitlers Weisungen für die Kriegführung S. 199-205.
562 *Löffler, Jürgen:* Walther von Brauchitsch (1881-1948). Eine politische Biographie, Frankfurt/M. 2001.
563 *Benz, Wolfgang*: Einsatz im »Reichskommissariat Ostland«. Dokumentation zum Völkermord im Baltikum und in Weißrußland 1941-1944, Berlin 1998; *Ders.:* Der Generalplan Ost. Germanisierungspolitik in den besetzten Ostgebieten, in: *Benz, Wolfgang*: Herrschaft und Gesellschaft im nationalsozialistischen Staat, Frankfurt/M. 1990, S. 72-82; *Chiari, Bernhard*: Deutsche Zivilverwaltung in Weißrußland 1941-1944. Die lokale Perspektive der Besatzungsgeschichte, in: Militärgeschichtliche Mitteilungen 52, 1993, S. 67-89; *Handrack, Hans Dieter*: Das Reichskommissariat Ostland. Die Kulturpolitik der deutschen Verwaltung zwischen Autonomie und Gleichschaltung 1941-1944, Hannoversch Münden 1981.
564 Der Klassiker: *Dallin, Alexander*: Deutsche Herrschaft in Rußland 1941-1945. Eine Studie über Besatzungspolitik, Düsseldorf 1958. Aus der großen Fülle von Spezialstudien: *Eichholtz,Dietrich:* Wirtschaftspolitik und Strategie des faschistischen deutschen Imperialismus im Dnjepr-Donez-Industriegebiet, in: Militärgeschichtliche Mitteilungen 1979, S. 281-296; *Ders.:* »Großgermanisches Reich« und »Generalplan Ost«. Einheitlichkeit und Unterschiedlichkeit im faschistischen Okkupationssystem, in: Zeitschrift für Geschichtswissenschaft 28, 1980, S. 833-841; *Herbert, Ulrich*: Die Planung der wirtschaftlichen Ausbeutung der UdSSR, in: *Niethammer, Lutz u.a.:* Bürgerliche Gesellschaft in Deutschland. Historische Einblicke, Fragen, Perspektiven, Frankfurt/M. 1990, S. 446-483. *Müller, Rolf-Dieter:* Hitlers Ostkrieg und die deutsche Siedlungspolitik. Die Zusammenarbeit von Wehrmacht, Wirtschaft und SS, Frankfurt/M. 1991.
565 *Hartmann.*
566 *Gerbet, Klaus (Hg.):* Generalfeldmarschall Fedor von Bock: Zwischen Pflicht und Verweigerung. Das Kriegstagebuch, München 1995.
567 *Walde, Karl J.:* Guderian, 2. Auflage, Frankfurt/M. 1976; *Macksey, Kenneth*: Guderian, Panzer General, London 1992.
568 *Hubatsch:* Weisungen S.151-159; *Klee, Karl:* Der Entwurf zur Führerweisung Nr. 32 vom 11. Juni 1941. Eine quellenkritische Untersuchung, in: Wehrwissenschaftliche Rundschau 1956.
569 Das war nicht ganz unrealistisch, vgl.: *Fleischhauer, Ingeborg*: Die Chance des Sonderfriedens. Deutsch- sowjetische Geheimgespräche 1941-1945, Berlin 1986. *Schlie, Ulrich*: Kein Friede mit Deutschland. Die geheimen Gespräche im Zweiten Weltkrieg 1939-1941, München, Berlin 1994.
570 Erstrangige Quelle: *Harriman, William Averell:* In geheimer Mision. Als Sonderbeauftragter Roosevelts bei Churchill und Stalin 1941-1946, Stuttgart 1979. Aufschlußreich: *Stalin, Joseph*: Briefwechsel Stalins mit Churchill, Attlee, Roosevelt und Truman, Berlin 1961. *Miner, Steven Merrit*: Between Churchill and Stalin. The Soviet Union, Great Britain, and the origins of the Great Alliance, Chapel Hill 1988; *Edmonds, Robin*: Die großen Drei: Churchill, Roosevelt und Stalin in Frieden und Krieg, Berlin 1992.
571 *Schröder, Hans-Jürgen*: Deutschland und die Vereinigten Staaten; *Junker, Detlef*: Deutschland im politischen Kalkül der Vereinigten Staten 1933-1945, in: *Michalka, Wolfgang (Hg.):* Der Zweite Weltkrieg. Analysen, Grundzüge, Forschungsbilanz, München, Zürich 1989, S. 379-392; *Ders.:* Deutschland und die USA 1937-1941, in: *Elvert, Jürgen/Salewski, Michael (Hg.):* Deutschland und der Westen im 19. und 20. Jahrhundert, Teil 1: Transatlantische Beziehungen, Historische Mitteilungen, Beiheft 7, Stuttgart 1993, S. 85-99.

572 *Sherwood, Robert E.(Hg.):* The White House Papers of Harry L. Hopkins, Vol 1: September 1939-January 1942; vol. 2: January 1942-July 1945, London 1949; *Ders.:* Roosevelt and Hopkins. An intimate history, New York 1950: *Tuttle, Dwight William*: Harry L. Hopkins and Anglo-American-Soviet relations 1941-1945, New York 1983.

573 *Brinkley, Douglas/Facey-Crowther, David R. (Hg.):* The Atlantic Charter, New York 1994; *Wilson, Theodore A.:* The first summit. Roosevelt and Churchill at Placentia Bay, 1941, Lawrence, Kan. 1991.

574 *Hillgruber, Andreas*: Der Faktor Amerika in Hitlers Strategie 1938-1941, in: *Ders.:* Deutsche Großmacht- und Weltpolitik im 19. und 20. Jahrhundert, 2. Auflage, Düsseldorf 1979, S. 197-222.

575 Dieser Abschnitt zu Pearl Harbor basiert auf: *Salewski, Michael*: Pearl Harbor, in: *Azéma/ Bédarida*: Les années de tourmente S. 877-881.

576 Eine knappe Auswahl: *Margaret Lamb*: From Versailles to Pearl Harbor. The origins of the Second World War in Europe and Asia, Basingstoke 2001; *Morgenstern, George*: Pearl Harbor 1941. Eine amerikanische Katastrophe, München 1998; *Prange, Gordon W.:* At dawn we slept. The untold story of Pearl Harbor, New York 1991. *Borg, Dorothy:* Pearl Harbor as history. Japanese-American relations 1931-1941, New York 1973. *Feis, Herbert:* The Road to Pearl Harbor. The Coming of the War between United States and Japan, Princeton 1971. Zur Vorgeschichte immer noch: *Sommer, Theo:* Deutschland und Japan zwischen den Mächten 1935-1940. Vom Antikominternpakt zum Dreimächtepakt. Eine Studie zur diplomatischen Vorgeschichte des Zweiten Weltkrieges, Tübingen 1962. Das deutsche Standardwerk: *Herde, Peter:* Pearl Harbor, 7. Dezember 1941. Nützlich: *Smith, Myron J.:* Pearl Harbor, 1941. A Bibliography, New York 1991.

577 Das neueste Produkt der Verschwörungstheorie: *Stinnett, Robert B.:* Pearl Harbor. Wie die amerikanische Regierung den Angriff provozierte und 2476 ihrer Bürger sterben ließ, 4. Auflage, Frankfurt/M. 2003.

578 *Smith, Stanley H.:* Investigations of the attack on Pearl Harbor. Index to government hearings, New York 1990.

579 *Libal, Michael:* Japans Weg in den Krieg. Die Außenpolitik der Kabinette Konoye 1940/1941, Düsseldorf 1971; *Schröder, Paul W.:* The Axis Alliance and Japanese-American relations 1941, New York 1958. *Pu-yu-Hu:* A brief history of the Sino-Japanese war 1937-1945, Tapei 1974.

580 *Neidpath, James:* The Singapore naval base and the defence of Britain's Eastern Empire, 1919-1941, Oxford 1981; *Lowe, Peter:* Great Britain and the origins of the Pacific war, A study of British policy in East Asia 1937- 1945, Oxford 1977.

581 *Kaehler, Uwe:* Die Rolle des amerikanischen Botschafters in Tokyo, Joseph C. Grew während der diplomatischen Vorgeschichte des Kriegsausbruchs im Pazifik 1939-1941, Frankfurt/M. 1977.

582 *Bergamini, David:* Japan's imperialistic conspiracy, London 1971; *Beasley, William G.:* Japanese Imperialism, London 1987.

583 Ausführlich mit erschöpfender Literatur *Rahn, Werner:* Der Krieg im Pazifik, in: Das Deutsche Reich und der Zweite Weltkrieg Band 6, S. 173-274.

584 *Barnhart, Michael:* Japan Prepares for Total War, New York 1987.

585 *Agawi, Hiroyuki:* The Reluctant Admiral. Yamamoto and the Imperial Navy, Tokyo, New York 1980; *Tsunoda, Iun/Kazutomi, Uchida:* The Pearl Harbor Attack. Admiral Yamamoto's Fundamental Concept, in: Naval War College Review 31, 1978.

586 *Rohwer, Jürgen:* »Ultra«, xB-Dienst und »Magic«. Ein Vergleich ihrer Rolle für die Schlacht im Atlantik und den Krieg im Pazifik, in: Marinerundschau 76, 1979; *Ders.:* Der Kriegsbeginn im Pazifik 1941. Das Funkbild als Grundlage der amerikanischen Lagebeurteilung, in: Marinerundschau 53, 1956. *Lewin, Ronald*: The American Magic. Codes, Ciphers and the Defeat of Japan, New York 1982.

587 *Simpson, Mitchell*: Admiral Harold R. Stark: Architect of Victory, 1939-1945, University of South Carolina Press, 1989.

588 Die psycho-politischen Parallelen zwischen dem 7. Dezember 1941 und dem 11. Septem-

ber 2001 sind auffallend; nicht von Ungefähr ist das Interesse an Pearl Harbor danach auch wieder in das Zentrum des medialen Interesses getreten.Der Film von *Michael Bay:* Pearl Harbor startete am 7. Juni 2001 und wurde nach dem 11. September 2001 zu einem weltweiten medialen Ereignis.

589 *Coox, Alvin D.:* Repulsing the Pearl Harbor Revisionists. The State of Present Literature on the Debacle, in: Military Affairs Nr. 509, 1986.

590 *Fuchida, Mitsuo/Okumiya, Masatake:* Midway. The Japanese story, London 2002.

591 Salewski, Michael: Das maritime Dritte Reich – Ideologie und Wirklichkeit, in: *Ders.(Hg.):* Die Deutschen und die See, Band 1, S. 228-245.

592 Der folgende Abschnitt basiert auf: *Salewski, Michael*: Bataille de l'Atlantique, in *Azéma, Bédaria*: Les années de tourmente, S. 791-799.

593 *Dönitz:* Zehn Jahre und zwanzig Tage.

594 *Roskill,Stephen W.:* The War at Sea, 4 vol., London 1954-1961. (History of the Second World War, United Kingdom Military Series).Die gedruckte Fassung weicht von einer in der Admiralty verwahrten nichtveröffentlichten Fassung in einem zentralen Punkt ab: Alles, was mit »Ultra« zu tun hat, ist hier ausgeblendet. Roskill selbst hat nie ein Sterbenswörtchen darüber verlauten lassen, daß hinter seiner »offiziellen« Geschichte ein anderer, wahrhaftigere stand.

595 Eine Geschichte des BdU gibt es (erstaunlicherweise) nicht, immerhin: *Padfield, Peter:* Der U-Boot-Krieg 1939-1945, Berlin 1995.

596 *Treue, Wilhelm/Möller, Eberhard/Rahn, Werner:* Deutsche Marinerüstung 1919-1942. Die Gefahren der Tirpitz-Tradition, Herford, Bonn 1992.

597 *Schulze-Wegener, Guntram:* Die deutsche Kriegsmarinerüstung 1942-1945, Hamburg, Berlin, Bonn 1997.

598 *Bidlingmaier, Gerhard*: Einsatz der schweren Kriegsmarineeinheiten im ozeanischen Zufuhrkrieg. Strategische Konzeption und Führungsweise der Seekriegsleitung, September 1939-Februar 1942, Neckargemünd 1963. Zu den »strategischen Konzeptionen«: *Salewski:* Seekriegsleitung, Band 1, S. 375-398.

599 *Hümmelchen, Gerhard*: Handelsstörer. Handelskrieg deutscher Überwasserstreitkräfte im Zweiten Weltkrieg, 2. Auflage, München 1967; *Dinklage, Ludwig*: Die deutsche Handelsflotte 1939-1945. Unter besonderer Berücksichtigung der Blockadebrecher, Göttingen 1971; *Witthöft, Hans Jürgen:* Die deutsche Handelsflotte 1939-1945. Unter besonderer Berücksichtigung der Blockadebrecher, Band 2, Göttingen 1971.

600 *Müllenheim-Rechberg:* Schlachtschiff Bismarck; *Brennecke, Jochen*: Schlachtschiff Bismarck, Hamburg 1997.

601 Demnächst: *Hellwinkel, Lars:* Marinestützpunkt Brest. Diss. Kiel/Brest.

602 Das ULTRA-Geheimnis wurde zuerst gelüftet von: *Winterbotham, Frederick W.:* Aktion Ultra, Frankfurt/M., Berlin 1974. Dann folgte: *Beesly, Patrick:* Very Special Intelligence. Geheimdienstkrieg der britischen Admiralität 1939-1945, Berlin, Frankfurt/M., Wien 1977. Dann umfassend: *Rohwer, Jürgen/Jäckel, Eberhard (Hg.):* Die Funkaufklärung und ihre Rolle im Zweiten Weltkrieg, Stuttgart 1979.

603 Grandiose Bilder in: *Buchheim, Lothar-Günther*: U-Boot-Krieg. Mit einem Essay von Michael *Salewski*, München, Zürich1976.

604 *Neitzel, Sönke*: Die deutschen U-Boot-Bunker und Bunkerwerften, Koblenz 1991; *Ders.:* Die verbunkerten Frontstützpunkte der U-Boot-und Schnellbootwaffe, in: Militärgeschichte NF 5, 1994, S. 27-35.

605 Bewegend: *Topp, Erich:* Fackeln über dem Atlantik. Lebensbericht eines U-Boot-Kommandanten, Herford, Bonn 1990.

606 *Abbazia, Patrick:* Mr. Roosevelts Navy. The Private War of the U.S. Atlantic Fleet, 1939-1942, Annapolis 1975.

607 *King, Ernest J./Whitehill, Walter Muir.:* Fleet Admiral King. A Naval Record, New York 1952.

608 *Rahn, Werner:* Der Seekrieg in Atlantik und Nordmeer, in: Das Deutsche Reich und der Zweite Weltkrieg, Band 6, S. 324.

609 Dazu zahlreiche, hier nicht im einzelnen aufzuführende Arbeiten und Fallanalysen von Jürgen Rohwer.
610 *Middlebrook, Martin*: Konvoi. U-Boot-Jagd auf die Geleitzüge SC. 122 und HX. 229, Frankfurt, Berlin 1977.
611 Hervorragend: *Mulligan, Timothy P.:* Neither Sharks Nor Wolves. The Men of Nazi Germany's U-boat Arm, 1939-1945, Annapolis1999. Kritisch mit der englischen Regierung ins Gericht gehend: *Bennett G.H. and R.:* Survivors. British Merchant Seamen in the Second World War, London, Rio Grande 1999.
612 Paul Celan: Todesfuge.
613 Zu diesem Kapitel ist generell auf die bereits in den Kapiteln 4 und 13 genannte Literatur zu verweisen. Im Folgenden dazu lediglich einige Ergänzungen.
614 Das gilt bereits für die Quantitäten der Literatur, sie sind lange nicht mehr überschaubar. Einige nützliche Hilfsmittel (von vielen) :*Benz, Wolfgang*: Lexikon des Holocaust, München 2002; *Stone, Dan*: The historiography of the Holocaust, Basingstoke 2004; *Kremer, Lillian S.:* Holocaust literature. An Encyclopedia of writers and their work, New York 2003; *Berg, Nicolas*: Der Holocaust und die westdeutsche Historiographie. Erforschung und Erinnerung, Göttingen 2003. *Reichel*: Erfundene Erinnerung.
615 Der Begriff »Holocaust« ist anachronistisch, dennoch hat er sich auch in der Wissenschaft durchgesetzt, in Deutschland vor allem nach der amerikanischen Fernsehserie gleichen Namens. Der Begriff »Genozid« umfaßt auch den Holocaust, bezieht sich jedoch allgemein auf Völkermorde. Neuerdings tritt diesen beiden Begriffen der der »ethnischen Säuberung« zur Seite, vgl. dazu *Neimark*: Flammender Haß. *Wyrwa,U*: »Holocaust« Notizen zur Begriffsgeschichte, in: Jahrbuch für Antisemitismusforschung 8, 1999, S. 300-311.
616 *Bauer, Yehuda*: Die dunkle Seite der Geschichte. Die Shoa in historischer Sicht Interpretationen und Re-Interpretationen, Frankfurt/M. 2001.
617 S.o.S. 169-172.
618 Besonders infam ist der unterschwellige Vergleich zwischen angeblich »9 Millionen« ermordeter »Hexen« und dem Holocaust; woher diese absurde Zahl kommt, mustergültig untersucht von: *Behringer, Wolfgang*: Neun Millionen Hexen, in GWU 49, 1998 S. 664-685.
619 *Roseman, Mark:* Die Wannsee-Konferenz. Wie die NS-Bürokratie den Holocaust organisierte, Berlin 2002; *Pätzold, Kurt*: Tagesordnung Judenmord. Die Wannsee-Konferenz am 20. Januar 1942. Eine Dokumentation zur Organisation der Endlösung, 4. Auflage, Berlin 1998.
620 *Browning, Christopher*: Die Entfesselung der »Endlösung«. Nationalsozialistische Judenpolitik 1939-1942, München 2002; *Ders.:* Der Weg zur »Endlösung«. Entscheidungen und Täter, Hamburg 2002; *Longerich, Peter*: Der ungeschriebene Befehl. Hitler und der Weg zur »Endlösung«, München 2001.
621 *Welzer, Harald:* »Opa war kein Nazi«. Nationalsozialismus und Holocaust im Familiengedächtnis, 3. Auflage, Frankfurt/M. 2002. *Kramer, Sven*: Auschwitz im Widerstreit. Zur Darstellung der Shoa in Film, Philosophie und Literatur, Wiesbaden 1999.
622 Daß dies doch so sein »sollte«, führte zu der lange geglaubten Legende von dem wahnsinnig gewordenen Bomberpiloten der »Enola Gay«.
623 Natürlich gab es Ausnahmen, man denke an den »Fall Eck«.
624 *Jansen, Hans*: Der Madagaskar-Plan. Die beabsichtigte Deportation der europäischen Juden nach Madagaskar, München 1997. *Brechtken, Magnus*: »Madagaskar für die Juden«. Antisemitische Idee und politische Praxis 1895-1945, 2. Auflage, München 1998.
625 *Conrad-Martius,Hedwig*: Utopien der Menschenzüchtung; *Lilienthal,Georg:* Rassenhygiene im Dritten Reich. Krise und Wende, in: Medizinhistorisches Journal 14, 1979, S. 114-134.
626 Diese These spiegelt sich bereits im Titel des Buches von Christopher Browning: »Die Entfesselung der ›Endlösung‹«, denn das Wort »Entfesselung« zitiert Walther Hofers »Entfesselung« des Zweiten Weltkrieges.
627 *Aly, Götz:* »Endlösung«. Völkerverschiebung und der Mord an den europäischen Juden, Frankfurt/M. 1998.

628 Sie wurde keineswegs durch Goldhagen ausgelöst, sondern nur popularisiert; dessen Buch: *Goldhagen, Daniel J.:* Hitlers willige Vollstrecker. Ganz gewöhnliche Deutsche und der Holocaust, Berlin 1996, seitdem zahlreiche Neuauflagen, löste eine Flut von Kommentaren und (Gegen-) Veröffentlichungen aus. Einen nützlichen Überblick bietet: *Schoeps, Julius H.:* Ein Volk von Mördern? Die Dokumentation zur Goldhagen-Kontroverse um die Rolle der Deutschen im Holocaust, Hamburg 1996 und *Wippermann, Wolfgang:* Wessen Schuld? Vom Historikerstreit zur Goldhagen-Kontroverse, Berlin 1997. Vgl. auch: *Schoeps, Julius H.:* Goldhagen, der Vatikan und die Judenfeindschaft, Berlin 2003.

629 Die wichtigsten Titel: *Burleigh, Michael:* Death and Deliverance. »Euthanasia« in Germany c. 1939-1945, Cambridge u.a. 1995; *Friedlander, Henry:* Der Weg zum NS-Genozid. Von der Euthanasie zur Endlösung, Berlin 1997; *Klee, Ernst:* »Euthanasie« im NS-Staat. Die »Vernichtung lebensunwerten Lebens«, 9. Auflage, Frankfurt/M. 1999; *Schmuhl, Hans-Walter:* Rassenhygiene, Nationalsozialismus, Euthanasie. Von der Verhütung zur Vernichtung »lebensunwerten Lebens«, 1890-1945, 2. Auflage, Göttingen 1992. *Aly, Götz (Hg.):* Aktion T 4, 1939-1945. Die »Euthanasie«-Zentrale in der Tiergartenstraße 4, 2. Auflage, Berlin 1989. Ganz neu, mit erhellenden Fallbeispielen: *Braß, Christoph:* Zwangssterilisation und ›Euthanasie‹ im Saarland 1935-1945, Paderborn 2004.

630 *Wilhelm, Hans-Heinrich:* Wie geheim war die »Endlösung«? in: *Benz, Wolfgang (Hg.):* Miscellanea. FS für Hans Krausnick zum 75. Geburtstag, Stuttgart 1980, S. 131-148.

631 Aufschlußreich: *Hahn, Fred:* Lieber Stürmer. Leserbriefe an das NS-Kampfblatt 1924-1945. Eine Dokumentation aus dem Leo-Baeck-Institut New York, Stuttgart 1978. *Bytwerk, Randall L.:* Julius Streicher and the Impact of Der Stürmer, in: Wiener Library Bulletin 29, 1976/77, S. 41-46.

632 *Müller, Hans D.:* Facsimile-Querschnitt durch »Das Reich«, Einleitung Harry Pross, München 1964 – noch heute lesenswert!

633 Gerade um dieses Problem kreisten die teils hochemotionalen Auseinandersetzungen um die sog. »Wehrmachtausstellung«. Vgl. auch: *Pohl, Karl-Heinrich (Hg.):* Wehrmacht und Vernichtungspolitik. Militär im nationalsozialistischen System, Göttingen 1999.

634 Aufschlußreich: *Neitzel, Sönke:* Was dachten die deutschen Generäle über den Holocaust und den 20. Juli 1944? Deutsche Generäle in britischer Gefangenschaft 1942-1945. Dokumentation. Eine Auswahledition der Abhörprotokolle des Combined Services Detailes Interrogation Centre UK, in: Vierteljahrshefte für Zeitgeschichte 52, 2004, S. 289-348.

635 *Breitman, Richard:* Der Architekt der »Endlösung«. Himmler und die Vernichtung der europäischen Juden, Paderborn 1996.

636 *Salewski:* Deutsche Quellen S. 290f.

637 *Benz, Wolfgang (Hg.):* Dimension des Völkermords. Die Zahl der jüdischen Opfer des Nationalsozialismus, Neuausgabe, München 1996.

638 *Wegner, Bernd:* Hitlers zweiter Feldzug gegen die Sowjetunion. Strategische Grundlagen und historische Bedeutung, in: *Michalka:* Der Zweite Weltkrieg, S. 652-666.

639 S.o.S. 39.

640 *Eigene Erinnerung:* Wenn mein Vater auf Fronturlaub kam (von Kirkenes/Norwegen nach Königsberg/Ostpreußen), haben wir Kinder dies überall herumerzählt, und die Nachbarschaft versäumte es nie, meinen Vater zu befragen, wie es denn im Krieg so zugehe.

641 *Conway, John S.:* Die nationalsozialistische Kirchenpolitik 1933-1945. Ihre Ziele, Widersprüche und Fehlschläge, München 1969; *Denzler, Georg/Fabricius Volker:* Christen und Nationalsozialismus. Darstellung und Dokumente, Neuausgabe Frankfurt/M. 1993; *Hockerts, Hans Günther:* Die nationalsozialistische Kirchenpolitik im neuen Licht der Goebbels-Tagebücher, In: Das Parlament (B 30), 1983, S. 23-38; *Zipfel, Friedrich:* Kirchenkampf in Deutschland 1933-1945. Religionsverfolgung und Selbstbehauptung der Kirchen in der nationalsozialistischen Zeit, Berlin 1965; *Gotto, Klaus/Repgen, Konrad (Hg.):* Die Katholiken und das Dritte Reich, 3. Auflage, Mainz 1990; *Hürten, Heinz:* Deutsche Katholiken 1918-1945, Paderborn 1992.

642 *Bernd Wegner:* Hitlers »Zweiter Feldzug«. Militärische Konzeption und strategische Grundlagen, hier in: Das Deutsche Reich und der Zweite Weltkrieg Band 6, S. 761-1102
643 Nach dem Tod von Todt übernahm Albert Speer das Ministerium für Rüstungs-und Kriegsproduktion. Zur Rüstungspolitik während des Krieges: *Forstmeier, Volkman*n: Kriegswirtschaft und Rüstung; *Janssen, Gregor:* Das Ministerium Speer. Deutschlands Rüstung im Krieg, 2. Auflage, Berlin 1969; *Mommsen, Hans*: Der Mythos von der Modernität. Zur Entwicklung der Rüstungsindustrie im Dritten Reich, Essen 1999. Zu Speer neben dessen eigenen Memoiren und den »Spandauer Tagebüchern«: *Fest, Joachim*: Speer. Eine Biographie, 2. Auflage Berlin 1999; *Schmidt, Matthias*: Albert Speer. Das Ende eines Mythos, Bern 1982; *Sereny, Gitta:* Albert Speer. Sein Ringen mit der Wahrheit, München 2001.
644 Das Standardwerk: *Martin, Bernd:* Deutschland und Japan im Zweiten Weltkrieg. Vom Angriff auf Pearl Harbor bis zur deutschen Kapitulation, Göttingen 1969. *Krebs, Gerhard/ Martin, Bernd:* Formierung und Fall der Achse Berlin-Tokio, München 1994.Text des Dreimächtepakts: ADAP, Serie E, Band 1, Nr.15, siehe auch *Salewski:* Deutsche Quellen, S. 110.
645 Auf der bei *Salewski:* Seekriegsleitung, Band 2 beigegebenen Karte hat Raeder »194...« vermerkt. Daraus läßt sich schließen, daß er diesen Weltseekrieg spätestens für das Jahr 1949 erwartet hat.
646 *Salewski:* Deutsche Quellen, S. 231-233.
647 Am spektakulärsten war die Verbringung Boses via Indien nach Japan in einem U-Boot. *Kuhlmann:* Bose.
648 Formell unterstützte Hitlerdeutschland die indische Unabhängigkeitsbewegung, informell ließ Hitler keinen Zweifel daran, daß er ein nach wie vor von England beherrschtes Indien vorziehen würde, vgl. *Kuhlmann:* Bose.
649 *Hauner, Milan:* India in Axis Strategy. Germany, Japan, and Indian Nationalists in the Second World War, Stuttgart 1981.
650 *Salewski:* Seekriegsleitung, Band 2, S. 72-107.
651 Monumental die Bibliographie: *Schröder, Josef*: Italien im Zweiten Weltkrieg, München 1978; *Baum, Walter:* Der Krieg der »Achsenmächte« im Mittelmeerraum. Die »Strategie« der Diktatoren, Göttingen 1973.
652 *Cavallo, Pietro:* Italiani in guerra. Sentimenti e immagini dal 1940 al 1943, Bologna 1997.
653 *Bessel, Richard (Hg.):* Fascist Italy and Nazi Germany. Comparisons and Contrasts, Cambridge u.a. 1996; *Knox, MacGregor:* Hitler's Italian allies: Royal Armed Forces, Fascist regime, and the war of 1940-43, Cambridge u.a. 2000.
654 *Howard, Michael M.:* La Méditerranée et la stratégie britannique au cours de la deuxième guerre mondiale, in: La Guerre en Méditerranée 1939-1945. Actes du Colloque International tenu à Paris du 8 au 11 avril 1969, éd. Par le Comité de la Deuxième Guerre Mondiale, Paris 1971, S. 23-38.
655 Am spektakulärsten: Tarent, 11./12. November 1940.
656 *Reinhard Stumpf:* Der Krieg im Mittelmeerraum 1942/43: Die Operationen in Nordafrika und im mittleren Mittelmeer, in: Das Deutsche Reich und der Zweite Weltkrieg Band 6, S. 569-760.
657 *Kesselring, Albert:* Gedanken zum Zweiten Weltkrieg, Bonn 1955; *Ders.:* Soldat bis zum letzten Tag, Bonn 1953; apologetisch: *Kurowski, Franz:* Generalfeldmarschall Albert Keselring. Oberbefehlshaber an allen Fronten, Berg am See 1985.
658 *Lewin, Ronald:* Rommel, Stuttgart 1969. *Irving, David*: Rommel. Eine Biographie, Hamburg 1978; *Fraser, Sir David:* Knight's cross. A life of Field Marshal Erwin Rommel, London 1953.
659 Anders *Stumpf:* Der Krieg im Mittelmeerraum, S. 646: »Angreifen um nicht angegriffen zu werden«.
660 *Taysen, Adalbert von:* Tobruk 1941. Der Kampf in Nordafrika, Freiburg i.Br. 1976.
661 Nach der »Battle of Britain« haben El Alamein und »Monty« Montgomery eine wahre Flut von zumeist populärwissenschaftlicher Literatur vorwiegend in England ausgelöst;

seriös: *Maughan, Barton:* Tobruk and El Alamein (Australia in the war of 1939-1945, Army, vol. 3) Canberra 1966. *Chalfont, Arthur G.:* Der Sieger von El Alamein. Feldmarschall Montgomery, der Gegner von Rommel, Frankfurt/M. 1991; *Theil, Edmund*: Rommels verheizte Armee. Kampf und Ende der Heeresgruppe Afrika von El Alamein bis Tunis, Wien 1979.

662 *Piekalkiewicz, Janusz:* Der Wüstenkrieg in Afrika 1940-1943, München 1985.
663 Das Standardwerk: *Schröder, Josef:* Italiens Kriegsaustritt 1943. Die deutschen Gegenmaßnahmen im italienischen Raum: Fall »Alarich« und »Achse«, Göttingen 1969.
664 *Krautkrämer, Elmar:* Frankreichs Kriegswende 1942. Die Rückwirkungen der alliierten Landung in Nordafrika – Darlan, de Gaulle, Giraud und die royalistische Utopie, Bern u.a. 1989.
665 *Kowark, Hannsjörg:* Das Ende der französischen Flotte im Zweiten Weltkrieg. Toulon 1940-1944, Hamburg 1998.
666 Maßgebend: *Boog, Horst:* Strategischer Luftkrieg in Europa und die Reichsluftverteidigung 1943-1944, in: Das Deutsche Reich und der Zweite Weltkrieg, Band 7, S. 3-418. Auch noch: *Boog:* Die deutsche Luftwaffenführung; *Friedrich:* Der Brand.
667 Den ersten fehlgeschlagenen Versuch (gegen München) unternahmen die Engländer, die Bombardierung Coventrys wurde als »Vergeltung« deutscherseits deklariert.
668 *Neillands, Robin*: The Bomber War. Arthur Harris and the Allied Bombing Offensive 1939-1945, London 2001; *Messenger, Charles*: »Bomber« Harris and the strategic bombing offensive, 1935-1945, London 1984.
669 Dies die viel Empörung auslösende These in dem Theaterstück von *Hochhuth, Rolf:* Soldaten. Nekrolog an Genf, 1967, das nicht mit dem Anspruch der Wissenschaftlichkeit daherkommt.
670 Ausgelöst durch eine Denkmalerrichtung für Arthur Harris und das Buch von *Friedrich:* Der Brand gab es in den beiden letzten Jahren eine lebhafte öffentliche Debatte um den Bombenkrieg, vgl.*Kettenacker, Lothar*: Ein Volk von Opfern? Daß sie so »neu« nicht war zeigt: *Horn, Sönke:* Der Bombenkrieg gegen das Reich während des Zweiten Weltkrieges im Spiegel der deutschen Presse 1945-1995, MA Kiel 1997. Interessanterweise fühlte sich die NS-Propaganda 1943 veranlaßt, der Bevölkerung die Verantwortlichen vorzustellen: »Dokumente über die Alleinschuld Englands am Bombenkrieg gegen die Zivilbevölkerung«, Berlin 1943.
671 *Irving, David:* The Destruction of Convoy PQ 17, London 1968.
672 *Renner, Rolf Günter:* Hirn und Herz. Stalingrad als Gegenstand ideologischer und literarischer Diskurse, in: *Förster, Jürgen:* Stalingrad: Ereignis-Wirkung-Symbol, München, Zürich 1992, S. 472-492.
673 *Plievier, Theodor:* Stalingrad (1945). Seine beiden Folgeromane,«Moskau« (1952) und »Berlin« (1954) distanzierten sich von der kommunistischen Sicht der Dinge, wie sie in »Stalingrad« vorherrschte, erreichten aber nicht mehr das literarische Niveau von »Stalingrad«.
674 1958 drehte *Géza von Radványi* »Der Arzt von Stalingrad«, nach dem Roman von *Heinz Konsalik*, der 1992 bereits in 31. Auflage(!) vorlag.
675 Typisch: *Cujkov, Vasilij I.:* Die Schlacht des Jahrhunderts, Berlin 1980. (Erschienen im Militärverlag der DDR.)
676 *Jahn, Peter (Hg.):* Stalingrad erinnern. Stalingrad im deutschen und russischen Gedächtnis. Deutsch – russisches Museum Berlin-Karlshorst, (Katalog der) Austellung vom 15. November 2003 bis 29. Februar 2004, Berlin 2003; *Kumpfmüller, Michael*: Die Schlacht von Stalingrad. Metamorphosen eines deutschen Mythos, München 1995; *Arnold, Sabine Rosemarie*: Stalingrad im sowjetischen Gedächtnis. Kriegserinnerung und Geschichtsbild im totalitären Staat, Bochum 1998; *Pätzold, Kurt:* Stalingrad und kein zurück. Wahn und Wirklichkeit, in: Jahrbuch für Forschungen zur Geschichte der Arbeiterbewegung 2003, S. 229-232. *Wette, Wolfram*: Stalingrad – Mythos und Wirklichkeit einer Schlacht, Frankfurt/M. 1993. *Scheel, Klaus:* Anweisungen für die Darstellung der Stalingrader Schlacht in

der faschistischen Presse (Dokumentation), in: Zeitschrift für Geschichtswisenschaft 21, 1973, S. 684-700.
677 Genau das suchten die verschiedenen – hier nicht aufzuführenden – Veröffentlichungen von Kriegsbriefen aus Stalingrad nach 1945 zu suggerieren.
678 *Einsiedel, Heinrich Graf von (Hg.):* Wieder, Joachim: Stalingrad und die Verantwortung des Soldaten, 4. Auflage, München 1993.
679 *Görlitz, Walter (Hg.):* Paulus: »Ich stehe hier auf Befehl«. Lebensweg des Generalfeldmarschalls Friedrich Paulus. Mit den Aufzeichnungen aus dem Nachlaß, Briefen und Dokumenten, Frankfurt/M. 1960; *Reschin, Leonid*: Feldmarschall im Kreuzverhör. Friedrich Paulus in sowjetischer Gefangenschaft 1943-1953, Berlin 1996.
680 Das Standardwerk: *Kehrig, Manfred*: Stalingrad. Analyse und Dokumentation einer Schlacht, 3. Auflage, Stuttgart 1979.
681 Geschichte als Konstruktion: Paulus/Stalingrad/1943 – Paullus/Cannae/217 v.Chr. ?
682 *Hubatsch, Walther*: Kriegswende 1943, Darmstadt 1966; *Craig, William E.:* Die Schlacht von Stalingrad. Der Untergang der 6. Armee, Kriegswende an der Wolga, München 1974. Im gleichen Jahr erschienen *Rohwer/Jäckel*: Kriegswende 1941. Erst nach 1974 setzte sich in der Forschung das Jahr 1941 als das der »Kriegswende« durch; ob es sich halten wird, bleibt fraglich, vgl. demnächst: *Salewski, Michael*: Kriegswenden 1941-1943-1944.
683 Vgl. *Rohwer, Jäckel*: Kriegswende 1941.
684 *Steinert, Marlis*: Stalingrad und die deutsche Gesellschaft, in: *Förster:* Stalingrad. Ereignis-Wirkung-Symbol S. 171-186.
685 Zuerst nachgewiesen von: *Moltmann, Günther*: Goebbels Rede zum totalen Krieg am 18. Februar 1943, in: Vierteljahrshefte für Zeitgeschichte 12, 1964, S.13-43. *Kroener, Bernhard R.:* »Nun Volk, steh auf...!« Stalingrad und der »totale« Krieg 1942-1943, in: *Förster:* Stalingrad. Ereignis-Wirkung-Symbol S. 151-170.
686 S.u.S. 269.
687 Auch auf diesem Feld versagte »Fremde Heere Ost« nahezu vollsteändig, vgl. *Wilhelm, Hans-Heinrich*: Die Prognosen der Abteilung Fremde Heere Ost 1942-1945, in: *Wilhelm, Hans-Heinrich*: Zwei Legenden aus dem Dritten Reich.
688 *Hillgruber, Andreas*: »Nordlicht«. Die deutschen Pläne zur Eroberung Leningrads im Jahr 1942, in: *Hillgruber, Andreas*: Deutsche Großmacht und Weltpolitik im 19. und 20. Jahrhundert, 2. Auflage, Düsseldorf 1979, S. 295-316.
689 *Salewski*: Staatsräson und Waffenbrüderschaft.
690 *Kissel, Hans*: Angriff einer Infanteriedivision. Die 101. Leichte Infanteriedivision in der Frühjahrsschlacht bei Charkow, Mai 1942, Heidelberg 1958.
691 *Knjaz'kov, Anatolij S.:* Die sowjetische Strategie im Jahre 1942, in: *Förster:* Stalingrad. Ereignis-Wirkung-Symbol S. 39-52.
692 *Salewski:* Deutsche Quellen, S. 252-254.
693 Denkwürdig das Protokoll der Mittagslage vom 12. Dezember 1942: »Der Führer: Ist etwas Katastrophales passiert? Zeitzler: Nein, mein Führer.« – *Heiber*: Lagebesprechungen, S. 43.
694 *Schwarz, Eberhard*: Die Stabilisierung der Ostfront nach Stalingrad. Mansteins Gegenschlag zwischen Donez und Dnjepr im Frühjahr 1943, Göttingen 1985.
695 *Overy, Richard J.:* Hermann Göring. Machtgier und Eitelkeit, München 1996.
696 *Martens, Stefan*: Hermann Göring. »Erster Paladin des Führers« und »Zweiter Mann im Reich«, Paderborn u.a. 1983.
697 *Umbreit, Hans*: Das unbewältigte Problem. Der Partisanenkrieg im Rücken der Ostfront, in: *Foerster:* Stalingrad. Ereignis – Wirkung – Symbol S. 130-150.
698 *Seydlitz, Walther von*: Stalingrad. Konflikt und Konsequenz. Erinnerungen, Oldenburg 1977.
699 S.o.S. 252 und Anm. 685.
700 *Schlie, Ulrich*: Kein Friede mit Deutschland. Die geheimen Gespräche im Zweiten Weltkrieg 1939-1941, München, Berlin 1994.
701 *Zieger, Gottfried*: Alliierte Kriegskonferenzen 1941-1943. Die Verhandlungen der Regierungschefs in Washington, Moskau, Casablanca und Quebec über Kriegs- und Nach-

kriegsprobleme, Hannover 1964; *Armstrong, Anne:* Unconditional surrender. The impact of the Casablanca policy upon World War II, New Brunswick 1961; *Berthold, Hermann*: »Unconditional surrender«. Das Kriegsziel der Alliierten des Zweiten Weltkrieges, Diss. Würzburg 1973; *Moltmann, Günther*: Die Genesis der unconditional-surrender-Forderung, in: *Hillgruber, Andreas (Hg.):* Probleme des Zweiten Weltkrieges, Köln 1967. Vielleicht wäre darauf hinzuweisen, daß im kollektiven Gedächtnis nicht nur der Deutschen mit »Casablanca« keinesweg die »bedingungslose Kapitulation« sondern das »Spiel's nochmal, Sam« verbunden wird, vgl.: *Miller, Frank*: Casablanca as time goes by. Mythos und Legende eines Kultfilms, München 1992.

[702] *Fleischhauer, Ingeborg:* Die Chance des Sonderfriedens. Deutsch-sowjetische Geheimgespräche 1941-1945, Berlin 1986. *Schröder, Josef:* Bestrebungen zur Eliminierung der Ostfront, 1941-1943, in: *Salewski, Michael, Schröder, Josef (Hg.):* Dienst für die Geschichte. Gedenkschrift für Walther Hubatsch, Göttingen, Zürich 1985, S. 187-227.

[703] *Allhoff, Fred:* Blitzkrieg. Die Nazi-Invasion in Amerika (Lightning in the Night, 1940), Heyne Taschenbuch 4054.

[704] Darauf hat Wolfram Wette verschiedentlich und ganz richtig hingewiesen.

[705] Das gilt für die USA bekanntlich bis heute; der Internationale Strafgerichtshof in Den Haag wird von ihnen nicht anerkannt.

[706] Dabei setzte er exakt auf jene – völlig unkommunistischen – Werte, die ihm die Hochschätzung vor allem Roosevelts eintragen sollten (und eingetragen haben) vgl.: *Miner, Steven Merritt*: Stalin's holy war. Religion, nationalism, and alliance politics, 1941-1945, Chapel Hill 2003.

[707] *Döscher, Hans-Jürgen:* Das Auswärtige Amt im Dritten Reich. Diplomatie im Schatten der »Endlösung«, Berlin 1987; das Standardwerk: *Hildebrand, Klaus*: Deutsche Außenpolitik 1933-1945. Kalkül oder Dogma? 5. Auflage, Stuttgart 1990.

[708] *Salewski:* Nationalsocialist Ideas; *Elvert:* Mitteleuropa; *Kluke, Paul:* Nationalsozialistische Europaideologie, in: Vierteljahrshefte für Zeitgeschichte 3, 1955, S. 240-275. *Moll, Martin:* »Signal«. Die NS-Auslandsillustrierte und ihre Propaganda für Hitlers »Neues Europa«, in: Publizistik 31, 1986, S. 357-400.

[709] *Salewski, Michael:* Der Erste Weltkrieg, 2. Auflage, Paderborn u.a. 2004, S. 141ff.

[710] *Longerich, Peter*: Propagandisten im Krieg. Die Presseabteilung des Auswärtigen Amtes unter Ribbentrop, München 1987; interessant: *Kiesinger, Kurt*: Dunkle und helle Jahre. Erinnerungen 1904-1958, Stuttgart 1989.

[711] Ich gebrauche dieses Wort bewußt im Sinne von Otto Weininger: Geschlecht und Charakter (1903)

[712] *Wolkow, Wladimir Konstantinowitsch*: Stalin wollte ein anderes Europa. Moskaus Außenpolitik 1940 bis 1968 und die Folgen, Berlin 2003; *Topitsch, Ernst*: Stalins Krieg. Die sowjetische Langzeitstrategie gegen den Westen als rationale Machtpolitik, München 1985.

[713] *Falin, Valentin M.:* Zweite Front. Die Interessenkonflikte in der Anti-Hitler-Koalition, München 1995; *Böttger, Peter*: Winston Churchill und die Zweite Front (1941-1943). Ein Aspekt der britischen Strategie im Zweiten Weltkrieg, Frankfurt/M. 1984.

[714] S.u.S. 293 ff.

[715] *DeZayas, Alfred M.*: Die Wehrmacht-Untersuchungsstelle. Deutsche Ermittlungen über alliierte Völkerrechtsverletzungen im Zweiten Weltkrieg unter Mitarbeit von *Walter Rabus*,4. Auflage, Frankfurt, Berlin 1987.

[716] *Crocker, George N.:* Liebesgrüße an Moskau. F.D. Roosevelts Waffenhilfe für die Rote Armee 1941-1945. Amerika öffnet Stalin den Weg nach Berlin, Kiel 1986.

[717] *Fischer, Alexander (Hg.):* Teheran, Jalta, Potsdam. Die sowjetischen Protokolle von den Kriegskonferenzen der »Großen Drei«, Köln 1968.

[718] *Waszack, Leon J.:* Agreement in principle. The wartime partnership of General Wladyslaw Sikorski and Winston Churchill, New York u.a. 1996; *Terry, Sarah M.:* Poland's place in Europe. General Sikorski and the origin of the Oder-Neisse-line, 1939-1943, Princeton 1983.

719 *Rahn:* Krieg im Pazifik; *Potter, Elmar B./ Nimitz, Chester W.:* Seemacht. Eine Seekriegsgeschichte von der Antike bis zur Gegenwart, München 1974, hier die Kapitel 38-45, S. 765-902.
720 Ebenfalls ausschlaggebend der Triumph der Entzifferung; *Levite, Ariel:* Intelligence and strategic surprise, New York 1987.
721 *Gorschkow, Sergej G.:* Seemacht Sowjetunion. Deutsche Ausgabe herausgegeben von *Eckhardt Opitz,* München 1978; *Opitz, Eckhardt:* Sergej Gorschkow und die sowjetische Flottenpolitik, Hamburg 1978; *Malek, Martin:* Militärdoktrin und Marinepolitik der UdSSR 1956-1985, Frankfurt/M. 1992.
722 *Salewski, Michael:* Die Preußische Expedition nach Japan (1859-1861), *Ders.:* Die preußische Ostasienpolitik (1859-1862). Motive und Mentalitäten, in: *Ders.:* Die Deutschen und die See, Band 1, S. 54-67; S. 68-81.
723 Warum heißt es in der chinesischen Nationalhymne dann aber: »Der *Osten* ist rot«?
724 *Hoffmann:* Widerstand S. 346-373.
725 Maßgeblich: *Klink, Ernst:* Das Gesetz des Handelns. Die Operation »Zitadelle« 1943, Stuttgart 1966. *Bußmann, Walter:* Kursk-Orel-Dnjepr. Erlebnisse und Erfahrungen im Stab des XXXXVI. Panzerkorps während des »Unternehmens Zitadelle«, in: Vierteljahrshefte für Zeitgeschichte 41, 1993, S. 503-18. *Foerster, Roland G.: (Hg.):* Gezeitenwechsel im Zweiten Weltkrieg? Die Schlachten von Char'kov und Kursk im Frühjahr und Sommer 1943 in operativer Anlage, Verlauf und politischer Bedeutung, Hamburg 1996.
726 *Mennel, Rainer:* Der nordafrikanisch-italienische Kampfraum 1943-1945. Eine wehrgeographische Studie, Osnabrück 1983.
727 Das ergeben die jüngsten Recherchen von *Josef Schröder,* die demnächst veröffentlicht werden.
728 *Rocca, Gianni:* L'Italia invasa, 1943-1945, Milano 1998; *Agarossi, Elena:* A nation collapses. The Italian surrender of September 1943, Cambridge u.a. 2000; *Lamb, Richard:* War in Italy, 1943-1945. A brutal story, London 1993.
729 Das Standardwerk: *Schreiber, Gerhard:* Deutsche Kriegsverbrechen in Italien. Täter-Opfer-Strafverfolgung, München 1996; *Wedekind, Michael:* Nationalsozialistische Besatzungs-und Annexionspolitik in Norditalien 1943 bis 1945. Die Operationszonen »Alpenvorland« und »Adriatisches Küstenland«, München 2003.
730 Das Standardwerk: *Ben Arie, Katriel:* Die Schlacht bei Montecassino 1944, Freiburg i.Br. 1986.
731 Sarkastisch thematisiert in dem Film von *Nichols, Mike:* Catch 22, USA 1970.
732 *Plehwe, Friedrich-Karl von:* Schicksalsstunden in Rom. Ende eines Bündnisses, Berlin 1967.
733 *Mittermaier, Karl:* Mussolinis Ende. Die Republik von Salò 1943-1945, München 1995; *Smith, Bradley F.:* Unternehmen »Sonnenaufgang«. Das Kriegsende in Italien, Frankfurt/M. 1983.
734 Sehr bemerkenswert der Spielfilm: *Pasolini, Pier Paolo:* Salò o le Centoventi Giornati di Sodoma, Italien 1975.
735 *Markusen, Erich, Kopf D.:* The Holocaust and the Strategic Bombing. Genocide and Total War in the Twentieth Century, Boulder u.a. 1995; *Neufeld, Michael J.:* The Bombing of Auschwitz. Should the Allies Have Attempted It? In: Holocaust and genocide studies 15, 2001, S. 503-05; *Westermann, Eduard B.:* The Royal Air Force and the Bombing of Auschwitz. First Deliberations, January 1941, in: Holocaut and genocide studies 15, 2001, S. 70-85; *White, Joseph Robert:* Target Auschwitz. Historical and Hypothetical German Responses to Allied Attack (Rezension) in: Holocaust and genocide studies 16, 2002, S. 54-76.
736 Operation »Jubilee« am 19. August 1942.
737 Dieses Kapitel basiert auf *Salewski, Michael:* Die Abwehr der Invasion als Schlüssel zum »Endsieg«, in: *Müller, Volkmann:* Die Wehrmacht, S. 210-223. Die Spezialliteratur zu »D-Day« ist inzwischen unübersehbar, ein besonderes erkenntnistheoretisches Phänomen bildet der Umstand, daß die Literatur in keinem anderen Fall so wie hier an die jeweils »run-

den« Jubiläumsdaten ankristallisiert erscheint. Vgl. *Klein, Ulrike:* Das internationale Medienereignis D-Day. Presse und kollektive Erinnerung nach 50 Jahren, Bochum 1996. Das wahrscheinlich monumentalste Werk wurde zur 50. Wiederkehr von D-Day produziert: *Chandler, David G./Collins, James Lawton*: The D-Day Encyclopedia, New York u.a. 1994. Sehr solide auf Grund der deutschen Akten: *Ose, Dieter*: Entscheidung im Westen 1944. Der Oberbefehlshaber West und die Abwehr der alliierten Invasion, Stuttgart 1982; *Umbreit, Hans*: Invasion 1944, Hamburg 1998; *Mönch Winfried*: Entscheidungsschlacht »Invasion« 1944? Prognosen und Diagnosen, Stuttgart 2001. Quellenwert haben die Erinnerungen zweier Zeitzeugen: *Speidel, Hans*: Invasion 1944. Ein Beitrag zu Rommels und des Reiches Schicksal, 5. Auflage Tübingen 1961, und *Ruge, Friedrich*: Rommel und die Invasion, Stuttgart 1959.

738 SD-Meldung vom 8. Juni 1944, *Boberach*: Meldungen S. 511.
739 *Warlimont:* Hauptquartier S. 457.
740 *Hillgruber, Andreas*: Das Problem der »Zweiten Front« in Europa 1941-1944, in: *Ders.:* Deutsche Großmacht – und Weltpolitik im 19. und 20. Jahrhundert, S. 332-350. *Böttger, Peter:* Winston Churchill und die Zweite Front (1941-1943), Frankfurt/M.u.a.1984.
741 *Domarus:* Hitler, Band 2, S. 1660.
742 *Boelcke, Willi A*.:«Wollt ihr den totalen Krieg?« Die geheimen Goebbels-Konferenzen 1939-1943, Stuttgart 1967, S. 228.
743 St. Nazaire: 28. März 1942; Dieppe: 5. August 1942.
744 KTB OKW Band 2, S. 1262.
745 KTB Halder, Band 3, S. 505.
746 Ebda., S. 420.
747 *Ose:* Entscheidung, S. 279.
748 Ebda. S. 283.
749 KTB OKW Band 2, S. 458.
750 Ebda., Band 3, S. 212.
751 Ebda., Band 2, S. 1061.
752 *Domarus*: Hitler, S. 1912.
753 *Heiber:* Lagebesprechungen, S. 444.
754 *Hubatsch*: Hitlers Weisungen S. 270-278. *Keegan*: Der Zweite Weltkrieg S. 542 nennt die Weisung Nr. 51«einen seiner fünf oder sechs wichtigsten Befehle an die Wehrmacht im Laufe des gesamten Krieges.«
755 *Warlimont:* Hauptquartier, S. 432.
756 *Neufeld, Jürgen*: Die Rakete und das Reich. Wernher von Braun, Peenemünde und der Beginn des Raketenzeitalters, Berlin 1997; *Michels, Jürgen*: Peenemünde und seine Erben in Ost und West. Entwicklung und Weg deutscher Geheimwaffen, Bonn 1997; *Stüwe, Botho*: Peenemünde-West. Die Erprobungsstelle der Luftwaffe für geheime Fernlenkwaffen und deren Entwicklungsgeschichte, Esslingen 1995. Das Museum in Peenemünde ist sehenswert, vgl. www.peenemuende.de.
757 *Warlimont:* Hauptquartier, S. 432.
758 KTB OKW Band 3, S. 1325.
759 *Heber, Thorsten*: Der Atlantikwall 1940-1945. Die Befestigung der Küsten West- und Nordeuropas im Spannungsfeld nationalsozialistischer Kriegführung und Ideologie, Diss. Düsseldorf 2003 (elektronische Ressource); *Wilt, Alan F.:* The Atlantic Wall. Hitler's Defenses in the West, Ames, Iowa 1975; *Bö, Patrick Andersen*: Le mur de l'Atlantique, Rennes 2002.
760 *Salewski:* Seekriegsleitung, Band 2, S. 414.
761 ADAP, Serie E, Band 7, S. 346.
762 Ebda. S. 448f.
763 ADAP, Serie E, Band 8, S. 42f.
764 KTB OKW Band 4, S. 18.
765 *Ose:* Entscheidung, S. 76.
766 Kräfteauflistung bei *Ose:* Entscheidung, S. 95 ff.

767 *Boberach:* Meldungen, S. 509.
768 *Colville:* Tagebücher, S. 346.
769 *Churchill:* Zweiter Weltkrieg Band 5, 2, S. 307, 308. Diese Befürchtungen zeigen, daß die Erfahrungen des Ersten trotz aller Erfahrungen des Zweiten Weltkrieges sogar »ganz oben« immer noch eine Rolle spielten.
770 Ebda., S. 345, 363.
771 *Eisenhower, Dwight D.:* Invasion, Hamburg 1949, S. 40.
772 Ebda. S. 33.
773 Ebda. S. 274.
774 *Eisenhower, Dwight D.:* Kreuzzug in Europa, Amsterdam 1957, S. 287.
775 Ebda. S. 287.
776 Ebda. S. 295.
777 Ebda. S. 309. Der größte englische Luftangriff auf ein Einzelziel (594 Flugzeuge) hatte Peenemünde am 17./18. August 1943 gegolten, war aber wesentlich gescheitert. Die Produktion der A4-Raketen wurde dann in den Südharz verlegt, in das eigens unterirdisch neu errichtete Werk »Mittelbau«, für dessen Errichtung und Betrieb zehntausende von Zwangsarbeitern und KZ-Häftlingen rücksichtslos eingesetzt wurden.
778 *Montgomery, Bernard Law*: Memoiren, München 1958, S. 252.
779 Ebda. S. 270.
780 *Wegmüller, Hans*: Die Abwehr der Invasion. Die Konzeption des Oberbefehlshabers West 1940-1944, Freiburg i. Br. 1979.
781 *Ludewig, Joachim*: Der deutsche Rückzug aus Frankreich 1944, 2. Auflage Freiburg i.Br.1995. Wer es literarisch mag, sei auf *Buchheim, Lothar-Günther*: Die Festung, verwiesen.
782 Verlaine: Chanson d'automne. Die Zeile: »Blessent mon coeur/D'une langueur Monotone« war das (besser: eines) der Stichworte für die Résistance, mit denen die Invasion am 5. Juni 1944 durch die BBC angekündigt wurde.
783 *Opitz, Peter J.:* Die Vereinten Nationen. Geschichte, Struktur, Perspektiven, 2. Auflage Opladen 2002; *Schlesinger, Stephen C.:* Act of creation. The founding of the United Nations. A story of superpowers, secret agents, wartime allies and enemies, and their quest for a peaceful world, Boulder, Color. 2003. *Luard, Evan:* A History of the United Nations, Band 1, Basingstoke 1982. Formell wurden die VN am 26. Juni 1945 gegründet.
784 *Kissinger, Henry*: Das Gleichgewicht der Großmächte. Metternich, Castlereagh und die Neuordnung Europas 1812-1822, Zürich 1986 (engl: A World restored, 1957)
785 *Baumgart, Winfried*: Vom Europäischen Konzert zum Völkerbund. Friedensschlüsse und Friedenssicherung von Wien bis Versailles, 2. Auflage Darmstadt 1987.
786 *Schöllgen, Gregor*: Geschichte der Weltpolitik von Hitler bis Gorbatschow 1941-1991, München 1996.
787 *Mastny, Vojtech*: Moskaus Weg zum Kalten Krieg. Von der Kriegsallianz zur sowjetischen Vormachtstellung in Osteuropa, München, Wien 1980.
788 *Gaddis, John Lewis:* The United States and the Origins of the Cold War 1941-1947, New York 1972.
789 S.o.S. 262.
790 *Ziegler, Gottfried*: Alliierte Kriegskonferenzen 1941-1943. Die Verhandlungen der Regierungschefs in Washington, Moskau, Casablanca und Quebec über Kriegs-und Nachkriegsprobleme, Hannover 1964.
791 *Holch, Martin*: Die Konferenz von Teheran 1943 und ihre Vorgeschichte seit Casablanca, Diss. Köln 1957. Neben den amtlichen amerikanischen Akten zu den großen Kriegskonferenzen in den Foreign Relations of the United States (FRUS) sehr nützlich: *Fischer, Alexander (Hg.):* Teheran, Jalta, Potsdam. Da der Herausgeber alle Abweichungen des sowjetischen Textes vom amerikanischen dokumentiert, liegt mit dieser Edition gleichzeitig eine vergleichende Synopse vor.
792 *Fischer (Hg.):* Teheran, Jalta, Potsdam S. 83.
793 Ebda.

794 Ebda. S. 84f.
795 Ebda. S. 85.
796 Ein Aperçu am Rande: Auch Hindenburg wußte nicht, wo Hitler geboren war, deswegen der »böhmische« Gefreite, für den er sich dann später bei Hitler entschuldigte!
797 Ebda.
798 Ebda. S. 86.
799 Ebda.
800 *Ziegenhofer-Prettenthaler, Anita*: Botschafter Europas. Richard Nikolaus Coudenhove-Kalergi und die Paneuropa-Bewegung in den zwanziger und dreißiger Jahren, Wien 2004.
801 *Morgenthau, Henry*: Germany is our problem, New York 1945.
802 *Mausbach, Wilfried*: Zwischen Morgenthau und Marshall. Das wirtschaftspolitische Deutschlandkonzept der USA 1944-1947, Düsseldorf 1996; *Greiner, Bernd*: Die Morgenthau-Legende. Zur Geschichte eines umstrittenen Plans, Hamburg 1995; *Blum, John Morton*: Deutschland ein Ackerland? Morgenthau und die amerikanische Kriegspolitik 1941-1945. Aus den Morgenthau-Tagebüchern, Düsseldorf 1968.
803 Typisch: *Irving, David*: Der Morgenthau-Plan 1944-945. Amerikanische Deutschlandpolitik, Sühneleistungen, »re-education«, Auflösung der deutschen Wirtschaft, Bremen 1986.
804 *Kimball, Warren F.*: Swords or ploughshares? The Morgenthau Plan for defeated Nazi Germany 1943-1946, Philadelphia 1976.
805 *Stern, Frank*: Sozialismus in Amerika? Ein thematischer und sprachlicher Vergleich von Edward Bellamy »Looking Backwards 2000-1887« und seine deutsche Rezeption, Wetzlar 2004; *Thomas, John*: Alternative America. Henry Sears, Edward Bellamy, Henry Desmarest Lloyd, and the adversary tradition, Cambridge, Mass.u.a. 1983. Es ist interessant, daß praktisch parallel zu Morgenthaus »Germany is our problem« erschien: *Morgan, Arthur*: Edward Bellamy, 2. Auflage New York 1945; *Logsdon, Gene*: Living at nature's pace. Farming and the American dream, New York 1994.
806 *Dülffer, Jost*: Jalta, 4. Februar 1945. Der Zweite Weltkrieg und die Entstehung der bipolaren Welt, 2. Auflage München 1999; *Senarclens, Piere de*: From Yalta to the Iron Curtain. The great powers and the origins of the Cold War, Oxford 1995; Die Jalta-Dokumente. Vollständige deutsche Ausgabe der offiziellen Dokumente des U.S. State Departements über die Konferenz von Jalta, Göttingen 1957.
807 *Churchill*: Zweiter Weltkrieg VI, 2.
808 *Fischer (Hg.)*: Teheran, Jalta, Potsdam S. 128.
809 Ob Stalin bei diesen Formulierungen auch an jene dachte, die Hitler am 1. September 1939 verwendet hatte – s. o. S. 89 muß offen bleiben.
810 *Rothfels*: Die Opposition gegen Hitler; *Ritter, Gerhard*: Carl Goerdeler.
811 Nützlich: *Benz, Wolfgang/Pehle, Walther H.(Hg.)*: Lexikon des deutschen Widerstandes, Frankfurt/M. 1994; *Steinbach, Peter/Tuchel, Johannes (Hg.)*: Lexikon des Widerstandes 1933-1945, München 1994.
812 Zuerst durch *Gruchmann, Lothar (Hg.)*: Autobiographie eines Attentäters. Der Anschlag auf Hitler im Bürgerbräu 1939. Johann Georg Elser, (1970), 2. Auflage, Stuttgart 1989. Zu Elser: *Haasis, Hellmut*: »Den Hitler jag' ich in die Luft«. Der Attentäter Georg Elser. Eine Biographie, Berlin 1999; *Hoch, Anton/Gruchmann, Lothar*: Georg Elser. Der Attentäter aus dem Volke. Der Anschlag auf Hitler im Bürgerbräu 1939, 2. Auflage, Frankfurt/M. 1980.
813 *Peukert, Detlev*: Die Edelweißpiraten. Protestbewegungen jugendlicher Arbeiter im Dritten Reich. Eine Dokumentation, 3. Auflage Köln 1988; *Muth, Heinrich*: Jugendopposition im Dritten Reich, in: Vierteljahrshefte für Zeitgeschichte 30, 1982, S. 369-417. *Helmers, Gerrit/Kenkmann, Alfons*: »Wenn die Messer blitzen und die Nazis flitzen...« Der Widerstand von Arbeiterjugendcliquen und -banden in der Weimarer Republik und im »Dritten Reich«, Lippstadt 1984.
814 *Elling, Hanna*: Frauen im deutschen Widerstand 1933-1945, 4. Auflage Frankfurt/M. 1986; *Kerschbaumer, Marie-Thérèse*: Der weibliche Name des Widerstandes. Sieben Beiträge, Freiburg 1980; *Strobl, Ingrid*: »Sag nie, du gehst den letzten Weg.« Frauen im be-

waffneten Widerstand gegen Faschismus und deutsche Besatzung, Frankfurt/M. 1989; eindringlich: *Szepansky, Gerda:* Frauen leisten Widerstand: 1933-1945. Lebensgeschichten nach Interviews und Dokumenten, Frankfurt/M. 1993; *Stoltzfus,Nathan:* Widerstand des Herzens. Der Aufstand der Berliner Frauen in der Rosenstraße 1943, Frankfurt/M., Wien 2000. *Schröder, Nina*: Hitlers unbeugsame Gegnerinnen. Der Frauenaufstand in der Rosenstraße, München 1998; *Jochheim, Gernot*: Frauenprotest in der Rosenstraße. »Gebt uns unsere Männer wieder«, Berlin 1993.

815 Die Literatur zum 20. Juli 1944 ist fast nicht mehr zu überblicken – auch hier macht sich das »Jubiläumssyndrom« bemerkbar. Dementsprechend findet man besonders viel an Literatur zum 20. Juli 1944 im Umkreis der Jahre 2004, 1994, 1984, 1969. Eine knappe – sehr subjektive – Auswahl: *Ueberschär, Gerd R.:* Stauffenberg. Der 20. Juli 1944, Frankfurt/M. 2004; *Steinbach, Peter*: Der 20. Juli 1944. Gesichter des Widerstands, Berlin 2004; *Hoffmann, Peter*: Claus Schenk Graf von Stauffenberg und seine Brüder. Das geheime Deutschland, München 2004; *Ders.:* Stauffenberg und der 20. Juli1944, München 1998. *Müller, Christian*: Oberst i.G.Stauffenberg. Eine Biographie, Neuauflage Düsseldorf 2003; *Fest, Joachim:* Staatsstreich. Der lange Weg zum 20. Juli , 4. Auflage Berlin 1994. *Hillmann, Jörg*: Der 20. Juli 1944 und die Marine. Ein Beitrag zu Ereignis und Rezeption, Bochum 2004. *Zeller Eberhard*: Oberst Claus Graf Stauffenberg. Ein Lebensbild, Paderborn 1994.

816 Der Begriff entnommen: *Gaertringen, Friedrich Freiherr Hiller von (Hg.):* Die Hassell-Tagebücher 1938-1944. Aufzeichnungen vom Anderen Deutschland, 2. Auflage Berlin 1989. *Schöllgen, Gregor*: Ulrich von Hassell 1881-1944. Ein Konservativer in der Opposition, München 1990.

817 Neben *Ritter*: Goerdeler; *Schramm,Wilhelm Ritter von*: Beck und Goerdeler. Gemeinschaftsdokumente für den Frieden 1941-1944, München 1965; *Gillmann, Sabine/Mommsen, Hans (Hg.):* Politische Schriften und Briefe Carl Friedrich Goerdelers, 2 Bände, München 2003.

818 *Balfour, Michael/Frisby, Julian*: Helmuth James von Moltke 1907-1945. Anwalt der Zukunft, 2. Auflage, Berlin 1984; *Finker, Kurt*: Graf Moltke und der Kreisauer Kreis, 3. Auflage, Berlin 1993.

819 *Scheurig, Bodo*: Henning von Tresckow. Ein Preuße gegen Hitler, Neuausgabe Beltheim-Schnellbach 2001; *Grabner, Sigrid/Röder, Hendrick (Hg.):* Henning von Tresckow. Ich bin, der ich war, 2. Auflage, Berlin 2003.

820 Zur »Weißen Rose«: *Dumbach, Annette E./Newborn, Jud*: Die Geschichte der Weißen Rose, 3. Auflage, Freiburg i.Br. 1993; *Lill, Rudolf (Hg.):* Hochverrat? Die »Weiße Rose« und ihr Umfeld, Konstanz 1993; *Petry, Christian*: Studenten aufs Schafott. Die Weiße Rose und ihr Scheitern, München 1968; *Vinke, Hermann*: Das kurze Leben der Sophie Scholl, 3. Auflage, Ravensburg 1990.

821 Überblicksdarstellungen: *Graml, Hermann*: Widerstand im Dritten Reich. Probleme, Ereignisse, Gestalten, Neuausgabe Frankfurt/M. 1995; *Müller, Klaus-Jürgen (Hg.):* Der deutsche Widerstand 1933-1945, 2. Auflage, Paderborn u.a. 1990; *Roon, Ger van*: Widerstand im Dritten Reich. Ein Überblick, 7. Auflage, München 1998.

822 *Hüttenberger, Peter*: Vorüberlegungen zum »Wiederstandsbegriff«, in: *Kocka, Jürgen (Hg.):* Theorien in der Praxis des Historikers. Forschungsbeispiele und ihre Diskussion, Göttingen 1977, S. 117-134. Ein repräsentativer Sammelband entstand aus Anlaß der 50. Wiederkehr des 20. Juli 1944: *Schmädecke, Jürgen/Steinbach, Peter*: Der Widerstand gegen den Nationalsozialismus. Die deutsche Gesellschaft und der Widerstand gegen Hitler, München, Zürich 3. Auflage, München, Zürich 1994.

823 *Abendroth, Wolfgang*: Historische Funktion und Umfang des Widerstandes der Arbeiterbewegung im Dritten Reich, in: *Oertzen, Peter von (Hg.):* Festschrift für Otto Brenner zum 60. Geburtstag, Frankfurt/M. 1967, S. 303-323; *Langewiesche, Dieter*: Sozialistischer und kommunistischer Widerstand in Deutschland 1933-1945, in: *Hoffacker, Helmut (Hg.):* Materialien zum historisch-politischem Unterricht, Band 1: Versäumte Lektionen. Deutschland 1890-1949, Stuttgart 1975, S. 67-81; *Peukert, Detlev*: Der deutsche Arbeiterwiderstand 1933-1945, in: *Müller, Klaus-Jürgen(Hg.):* Der deutsche Widerstand S. 157-

181. *Sywottek, Arnold*: Revolutionäre Perspektiven des kommunistischen Widerstands, in: *Schmädecke /Steinbach*: Der Widerstand gegen den Nationalsozialismus S. 475-496.
824 *Walle, Heinrich*: Die Tragödie des Oberleutnants zur See Oskar Kusch; Historische Mitteilungen, Beiheft 13, Stuttgart 1995.
825 *Kißener, Michael(Hg.)*: Widerstand gegen die Judenverfolgung, Konstanz 1996; eindringlich dargestellt in dem Fernsehfilm von *Schwarzenberger, Xaver*: Annas Heimkehr, Deutschland 2002. Allgemein: *Mommsen, Hans*: Der Widerstand gegen Hitler und die deutsche Gesellschaft, in: *Schmädecke/Steinbach*: Der Widerstand gegen den Nationalsozialismus S. 3-23.
826 *Benz, Wolfgang*: Widerstand im Exil – Exil als Widerstand, in: *Gedenkstätte Deutscher Widerstand Berlin (Hg.)*: Beiträge zum Widerstand 1933-1945, Berlin 1991. *Röder, Werner*: Deutscher Widerstand im Ausland. Zur Geschichte des politischen Exils 1933-1945, in: Das Parlament, (B 31) 1980, S. 3-22; *Steinbach, Peter*: Widerstand gegen den Nationalsozialismus aus dem Exil? Zur politischen und räumlichen Struktur der deutschen Emigration 1933-1945, in: Geschichte in Wissenschaft und Unterricht 41, 1990, S. 587-606.
827 *Loewy, Ernst:* Deutsche Rundfunkaktivitäten im Exil. Ein Überblick, In: Mitteilungen des Studienkreises für Rundfunkgeschichte 4, 1978, S. 115-226; *Pütter, Conrad:* Rundfunk gegen das Dritte Reich. Deutschsprachige Rundfunkaktivitäten im Exil 1933-1945. Ein Handbuch, München u.a. 1986.
828 *Vogel, Thomas (Hg.):* Wilm Hosenfeld: »Ich versuche jeden zu retten«. Das Leben eines deutschen Offiziers in Briefen und Tagebüchern, München 2004.
829 Neuerdings ist der Aufstand im Warschauer Getto wieder ins allgemeine Bewußtsein gerückt durch: *Szpilman, Wladyslaw*: Der Pianist. Mein wunderbares Überleben, 8. Auflage 2003. Auch der Name Wilm Hosenfeld, bis dato allgemein völlig unbekannt, gehört seitdem in die Liste der heldenhaftesten Widerständler; in diesem Zusammenhang wird z.Zt. der Begriff »Rettungswiderstand«(Lustiger) in der Fachdiskussion mehrfach verwendet: *Wette, Wolfram (Hg.).*: Zivilcourage. Empörte Helfer und Retter aus Wehrmacht, Polizei und SS, Frankfurt/M. 2003
830 *Hürten, Heinz*: Verfolgung, Widerstand und Zeugnis. Kirche im Nationalsozialismus. Fragen eines Historikers, Mainz 1987; *Neuheusler, Johann*: Kreuz und Hakenkreuz. Der Kampf des Nationalsozialismus gegen die katholische Kirche und der kirchliche Widerstand, 2 Bände, 2. Auflage, München 1946; *Zipfel, Friedrich*: Kirchenkampf in Deutschland 1933-1945. Religionsverfolgung und Selbstbehauptung der Kirchen in der nationalsozialistischen Zeit, Berlin 1965. *Gotto, Klaus/Repgen, Konrad (Hg.):* Die Katholiken und das Dritte Reich, 3. Auflage, Mainz 1990; *Schmidt, Jürgen*: Martin Niemöller im Kirchenkampf, Hamburg 1971; *Bethge, Eberhard*: Dietrich Bonhoeffer. Theologe, Christ, Zeitgenosse. Eine Biographie, 7. Auflage, Gütersloh 2001.
831 Siehe o. S. 54 ff.
832 Dazu *Müller, Klaus-Jürgen*: Das Heer und Hitler. *Ders.:* General Ludwig Beck; *Foerster, Wolfgang*: Generaloberst Ludwig Beck. Sein Kampf gegen den Krieg. Aus nachgelassenen Papieren des Generalstabschefs, 2. Auflage, München 1953.
833 S.o.S. 52 ff.
834 *Hoffmann*: Widerstand, Staatsstreich, Attentat.
835 *Hammersen, Nicolai*: Politisches Denken im deutschen Widerstand. Ein Beitrag zur Wirkungsgeschichte neokonservativer Ideologien 1914-1944, Berlin 1993; *Mommsen, Hans*: Bürgerlicher (nationalkonservativer) Widerstand, in: *Benz/Pehle*: Lexikon des Widerstands S. 55-67.
836 *Scholder, Klaus*: Die Mittwochs-Gesellschaft. Protokolle aus dem geistigen Deutschland 1932-1944, Berlin 1982.
837 *Schulz, Gerhard*: Johannes Popitz, in: *Lill, Rudolf/Oberreuter Heinrich (Hg.):* 20. Juli. Porträts des Widerstands, München 1984, S. 237-252.
838 *Nebgen, Elfriede*: Jakob Kaiser. Der Widerstandskämpfer, Stuttgart u.a. 1967; *Mayer, Tilman*: Ein christlicher Gewerkschafter im Widerstand. Jakob Kaiser und der 20. Juli 1944, in: Zeitschrift für Geschichtswissenschaft 41, 1993, S. 593-604.

839 *Beier, Gerhard*: Wilhelm Leuschner, in: *Lill/Oberreuter*: 20. Juli, S. 159-174; *Schneider, Michael*: Zwischen Standesvertretung und Werksgemeinschaft – Zu den Gewerkschaftskonzeptionen der Widerstandsgruppen des 20. Juli 1944, in: *Schmädecke/Steinbach*: Der Widerstand gegen den Nationalsozialismus S. 520-532.

840 *Mommsen, Hans*: Verfassungs- und Verwaltungsreformpläne der Widerstandsgruppen des 20. Juli 1944, in: *Schmädecke/Steinbach*: Der Widerstand gegen den Nationalsozialismus S. 570-597; *Klausa, Ekkehard*: Politischer Konservatismus und Widerstand, in: *Steinbach, Peter/Tuchel, Johannes (Hg.):* Widerstand gegen den Nationalsozialismus, Berlin 1994, S. 219-234; *Schildt, Axel*: Die Illusion der konservativen Alternative, in: *Schmädecke/Steinbach*: Der Widerstand gegen den Nationalsozialismus S. 151-168.

841 *Weber, Hermann*: Die Ambivalenz der kommunistischen Widerstandsstrategie bis zur »Brüsseler« Parteikonferenz, in: *Schmädecke/Steinbach*: Der Widerstand gegen den Nationalsozialismus S. 73-85.

842 *Coppi, Hans/Danyel, Jürgen/Tuchel, Johannes (Hg.):*Die Rote Kapelle im Widerstand gegen den Nationalsozialismus, Berlin 1994. *Danyel, Jürgen*: Zwischen Nation und Sozialismus: Genese, Selbstverständnis und ordnungspolitische Vorstellungen der Widerstandsgruppe um Arvid Harnack und Harro Schulze-Boysen, in: *Steinbach/Tuchel*: Widerstand gegen den Nationalsozialismus S. 468-487.

843 *Boysen, Elsa*: Harro Schulze-Boysen. Das Bild des Freiheitskämpfers, zusammengestellt nach seinen Briefen, nach Berichten der Eltern und anderen Aufzeichnungen, 3. Auflage, Koblenz 1992.

844 *Graml, Hermann*: Der Fall Oster, in: Vierteljahrshefte für Zeitgeschichte 14, 1966, S. 26-59.

845 *Abshagen, Karl H.*: Canaris. Patriot und Weltbürger, 3. Auflage, Stuttgart 1954; *Höhne, Heinz:* Canaris. Patriot im Zwielicht, 2. Auflage, München 1978.

846 *Scheurig, Bodo:* Freies Deutschland. Das Nationalkomitee und der Bund Deutscher Offiziere in der Sowjetunion 1943-1945, Neuausgabe Köln 1984.

847 *Steinbach, Peter*: Der Widerstand in seiner ganzen Breite und Vielfalt. Plädoyer für die Erwähnung des »Nationalkomitees Freies Deutschland« in der Berliner Widerstandsausstellung, in: Geschichte in Wissenschaft und Unterricht 41, 1990 S. 302-307.

848 *Arndt, Ino u.a.:* Die Herkunft der Mitglieder des engeren Kreisauer Kreises. Das biographische und genealogische Bild einer Widerstandsgruppe, Berlin o.J. (1984); *Finker, Kurt*: Graf Moltke und der Kreisauer Kreis, 2. Auflage, Berlin 1993; *Karpen,Ulrich/ Schott Andreas:* Der Kreisauer Kreis. Zu den verfassungspolitischen Vorstellungen von Männern des Widerstandes um Helmuth James Graf von Moltke, Heidelberg 1996. *Roon, Ger van*: Neuordnung im Widerstand. Der Kreisauer Kreis innerhalb der deutschen Widerstandsbewegung, München 1967; *Brakelmann, Günter*: Der Kreisauer Kreis. Chronologie, Kurzbiographien und Texte aus dem Widerstand, 2. Auflage, München 2004; *Schwerin, Franz von:* Helmuth James Graf von Moltke. Im Widerstand die Zukunft denken. Zielvorstellungen für ein neues Deutschland, Paderborn u.a. 1999; *Moltke, Freya*: Erinnerungen an Kreisau 1930-1945, München 1997.

849 *Klausa, Ekkehard*: Preußische Soldatentradition und Widerstand – Das Potsdamer Infanterieregiment 9 zwischen dem »Tag von Potsdam« und dem 20. Juli 1944, in: *Schmädecke/Steinbach*: Der Widerstand gegen den Nationalsozialismus S. 533-545.

850 *Gerstenmaier, Brigitte/Gerstenmaier, Eugen*: Zwei können widerstehen. Berichte und Briefe 1939-1969, Bonn 1992.

851 *Delp, Alfred*: Im Angesicht des Todes. Geschrieben zwischen Verhaftung und Hinrichtung 1944-1945, 11. Auflage, Frankfurt/M. 1981; *Bleistein, Roman*: Alfred Delp. Geschichte eines Zeugen, Frankfurt/M. 1989.

852 *Amelung, Ullrich*: Adolf Reichwein 1898-1944. Ein Lebensbild des politischen Pädagogen, Volkskundlers und Widerstandskämpfers, 2 Bände, Frankfurt/M. 1991.

853 *Beck, Dorothea/Schoeller, Wilfried F. (Hg.):* Julius Leber. Schriften, Reden, Briefe. Gedenkrede Golo Mann, München 1976; *Beck, Dorothea*: Julius Leber. Sozialdemokrat zwischen Reform und Widerstand. Mit Briefen aus dem Zuchthaus, 2. Auflage, München

1994; *Mommsen, Hans*: Julius Leber und der deutsche Widerstand gegen Hitler, in: Zeitschrift für Geschichtswissenschaft 42, 1994, S. 581-587.
[854] *Albrecht, Richard*: Der militante Sozialdemokrat Carlo Mierendorff 1897-1943. Eine Biographie, Bonn 1987.
[855] *Pawellek, Andreas:* Theodor Steltzer. Stationen einer politischen Biographie, Flensburg 1998; *Thedor Steltzer*: Sechzig Jahre Zeitgenosse, München 1966.
[856] *Salewski*: Deutsche Quellen, S. 288.
[857] *Buchstab, Günter/Kaff, Brigitte/Kleinmann, Hans-Otto (Hg.):* Christliche Demokraten gegen Hitler. Aus Verfolgung und Widerstand zur Union, Freiburg i.Br. 2004.
[858] *Vogel, Thomas (Hg.):* Aufstand des Gewissens.
[859] *Scheurig, Bodo*: Ewald von Kleist-Schmenzin. Ein Konservativer gegen Hitler, Neuausgabe Beltheim-Schnellbach 2001.
[860] *Wuermeling, Henric L.:* »Doppelspiel«. Adam von Trott zu Solz im Widerstand gegen Hitler, München 2004.
[861] Detailliert und ausführlich: *Hoffmann:* Widerstand, Staatsstreich, Attentat.
[862] *Bucheeit, Gerd*: Richter in roter Robe. Freisler. Präsident des Volksgerichtshofes, München 1968.
[863] *Kirchberger, Günther*: Die »Weiße Rose« Studentischer Widerstand gegen Hitler in München, Hg. Ludwig- Maximilians-Universität, München 1980. *Henke, Josef:* Wirkung und Bedeutung der »Weißen Rose«, in: *Oldenhage, Klaus/Schreyer,H./Wolfram, W.(Hg.):* Archiv und Geschichte. Festschrift für F.P. Kahlenberg, Düsseldorf 2000, S.739-753.
[864] Dieses Kapitel stützt sich auf: *Salewski, Michael*: 1944 – Nach fünfzig Jahren, in: *Salewski, Michael/Schulze – Wegener, Guntram (Hg.):* Kriegsjahr 1944. Im Großen und im Kleinen; Historische Mitteilungen der Ranke – Gesellschaft, Beiheft 12, Stuttgart 1995, S. 15-28.
[865] *Hagemann, Karen*: Heimat-Front. Militär, Gewalt und Geschlechterverhältnisse im Zeitalter der Weltkriege, in: *Hagemann, Karen/Schüler-Springorum, Stefanie (Hg.):* Heimat-Front.
[866] *Broszat,Martin/Henke,Klaus-Dietmar/Woller, Hans (Hg.):* Von Stalingrad zur Währungsreform. Zur Sozialgeschichte des Umbruchs in Deutschland, 3. Auflage, München 1990; *Grunberger, Richard*: Das zwölfjährige Reich. Der Deutschen Alltag unter Hitler, Wien 1972; *Klessmann, Christoph (Hg.):* Nicht nur Hitlers Krieg. Der Zweite Weltkrieg und die Deutschen, Düsseldorf 1989; beispielhaft: *Broszat, Martin u.a. (Hg.):* Bayern in der NS-Zeit, 6 Bände, München, Wien 1977-1983. Immer noch Standard: *Mosse,George L.:* Der nationalsozialistische Alltag. So lebte man unter Hitler, 3. Auflage, Frankfurt/M. 1993; *Peukert, Detlev*: Das »Dritte Reich« aus der »Alltags«-Perspektive, in: Archiv für Sozialgeschichte 26, 1986, S. 533-556.
[867] *Peyinghaus, Marianne*: Stille Tage in Gertlauken. Erinnerungen an Ostpreußen, Berlin 1985.
[868] *Eigene Erinnerung:* Aus Königsberg im März 1944 evakuiert, verbrachte ich den Sommer 1944 in Rockelkeim bei Wehlau, einem kleinen Dorf unweit Gertlauken. Aus der kindlichen Perspektive kann ich die Erinnerungen von Marianne Peyinghaus nur bestätigen – teilweise bis ins Detail hinein.
[869] *Veit Harlan*: Kolberg, Deutschland 1945. 1965 mit einer Dokumentation versehen unter dem Titel: »Kolberg. Der dreißigste Januar« erneut in die Kinos gebracht. Der Film entpuppte sich als verfehlter Versuch, die NS- Filmpropaganda zu »entlarven«. *Eigene Erinnerung:* Ich entsinne mich, daß die meisten Zuschauer (wenigstens in Bonn, wo ich damals lebte) ihr immer noch erlagen – 1965!
[870] *Beck, Earl E.:* Under the Bombs. The German Home Front 1942-1945, Lexington 1999.
[871] *Heiber:* Lagebesprechungen S. 295f.
[872] Eine »braune« Spielart des Politruks und Kommissars der Roten Armee. Vgl. *Zoepf, Arne W.:* Wehrmacht zwischen Tradition und Ideologie. Der NS-Führungsoffizier im Zweiten Weltkrieg, Frankfurt/M. 1988.
[873] Am 21./22. Oktober hatte die Rote Armee das ostpreußische Nemmersdorf vorübergehend erobert, dabei kam es zu Greueltaten, die von der NS-Propaganda aufgenommen

und vergröbert – vielleicht teilweise manipuliert – wurden: *Fisch, Bernhard*: Nemmersdorf Oktober 1944. Was in Ostpreußen tatsächlich geschah, Berlin 1997.

874 *Schnabel, Ralf:* Die Illusion der Wunderwaffen. Die Rolle der Düsenflugzeuge und Flugabwehrraketen in der Rüstungspolitik des Dritten Reiches, München 1994; *Ders.*: Wunderwaffen? Strahlflugzeuge und Raketen in der Rüstungspolitik des Dritten Reiches, o.O. 1989.*Wagner, Jens-Christian*: Zwangsarbeit für die Rakete. Die A4-Produktion in Peenemünde und Mittelbau Dora, in: *Stamm-Kuhlmann, Thomas; Wolf, Reinhard (Hg.):* Raketenrüstung und internationale Sicherheit von 1942 bis heute, in: Historische Mitteilungen, Beiheft 56, Stuttgart 2004, S.11-24.

875 Insgesamt starben etwa 600 000 Zivilisten im Bombenkrieg, davon waren 20% Kinder: *Keegan:* Der Zweite Weltkrieg S. 635.

876 *Overy:* Die Wurzeln des Sieges S. 377.

877 *Wicki, Bernhard*: Die Brücke, Spielfilm, BR Deutschland 1959.

878 *Krause, Michael*: Flucht vor dem Bombenkrieg. »Umquartierung« im Zweiten Weltkrieg und die Wiedereingliederung der Evakuierten in Deutschland 1943-1963, Düsseldorf 1997; *Klee, Karl*: »Luftschutzkeller des Reiches«. Evakuierte in Bayern 1939-1953. Politik, soziale Lage, Erfahrungen, München 1999.

879 *Vorländer, Herwart*: Die NSV. Darstellung und Dokumentation einer nationalsozialistischen Organisation, Boppard 1988.

880 *Eigene Erinnerung:* Anfang November 1944 bestand die NSV darauf, daß meine Familie (Großmutter, Mutter, drei kleine Kinder) Ostpreußen verließ; meine Mutter war im 9. Monat schwanger und gehorchte.

881 *Kock, Erich:* »Der Führer sorgt für unsere Kinder...«. Die Kinderlandverschickung im Zweiten Weltkrieg, Paderborn u.a. 1997.

882 *Schmeer, Günter:* Die Regie des öffentlichen Lebens im Dritten Reich, München 1956. *Sellmann, Michael:* Propaganda und SD-»Meldungen aus dem Reich«, in: *Salewski/Schulze-Wegener:* Kriegsjahr 1944, S. 197-210.

883 *Domarus II*, S. 2179 ff.

884 *Wiese, Gernot:* Die Versorgungslage in Deutschland, in: *Salewski/Schulze- Wegener:* Kriegsjahr 1944, S. 233 -250.

885 *Heiber:* Lagebsprechungen S. 281f.

886 *Boelcke:* Kriegspropaganda; *Sündermann, Helmut:* Tagesparolen. Deutsche Presseanweisungen 1939-1945. Hitlers Propaganda und Kriegsführung, Leoni 1973.

887 *Overmans, Rüdiger:* Deutsche militärische Verluste im Zweiten Weltkrieg, 3. Auflage, München 2004.

888 *Mosse, George L.*: Gefallen für das Vaterland. Nationales Heldentum und namenloses Sterben, Stuttgart 1993; *Behrenbeck, Sabine*: Heldenkult und Opfermythos. Mechanismen der Kriegsbegeisterung 1918-1945, in: *Van der Linden, Marcel/Mergner, Gottfried (Hg.):* Kriegsbegeisterung und mentale Kriegsvorbereitung. Interdisziplinäre Studien, Berlin 1991, S.143-159.

889 Zahlen bei *Wette, Wolfram:* Zwischen Untergangspathos und Überlebenswillen. Die Deutschen im letzten halben Kriegsjahr 1944/45, in; *Wette, Wolfram/ Bremer, Ricarda/Vogel, Detlef (Hg.):* Das letzte halbe Jahr. S. 9 f.

890 Scholtz-Klink, Gertrud: Die Frau im Dritten Reich. Eine Dokumentation, Tübingen 1978.

891 Die Literatur zu Frauen und Feminismus im Dritten Reich ist inzwischen Legion und schwillt immer noch an. *Kater, Michael Hans*: Frauen in der NS-Bewegung, in: Vierteljahrshefte für Zeitgeschichte 31, 1983, S. 202-241; *Thalmann, Rita R.:* Frausein im Dritten Reich, 2. Auflage, Frankfurt/M., Berlin 1987; *Weyrather, Irmgard*: Muttertag und Mutterkreuz. Der Kult um die »deutsche Mutter« im Nationalsozialismus, Frankfurt/M.; *Benz, Ute* (Hg.): Frauen im Nationalsozialismus. *Wiggershaus, Renate:* Frauen unterm Nationalsozialismus, Wuppertal 1984.

892 *Albrecht,Gerd*: Nationalsozialistische Filmpolitik. Eine soziologische Untersuchung über die Spielfilme des Dritten Reiches, Stuttgart 1969; *Courtade, Francis/Cadars, Pierre*: Geschichte des Films im Dritten Reich, 2. Auflage München 1977; *Winkler-Mayerhöfer, An-*

drea: Starkult als Propagandamittel? Studien zum Unterhaltungsfilm im Dritten Reich, München 1992.
893 *Wulf, Josef (Hg.):* Theater und Film im Dritten Reich. Eine Dokumentation, Neuausgabe Frankfurt, Berlin 1983; *Pitsch, Ilse:* Das Theater als politisch-publizistisches Führungsmittel im Dritten Reich, Diss. Münster 1952.
894 *Bucher, Peter*: Goebbels und die deutsche Wochenschau. Nationalsozialistische Filmpolitik im Zweiten Weltkrieg 1939-1945, in: Militärgeschichtliche Mitteilungen 40, 1986, S. 53-69; *Bartel, Ulrike*: Die Wochenschau im Dritten Reich. Entwicklung und Funktion eines Massenmediums unter besonderer Berücksichtigung völkisch-nationaler Inhalte, Frankfurt/M. u.a. 2004.
895 *Friese, Gernot:* Anspruch und Wirklichkeit des Sports im Nationalsozialismus, Ahrensburg 1974; *Lissina, Hartmut E.*: Nationale Sportfeste im nationalsozialistischen Deutschland. Traditionen, Inhalte, politische Institutionen, Diss. Mannheim 1993; *Schwarz-Pich, K.H.:* Der DFB im Dritten Reich. Einer falschen Legende auf der Spur, Kassel 2000.
896 *Petersen, Sönke*: Weihnachten und Silvester, in: *Salewski/Schulze-Wegener*: Kriegsjahr 1944, S. 211-232.
897 *Kuttenkeuler, Andreas*: Kriminalität in Schleswig-Holstein, in: *Ebda.* S. 287-316.
898 Gut vermittelt: *Staudte, Wolfgang*: Rosen für den Staatsanwalt, Spielfilm, Deutschland 1959.
899 *Karl, Michael*: Landwirtschaft und Ernährung im Deutschen Reich, in: *Salewski/Schulze-Wegener*: Kriegsjahr 1944, S. 251-266; *Münkel, Daniela*: Nationalsozialistische Agrarpolitik und Bauernalltag, Frankfurt/M., New York 1996.
900 *Diewald-Kerkmann, Gisela:* Politische Denunziation im NS-Regime oder die kleine Macht der Volksgenossen, Bonn 1995.
901 *Eigene Erinnerung:* Am 24. Dezember 1943 vergaß meine Mutter die Verdunkelung, obwohl die Kerzen am Tannenbaum brannten; der Blockwart kam, sah und sagte: Ich werde es nicht melden. Der Heilige Abend war uns dennoch verdorben.
902 *Yelton, David K.:* Hitler's Volkssturm. The Nazi Militia and the fall of Germany, 1944-1945, Lawrence, KS. 2002; *Seidler, Franz W.:* »Deutscher Volkssturm«. Das letzte Aufgebot 1944/45, München 1989.
903 *Latzel, Klaus:* Deutsche Soldaten – nationalsozialistischer Krieg? *Doßmann, Axel*: Feldpostbriefe, Hamburg 1999; *Buchbender, Ortwin:* Das andere Gesicht des Krieges. Deutsche Feldpostbriefe 1939-1945, München 1982; *Schober, Franz*: Briefe von der Front. Feldpostbriefe 1939-1945, Gösing am Wagram 1997.
904 *Eigene Erinnerung:* Wir Kinder mußten die Flugblätter in Pulsnitz/Sachsen sammeln und in der Schule abgeben. Sie wurden dann auf dem Schulhof feierlich verbrannt.
905 *Wette:* Das letzte halbe Jahr S.10.
906 Das Standardwerk: *Bergander, Götz:* Dresden im Luftkrieg. Vorgeschichte, Zerstörung, Folgen, 1998; *Ders.:* Vom Gerücht zur Legende. Der Luftkrieg über Deutschland im Spiegel von Tatsachen, erlebter Geschichte, Erinnerung, Erinnerungsverzerrung, in: *Stamm-Kuhlmann u.a.:* Geschichtsbilder, S. 591-616.
907 *Hillgruber, Andreas:* Zweierlei Untergang.
908 *Kaltenegger, Roland*: Schörner. Feldmarschall der letzten Stunde. Biographie, 4. Auflage, München 2002.
909 *Hinze, Rolf*: Der Zusammenbruch der Heeresgruppe Mitte im Osten 1944, Stuttgart 1980; *Ders.:* Ostfront 1944, Stuttgart 2004; *Niepold, Gerd:* Mittlere Ostfront, Juni 1944. Darstellung, Beurteilung, Lehren, Herford 1985, Ders.: Die Führung der Heeresgruppe Mitte von Juni bis August, in: *Salewski/Schulze-Wegener*: Kriegsjahr 1944 S. 61-74.
910 Er dauerte fast drei Monate, von August bis Anfang Oktober 1944, Vgl. *Borodziej, Wlodzimierz*: Der Warschauer Aufstand 1944, Frankfurt/M. 2001; *Martin, Bernd*: Der Warschauer Aufstand 1944, Warschau 1999; umfassend jetzt: *Davies, Norman:* Aufstand der Verlorenen. Der Kampf um Warschau 1944, München 2004.
911 *Wagner, Jens-Christian:* Produktion des Todes. Das KZ Mittelbau-Dora, Göttingen 2001; *Neander, Joachim:* »Hat in Europa kein annäherndes Beispiel«. Mittelbau-Dora – ein KZ für Hitlers Krieg, Berlin 2000. Vgl. auch: www.dora.de.

912 *Piekalkiewicz, Janusz:* Arnheim 1944. Deutschlands letzter Sieg, Oldenburg, Hamburg 1976.
913 Das Standardwerk: *Jung, Hermann*: Die Ardennen-Offensive 1944/45. Ein Beispiel für die Kriegführung Hitlers, Göttingen 1971.*Wasinger, Rudolf*: Schicksalsschlacht in den Ardennen. Inferno und Untergang, Frankfurt/M. 2002; *Bernard, Henri/Gheysens, Roger*: La bataille d'Ardenne. L'ultime Blitzkrieg de Hitler (déc.1944-jan. 1945), Paris 1984.
914 *Heiber:* Lagebesprechungen S. 281-294.
915 Eindringlich: *Hillgruber, Andreas*: Der Zusammenbruch im Osten 1944/45 als Problem der deutschen Nationalgeschichte und der europäischen Geschichte, Opladen 1985. *Duffy, Christopher*: Der Sturm auf das Reich. Der Vormarsch der Roten Armee 1945, München 1994; *Le Tissier, Tony*: Durchbruch an der Oder. Der Vormarsch der Roten Armee 1945, Frankfurt/M. 1996.
916 *Stehle, Hansjakob*: Deutsche Friedensfühler bei den Westmächten im Februar/März 1945, in: Vierteljahrshefte für Zeitgeschichte 30, 1982, S. 538-555.
917 *Magenheimer, Heinz:* Abwehrschlacht an der Weichsel 1945. Vorbereitungen, Ablauf, Erfahrungen, 2. Auflage, Freiburg i.Br. 1986; *Foerster, Roland G.(Hg):* Seelower Höhen 1945, Hamburg u.a. 1998; *Lakowski, Richard:* Seelow 1945. Die Entscheidungsschlacht an der Oder, 4. Auflage, Berlin 1999; *Nicolai, Hans-Joachim*: Seelower Höhen, 2. Auflage, Hamburg u.a. 1998.
918 *Binion, Rudolph:* »...daß ihr mich gefunden habt«; *Fest,Joachim*: Der Untergang. Hitler und das Ende des Dritten Reiches. Eine historische Skizze, Berlin 2002; *Haffner, Sebastian:* Anmerkungen zu Hitler, Sonderausgabe München 1998; *Michalka, Wolfgang*: Hitler im Spiegel der Psycho-History. Zu neueren interdisziplinären Deutungsversuchen der Hitler-Forschung, in: Francia 8, 1980, S. 595-611; *Rissmann, Andreas:* Hitlers Gott. Vorsehungsglaube und Sendungsbewußtsein des deutschen Diktators, Zürich, München 2001.
919 *Thoß; Volkmann:* Erster Weltkrieg – Zweiter Weltkrieg; *Hillmann, Jörg/Zimmermann, John (Hg.):* Kriegsende 1945 in Deutschland, München 2002; *Hansen, Reimer:* Das Ende des Dritten Reiches. Die deutsche Kapitulation 1945, Stuttgart 1966; *Müller, Rolf-Dieter/Ueberschär, Gerd R.:* Kriegsende 1945. Die Zerstörung des deutschen Nationalstaats, Frankfurt/M. 1994; *Toland, John:* Das Finale. Die letzten 100 Tage, München 1968.
920 *Hürten, Heinz:* Im Umbruch der Normen. Dokumente über die deutsche Militärjustiz nach der Kapitulation der deutschen Wehrmacht (Dokumentation), in: Militärgeschichtliche Mitteilungen 28, 1980, S. 137-156; *Messerschmidt, Manfred/Wüllner, Fritz*: Die Wehrmachtjustiz im Dienste des Nationalsozialismus. Zerstörung einer Legende, Baden-Baden 1987; vgl. aber auch: *Filbinger, Hans*: Die geschmähte Generation, München 1987.
921 *Kurowski, Franz:* Armee Wenck. Die 12. Armee zwischen Elbe und Oder 1945, Neckargemünd 1967.
922 *Hillmann, Jörg:* Die »Reichsregierung« in Flensburg, in: *Hillmann/Zimmermann*: Kriegsende 1945, S. 35-68; *Lüdde-Neurath, Walter:* Regierung Dönitz. Die letzten Tage des Dritten Reiches, 5. Auflage, Leoni 1981; *Steinert, Marlis G.:* Die 23 Tage der Regierung Dönitz, Düsseldorf, Wien 1967.
923 *Stang, Knut*: Das zerbrechende Schiff. Seekriegsstrategien und Rüstungsplanung der deutschen Reichs- und Kriegsmarine 1918-1939, Frankfurt/M. 1995.
924 *Padfield, Peter:* Dönitz. Des Teufels Admiral, Berlin 1984; *Salewski*: Das maritime »Dritte Reich«; *Hartwig, Dieter*: Karl Dönitz – Versuch einer Würdigung, in: Deutsches Schiffahrtsarchiv12, 1989, S. 133-152; *Bodenstein, Lars Ole:* Die Rolle von Karl Dönitz im Zweiten Weltkrieg. Die kritisch historische Analyse eines Mythos, in: Historische Mitteilungen 15, 2002, S. 1-82.
925 Das hat er mir persönlich versichert.
926 *Hildebrand, Klaus (Hg.):* Dehio, Ludwig: Gleichgewicht oder Hegemonie. Betrachtungen über ein Grundproblem der neueren Staatengeschichte, Zürich 1996. Mit einem Nachwort von Klaus Hildebrand.
927 *Stölken, Ilona:* Atombombe und Geistesgeschichte. Eine Studie der fünfziger Jahre aus deutscher Sicht, Baden-Baden 1995.

QUELLEN UND LITERATUR

1. Quellen und Memoiren

Abetz, Otto: Das offene Problem. Ein Rückblick auf zwei Jahrzehnte deutscher Frankreichpolitik, Köln 1951

Akten zur Deutschen Auswärtigen Politik (ADAP), Serien C, D, E, verschiedene Orte, MCML(1950) ff.

Allhoff, Fred: Blitzkrieg. Die Nazi-Invasion in Amerika (Lightning in the Night, 1940), Heyne – Taschenbuch 4054

Baumgart, Winfried: Zur Ansprache Hitlers vor den Führern der Wehrmacht am 22. August 1939. Eine quellenkritische Untersuchung, in: Vierteljahrshefte für Zeitgeschichte 16, 1968

Basil, Otto: Wenn das der Führer wüßte(1966), Moewig-Taschenbücher 3534

Beck, Dorothea/Schoeller, Wilfried F.: Julius Leber. Schriften, Reden, Briefe. Gedenkrede Golo Mann, München 1976

Benes, Eduard: Memoirs of Dr. Eduard Benes. From Munich to New War and New Victory, London 1954

Bitter, Friedrich Wilhelm: Bolschewismus und Versailler Diktat, Berlin 1933

Blücher, Wipert v.: Gesandter zwischen Diktatur und Demokratie. Erinnerungen aus den Jahren 1935-1944, Wiesbaden 1951

Boberach, Heinz (Hg.): Meldungen aus dem Reich 1938-1945. Die geheimen Lageberichte des Sicherheitsdienstes der SS, 17 Bände, Herrsching 1984

Boelcke, Willi A. (Hg.): Kriegspropaganda 1939-1945. Geheime Ministerkonferenzen im Reichspropagandaministerium, Stuttgart 1966

Boelcke, Willi A. (Hg.): »Wollt ihr den totalen Krieg?« Die geheimen Goebbels-Konferenzen 1939-1943, 2. Aufl., München 1969

Bonnet, Georges: Vor der Katastrophe. Erinnerungen des französischen Außenministers 1938 -1939, Köln 1951

Buchbender, Ortwin: Das andere Gesicht des Krieges. Deutsche Feldpostbriefe 1939-1945, München 1982

Buchheim, Lothar-Günther: Jäger im Weltmeer (1943), Hamburg 1996

Churchill, Winston Spencer: The Second World War, London 1949-1954, viele Neuauflagen

Collegium Carolinum (Hg.): Deutsche Gesandtschaftsberichte aus Prag. Innenpolitik und Minderheitenprobleme in der Ersten Tschechoslowakischen Republik, München 1983

Colville, John Downing Street Tagebücher 1939-1945, Berlin 1988

De Gaulle, Charles: Mémoires de guerre, Paris 1954-1959

Delp, Alfred: Im Angesicht des Todes. Geschrieben zwischen Verhaftung und Hinrichtung 1944-1945, 11. Aufl., Frankfurt/M. 1981

Djilas, Milovan: Memoiren. Band 2: Der Krieg der Partisanen, Wien 1977

Dick, Philip K.: Das Orakel vom Berge (The Man in the High Castle, 1962), Bastei-Lübbe Taschenbuch 22021

Documents on German Foreign Policy, Ser. C: 1933-1937; Serie D: 1937-1945, London 1949-1983

Dokumente über die Alleinschuld Englands am Bombenkrieg gegen die Zivilbevölkerung, Berlin 1943

Domarus, Max: Hitler, Reden und Proklamationen, Band 2: Untergang (1939-1945) Würzburg 1963

Dönitz, Karl: Zehn Tage und zwanzig Tage (1958), 9. Aufl. Koblenz 1985

Eisenhower, Dwight D.: Invasion, Hamburg 1949
Eisenhower, Dwight D.: Kreuzzug in Europa, Amsterdam 1948

Filbinger, Hans: Der geschmähte Generation, München 1987
Foerster, Wolfgang: Generaloberst Ludwig Beck. Sein Kampf gegen den Krieg. Aus nachgelassenen Papieren des Generalstabschefs, 2. Aufl., München 1953
Fischer, Alexander (Hg.): Teheran, Jalta, Potsdam. Die sowjetischen Protokolle von den Kriegskonferenzen der »Großen Drei«, Köln 1968
Foertsch, Hermann: Schuld und Verhängnis: Die Fritschkrise im Frühjahr 1938 als Wendepunkt in der Geschichte der nationalsozialistischen Zeit, Stuttgart 1951
Foreign Relations of the United States, Washington D. C. 1956-1968.
Friedmann, Tuviah (Hg.): Die zwei Nazi-Bonzen Seyss-Inquart und Hanns Rauter regierten in Holland während der Nazizeit 1940-1945: Seyss-Inquart als Reichskommissar...und Hanns Rauter als SS-Obergruppenführer..; eine dokumentarische Sammlung von SS-Dokumenten; Institute of Documentation in Israel, Haifa 1995
Fröhlich, Elke (Hg.): Tagebücher von Joseph Goebbels. Im Auftrag des Instituts für Zeitgeschichte und mit Unterstützung des Staatlichen Archivdienstes Rußlands, München 1998 ff.

Gehlen, Reinhard: Der Dienst. Erinnerungen 1942-1971, Mainz-Wiesbaden 1971
Gamelin, Maurice-Gustave: Servir. Band 1: Les armées Françaises de 1940, Paris 1945; Band 2: La guerre (Septembre 1939-19 mai 1940), Paris 1947
*Geiss, Imanuel/Jacobmeyer, Wolfgang (Hg.):*Deutsche Politik in Polen. Aus dem Diensttagebuch von Hans Frank, Generalgouverneur in Polen, Opladen 1980
Gerbet, Klaus (Hg.): Generalfeldmarschall Fedor von Bock: Zwischen Pflicht und Verweigerung. Das Kriegstagebuch, München 1995
Gerstenmaier, Brigitte/Gerstenmaier, Eugen: Zwei können widerstehen. Berichte und Briefe 1939-1969, Bonn 1992
Gillmann, Sabine/Mommsen, Hans (Hg.): Politische Schriften und Briefe Carl Friedrich Goerdelers, 2 Bände, München 2003
Geyr von Schweppenburg, Leo Freiherr v.: Erinnerungen eines Militärattachés, London 1933 -1937, Stuttgart 1949
Görlitz, Walter (Hg.): Generalfeldmarschall Keitel. Verbrecher oder Offizier? Erinnerungen, Briefe, Dokumente des Chefs OKW, Göttingen 1961
Greiner, Helmuth: Die oberste Wehrmachtführung 1939-1945, Wiesbaden 1951
Guderian, Heinz: Erinnerungen eines Soldaten (1951), 13. Aufl. Neckargemünd 1994
Guderian, Heinz: Die Panzerwaffe. Ihre Entwicklung, ihre Kampftaktik und ihre operativen Möglichkeiten bis zum Beginn des großdeutschen Freiheitskampfes, 2. Aufl., Stuttgart 1943

Hahn, Fred: Lieber Stürmer. Leserbriefe an das NS-Kampfblatt 1924-1945. Eine Dokumentation aus dem Leo-Baeck-Institut, New York, Stuttgart 1978
Halder, Franz: Kriegstagebuch. Tägliche Aufzeichnungen des Chefs des Generalstabes des Heeres 1939-1942, bearbeitet von *Jacobsen, Hans Adolf/Philippi, Alfred* (Band1), 3 Bände. Stuttgart 1962-1964
Halfeld, Adolf: Der »Athenia«-Fall, Berlin 1939
Harriman. William Averell: In geheimer Mision. Als Sonderbeauftragter Rossevelts bei Churchill und Stalin 1941-1946, Stuttgart 1979

Heiber, Helmut (Hg.): Lagebesprechungen im Führerhauptquartier. Protokollfragmente aus Hitlers militärischen Konferenzen, 2. Aufl., Berlin 1997

Hepp, Michael (Hg.): Der Nürnberger Prozeß. Microfiche-Edition. Vollständige Wiedergabe der 1947-1949 vom Sekretariat des IMT herausgegebenen »Blauen Bände« mit den Prozeßprotokollen und einer Auswahl der verwendeten Dokumente, Microfiche-Edition Zeitgeschichte, München 1981

Herwarth, Hans v.: Zwischen Hitler und Stalin. Erlebte Zeitgeschichte 1931-1945, Frankfurt, Berlin 1989

Hillgruber, Andres (Hg.): Staatsmänner und Diplomaten bei Hitler. Vertrauliche Aufzeichnungen über Unterredungen mit Vertretern des Auslandes 1939-1941, Frankfurt/M. 1967

Hitler, Adolf: Der großdeutsche Freiheitskampf, Reden vom 1. September 1939 bis 10. März 1940, München 1940

Hohlfeld, Johannes (Hg.): Die Zeit der nationalsozialistischen Diktatur 1933-1945. Band 2: Deutschland im Zweiten Weltkrieg 1939-1945, Berlin 1953

Hubatsch, Walther (Hg.): Hitlers Weisungen für die Kriegführung 1939-1945, 2. Aufl. Koblenz 1983

Huxley, Aldous: Affe und Wesen (Ape and Essence, 1948), Zürich 1950

Jacobsen, Hans-Adolf: 1939-1945. Der Zweite Weltkrieg in Chronik und Dokumenten, 6. Aufl. Darmstadt 1961

Jalta, Die Jalta-Dokumente. Vollständige deutsche Ausgabe der offiziellen Dokumente des U.S. State Departments über die Konferenz von Jalta, Göttinhgen 1957

Jodl, Luise: Jenseits des Endes. Der Weg des Generaloberst Alfred Jodl, erw. und überarbeitete Neuausgabe München 1987

Kempner, Robert M.W. Ankläger einer Epoche. Lebenserinnerungen, Frankfurt/M. 1987

Kempowski, Walter: Das Echolot. Ein kollektives Tagebuch Januar und Februar 1943, 4 Bände, 2. Aufl., München 1993

Kesselring, Albert: Soldat bis zum letzten Tag, Bonn 1953

Kiesinger, Kurt: Dunkle und helle Jahre. Erinnerungen 1904-1958, Stuttgart 1989

Keynes, John Maynard: Der Friedensvertrag von Versailles, Berlin 1921

Kimball, Warren F. (Hg.): The complete correspondence Churchill / Roosevelt, vol. 1: Alliance emerging, October 1933-November 1942, Princeton 1984

Klee, Karl: Dokumente zum Unternehmen »Seelöwe«. Die geplante deutsche Landung in England 1940, Göttingen 1959

Lammers Walther: »Fahrtberichte« aus der Zeit des deutsch-sowjetischen Krieges 1941. Protokolle des Begleitoffiziers des Kommandierenden Generals LXXX. Armeekorps, Boppard 1988

Langer, Walter C.: Das Adolf-Hitler-Psychogramm. Eine Analyse seiner Person und seines Verhaltens, verfaßt 1943 für die psychologische Kriegsführung der USA, Wien 1973

Lipgens, Walter: Documents on the History of European Integration, vol 1: Continental Plans for European Union 1939-1945, Berlin, New York 1985

Manstein, Erich v.: Verlorene Siege (1955), Frankfurt/M. 1966

Maser, Werner (Hg.): Wilhelm Keitel. Mein Leben. Pflichterfüllung bis zum Untergang. Hitlers Generalfeldmarschll und Chef des Oberkommandos der Wehrmacht in Selbstzeugnissen, Berlin 1998

Michalka, Wolfgang (Hg.): Das Dritte Reich. Dokumente zur Innen-und Außenpolitik, Band 2: Weltmachtanspruch und nationaler Zusammenbruch, München 1985

Michalka, Wolfgang(Hg.): Deutsche Geschichte 1933-1945. Dokumente zur Innen – und Außenpolitik, Frankfurt/M. 1993

Moltke, Freya: Erinnerungen an Kreisau 1930-1945, München 1997

Miller, Walter M. Jr.: Lobgesang auf Leibowitz (A Canticle for Leibowitz, 1955-1957), Heyne-Taschenbuch 3342

Morgenthau Henry: Germany is our Problem, New York 1945 *Müller, Hans D.* Facsimile Querschnitt durch »Das Reich«, Einleitung *Harry Pross*, München 1964
Mosley, Oswald: My life, London 1970

Neitzel, Sönke: Was dachten die deutschen Generäle über den Holocaust und den 20. Juli 1944? Deutsche Generäle in britischer Gefangenschaft 1942-1945. Dokumentation. Eine Auswahledition der Abhörprotokolle des Combined Services Details Interrogation Centre UK, in: Vierteljahrshefte für Zeitgeschichte 52, 2004.

Oberländer, Theodor: Nationalität und Volkswille im Memelgebiet, Bamberg 1939

Papen, Franz v.: Der Wahrheit eine Gasse, München 1952
Peyinghaus, Marianne: Stille Tage in Gertlauken. Erinnerungen an Ostpreußen, Berlin 1985
Patmore, Coventry The Angel in the House (1835), London 1998
Pöchlinger, Josef: Das Buch vom Westwall, 5. Aufl., Berlin 1940
Pätzold, Kurt: Sowjetstern und Hakenkreuz 1938 bis 1941. Dokumente zu den deutsch – sowjetischen Beziehungen, Berlin 1990
Prien, Günther: Mein Weg nach Scapa Flow, Berlin 1940
Prozeß, Der gegen die Hauptkriegsverbrecher vor dem internationalen Militärgerichtshof Nürnberg. 14. November 1945-1. Oktober 1946, 42 Bände (»Blaue Reihe«), Nürnberg 1947-1949

Rahn, Werner/ Schreiber, Gerhard (Hg.): Kriegstagebuch der Seekriegsleitung 1939-1945, Teil A, 68 Bände, Herford, Bonn 1988-1997
Reese, Willy Peter: Mir selber seltsam fremd. Die Unmenschlichkeit des Krieges, München 2003
Reich – Ranicki, Marcel: Mein Leben, Stuttgart 1999
Reichert, Folker/ Wolgast, Eike (Hg.): Karl Hampe. Kriegstagebuch 1914-1919, München 2004
Ribbentrop, Annelies (Hg.): Ribbentrop, Joachim von: Zwischen London und Moskau. Erinnerungen und letzte Aufzeichnungen. Aus dem Nachlaß, Leoni 1961
Ribbentrop, Annelies v.: Die Kriegsschuld des Widerstandes. Aus britischen Geheimdokumenten 1938/39. Aus dem Nachlaß hg. von Ribbentrop, Rudolf v., 2. Aufl., Leoni 1975
Rosenberg, Alfred: Die Protokolle der Weisen von Zion und die jüdische Weltpolitik, 4. Aufl., München 1933

Salewski, Michael (Hg.): Deutsche Quellen zur Geschichte des Zweiten Weltkrieges (Freiherr vom Stein Gedächtnisausgabe Band XXXIV a) Darmstadt 1998
Salewski, Michael: Die deutsche Seekriegsleitung 1935-1945. Band 3: Denkschriften und Lagebeurteilungen, München 1973
Salewski, Michael: National Socialist Ideas of Europe, in: *Lipgens*: Documents
Schacht, Hjalmar: 76 Jahre meines Lebens, Bad Wörishofen 1953
Scholtz-Klink, Gertrud: Die Frau im Dritten Reich. Eine Dokumentation, Tübingen 1978
Schacht, Hjalmar: Abrechnung mit Hitler, Berlin 1949
Schmidt, Paul: Statist auf diplomatischer Bühne. Erlebnisse des Chefdolmetschers im Auswärtigen Amt mit den Staatsmännern Europas (1949), 10. Aufl., Frankfurt/M. 1964
Schober, Franz: Briefe von der Front. Feldpostbriefe 1939-1945, Gösing am Wagram 1997
Schoeps, Julius H.: Ein Volk von Mörder? Die Dokumentation zur Goldhagen – Kontroverse um die Deutschen im Holocaust, Hamburg 1996
Scholtz-Klink, Gertrud: Die Frau im Dritten Reich. Eine Dokumentation, Tübingen 1978
Schramm, Wilhelm Ritter v.: Beck und Goerdeler. Gemeinschaftsdokumente für den Frieden 1941-1944, München 1965
Schramm, Percy Ernst (Hg.): Kriegstagebuch des Oberkommandos der Wehrmacht (Wehrmachtführungsstab) 1940-1945, 4 Bände, Frankfurt/M. 1961-1965. Nachtrag zu Band IV,2, 2 Bände, Frankfurt/M. 1969, 1979

Schwabe, Klaus (Hg.): Quellen zum Friedensschluß von Versailles, Darmstadt 1997
Seydlitz, Walther v.: Stalingrad. Konflikt und Konsequenz. Erinnerungen, Oldenburg 1977
Serrano Suner, Ramon: Zwischen Hendaye und Gibraltar. Feststellungen und Betrachtungen angesichts einer Legende über unsere Politik während zweier Kriege, Zürich 1948
*Sherwood, Robert E. (Hg.)*The White House Papers of Harry L. Hopkins, vol 1: September 1939-January 1942; vol.2: January 1942-July 1945, London 1949
Shirer, William Lawrence: Berliner Tagebuch. Aufzeichnungen 1934-1941, Leipzig 1991
Speer, Albert: Erinnerungen, Frankfurt/M. 1969
Speer, Albert: Spandauer Tagebücher, Frankfurt/M. 1975
Steltzer, Theodor; Sechzig Jahre Zeitgenosse, München 1966
Stalin, Joseph: Briefwechsel Stalins mit Churchill, Atlee, Roosevelt und Truman, Berlin 1961
Ströhle, Albert: Von Versailles bis zur Gegenwart. Der Friedensvertrag und seine Auswirkungen, Berlin 1928

Thies, Klaus-Jürgen: Der Zweite Weltkrieg, Band 5, Teil 1,1: Der Ostfeldzug. Heeresgruppe Mitte 21.6.1941-6.12.1941. Ein Lageatlas der Operationsabteilung des Generalstabs des Heeres, Bissendorf 2001
*Thies, Klaus-Jürgen:*Der Zweite Weltkrieg. Band 3: Der Westfeldzug 10. Mai 1940 bis 25. Juni 1940. Ein Lageatlas der Operationsabteilung des Generalstabs des Heeres, Osnabrück 1994
Thies, Klaus Jürgen: Der Zweite Weltkrieg im Kartenbild. Auf Grund von Lageatlanten und Einzelkarten des Oberkommandos der Wehrmascht, des Generalstabs des Heeres, der Seekriegsleitung, des Generalstabs der Luftwaffe und anderer Führungsstäbe neu gezeichnet nach den Unterlagen im Bundesarchiv/Militärarchiv, Band 1: Der Polenfeldzug. Ein Lageatlas der Operationsabteilung des Generalstabs des Heeres, Osnabrück 1989
Topp, Erich: Fackeln über dem Atlantik. Lebensbericht eines U-Boot-Kommandanten, Herford, Bonn 1990
Treue, Wilhelm: Deutschland in der Weltwirtschaftskrise in Augenzeugenberichten, 2. Aufl. Düsseldorf 1967
Truman, Harry S.: Memoiren, Bern 1955

Uexküll, Gösta v. (Hg.): Juho Kusti Paasikivi: Meine Moskauer Mission 1939-41, Hamburg 1966
Vogel, Thomas (Hg.): Wilm Hosenfeld. »Ich versuche jeden zu retten«. Das Leben eines deutschen Offiziers in Briefen und Tagebüchern, München 2004

Wagner, Gerhard (Hg.): Lagevorträge des Oberbefehlshabers der Kriegsmarine vor Hitler 1939-1945, München1972
Warlimont, Walter: Im Hauptquartier der deutschen Wehrmacht 1939-1945, 2. Aufl., Frankfurt 1963
Wegener, Wolfgang: Die Seestrategie des Ersten Weltkrieges, 2. Aufl., Berlin 1941
Wegmann, Günter (Hg.): »Das Oberkommando der Wehrmacht gibt bekannt...« Der deusche Wehrmachtbericht. Vollständige Ausgabe 1939-1945 der durch Presse und Rundfunk veröffentlichten Texte, Osnabrück 1982
Wette, Wolfram/Bremer, Ricarda/Vogel, Detlef (Hg.): Das letzte halbe Jahr. Stimmungsberichte der Wehrmachtpropaganda (1944/45), Essen 2001
Wetzell, Georg (Hg.): Die deutsche Wehrmacht 1914-1939. Rückblick und Ausblick. Der neuen deutschen Wehrmacht gewidmet vom Verlag E.S. Mittler & Sohn zum 3. März 1939, dem Gedenktage seines 150-jährigen Bestehens. Unter Mitarbeit zahlreicher Offiziere
Wolters, Rudolf: Neue deutsche Baukunst, herausgegeben vom Generalinspekteur für die Reichshauptstadt Albert Speer, 4. Aufl. Prag, Berlin 1943

2. Literatur

Aalders, Gerard: The art of cloaking ownership. The secret collaboration and protection of the German war industry by the neutrals. The Case of Sweden, Amsterdam 1996

Abbazia, Patrick: Roosevelt's Navy. The Private War of the U.S. Atlantic Fleet, 1939-1942, Annapolis 1975

Abelshauser, Werner/Schwengler, Walter: Wirtschaft und Rüstung. Souveränität und Sicherheit (Anfänge westdeutscher Sicherheitspolitik 1945-1956, hg. Militärgeschichtliches Forschungsamt) Band 4, München 1997

Abendroth, Hans-Henning: Hitler in der spanischen Arena. Die deutsch – spanischen Beziehungen im Spannungsfeld der europäischen Interessenpolitik vom Ausbruch des Bürgerkrieges bis zum Ausbruch des Weltkrieges 1936-939, Paderborn 1973

Abendroth, Wolfgang: Historische Funktion und Umfang des Widerstandes der Arbeiterbewegung im Dritten Reich, in: *Oertzen, Peter v. (Hg.)*: Festschrift für Otto Brenner zum 60. Geburtstag, Frankfurt/M. 1967

Abshagen, Karl H.: Canaris. Patriot und Weltbürger, 3. Aufl., Stuttgart 1954

Abshagen, Karl H.: Schuld und Verhängnis. Ein Vierteljahrhundert deutscher Geschichte in Augenzeugenberichten, Stuttgart 1961

Absolon, Rudolf: Die Wehrmacht im Dritten Reich, 6 Bände, Boppard 1969-1995

Agarossi, Elena: A nation collapses. The Italian surrender of September 1943, Cambridge u.a. 2000

Agawi, Hiroyuki: The Reluctant Admiral. Yamamoto and the Imperial Navy, Tokyo, New York 1980

Albrecht, Gerd: Nationalsozialistische Filmpolitik. Eine soziologische Untersuchung über die Spielfilme des Dritten Reiches, Stuttgart 1996

Albrecht, Richard: Der militante Sozialdemokrat Carlo Mierendorff 1897-1943. Eine Biographie, Bonn 1987

Alexander, Martin S.: The Republic in Danger. General Maurice Gamelin and the Politics of French Defence, 1933-1940, Cambridge 1992

Allen, Martin: Churchills Friedensfalle. Das Geheimnis des Heßfluges 1941, Stegen 2003

Alméras, Philippe: Un Francais nommé Pétain, Paris 1995

Altner, Günter (Hg.): Der Darwinismus. Die Geschichte einer Theorie, Darmstadt 1981

Altwegg, Jürg: Die langen Schatten von Vichy. Frankreich, Deutschland und die Rückkehr des Verdrängten, München 1998

Altwegg, Jürg: Geisterzug in den Tod. Ein unbekanntes Kapitel der deutsch-französischen Geschichte 1944, Hamburg 2001

Aly, Götz/Heim, Susanne: Vordenker der Vernichtung. Auschwitz und die Pläne für eine neue politische Ordnung, Hamburg 1991

Aly, Götz(Hg.): Aktion T 4, 1939-1945. Die »Euthanasie«-Zentrale in der Tiergartenstraße 4, 2. Aufl., Berlin 1989

Aly, Götz: »Daß uns Blut zu Gold werde«. Theodor Schieder, Propagandist des Dritten Reiches, in: Menora 9, 1998

Aly, Götz: »Endlösung«. Völkerverschiebung und der Mord an den europäischen Juden, Frankfurt/M. 1998

Ameling, Ullrich: Adolf Reichwein 1898-1944. Ein Lebensbild des politischen Pädagogen, Volkskundlers und Widerstandskämpfers, 2 Bände, Frankfurt/M. 1991

Andenaes, Johs/Riste, Olav/Skodvin, Magne: Norway and the Second World War, Oslo 1996

Andersen, Steen: Danmark i det tyske storrum. Dansk okonomisk tilpasning til Tyksklands nyordning af Europa 1940-41, Kobenhavn 2003

Andonov, Vladimir: Bulgarien im Krieg gegen Hitlerdeutschland (Institut für Militärgeschichte des Generalstabs der bulgarischen Armee), Sofia 1988

Ansel, Walter: Hitler confronts England, London 1960

Arendt, Hannah: Eichmann in Jerusalem. Ein Bericht von der Banalität des Bösen, Neuausgabe München 1964

Armstrong, Anne: Unconditional surrender. The impact of the Casablanca policy upon World War II, New Brunswick 1961

Arndt, Ino u.a.: Die Herkunft der Mitglieder des engeren Kreisauer Kreises. Das biographische und genealogische Bild einer Widerstandsgruppe, Berlin o.J

Arnold, Sabine Rosemarie: Stalingrad im sowjetischen Gedächtnis. Kriegserinnerung und Geschichtsbild im totalitären Staat, Bochum 1998

Aschmann, Birgit: »Treue Freunde...« Westdeutschland und Spanien 1945-1963, Historische Mitteilungen Beiheft 34, Stuttgart 1999

Atkins, Nicholas: Pétain, London 1998

Aurich, Peter: Der deutsch-polnische September 1939. Eine Volksgruppe zwischen den Fronten, München, Wien 1969

Azéma, Jean-Pierre/Bédarida François: 1938-1948. Les années de tourmente. De Munich à Prague. Dictionnaire critique, Paris 1995

Azéma, Jean-Pierre: Vichy, 1940-1944, Paris 1997

Bagel-Bohlan, Anja E.: Hitlers industrielle Kriegsvorbereitung 1936 bis 1939, Koblenz, Bonn 1975

Bagge, Erich: Keine Atombombe für Hitler, in: *Salewski, Michael (Hg.)*: Das Zeitalter der Bombe. Die Geschichte der atomaren Bedrohung von Hiroshima bis heute, München 1995

Bainville, Jacques: Napoléon, Paris 1931

Bajohr, Frank: »Unser Hotel ist judenfrei« Bäder-Antisemitismus im 19. und 20. Jahrhundert, Frankfurt/M. 2003

Balfour, Michael/Frisby, Julian: Helmuth James von Moltke 1907-1945. Anwalt der Zukunft, 2. Aufl., Berlin 1984

Bariéty, Jacques: Die französische Politik in der Ruhrkrise, in: *Schwabe, Klaus (Hg.)* Die Ruhrkrise 1923, Paderborn 1984

Barnett, Correlli: The Collaps of British Power, London 1972

Barnhart, Michael: Japan prepares for Total War, New York 1987

Bartels, Ulrike: Die Wochenschau im Dritten Reich.Entwicklung und Funktion eines Massenmediums unter besonrdere Berücksichtigung völkisch-nationaler Inhalte, Frankfurt/M.u.a. 2004

Barthel, Konrad: Friedrich der Große in Hitlers Geschichtsbild, Wiesbaden 1977

Bartov, Omar: Germany's War and the Holocaust. Disputed Histories, London 2003

Bartov, Omer: The Eastern Front, 1941-45. German Troops and the Barbarisation of Warfare, Houndmills 1985

Baruch, Marc Oliver: Das Vichy-Regime 1940-1944, Paris 1999

Bauer, Yehudas: Die dunkle Seite der Geschichte. Die Shoa in historischer Sicht. Interpretationen und Re-Interpretationen, Frankfurt/M. 2001

Bauerkämper, Arnd: Die »radikale Rechte« in Großbritannien, Nationalistische, antisemitische und faschiste Bewegungen vom späten 19. Jahrhundert bis 1945, Göttingen 1991

Baum, Walter: Der Krieg der »Achsenmächte« im Mittelmeer-Raum. Die »Strategie« der Diktatoren, Göttingen 1973

Baumgart, Winfried: Vom Europäischen Konzert zum Völkerbund. Friedensschlüsse und Friedenssicherung von Wien bis Versailles, 2. Aufl., Darmstadt 1987

Bavendamm, Dirk: Roosevelts Krieg. Amerikanische Politik und Strategie 1937-1945, 2. Aufl., München 1998

Beasley, William G.: Japanese Imperialism, London 1987

Beauvois, Yves: Les rélations franco-polonaises pendant la »drôle de guerre«, Paris 1989

Beck, Earl E.: Under the Bombs. The German Home Front 1942-1945, Lexington 1999

Becker, Winfried: Passau in der Zeit des Nationalsozialismus: Ausgewählte Fallstudien, Passau 1999

Bédarida, François: La bataille de l'Angleterre 1940, Bruxelles 1985

Bédarida, François: La Stratégie secrète de la drôle de guerre, Paris 1979

Beesly, Patrick; Very Special Intelligence. Geheimdienstkrieg der britischen Admiralität 1939 -1945, Berlin, Frankfurt/M., Wien 1977

Behrenbeck, Sabine: Heldenkult und Opfermythos. Mechanismen der Kriegsbegeisterung 1918-1945, in: *Van der Linden, Marcel/Mergner, Gottfried (Hg.):* Kriegsbegeisterung und mentale Kriegsvorbereitung. Interdisziplinäre Studien, Berlin 1991

Behringer, Wolfgang: Neun Millionen Hexen. Entstehung, Tradition und Kritik eines populären Mythos, in: Geschichte in Wissenschaft und Unterricht 49, 1998

Beitter, Gerda: Die Rote Armee im Zweiten Weltkrieg. Eine Bibliographie ihrer Truppengeschichte im 2. Weltkrieg, Koblenz 1984

Ben Arie, Katriel: Die Schlacht bei Monte Cassino 1944, Freiburg i.Br. 1986

Bennett G.H. and R.: Survivors. British Merchant Seamen in the Second World War, London, Rio Grande 1999

Benz, Ute: Frauen im Nationalsozialismus. Dokumente und Zeugnisse, München 1997

Benz, Wolfgang/Pehle, Walther (Hg.): Lexikon des deutschen Widerstandes, Frankfurt/M. 1994

Benz, Wolfgang: Der Generalplan Ost. Germanisierungspolitik in den besetzten Ostgebieten, in: *Benz, Wolfgang*: Herrschaft und Gesellschaft im nationalsozialistischen Staat, Frankfurt/M. 1990

Benz, Wolfgang: Dimension des Völkermords. Die Zahl der jüdischen Opfer des Nationalsozialismus, Neuausgabe München 1996

Benz, Wolfgang: Einsatz im »Reichskommissariat Ostland«. Dokumentation zum Völkermord im Baltikum und in Weißrußland 1941-1944, Berlin 1998

Benz, Wolfgang: Geschichte des Dritten Reiches, München 2002

Benz, Wolfgang: Legenden, Lügen, Vorurteile. Ein Wörterbuch zur Zeitgeschichte, 2. Aufl., München 1992

Benz, Wolfgang: Lexikon des Holocaust, München 2002

Benz, Wolfgang: Widerstand im Exil – Exil als Widerstand, in: *Gedenkstätte Deutscher Widerstand Berlin (Hg.):* Beiträge zum Widerstand 1933-1945, Berlin 1991

Berg, Nicolas: Der Holocaust und die westdeutsche Historiographie. Erforschung und Erinnerung, Göttingen 2003

Bergamini, David: Japan's imperialistic conspiracy, London 1971

Bergander, Götz: Dresden im Luftkrieg. Vorgeschichte, Zerstörung, Folgen, Sonderausgabe Würzburg 1998

Bergander, Götz: Vom Gerücht zur Legende. Der Luftkrieg über Deutschland im Spiegel von Tatsachen, erlebter Geschichte, Erinnerung, Erinnerungsverzerrung, in: *Stamm – Kuhlmann, Thomas ua. (Hg.):* Geschichtsbilder. Festschrift für Michael Salewski zum 65. Geburtstag, Historische Mitteilungen, Beiheft 47, Stuttgart 2003

Bernard, Henri/Gheysens, Roger: La bataille d'Ardenne. L'ultime Blitzkrieg de Hitler (déc. 1944-jan. 1945), Paris 1984

Bernecker, Walther L.: Das nationalsozialistische Spanienbild und Hitlers Eingreifen in den Spanischen Bürgerkrieg,in: *Schmigalle, Günther (Hg.):* Der Spanische Bürgerkrieg. Literatur und Geschichte, Frankfurt/M. 1986

Bernecker, Walther L.: Krieg in Spanien 1936-1939, Darmstadt 1991

Bernhardt, Walther: Die deutsche Aufrüstung 1934 bis 1939. Militärische und politische Konzeptionen und ihre Einschätzung durch die Alliierten, Frankfurt/M. 1969

Berthold, Hermann: »Unconditional surrender«. Das Kriegsziel der Alliierten des Zweiten Weltkrieges, Diss. Würzburg 1973

Bessel, Richard (Hg.): Fascist Italy and Nazi Germany. Comparisons and Contrasts, Cambridge u.a. 1996

Bethge, Eberhard: Dietrich Bonhoeffer. Theologe, Christ, Zeitgenosse. Eine Biographie, 7. Aufl., Gütersloh 2001

Beuer, Gerhard: Wilhelm Leuschner, in: *Lill/Oberreuter*: 20. Juli

Bezymenskij, Lev: Der Berlin-Besuch von V.M Molotov im November 1940 im Lichte neuer Dokumente aus sowjetischen Geheimarchiven, in: Militärgeschichtliche Mitteilungen 57, 1998

Bezymenskij, Lev: Sonderakte »Barbarossa«. Dokumentarbericht zur Vorgeschichte des deutschen Überfalls auf die Sowjetunion – aus sowjetischer Sicht, Hamburg 1973

Bidlingmaier, Gerhard: Einsatz der schweren Kriegsmarineeinheiten im ozeanischen Zufuhrkrieg. Strategische Konzeption und Führungsweise der Seekriegsleitung, September 1939-Februar 1942, Neckargemünd 1963

Billstein, Reinhold/Fings, Karola/Kugler, Anita et al.: Working for the Enemy. Ford, General Motors and forced labor in Germany during the Second World War, New York 2000

Biman, Stanislav/Cílek, Roman: Der Fall Grün und das Münchner Abkommen. Dokumentarbericht, Berlin 1983

Binion, Rudolph: »...daß ihr mich gefunden habt«. Hitler und die Deutschen. Eine Psychohistorie, Stuttgart 1978

Birkenfeld, Wolfgang: Der synthetische Treibstoff 1933-1945. Ein Beitrag zur nationalsozialistischen Wirtschafts-und Rüstungspolitik, Göttingen 1964

Birkenfeld, Wolfgang: Stalin als Wirtschaftspartner Hitlers (1939-1941), in: Vierteljahrsschrift für Wirtschafts-und Sozialgeschichte 53, 1966

Black, Jeremy: Rethinking Military History, London, New York 2004

Blaich, Fritz (Hg.): Wirtschaft und Rüstung im »Dritten Reich«, Düsseldorf 1987

Bleistein, Roman: Alfred Delp. Geschichte eines Zeugen, Frankfurt/M. 1989

Bloch, Marc: Die seltsame Niederlage. Frankreich 1940. Der Historiker als Zeuge, Frankfurt/M. 1992

Bloch, Marc: L'étrange défaite, Paris 1990

Block, Jan: Die Wirtschaftspolitik in der Weltwirtschaftskrise 1929-1932 im Urteil der Nationalsozialisten, Frankfurt/M. 1997

Blum, John Morton: Deutschland ein Ackerland? Morgenthau und die amerikanische Kriegspolitik 1941-1945. Aus den Morgenthau – Tagebüchern, Düsseldorf 1968

Blumenhagen, K.H.: Die deutsch-sowjetischen Handelsbeziehungen 1939-1941. Ihre Bedeutung für die jeweilige Kriegswirtschaft, Hamburg 1998

Bö, Patrick Andersen: Le mur de l'Atlantique, Rennes 2002

Bock, Anja: Der Angriff auf Polen am 1.September 1939 im Spiegel der nationalsozialistischen Propaganda, MA Kiel 2000

Bock, Gisela: Zwangssterilisation im Nationalsozialismus. Studien zur Rassenpolitik und Frauenpolitik, Opladen 1986

Bodenstein, Lars Ole: Die Rolle von Karl Dönitz im Zweiten Weltkrieg. Die kritisch historische Analyse eines Mythos, in: Historische Mitteilungen 15, 2002

Böhme, Heinz: Der deutsch-französische Waffenstillstand im Zweiten Weltkrieg, Stuttgart 1966

Bohn, Robert: Reichskommissariat Norwegen. »Nationalsozialistische Neuordnung« und Kriegswirtschaft, München 2000

Boog, Horst: Die deutsche Luftwaffenführung 1935-1945. Führungsprobleme, Spitzengliederung, Generalstabsausbildung, Stuttgart 1982

Boog, Horst: Strategischer Luftkrieg in Europa und die Reichsluftverteidigung 1943-1944, in: Das Deutsche Reich und der Zweite Weltkrieg, Band 7

Borg, Dorothy: Pearl Harbor as history. Japanese-american relations 1931-1941, New York 1973

Borget, Pierre: Der Marschall. Pétain zwischen Kollaboration und Résistance, Frankfurt/M. 1968

Borodziej, Wlodzimierz: Der Warschauer Aufstand 1944, Frankfurt/M. 2001

Böttger, Peter: Winston Churchill und die Zweite Front (1941-1943). Ein Aspekt der britischen Strategie im Zweiten Weltkrieg, Frankfurt/M. 1984

Böttger, Peter: Winston Churchill und die Zweite Front (1941-1943), Frankfurt/M. u.a. 1984

Boysen, Elsa: Harro Schulze-Boysen. Das Bild des Freiheitskämpfers, zusammengestellt nach seinen Briefen, nach Berichten der Eltern und anderen Aufzeichnungen, 3. Aufl., Koblenz 1992

Bracher, Karl Dietrich: Zeitgeschichtliche Kontroversen um Faschismus, Totalitarismus, Demokratie, 5. Aufl., München 1984

Bradley, Dermot: Generaloberst Heinz Guderian und die Entstehungsgeschichte des modernen Blitzkrieges, 2. Aufl., Osnabrück 1986

Brakelmann, Günter: Der Kreisauer Kreis. Chronologie, Kurzbiographien und Texte aus dem Widerstand, 2. Aufl., München 2004

Braubach, Max: Prinz Eugen von Savoyen, 5 Bände, München 1963-1965
Brechtken, Magnus.: »Madagaskar für die Juden«. Antisemitische Idee und politische Praxis 1895-1945, 2. Aufl., München 1998
Breitman, Richard: Der Architekt der »Endlösung«, Himmler und die Vernichtung der europäischen Juden. Paderborn 1996
Brender, Reinhold: Kollaboration in Frankreich im Zweiten Weltkrieg. Marcel Déat und das Rassemblement national populaire, München 1992
Brinkley, Douglas/Facey-Crowther, David R. (Hg.): The Atlantic Charter, New York 1994
Bronner, Stephen Eric: Ein Gerücht über die Juden. »Die Protokolle der Weisen von Zion« und der alltägliche Antisemitismus, Berlin 1999
Broszat, Martin u.a (Hg.).: Bayern in der NS-Zeit, 6 Bände, München, Wien 1977
Broszat,Martin/Henke, Klaus-Dietmar/Woller, Hans (Hg.): Von Stalingrad zur Währungsreform. Zur Sozialgeschichte des Umbruchs in Deutschland, 3. Aufl., München 1990
Brown, D.K.: The road to Oran. Anglo-French naval relations, September 1939-July 1940, London 2003
Browning, Christopher: Der Weg zur »Endlösung«. Entscheidungen und Täter, Hamburg 2002
Browning, Christopher: Die Entfesselung der »Endlösung«. Nationalsozialistische Judenpolitik 1939-1942, München 2002
Browning, Oliver: Ganz normale Männer. Das Reserve – Polizeibataillon 101 und die »Endlösung« in Polen, Reinbek 1993
Brüning, Heinrich: Die Vereinigten Staaten und Europa. Ein Vortrag gehalten im Rhein-Ruhr-Klub Düsseldorf, Stuttgart 1954
Bublitz, Hannelore/Hanke, Christine/Seier, Andrea: Der Gesellschaftskörper. Zur Neuordnung von Kultur und Geschlecht um 1900, Frankfurt/M., New York 2000
Buchbender, Ortwin: Das andere Gesicht des Krieges. Deutsche Feldpostbriefe 1939-1945, München 1982
Buchbender, Ortwin: Das tönende Erz. Deutsche Propaganda gegen die Rote Armee im Zweiten Weltkrieg, Stuttgart 1978
Buchheim, Lothar-Günther: U-Boot-Krieg. Mit einem Essay von Michael Salewski, München, Zürich 1976
Bucher, Peter: Goebbels und die deutsche Wochenschau. Nationalsozialistische Filmpolitik im Zweiten Weltkrieg 1939-1945, in: Militärgeschichtliche Mitteilungen 40, 1986
Buchheim, Hans: Anatomie des SS-Staates, 6. Aufl., München 1994
Buchheit, Gerd: Richter in roter Robe. Freisler. Präsident des Volksgerichtshofes, München 1968
Buchholz, Wolfhard: Die nationalsozialistische Gemeinschaft »Kraft durch Freude«. Freizeitgestaltung und Arbeiterschaft im Dritten Reich, Diss. München 1976
Buchstab, Günter/Kaff, Brigitte/Kleinmann, Hans-Otto (Hg.): Christliche Demokraten gegen Hitler. Aus Verfolgung und Widerstand zur Union, Freiburg i.Br. 2004
Bullock, Allan: Hitler (1953) zahlreiche Neuauflagen
Bungay, Stephen: The most dangerous enemy. A history of the Battle of Britain, London 2000
Bunting, Madelaine: Model Occupation. The Channel Islands under German Rule 1940-1945, London 1995
Burkert, Martin: Die Ostwissenschaften im Dritten Reich, Wiesbaden 2000
Burleigh, Michael: Death and Deliverance. »Euthanasia« in Germany, 1939-1945, Cambridge u. a. 1995
Burleigh, Michael: Die Zeit des Nationalsozialismus, eine Gesamtdarstellung, 2. Aufl., Frankfurt/M. 2000
Burleigh, Michael: Germany turns eastwards. A Study of Ostforschung in the Third Reich, Cambridge 1988
Burmeister, Karl Heinz : Olympe de Gouges. Die Rechte der Frau 1791, Bern, Mainz, Wien 1999
Bußmann, Walter: Kursk-Orel-Dnjepr. Erlebnisse und Erfahrungen im Stab des XXXXVI. Panzerkorps während des »Unternehmens Zitadelle«, in: Vierteljahrshefte für Zeitgeschichte 41, 1993

Büttner, Ursula: »Deflation führt zur Revolution«. Anton Erkelenz' vergeblicher Kampf für einen wirtschaftspolitischen Kurswechsel und die Rettung der Demokratie in der Ära Brüning, in: Lebendige Sozialgeschichte 2003
Bytwerk, Randall L.: Julius Streicher and the Impact of Der Stürmer, in: Wiener Library Bulletin 29, 1976/77

Carell, Paul : Der Rußlandkrieg. Fotografiert von Soldaten. Der Bildband zu »Unternehmen Barbarossa« und »Verbrannte Erde«, Frankfurt/M. 1967
Carell, Paul: Die Wüstenfüchse. Mit Rommel in Afrika, Frankfurt/M. 1988
Carell, Paul: Unternehmen Barbarossa. Der Marsch nach Rußland, 2. Aufl., Frankfurt/M. 1991
Carsten, Francis L.: Reichswehr und Politik 1918-1933, Köln, Berlin 1964
Cavallo, Pietro: Italiani in guerra. Sentimenti e immagini dal 1940 al 1943, Bologna 1997
Cecil, Robert: The Myth of the Master Race. Alfred Rosenberg and Nazi Ideology, London 1972
Chalfont, Arthur G.: Der Sieger von El Alamein. Feldmarschall Montgomery, der Gegner von Rommel, Frankfurt/M. 1991
Chandler, David G./Collins, James Lawton: The D-Day Encyclopedia, New York u.a. 1994
Chiari, Bernhard: Deutsche Zivilverwaltung in Weißrußland 1941-1944. Die lokale Perspektive der Besatzungsgeschichte, in: Militärgeschichtliche Mitteilungen 52, 1993
Cohn, Norman: »Die Protokolle der Weisen von Zion«. Der Mythos der jüdischen Weltverschwörung, 2. Aufl., Baden-Baden 1998
Cointet, Jean-Paul: Histoire de Vichy, Paris 1997
Cointet, Jean-Paul: Pierre Laval, Paris 1993
Collegium Carolinum (Hg.): Deutsche Gesandtschaftsberichte aus Prag. Innenpolitik und Minderheitenprobleme in der Ersten Tschechoslowakischen Republik, München 1983
Collier, Richard: Adlertag. Die Luftschlacht um England, 6. August-15. September 1940, Hamburg 1966
Compton, James V.: Hitler und die USA. Die Amerikapolitik des Dritten Reiches und die Ursprünge des Zweiten Weltkrieges, Oldenburg 1968
Conrad-Martius, Hedwig: Utopien der Menschenzüchtung. Der Sozialdarwinismus und seine Folgen, München 1955
Conte, Arthur: La »drôle de guerre« août 1939-10 mai 1940, Paris 1999
Conway, John S.: die nationalsozialistische Kirchenpolitik 1933-1945. Ihre Ziele, Widersprüche und Fehlschläge, München 1969
Conway, Martin: Collaboration in Belgium. Léon Degrelle and the Rexist Movement, 1940-1944, New Haven 1993
Coox, Alvin D.: Repulsing the Pearl Harbor Revisionists. The State of Present Literature on the Debacle, in: Military Affairs Nr. 509, 1986
Coppi, Hans/Danyel, Jürgen/Tuchel, Johannes (Hg.): Die Rote Kapelle im Widerstand gegen den Nationalsozialismus, Berlin 1994
Cordier, Daniel: Jean Moulin, l'inconnu du Panthéon, 3 Bände, Paris 1989-1993
Cornelißen, Christoph/Klinkhammer, Lutz (Hg.): Erinnerungskulturen. Deutschland, Italien und Japan seit 1945, Frankfurt/M. 2003
Courtade, Francis /Cadars, Pierre :Geschichte des Films im Dritten Reich, 2. Aufl., München 1977
Coutau-Bégarie, Hervé: Darlan, Paris 1987
Craig, William E.: Die Schlacht von Stalingrad. Der Untergang der 6. Armee, Kriegswende an der Wolga, München 1974
Crémieux-Brilhac, Jean-Louis: L'image de l'Allemagne dans l'opinion des Francais 1939-1940 ou de quelques facteurs psychologiques dans la »drôle de guerre«, in: *Carlier, Claude/Martens, Stefan (Hg.)*: La France et l'Allemagne en guerre, septembre 1939- novembre 1942, Paris 1990
Creveld, Martin van: Hitler's Strategy, 1940-1941. The Balkan Clue, London 1973

Crocker, George N.: Liebesgrüßer an Moskau. F.D. Roosevelts Waffenhilfe für die Rote Armee 1941-1945. Amerika öffnet Stalin den Weg nach Berlin, Kiel 1986
Cujkov, Vasilij I.: Die Schlacht des Jahrhunderts, Berlin 1980

D'Addardio, Ray/Kastner, Klaus: Der Nürnberger Prozeß. Das Verfahren gegen die Hauptkriegsverbrecher 1945-1946, Nürnberg 1994
Dahl, Hans Fredrik: Quisling. A Study in Treachery, Cambridge 1999
Dahlerus, Birger: Der letzte Versuch. London-Berlin Sommer 1939, 2. Aufl., München 1981
Daim, Wilfried: Der Mann, der Hitler die Ideen gab. Jörg Lanz von Liebenfels, 3. Aufl., Wien 1994
Dallin, Alexander: Deutsche Herrschaft in Rußland 1941-1945. Eine Studie über Besatzungspolitik, Düsseldorf 1958
Danyel, Jürgen: Zwischen Nation und Sozialismus. Genese, Selbstverständnis und ordnungspolitische Vorstellungen der Widerstandsgruppe um Arvid Harnack und Harro Schulze-Boysen, in: *Steinbach/Tuchel(Hg.)*: Widerstand gegen den Nationalsozialismus
Daschitschew, Wjatscheslaw: Planungen und Fehlschläge Stalins am Vorabend des Zweiten Weltkrieges. Der XVIII. Parteitag der KPDSU (B) und der sowjetisch-deutsche Nichtangriffspakt, in: *Bracher, Karl Dietrich u.a.*: Deutschland zwischen Krieg und Frieden. Beiträge zu Politik und Kultur im 20. Jahrhundert. Festschrift für Hans – Adolf Jacobsen, Düsseldorf 1991
Dawidowicz, Lucy S.: Der Krieg gegen die Juden 1933-1945, Wiesbaden 1986
Deakin, Frederick William: Die brutale Freundschaft. Hitler, Mussolini und der Untergang des italienischen Faschismus, Köln 1966
Deighton, Len: Blitzkrieg. Von Hitlers Triumpfen bis zum Fall von Dünkirchen, Bayreuth 1980
Delpla, Francois: Montoire. Les premiers jours de la collaboration, Paris 1996
Denzler, Georg/Fabricius, Volker: Christen und Nationalsozialismus. Darstellung und Dokumente. Neuausgabe FrankfurtM. 1993
Detwiler, Donald S.: Hitler, Franco und Gibraltar. Die Frage des spanischen Kriegseintritts in den Zweiten Weltkrieg, Wiesbaden 1962
Deutsch, Harold C.: Das Komplott oder Die Entmachtung der Generale. Blomberg-und Fritschkrise. Hitlers Weg zum Krieg, Zürich 1974
DeZayas, Alfred M.: Die Wehrmacht-Untersuchungsstelle. Deutsche Ermittlungen über alliierte Völkerrechtsverletzungen im Zweiten Weltkrieg unter Mitarbeit von *Walter Rabus*, 4. Aufl., Frankfurt, Berlin 1987
Diekmann, Irene/Krüger, Peter/Schoeps, Julius H. (Hg.): Geopolitik. Grenzgänge im Zeitgeist, 2 Bände, Potsdam 2000
Diewald-Kerkmann, Gisela: Politische Denunziation im NS-Regime oder die kleine Macht der Volksgenossen, Bonn 1995
Dijkstra, Bram: Das Böse ist eine Frau. Männliche Gewaltphantasien und die Angst vor der weiblichen Sexualität, Hamburg 1999
Dilks, David: Neville Chamberlain, Cambridge 1984
Diner, Dan :Ist der Nationalsozialismus Geschichte? Zu Historisierung und Historikerstreit, Frankfurt/M. 1987
Dingman, Roger: Power in the Pacific. The Origins of Naval Arms Limitation, 1914-922, Chicago, London 1976
Dinklage, Ludwig: Die deutsche Handelsflotte 1939-1945. Unter besonderer Berücksichtigung der Blockadebrecher, Göttingen 1971
Divine, Robert Alexander: Roosevelt and World War II, Baltimore 1969
Djilas, Milovan: Tito. Eine kritische Biographie, Wien 1980
Dlugoborski, Waclaw: Der Hitler-Stalin-Pakt als »lebendige Vergangenheit«, in: *Hildebrand, Klaus u.a. (Hg.)*: 1939. An der Schwelle zum Weltkrieg. Die Entfesselung des Zweiten Weltkrieges und das internationale System, Berlin, New York 1990
Domarus, Max: Mussolini und Hitler. Zwei Wege, gleiches Ende, Würzburg 1977

Döscher, Hans-Jürgen: »Reichskristallnacht«. Die Novemberpogrome 1938, 3. Aufl., München 2000
Döscher, Hans-Jürgen: Das Auswärtige Amt im Dritten Reich. Diplomatie im Schatten der »Endlösung«, Berlin 1987
Doßmann, Axel: Feldpostbriefe, Hamburg 1999
Dreyfus, Francois-Georges: Histoire de la Résistance 1940-1945, Paris 1997
Du Reau, Elisabeth: La France devant l'entrée en guerre et les premiers développements de la »drôle de guerre«: une politique attentiste, in: *Carlier, Claude/Martens, Stefan (Hg.)*: La France et l'Allemagne en guerre, septembre 1939-novembre 1942, Paris 1990
Duffy, Christopher: Der Sturm auf das Reich. Der Vormarsch der Roten Armee 1945, München 1994
Dülffer, Jost: Das deutsch-englische Flottenabkommen vom 18. Juni 1935, in: *Michalka, Wolfgang (Hg.):* Nationalsozialistische Außenpolitik
Dülffer, Jost: Jalta, 4. Februar 1945. Der Zweite Weltkrieg und die Entstehung der bipolaren Welt, 2. Aufl., München 1999
Dülffer, Jost: Weimar, Hitler und die Marine. Reichspolitik und Flottenbau 1920 1939, Düsseldorf 1973
Dumbach, Annette/Newborn, Jud: Die Geschichte der Weißen Rose, 3. Aufl. Freiburg i.Br. 1993

Ebeling, Frank: Geopolitik. Karl Haushofer und seine Raumwirtschaft, Berlin 1994
Edmonds, Robin: Die großen Drei: Churchill, Roosevelt und Stalin in Frieden und Krieg, Berlin 1992
Eggers, Christian: Unerwünschte Ausländer. Juden aus Deutschland und Mitteleuropa in französischen Internierungslagern 1940-1942, Berlin 2002
Eichholtz, Dieter: Geschichte der deutschen Kriegswirtschaft 1939-1945, 3 Bände, Berlin 1969-1997, Neudruck München 1999
Eichholtz, Dietrich: »Großgermanisches Reich« und »Generalplan Ost«. Einheitlichkeit und Unterschiedlichkeit im faschistischen Okkupationssystem, in: Zeitschrift für Geschichtswissenschaft 28, 1980
Eichholtz, Dietrich: Wirtschaftspolitik und Strategie des faschistischen deutschen Imperialismus im Dnjepr-Donzez-Industriegebiet, in: Militärgeschichtliche Mitteilungen 1979
Einsiedel, Heinrich Graf v.(Hg.): Wieder, Joachim: Stalingrad und die Verantwortung des Soldaten, 4. Aufl., München 1993
Eisfeld, Reiner: Mondsüchtig. Wernher von Braun und die Geburt der Raumfahrt aus dem Geist der Barbarei, Hamburg 2000
Eitner, Hans-Jürgen: Hitler: das Psychogramm, Frankfurt/M. 1994
Eizenstat, Stuart: Unvollkommene Gerechtigkeit. Der Streit um die Entschädigung der Opfer von Zwangsarbeit und Enteignung, München 2003
Elble, Rolf: Die Schlacht an der Bzura im September 1939 aus deutscher und polnischer Sicht, Freiburg i.Br. 1975
Elling, Hanna: Frauen im deutschen Widerstand 1939-1945, 4. Aufl., Frankfurt/M. 1986
Elvert, Jürgen; Mitteleuropa! Deutsche Pläne zur europäischen Neuordnung 1918-1945, Historische Mitteilungen, Beiheft 35, Stuttgart 1999
Endres, Ria: Gesichter ohne Entscheidung. Notizen zu Gründgens, in: Autonomie 14, 1979
Engli, Eloise: The Winter War. The Russo-Finnish Conflict, 1939-40, Boulder 1985
Esteban-Infantes: Blaue Division. Spanische Freiwillige an der Ostfront, 2. Aufl., Leoni 1977
Evans, Richard J.: Im Schatten Hitlers? Historikerstreit und Vergangenheitsbewältigung in der Bundesrepublik, Frankfurt/M. 1990

Facon, Patrick: Le bombardement stratégique, Monaco 1996
Fahle, Günter: Nazis und Bauern. Zur Agrarpolitik des deutschen Faschismus, Köln 1986
Falin, Valentin M.: Zweite Front. Die Interessenkonflikte in der Anti-Hitler-Koalition, München 1995

Farmer, Sarah: Oradour 10 juin 1944. Histoire d'un village martyr, Paris 2004
Faust, Anselm: Der Nationalsozialistische Deutsche Studentenbund in der Weimarer Republik, Düsseldorf 1973
Feis, Herbert: The Road to Pearl Harbor. The Coming of the War between the United States and Japan, Princeton 1971
Felice, Renzo de: Mussolini e Hitler. I rapporti segreti 1922-1933, con documenti inediti, Firenze 1975
Felice, Renzo de: Mussolini, Torino 1965
Feris, John: Treasury Control, the Ten year rule and British service policies, in: The Historical Journal 30, 1987
Ferro, Marc: Pétain, Paris 1987
Fest, Joachim: Der Untergang. Hitler und das Ende des Dritten Reiches. Eine historische Skizze, Berlin 2002
Fest, Joachim: Hitler, eine Biographie, Neuausgabe Berlin 1996
Fest, Joachim: Speer. Eine Biographie, 2. Aufl., Berlin 1999
Fest, Joachim: Staatsstreich. Der lange Weg zum 20. Juli, 4. Aufl., Berlin 1994
Figueras, André: Dictionnaire analytique et critique de la résistance, Paris 1994
Finker, Kurt: Graf Moltke und der Kreisauer Kreis, 3. Aufl., Berlin 1993
Fisch, Bernhard: Nemmersdorf Oktober 1944. Was in Ostpreußen tatsächlich geschah, Berlin 1997
Fischer, Albert: Hjalmar Schacht und Deutschlands »Judenfrage«. Der »Wirtschaftsdiktator« und die Vertreibung der Juden aus dem deutschen Wirtschaftsleben, Köln 1995
Fischer, Thomas Erdmann: Warum es wichtig ist, Hitlers unzeitiges Ende umzudefinieren. Ein Plädoyer für die alternativhistorische Methode, in: *Salewski, Michael (Hg.)*: Was Wäre Wenn? Alternativ-und Parallelgeschichte: Brücken zwischen Phantasie und Wirklichkeit, Historische Mitteilungen, Beiheft 36, Stuttgart 1999
Fleischer, Wolfgang: Gepanzerte Feuerkraft. Die deutschen Kampfwagen-, Panzerjäger- und Sturmkanonen und Mörser bis 1945, Wölfersheim-Berstadt 2004
Fleischhauer, Ingeborg: Der Pakt. Hitler, Stalin und die Initiative der deutschen Diplomatie 1938-1939, Frankfurt/M. 1990
Fleischhauer, Ingeborg: Die Chance des Sonderfriedens. Deutsch-sowjetische Geheimgespräche 1941-1945, Berlin 1986
Florin, Christian: Pétain und Pierre Laval. Das Bild zweier Kollaborateure im französischen Gedächtnis. Ein Beitrag zur Vergangenheitsbewältigung in Frankreich von 1945-1955, Frankfurt/M. 1997
Foerster, Roland (Hg.): Gezeitenwechsel im Zweiten Weltkrieg? Die Schlachten von Char'kov und Kursk im Frühjahr und Sommer 1943 in operativer Anlage, Verlauf und politischer Bedeutung, Hamburg 1996
Foerster, Roland (Hg.): Seelower Höhen 1945, Hamburg u.a. 1998
Foerster, Roland G.: »Unternehmen Barbarossa«. Zum historischen Ort der deutsch-sowjetischen Beziehungen von 1933 bis Herbst 1941, München 1993
Foerster, Roland G.: Operatives Denken bei Clausewitz, Moltke, Schlieffen und Manstein, 3. Aufl., Frankfurt/M.1990
Förster, Gerhard: Abriß der Geschichte der Panzerwaffe, 2. Aufl., Berlin 1978
Förster, Jürgen (Hg.): Stalingrad. Ereignis-Wirkung-Symbol, München, Zürich 1992
Förster, Jürgen: Rumäniens Weg in die deutsche Abhängigkeit. Zur Rolle der deutschen Militärmission 1940/41, in: Militärgeschichtliche Mitteilungen 25, 1979
Forstmeier, Friedrich/Volkmann, Hans-Erich (Hg.): Kriegswirtschaft und Rüstung 1939-1945, Düsseldorf 1977
Franke, Reiner: London und Prag. Materialien zum Problem eines multinationalen Nationalstaates 1919-1938, 2. Aufl., München 1982
Fraser, David Sir: Knight's cross. A life of Field Marshal Erwin Rommel, London 1953
Friedlander, Henry: Der Weg zum NS-Genozid. Von der Euthanasie zur Endlösung, Berlin 1997

Friedländer, Saul: Auftakt zum Untergang. Hitler und die Vereinigten Staaten von Amerika 1939-1941, Stuttgart 1965
Friedrich, Jörg: Der Brand. Deutschland im Bombenkrieg 1940-1945, Berlin 2002
Friedrich, Jörg: Licht in die Schatten der Vergangenheit. Zur Enttabuisierung der Nürnberger Kriegsverbrecherprozesse, Frankfurt/M. 1997
Friese, Gernot: Anspruch und Wirklichkeit des Sports im Nationalsozialismus, Ahrensburg 1974
Frieser, Karl-Heinz: Blitzkriegs-Legende. Der Westfeldzug 1940, 2. Aufl., München 1996
Frieser, Karl-Heinz: Der Westfeldzug und die »Blitzkriegs«-Legende, in: *Militärgeschichtliches Forschungsamt (Hg.)*: Ideen und Strategien 1940. Ausgewählte Operationen und deren militärgeschichtliche Aufarbeitung, Herford, Bonn 1990
Fuchida, Mitsuo/Okumiya, Masatake: Midway. The Japanese story, London 2002
Fuller, John F.: Der Zweite Weltkrieg 1939-1945. Eine Darstellung seiner Strategie und Taktik, Wien 1950
Funke, Manfred: Sanktionen und Kanonen. Hitler, Mussolini und der internationale Abessinienkonflikt 1934-1936, Düsseldorf 1970

Gaddis, John Lewis: The United States and the Origins of the Cold War 1941-1947, New York 1972
Gall, Lothar/Pohl, Manfred (Hg.): Unternehmen im Nationalsozialismus, München 1998
Gall, Lothar: Theodor Schieder 1908-1984, in: Historische Zeitschrift 1985
Gamm, Hans-Jochen: Der Flüsterwitz im Dritten Reich, München 1963
Gat, Azar: Fascist and liberal Visions of War. Fuller, Liddell Hart, Douhet and other Modernists, Oxford 1998
Gaxotte, Pierre: La Révolution française, Paris 1928
Geiss, Imanuel/Jacobmeyer, Wolfgang (Hg.): Deutsche Politik in Polen. Aus dem Diensttagebuch von Hans Frank, Generalgouverneur in Polen, Opladen 1980
Geiss, Imanuel: Der Hysterikerstreit. Ein unpolemischer Essay, Bonn, Berlin 1992
Geiss, Imanuel: Nationalsozialismus als Problem deutscher Geschichtswissenschaft nach 1945, in: *Elvert / Krauß*: Historische Debatten
Geiss, Imanuel:Der lange Weg in die Katastrophe. Die Vorgeschichte des Ersten Weltkrieges 1815-1914, 2. Aufl., München, Zürich 1991
Geyer, Michael: Aufrüstung oder Sicherheit? Die Reichswehr in der Krise der Machtpolitik 1924-1936, Wiesbaden 1980
Giesebrecht, Wilhelm v.: Geschichte der deutschen Kaiserzeit, Berlin 1923
Gilbert, Adrian: Britain invaded. Hitler's plans for Britain. A documentary reconstruction, London 1990
Gilzmer, Mechthild: Les femmes dans la Résistance en France. Actes du colloque international de Berlin, 8-10 octobre 2001, organisé par le Mémorial de la Résistance Allemande de Berlin (Gedenkstätte Deutscher Widerstand) et par Maréchal Leclerc de Hautecloque, Musée Jean Moulin, Paris, Paris 2003
Gisler, Andreas: »Die Juden sind unser Unglück«. Briefe an Sigi Feigel 1996-1998, Zürich 1999
Glantz, David: The battle for Leningrad 1941 – 1944, Lawrence, Kan. 2002
Glaser, Hermann: Kultur und Identitäten, in: Das Parlament (B50), 2001
Goldhagen, Daniel J.: Hitlers willige Vollstrecker. Ganz gewöhnliche Deutsche und der Holocaust, 10. Aufl., Berlin 1996
Gonon, Philipp: Georg Kerschensteiner. Begriff der Arbeitsschule, Darmstadt 2002
Görlitz, Walter (Hg.): Paulus: »Ich stehe hier auf Befehl«. Lebensweg des Generalfeldmarschalls Friedrich Paulus. Mit den Aufzeichnungen aus dem Nachlaß, Briefen und Dokumenten, Frankfurt/M. 1960
Gorschkow, Sergej G.: Seemacht Sowjetunion. Deutsche Ausgabe herausgegeben von *Eckhardt Opitz*, München 1978
Gosztony, Peter: Die Rote Armee. Geschichte und Aufbau der sowjetischen Streitkräfte seit 1917, Wien 1980

Gosztony, Peter: Hitlers fremde Heere. Das Schicksal der nichtdeutschen Armeen im Ostfeldzug, Düsseldorf, Wien 1976
Gotto, Klaus/Repgen, Konrad(Hg.): Die Katholiken und das Dritte Reich, 3. Aufl., Mainz 1990
Grabner, Sigrid/Röder, Hendrick (Hg.): Henning von Tresckow. Ich bin, der ich war, 2. Aufl., Berlin 2003
Graf, Friedrich: Karabiner 98 kurz. Technische Studie zu den Änderungen der Fa. Mauser Werk AG Oberndorf/Neckar am Karabiner 98 K (K98k) in den Kriegsjahren 1939 bis 1945, Schwäbisch-Hall 1997
Graml, Hermann Europas Weg in den Krieg. Hitler und die Mächte 1939, München 1990
Graml, Hermann: Der Fall Oster, in: Vierteljahrshefte für Zeitgeschichte 14, 1966
Graml, Hermann: Reichskristallnacht. Antisemitismus und Judenverfolgung im Dritten Reich, München 1988
Graml, Hermann: Widerstand im Dritten Reich. Probleme, Ereignisse, Gestalten, Neuausgabe Frankfurt/M. 1995
Grasser, Kurt: Westwall, Maginot-Linie, Atlantikwall. Bunker-und Festungsbau 1930-1945, Leoni 1983
Greiner, Bernd: Die Morgenthau-Legende. Zur Geschichte eines umstrittenen Plans, Hamburg 1995
Greven, Michael Thomas/Wrochem, Oliver v. (Hg.): Der Krieg in der Nachkriegszeit. Der Zweite Weltkrieg in Politik und Gesellschaft der Bundesrepublik, Opladen 2000
Grigorenko, Pjotr: Der sowjetische Zusammenbruch 1941, Frankfurt/M. 1969
Groehler, Olaf: Bombenkrieg gegen Deutschland, Berlin 1990
Gross, Jan Thomas: Nachbarn. Der Mord an den Juden von Jedwabne, München 2001
Groß, Oliver: Weltwirtschaftskrise und nationalsozialistische Tendenz. Fall der Profitrate, ökonomische Strukturkrise und autoritäre Krisenbewältigungsstrategien, MA Frankfurt/M. 2001
Gruber, Eckhard: Wir bauen des Reiches Sicherheit. Mythos und Realität des Westwalls 1938 bis 1945, Berlin 1992
Gruchmann, Lothar (Hg.): Autobiographie eines Attentäters. Der Anschlag auf Hitler im Bürgerbräu 1939. Johann Georg Elser , 2. Aufl., Stuttgart 1989
Gruchmann, Lothar: Justiz im Dritten Reich 1933-1940. Anpassung und Unterwerfung in der Ära Gürtner, 3. Aufl., München 2001
Gruchmann, Lothar: Totaler Krieg. Vom Blitzkrieg zur bedingungslosen Kapitulation, München 1991
Grunberger, Richard: Das zwölfjährige Reich. Der Deutschen Alltag unter Hitler, Wien 1972
Gubser, Martin: Literarischer Antisemitismus. Untersuchungen zu Gustav Freytag und andere bürgerliche Schriftsteller des 19. Jahrhunderts, Göttingen 1998

Haasis, Hellmut: »Den Hitler jag' ich in die Luft«. Der Attentäter Georg Elser. Eine Biographie, Berlin 1999
Haffner, Sebastian: Anmerkungen zu Hitler, Sonderausgabe München 1998
*Hagemann, Karen/Schüler-Springorum, Stefanie (Hg.)*Heimat-Front. Militär-und Geschlechterverhältnisse im Zeitalter der Weltkriege, Frankfurt, New York 2002
Hagemann, Karen: Heimat-Front. Militär, Gewalt und Geschlechterverhältnisse im Zeitalter der Weltkriege, in *Hagemann, Karen / Schüler – Springorum, Stefanie (Hg.)*: Heimat-Front.
Halder, Franz: Hitler als Feldherr, München 1949
Hamann, Brigitte: Hitlers Wien. Lehrjahre eines Diktators, 6. Aufl., München 2003
Hamann, Brigitte: Winifred Wagner oder Hitlers Bayreuth, München, Zürich 2002
Hamburger Institut für Sozialforschung (Hg.): Verbrechen der Wehrmacht. Dimensionen des Vernichtungskrieges 1941-1944, DVD – Rom 2003
Hammermann, Gabriele: Zwangsarbeit für den Verbündeten. Die Arbeits-und Lebensbedingungen der italienischen Militärinternierten in Deutschland 1943-1945, Tübingen 2002

Hammersen, Nicolai: Politisches Denken im deutschen Widerstand. Ein Beitrag zur Wirkungsgeschichte neokonservativer Ideologien 1914-1944, Berlin 1993

Handrack, Hans Dieter: Das Reichskommissariat Ostland. Die Kulturpolitik der deutschen Verwaltung zwischen Autonomie und Gleichschaltung 1941-1944, Hannoversch Münden 1981

Hanke, Christian/Paschen, Joachim: Hamburg im Bombenkrieg 1940-1945. Das Schicksal einer Stadt, Hamburg 1993

Hansen, Reimer: Das Ende des Dritten Reiches. Die deutsche Kapitulation 1945, Stuttgart 1966

Hanten, Matthias: Publizistischer Landesverrat vor dem Reichsgericht. Zugleich ein Beitrag zur politischen Rechtssprechung in der Weimarer Republik, Frankfurt/M. 1999

Haraszti, Eva H.: Treaty-Breakers or »Realpolitiker«? The Anglo-German Naval Agreement of June 1935, Boppard 1974

Hartenstein, Michael A.: Neue Dorflandschaften. Nationalsozialistische Siedlungsplanung in den »eingegliederten Ostgebieten« 1939 bis 1944, Berlin 1998

Hartmann, Christian: Verbrecherischer Krieg – verbrecherische Wehrmacht? Überlegungen zur Struktur des deutschen Ostheeres 1941-1944, in: Vierteljahrshefte für Zeitgeschichte 2004

Hartmann, Christian: Halder. Generalstabschef Hitlers 1938-1942, Paderborn 1991

Hartwig, Dieter: Karl Dönitz – Versuch einer Würdigung, in: Deutsches Schiffahrtsarchiv 12, 1989

Hass, Gerhart: 23. August 1939. Der Hitler-Stalin-Pakt. Dokumentation, Berlin 1990

Hauner, Milan: India in Axis Strategy. Germany, Japan, and Indian Nationalists in the Second World War, Stuttgart 1981

Haupt Werner: Die Deutschen vor Moskau 1941/42. Bildchronik einer Schlacht der verfehlten Strategie, Dorheim 1972

Haupt Werner: Heeresgruppe Mitte 1941-1945, Dorheim 1968

Hearden, Patrick: Roosevelt confronts Hitler. America's entry into World War II, Dekalb,Ill. 1987

Heber, Thorsten: Der Atlantikwall 1940-1945. Die Befestigung der Küsten West-und Nordeuropas im Spannungsfeld nationalsozialistischer Kriegführung und Ideologie, Diss. Düsseldorf 2003 (elektronische Ressource)

Hehl, Ulrich v.: Kampf um die Deutung. Der Nationalsozialismus zwischen »Vergangenheitsbewältigung«, Historisierungspostulat und »Neuer Unbefangenheit«, in: Historisches Jahrbuch 1997

Heiden, Konrad: Hitler: eine Biographie, Zürich 1936

Heimsoeth, Hans-Jürgen: Der Zusammenbruch der Dritten Französischen Republik. Frankreich während der »drôle de guerre« 1939/40, Bonn 1990

Hein, Heidi: Der Pilsudski-Kult und seine Bedeutung für den polnischen Staat 1926-1935, Marburg 2002

Heinemann, Isabel: »Rasse, Siedlung, deutsches Blut«. Das Rasse-und Siedlungshauptamt der SS und die rassepolitische Neuordnung Europas, Göttingen 2003

Heinen, Armin: Die Legion »Erzengel Michael« in Rumänien. Soziale Bewegung und politische Organisation. Ein Beitrag zum Problem des internationalen Faschismus, München 1986

Helmers, Gerrit/Kenkmann, Alfons: »Wenn die Messer blitzen und die Nazis flitzen...« Der Widerstand von Arbeiterjugendcliquen und-banden in der Weimarer Republik und im »Dritten Reich«, Lippstadt 1984

Hencke, Andor: Augenzeuge einer Tragödie. Diplomatenjahre in Prag 1936-1939, München 1977

Henke, Josef: Wirkung und Bedeutung der »Weißen Rose«, in: *Oldenhage, Klaus/Schreyer, H./Wolfram, W. (Hg.)*: Archiv und Geschichte. Festschrift für F. P. Kahlenberg, Düsseldorf 2000

Herberg-Rothe, Andreas: Militärgeschichte als Friedensforschung! Einführung in die Dialektik der Wissenschaft von Krieg und Frieden, Frankfurt/M. 1981

Herbert, Ulrich (Hg.): Nationalsozialistische Vernichtungspolitik. Neue Forschungen und Kontroversen, Frankfurt/M. 1998

Herbert, Ulrich: Die Planung der wirtschaftlichen Ausbeutung der UdSSR, in: *Niethammer, Lutz u. a.*: Bürgerliche Gesellschaft in Deutschland. Historische Einblicke, Fragen, Perspektiven, Frankfurt/M. 1990

Herbert, Ulrich: Fremdarbeiter. Politik und Praxis des »Ausländereinsatzes« in der Kriegswirtschaft des Dritten Reichs, Bonn 1999

Herbst, Ludolf: Der Totale Krieg und die Ordnung der Wirtschaft. Die Kriegswirtschaft im Spannungsfeld von Politik, Ideologie und Propaganda 1939-1945, Stuttgart 1982

Herde, Peter: Pearl Harbor, 7. Dezember 1941. Der Ausbruch des Krieges zwischen Japan und den Vereinigten Staten und die Ausweitung des europäischen Krieges zum Zweiten Weltkrieg, Darmstadt 1980

Hess, Sigurd: Die Historisch-Taktischen Tagungen der Flotte. Lebendiges Forum freier geistiger Auseinandersetzung, in: Marineforum 79, 2004

Hilberg, Raul: Die Vernichtung der europäischen Juden, 3 Bände, 2. Aufl., 1990

Hildebrand, Klaus: Das vergangene Reich. Deutsche Außenpolitik von Bismarck bis Hitler 1871-1945, Stuttgart 1995

Hildebrand, Klaus (Hg.): Ludwig Dehio: Gleichgewicht oder Hegemonie. Betrachtungen über ein Grundproblem der neueren Staatengeschichte, Zürich 1996

Hildebrand, Klaus/Schmädecke, Jürgen/Zernack, Klaus (Hg.): 1939. An der Schwelle zum Weltkrieg. Die Entfesselung des Zweiten Weltkrieges und das internationale System, Berlin 1990

Hildebrand, Klaus: Deutsche Außenpolitik 1933-1945. Kalkül oder Dogma? 5. Aufl., Stuttgart 1990

Hildebrand, Klaus: Das Dritte Reich (Oldenbourg Grundriß der Geschichte Band 17), 6. Aufl., München 2003

Hildebrand, Klaus: Das Ungewisse des Zukünftigen. Die Bedeutung des »Hitler-Stalin-Pakts« für Beginn und Verlauf des Zweiten Weltkrieges 1939-1941. Eine Skizze, in: *Bracher, Karl Dieter u.a.*: Staat und Parteien. Festschrift für Rudolf Morsey zum 65. Geburtstag, Berlin 1992

Hillgruber, Andreas/Hildebrand, Klaus: Kalkül zwischen Macht und Ideologie. Der Hitler-Stalin-Pakt. Parallelen bis heute? Zürich 1980

Hillgruber, Andreas(Hg.): Probleme des Zweiten Weltkrieges, Köln 1967

Hillgruber, Andreas: »Nordlicht«. Die deutschen Pläne zur Eroberung Leningrads im Jahr 1942, in: *Hillgruber, Andreas*: Deutsche Großmachtpolitik

Hillgruber, Andreas: Das Problem der »Zweiten Front« in Europa 1941-1944, in: *Ders.*: Deutsche Großmacht-und Weltpolitik im 19. und 20. Jahrhundert, 2. Aufl., Düsseldorf 1979

Hillgruber, Andreas: Das Rußlandbild der führenden deutschen Militärs vor Beginn des Angriffs auf die Sowjetunion, in: *Fischer, Alexander u.a. (Hg.)*: Rußland-Deutschland-Amerika. Festschrift für T. Epstein zum 80. Geburtstag, Wiesbaden 1980

Hillgruber, Andreas: Der Zusammenbruch im Osten 1944/45 als Problem der deutschen Nationalgeschichte und der europäischen Geschichte, Opladen 1985

Hillgruber, Andreas: Der Zweite Weltkrieg 1939-1945. Kriegsziele und Strategie der großen Mächte, Stuttgart 1982

Hillgruber, Andreas: Deutsche Großmacht-und Weltpolitik im 19. und 20. Jahrhundert, 2. Aufl., Düsseldorf 1979

Hillgruber, Andreas: Deutschland und Ungarn 1933-1944. Ein Überblick über die politischen und militärischen Beziehungen im Rahmen der europäischen Politik, in: Wehrwissenschaftliche Rundschau 9, 1959

Hillgruber, Andreas: Hitler, König Carol und Marschall Antonescu. Die deutsch-rumänischen Beziehungen 1938-1944, 2. Aufl., Wiesbaden 1965

Hillgruber, Andreas: Hitlers Strategie. Politik und Kriegführung 1940-41, Frankfurt/M. 1965

Hillgruber, Andreas: In der Sicht des kritischen Historikers, in: Nie außer Dienst. Zum achzigsten Geburtstag von Generalfeldmarschall Erich von Manstein, 24. 11. 1967, Köln 1967

Hillgruber, Andreas: Zweierlei Untergang. Die Zerschlagung des Deutschen Reiches und das Ende des europäischen Judentums, 3. Aufl., Berlin 1986

Hillgruber, Andreas: Der Faktor Amerika in Hitlers Strategie 1938-1941, in: *Hillgruber, Andreas*: Deutsche Großmacht-und Weltpolitik im 19. und 20. Jahrhundert

Hillmann, Jörg: Der 20. Juli 1944 und die Marine. Ein Beitrag zu Ereignis und Rezeption, Bochum 2004

Hillmann, Jörg (Hg.): »Der Fall Weiß«. Der Weg in das Jahr 1939, Bochum 2001

Hillmann, Jörg/Zimmermann, John (Hg.): Kriegsende 1945 in Deutschland, München 2002

Hillmann, Jörg: Die »Reichsregierung« in Flensburg, in: *Hillmann / Zimmermann*: Kriegsende

Hinze, Rolf: Der Zusammenbruch der Heeresgruppe Mitte im Osten 1944, Stuttgart 1980

Hinze, Rolf: Ostfront 1944, Stuttgart 2004

Hipler, Bruno: Hitlers Lehrmeister. Karl Haushofer als Vater der NS-Ideologie, St. Ottilien 1996

Hirschfeld, Gerhard: Fremdherrschaft und Kollaboration. Die Niederlande unter deutscher Besatzung 1940-1945, Stuttgart 1984

History of the Second World War. United Kingdom Military Series: Campaigns, London 1952 ff.

Hobson, Rolf: Maritimer Imperialismus. Seemachtideologie, seestrategisches Denken und der Tirpitzplan 1875 bis 1914, München 2004

Hoch Anton/Gruchmann, Lothar: Georg Elser. Der Attentäter aus dem Volke. Der Anschlag auf Hitler im Bürgerbräu 1939, 2. Aufl., Frankfurt/M. 1980

Hockerts, Hans Günther: Die nationalsozialistische Kirchenpolitik im neuen Licht der Goebbels-Tagebücher, in: Das Parlament (B 30) 1983

Hoeres, Peter: Ein dreißigjähriger Krieg der deutschen Philosophie? Kriegsdeutungen im Ersten und Zweiten Weltkrieg, in: *Thoß, Bruno/Volkmann, Hans-Erich (Hg.)*: Erster Weltkrieg-Zweiter Weltkrieg

Hofer, Walther/Reginbogin, Herbert R.: Hitler, der Westen und die Schweiz 1936-1945, Zürich 2001

Hofer, Walther: Die Entfesselung des Zweiten Weltkrieges. Eine Studie über internationale Beziehungen im Sommer 1939, 4. Aufl., Frankfurt/M. 1965

Hoffmann, Alfred: Drei Schritt vom Leib. Ausländische Zivilarbeiter und Kriegsgefangene in Heidenheim 1939-1945, eine Dokumentation, Heidenheim/Brenz 1995

Hoffmann, Joachim: Die Geschichte der Wlassow-Armee, Freiburg i.Br. 1984

Hoffmann, Joachim: Stalins Vernichtungskrieg 1941-1945. Planung, Ausführung und Dokumentation, 6. Aufl., München 1999

Hoffmann, Peter: Claus Schenk Graf von Stauffenberg und seine Brüder. Das geheime Deutschland, München 2004

Hoffmann, Peter: Stauffenberg und der 20. Juli 1944, München 1998

Hoffmann, Peter: Widerstand. Staatsstreich. Attentat. Der Kampf der Opposition gegen Hitler, 3. Aufl., 1979

Hofmann, Rudolf: Die Schlacht von Moskau 1941, in: *Jacobsen/Rohwer*: Entscheidungsschlachten

Höhne, Heinz: Canaris. Patriot im Zwielicht, 2. Aufl., München 1978

Holch, Martin: Die Konferenz von Teheran 1943 und ihre Vorgeschichte seit Casablanca, Diss. Köln 1957

Holthusen, Hans E.: Hannah Arendt, Eichmann und die Kritiker, in: Vierteljahrshefte für Zeitgeschichte 13, 1965

Hoppe, Hans-Joachim: Bulgarien – Hitlers eigenwilliger Verbündeter. Eine Fallstudie zur nationalsozialistischen Südosteuropapolitik, Stuttgart 1979

Horn, Sönke: Der Bombenkrieg gegen das Reich während des Zweiten Weltkrieges im Spiegel der deutschen Presse 1945-1995, MA Kiel 1997

Hoth, Hermann: Panzer-Operationen. Die Panzergruppe 3 und der Operationsgedanke der deutschen Führung Sommer 1941, Heidelberg 1956

Hough, Richard: The Battle of Britain, London u.a. 2001
Howard, Michael M.: La Méditerranée et la stratégie britannique au cours de la deuxième guerre mondiale, in: *Comité de la Deuxième Guerre Mondiale (Hg.)*: La Guerre en Méditerranée 1939-1945. Actes du Colloque International tenu à Paris du 8 au 11 avril 1969, Paris 1971
Huan, Claude: Mers-el-Kébir (1940) La rupture franco-britannique, Paris 1994
Hubatsch, Walther: Kriegswende 1943, Darmstadt 1966
Hubatsch, Walther: Weserübung. Die deutsche Besetzung von Dänemark und Norwegen 1940, 2. Aufl., Göttingen 1960
Hümmelchen, Gerhard: Handelsstörer. Handelskrieg deutscher Überwasserstreitkräfte im Zweiten Weltkrieg, 2. Aufl., München 1967
Hürten, Heinz: Deutsche Katholiken 1918-1945, Paderborn 1992
Hürten, Heinz: Im Umbruch der Normen. Dokumente über die deutsche Militärjustiz nach der Kapitulation der deutschen Wehrmacht (Dokumentation), in: Militärgeschichtliche Mitteilungen 28, 1980
Hürten, Heinz: Widerstand und Zeugnis. Kirche im Nationalsozialismus. Fragen eines Historikers, Mainz 1987
Hüttenberger, Peter: Vorüberlegungen zum »Widerstandsbegriff«, in: *Kocka, Jürgen (Hg.)*: Theorien in der Praxis des Historikers. Forschungsbeispiele und ihre Diskussion, Göttingen 1977
Hütter, Hans Walter: Kriegsgefangene. Sowjetische Kriegsgefangene in Deutschland, deutsche Kriegsgefangene in der Sowjetunion (= Begleitbuch zur Ausstellung »Sowjetische Kriegsgefangene in Deutschland – Deutsche Kriegsgefangene in der Sowjetunion«), Düsseldorf 1995

Institute for Contemporary History (Hg.): The Third Reich and Yugoslavia 1933-1945, Belgrad 1977
Irving, David: Der Morgenthau-Plan 1944-1945. Amerikanische Deutschlandpolitik, Sühneleistungen, »re-education«, Auflösung der deutschen Wirtschaft, Bremen 1986
Irving, David: Rommel. Eine Biographie, Hamburg 1978
Irving, David: The Destruction of Convoy PQ 17, London 1968
Jäckel, Eberhard/Longerich, Peter/Schoeps, Julius H. (Hg.): Enzyklopädie des Holocaust. Die Verfolgung und Ermordung der europäischen Juden, 3 Bände, Berlin 1993
Jäckel, Eberhard: Dänemark und die Niederlande unter deutscher Besetzung, Bredstedt 1991
Jäckel, Eberhard: Frankreich in Hitlers Europa, Stuttgart 1966
Jackson, Julian: France. The dark years 1940-1944, Oxford 2001
Jackson, Julian: The fall of France. The Nazi Invasion of 1940, Oxford 2003
Jacobsen, Hans-Adolf: Fall Gelb. Der Kampf um den deutschen Operationsplan zur Westoffensive 1940, Wiesbaden 1957
Jacobsen, Hans-Adolf: Karl Haushofer. Leben und Werk, Boppard o.J.
Jacobsen, Hans-Adolf: Kommissarbefehl und Massenexekution sowjetischer Kriegsgefangener, in: Buchheim, Anatomie des SS-Staates
Jacobsen, Hans-Adolf: Nationalsozialistische Außenpolitik 1933-1938, Frankfurt/M., Berlin 1968
Jacobsen, Hans-Adolf: Zur Konzeption einer Geschichte des Zweiten Weltkrieges 1939-1945. Disposition mit kritisch ausgewähltem Schrifttum, Frankfurt/M. 1964
Jacobsen, Hans-Adolf/Rohwer, Jürgen (Hg.): Entscheidungsschlachten des Zweiten Weltkrieges, Frankfurt/M. 1960
Jahn, Peter (Hg.): Stalingrad erinnern. Stalingrad im deutschen und russischen Gedächtnis. Deutsch-russisches Museum Berlin-Karlshorst (Katalog der) Ausstellung vom 15. November 2003 bis 29. Februar 2004, Berlin 2003
Jakobson, Max: Diplomatie im finnischen Winterkrieg 1939/40, Wien 1970
Jalta-Dokumente. Vollständige deutsche Ausgabe der offiziellen Dokumente des U.S. State Departments über die Konferenz von Jalta, Göttingen 1957

James, Harold: Deutschland in der Weltwirtschaftskrise 1924-1936, Stuttgart 1988
James, T.C.G.: The Battle of Britain, London 2000(Royal Air Force Official History)
Jansen, Hans: Der Madagaskar-Plan. Die beabsichtigte Deportation der europäischen Juden nach Madagaskar, München 1997
Janssen, Gregor: Das Ministerium Speer. Deutschlands Rüstung im Krieg, 2. Aufl., Berlin 1969
Janßen, Karl-Heinz: Der Sturz der Generale. Blomberg-Fritsch-Krise 1938, München 1994
Jäntti, Ahi (Hg.): Schicksalsschwere Zeiten. Marschall Mannerheim und die deutsch-finnischen Beziehungen 1939-1945. Vorträge des am Finnland-Institut in Deutschland, Berlin abgehaltenen Symposiums vom 16. Oktober 1995, Berlin 1997
Jastrz.ebski, Wlodzimierz: Der Bromberger Blutsonntag. Legende und Wirklichkeit, Poznan 1990
Jaworski, Rudolf: Deutsche und Polen zwischen den Kriegen. Minderheitenstatus und »Volkstumskampf« im Grenzgebiet; amtliche Berichterstattung aus beiden Ländern 1920-1939, München 1997
Jochheim, Gernot: Frauenprotest in der Rosenstraße. »Gebt uns unsere Männer wieder«, Berlin 1993
Jovy,Heiner: Jugendbewegung und Nationalsozialismus. Zusammenhänge und Gegensätze, Versuch der Klärung, Münster 1984
Jung, Hermann: Die Ardennen-Offensive 1944/45. Ein Beispiel für die Kriegführung Hitlers, Göttingen 1971
Junker, Detlef: Deutschland im politischen Kalkül der Vereinigten Staaten 1933-1945, in: *Michalka Hg.)*: Der Zweite Weltkrieg
Junker, Detlef: Deutschland und die USA 1937-1941, in: *Elvert, Jürgen / Salewski, Michael (Hg.)*: Deutschland und der Westen im 19. und 20. Jahrhundert, Teil 1: Transatlantische Beziehungen, Historische Mitteilungen, Beiheft 7, Stuttgart 1993
Jureit, Ulrike: Zwischen Ehe und Männerbund. Emotionale und sexuelle Beziehungsmuster im Zweiten Weltkrieg, in: Werkstatt Geschichte 22, 1999

Kadaell, Franz: Die Katyn-Lüge. Geschichte einer Manipulation. Fakten, Dokumente und Zeugen, München 1991
Kaehler, Uwe: Die Rolle des amerikanischen Botschafters in Tokyo, Joseph C. Grew während der diplomatischen Vorgeschichte des Kriegsausbruchs im Pazifik 1939-1941, Frankfurt/M. 1977
Kahle, Hans-Jürgen: »Verschleppt nach Cuxhaven«. Eine Dokumentation über das Schicksal der ausländischen Arbeiter und Kriegsgefangenen in Cuxhaven, im Kreis Hadeln und dem Landkreis Wesermünde während der Zeit des Nationalsozialismus, Cuxhaven 1995
Kaiser, Gerhard: Katyn. Das Staatsverbrechen – das Staatsgeheimnis, 2. Aufl. Berlin 2003
Kaltenegger, Roland: Schörner. Feldmarschall der letzten Stunde. Biographie, 4. Aufl. München 2002
Karl, Michael: Landwirtschaft und Ernährung im Deutschen Reich, in: *Salewski/Schulze-Wegener*: Kriegsjahr 1944
Karpen, Ulrich/Schott Andreas: Der Kreisauer Kreis. Zu den verfassungspolitischen Vorstellungen von Männern des Widerstandes um Helmuth James Graf von Moltke, Heidelberg 1996
Kasten, Bernd: »Gute Franzosen«. Die französische Polizei und die deutsche Besatzungsmacht im besetzten Frankreich 1940-1944, Sigmaringen 1993
Kater, Michael Hans: Frauen in der NS-Bewegung, in Vierteljahrshefte für Zeitgeschichte 31, 1983
Kater, Michael: Das »Ahnenerbe« der SS 1935-1945. Ein Beitrag zur Kulturpolitik des Dritten Reiches, 3. Auflage, Oldenburg 2001
Kaufmann, Günter: Ein anderes Drittes Reich. Visionen der nationalsozialistischen Jugendbewegung im Spiegel von Dokumenten, Berg am Starnberger See 2001
Kaufmann, J.E.: The Maginot Line. None shall pass, Westport 1997
Keegan, John: Der Zweite Weltkrieg, Berlin 2004

Kehrig, Manfred: Stalingrad. Analyse und Dokumentation einer Schlacht, 3. Aufl., Stuttgart 1979

Kennedy, Paul M.: Aufstieg und Verfall der britischen Seemacht, Bonn 1978

Kerschbaumer, Marie-Thérèse: Der weibliche Name des Widerstandes. Sieben Beiträge, Freiburg i.Br. 1980

Kershaw, Ian :Hitler, 2 Bände, Stuttgart 1998-2000

Kershaw, Ian: Der Hitler-Mythos: Führerkult und Volksmeinung, Stuttgart 1999

Kershaw, Ian: Hitlers Macht: das Profil der NS-Herrschaft, 2. Aufl., München 2000

Kerstingjohänner, Helmut: Die deutsche Inflation 1919-1923. Politik und Ökonomie, Frankfurt/M. 2004

Kettenacker, Lothar Ein Volk von Opfern? Die neue Debatte um den Bombenkrieg 1940-45, Berlin 2003

Kieser, Egbert: »Unternehmen Seelöwe«. Die geplante Invasion Englands, 2. Aufl., München 2000

Kimball, Warren F.: Swords to ploughshares? The Morgenthau Plan for defeated nazi Germany 1943-1946, Philadelphia 1976

Kimsche, Jon: Kriegsende 1939. Der versäumte Angriff aus dem Westen, Stuttgart 1984

King, Ernest J./Whitehill, Walter Muir: Fleet Admiral King. A Naval Record, New York 1952

Kirchberger, Günther: Die »Weiße Rose«. Studentischer Widerstand gegen Hitler in München, herausgegeben von der Ludwig-Maximilians-Universität, München 1980

Kissel, Hans: Angriff einer Infanteriedivision. Die 101. Leichte Infanteriedivision in der Frühjahrsschlacht bei Charkow, Mai 1942, Heidelberg 1958

Kißener, Michael (Hg.): Widerstand gegen die Judenverfolgung, Konstanz 1996

Kissinger, Henry: Das Gleichgewicht der Großmächte.Castlereagh und die Neuordnung Europas 1812-1822, Zürich 1986

Klausa, Ekkehard: Politischer Konservativismus und Widerstand, in: *Steinbach / Tuchel (Hg.)*: Widerstand gegen den Nationalsozialismus

Klausa, Ekkehard: Preußische Soldatentradition und Widerstand – Das Postdamer Infanterieregiment 9 zwischen dem »Tag von Potsdam« und dem 20. Juli 1944, in: *Schmädecke/Steinbach*: Der Widerstand gegen den Nationalsozialismus

Klee, Ernst: »Euthanasie« im NS-Staat. Die »Vernichtung lebensunwerten Lebens«, 9. Aufl., Frankfurt/M. 1999

Klee, Karl: »Luftschutzkeller des Reiches«. Evakuierte in Bayern 1939-1953. Politik, soziale Lage, Erfahrungen, München 1999

Klee, Karl: Das Unternehmen »Seelöwe«, Die geplante deutsche Landung in England 1940, Göttingen 1958

Klee, Karl: Der Entwurf zur Führerweisung Nur. 32 vom 11. Juni 1941. Eine quellenkritische Untersuchung, in: Wehrwissenschaftliche Rundschau 1956

Klein Ulrike: Das internationals Medienereignis D-Day. Presse und kollektive Erinnerung nach 50 Jahren, Bochum 1996

Klein, Friedhelm/Lachnit, Ingo: Der »Operationsentwurf Ost« des Generalmajor Marcks vom 5. August 1940, in: Wehrforschung 1972

Klemp, Stefan: »Richtige Nazis hat es hier nicht gegeben«. Eine Stadt, eine Firma, der vergessene mächtigste Wirtschaftsführer und Auschwitz, 2. Aufl., Münster 2000

Kleßmann, Christoph (Hg.): Nicht nur Hitlers Krieg. Der zweite Weltkrieg und die Deutschen, Düsseldorf 1989

Kleßmann, Christoph (Hg.): September 1939. Krieg, Besatzung, Widerstand in Polen, Göttingen 1989

Kletzin, Birgit: Trikolore unterm Hakenkreuz. Deutsch-französische Collaboration 1940-1944 in den diplomatischen Akten des Dritten Reichs, Opladen 1996

Kley, Stefan: Hitler, Ribbentrop und die Entfesselung des Zweiten Weltkriegs, Paderborn u.a. 1996

Klink, Ernst: Das Gesetz des Handelns. Die Operation »Zitadelle« 1943, Stuttgart 1966

Kluke, Paul: Nationalsozialistische Europaideologie, in: Vierteljahreshefte für Zeitgeschichte 3, 1955

Knjaz'kov, Anatolij S.: Die sowjetische Strategie im Jahre 1942, in: *Förster*: Stalingrad. Ereignis – Wirkung – Symbol
Knoll, Hans Joachim (Hg.): Typisch deutsch. Die Jugendbewegung. Beiträge zu einer Phänomengeschichte, Opladen 1988
Knox, MacGregor: Italian allies: Royal Armed Forces, Fascist regime, and the war of 1940 – 43, Cambridge u.a. 2000
Koch-Hillebrecht, Manfred: Homo Hitler. Psychogramm des deutschen Diktators, München 1999
Koch, Fred: Panzer gegen Panzer. Deutsche Panzer und ihre Gegner bis 1945. Eine Gegenüberstellung, Wölfersheim-Berstadt 2003
Kock, Erich: »Der Führer sorgt für unsere Kinder...« Die Kinderlandverschickung im Zweiten Weltkrieg, Paderborn u.a. 1997
Kogon, Eugen: Der SS-Staat. Das System der deutschen Konzentrationslager(1946) 9. Aufl., München 1980
Kolb, Eberhard: Die Maschinerie des Terrors. Zum Funktionieren des Unterdrückungs- und Verfolgungsapparates im NS-System, in: *Haupts, Leo/Möhlich Georg (Hg.)*: Strukturelemente des Nationalsozialismus. Rassenideologie, Unterdrückungsmaschinerie, Außenpolitik, Köln 1981
König, Mario: Die Schweiz, der Nationalsozialismus und der Zweite Weltkrieg. Schlußbericht/Unabhängige Expertenkommission Schweiz, 2. Aufl., Zürich 2000
Kowark, Hansjörg: Das Ende der französischen Flotte im Zweiten Weltkrieg. Toulon 1940-1944, Hamburg 1998
Kramer, Sven: Auschwitz im Widerstreit. Zur Darstellung der Shoa in Film, Philosophie und Literatur, Wiesbaden 1999
Krause, Michael: Flucht vor dem Bombenkrieg.»Umquartierung« im Zweiten Weltkrieg und die Wiedereingliederung der Evakuierten in Deutschland 1943-1963, Düsseldorf 1997
Krausnick, Hans: Kommissarbefehl und »Gerichtsbarkeitserlaß Barbarossa« in neuer Sicht, in: Vierteljahrshefte für Zeitgeschichte 25, 1977
Krausnick, Helmut/Wilhelm Hans-Heinrich: Die Truppe des Weltanschauungskrieges. Die Einsatzgruppen der Sicherheitspolizei und des SD 1938-1942, Stuttgart 1981
Krautkrämer, Elmar: Frankreichs Kriegswende 1942. Die Rückwirkungen der alliierten Landung in Nordafrika – Darlan, de Gaulle, Giraud und die royalistische Utopie, Bern u.a. 1989
Krebs, Gerhard/Martin, Bernd: Formierung und Fall der Achse Berlin-Tokio, München 1994
Krekeler, Norbert: Revisionsanspruch und geheime Ostpolitik der Weimarer Republik. Die Subventionierung der deutschen Minderheit in Polen, Stuttgart 1973
Kremer, Lillian S.: Holocaust literature. An Encyclopedia of writers and their work, New York 2003
Krockow, Christian Graf von: Hitler und seine Deutschen, 3. Aufl., München 2001
Kroener, Bernhard R.: »Nun Volk steh auf...!« Stalingrad und der »totale« Krieg 1942-1943, in: *Förster*: Stalingrad. Ereignis-Wirkung-Symbol
Kroll, Frank-Lothar: Utopie als Ideologie. Geschichtsdenken und politisches Handeln im Dritten Reich, Paderborn u.a. 1998
Krosby, H.Peter: Finland, Germany and the Soviet Union, 1940-1941. The Petsamo dispute, Madison 1968
Krug, Hans-Joachim/Hirama, Yoich/Sande-Nagashima, Berthold J./Niestlé, Axel: Reluctant Allies. German-Japanese Naval Relations in World War II, Annapolis 2001
Kühne, Thomas/Ziemann, Benjamin (Hg.): Was ist Militärgeschichte? Paderborn u. a. 2000
Kuhlmann, Jan: Subhas Chandra Bose und die Indienpolitik der Achsenmächte, Berlin 2003
Kuhn, Axel: Hitlers außenpolitisches Programm, Entstehung und Entwicklung 1919-1939, Stuttgart 1970
Kumpfmüller, Michael: Die Schlacht von Stalingrad. Metamorphosen eines deutschen Mythos, München 1995
Kurowski, Franz: Armee Wenck. Die 12. Armee zwischen Elbe und Oder 1945, Neckargemünd 1967

Kurowski, Franz: Generalfeldmarschall Albert Kesselring. Oberbefehlshaber an allen Fronten, Berg am See 1985

Kuttenkeuler, Andreas: Kriminalität in Schleswig-Holstein, in: *Salewski/Schulze-Wegener (Hg.)*: Kriegsjahr 1944

Kwiet, Konrad: Reichskommissariat Niederlande. Versuch und Scheitern nationalsozialistischer Neuordnung, Stuttgart 1968

Laak, Dirk van: Von Alfred T. Mahan zu Carl Schmitt. Das Verhältnis von Land-und Seemacht, in: *Diekmann u.a.*: Geopolitik Band 1

Lakowski, Richard: Seelow 1945. Die Entscheidungsschlacht an der Oder, 4. Aufl., Berlin 1999

Lamb, Margaret: From Versailles to Pearl Harbor. The origins of the Second World War in Europe and Asia, Basingstoke 2001

Lamb, Richard: War in Italy, 1943-1945. A brutal story, London 1993

Lambauer, Barbara: Otto Abetz et les Français ou l'envers de la collaboration, Paris 2001

Lammers, Walter: Zur Mentalität deutscher Generäle bei Beginn des Krieges gegen die Sowjetunion (Juni bis Dezember 1941), Stuttgart 1990

Langewiesche, Dieter/Tenorth, Heinz-Elmar: Bildung, Formierung, Destruktion. Grundzüge der Bildungsgeschichte von 1918-1945, in: *Dies.(Hg.)*: Handbuch der deutschen Bildungsgeschichte, Band 5: Die Weimarer Republik und die nationalsozialistische Diktatur, München 1989

Langewiesche, Dieter: Sozialistischer und kommunistischer Widerstand in Deutschland 1933-1945, in: *Hoffacker, Helmut (Hg.)*: Materialien zum historisch-politischen Unterricht, Band 1: Versäumte Lektionen. Deutschland 1890-1949, Stuttgart 1975

Latzel, Klaus: Deutsche Soldaten – nationalsozialistischer Krieg? Kriegserlebnis – Kriegserfahrung 1939-1945, Paderborn u.a. 1998

Law, Richard: Der Karabiner 98k. 1934-1945, Zürich 1995

Le Tissier, Tony: Durchbruch an der Oder. Der Vormarsch der Roten Armee 1945, Frankfurt/M. 1996

Leach, Barry A.: Geman Strategy against Russia 1939-1941, Oxford 1973

Lee, Stephen J.: The European Dictatorships 1918-1945, London, New York 2000.

Leetz, Antje: Blockade. Leningrad 1941-1944. Dokumente und Essays von Russen und Deutschen, Hamburg 1992

Leonhard, Wolfgang: Der Schock des Hitler-Stalin-Paktes. Erinnerungen aus der Sowjetunion, Westeuropa und den USA, Freiburg i.Br. 1986

Levite, Ariel: Intelligence and strategic surprise, New York 1987

Lewin, Ronald: Rommel, Stuttgart 1969

Lewin, Ronald: The American Magic. Codes, Ciphers and the Defeat of Japan, New York 1982

Lewin, Ronald: The life and death of the Afrika Korps, New York 1977

Lewis, David S.: Illusions of grandeur. Mosley, fascism and British society, 1931-1981

Libal, Michael: Japans Weg in den Krieg. Die Außenpolitik der Kabinette Konoye 1940/1941, Düsseldorf 1971

Liddell Hart, Basil H.: The Other Side of the Hill. The German Generals, their Rise and Fall, with their own Account of Military Events 1939-1945, London 1951

Liddell Hart, Basil H.: Die Rote Armee, Bonn 1957

Lilienthal, Georg: Rassenhygiene im Dritten Reich. Krise und Wende, in: Medizinhistorisches Journal 14, 1979

Lill, Rudolf (Hg.): Hochverrat? Die »Weiße Rose« und ihr Umfeld, Konstanz 1993

Lindgren, Irène: Schweden, die Schweiz und der Zweite Weltkrieg. Beiträge zum interdisziplinären Symposium des Zentrums für Schweizerstudien an der Universität Örebro, 30. 9.-2. 10. 1999, Oslo 2001

Lindsay, Franklin: Beacons in the night. With the OSS and Tito's partisans in wartime Yugoslavia, Stanford 1993

Linebarger, Paul M.: Schlachten ohne Tote, Frankfurt/M. 1960
Lineham, Thomas P.: East London for Mosley. The British Union of Fascists in East London and southwest Essex, 1933-1940, London 1996
Lipinsky, Jan: Das geheime Zusatzprotokoll zum deutsch-sowjetischen Nichtangriffsvertrag vom 23. August 1939 und seine Entstehungs – und Rezeptionsgeschichte von 1939 bis 1999, Frankfurt/M. 2004
Lipp, Anne: Meinungslenkung im Krieg. Kriegserfahrungen deutscher Soldaten und ihre Deutung 1914-1918, Göttingen 2003
Lissina, Hartmut E.: Nationale Sportfeste im nationalsozialistischen Deutschland. Traditionen, Inhalte, politische Institutionen, Diss. Mannheim 1993
Loewy, Ernst: Deutsche Rundfunkaktivitäten im Exil. Ein Überblick, in: Mitteilungen des Studienkreises für Rundfunkgeschichte 4, 1978
Löffler, Jürgen: Walther von Brauchitsch (1881-1948) Eine politische Biographie, Frankfurt/M. 2001
Logsdon, Gene: Living at nature's pace. Farming and the American dream, New York 1994
Longerich, Peter: Der ungeschriebene Befehl. Hitler und der Weg zur »Endlösung«, München 2001
Longerich, Peter: Propaganda im Krieg. Die Presseabteilung des Auswärtigen Amts unter Ribbentrop, München 1987
Lord, Walter/Abel, Jürgen: Das Geheimnis von Dünkirchen. Der faszinierende Bericht über jene dramatische Operation, die dem Zweiten Weltkrieg bereits 1940 eine Wende gab, Bern 1982
Lorenz, Chris: Konstruktion der Vergangenheit. Eine Einführung in die Geschichtstheorie, Köln u.a. 1997
Lowe, Peter: Great Britain and the origins of the Pacific war. A study of British policy in East Asia 1937-1945, Oxford 1977
Luard, Evan: History of the United Nations, vol. 1, Basingstoke 1982
Lüdde-Neurath, Walter: Regierung Dönitz. Die letzten Tage des Dritten Reiches, 5. Aufl., Leoni 1981
Ludewig, Joachim: Der deutsche Rückzug aus Frankreich 1944, 2. Aufl., Freiburg i.Br. 1995
Lukes, Igor: Czechoslovakia between Stalin and Hitler. The Diplomacy of Edvard Benes in the 1930s, New York 1996
Lutzhöft, Hans-Jürgen: Der nordische Gedanke in Deutschland 1920-1940, Stuttgart 1971

MacDonough, Frank: Neville Chamberlain. Appeasement and the British Road to War, Manchester 1998
Macksey, Kenneth: Guderian, Panzer General, London 1992
Madajczyk, Czeslaw: Vom Generalplan Ost zum Generalsiedlungsplan, München 1994
Magenheimer, Heinz: Abwehrschlacht an der Weichsel 1945. Ablauf, Erfahrungen, 2. Aufl., Freiburg i.Br. 1986
Malek, Martin: Militärdoktrin und Marinepolitik der UdSSR 1956-1985, Frankfurt/M. 1992
Markusen, Erich/Kopf, D.: The Holocaust and the Strategic Bombing. Genocide and Total War in the Twentieth Century, Boulder u.a. 1995
Marnau, Björn: »...empfinde ich das Urteil als hart und unrichtig«. Zwangssterilisation im Kreis Steinburg /Holstein, in: *Salewski/Schulze-Wegener:* Kriegsjahr 1944
Marschall, Birgit: Reisen und Regieren. Die Nordlandfahrten Kaiser Wilhelms II., Hamburg 1991
Martens Stefan: Hermann Göring. »Erster Paladin des Führers« und »Zweiter Mann im Reich«, Paderborn 1983
Martin, Bernd: Der Warschauer Aufstand 1944, Warschau 1999
Martin, Bernd: Deutschland und Japan im Zweiten Weltkrieg. Vom Angriff auf Pearl Harbor bis zur deutschen Kapitulation, Göttingen 1969
Martin, Bernd: Friedensinitiativen und Machtpolitik im Zweiten Weltkrieg 1939-1942, Düsseldorf 1974

Masson, Philippe: La Marine française et la guerre 1939-1945, Paris 2000
Mastny, Vojtech: Moskaus Weg zum Kalten Krieg. Von der Kriegsallianz zur sowjetischen Vormachtstellung in Osteuropa, München, Wien 1980
Matenia, Mirko: Das staatsbürgerliche Bildungsideal bei Georg Kerschensteiner, Dipl. Arbeit Hochschule der Bundeswehr Hamburg 2001
Maughan, Barton: Tobruk and El Alamein (Australia in the war of 1939-1945, Army, vol.3), Canberra 1966
Mausbach, Wilfried: Zwischen Morgenthau und Marshall. Das wirtschaftspolitische Deutschlandkonzept der USA 1944-1947, Düsseldorf 1996
Mayer, Tilman: Ein christlicher Gewerkschafter im Widerstand. Jakob Kaiser und der 20. Juli 1944, in: Zeitschrift für Geschichtswisenschaft 41, 1993
Meinck, Gerhard: Hitler und die deutsche Aufrüstung 1933-1937, Wiesbaden 1959
Meinecke, Friedrich: Die deutsche Katastrophe,(1946), 5. Aufl., Wiesbaden 1955
Meister, Jürgen: Der Seekrieg in den osteuropäischen Gewässern 1941-1945, München 1958
Mennel, Rainer: Der nordafrikanisch-italienische Kampfraum 1943-1945. Eine wehrgeographische Studie, Osnabrück 1983
Messenger, Charles: »Bomber« Harris and the strategic bombing offensive, 1935-1945, London 1984
Messerschmidt, Manfred/Wüllner, Fritz: Die Wehrmachtjustiz im Dienste des Nationalsozialismus. Zerstörung einer Legende, Baden-Baden 1987
Messerschmidt, Manfred: Die Wehrmacht im NS-Staat. Zeit der Indoktrination, Hamburg 1969
Messerschmidt, Manfred: Militärgeschichte. Probleme, Thesen, Wege, Stuttgart 1982
Michalka, Wolfgang(Hg.): Nationalsozialistische Außenpolitik, Darmstadt 1978
Michalka, Wolfgang: Joachim von Ribbentrop – vom Spirituosenhändler zum Außenminister, in: *Smelser, Roland / Zitelmann, Rainer (Hg.)*: Die braune Elite. 22 biographische Skizzen, 2. Aufl., Darmstadt 1990
Michalka, Wolfgang: Ribbentrop und die deutsche Weltpolitik 1933-1940. Außenpolitische Konzeptionen und Entstehungsprozesse im Dritten Reich, München 1980
Michalka, Wolfgang: Hitler im Spiegel der Psycho-History. Zu neueren interdisziplinären Deutungsversuchen der Hitler-Forschung, in: Francia 8, 1980
Michel, Henri: La Drôle de guerre, Paris 1971
Michels, Jürgen: Peenemünde und seine Erben in Ost und West. Entwicklung und Weg deutscher Geheimwaffen, Bonn 1997
Middlebrook, Martin: Konvoi. U-Boot-Jagd auf die Geleitzüge SC. 122 und HX. 229, Frankfurt, Berlin 1977
Militärgeschichtliches Forschungsamt (Hg.): Operationsgebiet östliche Ostsee und der finnisch-baltische Raum 1944, Stuttgart 1961
Militärgeschichtliches Forschungsamt (Hg.):Handbuch der deutschen Militärgeschichte, Band VII, München 1979
Militärgeschichtliches Forschungsamt (Hg.): Das Deutsche Reich und der Zweite Weltkrieg, bisher 7 Bände, Stuttgart 1979 ff.
Milward, Alan S.: Die deutsche Kriegswirtschaft 1939-1945, Stuttgart 1977
Milward, Allan S.: War, Economy and Society 1939-1945, Harmondsworth 1987
Miner, Steven Merrit: Between Churchill and Stalin. The Soviet Union, Great Britain and the origins of the Great Alliance, Chapel Hill 1988
Miner, Steven Merritt: Stalin's holy war. Religion, nationalism, and alliance politics, 1941-1945, Chapel Hill 2003
Mittermaier, Karl: Mussolinis Ende. Die Republik von Salò 1943-1945, München 1995
Moll, Martin: »Signal«. Die NS-Auslandsillustrierte und ihre Propaganda für Hitlers »Neues Europa«, in: Publizistik 31, 1986
Möller, Horst: Voreingenommenheit, Inkompetenz, Unterstellungen. B. Sösemann und die Goebbels-Tagebücher, in: Das Historisch-politische Buch 51, 2003
Moltmann, Günther: Goebbels Rede zum totalen Krieg am 18. Februar 1943, in: Vierteljahrshefte für Zeitgeschichte 12, 1964

Moltmann, Günther: Die Genesis der unconditional-surrender-Forderung, in: *Hillgruber*: Probleme des Zweiten Weltkrieges

Mommsen, Hans: Bürgerlicher (nationalkonservativer) Widerstand, in: *Benz / Pehle*: Lexikon des Widerstands

Mommsen, Hans: Der Mythos von der Modernität. ZurEntwicklung derRüstungsdindustrie im Dritten Reich, Essen 1999

Mommsen, Hans: Der Widerstand gegen Hitler und die deutsche Gesellschaft, in: *Schmädecke/Steinbach*: Der Widerstand gegen den Nationalsozialismus

Mommsen, Hans: Julius Leber und der deutsche Widerstand gegen Hitler, in: Zeitschrift für Geschichtswissenschaft 42, 1994

Mommsen, Hans: Verfassungs-und Verwaltungsreformpläne der Widerstandsgruppen des 20. Juli 1944, in: *Schmädecke/Steinbach*: Der Widerstand gegen den Nationalsozialismus

Mommsen, Wolfgang J.: »Gestürzte Denkmäler«? Die »Fälle« Aubin, Conze, Erdmann und Schieder, in: *Elvert, Jürgen/Krauß, Susanne (Hg.)*: Historische Debatten und Kontroversen im 19. und 20. Jahrhundert, Historische Mitteilungen, Beiheft 46, Stuttgart 2003

Mönch, Winfried: Entscheidungsschlacht »Invasion« 1944? Prognosen und Diagnosen, Stuttgart 2001

Morgan, Philip: Fascism in Europe, 1919-1945, London, New York 2002

Morgenstern, George: Pearl Harbor 1941. Eine amerikanische Katastrophe, München 1998

Mosse, George L.: Der nationalsozialistische Alltag. So lebte man unter Hitler, 3. Aufl., Frankfurt/M. 1993

Mosse, George L.: Gefallen für das Vaterland. Nationales Heldentum und namenloses Sterben, Stuttgart 1993

Mühleisen, Hans-Otto: Kreta 1941. Das Unternehmen »Merkur« 20. Mai bis 1. Juni 1941, Freiburg i.Br. 1968

Muligan, Timothy P.: Neither Sharks Nor Wolves. The Men of Nazi Germany's U-boat-Arm, 1939-1945, Annapolis 1999

Müllenheim-Rechberg, Burkard Freiherr v.: Schlachtschiff Bismarck 1940/41. Der Bericht eines Überlebenden, Frankfurt/M., Wien 1980

Müller-Hillebrand, Burckhart: Das Heer 1933-1945. Entwicklung des organisatorischen Aufbaus, 3 Bände, Darmstadt 1954-1969

Müller, Christian: Oberst i.G. Stauffenberg. Eine Biographie, Neuauflage Düsseldorf 2003

Müller, Heiner: Miniatur-Broschüren des Winterhilfswerks WHV/ KWHV u.a. 1937-1944, Stuttgart 1997

Müller, Klaus-Jürgen (Hg.): Der deutsche Widerstand 1933-1945, 2. Aufl., Paderborn u.a. 1990

Müller, Klaus-Jürgen/Opitz, Eckhardt (Hg.): Militär und Militarismus in der Weimarer Republik. Beiträge eines internationalen Symposiums an der Hochschule der Bundeswehr Hamburg am 5. und 6. Mai 1977, Düsseldorf 1978

Müller, Klaus-Jürgen: Das Heer und Hitler. Arme und nationalsozialistisches Regime 1933-1940, Stuttgart 1969

Müller, Klaus-Jürgen: General Ludwig Beck. Studien und Dokumente zur politisch-militärischen Vorstellungswelt und Tätigkeit des Generalstabschefs des deutschen Heeres 1933-1938, Boppard 1980

Müller, Michael: Die Teilungen Polens 1772, 1793, 1795, München 1984

Müller, Rolf-Dieter/Ueberschär, Gerd R.: Kriegsende 1945. Die Zerstörung des deutschen Nationalstaats, Frankfurt/M. 1994

Müller, Rolf-Dieter/Volkmann, Hans-Erich (Hg.):Die Wehrmacht. Mythos und Realität, München 1999

Müller, Rolf-Dieter: Hitlers Krieg im Osten. Ein Forschungsbericht, Darmstadt 2000

Müller, Rolf-Dieter: Hitlers Ostkrieg und die deutsche Siedlungspolitik. Die Zusammenarbeit von Wehrmacht, Wirtschaft und SS, Frankfurt/M. 1991

Müller, Rolf- Dieter/Ueberschär, Gerd R.: Die deutsch-sowjetischen Beziehungen und das Unternehmen »Barbarossa« 1941 im Spiegel der Geschichtsschreibung. Eine kommentierte Auswahlbibliographie, in: *Ueberschär/Wette (Hg.)*: »Unternehmen Barbarossa«

Mund, Gerald: Herbert von Dirksen (1882-1955) Ein deutscher Diplomat in Kaiserreich, Weimarer Republik und Drittem Reich. Eine Biographie, Diss. Kiel 2001
Münkel, Daniela: Nationalsozialistische Agrarpolitik und Bauernalltag, Frankfurt/M., New York 1996
Murawski, Erich: Der deutsche Wehrmachtbericht1939-1945. Ein Beitrag zur Untersuchung der geistigen Kriegführung. Mit einer Dokumentation des Wehrmachtberichts vom 1.7.1944 bis zum 8.5.1945, Boppard 1962
Musial, Bogdan: »Konterrevolutionäre Elemente sind zu erschießen«. Die Brutalisierung des deutsch-sowjetischen Krieges im Sommer 1941, Berlin 2000
Musial, Bogdan: Sowjetische Partisanen in Weißrußland. Innenansichten aus dem Gebiet Baranovici 1941-1944. Eine Dokumentation, München 2004
Musial, Bogdan: Thesen zum Pogrom in Jedwabne. Kritische Anmerkungen zur der Darstellung »Nachbarn« Jan Thomas Gross, in: Jahrbücher für Geschichte Osteuropas 50, 2002
Muth, Heinrich: Jugendopposition im Dritten Reich, in:Vierteljahrshefte für Zeitgeschichte 30, 1982

Naimark, Norman M.: Flammender Haß. Ethnische Säuberung im 20. Jahrhundert, München 2004
Neander, Joachim: »Hat in Europa kein annäherndes Beispiel«. Mittelbau-Dora – ein KZ für Hitlers Krieg, Berlin 2000
Nebgen, Elfriede: Jakob Kaiser. Der Widerstandskämpfer, Stuttgart u.a. 1967
Nehring, Walther K.: Die Geschichte der deutschen Panzerwaffe 1916 bis 1945, Berlin 1969
Neidpath, James: The Singapore naval base and the defence of Britain's Eastern Empire, 1919-1941, Oxford 1981
Neillands, Robin: The Bomber War. Arthur Harris and the Allied Bombing Offensive 1939-1945, London 2001
Neitzel, Sönke: Der Einsatz der deutschen Luftwaffe über dem Atlantik und der Nordsee 1939-1945, Bonn 1995
Neitzel, Sönke: Die deutschen U-Boot-Bunker und Bunkerwerften, Koblenz 1991
Neitzel, Sönke: Hitlers Europaarmee und der »Kreuzzug« gegen die Sowjetunion, in: *Salewski/Timmermann (Hg.)*:Armeen in Europa
Neitzel, Sönke: Die verbunkerten Frontstützpunkte der U-Boot – und Schnellbootwaffe, in: Militärgeschichte NF 5, 1994
Neitzel, Sönke: Zwischen Professionalität, Gehorsam und Widerstand. Gedanken zur deutschen Generalität im Zweiten Weltkrieg, in: Historische Mitteilungen 12, 1999
Neufeld, Jürgen: Die Rakete und das Reich.Wernher von Braun, Peenemünde und der Beginn des Raketenzeitalters, Berlin 1997
Neufeld, Michael: The Bombing of Auschwitz. Should the Allies Have Attempted It?, in: Holocaust and genocide studies 15, 2001
Neuheusler, Johann: Kreuz und Hakenkreuz. Der Kampf des Nationalsozialismus gegen die katholische Kirche und der kirchliche Widerstand, 2 Bände, 2. Aufl., München 1946
Neulen, Hans Werner: An deutscher Seite. Internationale Freiwillige von Wehrmacht und Waffen-SS, München 1985
Neulen, Hans Werner: Eurofaschismus und der Zweite Weltkrieg. Europas verratene Söhne, München 1980
Nevakivi, Jukka: The appeal that was never made. The Allies, Hitler, Scandinavia and the Finnish Winter War 1939-1940, Hurst 1994
Neville, Peter: Mussolini, London, New York 2003
Nicolai, Hans-Joachim: Seelower Höhen, 2. Aufl., Hamburg u.a. 1998
Niepold, Gerd: Die Führung der Heeresgruppe Mitte von Juni bis August 1944, in: *Salewski/Schulze-Wegener (Hg.)*: Kriegsjahr 1944
Niepold, Gerd: Mittlere Ostfront, Juni 1944. Darstellung, Beurteilung, Lehren, Herford 1985
Noguères, Henri: La vie quotidienne des résistants de l'armistice à la libération (1940-1945), Paris 1984

Olsen, Kare: Vater: Deutscher. Das Schicksal der norwegischen Lebensbornkinder und ihrer Mütter von 1940 bis heute, Frankfurt/M. 2002

Olshausen, Klaus: Die deutsche Balkan-Politik 1940-1941, in: *Funke, Manfred (Hg.)*: Hitler, Deutschland und die Mächte. Materialien zur Außenpolitik des Dritten Reiches, Düsseldorf 1976

Olshausen, Klaus: Zwischenspiel auf dem Balkan. Die deutsche Politik gegenüber Jugoslawien und Griechenland vom März bis Juli 1941, Stuttgart 1973

Omran, Susanne: Frauenbewegung und »Judenfrage«. Diskurse um Rasse und Geschlecht nach 1900, Frankfurt, New York 2000

Opitz, Eckhardt: Sergej Gorschkow und die sowjetische Flottenpolitik, Hamburg 1978

Opitz, Peter J.: Die Vereinten Nationen. Geschichte, Struktur, Perspektiven, 2. Aufl., Opladen 2002

Ose, Dieter: Entscheidung im Westen 1944. Der Oberbefehlshaber West und die Abwehr der alliierten Invasion, Stuttgart 1982

Otto, Reinhard: Wehrmacht, Gestapo und sowjetische Kriegsgefangene im deutschen Reichsgebiet 1941/42, München 1998

Overmans, Rüdiger: Deutsche militärische Verluste im Zweiten Weltkrieg, 3. Aufl., München 2004

Overy, Richard J.: Guerre aérienne, in: *Azéma / Bédarida*: 1938-1948

Overy, Richard J.: Hermann Göring. Machtgier und Eitelkeit, München 1996

Overy, Richard J.: War Economy in the Third Reich, Oxford 1994

Overy, Richard: Die Wurzeln des Sieges. Warum die Alliierten den Zweiten Weltkrieg gewannen, Hamburg 2002

Overy, Richard: The Battle, London 2000

Padfield, Peter: Dönitz. Des Teufels Admiral, Berlin 1984

Padfield, Peter: Der U-Boot-Krieg 1939-1945, Berlin 1995

Paillole, Paul: Le recueil des renseignements sur l'adversaire allemand pendant le »drôle de guerre« 1er septembre 1939-juin 1940, in: *Carlier, Claude/Martens, Stefan (Hg.)*: La France et l'Allemagne en guerre, septembre 1939-novembre 1942, Paris 1990

Papagos, Alexandros: Griechenland im Kriege 1940-1941, Bonn 1954

Parin, Paul: Es ist Krieg und wir gehen hin. Bei den jugoslawischen Partisanen, Hamburg 1996

Pätzold, Kurt: Stalingrad und kein Zurück. Wahn und Wirklichkeit, in: Jahrbuch für Forschungen zur Geschichte der Arbeiterbewegung 2003

Pätzold, Kurt: Tagesordnung Judenmord. Die Wannsee-Konferenz am 20. Januar 1942. Eine Dokumentation zur Organisation der Endlösung, 4. Aufl.,Berlin 1998

Paul Christa: Zwangsprostitution. Staatlich errichtete Bordelle im Nationalsozialismus, Berlin 1994

Pauli, Gerhard/Vormbaum, Thomas (Hg.): Justiz und Nationalsozialismus – Kontinuität und Diskontinuität, Berlin 2003

Pawellek, Andreas: Theodor Steltzer. Stationen einer politischen Biographie, Flensburg 1998

Paxton, Robert Owen: Vichy France. Old guard and new order, 1940-1944, London 1972

Pedroncini, Guy: Pétain, Paris 1989

Petersen, Jens: Hitler – Mussolini. Die Entstehung der Achse Berlin-Rom 1933-1936, Tübingen 1973

Petersen, Jens: Vorspiel zu »Stahlpakt« und Kriegsallianz. Das deutsch-italienische Kulturabkommen vom 23. November 1938, in: Vierteljahrshefte für Zeitgeschichte 36, 1988

Petersen, Sönke: Weihnachten und Silvester, in: *Salewski/Schulze-Wegener (Hg.):* Kriegsjahr 1944

Petry, Christian: Studenten aufs Schafott.Die Weiße Rose und ihr Scheitern, München 1968

Petzina, Dieter: Autarkiepolitik im Dritten Reich. Der nationalsozialistische Vierjahresplan, Stuttgart 1968

Peukert, Detlev: Das »Dritte Reich« aus der »Alltags«-Perspektive, in: Archiv für Sozialgeschichte 26, 1986

Peukert, Detlev: Der deutsche Arbeiterwiderstand 1933-1945, in: *Müller*: Der deutsche Widerstand

Peukert, Detlev: Die Edelweißpiraten. Protestbewegungen jugendlicher Arbeiter im Dritten Reich. Eine Dokumentation, 3. Aufl., Köln 1988

Phahl-Traughber, Armin: Präventivkrieg oder Überfall? Zu neuen Interpretationen des deutschen Krieges gegen die Sowjetunion von 1941, in: Neue politische Literatur 43, 1998

Philippi, Alfred: Das Pripjetproblem. Eine Studie über die operative Bedeutung des Pripjetgebiets für den Feldzug des Jahres 1941, Darmstadt 1956

Philippi, Alfred: Der Feldzug gegen Sowjetrußland 1941 bis 1945. Ein operativer Überblick, Stuttgart 1962

Piekalkiewicz, Janusz: Arnheim 1944. Deutschlands letzter Sieg, Oldenburg, Hamburg 1976

Piekalkiewicz, Janusz: Der Wüstenkrieg in Afrika 1940-1943, München 1985

Piekalkiewicz, Janusz: Polenfeldzug. Hitler und Stalin zerschlagen die polnische Republik, Herrsching 1989

Pietrow-Ennker, Bianka (Hg.): Präventivkrieg? Der deutsche Angriff auf die Sowjetunion, Frankfurt/M. 2000

Pitsch, Else: Das Theater als politisch-publizistisches Führungsmittel im Dritten Reich, Diss. Münster 1952

Planert, Ute (Hg.): Nation, Politik und Geschlecht. Frauenbewegungen und Nationalismus in der Moderne, Frankfurt/M. 2000

Planert, Ute: Antifeminismus im Kaiserreich. Diskurs, soziale Formation und politische Mentalität, Göttingen 1998

Plehwe, Friedrich-Karl v.: Schicksalsstunden in Rom. Ende eines Bündnisses, Berlin 1967

Pognon, Edmond: De Gaulle et l'armée, Paris 1976

Pohl, Karl-Heinrich(Hg.): Wehrmacht und Vernichtungspolitik. Militär im nationalsozialistischen System, Göttingen 1999

Poliakov, Leon/Wulf, Peter: Das Dritte Reich und die Juden. Dokumente und Aufsätze, 2. Aufl., Berlin 1955

Polian, Pavel: Deportiert nach Hause. Sowjetische Kriegsgefangene im »Dritten Reich« und ihre Repatriierung, München 2001

Pommerin, Reiner: »Sterilisierung der Rheinlandbastarde«. Das Schicksal einer farbigen deutschen Minderheit 1918-1937, Düsseldorf 1979

Posener, Alan: Franklin Delano Roosevelt, Hamburg 1999

Posta, Stephan: Tschechische »Fremdarbeiter« in der nationalsozialistischen Kriegswirtschaft, Dresden 2002

Potter, Elmar B./Nimitz, Chester W.: Seemacht. Eine Seekriegsgeschichte von der Antike bis zur Gegenwart, München 1974

Pottgiesser Hans: Die Deutsche Reichsbahn im Ostfeldzug 1939-1944, Neckargemünd 1960

Pra.zmowska, Anita J.: Britain and Poland 1939-1943. The betrayed ally, Cambridge 1995

Prange, Gordon W.: At dawn we slept. The untold story of Pearl Harbor, New York 1991

Proctor, R. N.: Racial Hygiene. Medicine under the Nazis, 7. Aufl., Cambridge/Mass., London 2000

Pütter, Conrad: Rundfunk gegen ds Dritte Reich. Deutschsprachige Rundfunkaktivitäten im Exil 1933-1945. Ein Handbuch, München u.a. 1986

Puttkamer, Karl Jesko v.: Die unheimliche See. Hitler und die Kriegsmarine, Wien, München 1952

Pu-yu-Hu: A brief history of the Sino-Japanese war 1937-1945, Tapei 1974

Rahn, Werner: Der Krieg im Pazifik, in: Das Deutsche Reich und der Zweite Weltkrieg, Band 6

Rahn, Werner: Der Seekrieg in Atlantik und Nordmeer, in: Das Deutsche Reich und der Zweite Weltkrieg, Band 6

Rass, Christoph: »Menschenmaterial«: Deutsche Soldaten an der Ostfront. Innenansichten einer Infanteriedivision 1939-1945, Paderborn 2003.

Rauscher, Walter: Hitler und Mussolini. Krieg und Terror, Graz 2001
Ray, Roland: Annäherung an Frankreich im Dienste Hitlers? Otto Abetz und die deutsche Frankreichpolitik 1930-942, München 2000
Reichel, Peter: »Erfundene Erinnerung«. Weltkrieg und Judenmord in Film und Theater, München 2004
Reichhardt, Hans J.: Von Berlin nach Germania. Über die Zerstörungen der Reichshauptstadt durch Albert Speers Neugestaltungspläne. Eine Ausstellung des Landesarchivs Berlin, 3. Aufl., Berlin 1985
Reinhardt, Klaus: Die Wende vor Moskau. Das Scheitern der Strategie Hitlers im Winter 1941/42, Stuttgart 1972
Renner, Rolf Günter: Hirn und Herz. Stalingrad als Gegenstand ideologischer und literarischer Diskurse, in: *Förster (Hg.)*: Stalingrad: Ereignis – Wirkung – Symbol
Reschin, Leonid: Feldmarschall im Kreuzverhör. Friedrich Paulus in sowjetischer Gefangenschaft 1943-953, Berlin 1996
Reuth, Ralf Georg: Entscheidung im Mittelmeer. Die südliche Peripherie Europas in der deutschen Strategie des Zweiten Weltkrieges 1940-1942, Koblenz 1985
Reuth, Ralf Georg: Goebbels, München, Zürich 1990
Reuth, Ralf Georg: Hitler, eine politische Biographie, München, Zürich 2003
Rink, Herbert: Winterhilfswerk und Posaunenchöre, in: *CVJM – Kreisverband Siegerland e.V. (Hg.)*: Zwischen Widerstand und Anpassung, Wilnsdorf 2003
Rissmann, Andreas: Hitlers Gott. Vorsehungsglaube und Sendungsbewußtsein des deutschen Diktators, Zürich, München 2001
Ritter, Gerhard: Der Schlieffenplan. Kritik eines Mythos. Mit erstmaliger Veröffentlichung der Texte, München 1956
Robbins, Keith: Appeasement, Oxford 1988
Rocca, Gianni: L'Italia invasa, 1943-1945, Milano 1998
Rocolle, Pierre: 2000 ans de fortification française. Du 16e siècle au mur de l'Atlantique, 2. Aufl., Lavauzelle 1989
Rocolle, Pierre: La Guerre de 1940, Band 1: Les illusions, Paris 1990
Rodde, Gerd: Fritz Karsen. Ein Berliner Schulreformer der Weimarer Zeit, Frankfurt/M. 1999
Röder, Werner: Deutscher Widerstand im Ausland. Zur Geschichte des politischen Exils 1933-1945, in: Das Parlament (B 31) 1980
Rohde, Horst: Das deutsche Wehrmachttransportwesen im Zweiten Weltkrieg. Entstehung – Organisation – Aufgaben, Stuttgart 1971
Rohwer, Jürgen/Jäckel, Eberhard(Hg.):Die Funkaufklärung und ihre Rolle im Zweiten Weltkrieg, Stuttgart 1979
Rohwer, Jürgen: »Ultra«, xB-Dienst und »Magic«. Ein Vergleich ihrer Rolle für die Schlacht im Atlantik und den Krieg im Pazifik, in: Marinerundschau 76, 1979
Rohwer, Jürgen: Der Kriegsbeginn im Pazifik 1941. Das Funkbild als Grundlage der amerikanischen Lagebeurteilung, in: Marinerundschau 53, 1956
Rönnefarth, Helmuth K.: Die Sudetenkrise in der internationalen Politik. Entstehung, Verlauf, Auswirkung, 2 Bände, Wiesbaden 1961
Roon, Ger van: Neuordnung im Widerstand. Der Kreisauer Kreis innerhalb der deutschen Widerstandsbewegung, München 1967
Roon, Ger van: Widerstand im Dritten Reich. Ein Überblick, 7. Aufl., München 1998
Röpstorff, Thomas: Finnland im Spannungsfeld der Großmächte 1939-1941, MA Kiel 1998
Roseman, Mark: Die Wannsee-Konferenz. Wie die NS-Bürokratie den Holocaust organisierte, Berlin 2002
Rosh, Lea: Der letzte Tag von Oradour, Göttingen 1988
Roskill, Stephen W.: The War at Sea, 4 vol., (History of the Second World War, United Military Series) London 1954-1961
Roskill, Stephen: Naval Policy Between the Wars. I: The Period of Anglo-American Antagonism 1919-1929, London 1968

Rössler, Mechtild: Der »Generalplan Ost«. Hauptlinien der nationalsozialistischen Planungs- und Vernichtungspolitik, Berlin 1993

Roth, Karl H.(Bearb.):Eine höhere Form des Plünderns. Der Abschlußbericht der »Gruppe Archivwesen« der deutschen Militärverwaltung in Frankreich 1940-1944, in: 1999, 4, 1989

Rothfels, Hans: Die deutsche Opposition gegen Hitler. Eine Würdigung (1948 deutsch und amerikanisch), Neuauflage Zürich 1994

Ruck, Michael : Bibliographie zur Geschichte des Nationalsozialismus, 2 Bände mit CD – Rom,Darmstadt 2000

Ruge, Friedrich: Rommel und die Invasion, Stuttgart 1959

Ruggiero, John: Chamberlain and British Rearmament. Pride, Prejudice, and Politics, Westport 1999

Ruiz Holst, Matthias: Neutralität oder Kriegbeteiligung? Die deutsch-spanischen Verhandlungen im Jahr 1940, Pfaffenweiler 1986

Runzheimer, Jürgen: Der Überfall auf den Sender Gleiwitz im Jahre 1939, in: Vierteljahrshefte für Zeitgeschichte 10, 1962

Salewski, Michael/Timmermann, Heiner (Hg.): Armeen in Europa – Europäische Armeen. Von den Kreuzzügen bis ins 21. Jahrhundert, Münster 2004

Salewski, Michael/Timmermann, Heiner (Hg.): Erbfeindschaften in Europa, Münster 2005

Salewski, Michael/Schulze-Wegener, Guntram (Hg.): Kriegsjahr 1944. Im Großen und im Kleinen, Historische Mitteilungen, Beiheft 12, Stuttgart 1995

Salewski, Michael: »Meine Wiege war von Waffen umgeben«. Friedrich der Große und der Krieg, in: Zeitschrift für Religions-und Geistesgeschichte 56, 2004

Salewski, Michael: »Weserübung 1905«? Dänemark im strategischen Kalkül Deutschlands vor dem Ersten Weltkrieg, In: *Ders.*: Die Deutschen und die See, Band 1

Salewski, Michael: Abschied – von der Historie? In: Zeitschrift für Religions-und Geistesgeschichte, 56, 2004

Salewski, Michael: Basis Nord. Eine fast vergessene Episode aus dem Zweiten Weltkrieg, in: *Ders.*: Die Deutschen und die See, Band 2

Salewski, Michael: Bataille de l'Atlantique, in: *Azéma/Bédarida*: Les annees de tourmente

Salewski, Michael: Das maritime Dritte Reich – Ideologie und Wirklichkeit, in: *Ders.*: Die Deutschen und die See, Band 1

Salewski, Michael: Das Weimarer Revisionssyndrom, in: Das Parlament, (B 2)1980.

Salewski, Michael: Der Erste Weltkrieg, 2. Aufl., Paderborn u.a. 2004

Salewski, Michael: Die Abwehr der Invasion als Schlüssel zum »Endsieg«?, in: *Müller/Volkmann*: Die Wehrmacht

Salewski, Michael: Die deutsche Seekriegsleitung 1935-1945, 3 Bände, München 1970-1975

Salewski, Michael: Die Deutschen und die See, 2 Bände, Historische Mitteilungen, Beiheft 25 Stuttgart 1998; Beiheft 46, Stuttgart 2002

Salewski, Michael: Die Preußische Expedition nach Japan (1859-1861), in: *Ders.*: Die Deutschen und die See, Band 1

Salewski, Michael: Die preußische Ostasienpolitik (1859-1862), in: *Ders.* Die Deutschen und die See Band 1

Salewski, Michael: Die Washingtoner Abrüstungskonferenz von 1922 – ein Beispiel für geglückte Abrüstung?, in: *Ders.*: Die Deutschen und die See, Band 2

Salewski, Michael: England, Hitler und die Marine, in: *Salewski, Michael*: Die Deutschen und die See, Band 2

Salewski, Michael: Europa: Idee und Wirklichkeit in der nationalsozialistischen Weltanschauung und politischen Praxis, in: *Franz, Otmar (Hg.)*: Europas Mitte, Göttingen, Zürich 1987

Salewski, Michael: Knotenpunkt der Weltgeschichte? Die Raison des deutsch-französischen Waffenstillstands vom 22. Juni 1940, in: *Carlier/Martens*: La France et l'Allemagne en guerre

Salewski, Michael: N.N.: Der großgermanische Seekrieg gegen Japan und die USA im Jahre 1949. The near Miss. Eine Buchbesprechung, in: *Salewski, Michael (Hg.)*: Was Wäre Wenn.

Alternativ-und Parallelgeschichte: Brücken zwischen Phantasie und Wirklichkeit, in: Historische Mitteilungen, Beiheft 36, Stuttgart 1999
Salewski, Michael: Pearl Harbor, in: *Azéma/Bédarida*: Les années de tourmente
Salewski, Michael: Reichswehr, Staat und Republik, in: Geschichte in Wissenschaft und Unterricht 5, 1980
Salewski, Michael: Staatsräson und Waffenbrüderschaft als Problem der deutsch-finnischen Politik 1941-1944, in: Vierteljahrshefte für Zeitgeschichte 27, 1979
Salewski, Michael: Technologie, Strategie und Politik oder: Kann man aus der Geschichte lernen?, in: *Militärgeschichtliches Forschungsamt (Hg.)*: Militärgeschichtliche Beiträge, Herford 1987
Salewski, Michael: Versailles 1919: Der fast gelungene Frieden. Ein Essay, in: *Elz, Wolfgang/ Neitzel, Sönke (Hg.)*: Internationale Beziehungen im 19. und 20. Jahrhundert. Festschrift für Winfried Baumgart zum 65. Geburtstag, Paderborn u.a. 2003
Salewski, Michael: Von der Wirklichkeit des Krieges. Analysen und Kontroversen zu Buchheims »Boot«, 2. Aufl., München 1985
Salewski, Michael: Von Mers-el-Kébir nach Toulon. Grundzüge der deutsc-französischen Marinepolitik 1940-1942, in: *Ders.*: Die Deutschen und die See, Band 2
Salewski, Michael: Wehrmacht und Nationalsozialismus 1933-1939, in: *Militärgeschichtliches Forschungsamt (Hg.)*: Handbuch der Deutschen Militärgeschichte, Band VII, München 1979
Salewski, Michael: Zeitgeist und Zeitmaschine. Science Fiction und Geschichte, München 1986
Salewski, Michael:: 1944 – Nach fünfzig Jahren, in: *Salewski/Schulze-Wegener (Hg.)*: Kriegsjahr 1944
Salisbury, Harrison E.: 900 Tage. Die Belagerung von Leningrad, Frankfurt/M. 1989
Salmon, Patrick: Britain and Norway in the Second World War, Oslo 1996
Sauer, Bernhard: Schwarze Reichswehr und Fememorde. Eine Milieustudie zum Rechtsradikalismus in der Weimarer Republik, Berlin 2004
Schabel, Ralf: Die Illusion der Wunderwaffen. Die Rolle der Düsenflugzeuge und Flugabwehrraketen in der Rüstungspolitik des Dritten Reiches, München 1994
Schabel, Ralf: Wunderwaffen? Strahlflugzeuge und Raketen in der Rüstungspolitik des Dritten Reiches, o.O. 1989
Scheel, Klaus: Anweisungen für die Darstellung der Stalingrader Schlacht in der faschistischen Presse (Dokumentation), in: Zeitschrift für Geschichtswissenschaft 21, 1973
Scheffler, Wolfgang: Organisierter Massenmord an Juden in nationalsozialistischen Vernichtungslagern, in: Das Parlament (B19) 1976
Schenk, Peter: Landung in England. Das geplante Unternehmen »Seelöwe«, der Beginn der amphibischen Großunternehmungen, Berlin 1987
Scheurig, Bodo: Ewald von Kleist-Schmenzin. Ein Konservativer gegen Hitler, Neuausgabe Beltheim-Schnellbach 2001
Scheurig, Bodo: Freies Deutschland. Das Nationalkomitee und der Bund Deutscher Offiziere in der Sowjetunion 1943-1945, Neuausgabe Köln 1984
Scheurig, Bodo: Henning von Tresckow. Ein Preuße gegen Hitler, Neuausgabe Beltheim-Schnellbach 2001
Schildt, Axel: Die Illusion der konservativen Alternative, in: *Schmädecke/Steinbach (Hg.)*: Der Widerstand gegen den Nationalsozialismus
Schlesinger, Stephen C.: Act of creation. The founding of the United Nations. A story of superpowers, secret agents, wartime allies and enemies, and their quest for a peaceful world, Boulder, Color. 2003
Schlicht, Adolf: Die deutsche Wehrmacht. Uniformen und Ausrüstung, Stuttgart O.J.
Schlie, Ulrich: Kein Friede mit Deutschland. Die geheimen Gespräche im Zweiten Weltkrieg 1939-1941, München, Berlin 1994
Schmädecke, Jürgen/Steinbach Peter: Der Widerstand gegen den Nationalsozialismus. Die deutsche Gesellschaft und der Widerstand gegen Hitler, 3. Aufl., München, Zürich 1994

Schmeer, Günter: Die Regie des öffentlichen Lebens im Dritten Reich, München 1956

Schmid, Michael: Der »Eiserne Kanzler« und die Generäle. Deutsche Rüstungspolitik in der Ära Bismarck (1971-1890), Paderborn u.a. 2003

Schmidt, Jürgen: Martin Niemöller im Kirchenkampf, Hamburg 1971

Schmidt, Matthias: Albert Speer. Das Ende eines Mythos, Bern 1982

Schmuhl, Hans-Walter: Rassenhygiene, Nationalsozialismus, Euthanasie. Von der Verhütung zur Vernichtung »lebensunwerten Lebens«, 1890-1945, 2. Aufl., Göttingen 1992

Schneider, Michael: Zwischen Standesvertretung und Werksgemeinschaft – Zu den Gewerkschaftskonzeptionen der Widerstandsgruppen des 20. Juli 1944, in: Schmädecke/Steinbach: Der Widerstand gegen den Nationalsozialismus

Schneider, Wolfgang: Frauen unterm Hakenkreuz, Hamburg 2001

Schober, Franz: Briefe von der Front. Feldpostbriefe 1939-1945, Gösing am Wagram 1997

Schoeps, Julius H.(Hg.): Ein Volk von Mördern? Die Dokumentation zur Goldhagen-Kontroverse um die Rolle der Deutschen im Holocaust, Hamburg 1996

Schoeps, Julius H.: Goldhagen, der Vatikan und die Judenfeindschaft, Berlin 2003

Scholder, Klaus: Die Mittwochs-Gesellschaft. Protokolle aus dem geistigen Deutschland 1932-1944, Berlin 1982

Schöllgen, Gregor: Geschichte der Weltpolitik von Hitler bis Gorbatschow 1941-1991, München 1996

Schöllgen, Gregor: Ulrich von Hassell 1881-1944. Ein Konservativer in der Opposition, München 1990

Scholtyseck, Joachim: Hjalmar Schacht. Opportunistischer Weltgänger zwischen Nationalsozialismus und Widerstand – anstelle einer Rezension, in: Bankhistorisches Archiv, Zeitschrift für Bankengeschichte 1, 1999

Schott, Franz Josef: Der Wehrmachtführungsstab im Führerhauptquartier 1939-1945, Diss. Bonn 1980

Schramm-von Thadden, Ehrengard: Griechenland und die Großmächte im Zweiten Weltkrieg, Wiesbaden 1955

Schramm, Percy Ernst: Hitler als militärischer Führer. Erkenntnisse und Erfahrungen aus dem Kriegstagebuch des Oberkommandos der Wehrmacht, 2. Aufl., Frankfurt/M. 1965

Schreiber, Gerhard: Deutsche Kriegsverbrechen in Italien. Täter – Opfer – Strafverfolgung, München 1996

Schreiber, Gerhard: Hitler-Interpretationen 1923-1983. Ergebnisse, Methoden und Probleme der Forschung, 2. Aufl., Darmstadt 1988

Schröder, Hans-Jürgen: Deutschland und die Vereinigten Staaten 1933-1939. Wirtschaft und Politik in der Entwicklung des deutsch-amerikanischen Gegensatzes, Wiesbaden 1970

Schröder, Josef: Bestrebungen zur Eliminierung der Ostfront, 1941-1943, in: *Salewski, Michael/Schröder, Josef (Hg.)*: Dienst für die Geschichte. Gedenkschrift für Walther Hubatsch, Göttingen, Zürich 1985

Schröder, Josef: Italien im Zweiten Weltkrieg (Bibliographie), München 1978

Schröder, Josef: Italiens Kriegsaustritt 1943. Die deutschen Gegenmaßnahmen im italienischen Raum: Fall »Alarich« und »Achse«, Göttingen 1969

Schröder, Nina: Hitlers unbeugsame Gegnerinnen. Der Frauenaufstand in der Rosenstraße, München 1998

Schröder, Paul W.: The Axis Alliance and Japanese-American relations 1941, New York 1958

Schubert, Günter: Das Unternehmen »Bromberger Blutsonntag«. Tod einer Legende, Köln 1989

Schüler, Klaus Albert Friedrich: Logistik im Rußlandfeldzug. Die Rolle der Eisenbahn bei Planung, Vorbereitung und Durchführung des deutschen Angriffs auf die Sowjetunion bis zur Krise vor Moskau im Winter 1941/42, Frankfurt/M. 1987

Schultze-Rhonhoff, Gerd: 1939. Der Krieg der viele Väter hatte, München 2003

Schulz, Gerhard: Johannes Popitz, in: *Lill, Rudolf / Oberreuter, Heinrich (Hg.)*: 20. Juli. Porträts des Widerstands, München 1984

Schulze-Wegener: Die deutsche Kriegsmarine-Rüstung 1942-1945, Hamburg, Berlin, Bonn 1997

Schulze, Winfried/Oexle, Gerhard (Hg.): Deutsche Historiker im Nationalsozialismus, Frankfurt/M. 1999
Schustereit, Hartmut: Vabanque. Hitlers Angriff auf die Sowjetunion 1941 als Versuch, durch den Sieg im Osten den Westen zu bezwingen, 2. Aufl., Selent 2000
Schütt, Werner: Der Stahlpakt und Italiens »Nonbelligerenza« 1938-1940, in: Wehrwissenschaftliche Rundschau 8, 1958
Schwarz-Pich, K. H.: Der DFB im Dritten Reich. Einer falschen Legende auf der Spur, Kassel 2000
Schwarz, Eberhard: Die Stabilisierung der Ostfront nach Stalingrad. Mansteins Gegenschlag zwischen Donez und Dnjepr im Frühjahr 1943, Göttingen 1985
Schwendemann, Heinrich: Die wirtschaftliche Zusammenarbeit zwischen dem Deutschen Reich und der Sowjetunion von 1935 bis 1941. Alternativen zur Hitlers Ostprogramm?, Berlin 1993
Schwengler, Walter: Völkerrecht, Versailler Vertrag und Auslieferungsfrage. Die Strafverfolgung wegen Kriegsverbrechen als Problem des Friedensschlusses 1919/20, Stuttgart 1982
Schwerin, Franz v.: Helmuth James Graf von Moltke. Im Widerstand die Zukunft denken. Zielvorstellungen für ein neues Deutschland, Paderborn u.a. 1999
Seaton Albert: Der russisch-deutsche Krieg 1941-1945, Frankfurt/M. 1973
Seckendorf, Martin/Schumann, Wolfgang/Nestler, Ludwig: Die Okkupationspolitik des deutschen Faschismus in Jugoslawien, Griechenland, Albanien, Italien und Ungarn (1941-1945) Dokumentenauswahl und Einleitung, Berlin 1992
Seidler, Franz W.: »Deutscher Volkssturm«. Das letzte Aufgebot 1944/45, München 1989
Seidler, Franz W.: Die Führerhauptquartiere. Anlage und Planungen im Zweiten Weltkrieg, München 2000
Sellmann, Michael: Propaganda und SD-Meldungen aus dem Reich, in: *Salewski/Schulze-Wegener (Hg.)*: Kriegsjahr 1944
Senarclens, Pierre de: From Yalta to the Iron Curtain. The great powers and the origins of the Cold War, Oxford 1995
Sereny, Gitta: Albert Speer. Sein Ringen mit der Wahrheit, München 2001
Setzen, Florian Henning: Neutralität im Zweiten Weltkrieg. Irland, Schweden und die Schweiz im Vergleich, Hamburg 1997
Simpson, Mitchell: Admiral Harold R. Stark: Architect of Victory, 1939-1945, University of South Carolina Press 1989
Smith, Bradley F.: Unternehmen »Sonnenaufgang«. Das Kriegsende in Italien, Frankfurt/M. 1983
Smith, Malcolm: Britain and 1940, London, New York 2000
Smith, Myron J.: Pearl Harbor, 1941. A Bibliography, New York 1991
Smith, Stanley H.: Investigations of the attack on Pearl Harbor. Index to government hearings, New York 1990
Sofsky, Wolfgang: Die Ordnung des Terrors. Das Konzentrationslager, Frankfurt/M. 1993
Sokolovskij, Vasilij: Militär-Strategie, 3. Aufl., Köln 1970
Sommer, Theo: Deutschland und Japan zwischen den Mächten 1935-1940. Vom Antikominternpakt zum Dreimächtepakt. Eine Studie zur diplomatischen Vorgeschichte des Zweiten Weltkrieges, Tübingen 1962
Sösemann, Bernd: Die Macht der allgegenwärtigen Suggestion. Die »Wochensprüche der NSDAP« als Propagandamittel, in: Jahrbuch der Berliner Wissenschaftlichen Gesellschaft 13, 1989
Sösemann, Bernd: Propaganda – Macht – Geschichte. Eine Zwischenbilanz der Dokumentation der Niederschriften und Diktate von Joseph Goebbels, in: Das Historisch-Politische-Buch 50, 2002
Speidel, Hans: Invasion 1944. Ein Beitrag zu Rommels und des Reiches Schicksal, 5. Aufl., Tübingen 1961
Spitiotis, Susanne-Sophia: Verantwortung und Rechtsfrieden. Die Stiftungsinitiative der deutschen Wirtschaft, Frankfurt/M. 2003

Spivak, Marcel: La délégation francaise d'armistice auprès de la commission allemande d'armistice de Wiesbaden (CFACAA), in: *Carlier/Martens*: La France et l'Allemagne en guerre

Spoerer, Mark: Zwangsarbeit unter dem Hakenkreuz. Ausländische Zivilarbeiter, Kriegsgefangene und Häftlinge im Deutschen Reich und im besetzten Europa 1939-1945, Stuttgart 2001

Stamm-Kuhlmann, Thomas: Die Internationale der Atomforscher und der Weg zur Kettenreaktion 1874-1942, in: *Salewski, Michael (Hg.)*: Das nukleare Jahrhundert. Eine Zwischenbilanz, Historische Mitteilungen, Beiheft 28, Stuttgart 1998

Stang, Knut: Das zerbrechende Schiff. Seekriegsstrategien und Rüstungsplanung der deutschen Reichs-und Kriegsmarine 1918 -1939, Frankfurt/M. 1995

Steenberg, Sven: General Wlassow. Der Führer der russischen Befreiungsarmee – Verräter oder Patriot?, Rastatt 1986

Stehle, Hansjakob: Deutsche Friedensfühler bei den Westmächten im Februar/März 1945, in: Vierteljahrshefte für Zeitgeschichte 30, 1982

Stein, Marcel: Generalfeldmarschall Erich von Manstein. Kritische Betrachtung des Soldaten und Menschen, Mainz 2000

Steinbach, Peter/Tuchel Johannes (Hg.): Widerstand gegen den Nationalsozialismus, Berlin 1994

Steinbach, Peter/Tuchel Johannes (Hg.): Lexikon des Widerstandes 1933-1945, München 1994

Steinbach, Peter: Der 20. Juli 1944. Gesichter des Widerstandes, Berlin 2004

Steinbach, Peter: Der Widerstand in seiner ganzen Breite und Vielfalt. Plädoyer für die Erwähnung des »Nationalkomitees Freies Deutschland« in der Berliner Widerstandsausstellung, in: Geschichte in Wissenschaft und Unterricht 41, 1990

Steinbach, Peter: Widerstand gegen den Nationalsozialismus aus dem Exil? Zur politischen und räumlichen Struktur der deutschen Emigration 1933-1945, in: Geschichte in Wissenschaft und Unterricht 41, 1990

Steinert, Marlis: Hitlers Krieg und die Deutschen. Stimmung und Haltung der deutschen Bevölkerung im Zweiten Weltkrieg, Düsseldorf, Wien 1970

Steinert, Marlis: Stalingrad und die deutsche Gesellschaft, in: *Förster*: Stalingrad. Ereignis – Wirkung – Symbol

Steinert, Marlis G.: Die 23 Tage der Regierung Dönitz, Düsseldorf, Wien 1967

Stern, Frank: Sozialismus in Amerika? Ein thematischer und sprachlicher Vergleich von Edward Bellamy »Looking Backwards 2000-1887« und seine deutsche Rezeption, Wetzlar 2004

Stinnett, Robert B.: Pearl Harbor. Wie die amerikanische Regierung den Angriff provozierte und 2476 ihrer Bürger sterben ließ, 4. Aufl., Frankfurt/M. 2003

Stjernfelt, Bertil/Böhme, Klaus-Richard: Westerplatte 1939, Freiburg i.Br. 1979

Stokes, Lawrence: Kleinstadt und Nationalsozialismus. Dokumente zur Geschichte von Eutin 1918-1945, Neumünster 1984

Stölken-Fitschen, Ilona: Die Enola Gay in Washington oder: Zensierte Geschichte zum 50. Jahrestag der ersten Atombombe, in: *Salewski, Michael (Hg.):* Das nukleare Jahrhundert, Historische Mitteilungen, Beiheft 28, Stuttgart 1998

Stölken, Ilona: Atombombe und Geistesgeschichte. Eine Studie der fünfziger Jahre aus deutscher Sicht, Baden-Baden 1995

Stoltzfus, Nathan: Widerstand des Herzens. Der Aufstand der Berliner Frauen in der Rosenstraße 1943, Frankfurt/M., Wien 2000

Stone, Dan: The historiography of the Holocaust, Basingstoke 2004

Streit, Christian: Keine Kameraden. Die Wehrmacht und die sowjetischen Kriegsgefangenen 1941-1945, 3. Aufl., Bonn 1991

Ströbinger, Rudolf: Stalin enthauptet die Rote Armee. Der Fall Tuchatschewski, Stuttgart 1990

Strobl, Ingrid: »Sag nie, du gehst den letzten Weg«. Frauen im bewaffneten Widerstand gegen Faschismus und deutsche Besatzung, Frankfurt/M. 1989

Stumpf, Reinhard: Der Krieg im Mittelmeerraum 1942/43: Die Operationen in Nordafrika und im mittleren Mittelmeer, in: Das Deutsche Reich und der Zweite Weltkrieg, Band 6

Stüwe, Botho: Peenemünde-West. Die Erprobungstelle der Luftwaffe für geheime Fernlenkwaffen und deren Entwicklungsgeschichte, Esslingen 1995

Sündermann, Helmut: Tagesparolen. Deutsche Presseanweisungen 1939-1945. Hitlers Propaganda und Kriegsführung, Leoni 1973

Suppan, Arnold: Edvard Benes und die tschechoslowakische Außenpolitik 1918-1948, Frankfurt/M. 2002

Suppan, Arnold: Jugoslawien und Österreich 1918-1938. Bilaterale Außenpolitik im europäischen Umfeld, München 1996

Suvorov, Viktor: Der Eisbrecher. Hitler in Stalins Kalkül, 6. Aufl., Stuttgart 1991

Sywottek, Arnold: Revolutionäre Perspektiven des kommunistischen Widerstands, in: *Schmädecke / Steinbach*: Der Widerstand gegen den Nationalsozialismus

Sywottek, Jutta: Mobilmachung für den totalen Krieg. Die propagandistische Vorbereitung der deutschen Bevölkerung auf den Zweiten Weltkrieg, Opladen 1976

Szepansky, Gerda: Frauen leisten Wiederstand: 1933-1945. Lebensgeschichten nach Interviews und Dokumenten, Frankfurt/M. 1993

Taysen, Adalbert v.: Tobruk 1941. Der Kampf in Nordafrika, Freiburg i.Br. 1976

Terry, Sarah M.: Poland's place in Europe. General Sikorski and the origin of the Oder-Neisse-line, 1939-1943, Princeton 1983

Teske, Hermann: General Ernst Köstring. Der militärische Mittler zwischen dem Deutschen Reich und der Sowjetunion 1921-1941, Frankfurt/M. 1965

Tessin, Georg: Verbände und Truppen der deutschen Wehrmacht und Waffen-SS im Zweiten Weltkrieg 1939-1945, 17 Bände mit Registerband, Osnabrück 1966 ff.

Thalmann, Rita R.: Frausein im Dritten Reich, 2. Aufl., Frankfurt/M., Berlin 1987

Theil, Edmund: Rommels verheizte Armee. Kampf und Ende der Heeresgruppe Afrika von El Alamein bis Tunis, Wien 1979

Thielenhaus, Marion: Zwischen Anpassung und Widerstand. Deutsche Diplomaten 1938-1941. Die politischen Aktivitäten der Beamtengruppe um Ernst von Weizsäcker im Auswärtigen Amt, 2. Aufl., Paderborn 1986

Thieß, Jochen: Architekt der Weltherrschaft. Die »Endziele« Hitlers, Düsseldorf 1976

Thomas, Georg: Geschichte der deutschen Wehr-und Rüstungswirtschaft 1918-1943/45, Boppard 1965

Thomas, John: Alternative America. Henry Sears, Edward Bellamy, Henry Desmarest Lloyd, and the adversary tradition, Cambridge Mass.u.a. 1983

Thoß, Bruno/Volkmann, Hans-Erich (Hg.): Erster Weltkrieg – Zweiter Weltkrieg. Ein Vergleich, Paderborn u.a. 2002

Thomsen, Erich: Deutsche Besatzungspolitik in Dänemark 1940-1945, Düsseldorf 1971

Tilitzki, Christian: Von der Grenzland-Universität zum Zentrum der nationalsozialistischen »Neuordnung des Ostraums«. Aspekte der Königsberger Universitätsgeschichte im Dritten Reich, in: Jahrbuch für die Geschichte Mittel- und Ostdeutschlands, 46, München 2001

Tippelskirch, Kurt v.: Geschichte des Zweiten Weltkrieges, 3. Aufl., Bonn 1956

Todd, Allan: The European Dictatorships: Hitler, Stalin, Mussolini, Cambridge 2002

Toland, John: Das Finale. Die letzten 100 Tage, München 1968

Tönsmeyer, Tatjana: Das Dritte Reich und die Slowakei 1939-1945. Politischer Alltag zwischen Kooperation und Eigensinn, Paderborn u.a. 2003

Topitsch, Ernst: Stalins Krieg. Die sowjetische Langzeitstrategie gegen den Westen als rationale Machtpolitik, München 1985

Tornow, Werner: Chronik der Agrarpolitik und Agrarwirtschaft des Deutschen Reiches von 1933-1945, Hamburg, Berlin 1972

Treue, Wilhelm/Möller, Eberhard/Rahn, Werner: Deutsche Marinerüstung 1919-1942. Die Gefahr der Tirpitz-Tradition, Herford, Bonn 1992

Treziak, Ulrike: Deutsche Jugendbewegung am Ende der Weimarer Republik. Zum Verhältnis von Bündischer Jugend und Nationalsozialismus, Frankfurt/M. 1986

Tsunoda, Iun/Kazutomi, Uschida: The Pearl Harbor Attack. Admiral Yamamoto's Fundamental Concept, in: Naval War College Review 31, 1978
Tübergen, Herbert; Das Bild des Juden in der Propaganda des Vichy-Regimes. Analyse der antisemitischen Ausstellung »Le Juif et la France«, Diss. Frankfurt/M. 1992
Tuttle, Dwight William: Harry L. Hopkins and Anglo-American-Soviet relations 1941-1945, NewYork 1983

Ueberschär, Gerd R./Wette, Wolfram (Hg.): Der deutsche Überfall auf die Sowjetunion. »Unternehmen Barbarossa« 1941. Berichte, Analysen, Dokumente, Frankfurt/M. 1999
Ueberschär, Gerd R./Wette, Wolfram (Hg.): Überfall auf die Sowjetunion. »Unternehmen Barbarossa« 1941, 2. Aufl., Frankfurt/M.1991
Ueberschär, Gerd R.: Der Nationalsozialismus vor Gericht. Die alliierten Prozesse gegen Kriegsverbrecher und Soldaten 1943-1952, Frankfurt/M. 1999
Ueberschär, Gerd R.: Hitler und Finnland 1939-1941. Die deutsch-finnischen Beziehungen während des Hitler-Stalin-Paktes, Wiesbaden 1978
Ueberschär, Gerd R.: Stauffenberg. Der 20. Juli 1944, Frankfurt/M. 2004
Uhlig, Heinrich: Der verbrecherische Befehl. Eine Diskussion und ihre historisch-dokumentarischen Grundlagen, in: Vollmacht de Gewissens, Band 2, Frankfurt/M. 1965
Ullrich, Heiner: Rudolf Steiner (1861-1925), München 2003
Umbreit, Hans: Das unbewältigte Problem. Der Partisanenkrieg im Rücken der Ostfront, in: *Förster*: Stalingrad. Ereignis – Wirkung – Symbol
Umbreit, Hans: Der Militärbefehlshaber in Frankreich 1940-1944, Boppard 1968
Umbreit, Hans: Die Verlockung der französischen Ressourcen: Pläne und Methoden zur Ausbeutung Frankreichs für die kriegsbedingten Bedürfnisse und die langfristigen Ziele des Reiches, in: *Carlier/Martens*: La France et l'Allemagne en guerre
Umbreit, Hans: Invasion 1944, Hamburg 1998

Van Dyke, Carl: The Soviet Invasion of Finland 1939-40, London 1997
Vanwelkenhuyzen, Jean: »Miracle« à Dunkerque. La fin d'un mythe, Bruxelles 1994
Vehviläinen, Olli: Finland in the Second Word War between Germany and Russia, Basingstoke 2002
Venner, Dominique: Histoire critique de la Résistance, Paris 1995
Vernekohl, Wilhelm (Hg.) Heinrich Brüning. Ein deutscher Staatsmann im Urteil der Zeit. Reden und Aufsätze, Regensburg 1961
Vial, Pierre: La bataille du Vercors, 1943 1944, Paris 1991
Vinke, Hermann: Das kurze Leben der Sophie Scholl, 3. Aufl., Ravensburg 1990
Vogel, Thomas: Aufstand des Gewissens. Militärischer Widerstand gegen Hitler und das NS-Regime 1933-1945. Begleitband zur Wanderausstellung des Militärgeschichtlichen Forschungsamtes, 5. Aufl., Hamburg 2000
Vogelsang, Thilo: Reichswehr, Staat und Republik. Beiträge zur deutschen Geschichte 1930-1932, Stuttgart 1932
Vogt, Hannah: Schuld oder Verhängnis? 12 Fragen an Deutschlands jüngste Vergangenheit, Frankfurt/M. 1967
Volkmann, Hans-Eberhard: Landwirtschaft und Ernährung in Hitlers Europa 1939-45, in: Militärgeschichtliche Mitteilungen 35, 1984
Volkmann, Hans-Erich (Hg.): Das Rußlandbild im Dritten Reich, 2. Aufl., Köln 1994
Volkmann, Udo: Die britische Luftverteidigung während der »Luftschlacht um England« bis zum Juni 1941, Osnabrück 1982
Vonderau, Patrick: Schweden und das nationalsozialistische Deutschland. Eine annotierte Bibliographie der deutschsprachigen Forschungsliteratur, Stockholm 2003
Vorländer, Herwart: Die NSV. Darstellung und Dokumentation einer nationalsozialistischen Organisation, Boppard 1988
Vysný, Paul: The Runciman Mission to Czechoslovakia, 1938. Prelude to Munich, Basingstoke 2003

Wagner, Jens-Christian: Produktion des Todes. Das KZ Mittelbau-Dora, Göttingen 2001
Wagner, Jens-Christian: Zwangsarbeit für die Rakete. Die A4-Produktion in Peenemünde und Mittelbau Dora, in: *Stamm-Kuhlmann, Thomas/Wolf, Reinhard*: Raketenrüstung und internationale Sicherheit von 1942 bis heute, in: Historische Mitteilungen, Beiheft 56, Stuttgart 2004
Walde, Karl J.: Guderian, 2. Aufl., Frankfurt/M. 1976
Walle, Heinrich: Die Tragödie des Oberleutnants zur See Oskar Kusch, Historische Mitteilungen, Beiheft 13, Stuttgart 1995
Wasinger, Rudolf: Schicksalsschlacht in den Ardennen. Inferno und Untergang, Frankfurt/M. 2002
Wasser, Bruno: Himmlers Raumplanung im Osten. Der Generalplan Ost in Polen 1940-1944, Basel 1993
Waszak, Leon J.: Agreement in principle. The wartime partnership of General Wladyslaw Sikorski and Winston Churchill, New York u.a.1996
Weber, Hermann/Bayerlein, Bernhard (Hg.): Der Thälmann-Skandal. Geheime Korrespondenzen mit Stalin, Berlin 2001
Weber, Hermann: Die Ambivalenz der kommunistischen Widerstandsstrategie bis zur »Brüsseler« Parteikonferenz, in: *Schmädecke/Steinbach (Hg.)*: Der Widerstand gegen den Nationalsozialismus
Wedekind, Michael: Nationalsozialistische Besatzung-und Annexionspolitik in Norditalien 1943 bis 1945. Die Operationszonen »Alpenvorland« und »Adriatisches Küstenland«, München 2003
Wegmüller, Hans: Die Abwehr der Invasion. Die Konzeption des Oberbefehlshabers West 1940-1944, Freiburg i.Br. 1978
Wegner, Bernd: Hitlers »Zweiter Feldzug«. Militärische Konzeption und strategische Grundlagen, in: Das Deutsche Reich und der Zweite Weltkrieg, Band 6
Wegner, Bernd: Hitlers politische Soldaten: Die Waffen-SS 1933-1945, 6. Aufl., Paderborn 1999
Wegner, Bernd: Hitlers zweiter Feldzug gegen die Sowjetunion. Strategische Grundlagen und historische Bedeutung, in: *Michalka*: Der Zweite Weltkrieg
Wegner, Bernd: Präventivkrieg 1941? Zur Kontroverse um ein militärhistorisches Scheinproblem, in: *Elvert, Jürgen/Krauß, Susanne (Hg.):* Historische Debatten und Kontroversen im 19. und 20. Jahrhundert, Historische Mitteilungen, Beiheft 46
Wegner, Bernd: Zwei Wege nach Moskau. Vom Hitler-Stalin-Pakt zum »Unternehmen Barbarossa«, München 1991
Wehler, Hans-Ulrich: Entsorgung der deutschen Vergangenheit? Ein polemischer Essay zum »Historikerstreit«, München 1987
Weinberg, Gerald L.: Germany and the Soviet Union 1939-1941, Leiden 1972
Weinberg, Gerald L.: The Foreign Policy of Hitler's Germany, Band 2: Starting World War II 1937-1939, New York 1994
Weingart, Peter/Kroll, Jürgen/Bayertz, Kurt: Rasse. Blut und Gene. Geschichte der Eugenik und Rassenhygiene in Deutschland, 2. Aufl., Frankfurt/M. 1996
Weisberg, Richard H.: Vichy law and the Holocaust in France, Amsterdam 1996
Weischner, Heinz: Russenlager. Russische Kriegsgefangene in Heesen (Ham) 1942-1945, Essen 1992
Weiß, Hermann: Ideologie der Freizeit im Dritten Reich. Die NS-Gemeinschaft »Kraft durch Freude«, in: Archiv für Sozialgeschichte 33, 1993
Welzer, Harald: »Opa war kein Nazi«. Nationalsozialismus und Holocaust im Familiengedächtnis, 3. Aufl., Frankfurt/M. 2002
Wendt, Bernd-Jürgen: Appeasement 1938, Frankfurt/M. 1966
Werth, Alexander: Russia at War 1941-1945, London 1964
West, Richard: Tito and the rise and fall of Yugoslavia, London 1996
Westermann, Eduard B.: The Royal Air Force and the Bombing of Auschwitz. First Deliberations, January 1941, in: Holocaust and genocide studies 15, 2001

Wette, Wolfram: Die propagandistische Begleitmusik zum deutschen Überfall auf die Sowjetunion am 22. Juni 1941, in: *Ueberschär/Wette*: »Unternehmen Barbarossa«

Wette, Wolfram: Die schwierige Überredung zum Krieg. Zur psychologischen Mobilmachung der deutschen Bevölkerung 1933-1939, in: *Michalka, Wolfgang (Hg.)*: Der Zweite Weltkrieg. Analysen, Grundzüge, Forschungsbilanz, München, Zürich 1989

Wette, Wolfram: Ideologien, Propaganda und Innenpolitik als Voraussetzung der Kriegspolitik des Dritten Reiches, in: Das Deutsche Reich und der Zweite Weltkrieg, Band 1

Wette, Wolfram: Militarismus in Deutschland 1871-1945. Zeitgenössische Analysen und Kritik, Hamburg 1999

Wette, Wolfram: Stalingrad – Mythos und Wirklichkeit einer Schlacht, Frankfurt/M. 1993

Wette, Wolfram (Hg.): Zivilcourage. Empörte Helfer und Retter aus Wehrmacht, Polizei und SS, Frankfurt/M. 2003

Wette, Wolfram: Zwischen Untergangspathos und Überlebenswillen. Die Deutschen im letzten halben Kriegsjahr 1944/45, in: *Wette, Wolfram/Bremer, Ricarda/Vogel, Detlef (Hg.)*: Das letzte halbe Jahr. Stimmungsberichte der Wehrmachtpropaganda 1944/45, Essen 2001

Weyrather, Irmgard: Muttertag und Mutterkreuz. Der Kult um die »deutsche Mutter« im Nationalsozialismus, Frankfurt/M. 1993

Wheatley, Ronald: Operation Seelöwe, München 1959

White, Joseph Robert: Target Auschwitz. Historical and Hypothetical German Responses to Allied Attack (Rezension), in: Holocaust and genocide studies 16, 2002

Wiener, Ralph: Gefährliches Lachen. Schwarzer Humor im Dritten Reich, Reinbek 1994

Wiese Gernot: Die Versorgungslage in Deutschland, in: *Salewski/Schulze-Wegener(Hg.)*: Kriegsjahr 1944

Wiggershaus, Renate: Frauen unterm Nationalsozialismus, Wuppertal 1984

Wilhelm, Hans-Heinrich: Die Prognosen der Abteilung Fremde Heere Ost 1942-1945, in: *Ders.*: Zwei Legenden aus dem Dritten Reich. Quellenkritische Studien, Stuttgart 1974

Wilhelm, Hans-Heinrich: Wie geheim war die »Endlösung«?, in: *Benz, Wolfgang (Hg.)*: Miscellanea. FS für Hans Krausnick zum 75. Geburtstag, Stuttgart 1980

Wilson, Theodore A.: The first summit. Roosevelt and Churchill at Placentia Bay, 1941, Lawrence, Kan. 1991

Wilt, Alan F.: The Atlantic Wall. Hiter's Defences in the West, Ames, Iowa 1975

Windaus-Walser, Karin: Gnade der weiblichen Geburt? Zum Umgang der Frauenforschung mit Nationalsozialismus und Antisemitismus, in: Feministische Studien 6, Nr. 22, 1988

Winkler-Mayerhöfer, Andrea: Starkult als Propagandamittel? Studien zum Unterhaltungsfilm im Dritten Reich, München 1992

Winterbotham, Frederick W.: Aktion Ultra, Frankfurt/M., Berlin 1974

Wippermann, Wolfgang: Wessen Schuld? Vom Historikerstreit zur Goldhagen-Kontroverse, Berlin 1997

Witthöft, Hans Jürgen: Die deutsche Handelsflotte 1939-1945. Unter besonderer Berücksichtigung der Blockadebrecher, Band 2, Göttingen 1971

Wolffsohn, Michael: J'accuse!, in: Frankfurter Allgemeine Zeitung 25.6.2004

Wolkow, Wladimir Konstantinowitsch: Stalin wollte ein anderes Europa. Moskaus Außenpolitik 1940 bis 1968 und die Folgen, Berlin 2003

Wolter, Heike: »Volk ohne Raum«. Lebensraumvorstellungen im geopolitischen, literarischen und politischen Diskurs der Weimarer Republik. Eine Untersuchung auf der Basis von Fallstudien zu Leben und Werk Karl Haushofers, Hans Grimms und Adolf Hitlers, Münster 2003

Wuermeling, Henric L.: »Doppelspiel«. Adam von Trott zu Solz im Widerstand gegen Hitler, München 2004

Wuescht, Johann: Jugoslawien und das Dritte Reich. Eine dokumentierte Geschichte der deutsch-jugoslawischen Beziehungen 1933 bis 1945, Stuttgart 1969

Wulf, Josef (Hg.): Theater und Film im Dritten Reich. Eine Dokumentation, Neuausgabe Frankfurt, Berlin 1983

Wyrwa, U.: »Holocaust«. Notizen zur Begriffsgeschichte, in: Jahrbuch für Antisemitismusforschung 8, 1999

Yelton, David K.: Hitler's Volkssturm. The Nazi Militia and the fall of Germany, 1944-1945, Lawrence, KS. 2002
Yogil, Limore: »L'homme nouveau« et la révolution nationale de Vichy (1940-1944) Septentrion 1997

Zeller, Eberhard: Oberst Claus Graf Stauffenberg. Ein Lebensbild. Mit einer Einführung von Peter Steinbach, Paderborn 1994
Zetzsche, Hans-Jürgen; Logistik und Operationen. Die Mineralölversorgung der Kriegsmarine im Zweiten Weltkrieg, Diss. Kiel 1986
Ziegenhofer-Prettenthaler, Anita: Botschafter Europas. Richard Nikolaus Coudenhove-Kalergi und die Paneuropa-Bewegung in den zwanziger und dreißiger Jahren, Wien 2004
Ziegler, Gottfried: Alliierte Kriegskonferenzen 1941-1943. Die Verhandlungen der Regierungschefs in Washington, Moskau, Casablanca und Quebec über Kriegs- und Nachkriegsprobleme, Hannover 1964
Zielinski, Bernd: Staatskollaboration. Vichy und der Arbeitskräfteeinsatz im Dritten Reich, Münster 1995
Zipfel, Friedrich: Kirchenkampf in Deutschland 1933-1945. Religionsverfolgung und Selbstbehauptung der Kirchen in der nationalsozialistischen Zeit, Berlin 1965
Zoepf, Arne W.: Wehrmacht zwischen Tradition und Ideologie. Der NS-Führungsoffizier im 2. Weltkrieg, Frankfurt/M. 1988

3. SPIELFILME

Bolvary, Géza von: Schrammeln, Österreich/Deutschland 1944
Froelich, Carl: Familie Buchholz, Deutschland 1944
Harlan, Veit: Kolberg, Deutschland 1945
Harlan, Veit: Opfergang, Deutschland 1944
Jacoby, Gerhard: Die Frau meiner Träume, Deutschland 1944
Korda, Alexander: Things to Come,GB 1936
Nichols, Mike: Catch 22, USA 1970
Pasolini, Pier Paolo: Salò o le centoventi Giornate della Città di Sodoma, Itaien/ Frankreich 1975
Petersen,Wolfgang: Das Boot, Deutschland 19..
Radvanyi, Géza von: Der Arzt von Stalingrad, Deutschland 1958
Schwarzenberger, Xaver: Annas Heimkehr, Deutschland/Österreich 2003
Schweikart, Hans: In Flagranti, Deutschland 1944
Staudte, Wolfgang: Rosen für den Staatsanwalt, Deutschland 1959
Weidenmann, Alfred: Junge Adler, Deutschland 1944
Weiss, Helmut: Die Feuerzangenbowle, Deutschland 1944
Wicki, Bernhard: Die Brücke, Deutschland 1959

ZEITTAFEL

1933

30.1.	Hitler zum Reichskanzler ernannt

1934

26.1	Nichtangriffspakt zwischen dem Deutschen Reich und Polen

1935

18.6.	Deutsch-englischer Flottenvertrag
15.9.	Nürnberger Gesetze

1936

7.3.	Deutsche Truppen marschieren in das entmilitarisierte Rheinland ein
25.10.	Deutsch-italienisches »Achsenbündnis«

1938

12.3.	Einmarsch deutscher Truppen in Österreich (»Fall Otto«)
13.3.	»Anschluß« Österreichs an das Deutsche Reich
29.9./30.9.	Münchener Konferenz (Deutsches Reich, Italien, Großbritannien, Frankreich)
1.10.	Einmarsch deutscher Truppen in die sudetendeutschen Gebiete der Tschechoslowakei
9.11.	»Reichskristallnacht«

1939

15./16.3.	Einmarsch deutscher Truppen in die »Resttschechei«; Errichtung des »Reichsprotektorats Böhmen und Mähren«
23.3.	Einmarsch deutscher Truppen ins Memelgebiet
31.3	Britisch-französische Garantieerklärung für Polen
22.5.	Abschluß des deutsch-italienischen »Stahlpakts«
23.8.	Hitler-Stalin-Pakt
1.9	Beginn des deutschen Angriffs auf Polen
3.9.	Frankreich und Großbritannien erklären dem Deutschen Reich den Krieg
17.9	Rote Armee marschiert in Ostpolen ein
18.9.	Schlacht an der Bzura
27.9.	Kapitulation Warschaus
28.9.	Deutsch-sowjetischer Grenz-und Freundschaftsvertrag

6.10.	Ende des polnischen Widerstandes. »Friedensrede« Hitlers im Reichstag
14.10.	U-47 (Prien) versenkt in Scapa Flow die »Royal Oak«
8.11.	Gescheitertes Attentat auf Hitler durch Georg Elser im Münchener »Bürgerbräukeller«
30.11.	Beginn des sowjetischen Angriffs auf Finnland (sowjetisch-finnischer »Winterkrieg«)
17.12.	Selbstversenkung der »Graf Spee« vor Montevideo

1940

10.1.	Zwischenfall von Mecheln
12.3.	Unterzeichnung des finnisch-sowjetischen Friedensvertrages
9.4.	Beginn des deutschen Angriffs auf Dänemark und Norwegen (Unternehmen »Weserübung«)
10.5.	Beginn des Westfeldzuges gegen die Niederlande, Belgien, Luxemburg und Frankreich
15.5.	Kapitulation der Niederlande
24.5.	Hitlers »Halt«befehl vor Dünkirchen
28.5.	Kapitulation Belgiens
4.6.	Evakuierung englischer und französischer Verbände aus Dünkirchen abgeschlossen
5.6.	Beginn der »Schlacht um Frankreich«
10.6.	Kapitulation Norwegens; Kriegseintritt Italiens
14.6.	Paris kampflos besetzt
15.6.	Die Rote Arme besetzt Litauen
22.6.	Deutsch-französischer Waffenstillstand in Compiègne
25.6.	Deutsch-französischer Waffenstillstand in Kraft
1.7.	Regierung Pétain in Vichy etabliert
3.7.	Britischer Angriff auf die französische Flotte in Mers-el-Kébir
19.7.	Hitlers »Friedensrede« im Reichstag
31.7.	Hitlers Erklärung vor den Spitzen der Wehrmacht zu seiner Absicht, die Sowjetunion anzugreifen
13.8.	»Adlertag«: Aufnahme des »verschärften Luftkriegs« gegen Großbritannien
30.8.	2. Wiener Schiedsspruch der Achsenmächte
2.9.	Pacht-und Leihgesetz der USA zur Unterstützung Großbritanniens
4.9	Ion Antonescu zum rumänischen Staatsführer ernannt
13.9.	Beginn der italienischen Offensive gegen Ägypten
15.9.	»Battle-of-Britain«-Tag. Der Luftkrieg gegen Großbritannien ist gescheitert.
27.9.	Abschluß des Dreimächtepakts Deutschland-Italien-Japan
23.10.	Treffen Hitler- Franco in Hendaye
24.10.	Treffen Hitler-Pétain in Montoire
28.10.	Italienischer Angriff auf Griechenland
12./13.11.	Molotowbesuch in Berlin

18.12.	Weisung Nr. 21 (»Fall Barbarossa«, Angriff auf die Sowjetunion)

1941

19.1.	Britische Offensive gegen Eritrea
21.1.	Die Briten erobern Tobruk
11.2.	Das »Deutsche Afrikakorps« trifft in Tripolis ein
15.2.	Kapitulation Singapurs vor den Japanern
24.3.	Das Deutsche Afrikakorps erobert El-Agheila
27.3.	In Belgrad die Regierung des Prinzen Paul gestürzt
30.3.	Beginn der Gegenoffensive Rommels in Libyen
6.4.	Beginn des deutschen Angriffs auf Jugoslawien und Griechenland
17.4.	Kapitulation der jugoslawischen Armee
21.4	Kapitulation der griechischen Armee
20.5.	Deutsche Luftlandung auf Kreta
27.5.	Versenkung der „Bismarck" im Nordatlantik
6.6.	Erlaß des »Kommissarbefehls«
11.6.	Entwurf der »Weisung Nr. 32« (»Vorbereitungen für die Zeit nach Barbarossa«)
22.6.	Beginn der Operation »Barbarossa«
22.6.-8.7.	Doppelschlacht von Bialystok und Minsk
29.6.	Das Zentralkomitee der KPdSU erklärt den »Großen Vaterländischen Krieg«
7.7.	Amerikanische Truppen landen auf Island
8.7.-5.8.	Schlacht von Smolensk
12.7.	Beistandspakt Großbritannien-Sowjetunion
14.8.	Verkündigung der »Atlantik-Charta«
21.8.-27.9.	Schlacht von Kiew
8.9.	Leningrad durch deutsche Truppen abgeschnürt
19.9.	Einnahme von Kiew
2.10.	Beginn der Operation »Taifun« (Angriff auf Moskau)
2.-20.10.	Doppelschlacht von Wjasma und Brjansk
16.11.	Die Krim mit Ausnahme Sewastopols erobert
5.12.	Beginn der sowjetischen Gegenoffensive vor Moskau gegen die Heeresgruppe Mitte
7.12.	Japanischer Überfall auf Pearl Harbor
11.12.	Deutsche Kriegserklärung an die USA
19.12.	Entlassung des Oberbefehlshabers des Heeres von Brauchitsch. Hitler übernimmt persönlich den Oberbefehl über das Heer.

1942

14.1.	»Arcadia«-Konferenz abgeschlossen
15.1.	Rückzug der Heeresgruppe Mitte in die »Winterstellung«
18.1.	Deutsch-italienisch-japanisches Militärabkommen
20.1.	Wannseekonferenz (»Endlösung der Judenfrage«)
8.2.	Speer Nachfolger des Reichsministers für Bewaffnung und Munition, Fritz Todt

28.3.	Schwerer britischer Luftangriff auf Lübeck
28.5.	Abschluß der Kesselschlacht von Charkow (erste deutsche Rückeroberung)
30.5.	Erster 1000-Bomber-Angriff der Briten auf Köln
3.-7.6.	Strategische Niederlage der Japaner in der See-Luft-Schlacht von Midway
12.6.	Himmler billigt den »Generalplan Ost«
21.6.	Tobruk rückerobert
28.6.	Beginn der Operation »Blau«, des »2. Feldzuges gegen die Sowjetunion«
30.6.	Rommel vor El Alamein (Ägypten)
22.7.	Beginn des Abtransports der Juden aus dem Warschauer Ghetto nach Treblinka
19.8.	Beginn der Offensive auf Stalingrad. Britisch-kanadischer Landeversuch bei Dieppe
24.9.	Entlassung des Generalstabschefs des Heeres Halder, Nachfolger Zeitzler
23.10.	Angriff der britischen 8. Armee auf die El Alamein-Stellung
7./8.11.	Britische und amerikanische Verbände landen in Marokko und Algerien
11.11.	Besetzung Restfrankreichs durch deutsche Truppen
19.11.	Beginn der sowjetischen Offensive gegen die 6. Armee aus den Don-Brückenköpfen heraus
22.11.	6. Armee in Stalingrad eingeschlossen
27.11.	Selbstversenkung der französischen Flotte in Toulon

1943

24.1.	Konferenz von Casablanca: Großbritannien und die USA verkünden die »Unconditional surrender«-Formel
31.1./2.2.	Kapitulation der 6. Armee in Stalingrad
31.1.	Dönitz Nachfolger Raeders als Oberbefehlshaber der Kriegsmarine
18.2.	Goebbels' Sportpalastrede zum »totalen Krieg«
14.3.	Zweite Rückeroberung von Charkow durch deutsche Truppen
13.4.	Deutsche Soldaten entdecken die Massengräber von Katyn
19.4.-19.5.	Aufstand im Warschauer Ghetto
13.5.	Kapitulation der »Heeresgruppe Afrika« in Tunis
24.5.	Dönitz bricht die »Schlacht im Atlantik« ab. Ende des strategischen U-Bootkrieges
5.7.	Beginn der Operation »Zitadelle« gegen den Kursker Bogen
10.7.	Alliierte Landung in Sizilien
15.7.-17.7.	Abbruch von »Zitadelle«
25.7.	Umsturz in Italien, Verhaftung von Mussolini, Badoglio Nachfolger
24.-30.7.	Schwerste britische Luftangriffe auf Hamburg (Operation »Gomorha«)
14.-24.8.	Konferenz von Quebec

8.9.	Badoglio erklärt die Kapitulation Italiens vor den Alliierten
9.9.	Landung der amerikanischen 5. Armee bei Salerno
12.9.	Befreiung des auf dem Gran Sasso inhaftierten Mussolini
15.9.	Mussolini ruft die »Italienische Soziale Republik« von Salò aus
28.11.-1.12.	Konferenz von Teheran

1944

27.1.	Leningrad endgültig befreit
15.2.	Zerstörung des Klosters Monte Cassino durch amerikanische Bomber
6.6.	Beginn der alliierten Landung in der Normandie (Deckname »Overlord«)
22.6.- Ende Juli	Sowjetische Großoffensive gegen den Mittelabschnitt der Ostfront. Vollständige Zerschlagung der Heeresgruppe Mitte
26.6.	Gründung der »Vereinten Nationen«
20.7.	Attentat Stauffenbergs in der »Wolfsschanze«
25.7.	Die Rote Armee erreicht die Weichsel
31.7.	Durchbruch der Amerikaner bei Avranches. Beginn des deutschen Rückzugs aus Frankreich (»2. Schlacht um Frankreich«)
1.8.-2.10.	Aufstand der polnischen »Heimatarmee« in Warschau
15.8.	Landung amerikanischer und französischer Verbände an der Südküste Frankreichs
25.8.	Paris befreit, Einzug de Gaulles in die Stadt
11.9.	Amerikanische Truppen erreichen die deutsche Westgrenze bei Trier
17.9.-26.9.	Fehlgeschlagene britische Luftlandung bei Arnheim und Nimwegen
25.9.	Hitler befiehlt die Aufstellung des »Deutschen Volkssturms«
10.10.	Erster größerer Einbruch der Roten Armee in Ostpreußen
21.10.	Aachen fällt als erste deutsche Großstadt in die Hand des Gegners
16.12.	Beginn der Ardennenoffensive

1945

12.1.-14.1	Beginn der sowjetischen Großoffensive gegen das Reich (Ost- und Westpreußen, Pommern, Ober- und Niederschlesien)
4.-11.2..	Konferenz von Jalta
13./14.2.	Schwerste britisch- amerikanische Luftangriffe auf Dresden
12.4.	Tod Roosevelts, Nachfolger Truman
16.4.	Beginn des sowjetischen Angriffs auf Berlin
30.4.	Selbstmord Hitlers, Nachfolger Dönitz
2.5.	Kapitulation Berlins
7.5.	Bedingungslose Kapitulation der Wehrmacht in Reims vor General Eisenhower
8.5./9.5.	Die Kapitulation tritt 1 Minute nach Mitternacht in Kraft
9.5.	Wiederholung der Kapitulation in Karlshorst vor Marschall Schukow

23.5.	Verhaftung der »Regierung Dönitz« in Flensburg
16.7.	Test der ersten Atombombe in Alamagordo
17.7.-2.8.	Konferenz von Potsdam
6.8.	Abwurf der ersten Atombombe auf Hiroshima
9.8.	Abwurf der zweiten Atombombe auf Nagasaki
10.8.	Bedingungslose Kapitulation Japans (Unterzeichnung am 2.9.)

REGISTER

(Der Name Adolf Hitler wurde nicht aufgenommen)

Abetz, Otto 42, 131
Adam, Wilhelm 94, 277f.
Adenauer, Konrad 252
Agamemnon 285
Alexander der Große 10, 176, 240
Alexander I., russischer Kaiser 77, 162, 201, 208, 257
Alkibiades 10,
Aly, Götz 48
Antonecu, Ion 66, 183, 194-196, 282
Arendt, Hannah 48
Arnim, Hans-Jürgen 247
Atlee, Clement 302
Attila 174
Aubin, Hermann 33
Auchinleck, Claude 244
Augustus, römischer Kaiser 13, 120

Badoglio, Pietro 270f.
Bainville, Jacques 157
Baldwin, Stanley 143
Barenboim, Daniel 19
Bariéty, Jacques 14
Bartow, Omer 322
Beck, Józef 64, 68
Beck, Ludwig 29, 33, 53, 72, 75, 81, 85, 97, 99, 101, 258, 309f., 312
Bellamy, Edward 298
Benes, Eduard 61, 68
Benjamin, Walter 134
Benz, Wolfgang 48
Bernhard von Clairvaux 228
Bethmann-Hollweg, Theobald von 26
Bin Ladin, Osama 174
Bismarck, Otto von 12, 26, 31, 78, 120, 161, 309
Blücher, Wipert von 42
Bock, Fedor von 195, 199, 204-206, 243, 257
Boehm, Hermann 102
Borchert, Wolfgang 46
Bormann, Martin 49, 317, 325
Bosch, Robert 310

Bracher, Karl Dietrich 30
Braubach, Max 40
Brauchitsch, Walther von 68, 71, 91, 97, 99, 178, 186, 205f.
Braun, Wernherr von 18
Browning, Oliver 50
Brüning, Heinrich 29, 30f., 42
Buchheim, Lothar-Günther 51, 79, 226, 241
Bullock, Allan 24, 48, 66
Burckhardt, Jacob 35, 251, 336
Burleigh, Michael 24
Busch, Ernst 195

Caesar 10, 336
Canaris, Wilhelm 310
Carol II., König von Rumänien 182f.
Cassirer, Ernst 11
Celan, Paul 236
Chamberlain, Houston Stewart 170
Chamberlain, Neville 59, 62, 66, 98, 100, 104, 127, 335
Churchill, Winston 10, 19, 21f., 40, 47, 50, 66, 98, 104, 112, 127f., 130f., 140-145, 147f., 151-153, 182, 184, 187, 208f., 219, 245f., 248-250, 262, 265f., 272, 276, 279, 285f., 288, 291- 297, 299-302, 312
Clausewitz, Karl von 246, 318, 332
Clemenceau, Georges 27, 137
Colville, John 127, 141, 285
Conze, Werner 33
Coudenhove-Kalergi, Richard Nikolaus Graf von 297
Cromwell, Oliver 145
Cujkov, Vasilij Ivanovic 260
Curzon of Kedlestone, George Nathaniel 104

Dahlerus, Birger 97
Daladier, Edouard 66, 335
Dante, Alighieri 21
Darlan, Francois 131, 135, 246
Darwin, Charles 169

De Gaulle, Charles 10, 21, 40, 47, 50, 95, 128f., 134, 137, 142, 246, 272, 289
Déat, Marcel 111
Degrelle, Léon 111
Delp, Alfred 311
Dieckhoff, Hans Heinrich 55
Dietrich, Marlene 18
Dijkstra, Bram 172
Dirksen, Herbert von 42f., 68
Dönitz, Karl 10, 35, 43- 45, 83, 116, 118, 143, 146, 173, 181, 216, 218, 221- 226, 241, 247, 259f., 275, 280-282, 320, 326, 333f.
Dornberger, Walter 18
Douhet, Guilo 74, 95, 143, 152, 248
Dschingis Khan 174

Ehrenburg, Ilja 266
Eichmann, Adolf 160, 229f., 303f., 325
Einstein, Albert 83, 290
Eisenhower, Dwight D. 21-23, 40, 249, 285-287, 327
Elser, Georg 303, 306, 313
Erdmann, Karl Dietrich 33
Eugen, Prinz Eugenio von Savoy 40

Fermi, Emilio 250
Fest, Joachim 34
Foch, Ferdinand 27
Foertsch, Hermann 21
Franco, Francisco 25, 66, 139, 155
Frank, Anne 136
Freisler, Roland 313
Freytag, Gustav 33, 192
Friedrich I. von Hohenstaufen, (Barbarossa) römischer Kaiser 107, 325
Friedrich II. von Preußen, der Große 12, 26, 31, 120, 130, 256, 313
Frieser, Karl-Heinz 121
Fritsch, Werner Freiherr von 92
Froelich, Carl 320
Fromm, Fritz 312

Galen, Clemens August Graf von 232
Gamelin, Maurice Gustave 95, 123, 126, 129
Garbo, Greta 19
Gaxotte, Pierre 157
Gerstenmaier, Eugen 311
Geyr von Schweppenburg, Leo Freiherr von 42
Giesebrecht, Wilhelm von 13
Gobineau, Arthur de 170
Goebbels, Joseph 15, 18, 22f., 39, 54, 56, 59, 70, 76, 79, 88f., 97, 122, 174, 197, 209, 233, 237, 251f., 259, 261f., 264, 274f., 298, 306, 316f., 319, 325, 330
Goerdeler, Carl 304, 309f., 313

Gorbatschow, Michail 163
Göring, Hermann 56, 58, 67, 88, 97, 107, 148f., 152, 166, 174, 177, 179, 181, 191, 232, 259, 262, 333
Gorschkow, Sergej G. 267
Grass, Günter 92
Graziani, Rodolfo 155
Greiner, Helmut 44, 99
Groener, Wilhelm 29, 122
Grynspan, Herschel 54, 58
Guderian, Heinz 45, 81, 127, 129, 195, 199, 207, 269

Habermas, Jürgen 171
Hácha, Emil 61, 68
Hagemann, Karen 50
Halder, Franz 29, 43-45, 53, 57, 75, 85, 95, 97, 99, 122, 150, 152, 164-167, 172, 175, 178, 186-189, 193, 197-199, 203, 206, 208, 240, 254f., 258, 269, 277f., 309f.
Hamann, Brigitte 34
Hamsun, Knut 175
Harlan, Veit 320
Harnack, Arvid 310
Harriman, William Averell 285
Harris, Arthur Travers 153, 247
Hassell, Ulrich von 310
Haushofer, Karl 74, 115
Hedin, Sven 175
Hegel, Georg Wilhelm Friedrich 35, 227, 251, 304, 336
Heiden, Konrad 24
Heim, Heinrich 39
Heimpel, Hermann 33
Heinrichs, Erik 193
Henderson, Sir Nevile 66
Henlein, Konrad 61
Hentsch, Richard 201
Herbert, Ulrich 48
Herodot 140
Herwarth, Hans von 42
Heß, Rudolf 56, 74
Hessler, Günter 222
Heydrich, Reinhard 97, 179, 304
Hilberg, Raul 48
Hildebrand, Klaus 171
Hillgruber, Andreas 44, 46, 48, 122, 160f., 171, 325
Himmler, Heinrich 56, 108f., 136, 141, 174, 176, 228, 234-236, 262, 304, 330f., 333
Hindenburg und Beneckendorff, Paul von 26, 29, 97, 127, 305
Hirohito, Kaiser von Japan 213
Hoepner, Erich 195
Hoffmann, Joachim 163

Hopkins, Harry Lloyd 66f., 209
Hörbiger, Paul 320
Horthy v. Nagybánya, Miklós 66
Hosenfeld, Wilm 307
Höß, Rudolf 304
Hoth, Hermann 195
Hubatsch, Walther 33, 43f.
Huber, Kurt 304, 314
Hull, Cordell 213, 214
Huntzinger, Charles 129f.
Huxley, Aldous 17, 21

Jacobsen, Hans-Adolf 44, 46f., 172
Jannings, Emil 315
Jaspers, Karl 337
Jessen, Jens 310
Jodl, Alfred 43, 129f., 165f., 193, 279, 282, 329
Johannesson, Rolf 45
Jünger, Ernst 25

Kähler, Siegfried 44
Kaiser, Jakob 310
Kant, Immanuel 51, 336
Karl I., der Große 21, 120, 177
Karl XII., König von Schweden 167, 188
Karsen, Fritz 31
Kaufmann, Karl 333
Keegan, John 167
Kehrig, Manfred 251
Keitel, Wilhem 16, 43, 75, 165f., 280, 329
Keller, Alfred 195
Kempner, Robert 41
Kempowski, Walter 318
Kerschensteiner, Georg 31
Kershaw, Jan 24, 34
Kesselring, Albert 45, 195, 242, 271
Kimmel, Husband E. 214
King, Ernest J. 222
Kissinger, Henry 291
Kleist, Ewald von 125-127, 195
Kleist-Schmenzin, Ewald Heinrich von 312
Kluge, Alexander 251
Kluge, Günther von 195, 207, 312
Koch, Erich 325
Kogon, Eugen 48
Konjew, Iwan 330
Kordt, Erich 57, 75, 312
Krauch, Carl 85
Krausnick, Hans 48
Kretschmer, Otto 222
Kroisus, König von Lydien 140
Kroll, Frank-Lothar 108, 120
Küchler, Georg von 195
Kusch, Oskar 305f.

Kutusow, Michail 203, 257
Kuznecov, Vasilij Ivanovic 205

Lagarde, Paul Anton de 170
Langsdorff, Hans 117
Lanz von Liebenfels, Jörg 170
Laval, Pierre 131, 134, 245, 247
Leber, Julius 311
Leeb, Wilhelm Ritter von 195
Lenard, Philipp 83
Lenin, Iljitsch 264
Leuschner, Wilhelm 310
Liddell Hart, Basil H. 248
Lipski, Józéf 68
Liszt, Franz 19, 315
Löhr, Alexander 195
Ludendorff, Erich 97, 206
Ludwig XIV., König von Frankreich 35, 137
Luther, Martin 12, 21, 26, 31, 120

Mackinder, Halford 115
Maginot, André 96
Mahan, Alfred Thayer 74, 115
Mann, Klaus 307
Mann, Thomas 19, 25, 307
Mannerheim, Carl Gustav Freiherr von 66
Manstein, Erich 10, 45, 103, 122f., 172, 258, 259f., 268
Mao Tse Tung 17
Marcks, Erich 164, 198
Marlborough, John Churchill 144
Marshall, George C. 214, 245, 249
Martin, Bernd 98
Maser, Werner 34
Meinecke, Friedrich 35, 45
Meisner, Heinrich Otto 40
Metaxas, Joannis 66
Michael I., König von Rumänien 183
Mierendorff, Carlo 311
Mihailovic, Draza 185
Miller, Glenn 18
Miller, Walter M. 17
Milward, Alan 85, 121
Mircovic, Bora 183
Molotow, Vjaceslav Michajlovic 73, 75, 77f., 103, 161f., 165, 182, 197
Moltke d.Ä., Hellmuth von 36, 47, 90f., 105, 167, 186f., 254, 319, 332
Moltke d.J., Hellmuth 91, 96, 167, 201
Moltke, Helmuth James Graf von 304, 311-313
Mommsen, Theodor 13
Montgomery, Bernard Law 244, 285, 288, 327
Morgenthau, Henry 297f.
Morton, Desmond 285

Mosley, Oswald 146
Moulin, Jean 129
Mussolini, Benito 28, 54, 66, 70, 88, 132, 138, 155, 182, 184, 193, 208, 241, 243-245, 270f., 278, 330

Naimark, Norman M. 172
Napoleon I. 20, 26, 130, 137, 140, 144, 153, 157, 162, 167, 186, 188, 191, 201, 207, 335
Napoleon III. 132, 161
Nelson, Horatio 182
Nero, römischer Kaiser 100
Ney, Elly 19
Nietzsche, Friedrich 170
Nikolaus von Kues 83
Nimitz, Chester 226
Nolte, Ernst 171
Nomura, Naokuni 214

Odoaker 335
Olav V., König von Norwegen 108
Omran, Susanne 172
Orwell, Georges 176
Oshima, Hiroshi 281
Oster, Hans 310

Paasikivi,Oskar 112
Papen, Franz von 42
Patmore, Coventry 171
Paulus, Friedrich 251, 256, 258f.
Perry, Matthew Calbraith 268
Pétain, Henri Philippe 66, 127f., 130f., 135, 138, 155, 207, 245-247, 282
Peter I., der Große, Kaiser von Rußland 257
Peter II., König von Jugoslawien 183
Peyinghaus, Marianne 315
Pieck, Wilhelm 310
Pilsudski, Józef 64, 66
Pitt d.J.,William 144
Planert, Ute 50
Plivier, Theodor 251
Poliakow, Leon 48
Popitz, Johannes 310
Portal, Charles 248
Pound, Sir Dudley 224
Prien, Günther 142, 222
Putin, Wladimir 163
Puttkamer, Jesko von 166
Pyrrhus, König der Molosser in Epeiros 243

Quisling, Vidkun 111

Radbruch, Karl 32
Raeder, Erich 14 , 43, 45, 74, 90, 105f., 110-118, 148f., 151f., 156f., 165-167, 177, 181, 210, 218, 222, 245, 275, 318, 333

Ranke, Leopold von 10, 13, 34f., 44, 173, 227, 305
Rath, Ernst vom 54
Reichenau, Walter von 195
Reich-Ranicki, Marcel 58
Reichwein, Adolf 311
Remarque, Erich Maria 25
Reusch, Paul 310
Reynaud, Paul 127f., 335
Ribbentrop, Joachim von 42, 56, 68f., 73, 76, 78, 103, 162, 165, 282
Richelieu, Kardinal 315
Riefenstahl, Leni 35f.
Ritter, Gerhard 303, 310
Robespierre, Maximilien 312
Rocolle, Pierre 124
Rohwer, Jürgen 44
Rökk, Marika 98, 320
Rokossovskij, Konstantin Konstantinovic 205
Rommel, Erwin 242-244, 247, 253, 275, 282f.
Roosevelt, Franklin Delano 16, 19, 66f., 86, 138, 142, 152, 208-211, 222, 262f., 265f., 276, 291-295, 297, 300-302
Roosevelt, Theodore 65, 216
Rosenberg, Alfred 108, 141, 331
Rothfels, Hans 33, 40, 48, 303
Rousseau, Jean-Jacques 298
Ruge, Friedrich 44
Runciman, Lord Walter 61
Rundstedt, Gerd von 103, 195, 278, 282f.

Saint Exupéry, Antoine de 19
Schacht, Hjalmar 60, 159
Schepke, Joachim 222
Schieder, Theodor 33f.
Schiller, Friedrich von 304
Schlageter, Albert Leo 28
Schleicher, Kurt von 29
Schlieffen, Alfred Graf von 91, 95f., 110, 122, 332
Schmidt, Paul 42
Schmitt, Carl 32, 138, 335
Schobert, Eugen Ritter von 195
Scholl, Hans, 304, 313
Scholl, Sophie 304, 313
Scholtz-Klink, Gertrud 320
Schörner, Ferdinand 325
Schramm, Percy Ernst 43-45, 177, 282
Schukow, G.K. 205, 330
Schulze-Boysen, Harro 310
Schuschnigg, Kurt von 68
Schweikart, Hans 320
Seeckt, Hans von 72, 92
Seyss-Inquart, Arthur 136

Shirer, William L. 52
Short, Walter C. 214
Sikorski, Wladyslaw 142
Skorzeny, Otto 270
Söderbaum, Christina 315
Sofsky, Wolfgang 48
Sokolovskij, Vasilij 163
Sorge, Richard 194
Spartacus 175
Spee, Maximilian Reichsgraf von 117
Speer, Albert 10, 86, 173, 218, 225, 249, 326, 330, 333
Stalin, Josef 14,16, 28, 30, 50, 66f., 71f., 75-77, 86, 91, 93, 103f., 126, 152, 156, 158, 160, 162-165, 167f., 175, 178, 185, 187, 194f., 197, 200-202, 208f., 237, 249f., 254, 256f., 262- 270, 272, 276, 289, 291-294, 296f., 299, 301f., 326, 331
Stark, Harold R. 211, 214
Stauffenberg, Claus Graf Schenk von 23, 303f., 309, 312-314
Stein, Karl Freiherr vom 137
Steinbach, Peter 311
Steiner, Rudolf 31
Steltzer, Theodor 311
Stokes, Lawrence D. 12
Strasser, Otto 35
Strauß, Adolf 195
Streicher, Julius 233
Streit, Christian 200
Stresemann, Gustav 29, 32, 72
Stülpnagel, Carl Heinrich von 195
Stürmer, Michael 171
Suvorov, Viktor 162f.

Thälmann, Ernst 30
Thomas von Aquin 83
Thomas, Georg 84f., 160
Timur Lenk 174
Tirpitz, Alfred von 65, 115, 147
Tiso, Jozef 61, 68, 282
Tito, Josip Broz 185

Tojo, Hideki 213
Tolstoi, Lew Nikolajewitsch 203
Topp, Erich 222
Treitschke, Heinrich von 52, 157
Tresckow, Henning von 304, 312
Trott zu Solz, Adam von 312
Truman, Harry S. 40, 50, 272, 291, 300, 302
Tubelis, Josef 68
Tuka, Vojtech 282

Ulbricht, Walter 310

Vansittart, Sir Robert 66, 141
Vilsmeier, Joseph 251
Voß, Hans Erich 280f.

Wagner, Gerhard 44
Wagner, Richard 19, 331
Wagner, Winifred 35, 331
Warlimont, Walter 43, 99, 165f., 172, 274, 280f.
Wavell, Sir Archibald 182
Wegener, Edward 116
Wegener, Wolfgang 109, 110, 115, 217
Wegner, Bernd 163
Weidemann, Alfred 320
Weizsäcker, Ernst Freiherr von 57, 75, 312
Wells, Herbert Georges 18, 175, 327
Wenck, Walther 333
Wessel, Horst 28
Weygand, Maxime 126f., 129
Wicki, Bernhard 317
Wilhelm II., Deutscher Kaiser 26, 108, 115
Wilhelm von Oranien 145
Wilson, Harold 292
Wittram, Reinhard 33
Wlassow, Andrej 111, 205
Wulf, Peter 48

Yamamoto, Isoruko 212-214
York von Wartenburg, Heinrich Graf 311

Zeitzler, Kurt 258f., 268, 278
Zweig, Stefan 25

Enzyklopädie Erster Weltkrieg

Herausgegeben von Gerhard Hirschfeld, Gerd Krumeich und Irina Renz
in Verbindung mit Markus Pöhlmann

Mit über 100 größtenteils unveröffentlichten Fotos und 23 Karten!

2., durchges. Auflage 2004. 1002 Seiten im Großformat, farbiger Festeinband
ISBN 3-506-73913-1

»Der Erste Weltkrieg hat seine Enzyklopädie bekommen. Die besten Weltkriegsexperten beider Hemisphären haben zu diesem Werk beigetragen.«
Franziska Augstein, Süddeutsche Zeitung

»Eine Konzeption, deren Ergebnis überzeugt. Ein unverzichtbares Werk.«
Dieter Langewiesche, DIE ZEIT

»Die sicher wichtigste Neuerscheinung zum Thema. Wer sich künftig mit dem Ersten Weltkrieg befassen will, kommt an dieser Enzyklopädie nicht vorbei.«
Sven F. Kellerhoff, DIE WELT

Michael Salewski
Der Erste Weltkrieg

2. durchges. Auflage 2004.
X + 415 Seiten, 52 s/w Abb.,
Leinen mit Schutzumschlag
ISBN 3-506-77403-4

»Brillant und ausgesprochend fesselnd...«
Klaus Hildebrand, FAZ

»Ein brillantes Buch, gut lesbar auch für den Laien.«
Mitteldeutscher Rundfunk

Schöningh

Verlag Ferdinand Schöningh GmbH & Co. KG · Postf. 2540 · D-33055 Paderborn · Tel. 0 52 51 / 127-5 · Fax 127-860
e-mail: info@schoeningh.de · Internet: www.schoeningh.de

MANFRED MESSERSCHMIDT

Die Wehrmachtjustiz 1933–1945

2005. ca. 480 Seiten,
Leinen mit Schutzumschlag
ISBN 3-506-71349-3

JÖRG GANZENMÜLLER

Das belagerte Leningrad 1941–1944

Eine Stadt in den Strategien von
Angreifern und Verteidigern

2005. ca. 400 Seiten,
Festeinband
ISBN 3-506-72889-X

CHRISTOPH RASS

»Menschenmaterial«: Deutsche Soldaten an der Ostfront

Innenansichten einer Infanteriedivision
1939–1945

2003. 486 Seiten, Karten und Grafiken, Festeinband
ISBN 3-506-74486-0

»Die Dynamik des Vernichtungskrieges gegen die Sowjetunion ist selten in solcher Dichte und Genauigkeit analysiert worden. [...] Die überzeugende und vielfach ertragreiche Sozialgeschichte einer durchschnittlichen Wehrmachtsdivision.«

DIE ZEIT

BRYAN MARK RIGG

Hitlers jüdische Soldaten

Aus dem Amerikanischen von *Karl Nicolai*

2. Auflage 2005. XVII + 439 Seiten, 109 Fotos,
Leinen mit Schutzumschlag
ISBN 3-506-74486-0

»Der Untersuchung kommt das Verdienst zu, einen bisher wenig beachteten und noch nicht auf breiter Quellengrundlage dargestellten Aspekten der nationalsozialistischen Judenpolitik eindringlich zu beleuchten«

Eberhard Kolb in: FAZ

Schöningh

Verlag Ferdinand Schöningh GmbH & Co. KG · Postf. 2540 · D-33055 Paderborn · Tel. 0 52 51 / 127-5 · Fax 127-860
e-mail: info@schoeningh.de · Internet: www.schoeningh.de

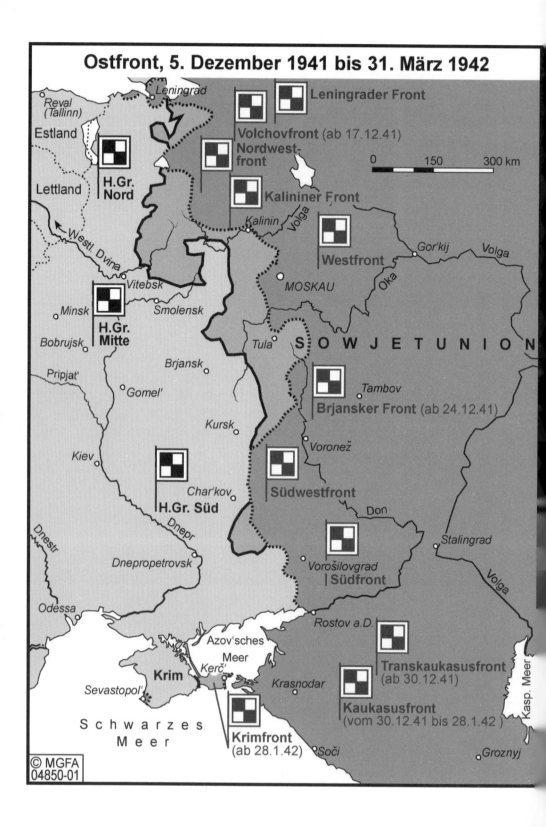